# ŒUVRES
## COMPLÈTES
# DE BOSSUET

PUBLIÉES

D'APRÈS LES IMPRIMÉS ET LES MANUSCRITS ORIGINAUX

PURGÉES DES INTERPOLATIONS ET RENDUES A LEUR INTÉGRITÉ

PAR F. LACHAT

## ÉDITION

RENFERMANT TOUS LES OUVRAGES ÉDITÉS ET PLUSIEURS INÉDITS

## VOLUME V

PARIS

LIBRAIRIE DE LOUIS VIVÈS, ÉDITEUR

RUE DELAMBRE, 5

1862

# ŒUVRES COMPLÈTES
# DE BOSSUET.

Besançon, imprimerie d'Outhenin-Chalandre fils.

# ŒUVRES
## COMPLÈTES
# DE BOSSUET

PUBLIÉES

D'APRÈS LES IMPRIMÉS ET LES MANUSCRITS ORIGINAUX

PURGÉES DES INTERPOLATIONS ET RENDUES A LEUR INTÉGRITÉ

PAR F. LACHAT

### ÉDITION
RENFERMANT TOUS LES OUVRAGES ÉDITÉS ET PLUSIEURS INÉDITS

VOLUME V

PARIS
LIBRAIRIE DE LOUIS VIVÈS, ÉDITEUR
RUE DELAMBRE, 5
1862

# CATÉCHISME DE MEAUX,

## PRIÈRES ECCLÉSIASTIQUES,
## MÉDITATIONS POUR LE JUBILÉ, TRAITÉ DE L'AMOUR DE DIEU,
### STATUTS ET ORDONNANCES SYNODALES,
#### PIÈCES CONCERNANT L'ÉTAT DE L'ABBAYE DE JOUARRE.

## REMARQUES HISTORIQUES.

### 1.

Le conseiller des pontifes et le prédicateur des rois s'est fait le maître des enfans; l'immortel écrivain qui burine les oracles de la science dans le style des prophètes, Bossuet, après les *Oraisons funèbres* et le *Discours sur l'histoire universelle*, a composé un catéchisme pour la jeunesse chrétienne.

Inspiré par son zèle apostolique et par la parole infaillible de l'Eglise, ce grand évêque regardoit l'enseignement de la foi comme « le premier devoir de la charge épiscopale [1]. » — « Il se plaignoit souvent, dit son biographe, que l'on ne prêchoit plus les mystères en un temps où il en croyoit le besoin plus pressant que jamais..... Il lui sembloit qu'on avoit honte de prêcher Jésus-Christ : « Et comment, disoit-il, veut-on qu'il soit aimé, si on ne le rend aimable en le faisant connoître?... suivant cette parole du Sauveur même : *La vie éternelle consiste à vous connoître vous qui êtes le seul Dieu véritable, et Jésus-Christ que vous avez envoyé* [2]; et celle-ci de saint Paul : *Comment croiront-ils en lui s'ils n'en entendent point parler, et comment en entendront-ils parler si on ne le leur prêche* [3]?... » Il vouloit qu'on expliquât tous les attributs divins. Il en annonça hautement les mystères dans ses sermons; et depuis qu'il fut établi évêque de Meaux, il fit revivre l'ancienne discipline et rétablit la prédication du pasteur jointe à l'office pontifical... C'étoit principalement les mystères que ce savant théologien expliquoit à son peuple dans les grandes solennités; et afin d'en répandre davantage la connoissance, il publia un catéchisme de sa façon [4]. »

[1] *Conc. Trid.*, sess. v, *De reform.*, cap. ii. — [2] *Joan.*, xvii, 3. — [3] *Rom.*, x, 14.
[4] *Mémoires* de l'abbé Ledieu, *Prédicat. pastor.*

Ce *Catéchisme* en comprend trois : le premier, pour ceux qui commencent; le deuxième, pour ceux qui sont plus avancés; le troisième pour tous les fidèles. Dans le premier, s'adressant à l'enfant qui commence à bégayer, le plus éloquent des évêques lui apprend le signe de la croix, le mystère de la sainte Trinité, le Symbole des apôtres, les commandemens de Dieu, les premières notions des sacremens, le *Pater* et l'*Ave*, la prière du matin et celle du soir. Dans le deuxième, il traite, comme en cinq sections : 1º des premiers principes de la religion, comprenant la création, le péché originel et la rédemption du genre humain; 2º de la foi et du Symbole, qui en est l'expression; 3º de l'espérance et de la prière, qui en est le fruit; 4º de la charité et des commandemens de Dieu, qui en sont la loi; 5º des sacremens et de la justice, qui en est l'effet. Enfin dans le troisième, il parle du dimanche, consacré spécialement au culte de Dieu; des fêtes de Notre-Seigneur, instituées pour célébrer les mystères de sa vie; des fêtes de la sainte Vierge, où l'on honore ses grandeurs et ses souffrances; des fêtes des saints, qui rappellent la mémoire de leurs vertus.

Tous ces rites de la religion, tous ces préceptes de la morale, toutes ces vérités du dogme chrétien, Bossuet les explique avec autant d'élévation que de clarté. Il s'élève partout jusqu'aux sommités de la science, prenant toutes les définitions fondamentales dans les plus grands docteurs, le plus souvent dans saint Thomas. Il n'a jamais pensé que les peuples, « ni même les gens de travail, » fussent incapables d'entendre les plus hautes vérités du christianisme. « On trouve, dit-il, des villages qui, pour avoir eu seulement quelques bons curés, qui se sont donnés tout entiers à les instruire, ont fait de si grands progrès dans la doctrine chrétienne qu'on en est surpris; en sorte que quand on crie tant que les peuples sont incapables, il est à craindre que ce ne soit un prétexte pour se décharger de la peine de les instruire [1]. » Cependant il ne laisse pas la foiblesse sans appui, l'impuissance sans secours : en même temps qu'il provoque et soutient constamment l'attention par la vivacité des questions, par l'imprévu des réponses et par la soudaineté des aperçus, l'habile catéchiste décompose les formules scientifiques en les expliquant propositions par propositions, termes par termes; il donne pour ainsi dire un corps aux idées abstraites, en les montrant réalisées dans des traits historiques ou sous la forme d'exemples frappans; il emploie mille stratagèmes pour préparer la voie de la vérité dans les plus simples intelligences.

Tous les grands hommes du grand siècle ont admiré le *Catéchisme de Meaux*. L'abbé Fleury se proposa de l'imiter dans son *Catéchisme*

---

[1] *Catéchisme*, Avertissem.— Les faiseurs de manuels qui ont retranché de la théologie tout ce qu'elle renferme de profond, de scientifique et de lumineux, allèguent pareillement l'incapacité des élèves.

*historique.* Un émule de Bossuet dans les joutes scolaires, l'abbé de Rancé vantoit cet art merveilleux qui joint en quelque sorte le bégaiement de l'enfant à la parole sublime du théologien consommé [1]. Mais voici un témoignage non moins impartial et plus décisif encore : l'auteur reconnoissoit lui-même, en toute franchise et toute simplicité, « qu'il n'avoit rien paru en ce genre de plus accompli [2]. » Ajoutons que, jusqu'à ce jour, on n'a rien publié d'aussi parfait ni pour la solidité de la doctrine, ni pour l'ordre des matières, ni pour la clarté de l'exposition, ni pour la beauté du langage.

Le *Catéchisme* fut composé en 1686, annoncé vers la fin de cette année par un mandement et donné au diocèse de Meaux dans le commencement de 1687. Depuis cette dernière époque, plusieurs éditions parurent chez Cramoisy à Paris, et à Lyon chez Anisson. Les trois premières éditions renferment en entier le *Credo*, le *Pater* et l'*Ave*; les suivantes indiquent seulement ces prières; du reste, aucune différence. L'auteur corrigea son ouvrage, et le céda à la veuve Benard en 1701 [3].

[1] *Mémoire* de l'abbé Ledieu, *ubi supra.* — [2] *Ibid.* — [3] Le contrat de cession, écrit de la main de Bossuet, se trouve à la Bibliothèque impériale, au commencement du troisième volume de ses manuscrits; il montre ce que se proposoit le grand écrivain dans la publication de ses ouvrages. Ce contrat, le voici :

« Cession du *Catéchisme de Meaux*, au profit de la veuve Benard, du 10 juin 1701.

» Jacques-Bénigne Bossuet, évêque de Meaux, reconnois avoir cédé et transporté à la dame Marie Dallin, veuve de Simon Benard, marchande libraire à Paris, mon droit de privilège à moi accordé par sa Majesté, par lettres-patentes données à Versailles le vingt-sixième de février mil sept cent un, pour la réimpression de tous mes ouvrages déjà imprimés et pour tous ceux que nous voulons faire imprimer dans la suite. Je reconnois avoir cédé et transporté le privilège susdit pour mon *Catéchisme* seulement, cy-devant imprimé sous ce titre : *Catéchisme du diocèse de Meaux*, etc., pour le temps de dix années consécutives passé auxdites lettres de privilège; et ce aux conditions d'en fournir et livrer en tout temps pour ledit diocèse de Meaux les nombres qui seront nécessaires, au prix de huit sols, en blanc (a), le volume *in duodecimo*, comme il vient d'être imprimé en la présente année, contenant les trois catéchismes, le premier, le second et celui des fêtes; dont la vente et distribution se fera à Meaux par la veuve Claude Charles et par son fils, libraire en ladite ville, ou par telle autre personne qu'il nous plaira de choisir à cet effet.

» Et moi Marie Dallin, veuve de Simon Benard susdite, en acceptant la présente cession pour ledit *Catéchisme* seulement, je me soumets pareillement aux conditions qui y sont portées; et je promets à mondit Seigneur évêque de Meaux et à tous autres, de les entretenir ainsi qu'elles sont ci-dessus expliquées. — Fait et Signé double en l'hôtel de mondit Seigneur, évêque de Meaux, ce deuxième jour de juin mil sept cent un.

† J. BÉNIGNE, *Evêque de Meaux.*
DALLIN, veuve BENARD. »

(a) C'est-à-dire en feuilles. Dans le xviie siècle, on vendoit les livres reliés; dans le milieu du xviiie, on commença de les vendre cartonnés; plus tard, on les a vendus le plus souvent brochés.

C'est l'édition corrigée, bien entendu, qui nous a servi de modèle dans notre travail préparatoire; et la confrontation nous a fait découvrir, dans les éditions modernes, des fautes aussi nombreuses qu'importantes.

Après le concordat, le Restaurateur du culte en France déclara, sur la proposition du ministre Portalis, avec l'assentiment de l'épiscopat, le *Catéchisme* de Bossuet obligatoire dans tout l'empire. Un nouveau chapitre, ajouté au quatrième commandement de Dieu, rappeloit aux François la soumission, la déférence, le respect qu'ils devoient à « Napoléon Ier, leur auguste empereur. »

## II.

Voici un autre monument de la sollicitude du saint évêque : les *Prières ecclésiastiques*, manuel de piété pour bien entendre le service de la paroisse. Dans cette nouvelle publication, le dessein de l'auteur fut, comme il nous l'apprend lui-même, d'aider les plus ignorans qui ne sont pas capables de hautes méditations, les plus pauvres qui n'ont pas le moyen d'acheter d'autres livres, et les plus occupés qui n'ont pas le temps de faire de longues lectures.

Les *Prières ecclésiastiques* offrent à l'adulte une nourriture plus substantielle que celle que le *Catéchisme* présente à l'enfant; ces deux livres, complétés l'un par l'autre, renferment tout ce qui est nécessaire au salut. L'abrégé de la doctrine chrétienne fait connoître les saints mystères qui se célèbrent dans le culte public; le recueil des paroles liturgiques unit les fidèles au ministre des autels qui accomplit les rites sacrés; si bien que le pasteur et les ouailles, priant dans le même esprit et comme d'un seul cœur, forment un concert de louanges et de supplications qui s'élèvent vers le ciel comme un encens d'agréable odeur.

L'Eglise s'est toujours servie, dans les offices divins, des langues anciennes et primitives, soit pour conserver l'uniformité par toute la terre, soit pour éviter les changemens qui se font dans les langues vivantes, soit aussi pour prévenir de funestes interprétations. Cependant Bossuet a voulu procurer aux fidèles l'avantage que peut apporter l'intelligence des paroles liturgiques; il a traduit les offices de l'Eglise dans sa langue magnifique, en ajoutant aux psaumes de courtes réflexions qui en fixent le véritable sens. Les premiers éditeurs des *Prières ecclésiastiques* ont publié les psaumes en latin et en françois; les éditeurs des œuvres complètes ont supprimé, parce qu'ils le donnoient ailleurs, le texte original pour ne conserver que le texte traduit. On a pareillement retranché le latin des psaumes dans cette édition, mais on s'est fait un devoir d'imprimer le françois avec les commentaires.

Composées un an après le *Catéchisme*, les *Prières ecclésiastiques* ont paru pour la première fois en 1689, puis après correction en 1701, chez la veuve Benard. C'est sur cette édition que la nôtre a été collationnée.

On peut joindre aux *Prières ecclésiastiques* les *Méditations* et les *Instructions* pour le jubilé. Le jubilé séculaire fut donné en 1700. Bossuet en obtint, pour son diocèse, la prorogation à l'année 1702. Il avoit déjà publié, en 1696, les deux écrits dont on vient de voir les titres [1]; il les corrigea dans l'année 1701 et les fit de nouveau paroître en février 1702, chez Anisson [2]. Le dimanche de la Passion, à l'ouverture du jubilé, il prêcha sur ce texte : *Cui minùs dimittitur minùs diligit* [3]; « plus l'Eglise est indulgente, plus on doit s'exciter à l'amour pour mériter ses graces. » Ce discours étoit très-tendre et très-édifiant; et M. de Meaux le prononça avec toutes ses graces et aussi avec une voix nette, forte, sans tousser ni cracher d'un bout à l'autre du sermon, en sorte qu'on l'entendit très-aisément jusqu'aux portes de l'Eglise [4]. » Pendant la semaine, trois jours de suite, il conduisit les processions, « récitant à haute voix dans toutes les églises les cinq *Pater* et les cinq *Ave*. Et le long du chemin, allant et venant d'une église à l'autre, on récitoit les sept psaumes en psalmodiant fort lentement. Un vent froid qui régna tous ces jours-là, même de la neige dont on fut surpris en procession, rien n'empêcha le prélat d'assister à cette dévotion publique et de donner le premier l'exemple. » Bossuet avoit alors soixante-quinze ans.

## III.

Autre ouvrage. Avant les disputes suscitées par la Réforme, quelques docteurs enseignoient que la contrition servile, c'est-à-dire le regret du péché conçu par la crainte de l'enfer, suffisoit avec le sacrement pour la justification, si bien que l'homme pouvoit obtenir le salut sans jamais avoir aimé son Créateur. Le concile de Trente établit cette proposition : « Les pécheurs se disposent à la justice,... lorsqu'ils commencent à aimer Dieu [5]; » d'où il suit que la contrition, pour opérer avec le sacrement la rémission des péchés, doit renfermer un commencement d'amour de Dieu. Malgré cette décision souveraine, plusieurs théologiens, ceux-là même qui se disoient les enfans les plus soumis de l'Eglise, continuèrent de soutenir la suffisance et l'efficacité de la contrition servile.

Bossuet avoit souvent combattu cette erreur dans les assemblées ecclésiastiques, dans les synodes qu'il tenoit régulièrement et dans les conférences qu'il présidoit lui-même. Plusieurs prêtres le prièrent

---

[1] *Mémoire* de l'abbé Ledieu, année 1696. — [2] *Journal* de Ledieu, 27 décembre 1701; 15 février 1702. — [3] *Luc.*, VII, 47. — [4] *Journal*, 2 avril 1702. — [5] *Conc. Trid.*, sess. VI, cap. VI.

avec instance de leur laisser par écrit ses doctes enseignemens; il céda aux sollicitations de « ses frères et coopérateurs dans le ministère sacré; » de là le *Traité sur l'amour de Dieu nécessaire dans le sacrement de pénitence.*

Ce traité est divisé en trois parties : dans la première, l'auteur parle de l'efficacité des sacremens, et prouve qu'ils ne requièrent pas l'amour de Dieu qui justifie par lui-même; dans la deuxième, il traite de l'amour commencé, et montre qu'il est nécessaire pour recevoir avec fruit les sacremens [1]; dans la troisième, il résout les objections par des principes incontestables.

Quand le *Traité sur l'amour de Dieu* a-t-il été composé? Deux citations vont nous l'apprendre. Dans la troisième partie dont on parloit à l'instant même, après avoir réfuté les objections contre l'amour commencé, Bossuet dit : « J'ai si souvent réfuté ces grossières absurdités, que j'ai de la peine à les discuter encore. » Sur quoi l'évêque de Troyes reprend : « Ces paroles prouvent deux choses. La première, que le *Traité sur l'amour de Dieu* n'a été composé qu'après tous ses écrits contre M. de Cambray, peu de temps avant sa mort, après que la célèbre assemblée du clergé eut fait sur cette même matière ce sage et important décret où il eut tant de part [2]. » Or le dernier écrit de Bossuet contre Fénelon fut publié en 1699, et *la célèbre assemblée du clergé* eut lieu en 1700 : Bossuet composa donc notre ouvrage après cette dernière date; mais il le laissa dans son portefeuille avec tant de chefs-d'œuvre, sans le mettre au jour. C'est un homme qui portoit un nom devenu lourd à porter, c'est Jacques-Bénigne Bossuet, évêque de Troyes, qui reçut en héritage le savant traité, ainsi que tous les manuscrits laissés par le grand écrivain. La reconnoissance pour son bienfaiteur et le zèle pour la saine doctrine, tout lui commandoit de le donner promptement au public par l'impression; mais au milieu des soins divers qui l'occupoient quelquefois à la cour du Régent, souvent dans les antichambres, habituellement dans le monde, il n'en trouva le temps qu'en 1736, après l'avoir laissé trente-deux ans dans la poussière de sa bibliothèque.

Il fit passer dans le volume, sous le couvert de l'original latin, la traduction françoise et un mandement [4]. L'original, nous le reproduisons avec une exactitude scrupuleuse; la traduction, nous la laissons là; le mandement, nous l'avons cité et le citons encore : « Tout le monde se confesse, dit l'évêque de Troyes; où sont les conversions [3]? » *Tout le monde* se confessoit en 1736; que fait aujourd'hui tout le monde, après un siècle de progrès et de liberté?

---

[1] L'auteur parle, comme le concile de Trente, des adultes. — [2] Dans le *Mandement* joint au *Traité.* — [3] *Ibid.* — [4] Quelques bibliographes attribuent ce mandement et cette traduction au P. Lenet, génovéfain.

## IV.

Restent quelques *Ordonnances* administratives. Celle de Cerfroid, portant la date de 1685, montre comment Bossuet savoit venir en aide à ses prêtres dans la répression des abus; elle montre aussi quels heureux effets peut avoir l'union du pouvoir spirituel et du pouvoir temporel. Il appartenoit à notre siècle, aussi fécond en catastrophes que fertile en erreurs, de proclamer la séparation de l'Eglise et de l'Etat, c'est-à-dire de séparer le corps et l'esprit, le bras et la raison, c'est-à-dire de destituer la règle de toute force et d'affranchir la force de toute règle.

L'*Ordonnance* publiée par l'archevêque de Paris contre un livre janséniste, a manifestement Bossuet pour auteur : on y remarque le style qui distingue le grand théologien, la science qu'il apporte dans les discussions dogmatiques, et particulièrement la doctrine qu'il défend contre Richard Simon.

Les *Ordonnances diocésaines* offrent le plus vif intérêt. Bossuet ouvroit les synodes par un discours : en 1701, il prouva la nécessité de l'amour commencé dans la réception des sacremens; l'année suivante, il expliqua cette parole de saint Paul : « O Timothée, gardez le dépôt qui vous a été confié [1] : » le dépôt de la doctrine, le dépôt de la discipline et le dépôt des biens temporels des églises. Après avoir instruit les prêtres dans les réunions publiques, il les instruisoit encore dans des entretiens familiers, les éclairant dans leurs doutes, les consolant dans leurs peines et les encourageant dans leurs combats [2].

Les décisions qui furent prises dans ces saintes assemblées respirent, avec un zèle pur, une prudence consommée; seulement deux remarques. Dans un conseil qu'il donne à ses prêtres, le pontife indique les ouvrages qui peuvent leur apprendre suffisamment les dogmes de la foi et les préceptes de la morale, afin qu'ils deviennent, selon l'expression de l'Apôtre, « des ouvriers irréprehensibles, traitant et distribuant droitement la parole de vérité. » Il faut lire le texte de l'article [3]; on verra que les ouvrages recommandés renferment, non des phrases retentissantes, mais des doctrines profondes; non les règles de la rhétorique, mais les maximes de l'Evangile. A côté des conseils, on trouve des prescriptions non moins remarquables. A l'exemple de saint François de Sales, pour honorer la présence de Dieu, Bossuet gardoit jusque dans l'isolement une attitude noble et digne, à ce point qu'il ne pressoit point ses pas sous les torrens de la pluie. Il n'étoit pas long dans la célébration des saints mystères; même « il ne se

[1] 1 *Timoth.*, v, 20. — [2] *Journal*, 1er septembre 1701; 5 septembre 1702. — [3] *Ordonnances* de 1691, art. xiv.

lassoit point de dire qu'il falloit aller rondement, de peur d'ennuyer le peuple et de le faire murmurer¹; » mais il observoit une gravité si majestueuse et son extérieur révéloit une piété si profonde, qu'il inspiroit le respect et la dévotion. Il louoit les prêtres qui célébroient avec dignité², il recommandoit la beauté des ornemens sacerdotaux, il vouloit que les servans à l'autel fussent habillés proprement³; il établissoit partout de bons organistes. C'est dans ce zèle pour le culte divin qu'il porta ce décret : « Nous défendons à tous ecclésiastiques de faire coutume d'user du tabac en poudre, notamment et en tout cas dans les églises, pour exterminer cette indécence scandaleuse de la maison de Dieu⁴. »

Sévère dans les dispositions de la loi, il étoit plein de douceur dans l'application. Je me trompe : il n'appliquoit pas la loi; à cette époque de despotisme, les prêtres étoient jugés par l'officialité, c'est-à-dire par leurs pairs, selon les formes canoniques, avec toutes les garanties de la libre défense. Avant le jugement, quand les preuves étoient convaincantes, il engageoit l'accusé « de se retirer sans bruit⁵; » après la condamnation, quand il n'y avoit pas de scandale, le premier signe de repentir, la première marque de sincère amendement trouvoit auprès de lui la clémence et le pardon⁶. Il fit une pension de trois cents francs au curé de Mareuil, condamné à quitter sa cure pour ses déréglemens notoires⁷.

Les *Ordonnances diocésaines* ont été portées, comme on le voit dans les titres, en 1691 et en 1698; puis publiées les mêmes années à Paris, *in*-4°. Ce sont ces deux éditions qui ont servi de modèle à la nôtre.

## V.

Bossuet ne se contentoit pas d'instruire et de diriger la partie active de la milice sacrée : il ramena l'ordre, la discipline et la piété dans la portion de son troupeau dévoué à la vie contemplative. On vit céder plus d'une fois, devant l'ascendant de son nom et de ses vertus, des prétentions longtemps rebelles aux ordres de ses prédécesseurs; à sa prière, bientôt après son avénement, l'abbaye de Farmoutiers rentra volontairement sous la juridiction des évêques de Meaux.

Cependant un monastère devoit faire éclater sa fermeté apostolique. L'abbesse qui le gouvernoit alors, princesse d'une haute naissance, croyoit avoir assez honoré la vie cénobitique en prenant le voile. Pendant les courtes apparitions qu'elle faisoit à Jouarre, elle régnoit

---

¹ *Mémoires*, 1ʳᵉ *Messe de Bossuet*. — ² *Ibid*. — ³ *Les réponses de la messe, hic*. — ⁴ *Ordonnances* de 1698, art. XXII. — ⁵ *Journal*, 9 et 14 décembre 1699 et *alibi*. — ⁶ Procès-verbaux des visites pastorales, particulièremen de la visite de Jouarre en 1690. — ⁷ *Journal*, 9 janvier 1701.

plutôt en souveraine qu'elle ne vivoit en religieuse. Non-seulement elle disposoit des biens de la communauté comme de son patrimoine, mais elle avoit des tribunaux pour porter des sentences et des prisons pour détenir les condamnés. Joignant l'autorité spirituelle à l'autorité civile, elle suspendoit et déposoit les clercs, elle nommoit et confirmoit les vicaires, elle conféroit et retiroit la cure de Jouarre, elle ordonnoit des prières publiques, publioit des monitoires et donnoit des mandemens; en un mot elle exerçoit, comme le dit Bossuet, la juridiction épiscopale plus indépendamment que les évêques qui ont sur eux les métropolitains, plus souverainement que les métropolitains qui ont sur eux les patriarches. Et tous ces droits, tous ces pouvoirs, je voulois dire cette théocratie féminine, elle l'appuyoit sur des priviléges sanctionnés par une possession cinq fois séculaire. Qui donc oseroit troubler dans l'exercice de son autorité Henriette de Lorraine, princesse d'une maison souveraine qui avoit mêlé tant de fois son nom à celui des rois de France? Quel tribunal ne prononceroit en sa faveur contre un simple évêque?

Bossuet avoit prévu tous les inconvéniens, calculé tous les obstacles, pesé toutes les difficultés. Cependant il écrivit à l'abbé de Rancé : Je vais « ôter, si je puis, de la maison de Dieu, le scandale de l'exemption de Jouarre, qui m'a toujours paru un monstre [1]. » Après les démarches préliminaires, il porta la cause devant la grande chambre du Parlement de Paris, rédigea plusieurs mémoires, soutint un long procès contre madame Henriette de Lorraine, et ramena l'abbaye de Jouarre sous la juridiction épiscopale. Voilà comment Bossuet faisoit sa cour aux Grands !

Les péripéties de la procédure et la visite pastorale qui fit exécuter la sentence, présentent le plus grand intérêt; elles montrent comment les lois canoniques règlent l'exercice de l'autorité et protégent les droits de tous.

[1] Lettre du 21 janvier 1690.

# AVERTISSEMENT

## SUR LE CATÉCHISME

AUX CURÉS, VICAIRES, AUX PÈRES ET AUX MÈRES, ET A TOUS LES FIDÈLES DU DIOCÈSE DE MEAUX.

---

JACQUES-BÉNIGNE, par la permission divine, Evêque de Meaux : à tous les curés et vicaires de notre diocèse, salut et bénédiction.

Il y a longtemps qu'on nous demande de tous côtés et de toutes les paroisses, que selon l'exemple de la plupart des évêques, nous ayons aussi à donner à notre diocèse un catéchisme un peu plus ample et plus expliqué que celui dont on s'est servi jusqu'à présent ; et la grande ignorance où nous voyons la plupart des peuples à l'égard de plusieurs vérités très-importantes, nous y invitoit d'elle-même. Outre que par les soins des évêques nos prédécesseurs les instructions ayant été plus fréquentes et mieux faites que dans les temps précédens, il est juste que nous profitions de cette bonne disposition, pour donner des catéchismes plus étendus, à mesure que les fidèles en deviennent plus capables. Et enfin le retour des hérétiques à l'Eglise nous sollicite à donner des instructions plus amples, pour ôter tout à fait le vieux levain.

C'est, mes frères, ce qui nous a excité à vous donner ce nouveau *Catéchisme ;* où si vous trouvez quelquefois des choses qui semblent surpasser la capacité des enfans, vous ne devez pas pour cela vous lasser de les leur faire apprendre, parce que l'expérience fait voir que, pourvu que ces choses leur soient expliquées en termes courts et précis, quoique ces termes ne soient pas toujours entendus d'abord, peu à peu en les méditant on en acquiert l'intelligence : joint que regardant au salut de tous, nous avons mieux aimé que les moins avancés et les moins capables trouvassent des choses qu'ils n'entendissent pas, que de priver les autres de ce qu'ils seroient capables d'entendre.

Il nous a aussi paru que le fruit du catéchisme ne devoit pas être seulement d'apprendre aux fidèles les premiers élémens de la foi, mais encore de les rendre capables peu à peu des instructions plus solides ; de sorte qu'il a fallu commencer à leur en inspirer le goût et leur donner quelque teinture du langage de l'Ecriture et de l'Eglise, afin qu'ils fussent en état de profiter dans la suite des sermons qu'ils entendroient.

Nous avons jugé nécessaire d'appuyer un peu plus sur la création de l'homme, sur sa chute et sur les mauvaises dispositions où le péché nous a mis ; comme aussi sur le mystère admirable de notre rédemption et sur les saints sacremens qui nous en appliquent la vertu, afin que chacun connût plus distinctement les remèdes que Dieu a donnés à nos maux, et les dispositions avec lesquelles il les faut recevoir.

Et nous avons trouvé à propos de nous étendre davantage sur ces choses que sur les vertus et les vices particuliers, réservant cette instruction pour l'âge plus avancé, où l'on fait des réflexions plus sérieuses sur les obligations générales de tous les chrétiens, et sur les obligations particulières de son état.

Enfin nous avons voulu principalement faire entendre les mystères et la vertu des sacremens, parce que ces vérités bien entendues contiennent la vraie semence venue du ciel, qui produit dans la suite les fruits des bonnes œuvres, quand la terre où on la jette est bien cultivée.

C'est pourquoi nous vous exhortons à répandre toujours dans vos prônes et dans vos sermons quelque chose du Catéchisme, et d'y ramener souvent les mystères de Jésus-Christ et la doctrine des sacremens, parce que ces choses étant bien traitées, inspirent l'amour de Dieu, et avec l'amour de Dieu toutes les vertus.

C'est aussi la véritable fin de tous les mystères, Dieu n'ayant pas fait des choses si admirables pour être la pâture des esprits curieux, mais pour être le fondement des saintes pratiques auxquelles la religion nous oblige.

Et il est clair qu'en expliquant aux fidèles ce qui est opéré en nous par le baptême et à quoi nous nous y sommes obligés, quelles sont les lois de la pénitence chrétienne, quel est le dessein de Jésus-Christ dans l'institution de l'Eucharistie, et avec quel sentiment il faut entendre la messe et communier, on produit insensiblement dans les cœurs la véritable piété, et on rend les hommes capables de profiter du service divin auquel ils assistent.

Et il ne faut pas croire que les peuples, et même les gens de travail, soient incapables d'entendre ces choses; l'expérience fait voir au contraire, que pourvu qu'on s'y prenne bien, et qu'en excitant en eux le désir d'apprendre on se montre toujours prêt à les instruire, tant en public et dans l'Eglise, qu'en particulier et à la maison, on les peut avancer beaucoup dans la connoissance de Dieu et de son royaume.

On trouve certains villages, qui pour avoir eu seulement quelques bons curés qui se sont donnés tout entiers à les instruire, ont fait de si grands progrès dans la doctrine chrétienne, qu'on en est surpris : de sorte que quand on crie tant que les peuples sont incapables, il est à craindre que ce ne soit un prétexte pour se décharger de la peine de les instruire.

L'exemple même des hérétiques peut fermer la bouche à ceux qui cherchent une excuse à leur négligence dans l'incapacité des peuples. Car enfin on y voit les plus grossiers artisans, et les femmes mêmes et les enfans citer l'Ecriture et parler des points de controverse; et quoique ces connoissances dégénèrent en un babil dangereux et se consument en vaines disputes, c'en est assez pour nous faire voir de quoi on pourroit rendre les peuples capables, en tournant mieux les instructions.

Mais il est vrai que pour cela il faut un grand soin; et comme nous venons de dire, il faut faire le catéchisme plus encore dans les maisons et en particulier que dans l'église, et le faire non-seulement aux enfans, mais principalement aux pères de famille et aux maîtres d'école, afin que peu à peu toutes les familles soient instruites.

Je m'adresse donc maintenant à vous, pères et mères, qui nous témoignez si souvent que vous désirez que vos enfans soient bien instruits : sachez que vous en devez être les premiers et principaux catéchistes.

Vous êtes les premiers catéchistes de vos enfans, parce qu'avant qu'ils viennent à l'église, vous leur inspirez avec le lait la saine doctrine que l'Eglise vous donne pour eux.

Vous êtes les principaux catéchistes, parce que c'est à vous à leur faire apprendre par cœur leur Catéchisme, à le leur faire entendre et à le leur répéter tous les jours dans la maison; autrement ce qu'ils apprendront à l'église le dimanche et durant un temps de l'année, se perdra trop aisément dans le reste.

Mais comment pourrez-vous les instruire, si vous-mêmes vous n'êtes pas instruits? Vous devez donc assister au Catéchisme avec autant de soin que vos enfans mêmes : vous devez vous y renouveler avec eux, et reprendre le premier lait que vous avez sucé dans l'Eglise, étant enfans.

Et il n'y a point de père ni de mère de famille qui ne doive souvent repasser sur son Catéchisme, et le relire avec attention. Les principes de la religion chrétienne contenus dans le Catéchisme, ont cela de grand, que plus on les relit, plus on y découvre de vérités. Nous venons même de remarquer qu'il y a beaucoup de choses qu'on dit aux enfans, qu'ils n'entendent que dans un âge plus avancé : de sorte qu'il y a dans le Catéchisme à apprendre pour tout le monde. Et quand les pères de famille ne reliroient le Catéchisme que pour se rendre capables d'en instruire leurs enfans et leurs serviteurs, c'est une assez forte raison pour les y obliger.

Mais il n'est que trop vrai que la plupart des hommes ne le savent pas assez; et ce qu'il y a de pis, c'est que depuis qu'ils sont arrivés à un certain âge sans l'avoir bien su, ils négligent et même ils ont honte de le rapprendre.

Pour empêcher un si grand mal, il faut tâcher d'établir dans ce diocèse une coutume qu'on voit déjà en beaucoup d'autres, que les hommes et les femmes d'âge, non-seulement assistent avec les enfans aux catéchismes, mais encore qu'ils sont bien aises d'y être interrogés et d'y répondre.

Je vous exhorte, mes chers enfans, de vous rendre dociles à pratiquer ce saint exercice ; et vous, mes frères les prêtres, à introduire le plus que vous pourrez une pratique si nécessaire.

Surtout ne vous relâchez pas de l'obligation qui vous est imposée, d'interroger ceux qui se présentent pour la confession, pour le mariage, pour être parrains et marraines ; et ne les recevez pas, s'ils ne savent leur catéchisme.

Faites entendre souvent aux pères et mères de famille « qu'ils sont, comme dit l'Apôtre, pires qu'infidèles, s'ils ne procurent l'instruction de leurs serviteurs ; » et par là faites-leur comprendre ce qu'ils doivent à leurs enfans.

Représentez-leur que les fêtes, et principalement le saint dimanche est institué particulièrement pour vaquer à cette instruction. Montrez-leur le crime qu'ils commettent, en préférant le cabaret et le jeu au salut de leurs enfans ; et faites-leur connoître au contraire, que si leurs enfans sont bien instruits, ils goûteront les premiers le fruit de leur instruction, puisqu'ils leur seront d'autant plus soumis, qu'ils le seront davantage à Dieu et qu'ils seront mieux informés de ses volontés.

Au reste vous devez prendre garde à faire le Catéchisme, non-seulement avec une grande assiduité et affection, mais encore avec une gravité mêlée de douceur, afin que la gravité inspire du respect aux enfans, et que votre douceur leur soit un attrait pour vous entendre.

Avant que de faire réciter le Catéchisme aux enfans, faites toujours précéder un discours plein de piété et d'onction, qui leur donne l'idée des vérités dont vous leur demanderez compte. Que ce discours soit familier et court, autant qu'affectueux et insinuant. Finissez par quelque chose de touchant, et recueillez en peu de paroles ce qui aura été dit. Répandez à propos dans tout le Catéchisme des traits vifs et perçans, pour inspirer aux enfans l'amour de la vertu et l'horreur du vice. Mettez-leur souvent devant les yeux les peines de la vie future, et les suites affreuses du péché mortel. Consolez ces ames tendres par la vue des récompenses éternelles. Tâchez de les attendrir, en ne cessant de leur inspirer l'amour de Dieu et de Jésus-Christ. Mêlez aux instructions quelques histoires tirées de l'Ecriture ou des auteurs approuvés, l'expérience faisant voir qu'il y a un charme secret dans de tels récits, qui réveillent l'attention, et vous donneront le moyen d'insinuer agréablement la sainte doctrine dans les cœurs. C'est pourquoi, lorsque vous aurez à expliquer un mystère ou un sacrement, vous devez poser pour fondement ce qui se sera passé dans l'accomplissement de ce mystère, ou dans l'institution de ce sacrement. Et pour vous faciliter ces récits, M. Fleury, prêtre du diocèse de Paris et abbé du Loc-Dieu, vous en a donné dans son *Catéchisme historique* des modèles approuvés de nous. Nous-même nous vous avons ici indiqué quelques récits que vous pourrez faire, non pas pour vous y astreindre, ni pour dire tout, mais pour exciter votre vigilance à en chercher de semblables dans les cas pareils. Le tout est de savoir rendre sensibles les choses que vous aurez à raconter. Etudiez-vous à prendre les sens, afin que par les sens vous vous saisissiez de l'esprit et du cœur.

Inculquez et répétez souvent avec force les choses plus difficiles et plus importantes; et surtout ne vous lassez pas dans un ouvrage pénible autant que nécessaire, puisque la couronne de gloire vous est réservée pour un aussi utile travail, et que vous n'avez que ce moyen de rendre un bon compte à Dieu des ames qu'il vous a confiées.

C'est ce que saint Paul vous ordonne par ces paroles : « Soyez attentif à la lecture, à l'exhortation et à l'instruction..... Méditez ces choses : soyez-en toujours occupé, afin que votre avancement soit connu de tous. Veillez sur vous-même, et soyez appliqué à l'instruction, parce que par ce moyen vous vous sauverez vous-même et ceux qui vous écoutent [1]. » Et encore : « Annoncez la parole ; prenez les hommes à temps et à contre-temps ; reprenez, suppliez, menacez avec toute sorte de patience et de doctrine..... Soyez vigilant ; souffrez constamment tous les travaux ; faites la charge d'un évangéliste ; remplissez les devoirs de votre ministère [2]. »

Nous ordonnons que cet avertissement sera lu au prône aussitôt que ce *Catéchisme* vous sera présenté ; et que pour l'instruction des pères et mères, il sera relu intelligiblement et distinctement deux fois l'année, à savoir le premier dimanche d'octobre et le premier dimanche de carême.

Donné à Meaux, le sixième jour du mois d'octobre mil six cent quatre-vingt-six.

† J. BÉNIGNE, Évêque de Meaux.

*Par mondit Seigneur,*

ROYER.

[1] I *Tim.*, IV, 13, 1, 16. — [2] II *Tim.*, IV, 2.

## AVIS.

Nous partageons ceux qu'il faut instruire en deux ordres, ou en deux classes.

La première classe est de ceux qui commencent et qui peuvent être préparés à la confirmation.

La seconde classe est de ceux qui sont déjà plus avancés, et que l'on prépare à leur première communion.

Selon ces deux classes, nous proposons deux catéchismes.

Nous en ajoutons un troisième pour l'intelligence des fêtes et des observances de l'Eglise, pour l'usage de ceux qui seront encore plus avancés.

# PREMIER CATÉCHISME

OU

# ABRÉGÉ DE LA DOCTRINE CHRÉTIENNE

POUR CEUX QUI COMMENCENT.

---

Il les faut encore distinguer en deux ordres. Car il y a un catéchisme qu'on doit apprendre aux enfans dans la maison, dès qu'ils commencent à parler et à pouvoir retenir quelque chose. Alors ce catéchisme leur doit être appris par leurs pères et par leurs mères.

Premièrement, dès qu'ils bégayent, il leur faut apprendre à faire le signe de la croix, en leur disant :

DEMANDE. *Faites le signe de la croix.*

RÉPONSE. † Au nom du Père, et du Fils, et du Saint-Esprit. Ainsi soit-il.

Ce qu'il est bon aussi de leur faire dire en latin, afin que dès le berceau ils s'accoutument au langage de l'Eglise.

† In nomine Patris, et Filii, et Spiritùs sancti. Amen.

Quand ils commencent à parler, il leur faut faire ces demandes et leur en apprendre les réponses les unes après les autres, selon qu'ils les peuvent retenir, sans les presser et sans se mettre en peine s'ils les entendent, parce que Dieu leur en donnera l'intelligence dans le temps.

*Qui est-ce qui vous a créé ?*
C'est Dieu qui m'a créé.
*Qu'est-ce que Dieu ?*
Dieu est le créateur de toutes choses.
*Y a-t-il plusieurs Dieux ?*
Non. Il n'y a qu'un seul Dieu.
*Y a-t-il plusieurs personnes en Dieu ?*
Oui. Il y a trois personnes en Dieu.
*Quelles sont-elles ?*
Le Père, le Fils et le Saint-Esprit.
*Laquelle de ces trois personnes s'est faite homme ?*
C'est la seconde.
*Quelle est-elle ?*
Dieu le Fils.

TOM. V.

*Où s'est-il fait homme ?*

Dans le sein de la sainte vierge Marie.

*Comment a-t-il été fait homme ?*

Par l'opération du Saint-Esprit.

*Comment l'appelez-vous ?*

Jésus-Christ, Dieu et homme.

*Où est Dieu ?*

Dieu est partout.

*Dieu voit-il tout ?*

Oui. Dieu voit tout.

*Dieu a-t-il une figure humaine ?*

Non. Dieu n'a point de figure humaine.

*Dieu a-t-il un corps ?*

Non. Dieu n'a point de corps ; c'est un esprit.

A mesure qu'ils avancent et deviennent capables de retenir, il leur faut soigneusement apprendre, premièrement le *Credo* ou le Symbole des Apôtres, le *Pater* ou l'Oraison dominicale, et l'*Ave, Maria* ou la Salutation de l'Ange.

Remarquez qu'il leur faut apprendre ces choses, sans se mettre en peine s'ils les entendent, premièrement en françois et ensuite en latin, selon que leur mémoire en sera capable.

*Dites le Symbole des Apôtres.*

Je crois en Dieu, etc.

*Dites le Symbole des Apôtres en latin.*

Credo in Deum, etc.

*Dites l'Oraison dominicale.*

Notre Père, qui êtes dans les cieux, etc.

*Dites l'Oraison dominicale en latin.*

Pater noster, qui es in cœlis, etc.

*Dites la Salutation angélique.*

Je vous salue, Marie, etc.

*Dites la Salutation angélique en latin.*

Ave, Maria, etc.

On doit aussi leur apprendre les Commandemens de Dieu et de l'Eglise, quand on les voit capables de les retenir, selon qu'ils sont portés dans ces vers pour une plus grande facilité.

*Dites les Commandemens de Dieu.*

Un seul Dieu tu adoreras, etc.

*Dites les Commandemens de l'Eglise.*

Les dimanches messe ouïras, etc.

Il faut accoutumer les enfans, le plus qu'il se peut, à faire le signe de la croix, quand on les couche, quand on les lève, au commencement et à la fin de tous leurs repas, en disant : *Au nom du Père, et du Fils, et du Saint-Esprit. Ainsi soit-il.*

# CATÉCHISME

## QUI DOIT SE FAIRE DANS L'ÉGLISE

### ET DANS L'ÉCOLE

A CEUX QUI COMMENCENT A AVOIR L'USAGE DE LA RAISON, ET A PEU PRÈS QUAND ON A COUTUME DE LEUR DONNER LA CONFIRMATION.

Quand les enfans sont assemblés, le catéchiste leur doit faire montrer leur catéchisme, prendre garde s'ils le tiennent propre, et les bien avertir de ne le pas perdre, et de ne le pas laisser gâter ni déchirer.

Il leur faut soigneusement répéter tout ce qui est dit dans la précédente instruction, et se bien garder de passer outre, jusqu'à ce que les enfans la sachent parfaitement et sans hésiter. Après, pour leur faire mieux entendre ce qu'ils ont dit, on leur fera les leçons suivantes.

## LEÇON I.

### De la doctrine chrétienne en général et de la connoissance de Dieu.

On commencera cette instruction, en faisant connoître l'utilité du catéchisme, où l'on apprend le chemin de la vie éternelle.

On représentera Jésus-Christ à l'âge de douze ans, écoutant les docteurs, les interrogeant et leur répondant (*Luc.*, II, 46, 47) : mystère où il a voulu sanctifier les commencemens des enfans, et nous donner quelque idée du catéchisme. On le fera voir aussi dans toute la suite de son enfance, obéissant et profitant (*Luc.*, II, 40, 51, 52), et on avertira souvent les enfans d'imiter, autant qu'ils pourront, la sainte enfance de Jésus-Christ et de s'y unir. Voyez Catéchisme des Fêtes, Fêtes de Notre-Seigneur, leçon VI.

*Êtes-vous chrétien ?*

Oui. Je suis chrétien par la grace de Dieu.

*Qui appelez-vous chrétien ?*

Celui qui est baptisé, qui croit et confesse la doctrine chrétienne ?

*Qu'appelez-vous la doctrine chrétienne ?*
Celle que Jésus-Christ a enseignée.
*Comment est-ce qu'on apprend la doctrine chrétienne ?*
Par le catéchisme.
*Que veut dire ce mot catéchisme ?*
Il veut dire instruction.
*De qui faut-il recevoir cette instruction ?*
De l'Eglise et de ses pasteurs.
*Que nous apprend la doctrine chrétienne ?*
Elle nous apprend pourquoi Dieu nous a mis au monde.
*Pourquoi Dieu vous a-t-il mis au monde ?*
Pour le connaître, l'aimer, le servir, et par ce moyen obtenir la vie éternelle.
*Qu'est-ce que Dieu ?*
C'est le créateur du ciel et de la terre, et le Seigneur universel de toutes choses.
*Où est Dieu ?*
Il est au ciel, en la terre et en tout lieu.
*Dieu voit-il tout ?*
Dieu voit tout, et jusqu'à nos plus secrètes pensées.
*Dieu voit-il l'avenir ?*
Il voit tout ensemble le présent, le passé et l'avenir.

## LEÇON II.

### Du signe de la croix, et de la profession du christianisme.

On pourra commencer, en représentant Jésus-Christ en croix, bénissant les hommes, et nous apprenant que toute bénédiction est dans la croix.

*Par quel signe le chrétien se peut-il faire connaître ?*
Par le signe de la croix.
*Comment faites-vous le signe de la croix ?*
Je le fais en mettant la main à la tête, puis à l'estomac, et enfin sur les deux épaules, disant : † Au nom du Père, et du Fils, et du Saint-Esprit.
*Ne fait-on pas encore le signe de la croix en d'autres manières ?*
Oui. On le fait ordinairement au commencement de chaque

évangile, en imprimant la croix sur son front, sur sa bouche et sur son estomac.

*Pourquoi sur ces trois parties ?*

Pour montrer qu'on veut consacrer à Dieu ses pensées, ses paroles, et son cœur ou ses affections.

*Pourquoi faites-vous le signe de la croix ?*

Je le fais principalement pour marquer que je fais profession d'être chrétien.

*Que veut dire faire profession d'être chrétien ?*

C'est faire profession de vouloir toute sa vie croire et pratiquer la doctrine que Jésus-Christ a enseignée.

*Faut-il faire profession du christianisme, ou de la doctrine de Jésus-Christ ?*

Il le faut, et il n'y a point de salut pour ceux qui ne le font pas.

*Pourquoi dites-vous qu'on fait profession du christianisme, en faisant le signe de la croix ?*

Parce qu'on y confesse les deux principaux mystères de la religion chrétienne.

*Quels sont-ils ?*

Le mystère de la Trinité, et celui de la rédemption du genre humain.

*Comment y confessez-vous le mystère de la Trinité ?*

En disant : Au nom du Père, et du Fils, et du Saint-Esprit.

*Que devez-vous penser en les nommant ?*

Que j'ai été baptisé en leur nom.

*Comment confesse-t-on le mystère de la rédemption du genre humain ?*

En faisant sur nous le signe de la croix, en signe que nous avons été rachetés par la croix de Notre-Seigneur Jésus-Christ.

*Quand faites-vous le signe de la croix ?*

Le matin en me levant, le soir en me couchant, et au commencement de chaque action.

*Qu'entendez-vous par ces actions que vous commencez par le signe de la croix ?*

C'est que je le fais avant le repas, avant le travail, en commençant et en finissant la prière, au commencement du sermon et du catéchisme.

*N'y a-t-il pas quelque occasion particulière où l'on fasse le signe de la croix?*

Oui. On le fait dans les grands périls et surtout dans le péril et occasion du péché.

*Pourquoi commencer ses actions par le signe de la croix?*

Pour s'exciter à tout faire au nom et pour l'amour de Dieu, Père, Fils, et Saint-Esprit.

*Quel profit tire-t-on de ce signe?*

C'est qu'étant fait avec foi et révérence, il chasse les démons, il dissipe les tentations et les mauvaises pensées, et il attire la bénédiction de Dieu sur les choses sur lesquelles on le fait.

## LEÇON III.
### Du mystère de la très-sainte Trinité.

On racontera ici le baptême de Jésus-Christ, où parurent les trois personnes divines. (*Matth.*, III, 14; *Marc.*, I, 10; *Luc*, III, 21.) Voyez Catéchisme des Fêtes, Fêtes de Jésus-Christ, leçon v. On avertira soigneusement que la Trinité est invisible en elle-même, encore qu'elle paroisse ici par quelque chose de sensible.

*Y a-t-il plusieurs dieux?*

Non. Il n'y a qu'un seul Dieu.

*Combien y a-t-il de personnes en Dieu?*

Il y en a trois, le Père, le Fils et le Saint-Esprit; et c'est ce qu'on appelle la très-sainte Trinité.

*Lequel est le plus grand, le plus sage et le plus puissant des trois?*

Ils ont la même grandeur, la même sagesse et la même puissance.

*Le Père est-il plus ancien que le Fils et le Saint-Esprit?*

Non. Ils sont tous trois d'une même éternité; enfin ils sont égaux en toutes choses, parce qu'ils ne sont qu'un seul Dieu.

*Pourquoi répétez-vous si souvent ces paroles :* Au nom du Père, du Fils, et du Saint-Esprit?

Pour nous ressouvenir que nous avons été baptisés au nom des trois personnes divines, Père, Fils, et Saint-Esprit.

## LEÇON IV.

Du mystère de l'Incarnation, et de la rédemption du genre humain.

On commencera par le récit du message de l'Ange à la sainte Vierge, en disant qu'à l'acte de soumission qu'elle fit, Jésus-Christ fut formé dans ses entrailles par le Saint-Esprit. (*Luc.*, I, 26.)

*Quelle est celle des trois personnes de la très-sainte Trinité, qui s'est faite homme ?*

C'est Dieu le Fils, la seconde personne.

*Qu'est-ce à dire, se faire homme ?*

C'est prendre un corps et une ame comme nous.

*Où a-t-il pris ce corps et cette ame ?*

Dans le sein de la bienheureuse vierge Marie.

*Comment a-t-il été conçu dans le sein d'une vierge ?*

Par l'opération du Saint-Esprit.

*Comment s'appelle-t-il ?*

Jésus-Christ.

*Comment appelle-t-on ce mystère ?*

On l'appelle le mystère de l'incarnation.

*Que veut dire ce mot*, incarnation ?

Il veut dire que le Fils de Dieu s'est fait chair, c'est-à-dire qu'il s'est fait homme, et a pris une chair comme la nôtre.

*Est-il homme seulement ?*

Non. Il est Dieu et homme.

*Pourquoi le Fils de Dieu s'est-il fait homme ?*

Pour nous racheter de l'enfer par son sang précieux, et nous sauver de la mort éternelle par la mort de la croix.

*Étions-nous perdus ?*

Oui. Nous étions perdus par le péché d'Adam, notre premier père.

*Quel est l'effet du péché d'Adam ?*

C'est de nous faire naître dans le péché.

*Comment appelle-t-on ce péché dans lequel nous naissons ?*

Le péché originel.

*Que veut dire ce mot*, originel ?

Un péché que nous apportons dès notre origine, c'est-à-dire en naissant.

## LEÇON V.

### Du Symbole des apôtres, et de la prière.

Récit. Jésus-Christ ressuscité et envoyant ses apôtres prêcher par tout l'univers (*Matth.*, XXVIII, 18); ou, si l'on veut, quelque autre endroit où Jésus-Christ envoie ses apôtres, et ordonne de les croire, comme *Luc.*, IX, X, etc.

*Quel est le fondement de la vie chrétienne ?*
C'est la foi.
*Quels sont les principaux articles de foi ?*
Ceux qui sont compris dans le Symbole des apôtres.
*Combien y en a-t-il ?*
Il y en a douze.
*Récitez-les.*
Je crois en Dieu, etc.
*Est-ce une chose agréable à Dieu de réciter souvent le Symbole ?*
Oui, pour imprimer dans son cœur les articles de la foi, d'où dépend notre salut.

## LEÇON VI.

### De la prière ou du *Pater*, et de l'*Ave*.

Récit. Les disciples autour de Jésus-Christ, lui demandant qu'il leur apprenne à prier, et Jésus-Christ le leur apprenant. (*Luc.*, XI.)

*Quel est le plus nécessaire exercice du chrétien ?*
C'est la prière.
*Pourquoi la prière est-elle si nécessaire ?*
C'est qu'elle nous obtient le secours de Dieu, sans lequel nous ne pouvons avoir, ni faire aucun bien.
*Quelle prière dites-vous le plus souvent ?*
L'Oraison dominicale, ou le *Pater*.
*Que veut dire ce mot, Oraison dominicale ?*
C'est-à-dire, la prière que Notre-Seigneur nous a enseignée.
*Récitez-la.*
Notre Père qui êtes dans les cieux, etc.
*N'y a t-il pas encore quelqu'autre prière que vous fassiez souvent ?*
Il y a encore la Salutation de l'Ange.

*Pourquoi la dites-vous si souvent ?*

En mémoire de l'incarnation du Fils de Dieu, et pour honorer sa sainte Mère.

*Récitez-la.*

Je vous salue, Marie, etc.

*Que faut-il faire quand on commence sa prière ?*

Se mettre en la présence de Dieu.

*Qu'appelez-vous, se mettre en la présence de Dieu ?*

Faire un acte de foi, par lequel on croie que Dieu est présent, et l'adorer comme celui qui voit le fond de nos cœurs.

*Que dites-vous de ceux qui prient sans attention ?*

S'ils négligent d'être attentifs, loin de servir Dieu, ils l'offensent.

## LEÇON VII.

### Des dix commandemens de Dieu, et en particulier du premier.

Récit. Dieu donnant les dix commandemens dans le désert, sur le mont de Sinaï. (*Exod.*, xix, 16 et suiv.; xx, 1, etc.; 18, 19, 20, 21.)

*Combien y a-t-il de commandemens de Dieu ?*

Il y en a dix, savoir :

1. Un seul Dieu tu adoreras, etc.

*Dites-moi ce qu'il y a à considérer en général en chaque commandement de Dieu.*

C'est qu'en chaque commandement, il faut entendre quelque chose qui nous est commandée, et quelqu'autre chose qui nous est défendue.

*Expliquez chaque commandement de Dieu en particulier.*

*Que veut dire le premier*, Un seul Dieu tu adoreras ?

Le premier commandement nous oblige à aimer et adorer Dieu de tout notre cœur.

*Que nous défend-il ?*

Il nous défend toute idolâtrie, magie, hérésie, et toutes superstitions.

*Qu'appelez-vous superstition ?*

Une fausse dévotion.

*Que dites-vous de ceux qui guérissent, ou font guérir les hommes ou les animaux par certaines paroles?*

Ils pèchent contre ce commandement.

*Pourquoi?*

Parce qu'ils ont recours au démon.

*Mais si ces paroles sont saintes?*

C'est toujours une tromperie du malin esprit, qui nous fait abuser des saintes paroles.

*Mais si l'on a intention d'honorer Dieu?*

C'est une superstition, parce que Dieu n'a pas attaché une telle vertu à ces paroles.

*Est-il défendu par ce commandement d'honorer les saints?*

Non, parce que nous n'honorons pas les saints comme Dieu, mais comme les amis de Dieu.

*Est-il défendu d'honorer les images de Jésus-Christ ou des saints?*

Non, parce qu'on ne les a qu'en mémoire des originaux, et que l'honneur qu'on rend aux images se rapporte à eux.

*Et les reliques des saints?*

On les honore de même en mémoire des saints.

## LEÇON VIII.

### Du second et du troisième commandement de Dieu.

Dans les leçons suivantes, pour récit, quelques exemples des châtimens de Dieu contre ceux qui violent ses commandemens, comme pour celui des fêtes, l'exemple d'Achan. (*Jos.*, VII.)

*Expliquez le second commandement,* Dieu en vain tu ne jureras.

Par ce commandement, sont défendus les juremens faits sans respect et sans nécessité, les parjures, les reniemens, et les blasphèmes contre Dieu et contre les saints.

*Qu'est-ce qui nous est ordonné par ce second commandement?*

Il nous est ordonné d'accomplir nos promesses et nos vœux.

*Expliquez le troisième commandement,* Les dimanches tu garderas.

Il est commandé de sanctifier les dimanches et les fêtes.

*Que faut-il faire pour cela?*

Il faut entendre la messe, la prédication, et le service de l'Église avec dévotion et respect, et vaquer aux bonnes œuvres.

*Et que nous est-il défendu?*

Il est défendu de faire aucune œuvre servile.

*Qu'appelez-vous les œuvres serviles?*

Les œuvres mercenaires, par où ordinairement on gagne sa vie.

*Quelles autres œuvres faut-il particulièrement éviter, pour bien sanctifier les fêtes?*

Il faut éviter principalement le péché, et tout ce qui porte au péché, comme le cabaret, les danses, les assemblées de brelans et des jeux défendus.

*Et pour les jeux et exercices permis?*

Il se faut bien garder d'y donner trop de temps, et surtout d'y passer le temps de la messe paroissiale, de la prédication, ou du catéchisme et du service divin.

## LEÇON IX.
### Du quatrième, cinquième, sixième et neuvième commandement.

RÉCIT. Le feu descendu sur Sodome (*Genes.*, XIX) ; ou le zèle de Phinées contre les impurs (*Num.*, XXV, 6) ; ou le rigoureux châtiment de David, adultère et homicide (II *Reg.*, XII, 1, 8, etc.; XV, 13, etc.); ou quelque autre exemple de châtiment qui imprime de la terreur.

*Expliquez le quatrième commandement*, Père et mère honoreras.

Il est commandé aux enfans d'honorer leurs pères et leurs mères, de leur obéir, et de les aider en leurs nécessités corporelles et spirituelles.

*Que nous prescrit encore ce commandement?*

De respecter tous supérieurs, pasteurs, rois, magistrats, et autres.

*Et que nous est-il défendu?*

Il nous est défendu de leur être désobéissans, de leur faire peine, et d'en dire du mal.

*Expliquez le cinquième commandement*, Homicide point ne seras.

Il est défendu, 1° de tuer, blesser, frapper, nuire au prochain en son corps par soi, ou par autrui; 2° de l'offenser par des paroles injurieuses; 3° de lui souhaiter du mal.

*A quoi nous oblige ce commandement ?*

A pardonner à nos ennemis, et à bien vivre avec tout le monde.

*Expliquez le sixième commandement,* Luxurieux point ne seras.

Dieu défend par là tous les plaisirs de la chair, hors l'usage légitime du mariage.

*Est-il permis de les désirer?*

Non, et Dieu le défend expressément par le neuvième commandement, où il est dit : *L'œuvre de chair ne désireras.*

*Expliquez un peu davantage le sixième et le neuvième commandement.*

C'est-à-dire que Dieu défend toutes actions, paroles, pensées volontaires, désirs et attouchemens déshonnêtes.

*Et quoi encore ?*

Tout ce qui donne de mauvaises pensées, comme les tableaux, les livres, les chansons, les danses, et les entretiens impudiques.

*Que faut-il faire pour bien garder ce commandement ?*

Il faut être honnête et modeste dans ses paroles, habillemens, contenances et postures du corps; et garder la modération dans le boire et le manger.

## LEÇON X.

### Du septième et huitième commandement.

*Expliquez le septième commandement,* Le bien d'autrui tu ne prendras.

Il est défendu de prendre le bien d'autrui, et de le retenir contre la volonté du maître.

*Et que nous est-il commandé dans ce précepte?*

Il est commandé de rendre le bien d'autrui, soit dérobé, soit trouvé, et de faire l'aumône aux pauvres selon ses moyens.

*Dites quelques-unes des manières dont on prend, ou dont on retient le bien d'autrui.*

Les plus ordinaires sont l'usure et les tromperies.

*Qu'est-ce que l'usure ?*

C'est le profit qu'on tire du prêt.

*Qu'entendez-vous par les tromperies?*

C'est comme quand on trompe dans la quantité, ou dans la qualité des choses qu'on vend.

*Qu'appelez-vous la quantité?*

Le poids, le nombre et la mesure.

*Et la qualité, qu'est-ce que c'est?*

C'est comme quand on vend de mauvais blé, ou de mauvais vin, comme bon.

*N'y a-t-il pas d'autres moyens de prendre ou de retenir le bien d'autrui?*

Oui, comme quand on retient le salaire d'un serviteur ou d'un ouvrier, et quand un manouvrier ou artisan ne travaille pas loyalement, ou exige ce qu'il n'a pas gagné.

*Expliquez le huitième commandement,* Faux témoignage ne diras.

Il est défendu de porter faux témoignage en justice contre son prochain, de médire de lui, d'en juger témérairement, de mentir, et il est commandé de dire la vérité.

## LEÇON XI.

### Du dixième commandement.

*Qu'est-ce qui est défendu par le dixième commandement,* Bien d'autrui ne convoiteras?

C'est-à-dire que Dieu défend, non-seulement l'effet, mais encore la volonté de s'approprier le bien d'autrui.

*Qu'est-ce que Dieu défend encore?*

Il défend de souhaiter d'acquérir les biens de la terre par des voies injustes.

*Et quoi encore?*

De laisser languir de faim les pauvres, plutôt que de leur faire part de ce qu'on a moyen de leur donner.

*A quoi est-on obligé par ce précepte?*

A se contenter de l'état où il plaît à Dieu de nous mettre, et à souffrir la nécessité avec patience, quand il lui plaît de nous l'envoyer.

*Comment faut-il accomplir ce précepte?*

En souhaitant que la volonté de Dieu soit accomplie, et non pas la nôtre.

*Qui sont ceux qui contreviennent à ce commandement?*

Ceux qui portent envie à l'élévation et au profit du prochain, comme quand les ouvriers ne voudroient pas que d'autres qu'eux fussent employés dans leur art.

*Les marchands et les autres hommes ne pèchent-ils pas aussi contre ce précepte?*

Oui, quand ils souhaitent la disette, afin de débiter plus chèrement ce qu'ils ont à vendre.

## LEÇON XII.

### Des commandemens de l'Eglise, et de la récompense de ceux qui gardent ces commandemens.

*Combien y a-t-il de commandemens de l'Eglise?*

Il y en a six, savoir :

I. Les dimanches messe ouïras, etc.

*L'Eglise a-t-elle le pouvoir de faire des commandemens?*

Oui, sans doute, puisque Dieu nous l'a donnée pour Mère, et que les commandemens qu'elle nous fait servent à observer les commandemens de Dieu.

*Suffit-il de savoir les commandemens?*

Non. Il faut les observer tous.

*Le peut-on?*

Oui. Dieu et l'Eglise ne les feroient pas, si on ne pouvoit les observer.

*Mais le peut-on de soi-même et par ses propres forces?*

Non. On ne le peut que par la grace; mais Dieu est toujours prêt à nous la donner, si nous la lui demandons.

*Quelle récompense Dieu promet-il à ceux qui feront tous ses commandemens?*

Dieu leur promet le paradis, où ils seront éternellement bienheureux.

*Quel châtiment recevront ceux qui ne les auront pas gardés?*

Ils seront misérables en ce monde : et après cette vie ils iront en enfer, où ils seront privés de la vue de Dieu, et brûlés à jamais avec les démons.

## LEÇON XIII.
### Des sacremens.

*Combien y a-t-il de sacremens ?*

Il y en a sept : le baptême, la confirmation, l'Eucharistie, la pénitence, l'extrême-onction, l'ordre, et le mariage.

*Qu'est-ce que le baptême ?*

C'est un sacrement qui nous fait chrétiens et enfans de Dieu.

*Ce sacrement est-il nécessaire aux petits enfans ?*

Oui, pour effacer en eux le péché originel, avec lequel nous naissons tous.

*Qu'est-ce ce que la confirmation ?*

C'est un sacrement qui nous donne le Saint-Esprit, et qui nous fait parfaits chrétiens.

*Qu'est-ce que l'Eucharistie ?*

C'est un sacrement qui contient, sous les espèces du pain et du vin, le vrai corps et le vrai sang de Notre-Seigneur, pour être notre nourriture spirituelle.

*Qu'est-ce que la pénitence ?*

C'est un sacrement qui remet les péchés commis après le baptême.

*Qu'est-ce que l'extrême-onction ?*

C'est un sacrement qui nous aide à bien mourir, et achève en nous la rémission des péchés.

*Qu'est-ce que l'ordre ?*

C'est un sacrement institué par Jésus-Christ, pour donner à son Eglise des prédicateurs de sa parole, et des ministres de ses sacremens.

*Quels sont-ils ?*

Ce sont les évêques, les prêtres, les diacres, et les autres.

*Qu'est-ce que le mariage ?*

C'est un sacrement qui donne la grace à ceux qui se marient, de vivre chrétiennement dans cet état, et d'élever leurs enfans selon Dieu.

## LEÇON XIV.

*Des deux sacremens que l'on fréquente le plus, savoir : la Pénitence et l'Eucharistie.*

*Quels sacremens fréquentons-nous le plus ordinairement ?*

Ce sont la pénitence ou confession, et l'Eucharistie ou communion.

*Que faut-il faire pour se bien confesser ?*

Il faut faire cinq choses : 1° examiner sa conscience, et penser à ses péchés; 2° en avoir grande douleur; 3° avoir un ferme propos de ne les plus commettre; 4° les dire tous à son confesseur, sans en cacher aucun; 5° faire la pénitence qui nous est ordonnée.

*Qu'est-ce que le prêtre en la sainte messe élève en haut, et montre au peuple ?*

C'est le corps de Jésus-Christ sous les espèces du pain, et dans le sacré calice le sang de Jésus-Christ sous les espèces du vin.

*Qu'appelez-vous les espèces du pain ?*

C'est la blancheur du pain, la rondeur, le goût.

*Qu'appelez-vous les espèces du vin ?*

C'est la couleur du vin, l'humidité, le goût.

*Faut-il adorer le corps et le sang de Jésus-Christ ?*

Il les faut adorer sans aucun doute, parce que ce corps et ce sang sont inséparablement unis à la divinité.

*Que reçoit-on à la sainte table ?*

Le corps adorable de Jésus-Christ.

*Ne reçoit-on que le corps de Jésus-Christ ?*

On reçoit en même temps son sang, son ame, sa divinité, et en un mot, la personne entière de Jésus-Christ, parce que tout cela est inséparable.

*Faut-il adorer Jésus-Christ en le recevant ?*

Il le faut adorer sans aucun doute, parce que c'est la propre personne du Fils de Dieu.

*Quelles dispositions faut-il avoir pour bien communier ?*

Il y en a de deux sortes, dont les unes regardent le corps, et les autres regardent l'ame.

*Dites celles qui regardent le corps?*

1° Il faut être à jeun; 2° il faut être habillé modestement et proprement, autant qu'il se peut.

*Dites les dispositions qui regardent l'ame?*

Il faut, avant toutes choses, n'avoir aucun péché mortel sur la conscience, et pour cela s'en être confessé, si on en a.

*Est-ce tout?*

Non; il faut encore être instruit du Symbole des Apôtres, et des principaux points de la religion.

*Et quoi encore?*

Il faut en particulier avoir une ferme foi, et une croyance certaine qu'on reçoit dans ce sacrement le corps de Jésus-Christ, et lui-même tout entier.

*Et enfin?*

Enfin il faut désirer de s'unir à lui par un saint amour.

## LEÇON XV.

### Du chapelet.

*Comment dites-vous le chapelet?*

Je me mets en la présence de Dieu; je fais le signe de la croix, en disant : *In nomine Patris, etc.*; et puis je dis :

*Adoramus te, Christe, et benedicimus tibi, quia per crucem tuam redemisti mundum : qui vivis et regnas Deus in sæcula sæculorum. Amen.*

*Que veulent dire ces paroles?*

C'est-à-dire : O Jésus, nous vous adorons et nous vous bénissons, parce que vous avez racheté le monde par votre croix; vous qui étant vrai Dieu, vivez et régnez aux siècles des siècles. Ainsi soit-il.

*Que faites-vous ensuite?*

Je dis le *Credo* tout entier, en latin ou en françois.

*Que faut-il dire sur les gros grains?*

Il faut dire le *Pater* en latin ou en françois; et sur les petits, dire l'*Ave*.

*Pourquoi dit-on le chapelet?*

Pour imprimer dans son esprit les principaux actes du chrétien, comme l'acte de foi en récitant le Symbole, et la principale prière en récitant le *Pater*.

*Pour quelle autre fin dit-on encore le chapelet ?*

Pour montrer qu'on est affectionné à la sainte Vierge, et pour obtenir de Dieu par son moyen les graces qui nous sont nécessaires.

*Quelle opinion avez-vous de la sainte Vierge ?*

Que c'est une excellente et bienheureuse créature, pleine de grace et de vertu, et la très-digne Mère de Jésus-Christ.

*A quoi doit-on penser en disant* Ave ?

On doit penser au message que la sainte Vierge reçut, lorsque l'ange saint Gabriel lui vint annoncer qu'elle seroit Mère de Dieu.

*Est-il utile de penser à ce message ?*

Oui, parce que c'est le commencement de notre salut, et le fondement de l'honneur qu'on rend à la sainte Vierge.

*A quoi doit-on penser en disant* sancta Maria ?

On doit penser à la mort, et au besoin particulier que nous y aurons de la grace de Dieu, que la sainte Vierge peut nous obtenir par ses prières.

*Est-il utile de répéter souvent la même prière ?*

Oui, si en la répétant on est soigneux de penser et d'imprimer dans son cœur ce qu'elle contient.

*Faut-il croire qu'il y ait quelque vertu dans le nombre de* Pater *ou d'*Ave ?

Non : ce seroit une croyance superstitieuse.

*A qui le chapelet peut-il profiter ?*

A tous, puisqu'il contient ce qu'il y a de plus nécessaire et de plus utile dans la religion ; mais il sert principalement à ceux qui ne savent pas lire, ou qui ne sont pas assez exercés à prier.

## LEÇON XVI.

### La manière de servir et répondre à la messe.

Celui qui sert à la messe a soin que les cierges soient allumés, et les burettes garnies de vin et d'eau, avant que la messe commence. Il aide au prêtre à se revêtir, et prend garde qu'il soit revêtu proprement.

Si le prêtre part du revestiaire tout habillé, il marche devant modestement,

portant le missel et les burettes (si déjà elles n'étoient à l'autel); et s'il passe devant le Saint-Sacrement il fait la révérence.

Etant arrivé à l'autel, il passe au côté de l'Épître; et y ayant reçu le bonnet, il le place en un lieu convenable, hors de dessus l'autel; puis ayant mis le missel sur l'autel, et les burettes en leur place, aussitôt il se va mettre à genoux au-dessous des degrés, tout en bas du côté de l'Evangile, et se tourne vers le milieu de l'autel.

Il fait toujours la révérence lorsqu'il passe devant l'autel. Il n'a ni livre ni chapelet à la main, afin d'être plus libre et plus attentif à bien servir le prêtre.

Il fait le signe de la croix avec le prêtre au commencement, et répond clairement et distinctement au même ton que le prêtre.

Le catéchiste fera dire les réponses aux enfans en latin, et les avertira qu'ils les trouveront en françois dans le livre des prières, se servant de cette occasion pour les obliger à l'avoir. Il leur parlera fortement du respect et de la dévotion avec lesquels ils doivent servir à la messe; et se servira aussi de cette occasion pour imprimer à tous les enfans un grand respect intérieur et extérieur dans l'église, et particulièrement en entendant la sainte messe.

Quand les enfans doivent recevoir le sacrement de confirmation, il faut les y préparer par des instructions particulières, et les mettre en état de répondre sur le catéchisme précédent. On les doit aussi instruire particulièrement sur le baptême, dont ce sacrement confirme la grace, et puis leur apprendre ce que c'est que la confirmation. Pour cela on leur fera ces deux leçons, surtout s'ils sont dans un âge plus avancé.

## LEÇON XVII.

### Du baptême.

Raconter le baptême de Jésus-Christ, ou la manière dont on baptise dans l'Eglise: d'autres fois, l'alliance entre Dieu et Abraham dans la circoncision, avec les promesses mutuelles (*Gen.* XVII); ou l'alliance entre Dieu et le peuple par le ministère de Moïse et par celui de Josué. (*Exod.* XXIV, 1, etc., jusqu'au 9; *Deut.*, XXIX, 1, 10 et seq.; *Jos.* XXIV.)

*Qu'est-ce que le baptême?*

C'est un sacrement par lequel nous sommes faits chrétiens et enfans de Dieu.

*Comment donne-t-on le baptême?*

On verse de l'eau sur la tête de celui qu'on baptise, en disant ces paroles: *Je te baptise au nom du Père, et du Fils, et du Saint-Esprit,* avec l'intention de faire ce que fait l'Eglise en baptisant.

*Que signifie l'eau dans le baptême?*

Elle signifie que comme l'eau lave le corps, ainsi le baptême lave l'ame de ses péchés.

*Pourquoi dit-on ces paroles:* Je te baptise au nom du Père, du Fils, et du Saint-Esprit?

Pour faire entendre au chrétien, dès sa première entrée dans l'Eglise, qu'il est consacré à un seul Dieu, Père, Fils, et Saint-Esprit.

*Qu'est-ce que fait le baptême en celui qui est baptisé ?*

Il le nettoie du péché originel, et des autres péchés qu'il peut avoir commis depuis sa naissance, s'il a atteint l'usage de la raison.

*Que fait encore en nous le saint baptême ?*

Il nous fait enfans de Dieu et nous donne droit au royaume des cieux, comme à notre vrai héritage.

*Pouvons-nous mériter ces choses ?*

Non : elles nous ont été données gratuitement par le sang et par les mérites de Jésus-Christ.

*Pourquoi appelle-t-on le baptême une seconde naissance ?*

Parce qu'il efface le péché que nous avions apporté en naissant au monde, et nous donne une nouvelle vie.

*Le baptême est-il nécessaire au salut ?*

Le baptême est nécessaire au salut.

*Mais ceux qui sont en âge de discrétion, ne peuvent-ils suppléer au défaut du baptême, lorsqu'il ne leur est pas possible de le recevoir ?*

Ils y peuvent suppléer ou par le martyre, ou par un parfait amour de Dieu, pourvu qu'ils aient le vœu du baptême.

*Qu'appelez-vous le vœu du baptême ?*

Une sincère résolution de le recevoir quand on le pourra.

*A quoi s'oblige celui qui reçoit le baptême ?*

Il s'oblige à croire en Dieu, Père, Fils, et Saint-Esprit, et toute la doctrine de Jésus-Christ.

*A quoi s'oblige-t-il encore ?*

Il s'oblige à renoncer au diable, à ses pompes et à ses œuvres.

*Comment l'Eglise explique-t-elle cette obligation ?*

En disant à celui qu'on va baptiser : *Abrenuntias Satanæ, et omnibus pompis ejus, et omnibus operibus ejus ?*

*Que veulent dire ces paroles ?*

C'est-à-dire : *Ne renoncez-vous pas au diable, et à toutes ses pompes, et à toutes ses œuvres ?*

*Que répond-on pour celui qu'on va baptiser ?*

On répond : *Abrenuntio* : j'y renonce.

*Qu'appelez-vous les pompes du diable ?*

Les vanités et l'éclat trompeur du monde.

*Qu'appelez-vous les œuvres du diable ?*

Les péchés et les maximes corrompues du monde.

*Dites quelques-unes de ces maximes du monde.*

Par exemple : qu'il faut faire comme les autres, c'est-à-dire être libertin et débauché comme la plupart des hommes, qu'il est honteux de ne se pas venger quand on a été offensé, d'être pauvre, d'être humble, et ainsi du reste.

*Que dites-vous de ceux qui craignent de paroître dévots et vrais chrétiens ?*

Qu'ils manquent aux obligations, et renoncent à la grace du baptême.

<small>Quand les enfans seront bien instruits des demandes précédentes, le curé ou le catéchiste leur fera renouveler les promesses du baptême en cette forme, surtout devant la Confirmation.</small>

*Vous tenez-vous obligés à garder ce que vos parrains et marraines ont répondu pour vous dans le baptême ?*

Oui, puisque Dieu ne m'a reçu à sa grace que sous ces promesses.

*Renouvelez les promesses de votre baptême.*

Je crois en Dieu le Père tout-puissant, créateur du ciel et de la terre ;

Et en Jésus-Christ son Fils unique, Dieu et homme tout ensemble, qui a racheté le monde par sa croix ;

Et au Saint-Esprit.

Je crois l'Eglise catholique, la communion des saints, la rémission des péchés, la résurrection de la chair, et la vie éternelle.

Je renonce de tout mon cœur au diable, à ses pompes, aux vanités et à l'éclat trompeur du monde, aux œuvres du diable, à tout péché, et aux maximes corrompues du monde ; et je veux vivre et mourir en vrai chrétien, moyennant la grace de Dieu. Ainsi soit-il.

*Et le prêtre dira :*

Faites ainsi et vous vivrez.

## LEÇON XVIII.

### De la confirmation.

Représenter la descente du Saint-Esprit au jour de la Pentecôte (*Act.*, III), ou les apôtres donnant la confirmation à Samarie (*Act.*, VIII, 14, 15, 16, 17), et saint Paul la donnant à Éphèse (*Act.*, XIX, 1, etc.).

*Qu'est-ce que la confirmation ?*

C'est un sacrement qui nous donne le Saint-Esprit, et qui nous fait parfaits chrétiens.

*N'avons-nous pas le Saint-Esprit par le baptême ?*

Oui : nous l'avons, mais ce n'est pas avec la même force que dans la confirmation.

*Comment est-ce que la confirmation nous fait parfaits chrétiens ?*

En augmentant en nous la grace du baptême, et en nous donnant la force de confesser le nom de Jésus-Christ.

*Que veut dire ce mot,* confirmer ?

Il veut dire donner de la force.

*Donnez-moi l'exemple de quelque occasion où le sacrement de confirmation donne de la force.*

Si un infidèle menaçoit un chrétien qui auroit été confirmé, de le faire mourir, à moins qu'il ne voulût renoncer à la foi, ce sacrement donneroit courage au chrétien pour ne pas craindre ces menaces, et pour persévérer dans la foi.

*Qui est le ministre de ce sacrement ?*

C'est l'évêque.

*Que fait l'évêque en donnant la confirmation ?*

Il étend premièrement les mains sur ceux qu'il doit confirmer en invoquant le Saint-Esprit, afin qu'il descende sur eux avec ses dons.

*Que faut-il faire pendant que l'évêque fait cette prière ?*

Ouvrir son cœur au Saint-Esprit par un acte de foi, et par le désir de le recevoir.

*De quelle matière se sert l'évêque dans la confirmation ?*

Du saint chrême.

*Qu'est-ce que le saint chrême ?*

De l'huile d'olive mêlée de baume, que l'évêque à consacrée le Jeudi Saint.

*Que signifie l'huile dans la confirmation ?*

Elle signifie l'abondance de la grace du Saint-Esprit, qui se répand dans les ames.

*Que signifie le baume mêlé avec l'huile ?*

Le baume par sa bonne odeur signifie que le chrétien, qui est prêt à confesser la foi, doit édifier le prochain par l'odeur d'une sainte vie.

*Que fait l'évêque avec le saint chrême sur celui qui est confirmé ?*

Il lui en fait une onction en forme de croix sur le front.

*Pourquoi sur le front ?*

Parce que le front est la partie la plus haute et la plus apparente du corps.

*Pourquoi encore ?*

Parce que les signes de la honte et de la crainte paroissent principalement sur le front.

*Et que veut-on dire par là ?*

Qu'il faut faire une profession ouverte de la foi de Jésus-Christ, et qu'on n'a ni crainte ni honte de confesser son nom.

*Pourquoi fait-on l'onction en forme de croix ?*

Pour montrer qu'on ne doit pas rougir de la croix de Jésus-Christ.

*Pourquoi l'évêque donne-t-il un soufflet à celui qu'il a confirmé ?*

Afin qu'il se souvienne qu'il doit être prêt à souffrir toutes sortes d'affronts et de peines.

*Faut-il être en état de grace, afin de recevoir ce sacrement ?*

Oui, il faut être en état de grace.

*Pourquoi ?*

A cause que ce sacrement augmentant la grace et confirmant la sainteté, il suppose qu'elle soit déjà dans le fidèle.

*Que doit faire le chrétien qui doit recevoir ce sacrement, s'il se sent en péché mortel ?*

Il doit se confesser avant que de le recevoir.

*Dans quel temps est-on plus obligé de recevoir la confirmation ?*

Dans le temps que l'Eglise est persécutée.

*Mais le doit-on négliger lorsque l'Eglise est dans la paix?*

Non, parce que les enfans de Dieu ont toujours à souffrir une espèce de persécution.

*Quelle est cette persécution que les enfans de Dieu ont toujours à souffrir?*

C'est que le démon les tente, et que le monde les contraint, autant qu'il peut, à vivre selon ses maximes.

*Est-ce un péché de ne se pas présenter au sacrement de confirmation?*

Oui, quand c'est par mépris qu'on ne s'y présente pas.

*Ne doit-on pas se presser de recevoir ce sacrement?*

On le doit, principalement quand on prévoit que l'occasion de le recevoir ne reviendra pas de longtemps, et peut-être jamais.

*A quel âge doit-on recevoir la confirmation?*

On la donne ordinairement quand on commence à avoir l'usage de la raison.

*Lorsque la confirmation donne le Saint-Esprit, donne-t-elle la même grace que les apôtres reçurent le jour de la Pentecôte?*

Oui, elle donne la même grace, mais non pas de la même manière.

*Pourquoi la même grace?*

Parce que le Saint-Esprit habite dans le chrétien qui est confirmé, comme il habita dans les apôtres, et qu'il lui donne comme à eux la grace de confesser la foi.

*Pourquoi ne recevons-nous pas cette grace de la même manière?*

Parce que les apôtres la reçurent sous la figure des langues de feu, au lieu qu'elle est figurée par le saint chrême à celui qui est confirmé.

*Peut-on recevoir deux fois la confirmation?*

Il s'en faut bien garder, ce sacrement ne peut se réitérer.

*Que doit faire le chrétien pour en conserver la grace?*

Il la doit souvent renouveler par le souvenir, et en invitant le Saint-Esprit à demeurer dans son cœur.

## LEÇON XIX.

Bref exercice pour régler les principales actions du chrétien durant la journée.

Il le faut faire lire aux enfans, le leur faire bien entendre, et leur en demander compte en la manière que le catéchiste trouvera le plus convenable.

1. *Le matin à son réveil, il faut faire le signe de la croix, en disant :* Au nom du Père, etc. *et dire :* Mon Dieu, je vous donne mon cœur.

2. *Etant sorti du lit, il est bon de prendre de l'eau bénite, et de se souvenir du baptême.*

3. *Etant habillé, il faut se mettre à genoux, et il est bon que ce soit devant quelque dévote image qui recueille notre esprit en Dieu. On dit ensuite :* Mon Dieu, je vous remercie de m'avoir créé et mis au monde, racheté, fait chrétien, conservé la nuit passée. Je vous offre toutes les actions que je ferai aujourd'hui. Faites-moi la grace de ne vous point offenser, je vous le demande au nom de Notre-Seigneur Jésus-Christ.

*Ensuite toute la famille se rassemble pour faire en commun la prière du matin marquée à la fin de ce catéchisme.*

4. *Avant que l'on commence son étude ou son travail :*

Mon Dieu, je vous offre le travail que je veux faire pour l'amour de vous; donnez-y, s'il vous plaît, votre bénédiction.

5. *Avant le repas.*

*Benedicite : Dominus, nos et ea, etc.*

Bénissez; (*c'est la demande que l'on fait au père de famille, ou à la personne la plus digne, à quoi il répond :*) c'est au Seigneur qu'il appartient de bénir. *Puis on continue, en disant :* Que la main de Jésus-Christ nous bénisse, nous et la nourriture que nous devons prendre. Au nom du Père, etc.

6. *Après le repas.*

*Laus Deo, pax vivis, etc.*

Louanges à Dieu, paix aux vivans, et repos aux morts; et vous, ô Seigneur, ayez pitié de nous.

℟. Rendons graces à Dieu.

*Ou bien :*

*Agimus tibi gratias, Rex omnipotens Deus, etc.*

Nous vous rendons graces de tous vos bienfaits, ô Dieu, Roi

tout-puissant, qui vivez et régnez aux siècles des siècles. Ainsi soit-il.

*Ou bien :*

*Regi sæculorum immortali et invisibili, soli Deo, honor et gloria in sæcula sæculorum. Amen.*

Au Roi des siècles, immortel et invisible, au seul Dieu honneur et gloire aux siècles des siècles. Ainsi soit-il.

7. *Dès qu'on s'aperçoit d'avoir commis quelque péché, surtout si l'on craint qu'il soit mortel, il faut s'en repentir au fond de son cœur, et dire, en s'excitant à la contrition :*

Je déteste, ô mon Dieu, pour l'amour de vous, le péché que j'ai commis : je vous en demande pardon par le sang de Notre-Seigneur; et moyennant votre sainte grace, je ne vous offenserai plus.

8. *Le soir, avant qu'on se couche, on doit faire dans la famille la prière du soir en commun, comme elle est à la fin de ce catéchisme.*

*Il faut examiner sa conscience, et rappeler en sa mémoire toutes les pensées, les paroles et les actions de la journée. Si l'on reconnoît que l'on a commis quelque péché mortel, il faut s'en repentir avec un cœur vraiment contrit, en s'aidant pour cela de l'acte de contrition marqué ci-dessus. Car celui que la mort surprendra en péché mortel, avant qu'il se soit approché du sacrement de pénitence, ou qu'il se soit au moins bien sincèrement repenti de son crime, celui-là sera éternellement damné.*

9. *Enfin il est bon de prendre de l'eau bénite ; et avant que de s'endormir, faire le signe de la croix, et dire :*

Jésus, soyez mon Sauveur. Sainte Vierge, Mère de Dieu, priez pour moi, maintenant et à l'heure de la mort. Mon Dieu, que je meure en votre grace. *Requiescant in pace. Amen : c'est-à-dire :* Que les ames des fidèles qui sont morts reposent en paix. Ainsi soit-il.

Il est bon de savoir ces courtes prières par cœur, pour prendre l'habitude de prier ; mais dans la suite chacun pourra dire ce que Dieu lui inspirera ; et il faut bien avertir les enfans que la prière ne consiste pas tant dans les paroles, que dans la bonne volonté et le sentiment.

## PRIÈRES DU MATIN.

Au nom du Père, etc. *In nomine Patris, etc.*

*Adorons Dieu, et mettons-nous en sa sainte présence.*

Dieu éternel et tout-puissant, qui nous avez créés à votre image et ressemblance, et qui nous avez faits capables de vous aimer et de vous posséder éternellement, nous vous adorons en toute humilité comme notre souverain Seigneur. Faites-nous la grace de reconnoître votre bonté infinie par l'amour qui vous est dû, et par une parfaite obéissance à vos saints commandemens.

*Remercions Dieu de toutes les graces qu'il nous a faites.*

O mon Dieu, qui avez tout en votre puissance, nous reconnoissons que nous n'avons rien qui ne vienne de vous. C'est pour cela que nous ne cesserons de publier vos miséricordes, et de vous remercier de tous les biens et de toutes les graces que vous nous avez faits, particulièrement de ce que nous sommes dans la vraie Eglise, et que vous nous avez préservés durant cette nuit, et pendant notre vie, de tant de mauvais accidens.

*Pensons aux péchés auxquels nous sommes le plus enclins, et prenons une ferme résolution de n'y plus retomber.*

Il faut s'arrêter ici pour penser à ses péchés.

*Tâchons par un vrai repentir de nos péchés, d'en obtenir la rémission.*

Mon Dieu, nous vous demandons très-humblement pardon et miséricorde par Notre-Seigneur Jésus-Christ, votre Fils. Nous avons regret de vous avoir offensé, et nous détestons nos péchés, parce qu'ils vous déplaisent, et que vous êtes infiniment bon. Nous promettons, mon Dieu, moyennant votre sainte grace, de n'y plus retomber, d'en éviter les occasions, d'en faire pénitence et de mieux vivre à l'avenir.

*Offrons-nous à Dieu de tout notre cœur, et prions-le que tout ce que nous ferons soit pour sa gloire.*

Mon Dieu, nous vous offrons notre corps, notre ame, et tout ce que nous sommes; et parce que la foiblesse humaine ne peut rien sans vous, nous vous prions de nous aider par votre grace, afin que tout ce que nous ferons et souffrirons aujourd'hui, soit pour votre plus grande gloire et pour la rémission de nos péchés; par Jésus-Christ Notre-Seigneur. Ainsi soit-il.

*Demandons à Dieu les graces qui nous sont nécessaires pour passer saintement ce jour, et faisons la prière que Notre-Seigneur Jésus-Christ nous a donnée lui-même.*

*Pater noster, etc.*      Notre Père, etc.

*La Salutation de l'ange.*

*Ave, Maria, etc.*      Je vous salue, Marie, etc.

*Le Symbole des apôtres.*

*Credo in Deum, etc.*      Je crois en Dieu, etc.

Seigneur Dieu tout-puissant, qui nous avez fait arriver au commencement de cette journée, sauvez-nous par votre puissance, afin que durant ce jour nous ne nous laissions aller à aucun péché; mais que toutes nos pensées, nos paroles et nos actions étant conduites par votre grace, ne tendent qu'à accomplir les règles de votre justice; par Notre-Seigneur Jésus-Christ votre Fils, qui vit et règne avec vous, en l'unité du Saint-Esprit, par tous les siècles des siècles. Ainsi soit-il.

Que la sainte Vierge et tous les saints intercèdent pour nous envers Notre-Seigneur Jésus-Christ, afin que nous obtenions d'être secourus et sauvés par lui.

Que le Seigneur tout-puissant établisse nos jours et nos actions dans sa sainte paix; qu'il nous garde de tout mal; qu'il nous conduise à la vie éternelle; et que, par sa miséricorde, les ames des fidèles qui sont morts reposent en paix. Ainsi soit-il.

## PRIÈRES DU SOIR.

*In nomine Patris, etc.*      Au nom du Père, etc.

*Demandons l'assistance du Saint-Esprit.*

Esprit-Saint, venez en nous; répandez dans nos ames les rayons de votre lumière, et brûlez nos cœurs par le feu de votre amour.

*Mettons-nous en la présence de Dieu, adorons-le, et le remercions de tous ses bienfaits.*

Nous vous adorons, ô mon Dieu, qui êtes ici présent ; nous vous louons, aimons et reconnoissons comme Père de miséricorde, et comme la source de tout bien. Nous vous rendons graces de tout notre cœur, par Notre-Seigneur Jésus-Christ, votre Fils unique, de tous les effets de votre bonté et charité envers nous.

*Demandons à Dieu les lumières pour connoître et haïr véritablement nos péchés.*

Donnez-nous, ô mon Dieu, les lumières qui nous sont nécessaires pour connoître le nombre, la laideur et la griéveté de nos offenses.

*Examinons nos consciences sur les fautes que nous avons commises aujourd'hui par pensées, paroles, œuvres et omissions, en nous arrêtant particulièrement aux péchés auxquels nous sommes le plus enclins.*

Il faut s'arrêter ici pour examiner sa conscience.

*Demandons pardon à Dieu.*

Mon Dieu, nous vous demandons très-humblement pardon et miséricorde, par Notre-Seigneur Jésus-Christ, votre Fils. Nous avons regret de vous avoir offensé ; et nous détestons nos péchés, parce qu'ils vous déplaisent, et que vous êtes infiniment bon. Nous promettons, moyennant votre sainte grace, de n'y plus retourner, d'en éviter les occasions, d'en faire pénitence et de mieux vivre à l'avenir.

Mon Dieu, ne nous traitez pas selon nos péchés, et ne nous rendez pas ce que nous avons mérité par nos offenses ; mais au contraire, faites paroître sur nous les effets de votre ineffable miséricorde. Délivrez-nous des peines que nous avons méritées. Délivrez-nous de tout mal, de tout péché, des embûches du démon, de nos mauvaises inclinations, d'une mort imprévue ; et en nous faisant la grace de nous conduire à une véritable pénitence, faites que nous puissions persévérer dans une bonne vie jusqu'à la mort.

*Confiteor, etc. Indulgentiam, etc. Misereatur, etc.*

*Demandons à Dieu ce que Notre-Seigneur Jésus-Christ nous a lui-même enseigné; récitons ensuite la Salutation de l'ange et le Symbole des apôtres avec foi.*

Pater, Ave, Credo, etc.

*Prions pour notre évêque, afin que Dieu le protége et le sanctifie par sa grace.*

Dieu tout-puissant et éternel, ayez pitié de votre serviteur, et conduisez-le par votre bonté dans la voie du salut éternel, en lui faisant vouloir, par le don de votre grace, ce qui vous est agréable, et le lui faisant accomplir de toutes ses forces.

*Prions pour le Roi et pour toute la famille royale.*

Seigneur, sauvez le Roi, et bénissez sa famille. Conservez la maison de saint Louis votre serviteur, et faites que ses enfans soient imitateurs de sa foi.

*Que chacun en particulier demande à Dieu les graces dont il a besoin pour le bien servir.*

Seigneur, brûlez nos cœurs par le feu de votre Saint-Esprit, afin que nous vous servions dans un corps chaste, et que par la pureté de nos ames nous vous soyons toujours agréables.

*Prions Dieu pour les ames des fidèles trépassés.*

Seigneur, qui êtes le créateur et le rédempteur de tous les fidèles, accordez aux ames de vos serviteurs et servantes la rémission de tous leurs péchés, afin qu'elles obtiennent par les humbles prières de votre Eglise, le pardon qu'elles ont toujours désiré. C'est ce que nous vous demandons pour elles, ô Jésus, qui vivez et régnez par tous les siècles des siècles. Ainsi soit-il.

*Mettons-nous en l'état auquel nous voudrions être à l'heure de notre mort, puisque nous ne sommes pas assurés si nous mourrons cette nuit ou non.*

Mon Dieu, faites que nous nous tenions soigneusement sur nos gardes, et que nous veillions sans cesse, parce que le démon notre ennemi, tournant à l'entour de nous comme un lion rugissant, cherche quelqu'un qu'il puisse dévorer comme sa proie. Donnez-nous, Seigneur, la force de lui résister, et de demeurer toujours fermes dans votre foi.

Nous vous prions, mon Dieu, de visiter cette demeure, et d'en éloigner toutes les embûches du démon notre ennemi. Que vos saints anges y habitent pour nous y conserver en paix, et que votre bénédiction demeure toujours sur nous : par Jésus-Christ Notre-Seigneur. Ainsi soit-il.

Que le Seigneur tout-puissant et miséricordieux, le Père, le Fils, et le Saint-Esprit, nous donne une nuit tranquille et une heureuse fin, qu'il nous bénisse et nous protége toujours. Ainsi soit-il.

Sainte Vierge Marie, Mère de Dieu, priez pour nous.

Nos saints anges, veillez autour de nous.

Tous saints et saintes de Dieu, priez pour nous.

FIN DU PREMIER CATÉCHISME.

# SECOND CATÉCHISME

## POUR CEUX QUI SONT PLUS AVANCÉS

### DANS LA CONNOISSANCE DES MYSTÈRES

ET QUE L'ON COMMENCE A PRÉPARER A LA PREMIÈRE COMMUNION.

---

Au commencement de ce second catéchisme, on fera aux enfans un récit en abrégé de l'Histoire sainte, à peu près selon la forme qu'on va mettre ici. Le curé le pourra étendre, et le diviser en autant de discours ou de leçons qu'il avisera par sa prudence. Mais par toutes sortes de moyens, il tâchera de le faire entrer bien avant dans l'esprit des enfans, en le leur faisant de la manière la plus vive et la plus insinuante, et avec les caractères les plus marqués et les plus sensibles qu'il pourra; en le leur répétant souvent, et leur en faisant répéter tantôt une partie, tantôt une autre; même le faisant apprendre par cœur à ceux qui auront assez de mémoire pour cela; se souvenant toujours que rien ne s'insinue mieux dans les esprits, et n'y fait plus d'impression, que les narrés, et qu'il n'y a rien de meilleur que d'y insérer la doctrine, comme Dieu l'a fait faire à Moïse et aux évangélistes.

## ABRÉGÉ DE L'HISTOIRE SAINTE.

### I.

#### La création du monde, et celle de l'homme.

Au commencement et avant tous les siècles, de toute éternité, Dieu étoit; et il étoit Père, Fils, et Saint-Esprit, un seul Dieu en trois personnes, Esprit bienheureux et tout-puissant. Parce qu'il est bienheureux, il n'a besoin que de lui-même; et parce qu'il est tout-puissant, de rien il peut créer tout ce qu'il lui plaît. Ainsi rien n'étoit que Dieu, Père, Fils, et Saint-Esprit : tout le reste, que nous voyons et que nous ne voyons pas n'étoit rien du tout.

Dieu créa donc au commencement le ciel et la terre, les choses visibles et invisibles, la créature spirituelle et la corporelle, et l'ange aussi bien que l'homme. Dieu commanda, et tout sortit du néant à sa parole. Il n'eut qu'à vouloir, et aussitôt tout fut créé, et chaque chose rangée à sa place : la lumière, le firmament, le soleil, la lune, les astres, la terre et la mer, les plantes, les animaux, et enfin l'homme.

Il lui plut de faire le monde en six jours : à la fin du sixième jour il fit l'homme à son image et ressemblance, en lui créant une ame capable d'intelligence et d'amour; et il voulut qu'il fût éternellement heureux, s'il s'appliquoit tout entier à connoître et aimer son Créateur. En même temps il lui donna la grace de le pouvoir faire; et le bonheur éternel de l'homme devoit être de posséder Dieu qui l'avoit créé. S'il n'eût point péché, il n'eût point connu la mort : et Dieu avoit résolu de le conserver immortel en corps et en ame.

## II.

### La chute d'Adam, et le Sauveur promis.

Dieu créa pareillement la femme; il appela l'homme *Adam*, et la femme *Eve*, et voulut que tout le genre humain naquît de ce premier mariage. Il mit nos premiers parens dans son paradis; c'étoit un jardin délicieux; et pour montrer qu'il étoit leur souverain, il leur donna un commandement, qui fut de ne pas manger du fruit d'un certain arbre. Dieu appela cet arbre l'*Arbre de la science du bien et du mal :* le bien étoit de demeurer soumis à Dieu, et le mal devoit paroître si l'homme désobéissoit au commandement divin. L'homme avoit été créé bon et saint, mais il n'étoit pas pour cela incapable de péché, ni absolument parfait. Le démon le tenta; il désobéit à Dieu, et mangea le fruit défendu. Aussitôt Dieu lui prononça son arrêt de mort; et par un juste jugement, son péché devint le péché de tous ses enfans, c'est-à-dire de tous les hommes. Dieu le chassa de son paradis, et le mit sous la puissance du démon, par qui il s'étoit laissé vaincre. Mais en même temps, touché de pitié, il lui promit que de sa race il lui naîtroit un sauveur, par qui l'empire du démon seroit détruit et l'homme délivré du péché et de la mort: c'est le Christ ou le Messie, qui devoit naître au milieu des temps.

### III.

#### La corruption du monde, et le déluge.

Les hommes ainsi corrompus dès leur origine, devenoient plus méchans à mesure qu'ils se multiplioient. Caïn, l'un des fils d'Adam, tua son frère Abel le juste, dont il étoit jaloux; et sa postérité imita ses crimes. Dieu donna Seth à Adam au lieu d'Abel. La connoissance et le service de Dieu se conserva dans la famille de Seth, jusqu'à ce que cette famille bénite s'étant mêlée avec celle de Caïn méchant et maudit, tout le genre humain fut corrompu. Alors Dieu résolut de noyer tous les hommes par un déluge universel, en réservant seulement Noé avec sa famille, afin de repeupler de nouveau la terre. Avant que d'envoyer le déluge, Dieu ordonna à Noé de faire de bois, en forme de coffre, un grand bâtiment qu'on appela l'Arche, et il y renferma les hommes avec les animaux qu'il voulut sauver, de toutes les espèces. Les eaux s'élevoient par toute la terre, jusqu'à couvrir les plus hautes montagnes. L'arche protégée de Dieu, voguoit dessus. Noé en sortit quand la terre fut desséchée, et un an après qu'il y étoit entré. La première chose qu'il fit fut d'élever un autel, et d'offrir à Dieu un sacrifice en action de graces.

### IV.

#### L'ignorance et l'idolâtrie répandues par toute la terre : la vocation d'Abraham : les promesses et l'alliance.

La terre se repeupla d'hommes et d'animaux et toutes les nations se formèrent des trois enfans de Noé, Sem, Cham, et Japhet. En s'éloignant des commencemens, les hommes oublioient Dieu qui avoit fait le ciel et la terre, et les avoit faits eux-mêmes. On adora les créatures où l'on vit quelque chose d'excellent, comme les astres, le ciel, les hommes extraordinaires; et l'idolâtrie commençoit à se répandre par tout l'univers. La véritable religion ne laissoit pas de se conserver avec la mémoire de la création du monde. Les hommes se la laissoient les uns aux autres par tradition, et comme de main en main. Mais de peur qu'avec le temps elle ne se perdît tout à fait parmi tant de corruption, Dieu appela le patriarche Abraham, né de la race de Sem. Il fit alliance avec lui, en lui promettant d'être son Dieu et de sa postérité, et l'obligeant aussi à le servir, lui et ses descendans. La circoncision fut établie comme le sceau de l'alliance. Abraham fut introduit dans la terre de Chanaan, que Dieu lui promit de donner à sa postérité. C'est celle que nous appelons la Judée, la Palestine, ou la Terre sainte. Dieu y vouloit être servi par les descendans d'Abraham. Pour combler ce patriarche de ses graces, il lui promit de nouveau le Sauveur du monde, qui devoit naître de sa race, et par lequel toutes les nations de la terre, après s'être longtemps égarées, devoient retourner un jour au vrai Dieu, qui avoit fait le ciel et la terre, les hommes et les animaux.

Dieu confirme son alliance, et les promesses du Christ qui devoit venir, à Isaac fils d'Abraham, et à Jacob, son petit-fils. Il donna à Jacob le nom d'*Israël*. Abraham, Isaac et Jacob vécurent dans la Palestine, tantôt d'un côté, tantôt d'un autre, sans y avoir de demeure fixe. Leur vie étoit simple et laborieuse ; ils nourrissoient de grands troupeaux. Dieu bénissoit leur travail à cause qu'ils le servoient, et ils étoient respectés des princes et des habitans du pays. Jacob y eut douze enfans, qu'on appelle les douze patriarches, c'est-à-dire les premiers pères des Israélites, et la tige de leurs douze tribus. C'est de là que sont sortis les Israélites, et on les appelle aussi les Hébreux.

## V.

### Le peuple de Dieu captif en Egypte, et délivré par Moïse.

Une famine universelle obligea Jacob à quitter la terre de Chanaan, pour se retirer avec ses enfans dans l'Egypte, qui n'en étoit pas éloignée. Tout abondoit en Egypte par la prévoyance de Joseph, un des fils de Jacob, et celui qu'il aimoit le mieux : mais il croyoit l'avoir perdu, et l'avoit pleuré comme mort, il y avoit déjà longtemps. Cependant Dieu l'avoit conservé miraculeusement; et Pharaon, roi d'Egypte, lui avoit donné tout pouvoir dans son royaume. Jacob reçu en Egypte par ce moyen, s'y établit avec sa famille ; et là, prêt d'expirer, il bénit ses enfans, chacun en particulier. Parmi tous ses enfans, Juda devoit être le plus célèbre. C'étoit du nom de Juda que la Palestine devoit un jour tirer son nom, et devenir la Judée. De ce même nom tous les Hébreux devoient aussi un jour être appelés Juifs. Jacob en le bénissant, lui annonça la gloire de sa postérité, et lui prédit que le Christ sorti de sa race, seroit l'attente des peuples.

La famille de Jacob devint un grand peuple ; elle demeura dans la foi des patriarches, et servit le Dieu d'Abraham, d'Isaac et de Jacob, que l'Egypte plongée dans l'idolâtrie ne connoissoit pas. Cependant un autre Pharaon monta sur le trône, et ne se souvint plus des services de Joseph. La jalousie de ce prince et de ses sujets leur fit prendre la résolution d'exterminer les Hébreux. Dieu les sauva de leurs mains sous la conduite de Moïse, par des prodiges inouïs. L'Egypte fut frappée de dix terribles fléaux de Dieu, qu'on appelle les dix plaies d'Egypte. L'eau des rivières fut changée en sang, et les Egyptiens trouvoient à peine de quoi boire; les grenouilles remplirent toutes leurs maisons; des mouches de diverses sortes pénétroient partout, et ne leur laissoient aucun repos ; Dieu envoya la mortalité et des ulcères terribles sur les hommes et sur les animaux; la grêle ravagea les moissons, dont les restes furent dévorés par des sauterelles qui couvroient la face de la terre; toute l'Egypte fut couverte de ténèbres épaisses; on ne se connoissoit plus; enfin Dieu envoya son ange, qui en une nuit fit mourir tous les premiers-nés des Egyptiens, depuis le fils du roi assis sur son trône, jusqu'au fils de la servante occupée au moulin, et dans les services les plus bas de la maison. Pharaon à cette fois écouta la voix de Dieu, et laissa sortir les Israélites. La mer Rouge s'ouvrit devant eux pour leur faire un passage ; et un peu après ils virent flotter sur les eaux le corps de Pharaon et ceux de ses soldats, qui les poursuivoient : c'est qu'ils s'étoient repentis d'avoir obéi à Dieu ; Dieu aussi les fit périr sans miséricorde.

## VI.

*Le peuple dans le désert : la loi : l'entrée dans la terre promise : Josué : David : Salomon : le temple : le schisme de Jéroboam : la captivité de Babylone : les prophéties : l'attente du Christ.*

Les Israélites restèrent quarante ans dans le désert ; mais Dieu les protégeoit. La manne tomba du ciel pour les nourrir ; un rocher frappé par la verge de Moïse, leur fournit des eaux en abondance. Dès le commencement, Dieu leur parut sur le mont de Sinaï, avec une démonstration étonnante de sa majesté et de sa puissance : au milieu des éclairs et des tonnerres, il écrivit de son doigt les dix commandemens, qu'on appelle le Décalogue, sur deux tables de pierre, et leur donna la loi sous laquelle ils devoient vivre dans la terre de Chanaan, jusqu'à la venue du Christ.

Le temps étoit arrivé où Dieu avoit résolu de donner aux Israélites cette terre promise à leurs pères. Moïse, leur législateur, les mena jusqu'à l'entrée : Josué les y introduisit, et la partagea entre les douze tribus. Dieu enfin suscita David, qui en acheva la conquête : la royauté fut établie dans sa famille : Dieu lui promit que le Christ sortiroit de lui. Aussi David étoit-il de la tribu de Juda, dont le Messie devoit naître, selon l'oracle de Jacob. David chanta dans ses *Psaumes* les merveilles du Sauveur qui devoit venir : il en vit la figure en la personne de Salomon son fils et son successeur. Durant le règne de Salomon, le temple fut bâti dans Jérusalem, et cette sainte cité fut la figure de l'Eglise chrétienne. Salomon ne fut pas fidèle à Dieu, et aussi son royaume fut divisé sous Roboam, son fils et son successeur. Des douze tribus il y en eut dix qui se séparèrent du temple et de la famille de David, à qui Dieu avoit donné le royaume. Jéroboam fut le chef de ces rebelles. C'est la figure des schismatiques et de leurs auteurs, qui se séparent de l'Eglise. Dieu les rejeta, et le nom en est aboli. La tribu de Juda fut le chef de ceux qui demeurèrent fidèles. Mais les Juifs oublièrent souvent le Dieu de leurs pères, et leurs infidélités leur attirèrent divers châtimens. Après les impiétés d'Achaz et de Manassès, rois de Juda, Dieu appela Nabuchodonosor, roi de Babylone, pour punir les ingratitudes de son peuple : Jérusalem fut détruite, le temple réduit en cendres, et tout le peuple mené captif en Babylone. Mais Dieu se souvenoit toujours de ses anciennes miséricordes, et des promesses qu'il avoit faites à Abraham, Isaac et Jacob. Ainsi après soixante et dix ans de captivité, il ramena son peuple dispersé dans la terre de ses pères : Jérusalem fut réparée, et le temple rétabli sur ses ruines. Cyrus, roi de Perse, fut choisi de Dieu pour accomplir cet ouvrage. Esdras et Néhémias y travaillèrent sous les ordres des rois de Perse. En ce temps et durant plusieurs siècles, Dieu ne cessa d'envoyer ses prophètes, qui reprenoient le peuple et fortifioient les serviteurs de Dieu dans son culte. Ensemble ils prédisoient le règne éternel, et les souffrances du Christ; et le peuple de Dieu vivoit dans cette attente.

## VII.

#### La venue de Jésus-Christ : sa prédication : sa mort, sa résurrection, son ascension : sa toute-puissance.

Il y avoit environ quatre mille ans que le monde vivoit dans les ténèbres. Dieu n'étoit connu qu'en Judée, et dans le plus petit peuple de l'univers. L'heure bienheureuse étant arrivée, où ce Christ tant promis devoit venir, Dieu envoya au monde son propre Fils : le Verbe de Dieu se fit homme. La nouvelle de sa prochaine venue fut annoncée à Marie, qui devoit être sa mère, et néanmoins toujours vierge. Elle crut : le Christ, Fils de Dieu, fut conçu dans ses entrailles. Il naquit à Bethléem : il fut circoncis et nommé Jésus, c'est-à-dire Sauveur. Il croissoit en obéissant à Marie sa Mère, et à Joseph son nourricier. A l'âge d'environ trente ans, il fut baptisé par saint Jean-Baptiste : il prêcha dans la Judée, et il annonça l'Evangile, c'est-à-dire la bonne nouvelle; et cette bonne nouvelle, c'est la rémission des péchés, et la vie éternelle, à ceux qui croiroient en lui, et vivroient selon les préceptes de la loi nouvelle qu'il prêchoit. Pour jeter les fondemens de son Eglise, il appela ses douze apôtres, dont saint Pierre fut établi le chef par Jésus-Christ. Cependant la jalousie des pontifes, des pharisiens et des docteurs de la loi s'élevoit contre lui, à cause qu'il reprenoit leurs erreurs et leur hypocrisie. Enfin, il fut crucifié sur le Calvaire, auprès de Jérusalem, entre deux voleurs. Les

Juifs continuèrent à l'outrager au milieu de son supplice ; et comme il eut demandé à boire, on lui présenta dans une éponge du fiel et du vinaigre. Tout ce qui étoit écrit de lui dans les Psaumes et dans les Prophéties, fut accompli : il expira sur la croix ; son corps fut mis dans un tombeau : son ame sainte descendit dans les enfers, où elle délivra les Pères détenus dans ces lieux souterrains et se réunit à son corps le troisième jour. Ce jour même, Jésus-Christ ressuscité se fit voir à ses disciples incrédules. Ils voient, ils touchent ses plaies, ils y enfoncent leurs doigts et leurs mains, ils sont convaincus. Durant l'espace de quarante jours Jésus-Christ leur parle, il les instruit ; il envoie ses douze apôtres par toute la terre, pour y être les fondateurs des églises chrétiennes, et la source de tous les pasteurs qui les devoient gouverner jusqu'à la fin du monde ; enfin après leur avoir promis d'être toujours avec eux jusqu'à la fin des siècles, il monte aux cieux en leur présence. Là il est assis à la droite de son Père, et toute puissance lui est donnée dans le ciel et sur la terre.

## VIII.

### Descente du Saint-Esprit, et l'établissement de l'Eglise.

Cinquante jours après Pâques, et le jour de la Pentecôte, il envoya le Saint-Esprit qu'il avoit promis. Les apôtres remplis de force, prêchent par tout l'univers Jésus-Christ ressuscité, et la rémission des péchés en son nom et par son sang. En peu de temps ils remplissent tout l'univers de l'Evangile, et répandent leur sang pour en confirmer la vérité. L'empereur Néron, le plus infâme et le plus cruel de tous les princes, fut le premier persécuteur de l'Eglise, et il fit mourir à Rome les apôtres saint Pierre et saint Paul. Aussitôt après cette première persécution, la guerre commença contre les Juifs qui avoient excité l'empire romain contre les saints, et avoient livré les apôtres aux empereurs. A ce coup, Jérusalem périt sans ressource, le temple fut consumé par le feu, les Juifs périrent par le glaive. Alors ils ressentirent l'effet du cri qu'ils avoient fait contre le Sauveur : *Son sang soit sur nous et sur nos enfans !* La vengeance de Dieu les poursuit, et partout ils sont captifs et vagabonds. Cependant le monde, corrompu par l'idolâtrie et par toute sorte de vices, apprend une vie nouvelle. L'Eglise persécutée durant trois cents ans, souffre sans murmurer les dernières extrémités, et tout l'univers s'unit en vain pour la détruire. La sainteté de ses enfans et la constance de ses martyrs, édifie et convertit tous les peuples. Au temps que Dieu avoit résolu de lui donner du repos, il suscita Constantin, empereur romain, son serviteur, qui embrassa publiquement le christianisme. Les rois de la terre devinrent les enfans et les défenseurs de l'Eglise ; et selon les anciennes prophéties, elle s'établit par toute la terre. Les hérésies prédites par Jésus-Christ et par les apôtres s'élèvent : tous les mystères de la foi sont attaqués les uns après les autres : la foi ne fait que s'affermir et s'éclaircir davantage. Par la sainte doctrine et par l'administration des saints sacremens, l'Eglise produit toujours des saints, qu'elle tient cachés dans son sein. Tous les siècles sont illustrés par l'exemple de quelque sainteté plus éclatante. Parmi beaucoup de tentations et de périls, les chrétiens attendent la résurrection générale, et le jour où Jésus-Christ reviendra dans sa majesté juger les vivans et les morts.

Pour imprimer ce récit dans l'esprit des enfans il est bon de leur faire retenir les noms de ceux dont Dieu s'est principalement servi ; parce que l'expérience fait voir que la suite de l'Histoire sainte, comme attachée à ces noms se conserve mieux dans la mémoire. On pourra donc faire ces demandes, ou d'autres semblables.

*Qui est le créateur du ciel et de la terre ?*
Dieu éternel, Père, Fils, et Saint-Esprit, un seul Dieu en trois personnes.
*Quel est le premier homme que Dieu a créé ?*
C'est Adam.
*Et la première femme ?*
C'est Eve.
*Sont-ce là nos premiers parens ?*
Oui, Adam et Eve sont nos premiers parens.
*Qu'en avons-nous hérité ?*
Le péché et la mort.
*Quel est le premier de tous les justes qui est mort dans la grace ?*
C'est Abel, que son frère Caïn tua par jalousie.

*Quel autre enfant Dieu donna-t-il à Adam à la place d'Abel ?*
Il lui donna Seth, dans la famille duquel le service de Dieu se conserva.
*Comment est-ce que Dieu punit la corruption universelle du monde ?*
En envoyant le déluge.
*Est-ce qu'il n'y avoit point de juste sur la terre ?*
Il y avoit le juste Noé.
*Quelle grace Dieu lui fit-il ?*
De le conserver dans l'arche contre le déluge, lui et sa famille.
*Par qui fut repeuplé le monde ?*
Par les trois enfans de Noé, qui sont Sem, Cham et Japhet.
*Avec qui Dieu a-t-il commencé son alliance ?*
Avec Abraham.
*De qui étoit-il descendu ?*
De Sem.
*Qui appelez-vous les patriarches ?*
Abraham, Isaac son fils, Jacob fils d'Isaac, et ses douze enfans.
*Quel autre nom a Jacob ?*
Il s'appelle aussi Israël ; et c'est de lui que sont sortis les Israélites, c'est-à-dire le peuple de Dieu.
*D'où sont sortis les douze tribus d'Israël ?*
De ces douze enfans de Jacob.
*Qui est celui de ces douze enfans de Jacob dont Jésus-Christ devoit naître ?*
De Juda.
*Où est-ce que les Israélites furent captifs dans le commencement ?*
En Egypte, où leurs pères s'étoient réfugiés dans une famine universelle.
*De qui Dieu se servit-il pour les délivrer de cette servitude ?*
De Moïse.
*Par qui Dieu a-t-il donné la loi aux anciens Hébreux ?*
Par le même Moïse.
*Qui les a introduits dans la terre promise ?*
C'est Josué.
*Qui a achevé la conquête de cette terre ?*
Le roi David.

*De quelle tribu étoit-il ?*
De celle de Juda.
*Quelle promesse particulière reçut-il de Dieu ?*
Que le Christ, ou le Messie sortiroit de sa race.
*Qui a bâti le temple de Jérusalem ?*
Salomon, fils de David, un des ancêtres de Jésus-Christ.
*Que nous figure le temple ?*
L'Eglise catholique, où Dieu veut être servi.
*Sous quel roi est-ce que dix tribus se séparèrent du temple ?*
Sous Roboam, fils de Salomon.
*Qui fut l'auteur de ce schisme ?*
Jéroboam, dont le nom est infâme à la postérité.
*Que nous figure cela ?*
Les hérésies et les schismes.
*Quelle tribu fut le chef de ceux qui demeurèrent fidèles ?*
C'est la tribu de Juda, dont le Christ devoit sortir.
*Etoit-il attendu par le peuple juif ?*
Oui, il étoit attendu, et il étoit prédit par Moïse, par David dans ses *Psaumes*, et par les prophètes.
*Quand est-ce que Jésus-Christ est venu ?*
Environ l'an quatre mille du monde.
*De qui est-il fils ?*
Il est Fils de Dieu dans l'éternité, et de la Vierge Marie dans le temps.
*Qui sont ceux qu'il a appelés pour établir son Eglise ?*
Les douze apôtres.
*Qui est le premier des douze apôtres ?*
C'est saint Pierre.
*Qui lui a donné cette primauté ?*
Jésus-Christ même.
*D'où sont venus tous les évêques et tous les pasteurs de l'Eglise ?*
Des douze apôtres.
*Qui est le premier persécuteur de l'Eglise ?*
C'est Néron, le plus cruel et le plus infâme de tous les princes.
*Par qui commença-t-il la persécution ?*
Par les apôtres saint Pierre et saint Paul.

*Où leur fit-il souffrir le martyre ?*

A Rome même.

*Qui est le premier prince qui ait fait publiquement profession du christianisme ?*

C'est l'empereur Constantin.

Le curé ou le catéchiste pourra ici raconter la conversion de Constantin : la croix qui lui apparut dans le ciel avec ces paroles : *En celle-ci tu vaincras ;* la victoire qui s'en ensuivit, et comme la religion chrétienne fut embrassée et exaltée par cet empereur.

Il pourra aussi raconter succinctement et à diverses reprises, pour ne point trop charger en une fois la mémoire des enfans, que le premier évêque qui a prêché l'Evangile en ces pays, a été saint Denys, envoyé par le pape qui étoit alors ; que saint Denys confirma l'Evangile par son martyre ; que c'est de là qu'est venue une longue suite d'évêques, par la grace de Dieu, tous catholiques ; que la nation des François étant entrée dans ces pays, Clovis, un de ses rois, gagna une grande bataille, en invoquant Jésus-Christ ; qu'il fut baptisé par saint Remi, archevêque de Reims, avec tous les François ; qu'il se fit à leur conversion une infinité de miracles, par où la foi catholique fut tellement affermie, que depuis ce temps elle n'a jamais été altérée, et que depuis douze cents ans nos rois et tout ce royaume a toujours été catholique, uni à l'Eglise romaine et au successeur de saint Pierre.

Que le catéchiste ne croie pas avoir perdu son temps, en imprimant ces choses dans l'esprit des enfans : car par ce moyen il leur donne une idée générale de la religion, et les attache au corps de l'Eglise catholique.

---

# PREMIÈRE PARTIE

DE LA

# DOCTRINE CHRÉTIENNE

QUI CONTIENT UNE INSTRUCTION GÉNÉRALE, ET LES PREMIERS PRINCIPES DE LA RELIGION.

---

## LEÇON I.

De la doctrine chrétienne en général, et de la connoissance de Dieu.

Représenter Jésus-Christ enfant au milieu des docteurs, *comme ci-dessus,* I<sup>er</sup> *Cat. Leçon* 1 ; ou Jésus-Christ enseignant sur la montagne ou sur la nacelle de Pierre, et l'attention de tout le peuple ; ou les miracles dont il a confirmé sa doctrine.

*Etes-vous chrétien ?*

Oui ; je suis chrétien par la grace de Dieu.

*Pourquoi dites-vous par la grace de Dieu?*

Parce que c'est un don de Dieu, et le plus grand de tous les dons, d'être chrétien.

*Qui appelez-vous chrétien?*

Celui qui est baptisé, et qui croit et confesse la doctrine chrétienne.

*Qu'appelez-vous la doctrine chrétienne?*

Celle que Jésus-Christ a enseignée.

*Comment est-ce qu'on apprend la doctrine chrétienne?*

Par le catéchisme.

*Que veut dire ce mot catéchisme?*

Il veut dire instruction.

*De qui faut-il recevoir cette instruction?*

De l'Eglise et de ses pasteurs.

*Que nous apprend la doctrine chrétienne?*

Elle nous apprend pourquoi Dieu nous a mis au monde.

*Pourquoi nous a-t-il mis au monde?*

Pour le connoître, l'aimer, le servir, et par ce moyen obtenir la vie éternelle.

*Qu'est-ce que Dieu?*

C'est le Créateur du ciel et de la terre, et le Seigneur universel de toutes choses.

*Faites-nous connoître un peu plus en particulier ce que vous croyez de Dieu?*

Dieu est un esprit infini, éternel, incompréhensible, qui est partout, qui voit tout, qui peut tout, qui a fait toutes choses de rien, qui gouverne tout par sa sagesse.

*Dites tout cela en un mot?*

Dieu est parfait.

*Qu'entendez-vous par ce mot?*

Tout ce qu'on peut concevoir de perfection est en Dieu, et infiniment au delà : rien ne lui manque.

*Qu'entendez-vous, quand vous dites que Dieu est esprit?*

Qu'il est une raison, une intelligence, qui ne peut être vue de nos yeux, ni touchée de nos mains, ni aperçue par aucun de nos sens, mais seulement conçue par notre esprit.

*Mais notre esprit peut-il comprendre Dieu ?*

Non : Dieu est incompréhensible.

*Dieu a-t-il un corps ?*

Dieu n'a ni corps, ni forme ou figure humaine, ni corporelle.

*Pourquoi donc parle-t-on si souvent des mains de Dieu, de ses yeux, et ainsi du reste ?*

Par ses yeux, on signifie qu'il voit tout; par ses mains, qu'il fait tout; par ses bras, on entend sa grande puissance : et on exprime, comme on peut, sa grandeur, en mettant toutes les créatures à ses pieds.

*Qu'entendez-vous en disant que Dieu est partout ?*

Qu'il est au ciel, en la terre et en tout lieu.

*Dieu est-il en nous ?*

Il est en nous, et c'est lui qui continuellement nous donne l'être et la vie.

*Qu'entendez-vous en disant que Dieu voit tout ?*

Qu'il voit tout ensemble le passé, le présent et l'avenir, et jusqu'à nos plus secrètes pensées.

*Qu'entendez-vous en disant que Dieu peut tout ?*

Qu'il peut tout ce qu'il lui plaît, et qu'il fait tout sans aucune peine par sa seule volonté.

*Qu'entendez-vous en disant que Dieu gouverne tout ?*

Qu'il n'arrive rien que ce qu'il ordonne, ou ce qu'il permet.

*Par où connoissez-vous Dieu ?*

Par la beauté de ses ouvrages, par l'ordre du monde, et par sa lumière qu'il a mise en nous.

*Dieu a-t-il fait toutes les créatures ?*

Oui, il les a faites toutes, jusqu'à un ver de terre.

*Comment pouvez-vous croire qu'il a fait de si viles créatures ?*

Parce que sa puissance et sa sagesse y reluisent, autant et plus quelquefois que dans celles que nous admirons le plus.

*Dieu a-t-il fait le péché ?*

A Dieu ne plaise : Dieu n'a pas fait le péché; mais il le permet seulement.

*Pourquoi Dieu permet-il le péché ?*

Pour en tirer un plus grand bien.

## LEÇON II.

### De la création de l'ange et de l'homme.

Raconter l'œuvre des six jours (Gen., I), ou en particulier la création de l'homme (Gen., I, 26 ; II, 7, 8. etc.).

*Quelles sont les plus parfaites créatures de Dieu ?*
C'est l'ange et l'homme.
*N'y a-t-il pas de bons et de mauvais anges ?*
Oui : il y a de bons et de mauvais anges.
*Qui appelez-vous les bons anges ?*
Ceux qui ont persévéré dans le bien.
*Et les mauvais anges, qui sont-ils ?*
Ceux qui n'ont pas persévéré dans le bien.
*Comment les appelez-vous ?*
Les démons, les diables, les malins esprits, les anges de ténèbres, dont Satan est le chef.
*Dieu est-il le créateur des mauvais anges comme des bons ?*
Dieu en est le créateur, mais il ne les a pas faits mauvais.
*Dieu les avoit-il créés bons et saints comme les autres ?*
Oui : Dieu les avoit créés bons et saints comme les autres.
*Qui est-ce qui les a faits mauvais ?*
C'est eux-mêmes qui se sont faits mauvais par leur péché.
*D'où vient qu'ils tentent les hommes, et qu'ils les induisent au mal ?*
Parce qu'ils sont mauvais, et jaloux du bonheur qui nous est promis.
*Dieu a-t-il fait le corps de l'homme aussi bien que son ame ?*
Oui : Dieu a également fait l'un et l'autre.
*De quoi a-t-il formé le corps du premier homme ?*
De terre, ou plutôt de boue.
*Et son ame, l'a-t-il aussi formée de terre ?*
Non, il l'a créée par sa toute-puissance.
*Et crée-t-il de même nos ames ?*
Oui, il les crée, et les unit au corps humain, toutes les fois qu'il forme un homme.
*Comment appelez-vous l'ame de l'homme ?*
Je l'appelle ame raisonnable.

*Pourquoi l'appelez-vous raisonnable?*
Parce qu'elle est capable de raison.
*En quoi connoissez-vous que l'homme est capable de raison?*
Parce qu'il rend raison de ce qu'il fait, et sait pourquoi il le fait.
*Donnez-en un exemple?*
Par exemple, je sais que je viens au catéchisme pour apprendre ma religion, et pour être éternellement bienheureux en la pratiquant.
*En quoi consiste l'excellence de l'ame de l'homme?*
En ce que Dieu l'a faite à son image et ressemblance.
*En quoi est-ce que l'ame est faite à l'image et ressemblance de Dieu?*
En ce qu'elle peut le connoître et l'aimer, et par ce moyen être comme lui éternellement bienheureuse.
*L'ange et l'homme n'ont-ils pas le libre arbitre?*
Oui : l'ange et l'homme ont le libre arbitre?
*Qu'appelez-vous libre arbitre?*
La liberté du choix qui nous est donnée, en ce que nous pouvons faire et ne faire pas, comme il nous plaît, les choses que nous faisons.
*Donnez-nous-en quelque exemple?*
Par exemple, je puis parler ou me taire, marcher ou ne marcher pas, et ainsi du reste.
*Pouvez-vous faire de même ce qui regarde le salut?*
Oui : je le puis; mais avec la grace de Dieu.
*Que sentez-vous donc de principal en vous-même?*
Deux choses principales : connoître ou entendre, et vouloir ou me porter à ce qu'il me plaît.
*Quel usage devez-vous faire de ces deux choses?*
Les rapporter à Dieu, c'est-à-dire le connoître et l'aimer.
*Pourquoi les devez-vous rapporter à Dieu?*
Parce que Dieu me les a données pour cette fin.
*Qui vous a donc donné votre intelligence ou votre entendement?*
C'est Dieu.
*Qui vous a donné la liberté par laquelle vous choisissez ce que vous voulez?*
C'est Dieu.

*Quel usage en devez-vous faire ?*
Les lui consacrer.
*Comment appelez-vous nos premiers parens ?*
Adam et Eve.
*Pourquoi Dieu a-t-il voulu que tous les hommes sortissent d'un seul mariage ?*
Pour établir l'union et une espèce de parenté entre tous les hommes.

## LEÇON III.

### De la chute de l'homme.

La tentation d'Adam, sa désobéissance, le châtiment : le chérubin tournant son glaive enflammé pour empêcher le retour à l'arbre de vie. (*Gen.*, III.)

*Dieu avoit-il fait le premier homme bon et saint ?*
Oui : Dieu l'avoit fait bon et saint.
*Et nous, sommes-nous aussi bons et saints en venant au monde ?*
Non, nous sommes mauvais et pécheurs.
*Est-ce Dieu qui nous a faits mauvais ?*
A Dieu ne plaise : Dieu ne fait rien qui ne soit bon.
*Comment donc naissons-nous pécheurs ?*
C'est par le péché de notre premier père.
*Comment est-ce que nous sommes pécheurs par le péché de notre premier père ?*
Il ne faut pas demander comment : il suffit que Dieu l'ait révélé.
*Comment appelez-vous ce péché que nous apportons en naissant ?*
On l'appelle péché originel, c'est-à-dire péché qu'on apporte dès son origine ou dès sa naissance.
*Quel a été le péché d'Adam ?*
C'est d'avoir mangé du fruit défendu.
*Ce fruit étoit-il mauvais ?*
Non : Dieu ne fait rien de mauvais.
*Pourquoi donc Dieu l'avoit-il défendu à l'homme ?*
Pour éprouver son obéissance.
*Qui est-ce qui porta l'homme à désobéir à Dieu ?*
C'est le démon qui le tenta.

*Qu'appelez-vous tenter l'homme ?*

Le porter au mal.

*L'homme n'a donc pas péché, puisque c'est le démon qui l'a porté à mal faire ?*

Il a grièvement péché, parce qu'avec la grace de Dieu il pouvoit résister à la tentation du malin esprit.

## LEÇON IV.

### Des effets du péché d'Adam.

Adam surpris dans son crime ; il n'ose paroître devant Dieu : le remords de sa conscience ; la honte de sa nudité ; son travail et ses misères, et la corruption du genre humain. (Gen., III, 7, 8, 9, 10, 11, 16, 17, 18, 19; IV, VI.)

*Quels effets ressentons-nous du péché d'Adam ?*

De très-malheureux effets dans le corps et dans l'ame.

*Quels effets en ressentons-nous dans le corps ?*

La mort et toutes ses suites, comme sont les maladies et toutes les incommodités de la vie.

*L'homme eût-il été immortel, s'il n'eût point péché ?*

Oui : sans le péché, Adam et tous les hommes auroient été immortels dans le corps comme dans l'ame.

*Comment le corps auroit-il été immortel ?*

Par un don particulier de Dieu.

*Quels effets du péché ressentons-nous dans nos ames ?*

Deux malheureux effets, l'ignorance et la convoitise ou concupiscence.

*En quoi consiste notre ignorance ?*

Principalement en ce que nous avons perdu la connoissance de Dieu et de nous-mêmes.

*A quoi voyez-vous que l'homme a perdu la connoissance de Dieu ?*

Je le vois principalement par l'idolâtrie, qui avant la venue de Jésus-Christ, occupoit presque tout le genre humain.

*Qu'est-ce que l'idolâtrie ?*

C'est adorer la créature au lieu du Créateur.

*Pourquoi dites-vous que l'idolâtrie occupoit presque tout le genre humain ?*

Parce qu'il n'y avoit que le peuple juif qui reconnût Dieu.

*Le peuple juif étoit-il fort étendu ?*

Il étoit renfermé dans un fort petit pays.

*Et ce peuple étoit-il tout à fait pur d'idolâtrie ?*

Il y étoit très-enclin, et y retomboit souvent.

*Pourquoi dites-vous que l'homme ne se connoît pas lui-même?*

Parce qu'il ne songe pas qu'il ait rien au-dessus des bêtes, mettant toutes ses pensées dans son corps.

*Qu'appelez-vous la concupiscence ou la convoitise ?*

C'est l'inclination au mal.

*Sommes-nous enclins au mal ?*

Oui : nous sommes enclins au mal.

*Comment ?*

En ce que nous sommes portés à nous attacher aux plaisirs sensibles, et à nous aimer nous-mêmes plus que Dieu.

## LEÇON V.

### De la réparation du genre humain, et du Rédempteur.

Raconter sommairement comment Jésus-Christ a été promis à Adam, à Abraham, et aux patriarches ; à Moïse, à David, à Salomon et aux prophètes. *Voyez ci-dessus, au commencement de ce catéchisme.*

*Que méritoient les hommes par le péché originel ?*

Ils méritoient tous la mort éternelle.

*Comment Dieu les en a-t-il délivrés ?*

Par une pure miséricorde.

*De quel moyen s'est-il servi pour les en délivrer ?*

C'est en leur donnant un Sauveur et un Rédempteur.

*Quel est-il ?*

C'est Jésus-Christ.

*Pourquoi est-il appelé Sauveur ?*

Parce qu'il nous sauve de nos péchés.

*Et le mot de Rédempteur, que veut-il dire ?*

Il veut dire qui rachète, comme quand on rachète des esclaves.

*Jésus-Christ a-t-il toujours été connu ?*

Oui : dès l'origine du monde.

*Les Juifs l'attendoient-ils ?*

Oui : ils l'attendoient sous le nom de Christ ou de Messie.

*Les Juifs ne l'attendent-ils pas encore?*

Oui : ils l'attendent encore, tant ils sont aveugles.

## LEÇON VI.

De ce qu'il faut faire pour être sauvé, et des trois vertus théologales.

Instruction sur la liaison qui doit être entre les vertus : et en rapporter des exemples en Abraham : de sa foi, lorsqu'il sortit de son pays à la voix de Dieu (*Gen.*, XII,), et qu'il crut qu'il lui donneroit de Sara, sa femme, vieille et stérile, une longue postérité (*Gen.*, XV, 1, etc.. jusqu'au 7,) : de son espérance, lorsqu'il s'appuya sur la promesse de Dieu, qui l'assura qu'il seroit son protecteur et sa grande récompense (*Gen.*, XV. 1,) : de sa charité, lorsqu'il voulut immoler pour l'amour de Dieu son fils Isaac. (*Gen.*, XXII.)

*N'avons-nous rien à faire pour être sauvés par Jésus-Christ?*

Ce seroit une impiété de le croire.

*Que faut-il faire pour être sauvé par Jésus-Christ?*

Il faut croire en lui, et vivre selon ses préceptes et ses exemples.

*Ce n'est donc pas lui qui nous sauve?*

C'est lui qui nous sauve, parce qu'il nous mérite lui seul la rémission de nos péchés, et la grace de bien faire.

*Quelles vertus Jésus-Christ nous ordonne-t-il d'avoir pour être sauvés?*

Il y en a trois, qui sont particulières au chrétien, et auxquelles toutes les autres se rapportent.

*Nommez-les.*

La foi, l'espérance et la charité.

*Comment les appelle-t-on?*

On les appelle *vertus théologales*, ou divines.

*Qu'appelez-vous vertus théologales ou divines?*

Celles qui se portent vers Dieu considéré en lui-même, comme vers leur objet principal.

*Qu'appelez-vous un objet?*

La chose vers laquelle on se porte : comme la vue se porte vers la lumière et les couleurs : c'est son objet.

*Quel est donc l'objet principal des vertus théologales?*

C'est Dieu considéré en lui-même.

*Montrez comment les trois vertus théologales se portent vers Dieu.*

C'est que nous croyons en Dieu par la foi; par l'espérance nous espérons de le posséder; et nous l'aimons par la charité.

*Qu'est-ce que la foi ?*

C'est une vertu et un don de Dieu, par lequel nous croyons en lui, et tout ce qu'il a révélé à son Eglise.

*Qu'est-ce que l'espérance ?*

C'est une vertu et un don de Dieu, par lequel nous attendons la vie éternelle qu'il a promise à ses serviteurs.

*Qu'est-ce que la charité ?*

C'est une vertu et un don de Dieu, par lequel nous aimons Dieu sur toutes choses, et notre prochain comme nous-mêmes.

*Pourquoi dites-vous que ces vertus sont des dons de Dieu ?*

Parce qu'en effet c'est Dieu qui les donne.

*Les autres vertus, par exemple, la sobriété, ne doivent-elles pas se rapporter à Dieu ?*

Oui : mais ce n'est pas immédiatement.

*Qu'appelez-vous se rapporter à Dieu immédiatement ?*

C'est-à-dire se rapporter à Dieu sans milieu, et en le considérant en lui-même.

*Eclaircissez ceci par quelque exemple.*

La sobriété, par exemple, est une vertu qui nous apprend à nous modérer dans le boire et dans le manger; et c'est là son propre objet.

*Et quel est le propre objet des vertus théologales ?*

C'est Dieu même; car c'est croire en Dieu, mettre son espérance en Dieu, aimer Dieu plus que soi-même et que toutes choses.

# SECONDE PARTIE

DE LA

# DOCTRINE CHRÉTIENNE

QUI CONTIENT LES INSTRUCTIONS PARTICULIÈRES SUR CHAQUE VERTU THÉOLOGALE ET PARTICULIÈREMENT SUR LA FOI.

## LEÇON I.
### De la foi et du Symbole des apôtres.

EXEMPLE. La foi d'Abraham et des patriarches. RÉCIT. Jésus-Christ envoyant ses apôtres, *comme ci-dessus*, I *Cat., Leçon* V.

*Qu'est-ce que la foi ?*

C'est une vertu et un don de Dieu, par lequel nous croyons en Dieu, et ce qu'il a révélé à son Eglise.

*Où sont contenues les choses principales que Dieu a révélées à son Eglise ?*

Dans le Symbole des apôtres.

*Que veut dire ce mot, Symbole ?*

Il veut dire un signe, une marque, ou une chose établie par un commun consentement.

*Pourquoi le Symbole est-il un signe ou une marque ?*

Parce que c'est à cette marque qu'on reconnoît le chrétien, et qu'on le distingue d'avec l'infidèle.

*Pourquoi attribuez-vous le Symbole aux apôtres ?*

Parce qu'il leur est attribué par la commune tradition de toutes les Eglises chrétiennes.

*Combien y a-t-il d'articles dans le Symbole ?*

Il y en a douze.

*Récitez le Symbole.*

*Credo in Deum, etc.*    Je crois en Dieu, etc.

## LEÇON II.

### Explication des huit premiers articles du Symbole.

Récit de la création ou de l'incarnation de Jésus-Christ, après le message de l'ange à la sainte Vierge.

*Qu'est-ce qui nous est enseigné par les huit premiers articles du Symbole ?*

Par ces articles, on nous instruit des deux plus grands mystères de notre foi, qui sont la sainte Trinité et l'incarnation.

*Qu'est-ce que la sainte Trinité ?*

C'est un seul Dieu en trois personnes, Père, Fils, et Saint-Esprit.

*Qu'est-ce que Dieu ?*

Dieu est un esprit infini, éternel, incompréhensible, qui est partout, qui voit tout, qui peut tout, qui a fait toutes choses de rien, et qui gouverne tout par sa sagesse.

*Y a-t-il plusieurs dieux ?*

Non : il n'y a qu'un seul Dieu.

*Combien y a-t-il de personnes en Dieu ?*

Trois.

*Quelles sont-elles ?*

Le Père, le Fils, et le Saint-Esprit; et c'est ce que nous appelons la *sainte Trinité*.

*Le Père est-il Dieu ?*

Oui.

*Le Fils est-il Dieu ?*

Oui.

*Le Saint-Esprit est-il Dieu ?*

Oui.

*Ce sont donc trois Dieux ?*

Non : car encore que ce soient trois personnes distinctes, elles ne sont pourtant qu'un seul Dieu, parce qu'elles n'ont qu'une même divinité.

*Lequel est le plus grand, le plus sage et le plus puissant des trois ?*

Ils ont la même grandeur, la même sagesse et la même puissance.

*Le Père est-il plus ancien que le Fils et le Saint-Esprit ?*

Non : ils sont tous trois d'une même éternité ; enfin ils sont égaux en toutes choses, parce qu'ils ne sont qu'un seul Dieu.

*Pourquoi répétez-vous si souvent ces paroles :* Au nom du Père, du Fils, et du Saint-Esprit?

Pour nous ressouvenir que nous avons été baptisés au nom des trois personnes divines, Père, Fils, et Saint-Esprit.

*Laquelle des trois Personnes s'est faite homme ?*

Dieu le Fils, la seconde personne.

*Le Père ne s'est-il pas fait homme ?*

Non.

*Le Saint-Esprit ne s'est-il pas fait homme ?*

Non.

*Qu'est-ce à dire se faire homme ?*

C'est prendre un corps et une ame comme nous.

*Où le Fils de Dieu a-t-il pris ce corps et cette ame?*

Au sein et dans les entrailles de la bienheureuse Vierge Marie.

*Comment cela s'est-il fait ?*

Par l'opération du Saint-Esprit, et sans la connoissance d'aucun homme.

*Mais saint Joseph, époux de la Vierge, n'est-il pas le père de Notre-Seigneur ?*

Non, il n'en est pas le propre père, il n'en a été que le gardien et le nourricier.

*La sainte Vierge a donc toujours été vierge ?*

Oui : elle a toujours été vierge, et devant l'enfantement, et dans l'enfantement, et après.

*Comment se peut-il faire qu'elle ait été Mère, et qu'elle soit demeurée vierge ?*

C'est par un miracle de la toute-puissance de Dieu.

*Le Fils de Dieu fait homme, comment s'appelle-t-il?*

Il s'appelle Jésus-Christ.

*Quel jour a-t-il été conçu au sein de sa bienheureuse Mère ?*

Le jour de l'Annonciation, qu'on appelle vulgairement la Notre-Dame de Mars.

*Quand est-il né ?*

La nuit de Noël.

*Que veut dire ce mot,* Noël?

Il est tiré d'un mot latin, qui signifie naissance, *natalis*, par corruption, Noël.

*Quel jour a-t-il été circoncis et appelé Jésus?*

Le premier jour de l'an.

*Quel jour a-t-il été adoré des mages?*

Le sixième jour de janvier, qui pour cela est appelé le jour de l'Epiphanie, ou manifestation de Notre-Seigneur, vulgairement appelé le *Jour des Rois.*

*Quel jour a-t-il été présenté au temple?*

Le jour de la Chandeleur, auquel sa sainte Mère accomplit aussi la loi de la purification.

*Quel jour est-il mort?*

Le vendredi-saint.

*Comment est-il mort?*

Attaché à une croix.

*Quel jour est-il ressuscité?*

Le jour de Pâques.

*Quel jour est-il monté au ciel?*

Le jour de l'Ascension.

*Quel jour a-t-il envoyé le Saint-Esprit à son Eglise?*

Le jour de la Pentecôte.

*Quand viendra-t-il du ciel en terre?*

A la fin du monde, pour juger les vivans et les morts.

*Pourquoi le Fils de Dieu s'est-il fait homme?*

Pour nous racheter de l'enfer par son sang précieux, et nous sauver de la mort éternelle par la mort de la croix.

## LEÇON III.

### Des quatre derniers articles du Symbole.

L'Eglise assemblée et formée le jour de la Pentecôte par la descente du Saint-Esprit, et par la prédication des apôtres. *(Act.,* II.)

*Qu'est-ce que nous enseigne le neuvième article,* Je crois la sainte Eglise?

De croire la sainte Eglise catholique, et la communion des saints.

*Que veut dire ce mot,* Eglise?

Il veut dire assemblée.

*Et ce mot,* catholique, *que veut-il dire?*

Il veut dire universelle.

*Pourquoi l'Eglise est-elle appelée universelle?*

Parce qu'elle est dans tous les temps et dans tous les lieux.

*Qu'est-ce que l'Eglise?*

C'est l'assemblée ou la société des fidèles.

*Qu'est-ce qui les unit au dedans?*

La même foi.

*Qu'est-ce qui les unit au dehors?*

La profession d'une même foi, d'une même loi; les mêmes sacremens; le même gouvernement ecclésiastique sous un même chef visible, qui est le pape.

*Peut-on être sauvé hors de l'Eglise catholique?*

Non : ainsi les Juifs, les païens, les hérétiques n'auront pas la vie éternelle, s'ils meurent hors de l'Eglise.

*Qu'entendez-vous par la communion des saints?*

J'entends principalement la participation qu'ont tous les fidèles du fruit des bonnes œuvres les uns des autres.

*Que nous propose le dixième article,* la rémission des péchés?

Que dans l'Eglise catholique réside la vertu de remettre les péchés; et qu'elle s'exerce dans le baptême, et au sacrement de pénitence.

*Que nous propose l'onzième article,* la résurrection de la chair?

Qu'à la fin du monde le corps de chaque homme sera réuni le même à son ame.

*Que nous propose le dernier et douzième article,* la vie éternelle?

Qu'après la résurrection générale, les justes vivront éternellement en corps et en ame dans la gloire et dans la félicité du paradis.

*Faites un acte de foi sur tous les mystères du Symbole?*

Mon Dieu, je crois tous et chacun de ces mystères, parce que vous les avez révélés à votre Eglise; et j'aimerois mieux mourir que d'en rejeter aucun.

*Quel fruit devons-nous tirer de la connoissance des mystères de la*

*Trinité, de l'incarnation, de la passion du Sauveur et de la vie éternelle ?*

1. De ne point passer un seul jour sans remercier Dieu de ces bienfaits; 2. de détester le péché qui a fait souffrir tant de maux à Notre-Seigneur pour l'amour de nous; 3. d'avoir confiance qu'avec la grace de Notre-Seigneur nous parviendrons à la vie éternelle.

### EXPLICATION PLUS PARTICULIÈRE DU SYMBOLE.

On apprendra aux enfans l'explication contenue dans les huit leçons suivantes, quand on verra qu'ils seront plus intelligens ; par exemple, approchant le temps de leur première communion ; et un peu après, dans le temps que le très-saint Sacrement les rendra plus attentifs et mieux disposés à entendre.

## LEÇON IV.

Explication du premier article du Symbole, où il est parlé du Père, et de la création.

*Récitez le premier article du Symbole.*

Je crois en Dieu le Père tout-puissant, créateur du ciel et de la terre.

*Que veut dire ce mot, Je crois ?*

Il veut dire qu'on se soumet à ces vérités de tout son cœur, et sans hésiter.

*Est-ce comme on croit les autres choses dont on est persuadé ?*

Non : c'est croire avec une ferme foi, et plus que ce qu'on voit de ses yeux.

*Pourquoi croit-on de cette sorte ?*

Parce que c'est Dieu même qui le dit, et qu'il le faut croire plus que ses sens et sa propre raison, comme étant la vérité même.

*Que signifient ces mots, Je crois en Dieu ?*

Ils signifient qu'on se porte vers Dieu de tout son cœur et de toute son affection, aussi bien que de tout son entendement.

*Peut-on croire en autre qu'en Dieu ?*

Non : parce que Dieu seul est la première et souveraine vérité.

*Que nous propose le premier article du Symbole ?*

Ce qui regarde le Père éternel et la création.

*Qu'entendez-vous par ce mot de Dieu ?*

J'entends un esprit infini, éternel, incompréhensible, qui est partout, qui voit tout, qui peut tout, qui a fait toutes choses de rien, et qui gouverne tout par sa sagesse; en un mot, qui est parfait, à qui rien ne manque.

*Pourquoi dites-vous que Dieu est un esprit?*

Parce qu'il est une raison, une intelligence, qui n'a ni corps ni figure, qui ne peut être ni vue de nos yeux, ni touchée de nos mains, ni aperçue par aucun de nos sens, mais seulement conçue par notre esprit.

*Pouvons-nous connoître Dieu parfaitement?*

Non : il est incompréhensible dans sa nature, dans sa perfection, dans ses conseils et dans ses œuvres.

*Qu'entendez-vous par ce mot*, Père.

Que Dieu est auteur de toutes choses.

*Et quoi encore?*

Qu'il est père de tous les chrétiens, qu'il adopte pour ses enfans.

*Qu'appelez-vous adopter?*

Les choisir et les prendre pour ses enfans par sa volonté.

*Qu'entendez-vous encore par le mot de* Père?

Que de toute éternité Dieu est Père de son Fils unique, qui est la seconde personne de la très-sainte Trinité.

*Que veut dire ce mot, tout-puissant?*

On comprend sous ce mot toutes les perfections de Dieu.

*Que signifie-t-il particulièrement?*

Il signifie particulièrement que Dieu peut tout ce qui lui plaît, sans peine et par sa seule volonté.

*Pourquoi nous propose-t-on en particulier la toute-puissance de Dieu?*

Afin que nous vivions entièrement dans sa dépendance.

*Pourquoi l'appelle-t-on Créateur?*

Parce qu'il a tout tiré du néant.

*Qu'est-ce qu'on entend par ces mots,* Créateur du ciel et de la terre?

On entend, qu'avec le ciel et la terre, Dieu a fait tout ce qu'ils contiennent, c'est-à-dire toutes choses.

## LEÇON V.

Explication des articles où il est parlé de Jésus-Christ et de la rédemption ; et premièrement du second article, *et en Jésus-Christ*, etc.

*Récitez le second article du Symbole.*
Et en Jésus-Christ son Fils unique, Notre-Seigneur.
*Que nous propose ce second article, et les suivans jusqu'au huit?*
Ce qu'il faut croire de Jésus-Christ, et de la rédemption du genre humain.
*Pourquoi dit-on, Je crois en Jésus-Christ, comme on dit, Je crois en Dieu le Père?*
Parce que le Fils de Dieu, Jésus-Christ, est Dieu comme le Père.
*Est-ce un autre Dieu que le Père?*
A Dieu ne plaise ; il n'y a qu'un seul Dieu.
*Comment donc Jésus-Christ est-il Dieu?*
Parce qu'il est un seul Dieu avec le Père.
*Que veut dire ce mot, Jésus?*
Il veut dire Sauveur.
*Pourquoi appelle-t-on ainsi Jésus-Christ?*
Parce qu'il nous sauve de nos péchés.
*D'où est venu ce nom de Jésus?*
Il a été apporté du ciel par un ange.
*Et ce mot de* Christ, *que veut-il dire?*
Il veut dire *oint*, et c'est la même chose que les anciens Hébreux entendoient par le mot de *Messie*.
*Que veut dire le mot de* Messie?
Il veut dire Christ ou oint.
*Pourquoi notre Sauveur est-il appelé* oint?
Parce qu'on oignoit anciennement les prêtres ou sacrificateurs, les rois, les prophètes, et que Jésus-Christ étoit tout cela.
*Mais Jésus-Christ a-t-il été oint d'une onction corporelle?*
Non : cette onction de Jésus-Christ, c'est la divinité qui habite en lui.
*Pourquoi Jésus-Christ est-il appelé le Fils unique de Dieu?*
Parce qu'il en est le seul vrai Fils.

*Mais ne sommes-nous pas aussi enfans de Dieu?*

Nous sommes enfans de Dieu par adoption, c'est-à-dire par l'élection de Dieu et par sa grace; mais Jésus-Christ est le seul vrai Fils par nature.

*Que s'ensuit-il de ce que Jésus-Christ est l'unique et vrai Fils de Dieu par nature?*

Qu'il est de même nature que son Père, et Dieu comme lui.

*Comment cela s'ensuit-il?*

Parce que, même parmi les hommes, le fils est de même nature que son père.

*Jésus-Christ est-il éternel comme son Père?*

Oui, il est éternel comme son Père, puisqu'il est de même nature, et un seul Dieu avec lui.

*N'appelle-t-on pas aussi le Fils de Dieu du nom de Verbe?*

Oui, on l'appelle le Verbe de Dieu, le Verbe éternel.

*Que veut dire ce mot de* Verbe?

Il veut dire parole.

*Le Fils de Dieu est-il la parole de son Père?*

Il est sa parole intérieure et sa pensée éternellement subsistante, et de même nature que lui.

*Qu'entendez-vous en disant que cette parole est subsistante?*

Que c'est une personne, comme le Père est une personne.

*Pourquoi appelez-vous Jésus-Christ Notre-Seigneur?*

Parce que, comme Dieu, il est le Seigneur de toutes choses.

*Pourquoi encore?*

Parce qu'en qualité de Sauveur, il nous a acquis par son sang pour être son peuple particulier.

## LEÇON VI.

### Explication du troisième article : *Qui a été conçu,* etc.

*Répétez le troisième article.*

Qui a été conçu du Saint-Esprit, né de la Vierge Marie.

*Que veut dire cet article?*

Que Jésus-Christ, qui est le Fils de Dieu de toute éternité, a été fait dans le temps le fils de Marie.

*Cela s'est-il fait par changement ?*

Non : mais la personne du Fils de Dieu, en demeurant toujours ce qu'elle étoit, a élevé à soi la nature humaine et se l'est unie.

*Le Fils de Dieu et le Fils de Marie, est-ce la même personne ?*

Oui : le Fils de Dieu et le Fils de Marie, c'est la même personne, un seul Jésus-Christ vrai Dieu et vrai homme, Dieu parfait et homme parfait.

*La sainte Vierge est donc Mère de Dieu ?*

Oui, la sainte Vierge est Mère de Dieu.

*Pourquoi dites-vous que Jésus-Christ est Dieu parfait ?*

Parce que toute la Divinité est en lui.

*Pourquoi est-il homme parfait ?*

Parce qu'il a un corps et une ame comme nous, et nous est semblable en tout, excepté le péché.

*Il y a donc deux natures en Jésus-Christ ?*

Il y a deux natures en Jésus-Christ, à savoir la nature divine et la nature humaine.

*Comment entendez-vous que ces deux natures soient une même personne ?*

A peu près comme l'ame raisonnable et le corps humain est un seul homme ; ainsi Dieu et l'homme est un seul Jésus-Christ.

*Comment appelez-vous ce mystère ?*

Incarnation, ou le mystère du Verbe incarné.

*Que veut dire ce mot, incarné ?*

Il veut dire fait chair.

*Est-ce donc que le Fils de Dieu n'a pris que notre chair ?*

Par la chair on entend la nature humaine tout entière, et aussi bien l'ame que le corps.

*Jésus-Christ est-il vrai fils de Marie ?*

Il est vrai fils de Marie, conçu de son sang virginal, et né de son sein béni.

*Pourquoi dites-vous que Jésus-Christ a été conçu du Saint-Esprit ?*

Parce que c'est par l'opération du Saint-Esprit que son corps a été formé dans les entrailles de Marie toujours vierge.

*Marie est-elle toujours vierge ?*

Oui, elle est toujours vierge, devant l'enfantement, dans l'enfantement, et après l'enfantement.

*Est-ce là ce que veut dire cette parole du Symbole*, né de la Vierge Marie ?

Oui : elle veut dire que Marie est toujours vierge, et la sainte Eglise l'a toujours ainsi entendu.

## LEÇON VII.
### Suite de l'instruction sur la personne de Jésus-Christ, et sur le mystère de la Rédemption, dans le quatrième article du Symbole.

*Récitez le quatrième article du Symbole.*

Qui a souffert sous Ponce Pilate, a été crucifié, mort, et enseveli.

*Que veut dire ce mot, qui a souffert ?*

Il exprime tous les tourmens que Jésus-Christ a endurés, et sa passion tout entière.

*Où est-ce que Jésus-Christ a souffert ?*

Dans le jardin des Olives, où il a été en agonie jusqu'à suer du sang, et entre les mains des soldats, qui le prirent et l'emmenèrent comme un criminel.

*Où encore ?*

Chez Caïphe, souverain pontife, et chez Anne, beau-père de Caïphe, où il fut accusé, condamné, battu, souffleté, couvert de crachats, outragé et maltraité en toutes manières.

*Où encore ?*

Chez Ponce Pilate, président et gouverneur de la Judée pour les Romains.

*Que souffrit-il chez Pilate ?*

Il fut accusé de nouveau, flagellé, couronné d'épines qu'on lui enfonça dans la tête à coups de cannes; moqué et outragé par toute la compagnie des soldats; poursuivi à mort, à grands cris, par tout le peuple, qui lui préféra Barabbas, un voleur de grand chemin et un meurtrier; et enfin condamné à expirer sur la croix, encore que le juge eût reconnu son innocence.

*Comment fut-il mené au supplice ?*

En portant sa croix sur ses épaules au milieu de Jérusalem.

*Où fut-il crucifié ?*

Sur le Calvaire, petite montagne auprès de Jérusalem.

*Qu'y eut-il de plus honteux dans son supplice?*

Qu'il ait été crucifié entre deux voleurs, comme le plus criminel.

*A quelle heure fut-il crucifié?*

A la troisième heure du jour, qui comprenait tout le temps depuis neuf heures du matin jusqu'à midi.

*Combien de temps fut-il en croix?*

Quatre ou cinq heures environ ; après quoi il expira en faisant un grand cri.

*Que lui firent les Juifs pendant qu'il étoit sur la croix?*

Ils continuèrent à l'outrager et à le traiter indignement, jusqu'à lui présenter à boire du fiel et du vinaigre.

*Pourquoi y a-t-il souffert ces supplices et la mort même?*

Pour la rémission de nos péchés.

*Falloit-il qu'il souffrît toutes ces choses?*

Dieu l'avoit ainsi ordonné, et le Sauveur s'y étoit soumis volontairement.

*Pourquoi devoit-il mourir?*

Afin de nous délivrer de la mort, en la souffrant pour nous.

*Pourquoi d'une mort violente?*

Afin d'être une victime dont tout le sang fût répandu, comme celui des taureaux et des boucs dans les anciens sacrifices.

*Sa mort est donc un sacrifice?*

Oui : c'est un parfait sacrifice, et d'un mérite infini.

*Pourquoi d'un mérite infini?*

Parce que la personne qui l'offre étant Dieu et homme, elle est d'une dignité infinie.

*Pourquoi a-t-il choisi la mort de la croix?*

Parce que c'étoit la plus ignominieuse, et celle dont on punissoit les plus scélérats.

*Pourquoi a-t-il souffert la peine des plus grands pécheurs?*

Pour effacer nos péchés.

*Quel est le prix de notre rachat?*

C'est le sang de Jésus-Christ, un prix d'une valeur infinie.

*Pourquoi Jésus-Christ a-t-il été enseveli et mis en terre?*

Pour entrer en toutes manières dans l'état des morts.

*Pourquoi encore?*

Pour montrer qu'il étoit véritablement mort.

*Comment fut-il enseveli?*

Il fut mis dans des linges avec des parfums, au milieu d'un jardin, en un sépulcre taillé dans le roc, où personne n'avoit encore été mis.

*Qui lui rendit cet office?*

Joseph d'Arimathie, qui demanda courageusement le corps de Jésus à Pilate, avec Nicodème et les Maries.

*Que veut dire ce pieux appareil?*

Que le sépulcre de Jésus-Christ doit faire notre amour et nos délices.

*Que devons-nous faire pour honorer la sépulture de Jésus-Christ?*

Nous ensevelir avec lui dans son tombeau, et mourir tout à fait au monde.

## LEÇON VIII.

### Suite de la même instruction sur la personne de Jésus-Christ, dans les articles V, VI et VII.

*Dites le cinquième article.*

« Est descendu aux enfers, le troisième jour est ressuscité de mort à vie. »

*Que veut dire cet article?*

Pendant que le corps de Jésus-Christ étoit dans le tombeau, son ame sainte alla délivrer les Pères.

*Qui appelez-vous ici les Pères?*

Les patriarches, les prophètes, et les autres serviteurs de Dieu, qui avoient vécu avant la venue de Jésus-Christ.

*Où étoient-ils?*

Dans des lieux que l'Ecriture appelle *les Enfers,* et qu'on appelle vulgairement *Limbes.*

*D'où vient qu'ils n'étoient pas dans le ciel?*

Parce que Jésus-Christ y devoit entrer le premier, et nous en ouvrir l'entrée par son sang.

*Quand est-ce que Jésus-Christ est ressuscité?*

Le troisième jour après qu'il eut été mis dans le tombeau.

*Quels ont été les témoins de sa résurrection ?*

Les apôtres et ses autres disciples.

*Qu'ont-ils fait pour la faire croire au monde ?*

Ils ont enduré toutes sortes de tourmens, et la mort elle-même, pour soutenir le témoignage qu'ils ont rendu de la résurrection de Notre-Seigneur.

*Que devons-nous faire pour avoir part à la résurrection de Jésus-Christ ?*

Nous devons mourir au péché, pour commencer avec Jésus-Christ une vie nouvelle.

*Qu'appelez-vous mourir au péché ?*

N'en plus commettre.

*Et quelle est cette vie nouvelle que nous devons commencer ?*

Une vie chrétienne.

*Pourquoi appelez-vous la vie chrétienne une vie nouvelle ?*

Parce que l'homme commence premièrement à vivre selon les sens, et qu'après il doit vivre selon l'esprit et selon la foi.

*Quand est-ce qu'il faut commencer cette vie nouvelle ?*

C'est principalement quand on a été instruit par le catéchisme des devoirs du chrétien. »

*Dites le sixième article.*

« Est monté aux cieux, est assis à la droite de Dieu le Père tout-puissant.

*Que veut dire cet article ?*

Que Jésus-Christ monta aux cieux en présence de ses disciples, le quarantième jour après sa résurrection.

*Pourquoi fut-il quarante jours avant que de monter aux cieux ?*

Pour visiter ses disciples, et les confirmer dans la foi de sa résurrection.

*Que veulent dire ces paroles, que Jésus-Christ est assis à la droite de Dieu ?*

Elles signifient que toute puissance a été donnée à Jésus-Christ dans le ciel et dans la terre. (*Matth.*, XXVIII, 18.)

*A quoi nous oblige ce mystère ?*

A transporter au ciel tous nos désirs.

*Que propose le septième article* : D'où il viendra juger les vivans et les morts ?

Que Jésus-Christ viendra juger les vivans et les morts.

*Que signifie cet article ?*

Qu'il descendra en grande majesté, pour rendre à chacun selon ses œuvres.

*Que veut dire* rendre à chacun selon ses œuvres ?

C'est rendre aux bons une récompense éternelle, et une peine éternelle aux méchans.

## LEÇON IX.

Du Saint-Esprit, et de la sanctification ou justification, sur les articles VIII et IX.

RÉCIT. La descente du Saint-Esprit, l'Eglise formée, les persécutions, les hérésies, la victoire de l'Eglise. Description du concile des apôtres (*Act.*, XV), de celui de Nicée, etc.

*Quel est le huitième article ?*

Je crois au Saint-Esprit.

*Que veut dire cet article ?*

Qu'on croit au Saint-Esprit, comme on croit au Père et au Fils.

*Pourquoi croit-on au Saint-Esprit, comme on croit au Père et au Fils ?*

Parce qu'il est un même Dieu avec le Père et le Fils.

*Comment l'appelle-t-on saint ? est-ce comme les créatures ?*

Non.

*Pourquoi ?*

C'est que les créatures sont saintes parce qu'elles sont sanctifiées par le Saint-Esprit, mais le Saint-Esprit est saint par lui-même.

*Que voulez-vous donc dire en l'appelant saint ?*

Qu'il est saint par sa nature et qu'il nous sanctifie.

*Récitez le neuvième article.*

« La sainte Eglise catholique, la communion des saints. »

*Que remarquez-vous d'abord dans cet article ?*

Qu'il a deux parties ; l'une dans ces mots, *Je crois l'Eglise catholique* ; et l'autre dans ceux-ci, *la communion des saints.*

*Que veut dire ce mot*, Eglise?

Assemblée, congrégation, société.

*Et ce mot* catholique, *que veut-il dire?*

Il veut dire universelle.

*Que veut-on dire, quand on dit que l'Eglise est universelle?*

Qu'elle est dans tous les temps et dans tous les lieux.

*Pourquoi dit-on que l'Eglise chrétienne est universelle?*

Pour marquer la différence qui est entre l'Eglise chrétienne, et l'ancienne société ou synagogue des Juifs.

*En quoi mettez-vous cette différence?*

Je la mets dans les temps et dans les lieux.

*Que dites-vous à l'égard des temps?*

Que la synagogue ou société des Juifs ne devoit durer que jusqu'à Jésus-Christ, et à la prédication de l'Evangile.

*Et l'Eglise chrétienne?*

Elle doit durer jusqu'à la fin du monde.

*Et pour les lieux, qu'en dites-vous?*

Que la société des Juifs étoit renfermée dans un seul pays.

*Quel étoit ce pays?*

La Judée.

*Et l'Eglise chrétienne?*

Elle embrasse tout l'univers, sans qu'aucun pays en soit exclu.

*Dites maintenant en abrégé ce que vous entendez par ces mots,* Eglise catholique *ou* universelle.

Que l'Eglise chrétienne est dans tous les temps et dans tous les lieux.

*Qu'est-ce donc que l'Eglise catholique?*

L'assemblée ou la société des fidèles répandue par toute la terre.

*Qu'est-ce qui les unit au dedans?*

La même foi.

*Qu'est-ce qui les unit au dehors?*

La profession d'une même foi, d'une même loi, les mêmes sacremens, le même gouvernement ecclésiastique sous un même chef visible, qui est le pape.

*Pourquoi dit-on que l'Eglise est apostolique ?*

Parce que les évêques ou principaux pasteurs ont succédé sans interruption aux apôtres.

*Qu'appelez-vous sans interruption ?*

En s'ordonnant et consacrant successivement les uns les autres, depuis le temps des apôtres jusqu'à nous, sans aucune interruption.

*Pourquoi cette succession ?*

Pour transmettre successivement, et comme de main en main, la doctrine apostolique, depuis le temps des apôtres jusqu'à la fin du monde.

*Pourquoi appelle-t-on l'Eglise catholique Eglise romaine ?*

Parce que l'Eglise établie à Rome est le chef et la mère de toutes les autres Eglises.

*D'où vient que vous lui attribuez cet honneur ?*

Parce que là est établie la chaire de saint Pierre, prince des apôtres, et des papes ses successeurs.

*Peut-on être sauvé hors de l'Eglise catholique, apostolique et romaine ?*

Non. Ainsi les Juifs, les païens, les hérétiques, n'auront pas la vie éternelle, s'ils meurent hors de l'Eglise.

*Pourquoi joignez-vous l'article* ix, Je crois l'Eglise catholique, *au* viii°, Je crois au Saint-Esprit?

Pour montrer le rapport et la liaison de ces deux articles.

*En quoi mettez-vous ce rapport ?*

En ce que c'est le Saint-Esprit qui éclaire et anime l'Eglise.

*Comment l'éclaire-t-il ?*

En lui enseignant toute vérité.

*Comment l'anime-t-il ?*

En la remplissant de ses dons et de ses graces.

*Qu'entendez-vous par ces mots, Je crois l'Eglise?*

J'entends qu'elle est toujours, et qu'il faut croire tout ce qu'elle enseigne.

*Pourquoi faut-il croire tout ce qu'elle enseigne ?*

Parce qu'elle est illuminée par le Saint-Esprit.

*L'Eglise catholique est donc infaillible ?*

Oui : l'Eglise catholique est infaillible.

*Et ceux qui rejettent ses décisions?*
Ils sont hérétiques.

## LEÇON X.
### Suite de l'article IX.

*Expliquez la seconde partie de cet article,* Je crois la communion des saints.

C'est-à-dire que tous les chrétiens sont frères, et membres d'un même corps, qui est l'Eglise.

*Et de là, que s'ensuit-il ?*

Que tous les biens spirituels sont communs entre les fidèles.

*En quoi mettez-vous cette communion de biens spirituels?*

En ce que les graces que chacun reçoit, et les bonnes œuvres qu'il fait, profitent à tout le corps et à chaque membre de l'Eglise.

*D'où vient cela?*

C'est à cause de l'union parfaite de tout le corps et de tous les membres de l'Eglise.

*Que doit opérer cette union?*

Que lorsqu'un membre de l'Eglise a quelque bien, tous les autres s'en réjouissent. ( I *Cor.*, XII. )

*Et quoi encore ?*

Que lorsqu'un membre est affligé, tous les autres membres y compatissent. ( *Ibid.* )

*Quels vices sont exclus par cette communion des fidèles?*

Les inimitiés et les jalousies.

*Que dites-vous donc de ceux qui sont jaloux de leurs frères chrétiens?*

Qu'ils pèchent contre cet article du Symbole, *la communion des saints.*

*Pourquoi les fidèles sont-ils appelés saints ?*

Parce qu'ils sont appelés à la sainteté, et qu'ils sont consacrés à Dieu par le baptême.

*Qui sont ceux à qui ce nom convient particulièrement ?*

Ce sont ceux qui, dans une foi parfaite, mènent aussi une sainte vie.

*L'Eglise peut-elle priver quelqu'un de la communion des saints ?*

Oui : elle en peut priver les pécheurs scandaleux.

*Comment les en prive-t-elle?*

Par l'excommunication.

*Quel est l'effet de l'excommunication?*

D'être séparé de l'Eglise, *et tenu comme un païen et un péager,* ainsi que Jésus-Christ l'a dit lui-même. (*Matth.*, XVIII, 17.)

## LEÇON XI.

### Suite de l'instruction sur le Saint-Esprit et la sanctification, dans les articles X, XI et XII.

*Répétez le dixième article.*

« Je crois la rémission des péchés. »

*Que veut dire cet article?*

Que nos péchés nous sont remis par la grace du Saint-Esprit.

*Comment appelez-vous cette grace de la rémission des péchés?*

On l'appelle *sanctification* et *justification.*

*Qu'entendez-vous par ces mots?*

Que de pécheurs, nous sommes faits saints et justes par la grace de Dieu.

*Où nous est donnée cette grace?*

Dans le baptême, dans le sacrement de pénitence.

*Comment nous y est-elle donnée?*

Par l'application du mérite de Jésus-Christ.

*Pouvons-nous mériter cette grace?*

Non : Dieu nous la donne gratuitement par Jésus-Christ.

*Dites l'article onzième?*

« Je crois la résurrection de la chair. »

*Que veut dire cet article?*

Qu'au jour du jugement nous ressusciterons avec le même corps.

*Pourquoi?*

Pour être éternellement heureux ou malheureux en corps et en ame.

*Dites l'article douzième.*

« Je crois la vie éternelle. »

*Que veut dire cet article?*

Que si nous vivons et mourons chrétiennement, nous vivrons éternellement avec Dieu.

*Quelle sera cette vie?*

De voir Dieu éternellement tel qu'il est, et de l'aimer sans pouvoir jamais le perdre.

*Quelle est la conclusion de tout le symbole?*

Que Dieu est bon, et qu'il récompense ceux qui le servent. (*Hebr.* xi, 6.)

*Et ceux qui l'offensent et qui meurent dans le péché mortel?*

Leur supplice n'aura point de fin.

*Peut-on exprimer le bonheur des saints et le malheur des damnés?*

Non : tout cela est inexplicable.

## LEÇON XII ET DERNIÈRE,

Où l'on propose l'abrégé et le sommaire de toute la doctrine du Symbole,

*Divisé en cinq articles.*

Notez qu'il ne faut donner cette leçon aux enfans, que lorsqu'ils sauront toutes les leçons précédentes, et qu'on les en sentira capables.

### ARTICLE I.

Des trois ouvrages attribués dans le symbole aux trois Personnes divines.

*Qu'avez-vous entendu dans tout le Symbole?*

Qu'on nous y propose les trois Personnes divines, et l'ouvrage qui est attribué à chacune d'elles.

*Qu'appelez-vous personne?*

C'est une chose qui vit, qui agit, qui subsiste comme vous, comme moi, comme les autres personnes qui sont ici.

*N'y a-t-il aucune différence?*

Il y a une grande différence.

*Quelle est-elle?*

En ce que les personnes qui sont ici, sont plusieurs hommes, et que les trois Personnes divines ne sont qu'un seul Dieu.

*Pourquoi ne sont-elles qu'un seul Dieu?*

Parce qu'elles n'ont qu'une seule et même nature, une seule et même essence, une seule et même divinité.

*Quelle est la première Personne ?*
C'est le Père.
*Et quel ouvrage lui est attribué*
La création.
*Par quelles paroles ?*
« Je crois en Dieu, le Père tout-puissant, Créateur du ciel et de la terre. »
*Quelle est la seconde Personne ?*
C'est le Fils.
*Quel ouvrage a-t-il accompli ?*
L'ouvrage de la rédemption.
*Comment l'a-t-il accompli ?*
En prenant la nature humaine, dans laquelle il a satisfait pour nous.
*Qu'appelez-vous satisfaire pour nous ?*
C'est porter la peine que nous avions méritée.
*Quelle est cette peine ?*
Souffrir et mourir.
*Par où méritons-nous de souffrir et de mourir ?*
Par le péché.
*Et Jésus-Christ a-t-il porté pour nous cette peine ?*
Oui, puisqu'il a souffert et qu'il est mort pour nous.
*Dans quel article du Symbole est expliqué cet ouvrage de la rédemption ?*
Dans cet article, *et en Jésus-Christ, son Fils unique*, et dans les suivans.
*Quelle est la troisième Personne ?*
C'est le Saint-Esprit.
*Quel ouvrage lui est attribué ?*
La justification ou la sanctification.
*Où lui est attribué cet ouvrage ?*
Dans l'endroit du Symbole où, après avoir cru au Saint-Esprit, nous confessons l'Église catholique, la communion des saints, la rémission des péchés, et enfin la vie éternelle, qui en est le fruit.
*La rémission des péchés est-elle particulièrement attribuée au Saint-Esprit ?*
Oui, puisque Notre-Seigneur, pour donner à ses apôtres la

grace de remettre les péchés, souffla sur eux, en leur disant : *Recevez le Saint-Esprit.* (Joan., xx, 22.)

*Dites le passage entier.*

« Recevez le Saint-Esprit ; ceux dont vous remettrez les péchés, ils leur seront remis ; et ceux dont vous retiendrez les péchés, ils leur seront retenus. »

*Pourquoi met-on ces articles,* La communion des saints, la rémission des péchés, et la vie éternelle, *après celui-ci,* Je crois l'Eglise catholique?

Pour montrer qu'il n'y a ni de sainteté, ni de rémission des péchés, ni par conséquent de salut et de vie éternelle que dans l'Eglise catholique.

*Et pourquoi met-on tout cela après avoir cru au Saint-Esprit?*

Pour montrer que c'est le Saint-Esprit qui assemble et qui anime l'Eglise, où il a mis toutes ces graces.

*Et la résurrection de la chair, est-elle aussi parmi les graces que nous recevons dans l'Eglise par le Saint-Esprit?*

Oui : la résurrection pour la vie.

*Et les damnés ne ressusciteront-ils pas aussi?*

Oui ; mais leur résurrection sera une peine, et non une grace.

*D'où viennent donc toutes les graces que vous venez de rapporter?*

Du Saint-Esprit, qui nous les donne dans l'Eglise catholique.

*Il n'y a donc point de salut hors de l'Eglise?*

Non ; il n'y a point de salut hors de l'Eglise.

A l'occasion de l'article de la résurrection, l'on pourra raconter l'histoire de la transfiguration de Notre-Seigneur, et montrer la gloire des corps ressuscités (*Matth.*, xvii, 1, etc.; 1 *Cor.*, xv; II *Petr.*, I, 16, 17), ou celle de la résurrection et des apparitions qui suivirent.

### ARTICLE II.

Que ces trois ouvrages sont également d'une grandeur infinie.

*Ces trois ouvrages de la création, de la rédemption et de la sanctification sont-ils égaux?*

- Oui ; ces trois ouvrages sont égaux.

*Pourquoi?*

Parce qu'ils demandent tous trois une vertu infinie.

*La création demande-t-elle une vertu infinie?*

Oui. Il faut être tout-puissant pour être créateur du ciel et de la terre; et c'est pourquoi nous disons : Je crois en Dieu, le Père tout-puissant, créateur du ciel et de la terre. »

*Et la rédemption?*

Elle demande aussi une vertu infinie.

*Pourquoi?*

Parce que pour nous racheter du péché, qui est un mal infini, il faut un prix qui le soit aussi.

*Pourquoi dites-vous que le péché est un mal infini?*

Parce que par le péché on offense Dieu, dont la majesté est infinie.

*Par où est-ce que Dieu nous montre que le mal du péché est infini?*

En le punissant d'un supplice infini et éternel.

*Et le prix que Jésus-Christ a payé pour nous est-il infini?*

Oui : le prix que Jésus-Christ a payé pour nous est infini.

*Quel est ce prix?*

Son sang précieux, et le sacrifice qu'il a offert en la croix.

*Pourquoi ces choses sont-elles d'un mérite infini?*

Parce que Jésus-Christ qui les offre est d'une dignité infinie, étant Dieu et homme tout ensemble.

*Et l'ouvrage de la sanctification demande-t-il aussi une vertu infinie?*

Oui, parce qu'il faut être infiniment saint, pour donner la sainteté à tous les fidèles.

*Est-ce donc un si grand ouvrage de nous tirer du péché pour nous faire saints?*

Oui; nous tirer du péché pour nous faire saints, c'est un ouvrage en quelque sorte plus grand que nous tirer du néant en nous donnant l'être.

*En quoi donc connoissez-vous l'égalité des trois Personnes divines?*

En ce que nous leur attribuons des ouvrages égaux dans le Symbole; et qu'aussi nous disons également : *Je crois au Père, je crois au Fils, et je crois au Saint-Esprit.*

*Dit-on de même,* Je crois en l'Eglise catholique?

Non; on dit : *Je crois l'Eglise catholique.*

### ARTICLE III.

Comment ces trois ouvrages sont attribués aux trois Personnes divines.

*N'y a-t-il que le Père qui soit créateur?*
Le Fils est aussi créateur.
*Et le Saint-Esprit n'est-il pas aussi créateur?*
Oui. Le Saint-Esprit est aussi créateur; en un mot, le Père, le Fils, et le Saint-Esprit est un seul créateur.
*Pourquoi donc attribuez-vous la création au Père?*
Parce qu'il est la première personne de la très-sainte Trinité, d'où les autres procèdent.
*Qu'est-ce à dire qu'elles en procèdent?*
C'est-à-dire qu'elles ont l'être de lui.
*Leur donne-t-il l'être comme aux créatures?*
A Dieu ne plaise; il les produit en lui-même de toute éternité, et elles lui sont égales en toutes choses.
*Pourquoi attribuez-vous la rédemption au Fils?*
Parce qu'il l'a véritablement accomplie, et qu'il a effectivement satisfait pour nous dans sa nature humaine.
*Est-ce le Fils seul qui a pris la nature humaine?*
Oui : c'est le Fils seul.
*Le Père et le Saint-Esprit n'ont-ils pas pris la nature humaine?*
Non : c'est le seul Fils qui l'a prise.
*Le Saint-Esprit est-il le seul sanctificateur?*
Non : le Père est aussi sanctificateur, et il en est de même du Fils.
*Pourquoi donc attribuez-vous particulièrement la sanctification au Saint-Esprit?*
Parce que c'est la coutume de l'Ecriture sainte, d'attribuer au Saint-Esprit la grace qui nous unit intérieurement à Dieu.
*En pourriez-vous dire quelque raison?*
C'est que le Saint-Esprit est le don commun du Père et du Fils, et leur éternelle union.

### ARTICLE IV.

Des processions divines, et de l'incompréhensibilité des mystères.

*De qui procède le Fils ?*
Du Père seul.
*De qui procède le Saint-Esprit ?*
Du Père et du Fils.
*Le Fils est-il fait ou créé ?*
A Dieu ne plaise.
*Et pourquoi donc ?*
Il est engendré du Père seul, et de sa propre substance.
*Le Père l'a-t-il engendré d'une partie de sa substance ?*
A Dieu ne plaise; Dieu n'a point de parties, il a engendré son Fils de toute sa substance, et il est un avec lui.
*Le Saint-Esprit est-il fait ou créé ?*
A Dieu ne plaise.
*Est-il engendré ?*
Non.
*Quoi donc ?*
L'Ecriture dit seulement qu'il procède, et il n'en faut pas chercher davantage.
*Ce mystère est donc impénétrable ?*
Oui.
*Et tout le mystère de la Trinité ?*
Il est pareillement impénétrable.
*Et celui de l'Incarnation ?*
De même.
*Pourquoi donc croyons-nous toutes ces choses ?*
Parce que Dieu nous les a révélées.
*Et pourquoi Dieu nous a-t-il obligés à croire des choses inconcevables ?*
Parce qu'il lui a plu d'exercer ainsi notre foi.
*Est-ce nous faire tort que de nous obliger à croire des choses qui sont au-dessus de nous ?*
Au contraire : c'est nous faire honneur.
*Pourquoi ?*
Parce que c'est nous élever au-dessus de nous-mêmes.

*Que doit produire en nous la foi de tant de choses inconcevables ?*

Le désir de les voir un jour.

*Où les verrons-nous ?*

Dans le ciel, lorsque Dieu se découvrira clairement à nous.

*Que dites-vous de ceux qui s'imaginent pouvoir entendre les secrets de Dieu ?*

Que ce sont des insensés.

*Pourquoi les appelez-vous insensés ?*

Ils ne se connoissent pas eux-mêmes, ils ne savent pas comment sont faites les plus petites choses, une mouche, une fourmi, un épi de blé; et ils veulent pénétrer les secrets de Dieu.

### ARTICLE V.

Des moyens dont Dieu s'est servi pour nous révéler la doctrine chrétienne, à savoir l'Ecriture et la tradition.

*Où sont compris les mystères que Dieu a révélés, et toute la doctrine chrétienne ?*

Dans les Ecritures de l'Ancien et du Nouveau Testament.

*Qu'appelez-vous les Ecritures de l'Ancien Testament ?*

Celles qui ont été données à l'ancien peuple juif.

*Quelles sont-elles ?*

Il y a premièrement les ouvrages de Moïse, divisés en cinq livres : la *Genèse*, l'*Exode*, le *Lévitique*, les *Nombres* et le *Deutéronome;* et c'est par où commence l'Ecriture sainte.

*Que contiennent les livres de Moïse ?*

La loi de Dieu et l'histoire de son peuple, depuis la création du monde jusqu'à l'entrée du peuple dans la Terre sainte.

*Qu'y a-t-il ensuite ?*

Il y a les livres d'histoires, tant de celles qui regardent tout le peuple de Dieu, que de celles qui regardent quelques saints.

*Dites les livres où sont écrites les histoires qui regardent tout le peuple de Dieu.*

Le *Livre de Josué*, celui des *Juges*, les quatre *Livres des Rois*, les deux des Chroniques, appelés *Paralipomènes*, le *Livre d'Esdras* et celui de *Néhémias;* et à la fin de l'Ancien Testament, les deux *Livres des Machabées*.

*De quels saints avons-nous l'histoire en particulier dans l'Ecriture sainte?*

Celle de Tobie, de Judith, d'Esther et de Job, dont les livres portent le nom.

*Quels autres livres avons-nous encore dans l'Ancien Testament?*

Les livres d'instruction et de louange, comme les *Psaumes* de David, les *Proverbes*, l'*Ecclésiaste*, et le *Cantique des cantiques* de Salomon, avec le *Livre de la Sagesse* et l'*Ecclésiastique*.

*Est-ce tout?*

Non : il y a encore les livres des prophètes Isaïe, Jérémie, Ezéchiel, Daniel ; et les douze autres, qu'on appelle les petits Prophètes, à cause qu'ils ont moins écrit que les quatre premiers.

*Quelles sont les Ecritures du Nouveau Testament?*

Celles qui ont été données au nouveau peuple, c'est-à-dire aux chrétiens.

*De combien y en a-t-il de sortes?*

Il y a les livres d'histoires, où sont rapportées les actions de Notre-Seigneur et des apôtres.

*Nommez-les.*

Il y a les quatre évangiles de saint Matthieu, de saint Marc, de saint Luc et de saint Jean, et les *Actes des apôtres*, écrits par saint Luc.

*Quels sont les autres Livres du Nouveau Testament?*

Ce sont les *Epîtres* ou les lettres que les apôtres ont écrites aux fidèles, comme sont quatorze Epîtres de saint Paul, une de saint Jacques, deux de saint Pierre, trois de saint Jean, une de saint Jude, et à la fin l'*Apocalypse* ou Révélation de saint Jean.

*Pourquoi est-il nécessaire de connoître ces livres?*

Afin que, lorsqu'on entend citer dans la chaire quelques auteurs, on sache distinguer entre les Livres divins et les autres.

*Quelle différence y a-t-il des Livres divins d'avec les écrits des autres docteurs?*

C'est que dans les Livres divins tout est inspiré de Dieu jusqu'au moindre mot : il n'en est pas ainsi des autres docteurs.

*Comment donc recevez-vous les saints Pères et les autres Docteurs?*

Parce que leur consentement nous fait voir la foi de l'Eglise.

*Et en particulier leur autorité n'est-elle pas de grand poids ?*

Oui : elle est de grand poids, mais non pas entièrement décisive, comme celle des prophètes et des apôtres.

*Ne croyez-vous que ce qui est écrit ?*

Je crois aussi ce que les apôtres ont enseigné de vive voix, et qui a toujours été cru dans l'Eglise catholique.

*Comment appelez-vous cette doctrine ?*

Je l'appelle *Parole de Dieu non écrite,* ou *Tradition.*

*Que veut dire ce mot, tradition ?*

Doctrine donnée de main en main, et toujours reçue dans l'Eglise.

*Par le ministère de qui avons-nous reçu les saintes Ecritures ?*

Par le ministère de l'Eglise catholique.

*Par le ministère de qui recevons-nous l'intelligence de l'Ecriture ?*

Par celui de la même Eglise.

*Et ceux qui pensent pouvoir entendre l'Ecriture sainte par eux-mêmes ?*

Ils s'exposent à faire autant de chutes que de pas.

*Que faut-il donc faire lorsqu'on lit, ou qu'on entend lire quelque chose de l'Ecriture ?*

Profiter de ce qu'on entend, croire et adorer ce qu'on n'entend pas, et se soumettre en tout au jugement de l'Eglise.

*Quel dessein doit-on avoir, quand on désire de lire l'Ecriture sainte ?*

Celui de vivre selon ses préceptes.

*Et ceux qui la lisent par curiosité et sans soumission ?*

Ils s'y perdent.

*Pourquoi n'est-il point parlé de l'Ecriture dans le Symbole ?*

Parce qu'il suffit de nous y montrer la sainte Eglise catholique, par le moyen de laquelle nous recevons l'Ecriture et l'intelligence de ce qu'elle contient.

*Faites un acte de foi selon le Symbole.*

Je crois de tout mon cœur, de toute mon ame, de toute mon intelligence, de toute mon affection, en un seul Dieu, Père, Fils, et Saint-Esprit. Je crois avec la même foi la rédemption du genre humain par la mort de Jésus-Christ, et la grace qui nous en applique le fruit. Je crois l'Eglise catholique, apostolique et romaine, et tout ce que Dieu lui a révélé ; j'espère, en vivant selon cette foi, avoir la vie éternelle. Amen.

*Que veut dire cet* amen ?

Il est ainsi, *ou* ainsi soit-il.

# TROISIÈME PARTIE

DE LA

# DOCTRINE CHRÉTIENNE

### LEÇON I.

#### De l'espérance et de la prière.

Abraham prêt à immoler Isaac, et espérant en Dieu qui le pouvoit ressusciter (*Gen.*, XXII ; *Hebr.*, XI, 17, 18, 19). Joseph haï de ses frères ; sauvé de leurs mains ; vendu ; prisonnier pour avoir bien fait ; toujours protégé de Dieu, et le sauveur de l'Egypte et de sa famille (*Gen.*, XXXVII, XXXIX, XL et seq.).

*Quelle est la seconde vertu théologale ?*

C'est l'espérance.

*Qu'est-ce que l'espérance ?*

C'est une vertu et un don de Dieu, par lequel nous attendons la vie éternelle qu'il a promise à ses serviteurs.

*Pourquoi dites-vous que vous espérez la vie éternelle que Dieu a promise ?*

Parce que la promesse de Dieu est le fondement de notre espérance.

*Que faut-il faire pour obtenir la vie éternelle ?*

Il faut garder les préceptes.

*Qui l'a dit ?*

C'est Jésus-Christ même.

*Pouvons-nous garder les préceptes comme il faut par nos propres forces ?*

Non : nous ne le pouvons que par la grace de Dieu.

*Mais ne faut-il pas coopérer à la grace de Dieu?*
Oui : sans doute.
*Qu'est-ce à dire coopérer à la grace de Dieu?*
C'est en suivre l'inspiration et le mouvement.
*Peut-on résister à la grace de Dieu?*
On le peut, et on n'y résiste que trop.
*Peut-on mériter la vie éternelle en coopérant à la grace de Dieu?*
Oui, sans doute, puisque la vie éternelle est la récompense promise aux bonnes œuvres.
*La vie éternelle n'est donc pas une grace, puisqu'on peut la mériter?*
La vie éternelle ne laisse pas d'être une grace.
*Pourquoi?*
Parce qu'elle nous est promise gratuitement par les mérites de Jésus-Christ.
*Pourquoi encore?*
Parce que les mérites et les bonnes œuvres, par lesquels nous l'obtenons, nous sont donnés par la grace.
*Que doit donc croire le chrétien de lui-même?*
Que de soi il n'est rien, qu'il n'a rien, et qu'il ne peut rien.
*A qui donc devons-nous avoir recours dans nos besoins?*
A Dieu.
*Comment?*
Par la prière fréquente.
*Pourquoi?*
Parce que l'oraison est le grand moyen que Dieu nous a donné pour obtenir de lui quelque chose.

## LEÇON II.

### De l'Oraison dominicale.

RÉCIT, *comme ci-dessus, I Cat., Leçon* VI. Jésus-Christ apprend à ses disciples à prier (*Luc.*, XI,). Daniel prie trois fois le jour, le visage tourné vers le temple, et il est délivré des lions (*Dan.*, VI, 10,). Les trois enfans louent Dieu dans la fournaise ardente (*Ibid.*, III, 14 et seq.).

*Quelle est la meilleure prière que nous puissions faire à Dieu?*
C'est le *Pater*, que nous appelons autrement l'*Oraison dominicale*, ou l'*Oraison du Seigneur*.

*Pourquoi appelez-vous le* Pater *l'Oraison du Seigneur?*
Parce que Notre-Seigneur nous l'a enseignée lui-même.
*Récitez-la en latin.*
Pater noster, *etc.*
*Récitez l'Oraison dominicale en françois.*
Notre Père, *etc.*
*A qui parlons-nous quand nous disons le* Pater?
Nous parlons à Dieu.
*Pourquoi l'appelons-nous* notre Père?
Parce qu'il nous a créés, et qu'il nous a adoptés pour ses enfans.
*Qu'appelez-vous* adopter?
C'est choisir et prendre volontairement quelqu'un pour son fils.
*Quel est l'effet de l'adoption?*
Que Jésus-Christ ne dédaigne pas de nous appeler *ses frères.*
*Et quoi encore?*
Que nous avons part avec Jésus-Christ à l'héritage du Père.
*Quel est cet héritage?*
Son royaume éternel.
*Pourquoi disons-nous,* Notre Père, qui êtes dans les cieux? *Dieu n'est-il pas partout?*
Dieu est partout : il est dans la terre, dans le ciel, en tous lieux.
*Pourquoi dites-vous donc, qui êtes dans les cieux?*
Parce que le ciel est le lieu où il se découvre en sa gloire à ses enfans.
*Est-ce là leur héritage?*
Oui : c'est là leur héritage.
*Pourquoi disons-nous,* Notre Père, *et non pas,* mon Père?
Pour montrer que tous les chrétiens sont frères.
*Combien y a-t-il de demandes au* Pater?
Il y en a sept.
*Que demandons-nous par la première,* Votre nom soit sanctifié?
Nous demandons que Dieu soit honoré, aimé et servi de tout le monde, et de nous en particulier.

*Que demandons-nous par la seconde demande,* Que votre règne arrive?

Nous prions Dieu qu'il règne dans nos cœurs par sa grace, et qu'il nous fasse régner avec lui dans sa gloire.

*Aurons-nous ce royaume sans peine et sans souffrir?*

Non : pour l'obtenir, il faut endurer patiemment les maux et les afflictions qu'il plaît à Dieu de nous envoyer.

*Que demandons-nous en la troisième demande,* Que votre volonté soit faite en la terre comme au ciel?

La grace de faire en toutes choses la volonté de Dieu, aussi promptement que les saints et les anges la font dans le ciel.

*Qu'est-ce que faire la volonté de Dieu?*

C'est obéir à ses commandemens.

*Et quoi encore?*

Souffrir les afflictions qu'il nous envoie.

*Quelle pensée devons-nous avoir, quand Dieu nous envoie des afflictions?*

Que Dieu est juste, et que nous en méritons beaucoup davantage.

*Et quoi encore?*

Qu'il est bon, et qu'il fait tout pour notre mieux.

*Que devons-nous dire alors?*

« Votre volonté soit faite. »

*Que demandons-nous en la quatrième demande,* Donnez-nous aujourd'hui notre pain de chaque jour?

Nous demandons à Dieu ce qui nous est nécessaire chaque jour pour l'entretien de la vie.

*Que nous apprend la cinquième demande,* Et nous pardonnez nos offenses, comme nous pardonnons à ceux qui nous ont offensés?

Elle nous apprend que nous offensons Dieu tous les jours, et que nous avons besoin de lui demander continuellement pardon.

*Que voulons-nous dire par ces paroles,* Comme nous pardonnons à ceux qui nous ont offensés?

Nous demandons à Dieu qu'il nous pardonne nos péchés, selon que nous pardonnons aux autres.

*Ceux donc qui ne veulent point pardonner, doivent-ils espérer que Dieu leur pardonnera?*

Non : loin de cela, ils se condamnent eux-mêmes en faisant cette prière.

*Que demandons-nous en la sixième demande,* Et ne nous induisez pas en tentation?

Nous prions Dieu de nous préserver des tentations, et de nous faire la grace de les surmonter.

*Pourquoi Dieu permet-il que nous soyons tentés?*

Pour nous faire connoître notre misère, et nous fortifier dans la vertu.

*Que demandons-nous en la septième demande,* Mais délivrez-nous du mal?

Nous demandons d'être préservés de toute sorte de maux de l'ame et du corps, et du démon qui nous les suscite.

*Qui est le plus grand de tous les maux?*

C'est le péché.

*Que demandons-nous donc principalement à Dieu, quand nous le prions qu'il nous délivre du mal?*

Qu'il efface les péchés que nous avons commis, et nous préserve d'en commettre de nouveaux.

*Quand serons-nous parfaitement délivrés de tout mal?*

A la résurrection bienheureuse.

*Pourquoi?*

Parce que nous serons délivrés du péché et de toutes ses suites.

*Quelles sont-elles?*

L'ignorance, les mauvais désirs, et toutes les infirmités de la nature.

*A quoi donc se termine enfin l'Oraison dominicale?*

A demander à Dieu la vie éternelle.

## LEÇON III.

### Des dispositions pour bien prier.

La ferveur d'Anne, mère de Samuel, en priant Dieu dans le temple (I. *Reg.*, I, 10). Jésus-Christ priant dans le jardin des Olives (*Matth.*, XXVI, 38, 39; *Luc.*, XXII,

41) ; et à la croix (*Luc.*, XXIII, 34 ; *Hebr.*, V, 7). L'effet de la prière persévérante, et saint Pierre délivré de la prison par un ange (*Act.*, XII, 5, etc.).

*Est-on assuré d'obtenir ce qu'on demande à Dieu par la prière ?*
Oui : pourvu qu'elle soit bien faite.
*Sur quoi est fondée cette assurance ?*
Sur la promesse expresse de Dieu.
*Quelles sont les dispositions pour bien prier ?*
Il y en a quatre principales ; l'attention, la confiance, la pure intention, et la persévérance.
*Qu'est-ce qu'avoir de l'attention ?*
C'est penser à ce qu'on dit, prier de cœur et de bouche.
*Ne peut-on pas prier sans parler ?*
On le peut en élevant son cœur à Dieu.
*Et la prière qui ne se fait que des lèvres ?*
Elle est rejetée de Dieu. (*Isa.*, XXIX, 13 ; *Matth.*, XV, 8.)
*Quelle confiance faut-il avoir dans la prière ?*
Que Dieu nous écoutera, parce qu'il est bon.
*Qu'appelez-vous la pure intention ?*
C'est de rapporter nos prières à la gloire de Dieu, et à notre salut éternel.
*N'est-il pas permis de demander les choses temporelles dont on a besoin ?*
Oui, si elles sont utiles pour le salut.
*Qu'est-ce que persévérer dans la prière ?*
Ne se lasser point de prier.
*Par qui faut-il prier ?*
Par Jésus-Christ.
*Qui nous donne l'exemple ?*
L'Eglise dans ses prières qu'elle finit toujours par ces paroles : *Per Dominum nostrum Jesum Christum.*
*Que veulent dire ces paroles :* Per Dominum nostrum Jesum Christum *?*
Par Notre-Seigneur Jésus-Christ.
*Qui nous a commandé de prier ainsi ?*
C'est Jésus-Christ même.
*Et quand on ne dit pas ces paroles ?*
Elles sont toujours sous-entendues dans l'intention.

*Pourquoi faut-il prier par Jésus-Christ ?*

Parce que c'est par lui que nous avons accès auprès de Dieu.

*Pourquoi ?*

Parce qu'il est notre sauveur.

## LEÇON IV.
### De l'Ave, Maria, et de la prière des saints.

L'ange présentant à Dieu la prière des saints comme un encens (*Apoc.*, VIII, 3, 4). Les saints invités par saint Jean à se réjouir avec l'Eglise, et le faisant (*Ibid.*, XVIII, 20 ; XIX, 1 et seq.). Les amis de Job, renvoyés à lui, afin qu'il prie pour eux (*Job*, XLII, 7-10).

*Quelle prière avez-vous accoutumé de dire après le Pater?*

C'est l'*Ave, Maria*, par lequel nous nous adressons à la sainte Vierge.

*Pourquoi, après avoir parlé à Dieu, vous adressez-vous à la sainte Vierge ?*

Afin qu'elle porte nos prières à Dieu, et qu'elle nous aide auprès de lui en le priant pour nous.

*Récitez l'*Ave, Maria *en latin.*

Ave, Maria, *etc.*

*Récitez-le en françois.*

Je vous salue, *etc.*

*Pourquoi appelez-vous l'*Ave, Maria *la Salutation angélique ?*

Parce qu'elle commence par les paroles dont se servit l'ange Gabriel, quand il vint annoncer à la sainte Vierge qu'elle seroit Mère de Dieu.

*Qui a composé cette prière ?*

La première partie, jusqu'à *benedicta tu,* est de l'ange.

*Et la seconde ?*

Depuis *benedicta tu*, jusqu'à *sancta*, ce sont les paroles que sainte Elisabeth adressa à la sainte Vierge, quand elle en fut visitée.

*Et le reste, depuis* sancta Maria?

C'est l'Eglise qui l'a ajouté.

*A quoi doit-on penser principalement en disant l'*Ave, Maria?

Au mystère de l'incarnation.

*A quoi encore ?*

A la pureté et à l'humilité profonde de la sainte Vierge.

*A quoi encore?*

Au grand secours que nous recevons par ses prières.

*Est-il bon et utile de prier les autres saints?*

Il est très-bon et très-utile de les prier, particulièrement nos saints anges gardiens, les saints patrons du diocèse et de sa paroisse.

*Peut-on réciter l'Oraison dominicale devant quelque image de la Vierge ou de quelque Saint?*

Oui, pourvu qu'on ait intention de demander au saint qu'il présente à Dieu, pour nous et avec nous, cette prière.

*Priez-vous les Saints comme Dieu?*

A Dieu ne plaise.

*Quelle différence y a-t-il?*

C'est que nous prions Dieu de nous donner les choses qui nous sont nécessaires, mais nous prions les Saints qu'ils prient Dieu pour nous les obtenir.

*Et quand on dit quelquefois que les Saints nous donnent quelque chose?*

Il faut entendre qu'ils nous la donnent en nous l'obtenant de Dieu.

*Quel fruit devons-nous recueillir de cette doctrine de la prière?*

1. De mettre notre confiance en Dieu dans nos besoins. 2. S'appliquer souvent, et le plus qu'on peut, à la prière. 3. Demander celles de la sainte Vierge et des Saints qui sont avec Dieu.

*Quand faut-il prier?*

Il faut prier tout au moins le matin, quand on se lève; le soir, quand on se couche; devant et après le repas; et quand on sonne l'*Angelus*, en mémoire de l'incarnation du Fils de Dieu.

# QUATRIÈME PARTIE

DE LA

# DOCTRINE CHRÉTIENNE

### DES COMMANDEMENS DE DIEU ET DE L'ÉGLISE.

#### LEÇON I.

##### Du Décalogue.

*Est-ce assez, pour être sauvé, d'être baptisé et de croire en Jésus-Christ?*

Non : il faut encore garder les commandemens.

*Combien y a-t-il de commandemens de Dieu?*

Il y en a dix.

*Comment les appelez-vous?*

Le Décalogue.

*Que veut dire ce mot, Décalogue?*

Il veut dire les dix paroles, ou les dix commandemens de Dieu.

*Récitez ces commandemens comme Dieu même les a prononcés.*

« Je suis le Seigneur ton Dieu, qui t'ai tiré de la terre d'Egypte, de la maison de servitude. (*Exod.*, xx, 2, etc.)

» 1. Tu n'auras point de dieux étrangers devant moi. Tu ne feras point d'image taillée, ni aucune figure de ce qui est en haut au ciel, ni de ce qui est en bas sur la terre ou dans les eaux. Tu ne les adoreras point, ni ne les serviras.

» 2. Tu ne prendras point en vain le nom du Seigneur ton Dieu.

» 3. Souviens-toi de sanctifier le jour du sabbat.

» 4. Honore ton père et ta mère, afin que tu vives longtemps sur la terre que le Seigneur ton Dieu te donnera.

» 5. Tu ne tueras point.

» 6. Tu ne seras point adultère.

» 7. Tu ne déroberas point.

» 8. Tu ne porteras point faux témoignage contre ton prochain.

» 9. Tu ne désireras point la femme de ton prochain.

» 10. Tu ne désireras point la maison de ton prochain, ni son serviteur, ni sa servante, ni son bœuf, ni son âne, ni rien qui lui appartienne. »

Le catéchiste pourra ici répéter aux enfans ce qui est dit ci-dessus au premier catéchisme, leçon VI, et de leur faire bien entendre, et même répéter, s'il est besoin.

Il aura soin aussi d'expliquer nettement l'usage des images suivant la doctrine du saint concile de Trente, en la session XXV ; et sur le sixième commandement il inspirera aux enfans une grande horreur de toute déshonnêteté, sans trop particulariser, mais en sorte qu'il fasse entendre qu'en tout âge il se commet d'horribles péchés contre ce commandement, qui attirent la malédiction de Dieu sur toute la vie, et causent de grands sacriléges par la honte qu'on a de les confesser. Il faut insinuer celle qu'on devroit en avoir plutôt que de les commettre, et montrer que cette pudeur, et la honte que nous avons actuellement de certaines choses, est un moyen de nous enseigner ce qui déplaît à Dieu. On doit aussi montrer quel mal c'est, d'oser commettre devant Dieu les péchés qu'on ne voudroit pas commettre devant les hommes. Cet avertissement est plus important qu'on ne le peut dire, et les curés et le catéchiste n'y peuvent trop faire de réflexions.

## LEÇON II.

### Instruction générale sur le Décalogue, et sur les deux préceptes de la charité.

A l'occasion de la charité envers le prochain, on pourra parler de l'aumône. RÉCIT. La sentence de Jésus-Christ au dernier jour (*Matth.*, XXV, 34, etc.). Une autre fois la mort de Tabitha ; les larmes des veuves, et les habits qu'elle leur faisoit, montrés à saint Pierre ; la résurrection de cette pieuse femme (*Act.*, IX, 36, etc.).

*A qui Dieu a-t-il donné le Décalogue ?*

A Moïse pour le peuple hébreu.

*Dans quel temps l'a-t-il donné à Moïse ?*

Après la sortie d'Egypte, comme le peuple étoit dans le désert.

*Où l'a-t-il donné ?*

Sur la montagne de Sinaï, au milieu des tonnerres et des éclairs.

*Pourquoi ?*

Pour inspirer la terreur de la majesté de Dieu.

*Comment Dieu a-t-il donné les préceptes du Décalogue ?*
Gravés de sa propre main sur la pierre.
*Pourquoi ?*
Afin que nous apprissions à les révérer, comme chose venue de Dieu.
*Quel est l'abrégé des commandemens ?*
L'amour de Dieu et du prochain.
*Qui l'a dit ?*
C'est Jésus-Christ même.
*Dites le commandement de l'amour de Dieu et du prochain, comme il est rapporté dans l'Evangile.*

« Tu aimeras le Seigneur ton Dieu de tout ton cœur, de toute ton ame et de tout ton esprit ; c'est là le premier et le grand commandement. Et voici le second, qui est semblable à celui-là : Tu aimeras ton prochain comme toi-même. Dans ces deux commandemens sont renfermés toute la loi et les prophètes. » (*Matth.*, XXII, 37-40 ; *Marc.*, XII, 30 ; *Luc.*, X, 27.)

## LEÇON III.

### Des commandemens de l'Eglise.

*Qui a donné à l'Eglise le pouvoir de faire des commandemens ?*
Dieu même, en nous la donnant pour Mère.
*Est-on obligé d'obéir à l'Eglise ?*
Oui : puisque Jésus-Christ même le commande.
*Pourquoi encore ?*
Parce que les commandemens de l'Eglise servent à observer les commandemens de Dieu.
*Combien y a-t-il de commandemens de l'Eglise ?*
Il y en a six.
*Récitez le premier et le second commandement.*
« 1. Les dimanches messe ouïras, en servant Dieu dévotement. »
« 2. Les fêtes tu sanctifieras, qui te sont de commandement. »
*Que veut dire ce mot, dimanche ?*
Il veut dire *Jour du Seigneur.*

*Mais Dieu n'avoit-il pas autrefois établi un autre jour?*

Oui : autrefois le jour du Seigneur étoit le septième jour, ou le samedi.

*Pourquoi Dieu avait-il établi ce jour?*

En mémoire de ce qu'il avoit créé le monde en six jours, et que le septième jour il s'étoit reposé de tous ses ouvrages.

*Que veut dire ce repos?*

Que le monde étoit parfait, et qu'il n'y avoit plus rien à faire de nouveau, mais seulement à conserver et à gouverner ce qui étoit fait.

*Et quoi encore?*

Que Dieu nous prépare à la fin du monde un repos éternel.

*Par quelle autorité ce jour-là a-t-il été changé au dimanche?*

Par l'autorité des apôtres et de l'Eglise.

*Pourquoi a-t-on choisi ce jour pour être le repos des chrétiens?*

En mémoire de la résurrection de Notre-Seigneur, et de la descente du Saint-Esprit arrivée en ce jour.

*Quelles autres fêtes l'Eglise a-t-elle instituées?*

Les fêtes de Notre-Seigneur et des Saints.

*Pourquoi a-t-elle institué les fêtes de Notre-Seigneur?*

En mémoire des saints mystères qu'il a accomplis.

*Et les fêtes de la sainte Vierge et des Saints?*

En mémoire des graces que Dieu leur a faites, et pour en remercier sa bonté suprême.

*Pourquoi encore?*

Afin que nous imitions leurs exemples, et que nous soyons aidés par leurs prières.

*Que faut-il faire pour bien sanctifier les fêtes selon l'intention de l'Eglise?*

Il faut entendre la messe, la prédication, et le service de l'Eglise avec dévotion et respect, et vaquer aux bonnes œuvres.

*Que nous est-il défendu?*

Il est défendu de faire aucune œuvre servile.

*Qu'appelez-vous les œuvres serviles?*

Les œuvres mercenaires, par où ordinairement on gagne sa vie.

*N'y a-t-il rien d'excepté ?*

On en excepte les œuvres nécessaires à la vie.

*Que doit-on faire à cet égard ?*

Disposer tellement son temps, qu'on en réserve tout ce qu'on pourra pour le service divin.

*Quelles autres œuvres faut-il particulièrement éviter pour bien sanctifier les fêtes ?*

Il faut éviter principalement le péché et tout ce qui porte au péché; comme le cabaret, les danses, les assemblées de brelans et de jeux défendus.

*Et pour les jeux ou exercices permis ?*

Il se faut bien garder d'y donner trop de temps, et surtout d'y passer le temps de la messe paroissiale, de la prédication, ou du catéchisme, et du service divin.

*Dites le troisième commandement de l'Eglise ?*

« Tous tes péchés confesseras à tout le moins une fois l'an. »

*Que nous ordonne-t-il ?*

De confesser nos péchés au moins une fois l'an au propre prêtre qui est le curé, ou avec sa permission à quelque autre qui ait pouvoir de nous absoudre.

*Dites le quatrième commandement.*

« Ton Créateur tu recevras au moins à Pâques humblement. »

*Que nous ordonne-t-il ?*

Qu'étant parvenus à l'âge de discrétion, nous recevions le saint Sacrement au moins une fois l'an, à Pâques.

*Où faut-il recevoir le saint Sacrement ?*

A sa paroisse.

*Répétez le cinquième commandement de l'Eglise.*

« Quatre-temps, vigiles jeûneras, et le carême entièrement. »

*Expliquez ce commandement ?*

Il nous commande de jeûner certains jours, quand on a l'âge et qu'on n'a point d'empêchement légitime.

*Répétez le sixième commandement.*

« Vendredi chair ne mangeras, ni le samedi mêmement. »

*Qu'est-il défendu par là ?*

De manger de la viande les vendredis et samedis sans nécessité, sous peine de péché mortel.

*Pourquoi s'abstenir de viande ces jours-là ?*

1. Pour faire chaque semaine quelque œuvre de pénitence. 2. En mémoire de la mort douloureuse que Notre-Seigneur a soufferte le vendredi. 3. Pour honorer sa sépulture et le jour qu'il y demeura, qui fut le samedi. Pour nous préparer à sanctifier le dimanche.

## LEÇON IV.

### Du péché, et de la justice chrétienne.

*Qu'est-ce que le péché ?*

C'est ce qui se fait, ce qui se dit, ce qui se résout contre le commandement de Dieu.

*Combien y a-t-il de sortes de péchés ?*

De deux sortes, le péché originel et le péché actuel.

*Qu'est-ce que le péché originel ?*

C'est celui que nous apportons dès notre origine, c'est-à-dire en naissant.

*Qu'est-ce que le péché actuel ?*

C'est celui que nous commettons nous-mêmes, étant parvenus à l'usage de la raison; comme dérober, mentir.

*Combien y a-t-il de sortes de péché actuel ?*

De deux sortes, le mortel et le véniel.

*Qu'est-ce que le péché mortel ?*

C'est celui qui donne la mort à l'ame et lui fait perdre la grace de Dieu; comme tuer, dérober quelque chose de considérable, en point entendre la messe un jour de dimanche ou de fête.

*Qu'est-ce que le péché véniel ?*

C'est celui qui n'ôte pas la grace, mais qui refroidit la charité, et dispose au péché mortel; comme dire quelques paroles inutiles, mentir en chose légère, être distrait dans ses prières, faute de s'y appliquer autant qu'il faut.

*Il faut donc beaucoup craindre le péché véniel ?*

Beaucoup, et en avoir une grande horreur, surtout quand on le commet avec une volonté délibérée.

*Que mérite le péché mortel?*
Une peine éternelle.
*Que mérite le péché véniel?*
Des peines temporelles très-grièves.
*Où les souffre-t-on?*
En ce monde et en l'autre.
*Faut-il beaucoup de péchés mortels pour être damné?*
Il n'en faut qu'un seul : les démons sont damnés éternellement pour un seul péché d'orgueil.
*Quelle horreur faut-il avoir d'un péché mortel?*
Plus que d'un poison.
*Quel remède y a-t-il au péché?*
La pénitence.
*Avons-nous tous besoin de la pénitence?*
Oui, puisque nous sommes tous pécheurs.
*Quel fruit recueillez-vous de cette doctrine des commandemens et des péchés?*
C'est d'avoir et de pratiquer la justice chrétienne.
*Qu'est-ce que la justice chrétienne?*
C'est fuir le mal, faire le bien, prier Dieu qu'il nous en fasse la grace, et lui demander continuellement pardon.

## LEÇON V,

Qu'on fera aux plus avancés, aussi bien que les deux suivantes.

Des péchés d'omission, et du précepte de l'amour de Dieu.

*Quels sont les plus dangereux de tous les péchés?*
Ce sont les péchés d'omission.
*Pourquoi les plus dangereux?*
Parce qu'ils sont les plus cachés.
*Qu'appelez-vous péché d'omission?*
C'est celui que nous commettons en négligeant de nous acquitter de nos obligations générales ou particulières.
*Qu'appelez-vous les obligations générales?*
Celles qui sont communes à tous les chrétiens, comme de croire en Dieu, d'espérer en Dieu, d'aimer Dieu, et de le prier.

*Qu'appelez-vous les obligations particulières ?*

Celles qui conviennent à certains états, comme celles d'un père, celles d'un fils, celles d'un mari, d'une femme, d'un magistrat, d'un artisan, et ainsi des autres.

*Dites-nous-en quelque exemple.*

Comme quand un père de famille ou une mère ne sont pas soigneux d'instruire leurs enfans, et leurs serviteurs et servantes ; quand ils manquent de les reprendre, de les faire prier Dieu soir et matin, de les envoyer ou de les mener au service divin, au catéchisme, au sermon.

*Donnez-nous-en quelque exemple.*

Comme quand un enfant ne rend pas à son père ou à sa mère l'honneur, ou le service ou l'assistance qu'il leur doit, surtout dans la maladie et dans le besoin.

*Quels sont les principaux péchés d'omission ?*

Ceux où l'on néglige ce qu'on doit à Dieu, comme de l'adorer et de le prier ; de penser à la loi de Dieu et à son salut ; d'aimer Dieu de tout son cœur.

*Est-ce un grand péché de manquer à aimer Dieu ?*

C'est un très-grand péché, et la cause de tous les autres.

*Pourquoi ?*

Parce que si on aimoit Dieu, jamais on ne manqueroit à aucun de ses commandemens.

*Répétez le commandement de l'amour de Dieu.*

« Tu aimeras le Seigneur ton Dieu de tout ton cœur, de toute ton ame, et de tout ton esprit. C'est là le premier et le grand commandement. Et voici le second, qui est semblable à celui-là : Tu aimeras ton prochain comme toi-même. Dans ces deux commandemens sont renfermés toute la loi et les prophètes. »

*Combien y a-t-il de sortes d'obligations à l'homme d'accomplir ce précepte ?*

De deux sortes, l'une générale et continuelle, et l'autre particulière.

*Quelle est l'obligation générale et continuelle ?*

C'est de n'aimer en aucun temps la créature plus que Dieu,

d'être à toute heure et à tout moment disposé à aimer Dieu plus que toutes choses.

*Comment cela?*

Comme un bon fils est toujours disposé à aimer son père, et à lui donner des marques de son amour.

*Mais n'y a-t-il pas des occasions où il y a obligation particulière de s'exciter à aimer Dieu?*

Il y en a qu'il est difficile de déterminer, parce qu'elles dépendent des circonstances particulières.

*Outre ces obligations particulières, n'y a-t-il pas obligation de s'exciter de temps en temps à aimer Dieu?*

Oui, et nous devons tellement multiplier les actes d'amour de Dieu, que nous ne soyons pas condamnés pour avoir manqué à un exercice si nécessaire.

*Faites-moi connoître la faute qu'il y a de manquer à un tel exercice.*

C'est parce que celui qui manque à aimer Dieu, manque à la principale obligation de la loi de Jésus-Christ, qui est une loi d'amour.

*Pourquoi encore?*

Parce que manquer à l'amour de Dieu, c'est manquer à la principale obligation de la créature raisonnable.

*Quelle est cette obligation?*

De reconnoître Dieu comme le premier principe et comme la fin dernière.

*Qu'appelez-vous premier principe?*

La première cause de notre être.

*Qu'appelez-vous fin dernière?*

Celle à qui on doit rapporter toutes ses actions et toute sa vie.

*Quelle est notre fin dernière?*

C'est Dieu.

*Pourquoi?*

Parce qu'il nous rend éternellement heureux en se donnant à nous.

*De quoi est digne celui qui n'aime pas Dieu?*

D'en être privé éternellement.

## LEÇON VI.

### Des sept péchés capitaux.

L'orgueil de Nabuchodonosor est puni (*Dan.*, IV). Apparition terrible devant le festin de Balthasar (*Ibid.*, v). Hérode frappé par un ange (*Act.*, XII, 20, 21, 22, 23).

*Quels sont les péchés qu'on appelle capitaux?*
Ce sont ceux auxquels tous les autres se peuvent réduire comme à leur source.

*Quels sont-ils?*
On en compte sept : orgueil, avarice, envie, gourmandise, luxure, colère, paresse.

*Qu'est-ce que l'orgueil?*
C'est présumer de soi-même et de ses forces.

*Qu'est-ce que présumer de soi-même?*
C'est se croire quelque chose, au lieu qu'on n'est rien.

*Qu'arrive-t-il de là?*
Qu'on se préfère aux autres, et qu'on veut toujours s'élever au-dessus d'eux.

*Qu'est-ce que présumer de ses forces?*
C'est agir comme si on pouvoit quelque chose de soi-même, comme font ceux qui négligent de prier Dieu dans les tentations, ou pour les prévenir.

*Que leur arrive-t-il en punition de leur orgueil?*
Dieu les abandonne à eux-mêmes, et ils tombent dans le péché.

*L'orgueil est-ce un grand péché?*
Oui : l'orgueil est un grand péché, puisque c'est celui qui fait les démons.

*Qu'est-ce que l'avarice?*
C'est un amour désordonné des biens de la terre, principalement de l'argent.

*L'avarice est-ce un grand péché?*
Oui, puisque saint Paul l'appelle une *idolâtrie*.

*Pourquoi?*
Parce que l'avare fait son Dieu de son argent.

*Que dit encore saint Paul de l'avarice?*

Il dit que c'est la racine de tous les maux.

*Pourquoi l'avarice est-elle la racine de tous les maux?*

Parce que l'argent nourrit toutes les passions, et nous donne le moyen de les satisfaire.

*Qu'est-ce que l'envie?*

C'est la douleur que nous ressentons du bien qui arrive au prochain, parce que nous en sommes moins considérés.

*Dites-nous-en un exemple.*

Comme quand un marchand et un ouvrier est fâché de ce qu'un autre marchand et un autre ouvrier réussit dans son travail.

*A qui ressemble-t-on par l'envie?*

Au démon, qui tâche de nous perdre, par l'envie qu'il a de notre bonheur.

*Et à qui encore?*

A Caïn, qui porta envie à son frère Abel, et le tua.

*Que cause l'envie?*

Les calomnies et les médisances.

*Qu'appelez-vous calomnie?*

C'est inventer du mal de son prochain.

*Qu'appelez-vous médisance?*

C'est se plaire à découvrir le mal qu'on en sait.

*Quel crime est-ce que la médisance et la calomnie?*

C'est une espèce de meurtre et d'empoisonnement.

*Qu'est-ce que la gourmandise?*

C'est une attache démesurée aux plaisirs de la bouche.

*Quelle est la plus dangereuse gourmandise?*

C'est l'ivrognerie, qui nous fait perdre la raison, et nous change en une bête furieuse.

*Quel est le plus grand danger de la gourmandise?*

C'est qu'elle nous porte à la luxure.

*Qu'appelez-vous luxure?*

C'est le vice d'impureté.

*La luxure est-ce un grand péché?*

Oui: la luxure est un grand péché, puisqu'il obscurcit l'entendement, et nous fait souiller en nous-mêmes le temple de Dieu, c'est-à-dire notre corps.

*Que dit saint Paul de la luxure, et des péchés qui en dépendent ?*

Qu'ils ne devroient pas même être nommés parmi les chrétiens, à cause de leur excessive déshonnêteté.

*Qu'est-ce que la colère ?*

C'est le désir de la vengeance, qui attire sur nous la vengeance de Dieu.

*Qu'est-ce que la paresse ?*

C'est une langueur de l'ame qui nous empêche de goûter la vertu, et nous rend lâches à la pratiquer.

## LEÇON VII.

### De la tentation et de la concupiscence.

*Qu'est-ce qui cause en nous le péché ?*

C'est la tentation.

*Combien y a-t-il de sortes de tentations ?*

Il y en a de deux sortes; celle qui vient du dehors, par exemple du démon; et celle qui vient du dedans, et de notre concupiscence.

*Qu'appelez-vous la concupiscence ?*

Les mauvais désirs que nous ressentons continuellement en nous-mêmes.

*Quelle est la plus dangereuse de toutes les tentations ?*

C'est celle de nos mauvais désirs, parce que le démon même ne peut nous nuire qu'en les excitant. (*Jac.*, I, 14.)

*Combien y a-t-il de sortes de concupiscences ?*

L'apôtre saint Jean en raconte de trois sortes : à savoir la concupiscence de la chair, la concupiscence des yeux, et l'orgueil ou l'ambition. (I *Joan.*, II, 16.)

*Qu'est-ce que la concupiscence de la chair ?*

C'est l'amour du plaisir des sens.

*Qu'est-ce que la concupiscence des yeux ?*

C'est la curiosité, qui est la mère de toutes les sciences dangereuses.

*Qu'appelez-vous sciences dangereuses ?*

C'est, par exemple, la magie, l'astrologie judiciaire, et les autres sciences par lesquelles on s'imagine pouvoir deviner l'avenir.

*Qu'y a-t-il de si dangereux dans cette science de deviner?*

Outre que c'est une tromperie et une illusion, c'est de plus se vouloir soustraire à la divine Providence.

*Comment ?*

En pénétrant l'avenir, dont Dieu s'est réservé la connoissance.

*Est-il permis de consulter les devins, et de se faire dire sa bonne aventure?*

Non : c'est une illusion et une abomination devant Dieu.

*Qu'en arrive-t-il ?*

Il en arrive souvent que les maux qu'on nous prédit, nous arrivent par un juste jugement de Dieu.

*Ne permet-il pas aussi quelquefois que les biens qu'on nous prédit nous arrivent ?*

Quand Dieu le permet ainsi, c'est pour nous aveugler, et nous punir ensuite davantage.

*Ne peut-on pas aussi excéder dans la recherche des sciences honnêtes?*

Oui, quand on les désire avec trop d'ardeur, et qu'on s'y applique davantage qu'à la piété.

*Qu'est-ce que l'orgueil ou l'ambition ?*

C'est se trop estimer soi-même, et vouloir toujours s'élever au-dessus des autres.

*Quel mal nous en arrive-t-il ?*

De nous dissiper comme une fumée, et d'attirer sur nous la colère de Dieu.

*Pourquoi ?*

Parce qu'il se plaît à foudroyer les orgueilleux, et à relever les simples et humbles de cœur.

*Faut-il résister à ces trois concupiscences ?*

Oui, il leur faut continuellement résister, et c'est l'exercice de toute la vie.

# CINQUIÈME PARTIE

DE LA

# DOCTRINE CHRÉTIENNE

## DES SACREMENS.

### LEÇON I.

#### Des sacremens en général.

*Qu'est-ce que sacrement ?*

C'est un signe visible de la grace invisible, institué par Jésus-Christ pour sanctifier nos ames.

*Qu'appelez-vous choses visibles ?*

Visible ou sensible est ici la même chose ; et c'est-à-dire ce que nous apercevons par nos sens, comme ce que nous voyons, ce que nous entendons, ce que nous touchons.

*Dites quelques exemples où il paroisse que le sacrement est un signe visible de la grace invisible.*

Par exemple, dans le baptême, l'eau qui sert à laver le corps, étant versée sur la tête de l'enfant, est le signe visible de la grace intérieure ou invisible que Dieu répand dans l'ame de l'enfant pour la laver de la tache du péché originel.

*Montrez-nous la même chose dans le sacrement de pénitence.*

L'absolution que le prêtre prononce, est le signe de l'absolution intérieure que Dieu donne au pécheur ; et ainsi dans les autres sacremens.

*De quoi sont composés les sacremens ?*

De deux choses : de matière et de forme.

*Qu'est-ce que la matière des sacremens ?*

C'est la chose visible dont on se sert en l'administration des sacremens, comme l'eau dans le baptême.

*Qu'est-ce que la forme ?*

Ce sont les paroles qu'on prononce en administrant les sacremens; comme celles-ci dans le baptême : *Je te baptise au nom du Père, et du Fils, et du Saint-Esprit.*

*A quoi nous sont nécessaires les sacremens?*

A nous conférer la grace de Dieu, et à nous exciter à la pratique des vertus.

*A quelles vertus les sacremens nous excitent-ils ?*

A la foi, à l'espérance et à la charité.

*Comment à la foi ?*

Parce qu'ils en déclarent les mystères; par exemple, dans le baptême, le mystère de la Trinité et celui de la Rédemption nous sont déclarés.

*Comment à l'espérance ?*

En renouvelant les promesses de Dieu ; comme quand on nous dit dans l'eucharistie, qu'on nous la donne pour la vie éternelle.

*Comment à la charité ?*

Parce qu'ils nous appliquent et nous font connoître les bienfaits de Dieu ; par exemple, dans le baptême et dans la pénitence, la rémission des péchés.

*Les sacremens servent-ils aussi à la charité envers le prochain ?*

Oui, puisqu'ils servent à unir les chrétiens entre eux; surtout celui de l'eucharistie, où ils mangent à la même table du Sauveur le même pain de vie éternelle.

*Combien y a-t-il de sacremens?*

Sept : le baptême, la confirmation, l'eucharistie, la pénitence, l'extrême-onction, l'ordre et le mariage.

## LEÇON II.
### Des sacremens en particulier.

*Qu'est-ce que le baptême?*

C'est un sacrement par lequel nous sommes faits chrétiens et enfans de Dieu.

*Qu'est-ce que la confirmation ?*

C'est un sacrement qui nous donne le Saint-Esprit, et qui nous fait parfaits chrétiens.

*Qu'est-ce que l'eucharistie ?*

C'est un sacrement qui contient, sous les espèces du pain et du vin, le vrai corps et le vrai sang de Notre-Seigneur, pour être notre nourriture spirituelle.

*Qu'est-ce que la pénitence ?*

C'est un sacrement qui remet les péchés commis après le baptême.

*Qu'est-ce que l'extrême-onction ?*

C'est un sacrement qui nous aide à bien mourir, et achève en nous la rémission des péchés.

*A quelle fin l'extrême-onction est-elle donnée aux malades ?*

A trois fins : 1° Pour les nettoyer des restes des péchés ; par exemple, des péchés véniels. 2° Pour les fortifier contre les efforts du démon à l'heure de la mort. 3° Pour leur rendre la santé du corps, si Dieu le juge à propos pour leur salut.

*Qu'est-ce que l'ordre ?*

C'est un sacrement institué par Notre-Seigneur Jésus-Christ, pour donner à son Eglise des prédicateurs de sa parole et des ministres de ses sacremens ; comme sont les évêques, les prêtres, les diacres et les autres.

*De quels sacremens sont-ils principalement établis ministres ?*

Du sacrement de l'eucharistie.

*Qu'appelez-vous ministres de l'eucharistie ?*

J'appelle ministres de l'eucharistie ceux qui donnent le pouvoir de consacrer le corps de Jésus-Christ, et ce sont les évêques ; ceux à qui ce pouvoir est donné, ce sont les prêtres ; et ceux dont les fonctions se rapportent au sacrifice de la messe, comme les diacres, sous-diacres, acolytes et autres.

*Quelle est l'entrée aux ordres ecclésiastiques ?*

C'est la tonsure cléricale.

*Qu'est-ce que la tonsure cléricale ?*

C'est une cérémonie ecclésiastique qui destine le tonsuré à l'Eglise, et le dispose aux saints ordres.

*La tonsure est-elle un ordre ?*

Non, mais une préparation aux ordres ; de même que les exorcismes sont une préparation au baptême, et non pas le baptême ; les fiançailles une préparation au mariage, et non pas le mariage.

*A quoi sert la tonsure ?*

Elle fait le tonsuré clerc, le rend capable de bénéfices et des immunités de l'Eglise.

*Que doivent pratiquer les clercs tonsurés ?*

Ils doivent porter les cheveux courts, la couronne sur la tête, la soutane, et assister en surplis à la paroisse.

*Quelles dispositions faut-il pour être tonsuré ?*

1° Il faut avoir la volonté de servir Dieu dans l'état ecclésiastique. 2° Savoir lire et écrire et son catéchisme. 3° Etre confirmé. Mais la principale disposition, c'est d'y être appelé de Dieu.

*Ceux-là offensent-ils Dieu, qui ne se font tonsurer, ou ne font tonsurer leurs enfans, que pour posséder des bénéfices ?*

Oui : ils offensent Dieu grièvement; car cette vocation doit venir de Dieu, et non pas d'eux.

*Qu'est-ce que le mariage ?*

C'est un sacrement qui donne la grace à ceux qui se marient, de vivre chrétiennement en cet état, et d'élever leurs enfans selon Dieu.

*Tous les sacremens sont-ils semblables ?*

Non : il y en a qu'on ne reçoit qu'une fois, et d'autres qu'on reçoit plusieurs fois; il y en a qu'on appelle *Sacremens des Morts*, et d'autres qu'on appelle *Sacremens des Vivans*.

*Quels sacremens ne peut-on recevoir qu'une fois ?*

Le baptême, la confirmation et l'ordre.

*Quels sacremens peut-on recevoir plusieurs fois ?*

Les quatre autres : l'eucharistie, la pénitence, l'extrême-onction et le mariage.

*Qu'appelez-vous les sacremens des morts ?*

Ceux qu'on peut recevoir sans être en état de grace, et par lesquels on est mis en cet état, si on n'y apporte point d'empêchement.

*Qu'appelez-vous les sacremens des vivans ?*

Ceux qu'on ne doit point recevoir, si l'on n'est en état de grace.

*Quels sont les sacremens des morts ?*

Le baptême et la pénitence.

*Quels sont les sacremens des vivans ?*

Les cinq autres : la confirmation, l'eucharistie, l'extrême-onction, l'ordre et le mariage.

*Pourquoi appelez-vous morts ceux qui ne sont pas en état de grace; et vivans, ceux qui sont en état de grace ?*

Parce que la grace sanctifiante est la vie de l'ame : d'où il s'ensuit que ceux qui l'ont sont vivans, et que ceux qui en sont privés sont morts spirituellement.

*Quels fruits faut-il recueillir de la doctrine des sacremens ?*

1° Remercier Dieu de nous avoir donné des moyens si puissans et si faciles pour faire notre salut. 2° Apporter aux sacremens des dispositions convenables, quand on s'en approche. 3° Profiter de l'usage qu'on en fait, et en devenir meilleur.

# INSTRUCTIONS PARTICULIÈRES

SUR LES SACREMENS DE PÉNITENCE, D'EUCHARISTIE ET DE MARIAGE, EN FAVEUR DE CEUX QUI SE DISPOSENT A LES RECEVOIR.

## INSTRUCTION

POUR LE SACREMENT DE PÉNITENCE.

### LEÇON I.

Du sacrement de pénitence, et de ses trois parties en général.

Jésus-Christ ressuscité et donnant aux apôtres le pouvoir de remettre les péchés (*Joan.*, XX, 21, 22, 23). Les fidèles d'Éphèse confessant leurs péchés, et les réparant (*Act.*, XIX, 18, 19). On peut aussi expliquer sensiblement comment par le baptême on étoit entré en alliance avec Dieu; et comment l'ayant violée, on la renouvelle par la pénitence.

*Qu'est-ce que le sacrement de pénitence ?*

C'est un sacrement qui remet les péchés commis après le baptême.

*En quelle disposition faut-il être pour recevoir la rémission de ses péchés dans le sacrement de pénitence ?*

Il faut être vraiment pénitent, c'est-à-dire vraiment repentant de ses péchés, et converti à Dieu de tout son cœur.

*Combien y a-t-il de parties du sacrement de pénitence ?*

Il y en a trois : la contrition, la confession et la satisfaction.

*Qu'est-ce que la contrition ?*

C'est un regret d'avoir offensé Dieu, avec une ferme résolution de ne l'offenser plus.

*Expliquez ce que c'est que ce regret et cette résolution ?*

C'est, par exemple, quand un homme se dit à lui-même : Que je suis malheureux d'avoir dérobé, de m'être parjuré! J'ai offensé mon Dieu. Ah! je voudrois que cela fût encore à ma liberté, je n'aurois garde de dérober, ni de me parjurer. Vous le savez, mon Dieu; fortifiez ma résolution, car je suis véritablement résolu de ne le plus faire.

*Qu'est-ce que la confession ?*

C'est une accusation de tous ses péchés, faite à un prêtre approuvé pour en avoir l'absolution.

*Qu'est-ce que la satisfaction ?*

C'est rendre, autant que nous le pouvons, à Dieu et au prochain, ce que nous leur avons ôté par le péché.

*Quel est celui qui peut administrer le sacrement de pénitence ?*

Tout prêtre approuvé pour entendre les confessions.

*Quelles paroles prononcent les prêtres en donnant l'absolution ?*

Celles-ci : « Je t'absous de tes péchés, au nom du Père, du Fils, et du Saint-Esprit. »

*Quand est-ce que Jésus-Christ a donné ce pouvoir aux prêtres ?*

Quand il leur a dit, en la personne des apôtres : « Recevez le Saint-Esprit; ceux dont vous remettrez les péchés, ils leur seront remis; et ceux dont vous retiendrez les péchés, ils seront retenus. » (*Joan.* xx, 22, 23.)

*Montrez-moi dans le sacrement de pénitence un signe visible de la grace invisible ?*

C'est l'absolution que le prêtre prononce sur le pénitent, laquelle signifie l'absolution intérieure et la rémission des péchés que Dieu lui accorde.

## LEÇON II.

### De la contrition et du bon propos.

La pécheresse aux pieds de Jésus-Christ (*Luc.*, VII, 36). L'enfant prodigue (*Ibid.*, xv, 2, etc.). Le pharisien et le publicain (*Ibid.*, XVIII, 10, etc.)

*Quelle est la première partie du sacrement de pénitence ?*
C'est la contrition.

*Qu'est-ce que la contrition ?*
C'est un regret d'avoir offensé Dieu, avec une ferme résolution de ne l'offenser plus.

*Que veut dire ce mot,* Contrition ?
Il veut dire brisure et froissure, comme quand une pierre est brisée et comme réduite en poudre.

*Qu'entendez-vous donc par le cœur contrit ?*
Un cœur dur auparavant, et maintenant brisé et froissé par la douleur de ses péchés.

*Pourquoi l'Ecriture se sert-elle de ce mot ?*
Pour montrer combien est touché, et combien est changé un cœur pénitent.

*Combien y a-t-il de conditions nécessaires à une bonne contrition ?*
Il y en a trois : il faut qu'elle soit surnaturelle, souveraine et universelle.

*Que veut dire surnaturelle ?*
C'est-à-dire excitée dans le cœur par le Saint-Esprit, et fondée sur les considérations que la foi nous enseigne.

*Qu'entendez-vous en disant que la contrition doit être souveraine ?*
C'est qu'elle doit être par-dessus toutes choses.

*Comment par-dessus toutes choses ?*
C'est qu'on doit être plus fâché d'avoir offensé Dieu, qu'on ne le seroit de toute autre chose, même de la perte de la vie.

*Qu'entendez-vous en disant que la contrition doit être universelle ?*
C'est-à-dire qu'elle doit s'étendre sur tous nos péchés.

*Qu'enferme donc la contrition ?*
Deux choses : la haine et la détestation de la vie passée, le ferme propos et le commencement d'une vie nouvelle.

*Quelle doit être la haine et le regret de ses fautes ?*
Il faut qu'il exclue la volonté de pécher.
*Qu'est-ce qu'il faut considérer pour s'exciter à la haine et au regret de ses fautes ?*
Il faut considérer la rigoureuse justice de Dieu, et l'horreur du péché mortel, qui nous rend dignes de souffrir éternellement les peines de l'enfer.
*Quelle autre considération faut-il encore employer à s'exciter au regret de ses péchés ?*
Que la bonté de Dieu est infinie; qu'il est notre créateur, à qui nous devons tout, qui nous aime plus que les meilleurs pères ne font leurs enfans.
*Que faut-il encore penser ?*
Que le Fils de Dieu s'est fait homme pour nous, enfant, nécessiteux, qu'il a enduré toutes sortes d'outrages pour nous sauver; et que les péchés que nous allons confesser, ont été la cause de sa mort.
*A quel regret doit-on être excité par cette pensée ?*
Si on avoit fait mourir son père, on en auroit du regret toute sa vie. Jésus-Christ nous est plus qu'un père, et il a donné sa vie pour nous.
*Quelles considérations servent à exciter le ferme propos à l'avenir ?*
Les mêmes qui excitent à s'affliger des péchés passés.
*Quelles sont ces considérations ?*
Celles de la crainte, comme de craindre l'enfer et la mort éternelle.
*Mais quelles sont les principales considérations qui peuvent exciter en nous le ferme propos ?*
Celles de l'amour. On doit être affligé d'avoir offensé un si bon père, et un Sauveur si miséricordieux et si bienfaisant.
*Lequel de ces deux motifs est le plus parfait ?*
Celui de l'amour.
*Quelle est la perfection ?*
C'est que la contrition parfaite en charité suffit, avec le désir du sacrement, pour nous remettre incontinent en grace.

*Et ceux qui n'ont pas cette contrition parfaite, ne peuvent-ils pas espérer la rémission de leurs péchés ?*

Ils le peuvent par la vertu du sacrement, pourvu qu'ils y apportent les dispositions nécessaires.

*Quelles sont ces dispositions ?*

La première est de considérer la justice de Dieu, et s'en laisser effrayer. (*Conc. Trid.*, sess. VI, can. VI.)

*Que faut-il faire ensuite ?*

Croire que le pécheur est justifié, c'est-à-dire remis en grace par les mérites de Jésus-Christ, et espérer en son nom le pardon de nos péchés.

*Et quoi encore ?*

Commencer à aimer Dieu comme la source de toute justice. (*Ibid.*, *et* can. I.)

*Qu'est-ce qu'aimer Dieu comme la source de toute justice ?*

C'est l'aimer comme celui qui justifie le pécheur gratuitement, et par une pure bonté.

*Pourquoi y ajoutez-vous cette dernière condition, de commencer à aimer Dieu ?*

Parce qu'il ne paroît pas que le pécheur puisse être vraiment converti sans ce sentiment d'amour.

*Pourquoi ?*

Parce que si le pécheur ne commence à aimer Dieu, il doit craindre qu'il ne continue à n'aimer que soi-même et la créature.

*Et de là que s'ensuivroit-il ?*

Qu'il ne seroit pas converti, et que son cœur ne seroit pas changé.

*Que dites-vous donc de celui qui dans le sacrement de pénitence négligeroit de s'exciter à l'amour de Dieu.*

Qu'il n'auroit pas assez de soin de son salut.

## LEÇON III,

### Qu'on peut faire aux plus avancés.

De la contrition et de l'attrition.

*Combien met-on ordinairement de sortes de contritions ?*

De deux sortes : la contrition parfaite et la contrition imparfaite. (*Conc. Trid.*, sess. XIV, cap. 4.)

*Comment les appelle-t-on ?*

La contrition parfaite retient ordinairement le nom de *contrition ;* la contrition imparfaite est communément appelée *attrition.*

*Quelle sorte de contrition appelle-t-on parfaite ?*

Celle qui étant parfaite par la charité, réconcilie d'abord le pécheur à Dieu avec le vœu du sacrement.

*Qu'appelez-vous le vœu du sacrement ?*

Le ferme propos de le recevoir.

*Quelle est la contrition qu'on nomme imparfaite ?*

C'est celle qui est conçue communément par la laideur du péché ou par la crainte de la damnation éternelle.

*Quel est l'effet de la douleur conçue par ces motifs ?*

C'est qu'avec l'exclusion de la volonté de pécher et l'espérance du pardon, elle dispose à recevoir la grace de Dieu dans le sacrement.

*La crainte des peines éternelles est-elle bonne ?*

Elle est bonne et c'est un mouvement du Saint-Esprit, qui n'habite pas encore en nos cœurs, mais qui nous ébranle pour s'y faire une entrée.

*Faut-il dans le sacrement de pénitence exciter la crainte ?*

Il faut, selon le précepte de l'Evangile, s'exciter à craindre celui qui, après avoir fait mourir le corps, envoie l'ame dans la géhenne et dans les supplices éternels. (*Matth.,* x, 28; *Luc,* xii, 45.)

*A quoi est bonne la crainte ?*

A préparer les voies à l'amour de Dieu.

*Et celui qui se contente de la crainte sans s'exciter à l'amour de Dieu, qu'en pensez-vous ?*

Qu'il n'a pas assez soin de son salut.

*Pourquoi ?*

Parce qu'il se repose trop sur une opinion douteuse.

*Que faut-il donc faire pour assurer son salut autant qu'on y est tenu ?*

Désirer vraiment d'aimer Dieu, et s'y exciter de toutes ses forces.

*Le peut-on ?*

Oui, avec la grace de Dieu, toujours prête, si on la demande.

## LEÇON IV.

### De la confession.

David confessant son péché devant Nathan, et en obtenant le pardon (II *Reg.*, XII, etc.). Esdras confessant ses péchés et ceux du peuple, et renouvelant l'alliance avec Dieu (I *Esdras*, IX, X).

*Quelle est la seconde partie de la pénitence ?*
C'est la confession.

*Qu'est-ce que la confession ?*
C'est une accusation de tous ses péchés faite à un prêtre approuvé, pour en avoir l'absolution.

*Pourquoi la confession des péchés est-elle ordonnée ?*
Pour humilier le pécheur.

*Pourquoi encore ?*
Afin que le pécheur découvrant son mal au prêtre, comme à un médecin, il reçoive le remède convenable.

*Pourquoi encore ?*
Pour se soumettre à la puissance des clefs et au jugement des prêtres, qui ont le pouvoir de retenir les péchés et de les remettre.

*Est-il nécessaire de déclarer tous ses péchés ?*
Oui : il est nécessaire de s'accuser de tous les péchés mortels qu'on a commis.

*Et celui qui en retiendroit un seul volontairement ?*
Celui qui en retiendroit un seul volontairement, non-seulement ne recevroit pas l'absolution de tous les autres, mais il commettroit encore un horrible sacrilége.

*Ne faut-il pas aussi dire les circonstances ?*
Oui : il y en a qu'il est nécessaire de déclarer.

*Quelles sont les circonstances qu'il faut déclarer ?*
Celles qui changent l'espèce du péché, et celles qui en augmentent notablement l'énormité dans une même espèce, lesquelles on appelle *circonstances notablement aggravantes.*

*Donnez un exemple des circonstances qui changent l'espèce du péché.*
Le vol des choses consacrées à Dieu, comme d'un calice, d'un ciboire; ou les coups donnés à un ministre de l'Eglise, ne sont

pas seulement un péché de larcin contre le septième commandement, ou une violence contre le cinquième : ils enferment encore une autre espèce de péché, savoir un sacrilège.

*Que concluez-vous de là ?*

Qu'il ne suffit pas de s'accuser d'avoir dérobé ou frappé : on est obligé de s'accuser d'avoir volé l'Église ou frappé un prêtre.

*Dites encore quelque autre exemple.*

Celui qui a commis un péché mortel contre la pureté, soit par pensée, soit par action, doit déclarer si sa pensée ou son action s'est portée vers une personne mariée, ou parente, ou alliée ; et ainsi du reste.

*Pourquoi ?*

Parce que la première espèce d'impureté est un adultère, et la seconde un inceste.

*Donnez aussi quelques exemples des circonstances notablement aggravantes.*

Celui qui a péché contre le quatrième et le cinquième commandement, haïssant, méprisant, ou frappant, offensant son père, sa mère, son maître, ou quelque autre supérieur, doit déclarer s'il les a offensés outrageusement, ou rudement frappés.

*N'arrive-t-il pas quelque chose de semblable à l'égard du septième commandement, qui défend de dérober ?*

Oui : celui qui a péché contre ce commandement, en dérobant une très-grosse somme, a péché plus grièvement que celui qui en a pris une médiocre ; et ainsi il faut déclarer cette circonstance.

*Apportez encore quelques exemples sur d'autres commandemens.*

Celui qui a blasphémé, chanté des chansons déshonnêtes, dit des médisances devant un grand nombre de personnes, a fait un plus grand mal que si c'eût été devant peu de personnes.

*Que doit-il donc faire ?*

Il doit déclarer qu'il a scandalisé beaucoup de personnes par ces sortes de péchés, et spécifier à peu près le nombre.

*Est-il nécessaire de déclarer combien de temps a duré le péché ?*

Oui, s'il a considérablement plus duré qu'il ne dure pour l'ordinaire ; comme quand on passe les nuits entières dans la gourmandise et l'ivrognerie.

*S'il arrive qu'on ait oublié quelque péché ?*

Si le péché est mortel, il faut retourner à confesse; s'il est léger, il en faut demander pardon à Dieu.

*Combien y a-t-il de sortes de confessions ?*

De deux sortes; la particulière et la générale.

*Qu'est-ce que la confession particulière ?*

C'est une accusation des péchés qu'on a commis depuis sa dernière confession.

*Qu'est-ce que la confession générale ?*

C'est une accusation des péchés déjà confessés, ou de toute la vie, ou d'un temps considérable.

*Est-il bon de faire une confession générale ?*

Il est bon, et quelquefois nécessaire, par exemple, pour remédier aux défauts des confessions précédentes.

*Quelle autre utilité nous revient-il d'une confession générale ?*

Elle nous humilie, excite en nous l'horreur du péché, et nous donne de nouvelles forces pour le surmonter : enfin elle donne une grande paix de conscience.

## LEÇON V.

### De la satisfaction.

Zachée satisfaisant à Dieu et au prochain (*Luc.*, XIX, 1, etc.)

*Quelle est la troisième partie du sacrement de pénitence ?*

C'est la satisfaction.

*Qu'est-ce que la satisfaction ?*

C'est réparer l'injure que nous avons faite à Dieu, et le tort que nous avons fait au prochain.

*Pouvons-nous offrir à Dieu une satisfaction suffisante pour notre péché ?*

Non pas avec une égalité parfaite.

*Pourquoi ?*

Parce que Dieu, que nous offensons, est d'une majesté infinie, et que notre satisfaction ne l'est pas.

*Que concluez-vous de là ?*

Qu'elle ne peut jamais être proportionnée à l'offense.

*Pourquoi donc s'efforcer en vain de satisfaire à Dieu?*

Pour faire, avec sa grace, ce que nous pouvons, attendant le reste de sa bonté.

*Ne pouvons-nous pas offrir à Dieu une satisfaction suffisante en quelque manière ?*

Oui, parce qu'avec sa grace nous lui pouvons satisfaire d'une manière dont il veut bien se contenter.

*Qu'est-ce qui donne le prix à nos satisfactions ?*

Celle de Jésus-Christ qui est infinie, à laquelle nous unissons les autres comme nous pouvons.

*Quelles sont les œuvres qu'on appelle satisfactoires ?*

Des œuvres pénibles que le prêtre nous impose en pénitence.

*Dites-en quelques-unes.*

Les aumônes, les jeûnes, les austérités, les privations de ce qui agrée à la nature, les prières, les lectures spirituelles.

*Pouvons-nous aussi satisfaire à Dieu par les afflictions qu'il nous envoie ?*

Nous le pouvons, les endurant patiemment en esprit de pénitence.

*Qu'est-ce que satisfaire au prochain ?*

C'est lui rendre ce qu'on lui a ôté : son bien, si on l'a dérobé; son honneur, si on l'a calomnié, ou qu'en quelqu'autre sorte on ait blessé sa réputation.

*Dites-moi la manière particulière de satisfaire au prochain quand on l'a offensé.*

C'est de lui demander pardon.

*Et celui qui n'est pas dans la résolution de satisfaire?*

Sa confession lui est inutile.

## LEÇON VI.

Pratique de la confession, suivant la doctrine précédente.

*Apprenez-nous le moyen de recevoir utilement le sacrement de pénitence.*

Il faut observer ce qu'on doit faire avant la confession, ce qu'on doit faire dans la confession, et ce qu'on doit faire après la confession.

*Que faut-il faire avant la confession ?*

Il faut premièrement examiner sa conscience.

*Qu'est-ce que l'examen de conscience ?*

C'est une soigneuse recherche des péchés qu'on a commis.

*Cet examen est-il nécessaire ?*

Oui, parce qu'on ne peut avoir regret de ses péchés, ni les confesser entièrement, si on ne les connoît auparavant; ce qui ne se peut faire sans examen.

*Comment faut-il faire cet examen ?*

Il faut demander à Dieu la lumière pour connoître ses fautes, et la grace de les détester.

*Et après ?*

Il faut rechercher en quoi on a manqué par pensée, parole, action et omission contre les commandemens de Dieu et de l'Eglise.

*Avec quel soin et quelle diligence faut-il examiner sa conscience avant la confession ?*

Avec le même soin et la même diligence qu'on a coutume d'apporter aux affaires de conséquence.

*Quel moyen de faciliter cet examen ?*

C'est de faire tous les jours l'examen de sa conscience avant qu'on se couche.

*Dites les autres choses qu'il faut faire avant la confession.*

Il faut concevoir un grand regret d'avoir offensé Dieu, et faire un ferme propos de ne le plus offenser.

*Comment excitez-vous ce regret et ce ferme propos ?*

En disant ces paroles, ou autres semblables : « O Seigneur, j'ai péché, et je suis digne de l'enfer !

» O qu'il est horrible de tomber entre les mains du Dieu vivant !

» Qui pourroit demeurer dans le feu éternel, avec ce ver dévorant, avec ce grincement de dents et ce désespoir, où il n'y a point de remède ?

» O mon Père, j'ai péché contre le ciel et devant vous, et je ne suis pas digne d'être appelé votre fils ! Je ne veux jamais vous désobéir, ni vous déplaire, à cause de votre bonté.

» O Dieu, ayez pitié de moi, pécheur ! »

*Suffit-il de dire ces paroles de bouche ?*
Non : il les faut dire avec componction de cœur.
*Qu'appelez-vous componction ?*
C'est avoir le cœur percé de douleur.
*Que faut-il faire dans la confession ?*
Il faut, 1° étant aux pieds du prêtre, lui demander sa bénédiction, en disant en latin, *Benedic mihi, Pater, quia peccavi ;* ou en françois : *Bénissez-moi, mon Père, parce que j'ai péché :* puis dire le *Confiteor* jusqu'à *meâ culpâ*, et le temps de sa dernière confession ; et ensuite dire ses péchés.
*Est-il nécessaire de déclarer tous ses péchés ?*
Il est nécessaire de dire tous les péchés mortels : et celui qui y manqueroit volontairement, feroit une confession nulle et un horrible sacrilége.
*Mais quand le péché est si honteux qu'on n'ose le dire, n'est-on pas excusable ?*
Non : celui qui n'a pas eu honte de le faire, ne doit pas avoir honte de le dire.
*Et si on craint que le confesseur ne le publie ?*
On ne le doit pas craindre, puisque le confesseur est obligé au secret sous peine de grand péché.
*Et si l'on est en danger d'être entendu des autres pénitens ?*
Il y faut mettre remède, mais non pas taire son péché.
*Comment faut-il confesser ses péchés ?*
Avec beaucoup de componction et d'humilité, en commençant par les plus honteux.
*Et après les avoir confessés ?*
Il faut dire : « De ces péchés, et de tous ceux dont je ne me souviens pas, j'en demande pardon à Dieu de tout mon cœur ; et à vous, mon Père, pénitence et absolution. »
*Après qu'on a dit ce que l'on sait, n'est-il pas à propos de prier le confesseur de nous interroger ?*
Oui : cela est à propos.
*Et quand tout cela est fait ?*
Il faut achever le *Confiteor*, depuis *meâ culpâ*, écouter attentivement ce que le prêtre nous dira ; et s'il ne nous trouve pas suffi-

samment disposés pour recevoir l'absolution, il faudra suivre son conseil.

*Que faut-il faire après la confession ?*

Il faut satisfaire à Dieu et au prochain, et se corriger de ses fautes.

*Que faut-il faire pour se corriger de ses fautes ?*

Se défier de soi-même, et se tenir continuellement sur ses gardes.

*Et quoi encore ?*

Eviter les occasions et les compagnies qui nous induisent au péché.

*Et quoi encore ?*

Prier beaucoup.

*Et quoi encore ?*

Eviter l'oisiveté.

Les trois leçons suivantes se feront à ceux qui seront plus avancés en capacité et en âge.

## LEÇON VII.

De la soumission qu'on doit avoir dans le refus de l'absolution.

*Le prêtre peut-il quelquefois différer ou refuser l'absolution ?*

Oui : le prêtre peut quelquefois différer ou refuser l'absolution.

*Pourquoi ?*

Parce que Jésus-Christ lui a donné le pouvoir de lier aussi bien que de délier, et de retenir les péchés aussi bien que de les remettre. (*Matth.*, XVIII, 28 ; *Joan.*, XX, 23.)

*Dites-nous les cas auxquels on doit différer l'absolution.*

Il y en a de deux sortes : le défaut de la bonne instruction, et le défaut de la bonne volonté.

*Qui est celui qui n'a pas les instructions nécessaires ?*

Celui qui ne sait pas, au moins en substance, les articles du Symbole des apôtres, les commandemens de Dieu et de l'Eglise, ni ce que c'est que le sacrement de pénitence, et les dispositions qui y sont requises.

*Quand est-ce qu'on présume le manquement de bonne volonté ?*

On le présume, si le pécheur doit quelque chose au prochain à quoi il n'ait pas encore satisfait, l'ayant déjà promis à son confesseur.

*Dites-nous-en quelque exemple ?*

Comme s'il refuse de demander pardon à celui qu'il a offensé, et de lui restituer sa réputation ou ses biens, étant en pouvoir de le faire.

*Que doit faire en ce cas le confesseur ?*

Il doit déclarer au pénitent, de la part de Dieu, qu'il n'est pas en état d'être absous.

*Quel autre cas y a-t-il de différer ou de refuser l'absolution faute de bonne volonté ?*

Si le pécheur est dans l'occasion prochaine du péché mortel, et qu'il ne veuille pas s'en retirer.

*Qu'appelez-vous occasion prochaine ?*

Celle où on a coutume de pécher.

*Dites-en des exemples.*

Comme si en de certaines compagnies, ou dans de certaines maisons, comme au cabaret, on a accoutumé de blasphémer, ou de faire des juremens criminels, de s'enivrer, de s'emporter de colère, de voler, ou de commettre quelque impureté.

*Que dites-vous de tels pécheurs ?*

Qu'ils sont incapables d'être absous, s'ils n'ont une ferme résolution de s'éloigner de ces compagnies et de ces maisons.

*Et celui qui, en jouant, ne peut s'empêcher de blasphémer ou de tromper ?*

Il est obligé de quitter le jeu, autrement il est incapable d'être absous.

*Et celui qui se sent porté à l'impureté dans les danses ?*

Il est incapable d'être absous, s'il n'est résolu de les éviter.

*Et ceux qui ne veulent pas se défaire de leurs mauvais livres ?*

De même.

*Que dites-vous des chansons qui portent au libertinage, et entretiennent de mauvaises pensées ?*

C'est encore pis que les livres.

*Que dites-vous de celui qui est dans l'habitude du péché mortel ;*

*par exemple, de blasphème, d'ivrognerie, ou de quelque impureté ?*

Qu'il doit souffrir humblement le refus de l'absolution, s'il n'en fait aucun profit.

*A quoi jugez-vous que l'absolution ne profite pas au pécheur ?*

Si les rechutes sont toujours aussi promptes et aussi fréquentes qu'auparavant.

*Pourquoi doit-on refuser l'absolution à un pécheur qui retombe toujours ?*

Parce qu'on a sujet de croire qu'il n'a pas le ferme propos de s'amender.

*Mais le prêtre ne doit-il pas en croire son pénitent ?*

Non : l'homme ne se connoît pas soi-même, surtout quand il est aveuglé par ses passions et ses mauvaises habitudes.

*A quoi donc peut-on connoître l'homme ?*

L'Evangile nous apprend qu'on le connoît à ses œuvres.

*Mais le confesseur n'est-il point trop rude, quand il diffère l'absolution à son pénitent ?*

Non : il ressemble à un médecin qui tente tous les remèdes pour sauver son malade.

*Qu'appelez-vous tenter tous les remèdes ?*

Tenter les voies de rigueur, quand le pécheur a trop longtemps abusé des graces de Dieu.

*Mais le pécheur à qui on diffère l'absolution, doit-il désespérer de son salut ?*

A Dieu ne plaise ; au contraire, il doit croire que les rigueurs de l'Eglise lui sont salutaires.

*Mais le pécheur à qui on refuse l'absolution à cause de ses rechutes fréquentes, doit-il se retirer tout à fait de la confession ?*

Non : la confession lui est utile en plusieurs sortes.

*Comment ?*

C'est qu'il s'humilie ; il y reçoit de bons conseils et des pénitences salutaires ; il produit quelques bons désirs, en attendant de bonnes œuvres ; le prêtre prie pour lui ; et enfin il y a toujours du mérite à subir le jugement de l'Eglise.

*Quels sont les inconvéniens des absolutions mal données ?*

C'est d'exposer le pécheur à la profanation des sacremens.

*Et de là que s'ensuit-il?*

Qu'on lui attire la colère de Dieu, au lieu de la miséricorde.

*Quel autre inconvénient y a-t-il?*

D'accoutumer le pécheur à ne profiter pas des remèdes, et les lui rendre inutiles.

*Où tombe-t-il par là?*

Dans une fausse confiance, et dans l'impénitence finale.

*Qu'appelez-vous impénitence finale?*

C'est mourir dans le péché.

*Qu'arrive-t-il à ceux qui cherchent des confesseurs qui les flattent?*

Il leur arrive ce que dit Notre-Seigneur : « Si un aveugle conduit un aveugle, ils tombent tous deux dans la fosse. »

*Qu'est-ce à dire,* tous deux ?

C'est-à-dire tant celui qui mène que celui qui suit.

*Que doit donc faire un vrai pénitent?*

Se mettre entre les mains d'un confesseur discret, et se soumettre à lui comme à son juge.

## LEÇON VIII.
### De la soumission qu'on doit avoir dans l'imposition de la pénitence.

*Quelles pénitences devons-nous désirer qu'on nous impose?*

Des pénitences salutaires et convenables. (*Conc. Trid.*, sess. XIV, can. VIII.)

*Qu'appelez-vous des pénitences convenables?*

Des pénitences qui servent de remèdes particuliers à nos habitudes vicieuses.

*Dites-nous-en quelques exemples?*

Ordonner des aumônes à ceux qui volent ou qui pèchent par avarice, des jeûnes à ceux qui ont violé le carême, des austérités à ceux qui ont pris des plaisirs déréglés.

*Qu'entendez-vous encore par des pénitences convenables?*

Des pénitences qui soient en quelque sorte proportionnées à la grandeur des fautes.

*Et les confesseurs qui imposent des œuvres et des peines très-légères pour des péchés très-griefs?*

Ils participent au péché d'autrui.

*A quoi donc doivent servir les pénitences qu'on nous impose ?*

A corriger les mauvaises habitudes.

*A quoi encore ?*

A venger et à châtier les péchés passés.

*A quoi encore ?*

A nous rendre conformes à Jésus-Christ souffrant, et crucifié pour nos péchés.

*Mais n'a-t-il pas satisfait pour nous ?*

Oui : plus que suffisamment.

*Pourquoi donc, en pardonnant la peine éternelle, réserve-t-il des peines temporelles ?*

Par bonté, et pour nous retenir davantage dans la crainte.

*Pourquoi l'Eglise nous impose-t-elle de ces peines temporelles dans le sacrement de pénitence ?*

Parce qu'il n'y en a point de plus utiles, ni de plus douces, que celles qui nous sont imposées par le jugement de l'Eglise.

*Qu'arrive-t-il à ceux qui, étant réconciliés à Dieu par la pénitence, n'auront pas suffisamment satisfait pour leurs péchés en cette vie ?*

Ils satisferont en l'autre par des peines bien plus rigoureuses.

*Où ?*

Dans le purgatoire.

*Et s'ils ne veulent aucunement satisfaire ?*

Ils seront damnés pour avoir fait trop peu de cas de la justice de Dieu.

*Quand le pénitent refuse la pénitence que son confesseur lui impose ?*

Il lui doit refuser l'absolution.

*Ne peut-il pas quelquefois faire accomplir quelque partie de la pénitence, ou la pénitence tout entière à son pénitent, avant que de lui donner l'absolution ?*

Il le peut avec discrétion, s'il le juge utile à la parfaite conversion de son pénitent.

*Et ceux dont les crimes sont notoires et publiquement scandaleux ?*

Le concile de Trente déclare que, selon le précepte de l'Apôtre, il faut leur imposer une pénitence publique. (Sess. XXIV, *de Reform.*, cap. VIII; I *Tim.*, v, 20, 24.)

*Pourquoi ?*

C'est, comme dit le concile, afin que par leur bon exemple ils ramènent à la vertu ceux que leur mauvais exemple en a détournés.

*Peut-on se dispenser de cette règle ?*

Le concile remet à la conscience de l'évêque de faire ce qui sera le plus utile.

*Pourquoi instruire les pénitens de ces choses, ne suffit-il pas d'en instruire les confesseurs ?*

Il est bon d'en instruire aussi les pénitens, afin qu'ils apprennent à se soumettre à la conduite d'un sage confesseur.

## LEÇON IX.

### Des indulgences.

*Qu'est-ce que la foi nous enseigne des indulgences ?*

Que l'Eglise a reçu de Jésus-Christ le pouvoir de les accorder, et que l'usage en est très-salutaire au peuple chrétien. (Conc. Trid., cont. sess. xxv, *Dec. de indulg.*)

*Pourquoi sont-elles si salutaires ?*

Parce qu'elles sont établies pour relâcher la rigueur des peines temporelles dues au péché.

*Est-il nécessaire de savoir précisément comment cette rigueur est relâchée ?*

Non : il suffit de croire qu'une bonne mère, comme l'Eglise, ne donne rien à ses enfans qui ne serve véritablement à les soulager en cette vie et en l'autre.

*Est-ce l'intention de l'Eglise de nous décharger par l'indulgence de l'obligation de satisfaire à Dieu ?*

Nullement : et au contraire, l'esprit de l'Eglise est de n'accorder d'indulgence qu'à ceux qui se mettent en devoir de satisfaire de leur côté à la justice divine.

*A quoi donc nous sert l'indulgence ?*

Elle nous sert beaucoup en toutes manières, puisque nous avons toujours sujet de croire que nous sommes bien éloignés d'avoir satisfait selon nos obligations.

*Et de là que s'ensuit-il ?*

Que nous serions ennemis de nous-mêmes, si nous n'avions recours aux graces et aux indulgences de l'Eglise.

*Quel est donc, en un mot, l'esprit de l'Eglise dans la dispensation des indulgences ?*

C'est d'aider les hommes de bonne volonté à s'acquitter envers Dieu, et suppléer à leur infirmité.

*Que prétend-elle par là ?*

Exciter de plus en plus dans les cœurs la ferveur de la dévotion et l'amour de Dieu, conformément à cette parole de Notre-Seigneur : « Celui à qui on donne davantage, doit aussi aimer davantage. » (*Luc.* VII, 47.)

*Quelle est la meilleure disposition pour bien gagner les indulgences ?*

C'est de faire de bonne foi tout ce qu'on peut pour les bien gagner, et d'en attendre l'effet de la miséricorde de Dieu, qui seul connoît le secret des cœurs.

*Sur quoi sont fondées les indulgences ?*

Sur les satisfactions de Jésus-Christ et des Saints.

*Pourquoi ajoutez-vous les satisfactions des Saints à celles de Jésus-Christ ?*

A cause de la bonté de Dieu, qui veut bien, en faveur des plus pieux de ses serviteurs, se laisser fléchir envers les autres.

*Pourquoi encore ?*

A cause que les satisfactions des Saints sont unies à celles de Jésus-Christ, dont elles tirent toute leur valeur.

*Qui a le pouvoir de donner les indulgences ?*

Le Pape dans toute l'Eglise ; et les évêques dans leurs diocèses, avec les limitations que l'Eglise y a apportées.

# INSTRUCTION

### SUR LE SACREMENT DE L'EUCHARISTIE.

## LEÇON I.

#### Ce que c'est que le sacrement de l'Eucharistie.

<small>Représenter l'institution de cet adorable sacrement (*Matth.*, XXVII, 26, etc. *Marc.*, XVI, 22, etc.; *Luc.*, XXII, 7, etc.; I *Cor.*, XI, 17, etc.). Les promesses de Jésus-Christ (*Joan.*, VI, 25, etc.).</small>

*Qu'est-ce que le sacrement de l'Eucharistie?*

C'est un sacrement qui contient, sous les espèces du pain et du vin, le vrai corps et le vrai sang de Notre-Seigneur, pour être notre nourriture spirituelle.

*Mais ce qu'on met d'abord sur l'autel et dans le calice, n'est-ce pas du pain et du vin?*

Oui : et c'est toujours du pain et du vin, jusqu'à ce que le prêtre prononce les paroles de la consécration.

*Et qu'arrive-t-il par ces paroles?*

Le pain est changé au corps, et le vin est changé au sang de Notre-Seigneur.

*Ne reste-t-il rien du pain et du vin?*

Il n'en reste que les espèces.

*Qu'appelez-vous les espèces du pain?*

C'est la blancheur du pain, la rondeur et le goût.

*Qu'appelez-vous les espèces du vin?*

C'est la couleur du vin, l'humidité et le goût.

*N'y a-t-il sous les espèces du pain que le corps de Notre-Seigneur?*

Il y a avec son corps, son sang, son ame, et en un mot la personne entière de Jésus-Christ, parce que tout cela est inséparable.

*Et sous les espèces du vin?*

Jésus-Christ y est tout entier.

*Pourquoi donc Jésus-Christ ne nous parle-t-il que de son corps et de son sang?*

Parce que c'est par son corps et par son sang qu'il nous a sauvés.

*Comment ?*

En s'offrant en sacrifice sur la croix.

*Et en effet que nous donne-t-il sous chaque espèce ?*

Tout ce qu'il est, c'est-à-dire un Dieu parfait, et un homme parfait.

*Quitte-t-il les cieux ?*

A Dieu ne plaise : il demeure toujours à la droite de Dieu son Père, et n'en sortira que lorsqu'à la fin du monde il paroîtra en sa majesté, pour juger les vivans et les morts.

*Comment se peut-il donc faire qu'il soit sur l'autel ?*

Par la toute-puissance de Dieu, qui peut tout ce qu'il veut.

*Ce n'est donc pas l'homme qui fait ce miracle ?*

Non : c'est Jésus-Christ, dont la parole est employée dans ce sacrement.

*C'est donc lui qui consacre ?*

C'est lui qui consacre, comme le vrai sacrificateur; et le prêtre n'est que son ministre.

*A quelle fin Jésus-Christ a-t-il établi ce sacrement ?*

En mémoire de sa mort.

*En quoi consiste cette commémoration de la mort de Notre-Seigneur ?*

C'est qu'en disant séparément avec Jésus-Christ : « Ceci est mon corps, ceci est mon sang, » on représente la mort violente que Jésus-Christ a soufferte par la séparation de son corps et de son sang.

*Mais le corps et le sang sont-ils effectivement séparés ?*

Non : c'est assez que les signes le soient, et que les paroles dont on se sert pour les consacrer soient différentes.

*Pourquoi ?*

Parce que par ce moyen la mort de Jésus-Christ et l'effusion de son sang est représentée.

*Faut-il adorer le corps et le sang de Jésus-Christ ?*

Oui, sans aucun doute; parce que ce corps et ce sang sont inséparablement unis à la Divinité.

## LEÇON II.

### De la sainte messe, et du sacrifice de l'Eucharistie.

Représenter la célébrité des sacrifices de la loi, et conclure à plus forte raison pour celui-ci. Salomon dédiant le temple (III *Reg.*, VIII; II *Par.*, V. VI, VII).

*Quel est le premier usage que l'on fait du corps et du sang de Jésus-Christ?*

C'est de les offrir en sacrifice à la sainte messe, au Père éternel.

*Qu'est-ce à dire les offrir en sacrifice au Père éternel?*

C'est-à-dire les présenter devant sa face sur l'autel, comme la victime la plus agréable qu'on puisse lui offrir.

*Pourquoi offre-t-on ce sacrifice?*

En commémoration de celui de la croix, et pour en appliquer la vertu.

*Jésus-Christ répand-il son sang dans ce sacrifice, comme autrefois sur la croix?*

Non : c'est ici un sacrifice non sanglant.

*Jésus-Christ est-il immolé dans ce sacrifice?*

Il y est immolé mystiquement.

*Comment?*

En tant que son corps et son sang, présens dans ce mystère, y paroissent comme séparés l'un de l'autre.

*Mais le sont-ils en effet?*

Nous avons dit plusieurs fois qu'ils ne le sont pas, et ne le peuvent plus être, après la résurrection de Jésus-Christ.

*Que doit-on faire en assistant à ce sacrifice?*

Contempler Jésus-Christ mourant, comme si on étoit présent sur le Calvaire, et se laisser attendrir au souvenir de sa mort.

*Qu'est-ce que l'Eglise offre dans le sacrifice de l'autel, avec le corps et le sang de Jésus-Christ?*

Les vœux et les prières de tous les fidèles.

*Pourquoi?*

Parce qu'elles sont agréables étant offertes à Dieu avec le corps et le sang de son fils.

*Qu'est-ce que l'Eglise offre encore à Dieu avec le corps et le sang ?*

Elle s'offre elle-même, afin d'offrir à Dieu tout ensemble le chef et les membres.

*Qu'est-ce à dire offrir tout ensemble le chef et les membres ?*

C'est offrir Jésus-Christ avec ses fidèles.

*A qui offre-t-on le sacrifice ?*

A Dieu seul.

*Pourquoi y fait-on mémoire des Saints qui sont avec Dieu ?*

En actions de graces pour les bienfaits qu'ils en ont reçus.

*Pourquoi particulièrement dans ce sacrifice ?*

Pour montrer qu'ils ont été sanctifiés par la victime qu'on offre.

*Pourquoi prie-t-on Dieu d'avoir agréables les prières que les Saints lui font pour nous ?*

Pour faire concourir, dans ce sacrifice, les vœux de toute l'Eglise, tant de celle qui est dans le ciel que de celle qui est sur la terre.

*Ne fait-on pas aussi mémoire des ames pieuses qui ne sont pas encore dans le ciel ?*

Oui : on en fait mémoire, afin de tout unir dans ce sacrifice.

*Quel soulagement reçoivent ces ames par ce sacrifice ?*

Un très-grand soulagement.

*Pourquoi ?*

Parce que Jésus-Christ, qu'on y offre, est la commune propitiation de tout le genre humain.

*Que devons-nous apprendre par ce sacrifice ?*

A nous offrir en Jésus-Christ et par Jésus-Christ, comme des hosties vivantes, à la majesté divine.

## LEÇON III.

### De la communion.

Marie-Madeleine pleurant devant le tombeau de Jésus, et y cherchant son corps enseveli. Quelle ardeur pour ce corps vivant et glorifié ! (*Joan.*, xx, 11, etc.).

*Pourquoi Jésus-Christ se présente-t-il à nous sous les espèces du pain et du vin ?*

Pour nous montrer qu'il est notre nourriture spirituelle.

*Qu'appelez-vous notre nourriture spirituelle ?*
Celle qui donne la vie à l'ame.
*Que croyez-vous recevoir sous les espèces du pain ?*
Le propre corps de Jésus-Christ, et lui-même tout entier.
*Mais quand on est quelquefois obligé de rompre une hostie ?*
Jésus-Christ ne se divise pas pour cela.
*Pourquoi ?*
Parce qu'il demeure tout entier sous chaque parcelle du pain, et sous chaque goutte du vin consacré.
*Cela se peut-il?*
Oui, par la toute-puissance de Dieu.
*Ne pourriez-vous point apporter quelque exemple sensible de cette merveille ?*
On se sert ordinairement de l'exemple d'un miroir, qui étant cassé, fait paroître en chaque parcelle le même visage qu'il représentoit en son entier.
*Cet exemple explique-t-il parfaitement ce mystère?*
Non : il n'y a rien dans la nature qui en puisse égaler la grandeur.
*Pourquoi recevons-nous Jésus-Christ ?*
Pour être consommés en un avec lui.
*Qu'est-ce qu'être consommé en un avec lui ?*
C'est être uni avec lui, et lui avec nous, corps à corps et esprit à esprit.
*Comment s'accomplit cette union de notre part?*
C'est que prenant par la bouche le corps de Jésus, par la foi nous nous unissons à sa divinité.
*Et Jésus, que fait-il de son côté ?*
Jésus, réciproquement par notre corps, auquel il s'unit, fait passer la vertu de sa divinité dans notre ame.
*Ne sanctifie-t-il pas aussi notre corps?*
Oui : il sanctifie notre corps, et nous apprend à le conserver en toute pureté.
*Qui a porté Jésus-Christ à se donner à nous de cette sorte?*
Son amour.
*Comment le devez-vous recevoir?*
Avec amour, et ne vivre dorénavant que pour lui.

*Par où est-on excité à cet amour envers Jésus-Christ ?*

Par sa mort et passion, dont on célèbre la mémoire toutes les fois que l'on communie.

*Faut-il communier souvent ?*

L'Eglise désireroit que l'on communiât tous les jours et toutes les fois que l'on entend la sainte messe, comme dans la primitive Eglise. (*Conc. Trid.*, sess. XXII, cap. VI.)

*Pourquoi donc ne le fait-on pas ?*

Parce qu'on n'est pas assez parfait.

*Que faut-il faire du moins toutes les fois qu'on entend la messe ?*

Communier spirituellement.

*Qu'est-ce, communier spirituellement ?*

C'est, en se ressouvenant de la mort de Notre-Seigneur, désirer de communier en effet.

*Que faut-il faire pour communier spirituellement ?*

Il faut, autant qu'on peut, s'exciter à la même dévotion que si l'on communioit sacramentellement.

*Quand est-ce qu'on est obligé de communier sacramentellement ?*

Dans le péril de mort; et au surplus l'Eglise n'oblige de communier dans tout le cours de l'année, qu'une fois dans la quinzaine de Pâque; mais les fidèles ne doivent pas se contenter de cette seule communion.

*Y a-t-il quelque règle certaine pour fréquenter la communion ?*

Non : cela dépend de la disposition de chaque fidèle, et du profit qu'il fait de la communion par son application à mener une bonne vie.

*Mais quelle règle peut-on suivre dans la vie commune ?*

Il est à souhaiter que tout fidèle se mette en état de communier du moins une fois le mois, et les fêtes solennelles de l'année.

*Mais qu'y a-t-il en cela de plus certain ?*

C'est que chacun devroit vivre de manière qu'il pût communier tous les jours.

*Peut-on communier plusieurs fois en un jour ?*

Non.

*Et que faut-il faire le reste de la journée ?*

La passer en actions de graces, et savourer cette viande céleste.

## LEÇON IV.

Pratique de la communion suivant la doctrine précédente, et premièrement ce qu'il faut faire avant la communion.

La parabole des conviés et de l'habit nuptial, pour expliquer la netteté intérieure et extérieure qu'il faut apporter à la sainte table. (*Matth.*, xxii, 1; *Luc.*, xiv, 16, etc.)

*Que faut-il faire pour bien communier?*

Il y a des préparations qui regardent l'ame, et il y en a qui regardent le corps.

*Quelles sont les préparations de l'ame pour faire une bonne communion?*

C'est la paix avec Dieu, la charité avec le prochain : ce sont les actes de foi et d'humilité : c'est le souvenir de la passion du Fils de Dieu.

*Qu'appelez-vous la paix de l'ame avec Dieu?*

C'est la pureté de conscience, qui ne sent aucun reproche du péché, au moins qui soit mortel.

*Dites-moi pourquoi il faut recevoir ce sacrement en état de grace?*

C'est que ce sacrement est la nourriture de l'ame, et que la nourriture suppose la vie.

*Que concluez-vous de là?*

Qu'il faut que l'ame vive de la vie de la grace, pour recevoir sa nourriture par ce sacrement.

*Est-ce un grand péché que de communier avec un péché mortel dans l'ame?*

C'est le péché de Judas, et un horrible sacrilége.

*Qu'appelez-vous la charité avec le prochain?*

C'est l'esprit d'union et de concorde avec lui, et une sincère réconciliation, si on étoit auparavant dans l'inimitié.

*Apprenez-moi à faire quelque acte de foi, qui dispose à la communion?*

Mon Sauveur, je crois fermement que votre corps, votre sang, votre ame, et votre divinité sont au saint sacrement de l'autel, parce que vous l'avez dit. Je suis prêt à donner ma vie pour cette vérité.

*Et comment faites-vous un acte d'humilité?*

Combien de fois ai-je mérité par mes péchés de souffrir la soif du mauvais riche, et la faim des damnés! Cependant, ô mon Dieu, vous daignez devenir vous-même mon aliment et mon breuvage.

*Pourquoi faut-il penser au mystère de la passion, pour se préparer à la communion ?*

C'est que le Fils de Dieu ayant institué le sacrement de l'eucharistie en mémoire de sa passion, cette dévotion est selon l'esprit du mystère.

*N'y a-t-il point quelque autre préparation de l'ame ?*

Il faut, autant qu'il se peut, dès le jour précédent de la communion, s'y préparer par la récollection et par la retraite.

*Et quoi encore ?*

Se priver des plaisirs même permis.

*Pourquoi ?*

Pour apporter à Jésus-Christ un esprit et un corps plus pur, et être tout occupé de lui.

*Quelles doivent être les préparations du corps pour bien communier ?*

Il faut être à jeun, et n'avoir pris aucune chose par forme de nourriture ni de médicament depuis le minuit.

*Si en lavant la bouche on avoit avalé quelque goutte d'eau, sans y penser, cela pourroit-il empêcher la communion ?*

Il faut prendre garde que cela n'arrive point ; mais pourtant la chose étant arrivée, elle ne doit point empêcher qu'on ne communie.

## LEÇON V.

### Ce qu'il faut faire quand on est prêt à communier, et dans la communion même.

L'humilité et la foi du centenier quand Jésus veut entrer chez lui (*Matth.*, VIII, 8.) La foi de la femme qui se croit guérie en touchant seulement le bord de sa robe. Jésus accablé du monde qui l'environnoit, ne se sent véritablement touché que de celle qui le touche avec foi. (*Matth.*, IX, 20 ; *Luc.*, VIII, 42, 43, 45, 46, etc.)

*Que faut-il faire quand on est prêt à communier ?*

Il y a des choses qui regardent l'ame, et d'autres qui regardent le corps.

*Que faut-il faire à l'égard de l'ame ?*

Il faut premièrement entendre la messe à laquelle on désire de communier, avec une dévotion particulière.

*Que faut-il faire particulièrement pour cela ?*

Se joindre à l'intention du prêtre, qui un peu après l'élévation, incliné profondément vers l'autel, demande la grace de Dieu pour tous ceux qui communieront.

*Il est donc à propos d'entendre la messe, et de communier à celle qu'on entend ?*

Oui, autant qu'il se peut, et c'est l'esprit de l'Eglise.

*A quel endroit de la messe est-il à propos de communier ?*

Après la communion du prêtre, et avant qu'il achève la messe.

*Pourquoi ?*

Pour se conformer au prêtre, se préparer avec lui à la communion, communier avec lui, et faire avec lui ses actions de graces.

*A quoi faut-il principalement penser ?*

A la mort et à la passion de Notre-Seigneur.

*Pourquoi ?*

Pour s'exciter à un tendre amour envers lui.

*Que faut-il faire encore ?*

De fréquens actes de foi.

*En quel endroit principalement ?*

Quand le prêtre se retourne, l'hostie à la main, en disant ces paroles : *Ecce Agnus Dei,* c'est-à-dire : « Voici l'Agneau de Dieu, voici celui qui ôte les péchés du monde, » il faut dire la même chose en son cœur.

*Et quels autres actes faut-il faire ?*

Des actes d'adoration et d'humilité.

*En quel endroit principalement ?*

Quand le prêtre dit : *Domine, non sum dignus,* il faut dire de cœur avec lui : « Seigneur, je ne suis pas digne que vous veniez à moi, mais dites seulement un mot, et mon ame sera sauvée. »

*Et quand le prêtre dit,* Corpus Domini nostri Jesu Christi, custodiat animam tuam in vitam æternam. Amen ?

Il faut dire du moins de cœur, *Amen.* « Il est ainsi. Je crois, Seigneur, que ce que je reçois, c'est votre corps : qu'il conserve mon ame pour la vie éternelle. »

*Quel est donc le vrai esprit de la communion ?*

De se conformer aux intentions de l'Eglise, et aux paroles du prêtre.

*Qu'y a-t-il à observer pour le corps ?*

A être modeste et propre, autant qu'il se peut, mais sans affectation.

*Que faut-il observer particulièrement à l'égard des habits ?*

Les hommes doivent poser le chapeau, la calotte, l'épée, les gants; et les femmes doivent baisser leurs jupes, et faire descendre leurs coiffes un peu plus bas que les yeux; ne point paroître la gorge découverte, ni avec des mouches sur le visage, ou avec des parures qui sentent la vanité.

*Que doivent-elles apprendre de là ?*

A mépriser toute leur vie ce qu'elles n'osent porter devant Jésus-Christ.

*Comment faut-il tenir la tête ?*

Il faut tenir la tête ferme et droite sans la remuer, ni l'avancer ni la retirer en arrière, crainte d'accident.

*Comment les yeux ?*

Il ne faut pas les laisser égarer çà et là, mais on les doit tenir baissés, ou les arrêter sur la sainte hostie.

*Comment faut-il ouvrir la bouche ?*

Avec médiocrité, ni trop, ni trop peu.

*Comment faut-il avoir la langue ?*

Un peu avancée sur les lèvres.

*Ne faut-il point mâcher la sainte hostie ?*

Il n'est pas nécessaire.

*Qu'en faut-il donc faire ?*

La laisser quelque peu de temps sur sa langue; puis étant un peu humectée, l'avaler avec révérence.

*Ne la faut-il pas laisser fondre tout à fait en la bouche ?*

Non, à cause du péril qu'il y auroit de ne pas communier.

*Mais que faudroit-il faire si la sainte hostie s'attachoit au palais?*

Il ne se faut point troubler de cela; mais la détacher seulement avec la langue, sans y porter les doigts.

*Après avoir communié, faut-il essuyer les lèvres avec la nappe?*

Non, mais si on sent, ou si on doute que quelque particule de la sainte hostie soit demeurée sur les lèvres, il faut avec révérence l'attirer dans sa bouche, sans y appliquer les doigts.

*Si quelquefois le prêtre, en communiant, donnoit deux ou trois hosties, ou bien n'en donnoit que la moitié d'une, cela devroit-il troubler le communiant?*

Non, puisqu'on ne reçoit pas plus en trois hosties qu'en une, ni moins en la moitié d'une qu'en une tout entière.

*Faut-il faire des prières vocales, et jeter des soupirs, quand on est sur le point de communier?*

Il faut cesser pour lors de le faire, et prier de l'esprit plutôt que du mouvement des lèvres.

## LEÇON VI ET DERNIÈRE.

### Ce qu'il faut faire après la communion.

*Que faut-il faire après la communion?*

Il faut passer quelque temps, et le plus qu'on peut, à faire des actes intérieurs d'amour, de remercîment, d'offrande de soi-même, de demande de nos besoins, et des nécessités de ceux pour lesquels nous prions.

*Que faut-il principalement demander à Jésus-Christ?*

Qu'il nous fasse part de son esprit, comme il nous a donné son corps.

*Quelles prières vocales peut-on ajouter après cela?*

Des cantiques d'actions de graces : comme le *Te Deum laudamus; Benedicite omnia opera; Magnificat; Laudate.*

Nota que ces prières se trouvent en latin et en françois dans un recueil fait exprès.

*Que faut-il faire le reste du jour?*

Il le faut passer, autant qu'il se peut, dans le recueillement et en œuvres de piété.

# INSTRUCTION

#### SUR LE SACREMENT DE MARIAGE.

Le mariage de la sainte Vierge avec saint Joseph. Les noces de Cana honorées de la présence et du premier miracle de Notre-Seigneur. (*Joan.*, II.) La création de la femme. (*Gen.*, II, 21.) Le mariage du jeune Tobie. (*Tob.*, VII; VIII.)

*Qu'est-ce que le mariage?*

C'est un sacrement qui donne la grace à ceux qui se marient, de vivre chrétiennement dans cet état, et d'élever leurs enfans selon Dieu.

*Que signifie ce sacrement?*

Il signifie l'union de Jésus-Christ avec l'Eglise.

*Combien y a-t-il de sortes d'unions de Jésus-Christ avec l'Eglise?*

Il y en a de deux sortes : l'une naturelle et l'autre spirituelle.

*Qu'appelez-vous union naturelle?*

La ressemblance de la nature.

*Qu'appelez-vous union spirituelle?*

L'union des cœurs par la charité.

*Y a-t-il union naturelle entre Jésus-Christ et l'Eglise?*

Oui, parce que Jésus-Christ est homme, qu'il a pris un corps et une ame comme les fidèles qui composent l'Eglise.

*Y a-t-il union spirituelle entre Jésus-Christ et l'Eglise?*

Oui, parce que le Fils de Dieu a tant aimé l'Eglise, qu'il a versé son sang pour elle, et que l'Eglise est soumise aux volontés de Jésus-Christ.

*Quelle est celle de ces deux unions que le mariage représente?*

Il signifie les deux.

*Cette union du mari et de la femme, est-elle indissoluble et inséparable?*

Oui : elle est indissoluble et inséparable, comme celle de Jésus-Christ avec son Eglise.

*A quel âge peut-on se marier?*

Les garçons à l'âge de quatorze ans accomplis, les filles à douze aussi accomplis.

*En quel temps de l'année l'Eglise permet-elle de célébrer le mariage?*

Depuis le lendemain de la fête de l'Epiphanie, jusqu'au mardi d'après le dimanche de la *Quinquagésime* inclusivement; et depuis le lendemain du dimanche appelé de *Quasimodo*, elle le permet en ce diocèse, jusqu'au jeudi seulement, qui précède le premier dimanche de l'Avent.

*N'y a-t-il point de jour auquel on ne puisse point célébrer le mariage?*

Il n'y a point de jour auquel on ne le puisse, à l'exception des dimanches et des fêtes, en ce diocèse.

*A l'exception de ces jours, chaque jour est-il bon pour la célébration du mariage?*

Ce seroit une superstition de croire qu'un jour de la semaine fût plus malheureux qu'un autre.

*Dans quel dessein doit-on user du mariage?*

Dans le dessein de multiplier les enfans de Dieu.

*Quel autre dessein peut-on avoir?*

Celui de remédier aux désordres de la concupiscence.

*Quelles sont les obligations du mariage?*

C'est de s'unir ensemble, et s'entre-secourir par la charité; se supporter mutuellement, et toutes les peines du mariage par la patience; et se sauver par la sainte éducation qu'on donnera aux enfans.

*Quelle est la principale chose qui doit déterminer une personne à en prendre une autre en mariage?*

C'est la vertu et la ressemblance des mœurs.

*Marquez-moi quelques manières défectueuses d'entrer dans le mariage.*

1° D'y entrer sans examiner la volonté de Dieu, et sans connoître les obligations du mariage. 2° D'y entrer seulement pour satisfaire la sensualité. 3° De se marier contre la juste volonté de ses parens.

*Comment se doit-on disposer à recevoir ce sacrement?*

On s'y doit disposer par une sainte confession, et il est bon de faire une revue de plusieurs confessions depuis un temps notable;

par une sainte communion, par des prières et des aumônes, par une grande retenue et chasteté.

*Doit-on demeurer ensemble avant le mariage ?*

Il se faut bien garder de demeurer en même maison durant le temps de la recherche et des fiançailles avec péril d'offenser Dieu.

*En quel temps doit-on se confesser et communier à cette intention ?*

On le doit faire quelques jours avant la célébration du mariage.

*Quelle est la perfection du mariage ?*

C'est que le mari représente Jésus-Christ l'époux de l'Eglise, et que la femme représente l'Eglise l'épouse de Jésus-Christ.

*En quoi est-ce que le mari doit particulièrement représenter Jésus-Christ ?*

En aimant la femme cordialement comme le Fils de Dieu a aimé l'Eglise, recherchant l'utilité de l'Eglise, et non pas ses propres intérêts.

*En quoi la femme doit-elle particulièrement représenter l'Eglise ?*

Dans le respect et dans la soumission qu'elle doit avoir pour son mari, comme l'Eglise en a pour Jésus-Christ.

*Dites-moi le mal qu'il faut éviter dans l'usage du mariage ?*

C'est de refuser injustement le devoir conjugal; c'est d'user du mariage pour satisfaire la sensualité; c'est d'éviter d'avoir des enfans : ce qui est un crime abominable.

# CATÉCHISME DES FÊTES

ET AUTRES SOLENNITÉS ET OBSERVANCES DE L'ÉGLISE.

## AVERTISSEMENT

AUX CURÉS, VICAIRES ET CATÉCHISTES DE SON DIOCÈSE.

Jacques-Bénigne, par la permission divine Evêque de Meaux, aux curés, vicaires et catéchistes de notre diocèse, salut et bénédiction.

Vous n'ignorez pas, mes frères, qu'une des principales fins que l'Eglise se propose dans l'institution des fêtes, c'est l'instruction des fidèles ; et c'est une vérité que vous devez très-souvent inculquer et répéter à vos paroissiens dans vos prônes, dans vos sermons et dans vos catéchismes.

Vous leur devez faire entendre que l'année chrétienne, aussi bien que l'année ordinaire, est comme distribuée en ses saisons; et que les solennités sont répandues en divers temps, afin de nous instruire par ce moyen de ce que Dieu a daigné faire pour notre salut, et de ce qu'il y a de plus nécessaire pour y parvenir.

En effet si les chrétiens prenoient bien seulement l'esprit des fêtes, ils n'ignoreroient rien de ce qu'ils doivent savoir, puisqu'ils trouveroient dans ces fêtes tous les bons enseignemens, et ensemble tous les bons exemples.

C'est ce qui nous a porté à vous donner ce Catéchisme des fêtes, à l'exemple de plusieurs diocèses où on le fait avec une grande utilité.

On marquera à chaque endroit de ce catéchisme en quels jours ces instructions doivent être faites; et pour les rendre plus utiles, vous y pourrez joindre un catéchisme qu'on appelle celui des images, ou en proposant des images pieuses attachées à la chaire, ou en quelque autre lieu apparent; on s'en sert pour rendre le peuple et les enfans attentifs.

Il n'y a que la fête de la Trinité dont il n'est pas à propos de proposer aucune image, parce qu'encore que les figures qu'on en voit quelquefois dans les églises, puissent avoir leurs raisons et puissent être expliquées en un bon sens, il faut prendre garde que les enfans ne soient frappés d'abord de ces idées, dont l'impression demeure trop dans leurs esprits, et qui leur mettent dans la pensée quelque chose de corporel. Mais au lieu que dans les autres fêtes dont le mystère s'est accompli visiblement, on peut concilier l'attention par les images qu'on en donne, quand il s'agit de parler de la divinité ou d'expliquer la Trinité adorable, on doit commencer à rendre le peuple attentif, en lui faisant remarquer qu'en cette fête on ne lui propose aucune image sensible, parce que ce qui regarde la Divinité et la Trinité des personnes, est tout à fait au-dessus des sens et de l'intelligence humaine.

Le fondement de ce catéchisme doit être un court récit de ce qui s'est passé dans la fête, ou une courte exposition de ce qui en fait le principal sujet : et ici il faut éviter la sécheresse des narrations ordinaires, en y mêlant de temps en temps des affections et des réflexions pieuses.

Ce Catéchisme des Fêtes, que nous vous mettons entre les mains, vous paroîtra s'élever un peu au-dessus des catéchismes précédens : aussi le proposons-nous principalement pour les personnes plus avancées; par exemple, pour ceux qui ont communié, et dans les derniers temps de l'instruction. Mais vous devez si bien faire, qu'il soit aussi soigneusement appris que les catéchismes précédens, parce que c'est un fondement qui servira à ceux que vous instruirez, dans tout le reste de leur vie, pour entendre utilement les sermons, et assister avec fruit au service divin.

Avertissez souvent les personnes âgées de lire attentivement ce catéchisme, puisqu'il a de si grands usages ; et vous le pouvez regarder vous-mêmes comme devant faire le fond de l'instruction que vous ferez les jours de fête.

Au reste si vous voulez expliquer à votre peuple la doctrine chrétienne d'une manière qui lui profite, dites peu de choses à la fois ; répétez-les souvent, et inculquez-les avec force. Tournez-les en différentes manières, afin de faire toujours de nouvelles et de plus profondes impressions dans les esprits. Faites-en l'application à quelque chose de pratique, selon qu'on en a ici donné l'exemple ; et songez que celui qui est préposé pour parler toute sa vie à un même peuple, doit être aussi court dans ses instructions que soigneux et assidu à les faire.

Donné à Meaux, dans notre Palais épiscopal, le sixième jour du mois d'octobre mil six cent quatre-vingt-six.

† J. BÉNIGNE, Ev. de Meaux.

*Par mondit seigneur,*
ROYER.

# DU SAINT DIMANCHE

### ET PAR OCCASION

## DE LA MESSE PAROISSIALE

### ET DES DEVOIRS D'UN BON PAROISSIEN.

Cette instruction doit être faite au moins quatre fois l'année ; à savoir, après l'Epiphanie, après Pâques, après la Pentecôte et après la Toussaint.

Le pasteur ou le catéchiste pourra la continuer deux ou trois dimanches consécutifs, jusqu'à ce qu'on la sache parfaitement ; et il l'inculquera beaucoup, parce qu'elle est la plus importante.

### LEÇON I.

#### De l'institution du dimanche.

Représenter le repos de Dieu, considérant ses ouvrages accomplis et les approuvant. (*Genes.*, I.) ou Jésus-Christ sorti du tombeau, et éternellement affranchi des peines de sa vie mortelle ; ou après la résurrection et le jugement dernier, le même Jésus introduisant les fidèles dans le repos éternel. (I *Cor.*, XV.)

DEMANDE. *Qu'est-ce que le saint dimanche ?*

RÉPONSE. C'est le jour que Dieu a choisi pour être particulièrement sanctifié.

*Qu'appelez-vous sanctifier le dimanche ?*

Le passer saintement.

*Que veut dire ce mot de* dimanche *?*

Il veut dire le jour du Seigneur, c'est-à-dire celui qu'il a spécialement consacré à son service.

*Pourquoi dites-vous que Dieu a particulièrement choisi ce jour ?*

Parce que dès l'origine du monde, Dieu ayant voulu partager les jours par semaines, il a choisi un des sept jours de la semaine pour être particulièrement sanctifié.

*Quel jour avoit-il choisi anciennement ?*

Le septième, qu'on appeloit pour cette raison le *jour du sabbat* ou *du repos*.

*Pourquoi Dieu avoit-il institué ce jour ?*

En mémoire de ce qu'il avoit créé le monde en six jours, et que le septième jour il s'étoit reposé de tous ses ouvrages.

*Que veut dire ce repos?*

Que le monde étoit parfait, et qu'il n'y avoit plus rien à faire de nouveau.

*Et quoi encore?*

Que Dieu nous prépare à la fin du monde un repos éternel. (*Hebr.*, IV, 3 et seq.)

*Par quelle autorité ce jour-là a-t-il été changé au dimanche?*

Par l'autorité des apôtres et de l'Eglise.

*Pourquoi a-t-on choisi ce jour pour être le repos des chrétiens?*

En mémoire de la résurrection de Notre-Seigneur, et de la descente du Saint-Esprit arrivée en ce jour.

*Qu'y a-t-il donc ici de divin?*

L'institution d'un jour dans chaque semaine pour le consacrer à Dieu.

*Et la translation du samedi au dimanche?*

C'est une institution apostolique.

*Quel rang tient le dimanche parmi les jours de la semaine?*

Le premier.

*Quel jour est représenté par le dimanche?*

Le premier jour de la création, qui est celui où Dieu fit la lumière.

*Ce jour a-t-il quelque rapport au jour de Pâques et de la Pentecôte, dont l'Eglise renouvelle la mémoire en ce jour?*

Oui, puisque Jésus-Christ sorti du tombeau est la lumière du monde, et que l'envoi du Saint-Esprit a illuminé les apôtres.

## LEÇON II.

### De la messe paroissiale, et premièrement du prône.

Représenter l'ordre de la messe solennelle, principalement comme elle étoit autrefois, accompagnée de la communion de tout le peuple; faire voir le clergé séparé du peuple, les hommes d'avec les femmes; l'ordre, le silence, l'attention, tout le monde répondant, et le reste de cette sorte.

*Que faut-il faire pour sanctifier ce jour, et le consacrer à Dieu?*

L'employer à de bonnes œuvres.

*Quelle est la principale de toutes les bonnes œuvres à quoi on est obligé en ce saint jour.*

A entendre la sainte messe.

*Quelle messe doit-on principalement entendre ?*

La messe paroissiale, autant qu'il se peut, selon l'institution ancienne.

*Pourquoi vaut-il mieux entendre la messe paroissiale qu'une autre messe ?*

Parce qu'à la messe paroissiale se fait l'assemblée des fidèles.

*Pourquoi encore ?*

Parce que le prône se fait dans la messe paroissiale.

*Qu'est-ce que le prône ?*

Le prône comprend deux choses principales.

*Quelles sont-elles ?*

La première est la prière publique, commandée de Dieu pour toute l'Eglise, pour les pasteurs, pour les princes, pour les malades, pour les affligés et pour toutes les nécessités publiques et particulières du peuple de Dieu.

*Cette prière est-elle agréable à Dieu ?*

Oui : principalement quand elle se fait en commun par le pasteur et tous les fidèles assemblés.

*Quelle est la seconde partie principale du prône.*

C'est l'instruction pastorale.

*L'instruction pastorale est-elle plus agréable à Dieu que les autres ?*

Oui, parce que c'est l'instruction de celui qui est chargé de nos âmes.

*Pourquoi encore ?*

Parce que c'est celle que l'Eglise a établie et qu'elle recommande le plus, outre que c'est là qu'on publie ses ordonnances, ses fêtes, ses jeûnes, ses observances, et ce qui regarde le service de Dieu.

## LEÇON III.

### De l'offrande, du sacrifice et de la communion, et en général de l'amour qu'on doit avoir pour sa paroisse.

*Que signifie l'offrande ?*

C'est qu'autrefois les fidèles apportoient à l'autel leur pain et leur vin pour y être offerts.

*Et que faisoient-ils ensuite?*

Ils communioient de leurs oblations, et le reste étoit destiné à la subsistance du clergé, et à faire l'aumône aux pauvres.

*D'où vient que cette coutume a cessé?*

Parce que le peuple a cessé de communier comme autrefois aux messes solennelles que célébroient les pasteurs.

*Et pour ce qui demeuroit pour la subsistance du clergé?*

On y a suppléé par ce qui s'appelle à présent l'offrande.

*Ne seroit-il pas à désirer que l'on communiât, comme autrefois, à la messe solennelle célébrée par le pasteur?*

Oui, et ce seroit une bonne pratique que ceux de la paroisse qui veulent communier, le fissent ensemble à la messe de paroisse?

*Pourquoi?*

Parce que la communion est plus agréable à Dieu, quand elle se fait en commun.

*Qu'y remarquez-vous alors qui soit plus agréable à Dieu?*

La société fraternelle, qui est une des choses signifiées par le mot de *communion*.

*Mais le mot de communion ne veut-il pas dire la communion au corps de Jésus-Christ?*

Oui : mais il veut dire encore la communion des fidèles, dont le corps de Jésus-Christ est le lien.

*La messe paroissiale a-t-elle aussi quelque chose de plus agréable à Dieu?*

Oui.

*Et pourquoi? N'est-ce pas le même Jésus-Christ qu'on offre dans toutes les messes?*

Il est vrai : mais la messe paroissiale est recommandable de plus par l'union des fidèles.

*Qu'y a-t-il en cela de particulièrement recommandable?*

C'est d'offrir ses prières à Dieu en commun, par la bouche de celui qui est établi sur tout le troupeau.

*Cela se trouveroit donc bien plus particulièrement dans la messe pontificale ou épiscopale?*

Sans doute; mais le grand nombre des fidèles a obligé de les diviser en paroisses?

*Qu'est-ce que les paroisses ont encore de recommandable?*

C'est qu'elles sont comme la source de l'instruction et des sacremens.

*Comment de l'instruction?*

Par le catéchisme.

*Et des sacremens?*

Parce qu'on y administre le baptême; on y conserve le saint chrême et les saintes huiles; on y fait la communion pascale.

*Qu'y a-t-il encore dans les paroisses?*

La sépulture commune des chrétiens.

*Qu'est-ce que fait tout cela à la société chrétienne?*

C'est qu'on renaît ensemble par le baptême; on reçoit l'instruction et les sacremens de la même source; et on attend en commun la résurrection des morts.

*Est-ce bien fait de contribuer à la décoration des paroisses?*

Oui, pour inviter davantage les chrétiens à les fréquenter.

*Que faut-il faire principalement pour les décorer?*

Entretenir la propreté et la netteté, tant de l'église et des autels que des habillemens et vaisseaux sacrés.

## LEÇON IV.

De l'eau bénite, du pain béni, et du reste qui regarde la sanctification du dimanche.

*Qu'est-ce que l'eau bénite qu'on fait solennellement à la messe paroissiale?*

C'est une eau sur laquelle l'Eglise fait des bénédictions particulières, semblables à peu près à celles de l'eau qu'on bénit pour le baptême.

*En quoi consistent ces bénédictions de l'Eglise?*

En saintes prières auxquelles on joint le signe de la croix.

*Pourquoi le signe de la croix?*

Pour montrer que nous recevons toutes bénédictions spirituelles par la croix de Jésus-Christ.

*Que veut dire le sel béni que l'on mêle avec l'eau bénite?*

La sagesse chrétienne, dont notre vie et tous nos discours doivent être assaisonnés. (*Col.*, IV, 6.)

*Pourquoi?*

Afin que nous n'ayons rien de fade ni de languissant ; et que selon le précepte de Jésus-Christ, nous soyons le sel de la terre.

*Comment le sel de la terre?*

En empêchant la corruption en nous-mêmes et dans les autres, et reprenant vivement les vices.

*Qu'est-ce que l'Eglise a dessein de rappeler en notre mémoire par l'aspersion de l'eau bénite, au commencement de la messe?*

Notre sanctification par le baptême.

*Et quoi encore?*

La pureté de conscience avec laquelle on doit prier, particulièrement dans le sacrifice.

*Et le pain béni, que veut-il dire?*

C'est un signe de communion entre les fidèles.

*Toute créature de Dieu n'est-elle pas bonne?*

Oui : toute créature de Dieu est bonne, et bénite par la main de Dieu qui l'a faite.

*Pourquoi donc bénir le pain de nouveau?*

Parce que saint Paul, qui a dit que toute créature de Dieu est bonne, ne laisse pas de dire aussitôt après qu'elle est sanctifiée par la parole de Dieu et par la prière.

*Que concluez-vous de là?*

Qu'à plus forte raison devons-nous tenir pour sanctifié ce qui est béni à l'église par les prêtres pour servir à la piété. ( I *Tim.*, IV, 5. )

*Quelle est l'origine du pain béni?*

On l'a donné à la messe, lorsque les fidèles ont cessé d'y communier toujours selon l'ancienne coutume.

*Pourquoi le donne-t-on?*

En mémoire de l'eucharistie, et en signe de communion entre les fidèles.

*De quoi faisoit-on le pain béni?*

Des restes des offrandes; et de là vient qu'on l'offre encore à l'autel.

*N'y a-t-il point quelque autre raison du pain béni?*

Cette institution tient quelque chose des festins de charité, que les anciens chrétiens faisoient autrefois en signe de leur union.

*Comment oppeloit-on ces festins?*

Agapes.

*Que veut dire ce mot, Agape?*

Charité.

*Que faut-il donc apprendre par le pain béni?*

La charité.

*Et en général, qu'est-ce que la messe de paroisse a de plus recommandable?*

La charité et la communion des saints.

*Et le reste de l'office ecclésiastique ne doit-il pas être fréquenté les jours de fêtes et de dimanches?*

Oui : pour les passer en bonnes œuvres, principalement dans les églises paroissiales, où tous les fidèles sont ensemble.

*Quelles œuvres sont défendues les jours de fêtes et de dimanches?*

Les œuvres serviles.

*Qu'appelez-vous les œuvres serviles?*

Celles par lesquelles on a accoutumé de gagner sa vie.

*N'en excepte-t-on pas quelques-unes?*

On en excepte celles des métiers qui sont nécessaires à la vie.

*Que faut-il principalement éviter?*

Le péché et tout ce qui porte au péché; comme le cabaret, les danses, les jeux, principalement ceux de hasard, et les autres choses de cette nature.

*Par où faut-il commencer la sanctification du dimanche?*

Par se consacrer à Dieu, en faisant des actes de foi, d'espérance et de charité ou d'amour de Dieu.

*Quelles bonnes œuvres doit-on principalement pratiquer envers le prochain?*

Des œuvres de miséricorde et de réconciliation.

DES FÊTES
# DE NOTRE-SEIGNEUR
### ET DES OBSERVANCES DE L'ÉGLISE
QUI ONT RAPPORT AVEC LES MYSTÈRES DE JÉSUS-CHRIST.

## LEÇON I.
### Avant le premier dimanche de l'Avent.

*Quel est le dimanche prochain ?*
C'est le premier dimanche de l'Avent.
*Qu'appelez-vous le temps de l'Avent ?*
Le temps où l'Eglise s'occupe de la venue désirée de Notre-Seigneur.
*Que médite-t-elle durant ce saint temps ?*
Les vœux des Pères qui soupiroient après la venue du Messie.
*Qu'appelez-vous le Messie ?*
Le Christ ou l'oint du Seigneur : celui qu'il a consacré par l'onction intérieure de la Divinité.
*Que médite encore l'Eglise touchant l'avénement de Jésus-Christ ?*
Elle médite encore la prédication de saint Jean-Baptiste, par laquelle il lui prépare la voie.
*Comment lui prépare-t-elle la voie ?*
Par la pénitence.
*L'Eglise ne médite-t-elle pas aussi le dernier avénement de Notre-Seigneur ?*
Oui : l'Eglise médite encore le dernier avénement de Notre-Seigneur, où il viendra en sa gloire juger les vivans et les morts.
*Pourquoi médite-t-elle ce second avénement ?*
Afin que si nous ne profitons du premier avénement où Jésus-Christ nous apporte la grace, nous craignions celui où il exercera sa justice.

*Où nous doit conduire la crainte de la rigoureuse justice de Dieu?*
A son saint amour.

*Que devons-nous apprendre de cette doctrine?*
A désirer Jésus-Christ, et à lui préparer nos cœurs par la pénitence.

Les Collectes se trouvent dans les *Prières ecclésiastiques*.

## LEÇON II.

### Pour le jour de Noël.

Elle commencera le dimanche qui précédera cette fête, et pourra être continuée le jour de Noël et à quelqu'une des fêtes suivantes.

*Quelle fête célébrons-nous N. prochain?*
Le jour de Noël.

*Que veut dire le jour de Noël?*
Le jour natal de Notre-Seigneur, le jour de sa sainte nativité.

*Quelle fut sa Mère?*
Marie, toujours vierge.

*Qu'est-ce à dire toujours vierge?*
Vierge avant l'enfantement, vierge dans l'enfantement, vierge après l'enfantement.

*Pourquoi la nuit de Noël est-elle demeurée plus célèbre que toutes les autres?*
En mémoire de ce que Notre-Seigneur voulut naître pendant la nuit.

*Pourquoi naître pendant la nuit?*
Pour montrer qu'avant sa venue, le monde étoit dans les ténèbres.

*Qu'est-ce que cette fête a de particulier entre toutes les autres?*
Qu'on y dit trois messes solennelles, l'une à minuit, l'autre à la pointe du jour et la troisième à l'heure ordinaire.

*Que faut-il penser à la messe de minuit?*
Il faut considérer Jésus-Christ né dans une étable, et posé dans une crèche.

*Quand le faut-il principalement regarder en cet état?*
Au moment qu'on pose son corps adorable par la consécration,

sur l'autel, il faut regarder l'autel comme la crèche, et adorer Jésus-Christ.

*Que faut-il faire à la seconde messe ?*

Venir adorer le divin Enfant avec les bergers à qui l'ange annonça sa naissance.

*Qu'entendirent ces pieux bergers, pour les inviter à la crèche du Sauveur ?*

Une musique céleste, et un cantique de réjouissance.

*Quel cantique ?*

Celui que l'Eglise se plaît tant à répéter dans la messe, et qu'il faut chanter dans ce jour avec une joie plus particulière.

*Quel est-il ?*

C'est le *Gloria :* « Gloire soit à Dieu dans les lieux très-hauts, et qu'en terre la paix soit donnée aux hommes de bonne volonté. »

*Que doit-on considérer à la troisième messe ?*

Que cet Enfant, qu'on voit dans le temps naître de la Vierge Marie, de toute éternité est le Fils de Dieu.

*Le Fils de Dieu et le Fils de Marie est-ce la même personne ?*

Oui : c'est la même personne, un homme parfait et un Dieu parfait.

*Que veut dire homme parfait ?*

Qui a, comme nous, un corps et une ame, et nous est semblable en tout, excepté le péché.

*Pourquoi veut-il être Enfant ?*

Pour porter toutes nos foiblesses, et se faire tendrement aimer.

*Jésus-Christ est-il né pauvre et souffrant ?*

Oui, sans doute, puisqu'il est né dans une étable, dans une saison incommode, sans avoir seulement un berceau.

*Pourquoi ?*

Pour nous faire aimer la pauvreté et la souffrance.

*Quel honneur devons-nous rendre à ces états et à ces vertus de notre Sauveur ?*

De les imiter.

*Comment imiterons-nous sa pauvreté ?*

En aimant les pauvres, en méprisant les vaines parures, et en employant à aider les pauvres l'argent qu'on y met.

*Et les souffrances de Jésus-Christ, comment les faut-il imiter dans cette fête?*

En ne craignant pas de souffrir quelque incommodité pour assister au service.

*Quelle préparation devons-nous apporter à cette fête ?*

Une grande pureté, que l'on se doit procurer par une bonne confession; un grand désir de recevoir Notre-Seigneur, pour lui faire un meilleur accueil que n'ont fait les Juifs.

## LEÇON III.
Pour la fête de la Circoncision, au dimanche qui précède, ou si ce dimanche est empêché d'ailleurs, au jour même de la fête.

*Quelle fête avons-nous N. prochain? Ou Quelle fête avons-nous aujourd'hui?*

La fête de la Circoncision.

*Qu'est-ce que c'étoit que la circoncision?*

C'étoit un sacrement de l'ancienne loi, qui donnoit entrée dans le peuple de Dieu, comme maintenant le baptême nous fait entrer dans l'Eglise.

*A qui a été donnée la circoncision?*

A Abraham, en signe de l'alliance que Dieu contractoit avec lui et sa postérité.

*Que signifioit particulièrement la circoncision?*

Que l'origine du genre humain étoit impure.

*Comment impure?*

Par le péché originel.

*Pourquoi Jésus-Christ a-t-il voulu être circoncis, puisqu'il étoit saint?*

Pour montrer qu'il venoit porter la peine de nos péchés et les expier.

*Pourquoi répandre son sang dès son enfance?*

Pour montrer qu'il nous venoit laver par son sang.

*Que fit-on encore en ce jour?*

On donna au Fils de Dieu le nom de *Jésus*.

*Que veut dire ce nom de* Jésus?

Ce nom signifie *Sauveur*; et on le donne au Fils de Dieu, parce qu'il nous sauve de nos péchés.

*De quel honneur est digne le nom de Jésus?*

On ne peut lui rendre assez d'honneur, puisqu'à ce nom tout fléchit le genou dans le ciel, dans la terre et dans les enfers. (*Philip.* II, 10.)

*Que nous apprend la circoncision de Notre-Seigneur?*

A circoncire notre cœur, c'est-à-dire à retrancher les mauvais désirs, et particulièrement l'attache aux plaisirs des sens.

*Que faut-il faire en ce jour?*

Consacrer à Dieu toute cette année, et le prier que nous la passions dans son service.

## LEÇON IV.

### De l'Epiphanie, au dimanche qui la précède, pour être continuée le jour même.

*D'où vient que N. prochain on fait si grande fête?*
C'est à cause du jour de l'Epiphanie.

*Qu'appelez-vous Epiphanie?*
La manifestation de Notre-Seigneur.

*Pourquoi appelle-t-on cette fête d'un si beau nom?*
Parce que l'Eglise y célèbre trois grands mystères, où la gloire de Jésus-Christ fut manifestée.

*Quels sont-ils?*
L'adoration des mages, le baptême de Notre-Seigneur par saint Jean-Baptiste, et son premier miracle lorsqu'il changea l'eau en vin, aux noces de Cana en Galilée.

*Quels étoient les mages?*
Des grands seigneurs d'Orient, qu'on appelle *rois*.

*Ils n'étoient donc pas du peuple de Dieu?*
Non ; ils étoient gentils.

*Pourquoi Dieu les appela-t-il à adorer son Fils?*
Pour montrer que c'étoit le temps où les gentils devoient être appelés à sa connoissance.

*Comment les conduisit-il au lieu où était Jésus?*
Par une étoile.

*Où apprirent-ils que Jésus devoit être dans Bethléem, selon les prophéties?*

Dans Jérusalem, où étoit alors le siége principal de la vraie Eglise.

*Que firent les mages, quand ils eurent trouvé l'Enfant Jésus?*

Ils l'adorèrent, et lui offrirent de l'or, de l'encens et de la myrrhe.

*Pourquoi ces trois présens?*

Ils lui donnèrent de l'or comme à un roi, de l'encens comme à un Dieu, et de la myrrhe comme à un homme et pour honorer sa sépulture.

*Les Juifs vinrent-ils aussi l'adorer?*

Non : et c'étoit un signe de leur aveuglement prochain.

*Et Hérode qui étoit le roi de Jérusalem?*

Il fit semblant de le vouloir adorer; mais son dessein étoit de le découvrir seulement pour le tuer.

*Que représente Hérode?*

Les hypocrites qui font semblant de vouloir adorer Jésus, et cependant le crucifient en eux-mêmes.

*Que faut-il faire pour profiter de cette fête?*

Suivre l'étoile qui nous conduit à Jésus-Christ, c'est-à-dire l'inspiration de sa grace.

*Et quoi encore?*

Au lieu des banquets dissolus, lui faire de pieux présens.

*Comment?*

En la personne des pauvres, par des aumônes.

## LEÇON V.

#### Pour faire le dimanche d'après l'Epiphanie, sur le baptême de Jésus-Christ, et le changement d'eau en vin.

*Vous nous dîtes N. dernier qu'avec l'adoration des mages, l'Eglise célébroit encore deux autres mystères où Jésus-Christ se manifestoit : quels sont-ils?*

L'un est le baptême de Notre-Seigneur.

*A quel âge fut-il baptisé?*

Environ à l'âge de trente ans.

*Par qui fut-il baptisé ?*

Par saint Jean-Baptiste.

*Que signifioit ce baptême ?*

Il signifioit la pénitence et la rémission des péchés.

*Jésus-Christ avoit-il besoin d'être baptisé ?*

Non, puisqu'il étoit la sainteté même.

*Pourquoi donc voulut-il être baptisé ?*

Pour porter la ressemblance du péché qu'il venoit expier.

*Pourquoi encore ?*

Pour établir et consacrer le baptême.

*Qu'y eut-il de plus vénérable dans le baptême de Jésus-Christ ?*

Une voix d'en haut qui disoit : « Celui-ci est mon Fils bien-aimé, dans lequel je me suis plu. »

*Et qu'arriva-t-il encore ?*

Le Saint-Esprit descendit sur Jésus-Christ sous la forme d'une colombe.

*Pourquoi sous cette figure ?*

Pour montrer la douceur de Jésus-Christ.

*Que signifioient toutes ces choses ?*

L'union et la manifestation des trois Personnes divines dans le baptême.

*Comment ?*

Le Père paroît dans la voix, le Fils en sa propre personne, et le Saint-Esprit sous la figure d'une colombe.

*Quel est l'autre miracle dont on fait mémoire ?*

C'est le changement d'eau en vin, aux noces de Cana en Galilée.

*Que signifioit ce changement ?*

Il signifioit le changement prochain de la loi de Moïse en l'Evangile.

*Que signifioit donc le vin ?*

La joie spirituelle, et la sainte ferveur des enfans de Dieu par la grace de Jésus-Christ.

*Comment est-ce que Jésus-Christ fut manifesté par ce miracle ?*

Parce que ce fut le premier miracle de Notre-Seigneur, et que ses disciples crurent en lui, ainsi qu'il est écrit dans l'Evangile de saint Jean.

*Que faut-il faire pour honorer tant de merveilles ?*

Se ressouvenir de notre baptême, et en renouveler les promesses.

*Comment ?*

En promettant de nouveau de vouloir croire de tout notre cœur en Jésus-Christ.

*Et quoi encore ?*

En renonçant à toutes les pompes et à toutes les œuvres du diable.

*Qu'est-ce à dire à toutes ses pompes ?*

A toutes les vanités.

*Qu'est-ce à dire à toutes ses œuvres ?*

A toute la dépravation et aux maximes corrompues du monde.

## LEÇON VI.

De la vie cachée de Jésus-Christ avec la sainte Vierge et saint Joseph.

Pour le dimanche durant l'octave de l'Epiphanie ; et on pourra continuer quelques dimanches consécutifs, suivant la prudence du curé. Cette leçon est très-importante, et il la faut beaucoup inculquer. On commencera en récitant, avec de très-courtes réflexions, l'évangile de ce jour. ( *Luc.*, II, 41, 42, jusqu'à la fin.)

*Faites-nous le récit des merveilles qui parurent au commencement de la vie de Jésus-Christ ?*

Les anges glorifièrent Dieu à sa naissance ; les bergers vinrent l'adorer dans la crèche ; les mages y apportèrent leurs présens ; et le jour qu'il fut présenté au temple, il fut reconnu et glorifié par saint Siméon, et par la sainte prophétesse Anne.

*Qu'arriva-t-il ensuite ?*

Là commencèrent ses persécutions, et ses parens furent contraints de l'emmener en Egypte.

*Pourquoi ?*

Pour éviter la colère d'Hérode qui le vouloit tuer.

*Pourquoi fallut-il que ce divin Enfant fût ainsi persécuté dès le berceau ?*

Parce que la croix étoit son partage.

*Comment fut-on averti des mauvais desseins d'Hérode ?*

Un ange les découvrit à saint Joseph dans un songe, et lui ordonna de fuir en Egypte hors de la puissance d'Hérode.

*Eh quoi! ce divin Enfant n'attirait donc que des souffrances à ses parens?*

C'est qu'il fait part de sa croix à ceux qu'il aime.

*Quand revint-il d'Égypte?*

Après la mort d'Hérode, saint Joseph fut averti par l'ange de le ramener dans la terre d'Israël.

*Demeura-t-il en Judée?*

Non : par la crainte d'Archélaüs, fils d'Hérode, qui avoit conservé la mauvaise volonté de son père.

*Cet enfant eut donc toujours des ennemis?*

Oui : et de grands ennemis, même des rois.

*Où demeura-t-il?*

A Nazareth, petite bourgade de Galilée, avec ses parens.

*N'y eut-il rien depuis ces premiers temps, qui fit éclater la venue de Jésus-Christ*

Rien du tout, jusqu'à ce qu'il eût l'âge de douze ans.

*Que lui arriva-t-il à cet âge?*

Qu'étant allé à Jérusalem, pour solenniser la fête avec Marie et Joseph qui le nourrissoit, il s'échappa de leurs mains, et ils le retrouvèrent dans le temple.

*Qu'y faisoit-il?*

Il y étoit assis au milieu des docteurs, les écoutant et les interrogeant; et tout le monde étoit ravi de sa sagesse et de ses réponses.

*Que remarquez-vous dans ses paroles?*

Que Jésus-Christ y faisoit en quelque sorte ce que doivent faire les enfans.

*Comment?*

En écoutant les docteurs, en les interrogeant, et en répondant à leurs demandes.

*Pourquoi donc étoit-il assis au milieu d'eux?*

Parce qu'en effet il étoit le Maître, quoiqu'il n'exerçât pas encore toute l'autorité de ce ministère.

*Pourquoi Jésus-Christ voulut-il faire paroître sa sagesse à l'âge de douze ans?*

Pour montrer que si le reste du temps il étoit demeuré caché, c'étoit par choix.

*Combien de temps demeura-t-il caché ?*

Jusqu'à ce qu'il eut environ trente ans, et qu'il se fit baptiser par saint Jean-Baptiste.

*Que sait-on de lui durant ce temps ?*

Rien, sinon qu'à mesure qu'il avançoit en âge, il donnoit de plus grandes marques de la sagesse qui étoit en lui.

*Qu'est-il encore écrit de Jésus-Christ ?*

Qu'il étoit obéissant à sa Mère et à saint Joseph.

*Et quoi encore ?*

Qu'il travailloit avec saint Joseph, et qu'il étoit connu comme un artisan.

*A quel métier travailloit-il ?*

La tradition nous apprend qu'il travailloit à faire des charrues.

*Est-ce là une vie digne d'un Dieu ?*

Oui, puisqu'elle instruit les hommes.

*Que leur apprend-elle ?*

A ne se montrer que quand Dieu y appelle ; et au surplus à aimer une vie cachée, laborieuse et pauvre.

*Qu'apprend-il en particulier aux enfans ?*

Que leur vertu consiste principalement à obéir à leurs parens.

*Et quoi encore ?*

Qu'ils doivent être dans le temple en écoutant les docteurs, en les interrogeant, et en répondant à leurs demandes.

*Où peuvent-ils pratiquer cela ?*

Dans le catéchisme, où ils doivent écouter et répondre.

*Doivent-ils aussi interroger ?*

Oui : pour apprendre ce qu'ils ne savent pas.

*Et de là que s'ensuivroit-il ?*

Qu'à l'exemple de Jésus-Christ, ils croîtroient en âge et en sagesse.

*La sagesse de Jésus-Christ n'étoit-elle pas parfaite dès son enfance ?*

Oui sans doute : mais il la déclare tous les jours de plus en plus, afin d'apprendre aux enfans à faire de continuels progrès.

*Quelle vie menoit la Sainte Vierge ?*

Une vie aussi cachée que Jésus-Christ.

*A quoi s'occupoit-elle ?*

A méditer ce que faisoit Jésus, et tout ce qu'on disoit de lui.

*En quoi donc consistoit la sainteté de la famille de Jésus-Christ ?*

A fréquenter le temple dans le temps que la loi avoit ordonné, à obéir à Dieu en toutes choses, à faire son travail et à se cacher.

*Qu'apprenons-nous de tout cela ?*

Que la vraie sainteté ne consiste pas à faire des actions éclatantes : mais à se sanctifier dans son état en grande humilité et pauvreté.

*Mais pourquoi les évangélistes nous disent-ils si peu de chose de Jésus-Christ et de sa sainte famille ?*

Ils en disent ce qui suffit pour nous instruire; et en même temps ils nous apprennent à n'être pas curieux.

*De quoi devons-nous être curieux ?*

De profiter de ce que nous savons, et au surplus nous humilier dans notre ignorance.

## LEÇON VII.

Au dimanche de la Septuagésime, tant pour ce dimanche que pour les suivans.

Représenter les enfans d'Israël dans la captivité de Babylone, où ils ne veulent chanter aucun cantique d'allégresse. (*Psal.* 130.)

*Que remarquez-vous de particulier dans l'Eglise en ce saint temps ?*

C'est qu'on y retranche les chants de joie, comme *Alleluia, Gloria in excelsis*, *Te Deum ;* et que l'on change d'ornemens.

*Pourquoi cela se fait-il ?*

En signe d'affliction et de deuil.

*Pourquoi cette affliction et ce deuil ?*

Pour deux raisons.

*Quelle est la première ?*

C'est que ces jours nous représentent les jours d'Adam, dont on commence à lire l'histoire dans l'Eglise.

*Que veulent dire les jours d'Adam ?*

Les jours de douleur et de pénitence, comme il convient à des pécheurs et à des bannis.

*Que nous apprend donc l'Eglise par ce deuil public?*

Elle nous apprend à retrancher les joies, les festins, les mascarades et les autres récréations insolentes.

*Pourquoi?*

Pour pleurer comme de bons enfans avec l'Eglise leur mère, la mort et la passion de notre Sauveur.

*Quelle est la seconde raison?*

Pour nous disposer à bien passer le saint temps de carême.

*D'où vient donc qu'en ce temps-ci, plutôt qu'en tout autre, la bonne chère, les divertissemens et les vanités sont plus en usage?*

C'est une invention du démon pour contrarier les desseins de l'Eglise.

*Quels maux arrive-t-il encore par cette mauvaise coutume?*

C'est qu'elle empêche le fruit du jeûne, et toutes les autres bonnes œuvres que les chrétiens pourroient faire en carême.

*Que faut-il faire pour se conformer aux desseins de l'Eglise en ce temps de carnaval?*

Il faut premièrement se rendre volontiers aux lieux où se font les prières de quarante heures, tâchant de faire compagnie à Notre-Seigneur, tandis que la plupart des hommes l'abandonnent.

*Et quoi encore?*

Il faut se retirer des jeux, des festins, des mascarades, des danses, et des autres récréations insolentes. Si l'on s'y trouve par quelque sorte de nécessité et de bienséance, il faut s'y comporter avec une modestie et une retenue plus grande qu'en d'autres temps.

*A qui pouvons-nous comparer ces coureurs de nuit, qui font tant de désordres et tant d'insolences avec leurs masques?*

Aux Juifs et aux soldats qui dépouillèrent Notre-Seigneur, qui lui bandèrent les yeux, et lui firent mille outrages pendant la nuit de sa passion.

## LEÇON VIII.

### Au premier dimanche de Carême.

Représenter Jésus-Christ dans le désert : ou le jeûne et le deuil de Ninive pénitente. (*Matth.*, IV, 1 ; *Luc.*, IV, 1, etc. ; *Joan.*, III, 5, etc.)

*D'où vient le Carême ?*

Il vient d'une institution ancienne et apostolique.

*Pourquoi le Carême est-il établi ?*

Pour honorer la retraite du Fils de Dieu, qui jeûna quarante jours dans le désert.

*Pourquoi encore ?*

Pour faire pénitence de nos péchés, par les jeûnes et les autres mortifications.

*Pourquoi encore ?*

Pour nous disposer à la célébration de la passion de Notre-Seigneur, et à la fête de Pâques.

*A quoi l'Eglise veut-elle nous porter par le jeûne et l'abstinence du Carême ?*

Au véritable jeûne et à la véritable abstinence.

*Quelle est-elle ?*

C'est de s'abstenir du péché.

*Et de quoi encore ?*

Des jeux, des amusemens, et des divertissemens ordinaires.

*Que faut-il donc faire pour bien passer le Carême selon l'esprit de l'Eglise ?*

Modérer avec le manger le sommeil et les divertissemens, pour vaquer à la prière.

*Comment les chrétiens doivent-ils passer le Carême ?*

En jeûnes, en prières, en aumônes plus grandes qu'en un autre temps ; s'éloignant des compagnies, s'humiliant à la vue de leurs péchés qui ont causé la mort à Notre-Seigneur.

*Qui sont ceux qui sont obligés au jeûne ?*

Toutes personnes qui ont vingt-un ans accomplis, s'ils n'en sont légitimement dispensés.

*Ceux qui ne sont pas obligés au jeûne, sont-ils tout à fait exempts de la mortification ?*

Non : et ils doivent, autant qu'ils peuvent, entrer dans l'esprit de l'Eglise, en se retranchant quelque chose.

*D'où vient que, dans le temps de Carême, on couvre la croix et les images, et qu'on tend un voile devant l'autel ?*

En signe de deuil et de pénitence.

*Quel doit donc être le sentiment du chrétien dans le Carême ?*

Une sainte tristesse, un saint gémissement, une humble et sincère pénitence.

*Et quelle doit être la pratique ?*

Entendre la parole de Dieu sans aucune curiosité, avec foi et componction.

*Et quoi encore ?*

Assister à l'office, et y gémir avec l'Eglise.

*Et quoi encore ?*

Se préparer à sa confession, et la faire dans les premiers dimanches de Carême, selon les pieux statuts de ce diocèse, pour éviter l'empressement du temps de Pâques.

## LEÇON IX.

### Au dimanche de la Passion, pour le dimanche des Rameaux.

*Quelle solennité avons-nous en l'Eglise dimanche prochain ?*
Le dimanche des Rameaux, autrement dit Pâque fleurie.

*Pourquoi l'appelle-t-on le dimanche des Rameaux ?*

A cause de la procession qui se fait en ce jour, où chacun porte un rameau, ou une palme à la main.

*Pourquoi fait-on cette procession ?*

En mémoire de l'entrée triomphante de Notre-Seigneur dans Jérusalem, six jours avant sa passion.

*Que signifioit ce triomphe de Notre-Seigneur si peu de temps avant sa mort ?*

Que par sa mort il triompheroit du diable, du monde et de la chair, et nous ouvriroit l'entrée du ciel.

*Pourquoi est-ce qu'au retour de la procession, on frappe trois fois à la porte, et qu'à la fin elle s'ouvre ?*

Pour signifier que Notre-Seigneur par sa mort entra dans le ciel, et nous en ouvrit l'entrée.

*Qui furent ceux qui allèrent au-devant de Notre-Seigneur ?*

Le simple peuple et les enfans.

*Pourquoi ?*

Parce qu'il aime la simplicité et les louanges des ames innocentes.

*D'où vient que les grands de la ville de Jérusalem et les docteurs de la loi ne vinrent pas au-devant de lui ?*

Leur orgueil les rend indignes d'avoir part au triomphe de Notre-Seigneur.

*Que faut-il donc faire pour y avoir part ?*

Etre doux comme lui, et humble de cœur.

*Pourquoi Jésus monta-t-il sur une ânesse ?*

Pour accomplir les prophéties.

*Et d'où vient que Dieu l'avoit ainsi prédestiné ?*

Afin d'éloigner de nous l'esprit de grandeur.

## LEÇON X.

### Le dimanche des Rameaux, pour la Semaine sainte.

*Comment appelle-t-on la semaine où nous allons entrer ?*

La grande Semaine, ou la Semaine péneuse, ou la Semaine sainte.

*Pourquoi est-elle ainsi appelée ?*

A cause du grand mystère de notre rédemption que Notre-Seigneur y a opéré, et des grands travaux qu'il y a soufferts.

*Qu'est-il arrivé le mercredi ?*

Ce jour-là Notre-Seigneur fut vendu aux Juifs, par Judas son disciple, trente deniers.

*Qu'est-ce qui fut fait le jeudi ?*

Notre-Seigneur sur le soir lava les pieds de ses apôtres, et institua le très-saint Sacrement.

*Quand est-ce que Notre-Seigneur fut livré entre les mains des Juifs ?*

La nuit du jeudi au vendredi, Judas qui venoit de faire sa première communion, entrant dans le jardin des Olives, salua Notre-Seigneur par un baiser, selon la coutume ; et ce fut le signal aux soldats qu'il avoit amenés de se saisir de Jésus-Christ, et de le lier comme ils firent.

*Qu'est-ce que Notre-Seigneur souffrit cette nuit-là ?*

Il fut conduit comme un criminel devant Anne et Caïphe, qui étoient les princes des sacrificateurs. Saint Pierre le renia trois fois; ses disciples s'enfuirent ; et toute la nuit étant laissé à la discrétion des soldats, ils lui firent souffrir toutes les indignités possibles, blasphémant son saint nom, lui donnant des soufflets et se moquant de lui.

*Qu'arriva-t-il le vendredi ?*

Les Juifs dès le grand matin l'accusèrent devant Pilate, gouverneur de Judée pour les Romains : Pilate l'envoya à Hérode, et il fut traité comme un insensé par lui et par toute sa cour : puis étant encore renvoyé d'Hérode à Pilate, il fut condamné au fouet ; ce que les soldats exécutèrent avec des excès et des cruautés inouïes.

*Que firent-ils après la flagellation ?*

Les soldats le revêtirent d'un manteau de pourpre ; lui mirent une couronne d'épines sur la tête, et un roseau à la main, le saluant par dérision comme un roi de théâtre. Mais les Juifs n'étant pas encore satisfaits de le voir en cet état, obligèrent Pilate de le condamner à la mort, comme il fit pour condescendre à leur mauvais dessein.

*Après que Notre-Seigneur eut été ainsi condamné, que firent les Juifs ?*

Ils lui chargèrent une pesante croix sur les épaules, et le traînèrent ainsi au haut de la montagne du Calvaire, où l'ayant dépouillé tout nu, ils l'attachèrent à cette croix entre deux infâmes larrons.

*Leur fureur fut-elle du moins assouvie par ce supplice ?*

Non : ils continuèrent à l'outrager ; et Jésus ayant dit qu'il avoit soif, ils lui présentèrent du fiel et du vinaigre.

*Que signifioit cette soif de Jésus-Christ ?*

Un désir ardent de notre salut.

*Et quand nous ne répondons pas à son désir ?*
Nous lui donnons du fiel et du vinaigre, à l'exemple de ses ennemis et de ses bourreaux.

*Qu'arriva-t-il à la mort de Jésus-Christ ?*
Une éclipse extraordinaire du soleil avec un grand tremblement de terre : les rochers furent fendus, les sépulcres ouverts.

*Et quoi encore ?*
Plusieurs morts ressuscitèrent, et apparurent aux hommes; et le voile du temple se déchira du haut en bas.

*Qu'étoit-ce que ce voile du temple ?*
Une sorte de rideau parsemé de chérubins, qui séparoit le sanctuaire ou le lieu très-saint, d'avec le reste du temple.

*Que signifioit cette rupture du voile ?*
Que le ciel, qui est le vrai sanctuaire où Dieu habite en sa majesté, nous étoit ouvert par la mort de Jésus-Christ.

*Pourquoi Dieu fit-il tous ces prodiges à la mort de son Fils ?*
Ce fut en témoignage contre les Juifs.

*N'est-ce pas aussi en témoignage contre nous ?*
Oui, si nous ne profitons de cette mort.

*Que firent ceux qui en profitèrent ?*
Il s'en alloient frappant leurs poitrines, et s'écriant : « Vraiment celui-ci étoit le Fils de Dieu. »

*Quand est-ce qu'il faut exciter en soi-même ces sentimens ?*
Lorsqu'on vient adorer la croix.

*Pourquoi ?*
Parce qu'alors on reconnoît celui qui est attaché à la croix pour le vrai Fils unique Dieu.

*L'adoration ne se termine donc pas à la croix matérielle ?*
A Dieu ne plaise.

*A qui se termine-t-elle ?*
A Jésus-Christ, Fils de Dieu vivant.

*Comment entendez-vous cela ?*
Comme lorsque saint Paul dit qu'il met sa gloire en la croix de Jésus-Christ, c'est-à-dire qu'il la met en Jésus-Christ crucifié.

*Que fit-on à Notre-Seigneur après sa mort ?*

Un soldat lui perça le côté d'une lance, et aussitôt on en vit sortir du sang et de l'eau.

*Que signifient ce sang et cette eau sortis du côté de Notre-Seigneur ?*

Le baptême, où son Eglise est lavée dans le sang de son Sauveur et dans une eau sainte.

*Comment Jésus-Christ fut-il enseveli ?*

Le jour de sa mort, sur le soir, Joseph d'Arimathie, homme noble, et Nicodème, pharisien et craignant Dieu, l'ayant descendu de la croix, l'ensevelirent honorablement dans des linges blancs, et le mirent avec des parfums dans un tombeau tout neuf taillé dans le roc.

*Que fait-on en l'Eglise le samedi saint ?*

La cérémonie du Cierge pascal, et la bénédiction des fonts : cérémonies qui sont toutes pleines de mystères.

*Quand se faisoient-elles autrefois ?*

Pendant la nuit du samedi au dimanche, qui fut celle où Jésus-Christ sortit du tombeau.

*Que signifie le Cierge pascal ?*

La lumière et la joie que Jésus-Christ ressuscité apporte au monde.

*Pourquoi bénit-on l'eau du baptême ?*

Pour nous montrer la vertu dont elle est remplie.

*Que devons-nous faire pour bien passer cette semaine ?*

1. Jeûner plus exactement. 2. Nous priver des compagnies. 3. Aller à confesse au plus tôt, si déjà nous n'y avons été. 4. Assister avec componction à ténèbres et à tout le service des trois jours; venir adorer la croix le vendredi saint, et compatir à Notre-Seigneur, endurant quelque chose pour l'amour de lui. 5. Pour faire toutes ces choses dans leur véritable esprit, repasser continuellement les mystères de la passion dans notre pensée, durant ces trois jours, et joindre à la prière une pieuse lecture.

*Voyez sur ce sujet II Cat., II Partie, Leçon* VII.

## LEÇON XI.

### Pour le saint jour de Pâques.

Elle pourra être continuée les deux jours suivans.

*Quelle fête avons-nous aujourd'hui dans l'Eglise?*

La plus grande de toutes les fêtes, que nous appelons la fête de Pâques, laquelle, pour marque de son excellence, se continue encore demain et après-demain, et autrefois se continuoit toute l'octave.

*Quel mystère célèbre l'Eglise en ce saint jour?*

C'est la sainte résurrection de Notre-Seigneur.

*Que veut dire résurrection?*

La réunion de son ame et de son corps, que la mort avoit séparés.

*Par qui a été vu Jésus-Christ ressuscité?*

Par les femmes pieuses, par ses apôtres, et par plus de cinq cents de ses disciples.

*Quelle preuve leur donna-t-il de sa résurrection?*

Il mangea, il conversa avec eux; il leur fit toucher son corps, et mettre leurs mains dans ses plaies.

*Que veut dire ce mot,* alleluia, *qu'on répète si souvent à ce saint jour, et dans tout le temps pascal?*

Il veut dire: *Louez le Seigneur*; et c'étoit un cri de réjouissance dans la langue sainte.

*D'où vient donc qu'on le répète si souvent?*

En signe de joie.

*Et pourquoi prie-t-on debout en ce temps?*

C'est aussi en signe de joie, et pour figurer la résurrection de Notre-Seigneur.

*Pourquoi célèbre-t-on cette fête, et tout le temps pascal avec tant de joie?*

Parce que Jésus-Christ y paroît comme victorieux de la mort et du péché.

*Pourquoi de la mort?*

Parce qu'il vit et ne meurt plus.

*Pourquoi du péché ?*

Parce qu'il surmonte la mort que le péché avoit causée.

*La pâque n'étoit-elle pas une fête du peuple juif?*

Oui : c'étoit une fête où se célébroit la sortie d'Egypte, et la délivrance du peuple de Dieu.

*Quel rapport a cette pâque avec la nôtre?*

Parce que Jésus-Christ en ressuscitant, nous délivre de la mort et de l'enfer.

*Que veut dire ce mot de* pâques?

*Pâques* veut dire passage.

*Que nous signifie ce passage?*

Que de même que Jésus-Christ est passé de la mort à la vie, ainsi nous devons passer du péché à la grace.

*Que concluez-vous de ce que Jésus-Christ ressuscité ne meurt plus?*

Que nous ne devons plus pécher.

*Comment donc pourra-t-on connoître si on est véritablement ressuscité avec Jésus-Christ en cette fête de Pâques?*

Si on renonce non-seulement à tous les péchés, mais encore à toutes les occasions et compagnies dangereuses.

*Comment encore?*

Si on recherche les choses du ciel, et qu'on méprise tout ce qui est ici-bas, les grandeurs, les parures et les plaisirs; et enfin si on a du goût pour les choses divines.

*Qu'est-ce à dire avoir du goût pour les choses divines?*

Aimer les exercices de piété, la prière, le service paroissial, la prédication et le catéchisme.

*Dans quels sentimens devons-nous passer tout le temps pascal?*

Dans une joie spirituelle.

*Comment?*

En goûtant la rémission des péchés, et l'espérance de ressusciter comme Jésus-Christ.

*Qu'est-ce à dire ressusciter comme Jésus-Christ?*

Etre revêtus de sa gloire en corps et en ame, si nous participons à ses souffrances.

## LEÇON XII.

*Le dimanche avant la Saint-Marc, et encore avant les Rogations.*

**On la fera avec soin parce qu'elle est importante.**

Représenter David faisant des prières extraordinaires pour le peuple frappé du fléau de la peste, et priant Dieu de se contenter de le frapper seul; (II *Reg.*, XXIV, 14, 15, etc.) et le même David à pied avec tout le peuple fuyant devant Absalon, et s'humiliant sous la main de Dieu. (*Ibid.*, XV, 14-16, 23, 24, etc.)

### ARTICLE I.

De l'institution et de la fin des litanies et des processions.

*Que fait-on dans l'Eglise le jour de Saint-Marc, et aux trois jours des Rogations ?*

On fait des processions, et des prières solennelles qu'on appelle *litanies*.

*Que veut dire ce mot,* litanies ?

La même chose que rogations, et tous les deux signifient prières, supplications.

*Qu'est-ce donc que ces litanies et rogations ?*

Des prières publiques qu'on fait à Dieu, pour détourner sa colère de dessus son peuple, et le prier de bénir les fruits de la terre qui commencent à pousser.

*Pourquoi joindre ces deux choses ensemble ?*

Parce que la famine, la stérilité et la mortalité qui les suit dans les hommes et dans les animaux, sont des fléaux de Dieu.

*A-t-on besoin d'apaiser la colère de Dieu ?*

Oui, puisque les scandales se multiplient, le luxe et le désordre se répand dans toutes les conditions, et la loi de Dieu est foulée aux pieds.

*Comment les processions servent-elles pour apaiser la colère de Dieu ?*

C'est qu'elles servent à rendre le deuil et la pénitence plus publiques, comme si on alloit crier dans toutes les rues et à la campagne : « Faites pénitence, et demandez pardon à Dieu. »

*Pourquoi va-t-on d'église en église ?*

Pour chercher partout des intercesseurs.

*Que fait-on dans les litanies?*

Tout ce qui peut servir à apaiser Dieu.

### ARTICLE II.
#### Explication des litanies.

*Par où commence-t-on les litanies?*

En implorant tous ensemble la miséricorde de Dieu, Père, Fils, et Saint-Esprit; et c'est ce que veulent dire ces mots si souvent répétés : *Kyrie, eleison; Christe, eleison; Kyrie, eleison.*

« O Seigneur, ayez pitié de nous! O Christ, ayez pitié de nous! O Seigneur, ayez pitié de nous! »

*Que fait-on ensuite?*

On s'adresse particulièrement à Jésus-Christ, comme à celui par qui nous devons être exaucés.

*Que lui dit-on?*

*Christe, audi nos; Christe, exaudi nos*, c'est-à-dire : « Christ, écoutez-nous; Christ, exaucez-nous. »

*Et après?*

On invoque distinctement les trois Personnes divines, le Père, le Fils, et le Saint-Esprit; et ensuite en commun toute la sainte Trinité, qui est un seul Dieu, en lui disant : *Miserere nobis,* « ayez pitié de nous. »

*Que fait-on dans la suite de la litanie?*

On demande les prières de la sainte Vierge, des saints anges, des saints patriarches et des saints prophètes; des saints apôtres, des saints martyrs, des saints docteurs, des saints évêques, des saints confesseurs, prêtres, diacres, moines, solitaires; des saintes vierges et des saintes veuves, et enfin de tous les saints et de toutes les saintes.

*Pourquoi?*

Pour mettre en prières avec nous tous les amis de Dieu, et toute l'Eglise triomphante.

*Que leur dit-on?*

*Ora pro nobis,* « priez pour nous. »

*Que fait-on ensuite?*

On revient à Jésus-Christ, que l'on conjure, par tout ce qu'il a fait pour notre salut, de nous délivrer de tous les maux, et principalement du péché.

*Que dit-on à Jésus-Christ ?*

*Libera nos, Domine,* « délivrez-nous, Seigneur. »

*Et après ?*

On prie pour tous les ordres de l'Eglise, et pour l'union et le bonheur de tout le peuple de Dieu.

*Que répond le peuple ?*

« O Dieu ! écoutez-nous, nous vous en prions : » *te rogamus, audi nos.*

*Que veut dire cette prière,* Agnus Dei, *qu'on répète trois fois vers la fin ?*

On y prie Jésus-Christ, l'Agneau de Dieu, qui ôte les péchés du monde, de nous exaucer et de nous pardonner.

*Par où finit-on cette prière ?*

Par où on a commencé, en implorant la miséricorde de Dieu.

*Est-ce tout ?*

Non : le prêtre qui officie prend la parole au nom de tout le peuple, et commence par l'Oraison Dominicale.

*Que fait-il ensuite ?*

Après qu'on a chanté un psaume pour demander à Dieu son secours, le prêtre réitère les prières pour tous les ordres de l'Eglise, et le peuple lui répond.

*Et enfin ?*

Le prêtre offre à Dieu les vœux de tout son peuple par diverses oraisons, qu'il finit en priant universellement pour les vivans et pour les morts.

*En quel nom demande-t-il toutes ces choses ?*

Au nom de Jésus-Christ.

### ARTICLE III.

De l'abstinence, et autres choses concernant les litanies.

*Pourquoi fait-on abstinence durant les trois jours des Rogations ?*

Pour joindre la mortification à la prière.

*Pourquoi ne fait-on pas un jeûne parfait?*

C'est à cause qu'anciennement on ne jeûnoit pas le temps pascal, qui étoit un temps de joie.

*Que nous apprend l'Eglise par une prière si solennelle?*

Le vrai esprit de prier.

*Cette prière est-elle ancienne?*

Très-ancienne, et le peuple y assistoit avec grand concours; on cessoit même le travail pour y assister.

*D'où vient donc qu'on est si peu soigneux maintenant d'assister à ces litanies et processions?*

Cela vient du relâchement de la piété.

*Pourriez-vous dire quelque raison de ce que les Rogations se font immédiatement devant l'Ascension de Notre-Seigneur?*

Il semble que Jésus-Christ montant aux cieux, l'Eglise le veuille charger de tous ses vœux, comme le vrai Médiateur de Dieu et des hommes.

## LEÇON XIII.

### Le jour de l'Ascension.

*Quelle fête avons-nous aujourd'hui?*

La fête de l'Ascension, c'est-à-dire le jour que Notre-Seigneur est monté aux cieux.

*Jésus-Christ n'étoit-il pas dans les cieux?*

Il y étoit comme Dieu, et toujours dans le sein du Père éternel; mais il est monté au ciel comme homme en corps et en ame.

*Comment?*

Par sa propre vertu.

*Qu'entendez-vous par les cieux?*

C'est la demeure des bienheureux.

*Pourquoi Jésus-Christ y est-il monté?*

Pour y commencer son règne.

*Pourquoi encore?*

Pour nous y préparer notre place, et nous y servir d'avocat.

*En quel temps Jésus-Christ est-il monté aux cieux?*

Quarante jours après sa résurrection.

*Pourquoi attendit-il ces quarante jours ?*

Il vouloit, par diverses apparitions, confirmer la vérité de sa résurrection à ses disciples.

*Où étoit-il durant ce temps ?*

Il n'est pas permis de le rechercher.

*Pourquoi ?*

Parce qu'il n'a pas plu à Dieu de nous le révéler.

*Que fit-il le jour qu'il monta au ciel ?*

Il mangea avec ses disciples, leur parla longtemps; les mena en Béthanie et à la sainte montagne des Oliviers, d'où il devoit monter aux cieux; et il éleva ses mains pour les bénir.

*Qu'arriva-t-il alors ?*

Pendant qu'il les bénissoit, il s'éleva peu à peu à la vue de ses disciples, jusqu'à ce qu'une nuée l'eût dérobé à leurs yeux.

*Et que virent-ils ?*

Comme ils continuoient de regarder avec attention, deux anges leur parurent en habit blanc.

*Savez-vous ce que leur dirent ces anges ?*

Qu'il n'y avoit plus rien à regarder, et que Jésus reviendroit un jour visiblement des cieux, comme il y étoit monté.

*Que firent les disciples ?*

Ils se retirèrent ensemble selon le précepte de Jésus-Christ, avec Marie Mère de Jésus, et attendirent en grand silence et recueillement le Saint-Esprit qu'il leur avoit promis.

*En quel état est Jésus-Christ dans le ciel ?*

En grande puissance et majesté, assis à la droite de Dieu son père.

*Que veut dire cela ?*

Que toute puissance lui est donnée dans le ciel et sur la terre.

*A quoi nous oblige ce mystère ?*

A élever nos cœurs en haut, et à ne vouloir aucune gloire, jusqu'à ce que celle de Jésus-Christ soit manifestée.

## LEÇON XIV.

*Pour le jour de la Pentecôte, le dimanche durant l'octave de l'Ascension.*

Elle sera continuée le jour de la fête, et les deux fêtes suivantes.

### ARTICLE I.
#### Circonstances de la descente du Saint-Esprit.

*Quelle est cette grande fête que l'Église solennise dimanche prochain?*
C'est la fête de la Pentecôte, et la descente du Saint-Esprit.
*Que veut dire ce mot,* Pentecôte ?
C'est-à-dire le cinquantième jour après Pâques, jour très-solennel parmi les Juifs.
*Quand est-ce donc que le Saint-Esprit descendit ?*
Le cinquantième jour après Pâques, un dimanche vers les neuf heures du matin.
*Comment se fit cette descente ?*
On entendit tout d'un coup un grand bruit qui venoit du ciel, comme d'un vent violent, et il remplit toute la maison où les disciples étoient assemblés.
*Qu'arriva-t-il ensuite ?*
Ils virent paroître comme des langues de feu qui se partagèrent, et s'arrêtèrent sur chacun d'eux.
*Que firent les Juifs ?*
Les Juifs qui étoient assemblés en Jérusalem de toutes les parties du monde pour solenniser la Pentecôte, accoururent au grand bruit qu'on avoit entendu du ciel.
*Que trouvèrent-ils?*
Ils trouvèrent les apôtres qui célébroient les merveilles de Dieu; et chacun les entendoit parler en sa langue.
*Qu'étoit-il donc arrivé aux apôtres?*
A la présence de ce feu céleste, ils avoient été remplis de ferveur et de courage pour annoncer Jésus-Christ ressuscité.
*Que signifioit ce grand éclat qui avoit précédé?*
\*Il signifioit la terreur religieuse qui précède l'inspiration de l'amour divin.

*Que signifioient ces langues de feu?*

Elles signifioient la prédication apostolique pleine de lumière et de ferveur.

*Qu'est-ce que le Saint-Esprit en prédisoit?*

Qu'elle éclaireroit et embraseroit tout l'univers.

*Comment le Saint-Esprit le prédisoit-il?*

Parce que chacun entendoit les apôtres parler en sa langue.

*Et que vouloit dire cela?*

Que l'Evangile de Jésus-Christ seroit prêché en toute langue.

ARTICLE II.

Du mot de Pentecôte, et de la signification du cinquantième jour.

*Les Juifs avoient-ils leur Pentecôte?*

Oui; nous avons déjà dit que les Juifs avoient leur Pentecôte parmi eux.

*Qu'est-ce que c'étoit?*

Le cinquantième jour après leur pâque, jour très-solennel parmi eux.

*Qu'étoit-il arrivé au cinquantième jour après la première pâque, où ils sortirent de l'Egypte?*

C'est que la loi leur fut donnée en ce jour sur le mont Sinaï, au milieu des feux et des éclairs.

*Quel rapport de ceci avec la Pentecôte des chrétiens?*

C'est que la loi nouvelle est aussi publiée en ce jour, au milieu d'un feu nouveau que Dieu fait paroître.

*Quelle différence entre les feux de Sinaï, et le nouveau feu qui nous paroît?*

C'est que l'un inspiroit la terreur, et l'autre inspire la douceur et l'amour.

*Que faisoient les Juifs à la fête de la Pentecôte, ou du cinquantième jour après leur pâque?*

Ils offroient à Dieu des pains faits avec les prémices de la moisson.

*Qu'appelez-vous les prémices?*

Les premiers fruits.

*Et qu'a cela de commun avec notre Pentecôte ?*

C'est qu'au jour de la Pentecôte, par la descente du Saint-Esprit et par la prédication de saint Pierre, les prémices de l'Eglise naissante furent offertes à Dieu.

*Comment ?*

Par la conversion de trois mille hommes, qui furent suivis de beaucoup d'autres.

### ARTICLE III.

Merveilles que le Saint-Esprit opéra dans l'Eglise naissante.

*Quelle vie menoient ces nouveaux disciples qui composèrent l'Eglise naissante ?*

Une vie d'une sainteté admirable.

*En quoi étoit-elle si admirable ?*

Ils n'avoient tous qu'un cœur et qu'une ame ; et tout étoit commun entre eux.

*Comment ?*

Ils vendoient leurs biens, et en apportoient le prix aux pieds des apôtres, qui distribuoient à chacun selon ses besoins.

*Quelle vertu éclate encore dans les premiers chrétiens ?*

La joie de souffrir pour le nom de Jésus-Christ.

*Quel étoit leur service et leur culte ?*

De s'assembler tous les jours pour prier ensemble, écouter la prédication des apôtres, et célébrer l'Eucharistie.

*Ils étoient donc d'une merveilleuse édification ?*

Oui : on les voyoit toujours ensemble en prières dans le temple, et tout le monde les aimoit.

*Et qu'est-ce qu'on admiroit principalement ?*

Le changement arrivé dans les apôtres.

*Quel étoit ce changement ?*

Que des hommes si grossiers et si ignorans explicassent si hautement les secrets de Dieu et les saintes Ecritures.

*Qu'y avoit-il encore de changé dans les apôtres ?*

C'est que de lâches ils devinrent courageux, pour rendre témoignage de la résurrection de Jésus-Christ.

*Et comment confirmoient-ils leurs témoignages ?*

Par les miracles qu'ils faisoient devant tout le peuple.

*Comment encore ?*

En s'exposant à la mort et à tous les supplices, pour soutenir qu'ils avoient vu, qu'ils avoient ouï et touché Jésus-Christ ressuscité.

*Qui leur donna cette force ?*

Le Saint-Esprit, en allumant la charité dans leurs cœurs.

### ARTICLE IV.
#### De l'opération perpétuelle du Saint-Esprit dans l'Eglise.

*Le Saint-Esprit a-t-il opéré seulement dans l'Eglise naissante ?*

Non : il continue le même secours dans la suite des temps.

*En quoi paroît principalement l'opération du Saint-Esprit dans l'Eglise ?*

Dans la force invincible qu'il lui donne.

*Et en quoi l'Eglise a-t-elle montré cette force ?*

En souffrant, trois cents ans durant, une continuelle persécution sans murmurer.

*La force de l'Eglise ne paroît-elle pas encore en d'autres choses ?*

Elle paroît encore dans la victoire qu'elle a remportée contre tant d'hérésies.

*Qu'appelez-vous des hérésies ?*

De mauvaises doctrines où l'on préfère opiniâtrément des raisonnemens humains à ce que Dieu a révélé, et son sens particulier au jugement de l'Eglise.

*Quelle assistance le Saint-Esprit donne-t-il encore à l'Eglise ?*

En ce que la sainte doctrine et l'esprit de sainteté y demeure toujours, et dans une si grande corruption de mœurs.

*Que faut-il faire pour corriger les mauvaises mœurs ?*

Se conformer aux exemples qu'a donnés l'Eglise naissante.

*Que devons-nous principalement apprendre d'elle ?*

A nous réjouir dans les souffrances.

*Et quoi encore ?*

A n'être tous qu'un cœur et qu'une ame.

*Comment ?*

En bannissant d'entre nous les inimitiés et les discordes.

*L'Eglise subsistera-t-elle toujours ?*

Oui : « et les portes de l'enfer ne prévaudront point contre elle, » comme Jésus-Christ l'a promis.

*Qu'est-ce à dire, les portes de l'enfer ?*

La puissance de l'enfer ; et cela veut dire que l'Eglise ne sera jamais renversée, ni par les persécutions, ni par les hérésies, ni par la corruption des mœurs, ni par celle des particuliers, ni par celle de ses ministres.

*Sera-t-elle toujours véritable et toujours sainte, malgré toutes ces choses ?*

Oui, toujours véritable et toujours sainte.

*Comment toujours véritable ?*

Parce qu'elle enseignera toujours toutes les vérités que Dieu a révélées.

*Comment toujours sainte ?*

Parce que par sa doctrine toujours sainte, elle ne cessera jamais de produire des saints dans son unité.

*Qui opère ces merveilles ?*

Le Saint-Esprit qui l'anime.

### ARTICLE V.

Acte de foi envers le Saint-Esprit, et pour s'attacher à l'Eglise.

*Croyez-vous fermement ce que vous venez de dire du Saint-Esprit et de l'Eglise ?*

Oui : je crois de tout mon cœur au Saint-Esprit, la sainte Eglise catholique, et la communion des saints.

*Le Saint-Esprit est-il Dieu ?*

Oui : le Saint-Esprit est un même Dieu avec le Père et le Fils.

*Qui l'a envoyé aujourd'hui ?*

Le Père et le Fils.

*Pourquoi dites-vous que le Père et le Fils l'ont envoyé ?*

Parce qu'il procède de l'un et de l'autre.

*Pourquoi mettez-vous l'Eglise incontinent après le Saint-Esprit ?*

Afin de déclarer que toute l'autorité, toute la sainteté et toute la force de l'Eglise, vient du Saint-Esprit.

*Le Saint-Esprit habite-t-il dans les vrais fidèles, comme autrefois dans les apôtres ?*

Oui : il habite dans les vrais fidèles ; ils sont tous le temple du Saint-Esprit.

*Et leur corps est-il aussi le temple du Saint-Esprit ?*

Oui : leur corps est aussi le temple du Saint-Esprit.

*A quoi cela les oblige-t-il ?*

A ne souiller pas le temple de Dieu.

*Comment souille-t-on ce temple de Dieu qui est nous-mêmes ?*

Par le péché.

*Par quel péché principalement ?*

Par l'impureté.

*Pourquoi ?*

Parce qu'il souille tout ensemble l'ame et le corps.

## LEÇON XV.

### Pour le jour de la Trinité.

*Quelle fête célébrons-nous aujourd'hui ?*

La fête de la très-sainte Trinité.

*Qu'est-ce que la très-sainte Trinité ?*

Un seul Dieu en trois personnes distinctes, le Père, le Fils, et le Saint-Esprit.

*Comment pouvons-nous honorer la très-sainte Trinité ?*

En nous unissant entre nous par la charité, comme le Père, le Fils, et le Saint-Esprit sont unis par la nature.

Le catéchiste joindra ici ce qu'il trouvera à propos touchant le mystère de la Trinité, et le tirera principalement du second catéchisme, II part., leçon II et XII, art. 1, 3 et 4.

Notez que la leçon suivante se doit commencer le jour de la Trinité, à cause que le jeudi du saint Sacrement la procession et le service laissent peu de temps pour le catéchisme.

## LEÇON XVI.

### Pour la fête du saint Sacrement.

<small>Elle continuera les deux jeudis et le dimanche de l'octave, selon qu'on aura le temps.</small>

<small>Représenter David avec les sacrificateurs, les lévites et tout le peuple conduisant en triomphe l'arche du Seigneur dans la maison d'Obédédom; et de là avec la même pompe sur la sainte montagne de Sion, pour y reposer dans le tabernacle que David lui avait construit. (II *Reg.*, VI; I *Paral.*, XIII; XV, 25; XVI, 1, etc.</small>

*Quelle fête célébrons-nous jeudi prochain ?*

La fête du saint Sacrement de l'autel.

*Pourquoi l'Eglise a-t-elle institué une procession si magnifique en ce jour ?*

Pour deux raisons principales.

*Quelle est la première ?*

Pour remercier Notre-Seigneur d'avoir institué un banquet si divin, et un si saint sacrifice.

*Quelle est la seconde ?*

Pour célébrer la victoire que Jésus-Christ a donnée à son Eglise sur les ennemis de ce sacrement.

*Comment faut-il assister à la procession de ce jour ?*

Avec un esprit recueilli, les yeux baissés en toute modestie, un cierge en main en signe de joie, pour l'honneur qu'on rend aujourd'hui à Jésus-Christ, et par la mémoire d'un si grand bienfait.

*Est-ce assez pour témoigner à Notre-Seigneur la reconnoissance d'un si grand bienfait, d'assister à la procession et au service de ce jour-là ?*

Non : mais encore pendant l'octave, il faut assister aux saluts, et le visiter au moins une fois le jour dans l'église.

*Quel fruit faut-il retirer de cette fête ?*

Croire fermement ce mystère, et faire souvent des actes de foi, disant : « Je crois fermement, mon Seigneur Jésus-Christ, que vous êtes en corps et en ame dans le saint Sacrement de l'autel. »

*Que faut-il joindre à cet acte de foi ?*

Un humble remercîment d'un si grand don, et se tenir en grand respect devant lui.

<small>Si le catéchiste a du temps, il fera ici répéter ce qu'il trouvera à propos de l'instruction faite pour ce saint mystère.</small>

POUR LES FÊTES
# DE LA SAINTE VIERGE
## ET DES SAINTS.

### LEÇON UNIQUE.
De ces fêtes en général.

<small>Cette leçon doit être faite quatre fois l'année, une fois à chaque saison, selon la discrétion des curés, pour bien apprendre aux enfans l'esprit de ces fêtes.</small>

*Qu'appelez-vous les fêtes des Saints?*
Des fêtes dédiées à Dieu en mémoire des Saints.
*Quel jour en célèbre-t-on la mémoire?*
C'est ordinairement le jour de leur mort.
*Pourquoi l'appelle-t-on donc le jour de leur nativité, selon le langage de l'Eglise?*
Parce que leur vraie nativité est celle où ils naissent dans le ciel, et pour la gloire éternelle.
*Pourquoi l'Eglise a-t-elle établi de telles fêtes?*
Pour honorer Dieu dans ses saints?
*Comment?*
Parce que c'est Dieu qui les a faits saints, et que c'est Dieu qui les rend heureux.
*Quelle est donc l'intention de l'Eglise dans les fêtes établies en mémoire des Saints?*
D'offrir à Dieu des actions de graces pour la grace et pour la gloire qu'il leur a donnée.
*Quelle est la gloire des Saints?*
C'est la gloire de Dieu même qui rejaillit sur eux.
*Quelle utilité nous revient-il de célébrer la fête des Saints?*
Deux grandes utilités.
*Dites la première.*
C'est qu'en célébrant la mémoire des Saints, nous sommes incités à profiter de leurs exemples.

*Et la seconde?*

C'est que nous sommes aidés par leurs prières.

*Pourquoi l'Eglise célèbre-t-elle avec une dévotion particulière les fêtes de la sainte Vierge Marie?*

Parce qu'elle a une excellence particulière, et un titre incommunicable à tout autre.

*Quel est ce titre?*

Le titre de *Mère de Dieu?*

*Quel avantage lui donne ce titre?*

D'être unie d'une façon particulière à toute la très-sainte Trinité.

*Comment au Père éternel?*

Par le Fils qui leur est commun.

*Comment au Fils?*

Parce qu'elle est sa Mère.

*Comment au Saint-Esprit?*

Parce qu'il est survenu en elle, pour former Jésus-Christ de son sang très-pur.

*Que devons-nous croire de cette Vierge?*

Que Dieu l'a comblée de graces, en la faisant Mère de son Fils.

*Et quoi encore?*

Qu'il l'a préparée pour en être la digne demeure.

*Ne devez-vous pas espérer de grandes graces par ses prières?*

Oui, puisque Dieu l'a choisie pour nous donner par elle l'Auteur de la grace.

POUR LES FÊTES

## DE LA SAINTE VIERGE.

### LEÇON I.

Pour la Conception, 8 décembre.

*Quelle fête avons-nous aujourd'hui?*

La conception miraculeuse de la sainte Vierge. (*Const. Sixt.* IV: Cùm præexcelsa, *lib.* IV, *Extrav. comm., de Reliq. et vener. SS.*)

*Pourquoi l'appelez-vous miraculeuse?*

Parce que Dieu la donna par miracle à son père saint Joachim, et à sainte Anne sa mère, qui étoit stérile.

*D'où a-t-on appris ce miracle?*

D'une pieuse tradition venue d'Orient, et répandue dans toutes les églises?

*Que tiennent communément les théologiens de la conception de la sainte Vierge?*

Que par une grace particulière elle a été immaculée, c'est-à-dire sans aucune tache et sans le péché originel.

*Quelle raison ont-ils de le dire ainsi?*

C'est parce qu'ils trouvent peu convenable à la majesté de Jésus-Christ, que sa sainte Mère ait pu être un seul moment sous la puissance de Satan.

*Mais si elle n'y avoit jamais été, il semble que Jésus-Christ ne seroit pas son Sauveur?*

Il ne laisseroit pas d'être son Sauveur.

*Comment?*

En la préservant du mal commun du genre humain, et en prévenant par sa grace la contagion du péché d'Adam.

*L'Eglise a-t-elle défini que la conception de la Vierge fût immaculée?*

Non : le Saint-Siége a déclaré que la chose n'étoit pas encore définie (a); et que ce n'étoit ni hérésie ni péché mortel de ne le croire pas. (*Const. Sixt.* IV : Grave nimis; *Conc. Trid.*, sess. V, dec. *de Pec. origin.*)

*Que faut-il considérer en cela?*

La grande prudence du Saint-Siége, et le soin qu'on y apporte à examiner la tradition constante de tous les siècles.

---

(a) Avec quelle joie Bossuet n'auroit-il pas reçu la décision qui a mis le dogme de l'Immaculée Conception au nombre des articles de foi! Le 8 décembre 1854, le souverain pontife Pie IX, entouré des évêques du monde entier, a porté la définition que voici : « Nous déclarons, prononçons et définissons que la doctrine selon laquelle la bienheureuse Vierge Marie, dès le premier instant de sa conception, a été par une grace et un privilége particulier de Dieu tout-puissant, en vue des mérites de Jésus-Christ sauveur du genre humain, préservée de toute tache du péché originel, est révélée de Dieu et doit être crue fidèlement et constamment par tous les fidèles. »

*Qu'y a-t-il donc de certain en cette matière?*

C'est que l'Eglise permet de croire la conception immaculée, et que cette opinion est pieuse.

*Que devons-nous principalement méditer en cette fête?*

La grande corruption de notre nature et la grande grace que Dieu fait au monde, en lui donnant la sainte Vierge, par laquelle elle aura le Sauveur.

## LEÇON II.
### Pour la Nativité de la sainte Vierge, 8 septembre.

*Quelle fête célébrons-nous aujourd'hui?*

La Nativité de la sainte Vierge.

*Naquit-elle dans le péché comme les autres hommes?*

On ne le doit pas croire, ni que Dieu lui ait accordé moins de graces qu'à saint Jean-Baptiste.

*Quelle grace Dieu accorda-t-il à saint Jean-Baptiste?*

D'être sanctifié dès le ventre de sa mère, et cela se fit à la voix de la sainte Vierge.

*Que concluez-vous de là?*

Qu'elle-même ne doit pas avoir reçu un moindre privilége; et il faut plutôt croire qu'elle en aura reçu de plus grands.

*Quelle fut donc la sainteté de la bienheureuse Vierge?*

Une sainteté très-abondante, jusqu'à être exempte de tout péché, même véniel, comme l'Eglise le tient. (*Conc. Trid.*, sess. VI, can. 23.)

*Qu'y a-t-il de plus remarquable dans les vertus de cette Vierge?*

La promesse qu'elle fit à Dieu dès son premier âge de garder sa virginité, chose qui n'avoit point d'exemple.

*Que joignit-elle à la sainte virginité?*

La prière et la retraite.

*Et le reste de sa conduite, quel étoit-il?*

Tel qu'il convenoit à celle qui devoit être Mère de Jésus-Christ, et le recevoir dans ses entrailles.

*Que devons-nous apprendre de là?*

A nous rendre dignes des bienfaits de Dieu, et à nous bien préparer à recevoir Jésus-Christ dans l'Eucharistie.

*Qui doit principalement imiter la très-sainte Vierge?*

Les filles et les femmes, parce qu'elle est l'honneur de leur sexe.

*En quoi la doivent-elles imiter?*

Dans sa retenue, dans sa modestie, dans sa chasteté et dans son humilité.

## LEÇON III.

Pour l'Annonciation de la sainte Vierge, 25 de mars.

Elle doit être commencée le dimanche précédent, et continuée le jour même.

*Quelle fête avons-nous N. prochain?*

Celle où l'ange saint Gabriel annonça à la sainte Vierge Marie qu'elle seroit Mère de Dieu.

*Pourquoi fut-elle troublée à la salutation de l'ange?*

Parce qu'elle se jugeoit indigne d'un si grand bonheur.

*Pourquoi encore?*

Une vierge vraiment pudique a toujours de l'inquiétude, quand elle voit quelque chose d'extraordinaire.

*Quelles vertus fit paroître la sainte Vierge dans ce mystère?*

Une pureté admirable, ne voulant pas consentir à l'honneur d'être Mère de Jésus-Christ au préjudice de sa pureté.

*Quelle autre vertu encore?*

Une humilité profonde, quand choisie pour être la Mère, elle dit : « Je suis la servante du Seigneur. »

*Quelle autre vertu encore?*

Une foi et une obéissance parfaite, en disant à l'ange : « Qu'il me soit fait selon votre parole. »

*Qu'arriva-t-il à ce moment?*

Le Fils de Dieu s'incarna dans ses entrailles.

*Qu'est-ce à dire, s'incarner?*

Prendre une chair humaine avec une ame comme la nôtre; et en un mot, se faire homme.

*Dieu vouloit donc qu'elle consentît à l'incarnation du Sauveur?*

Oui : Dieu vouloit qu'elle consentît à l'incarnation du Sauveur.

*Pourquoi?*

Afin que l'obéissance de Marie réparât la désobéissance d'Eve.

*Et quel rapport voyez-vous entre Eve et Marie?*

Il en paroît un très-grand dans ce mystère.

*Comment?*

Eve est abordée par un mauvais ange; et Marie est saluée par un ange saint.

*Qu'y a-t-il de plus?*

Eve séduite par le tentateur, désobéit à Dieu; et Marie lui obéit en croyant à l'ange.

*Et quoi encore?*

Eve présente à Adam le fruit de mort; et Marie nous donne le fruit de vie.

*Quoi enfin?*

Par Eve commence notre perte; et par Marie commence notre salut.

*Que peut-on conclure de là?*

Que de même que Jésus-Christ est le nouvel Adam, Marie est la nouvelle Eve.

*Que veut dire ce mot Eve?*

Mère de tous les vivans.

*Quelle est donc la véritable Eve, et la vraie Mère de tous les vivans?*

La véritable Eve et la vraie Mère de tous les vivans, c'est la sainte Vierge.

*Faut-il espérer beaucoup de ses prières?*

Il n'en faut point douter.

*Que faut-il apprendre d'elle aujourd'hui?*

Il en faut apprendre les dispositions avec lesquelles on doit recevoir Jésus-Christ.

*Quelles sont-elles?*

La pureté et l'humilité. Plutôt mille morts que le moindre désir impur, quand on doit recevoir Jésus-Christ, et après l'avoir reçu.

## LEÇON IV.

### Pour la Visitation de la sainte Vierge, 2 juillet.

#### Le dimanche précédent.

*De quel mystère fait-on la mémoire N. prochain?*

De l'humble et charitable visite que rendit la bienheureuse Vierge à sa cousine sainte Elisabeth.

*En quel état étoient-elles toutes deux?*

Elisabeth étoit enceinte de saint Jean-Baptiste, et Marie de Jésus-Christ.

*Qu'arriva-t-il alors?*

A la voix de Marie, l'enfant que portoit sainte Elisabeth tressaillit de joie, et adora le Sauveur.

*Que dit sainte Elisabeth à la sainte Vierge?*

Elle s'écria de toute sa force à la sainte Vierge : « Vous êtes bienheureuse entre toutes les femmes, et le fruit de vos entrailles est béni. »

*Et Marie, à qui on faisoit de si grands honneurs?*

Elle dit le sacré cantique de *Magnificat*.

*Que contient en abrégé cet admirable cantique?*

Marie y glorifie Dieu, et s'abîme dans son néant.

*Pourquoi chante-t-on tous les jours ce sacré cantique?*

En mémoire de la sainte joie que le Saint-Esprit répandit aujourd'hui dans les cœurs.

*Dans quelle disposition faut-il dire ce divin cantique?*

Avec une grande joie des grandeurs de Dieu, et une profonde humilité.

## LEÇON V.

### Pour la Purification, 2 février.

#### Elle se commencera le dimanche précédent, et se continuera le même jour.

*Quel mystère célébrons-nous N. prochain?*

La purification de la sainte Vierge, et la présentation de Jésus-Christ au temple.

*Quelle étoit dans l'ancienne loi la cérémonie de la purification ?*

La loi obligeoit toutes les femmes à se venir purifier dans le temple quarante jours après l'enfantement, si elles avoient eu un fils ; et soixante jours, si c'étoit une fille. (*Levit.* xii.)

*Que signifioit cette purification ?*

Qu'après le péché d'Adam, notre naissance étoit impure et maudite.

*Y avoit-il eu quelque chose d'impur dans la naissance du Fils de Dieu, et dans l'enfantement de Marie ?*

A Dieu ne plaise.

*Pourquoi donc fut-elle soumise à la loi de la purification ?*

L'exemple et l'humilité le vouloient ainsi.

*D'où vient qu'elle présenta Jésus-Christ au temple ?*

Parce que la loi ordonnoit qu'on y présentât les premiers-nés. (*Exod.*, xiii, 12.)

*Pourquoi ?*

En mémoire de ce qu'en Egypte, lorsque Dieu délivra son peuple, il frappa tous les premiers-nés des Egyptiens, et sauva les premiers-nés des Hébreux.

*Et ensuite qu'ordonna-t-il ?*

Que les premiers-nés des Hébreux lui fussent présentés par leurs parens, qui en même temps les rachetoient de lui par de l'argent qu'ils donnoient.

*Quel sacrifice offroit-on à la purification ?*

Les riches offroient un agneau, et les pauvres une paire de tourterelles ou deux colombes. (*Levit.*, xii, 6, 8.)

*Pourquoi est-ce que dans l'Evangile il n'est parlé que de tourterelles et de colombes ?*

A cause que Joseph et Marie, comme pauvres, offroient les présens que les pauvres avoient accoutumé d'offrir.

*Que devons-nous apprendre de là ?*

A aimer la pauvreté, qui nous rend semblables à la famille de Jésus-Christ et à lui-même.

*Pourquoi falloit-il que Jésus-Christ fût présenté au temple ?*

Il y devoit être présenté comme la victime du genre humain.

*Fut-il connu de quelqu'un dans cette présentation ?*

Oui : Dieu suscita le saint vieillard Siméon, avec la sainte veuve Anne, célèbre par sa piété et par ses jeûnes, et qui avoit le don de prophétie.

*Que faisoit-elle en ce jour ?*

Pendant qu'on présentoit Jésus-Christ au temple, elle parloit à tous ceux qui attendoient la rédemption d'Israël.

*Et que fit le saint vieillard Siméon ?*

Il prit le divin Enfant entre ses bras, et dit le cantique, *Nunc dimittis*, etc.

*Que veut dire ce saint cantique ?*

Que le saint vieillard ne se soucioit plus de mourir, après avoir vu celui qui devoit être la lumière du monde.

*Que fit-il ensuite ?*

Il prédit les contradictions que devoit souffrir Jésus-Christ, et la peine qu'en auroit sa sainte Mère.

*Pourquoi allume-t-on des cierges à cette fête ?*

En signe de joie et en mémoire de ce que dit Siméon, que Jésus seroit la lumière pour éclairer les Gentils, et pour la gloire du peuple d'Israël.

*Que faut-il apprendre de Marie en cette fête ?*

A observer exactement la loi de Dieu, et à ne point chercher des raisons pour nous en exempter.

*Que faut-il apprendre de Jésus-Christ ?*

A nous offrir avec lui au Père éternel, principalement au saint sacrifice de la messe.

*Pourquoi chante-t-on tous les jours le cantique* Nunc dimittis ?

En mémoire de la piété du bon Siméon, et pour apprendre de lui à ne pas désirer la vie.

*Que devons-nous donc désirer ?*

De posséder Jésus-Christ.

## LEÇON VI.

### Pour l'Assomption de la sainte Vierge, 15 août.

##### Le dimanche précédent.

*Quelle fête célébrons-nous N. prochain ?*

La mort bienheureuse, et l'Assomption de la sainte Vierge.

*Qu'en chante la sainte Eglise ?*

Qu'à ce jour elle fut élevée au-dessus de tous les chœurs des anges, et remplit tout le ciel de joie.

*Que dit encore la sainte Eglise ?*

Qu'elle fut dignement reçue et glorifiée par son Fils.

*Et quoi encore ?*

Nous lisons dans la Collecte de plusieurs églises célèbres, qu'encore qu'elle soit morte en ce jour, la mort n'a pu l'abattre.

*Que tiennent communément les fidèles et les saints docteurs ?*

Qu'elle a été glorifiée en corps et en ame.

*Sur quoi peut-on établir cette doctrine ?*

Sur ce que Jésus-Christ en ressuscitant, ressuscita plusieurs saints qu'il mena avec lui en triomphe dans les cieux; et qu'on doit croire qu'il n'aura pas moins fait pour sa sainte Mère.

*Et sur quoi encore ?*

Sur ce qu'en effet l'Eglise soigneuse dès les premiers temps, de recueillir les reliques des corps des saints apôtres, de saint Etienne et des autres de ce premier temps, n'a jamais fait mention de celles de la sainte Vierge.

*Mais que faut-il principalement penser de la sainte Vierge ?*

Que, selon la parole de son Fils, elle a été autant exaltée qu'elle a été humble.

*En quoi son humilité est-elle principalement remarquable ?*

En ce que dans la plus grande dignité où puisse être élevée une créature, elle a été la plus humble.

*Quel est le sujet de la procession de ce jour ?*

C'est une dévotion des rois de France, commencée par Louis XIII de pieuse mémoire, où ils mettent leur personne et leur royaume sous la protection particulière de la sainte Vierge.

*Faut-il beaucoup espérer de ses prières?*

Quelqu'un en peut-il douter?

*Que demande-t-elle principalement de ceux qui sont dévots envers elle?*

L'imitation de ses vertus, et surtout de sa pureté et de son humilité.

## LEÇON VII.

### De la Présentation de la sainte Vierge, 21 novembre.

*Que nous rappelle la sainte Eglise dans la Présentation de la sainte Vierge ?*

Une pieuse tradition venue d'Orient.

*Que porte-t-elle ?*

Que la bienheureuse Marie fut consacrée à Dieu dès son enfance, et lui fut présentée dans son saint temple.

*Y a-t-il raison d'ajouter foi à cette tradition?*

On doit croire facilement tout ce qui est avantageux à la sainte Vierge, quand il n'est pas contre la foi.

*Mais qu'y a-t-il de certain ?*

C'est qu'en effet la sainte Vierge fut consacrée spécialement à Dieu dès sa première enfance, et toujours nourrie sous ses ailes.

*Quel rapport avoit-elle avec le temple ?*

C'est qu'elle étoit le temple vivant où le Fils de Dieu devoit habiter.

*Que devons-nous apprendre de cette fête ?*

A nous présenter continuellement à Dieu, dans son saint temple, dès notre enfance.

*Comment nous rendrons-nous dignes de cet honneur ?*

Par la prière, par la chasteté et par la modestie.

## POUR
# LES FÊTES DES SAINTS.

### LEÇON I.

Pour la Nativité de saint Jean-Baptiste, le 24 juin.

Cette leçon doit être commencée le dimanche précédent, et continuée le jour même.

*Que célébrons-nous N. prochain ?*

La nativité de saint Jean-Baptiste.

*Qui est saint Jean-Baptiste ?*

Le Précurseur de Jésus-Christ, et le plus grand de tous les prophètes et de tous les hommes, selon la parole du Fils de Dieu.

*Que veut dire ce mot,* Précurseur *ou* Avant-coureur *de Jésus-Christ ?*

Celui qui a préparé le monde à le recevoir, et l'a montré au doigt, disant : « Le voilà. »

*Quelle est l'excellence de ce ministère ?*

De montrer Jésus-Christ présent, au lieu que les patriarches et les prophètes ne l'avoient vu que de loin.

*Que signifioit son baptême ?*

Il signifioit le baptême plus excellent que devoit donner Jésus-Christ, et lui préparoit les voies, en annonçant la pénitence.

*Qu'a de particulier sa nativité ?*

Qu'il est né dans la grace.

*Comment ?*

Parce qu'il fut sanctifié dès le ventre de sa mère sainte Elisabeth, par la présence de Jésus-Christ et à la voix de la sainte Vierge.

*Quelle fut la principale merveille qui parut à sa nativité ?*

C'est que son père saint Zacharie, qui avoit perdu la parole, la recouvra pour dire ce pieux cantique, *Benedictus.*

*Quel est l'abrégé de ce saint cantique ?*

Qu'à la naissance du saint Précurseur, où la lumière de Jésus-Christ commence à paroître, on doit avoir une joie pareille à celle du jour naissant.

*Pourquoi ?*

Parce que le vrai Orient, qui est Jésus-Christ, commence à faire paroître ses lumières en son Précurseur.

*Quelle fut la vie de saint Jean-Baptiste ?*

D'une admirable innocence, et tout ensemble d'une pénitence et d'une mortification affreuse.

*En quoi paroît son innocence ?*

En ce que dès l'âge de trois ans il se retira dans le désert, et donna le modèle de la vie des saints solitaires.

*Et sa pénitence, quelle fut-elle ?*

Il ne but jamais que de l'eau ; il ne vécut que de sauterelles, et n'eut pour tout habit qu'un cilice.

*Pourquoi l'Eglise témoigne-t-elle tant de joie à sa naissance ?*

Elle ne fait en cela que perpétuer celle que l'ange avoit prédite.

*Comment ?*

L'ange Gabriel avoit prédit à son père saint Zacharie qu'on se réjouiroit à sa naissance.

*Est-ce pour cela qu'on allume des feux de joie ?*

Oui, c'est pour cela.

*L'Eglise prend-elle part à ces feux ?*

Oui, puisque dans plusieurs diocèses, et en particulier dans celui-ci, plusieurs paroisses font un feu qu'on appelle *Ecclésiastique*.

*Quelle raison a-t-on eue de faire ce feu d'une manière ecclésiastique ?*

Pour en bannir les superstitions qu'on pratique au feu de la Saint-Jean.

*Quelles sont ces superstitions ?*

Danser à l'entour du feu, jouer, faire des festins, chanter des chansons déshonnêtes, jeter des herbes par-dessus le feu, en cueillir avant midi ou à jeun, en porter sur soi, les conserver le long de l'année, garder des tisons ou des charbons du feu, et autres semblables.

*Que devons-nous apprendre de saint Jean-Baptiste ?*

Le mépris du monde, et joindre la mortification avec l'innocence.

## LEÇON II.

Des saints Apôtres et des saints Evangélistes en général.

*Cette leçon se fera deux ou trois fois l'année à quelques fêtes d'apôtres.*

*Qui appelez-vous les apôtres?*

Ceux que Jésus-Christ a appelés les premiers pour être les pasteurs de son Eglise.

*Quelle a été leur vocation ?*

D'être les témoins des miracles de Jésus-Christ, et les dépositaires de sa doctrine.

*Par où nous paroît-il principalement que leur témoignage est recevable?*

En ce qu'ils l'ont scellé de leur sang.

*Comment la dignité des apôtres nous est-elle marquée dans l'Ecriture?*

Elle est marquée dans ces douze pierres de l'*Apocalypse* sur lesquelles est fondée la cité sainte, c'est-à-dire l'Eglise, et sur lesquelles étoient écrits les noms des douze apôtres.

*Pourquoi sont-ils regardés comme les fondemens de l'Eglise ?*

Parce que l'Eglise est fondée sur la doctrine apostolique.

*Comment se perpétue la doctrine apostolique?*

En venant à nous de main en main par le ministère des évêques, successeurs des apôtres.

*D'où vient que nous savons si peu de chose de la plupart des apôtres?*

Leurs travaux paroissent assez par leurs fruits.

*Quels en sont les fruits ?*

C'est que par leur prédication tout le monde, et jusqu'aux nations les plus barbares, a été rempli de l'Evangile et d'églises chrétiennes.

*Et qui sont les évangélistes ?*

Les quatre historiens qui ont recueilli la vie et les prédications de Jésus-Christ.

*Qui est le premier ?*

Saint Matthieu, publicain et puis apôtre, qui écrivit en Judée, un peu après la mort de Notre-Seigneur.

*Et le second ?*

Saint Marc, fils spirituel et disciple de saint Pierre, qui écrivit à Rome dans le temps que saint Pierre y fondoit l'Eglise, dix ans environ après la mort de Jésus-Christ.

*Le troisième, quel est-il ?*

Saint Luc, médecin, compagnon et disciple de saint Paul, qui écrivit son *Evangile* vingt-trois ans environ après la mort de Jésus-Christ, et qui fut le premier qui nous révéla les mystères de son enfance.

*Et le quatrième ?*

Saint Jean, le bien-aimé de Notre-Seigneur, qui reposa sur sa poitrine dans la Cène, toujours vierge, apôtre, évangéliste, prophète, qui commence son *Evangile* par la génération éternelle du Fils de Dieu.

*Quand écrivit-il son Evangile ?*

Environ l'an soixante et cinq après la passion de Notre-Seigneur, à l'occasion de quelques hérétiques qui nioient sa divinité.

*Saint Luc n'a-t-il pas encore écrit un autre livre ?*

Il a écrit les *Actes des Apôtres,* où est l'histoire de l'Eglise naissante et des actions de saint Paul.

*Qu'y a-t-il de plus remarquable dans les écrits des évangélistes ?*

Leur sainte simplicité qui inspire du respect, et se fait croire par les esprits qui ne sont pas contentieux.

*Et quoi encore ?*

Leur conformité sans concert.

*En quoi devons-nous principalement honorer les apôtres ?*

En lisant leurs écrits avec humilité, et en écoutant la prédication où leur sainte doctrine est expliquée.

*En quoi devons-nous les imiter ?*

En aimant à souffrir pour Jésus-Christ.

## LEÇON III.

Pour le jour de saint Pierre et de saint Paul, le 29 juin.

*Quelle fête célébrons-nous aujourd'hui ?*

Celle des deux glorieux princes des apôtres, saint Pierre et saint Paul.

*Pourquoi célèbre-t-on leur fête en même jour?*

Parce qu'en effet dans le même jour, qui est aujourd'hui, ils souffrirent ensemble le martyre et consacrèrent par leur sang l'Eglise romaine, qui devoit être le chef de toutes les églises.

*Pourquoi en doit-elle être le chef?*

A cause que la divine Providence avoit choisi Rome, capitale de l'univers, pour y établir la chaire de saint Pierre, à qui Jésus-Christ avoit donné la primauté.

*En quoi consiste la primauté de l'Eglise romaine?*

En ce qu'elle est établie de Dieu pour être la mère des églises, et la principale gardienne de la vérité.

*En quoi encore?*

En ce que toutes les églises doivent garder l'unité avec elle.

*Qu'est-ce que tous les fidèles doivent au pape?*

Une véritable obéissance, comme au successeur de saint Pierre et au chef de tout le gouvernement ecclésiastique.

*Quel étoit saint Paul?*

Un docte pharisien, d'abord persécuteur ardent, et ensuite prédicateur de l'Evangile.

*Pourquoi Jésus-Christ le voulut-il convertir par un miracle si éclatant?*

Pour faire paroître en lui la puissance de sa grace, et rendre son témoignage plus recevable.

*Par qui a-t-il été fait apôtre?*

Par Jésus-Christ ressuscité.

*Quelle fut sa vocation particulière?*

D'être le docteur des gentils.

*Qu'a-t-il écrit?*

Quatorze *Epîtres* admirables.

*Quel martyre souffrit-il?*

Il fut décapité.

*Et saint Pierre?*

Il fut crucifié; mais il pria que ce fût les pieds en haut, ne se jugeant pas digne de souffrir le même supplice que Jésus-Christ.

*Saint Pierre n'a-t-il rien écrit?*

Il a écrit deux *Epîtres* admirables.

*Que devons-nous apprendre de ces saints apôtres?*

A aimer Jésus-Christ jusqu'à mourir pour lui, et à ne nous lasser jamais de travailler pour sa gloire.

## LEÇON IV.

### Pour le jour des saints Innocens, 28 décembre.

*Qui sont les saints Innocens?*

Un grand nombre de petits enfans qu'Hérode fit tuer, pensant faire mourir Jésus-Christ avec eux.

*Quelle récompense ont-ils eue d'être morts à l'occasion de Jésus-Christ?*

Il leur a donné la couronne et la gloire du martyre.

*Que devons-nous apprendre d'eux?*

L'innocence de l'enfance chrétienne.

*Qu'appelez-vous l'enfance chrétienne?*

La sainte simplicité et la sainte docilité des enfans de Dieu sans malice et sans artifice.

## LEÇON V.

### Pour le jour de saint Etienne, 26 décembre.

*Quelle fête célébrons-nous aujourd'hui?*

Celle de saint Etienne, premier martyr et patron de ce diocèse.

*Quelle est la grace du martyre?*

De sceller par son sang la vérité de l'Evangile.

*Et quoi encore?*

De témoigner à Jésus-Christ, selon sa parole, le plus grand amour qui se puisse, en donnant sa vie pour sa gloire. (*Joan.*, xv, 13)

*Quelle est la gloire particulière de saint Etienne?*

C'est d'avoir donné l'exemple à tant de martyrs.

*Le nombre en est-il si grand?*

Il a été innombrable durant trois cents ans de persécution universelle, sans compter les persécutions excitées depuis très-souvent par les infidèles et les hérétiques.

*Qu'y a-t-il de plus remarquable dans ce nombre prodigieux de martyrs?*

C'est qu'on a vu une infinité de jeunes enfans, et même des vierges délicates, souffrir pour la foi les plus cruels tourmens.

*Que veut dire ce mot de* martyr?

Il veut dire témoin.

*Quelle est donc la gloire de l'Eglise?*

Que sa foi soit confirmée par le sang de tant de témoins.

*Que devons-nous apprendre des martyrs?*

De témoigner notre foi par nos bonnes œuvres et par notre patience.

*Que devons-nous apprendre en particulier de saint Etienne notre patron?*

De prier Dieu pour nos ennemis.

*Quel fruit devons-nous attendre de la prière que nous ferons pour nos ennemis?*

Leur conversion; comme la prière de saint Etienne obtint la conversion de saint Paul qui consentit à sa mort, et qui gardoit les manteaux de ceux qui le lapidoient. (*Act.*, VII, 57, 59.)

## LEÇON VI.

### De saint Denys et de ses compagnons, 9 octobre.

*Pourquoi ce jour nous est-il si vénérable?*

Parce que c'est celui où saint Denys, notre premier évêque, et ses compagnons scellèrent de leur sang l'Evangile qu'ils avoient planté en ce pays.

*Quel a été le fruit de leur martyre?*

D'établir si bien la foi dans ce pays, que par la grace de Dieu elle y a été inébranlable.

*Quel autre fruit avons-nous tiré du martyre de saint Denys?*

D'avoir eu tant de saints évêques, entre autres saint Sainctin disciple de saint Denys, et saint Faron qui fut une des lumières de son siècle.

*Que devons-nous demander à Dieu en ce saint jour?*

Nous devons demander à Dieu, par les prières de saint Denys, du saint prêtre Rustique et du saint diacre Éleuthère, qu'il sanctifie nos évêques, nos prêtres et tout le clergé de ce diocèse.

## LEÇON VII.

### Pour le jour de saint Martin, évêque, 11 novembre.

*Quelle fête avons-nous aujourd'hui ?*

La fête de saint Martin, évêque de Tours, la lumière de son siècle et la gloire de l'Eglise gallicane.

*Quelles furent ses principales vertus ?*

La foi, l'humilité, la persévérance dans le jeûne et dans la prière. Mais c'est en vain qu'on rechercheroit ses vertus particulières, puisqu'il excelloit en toutes.

*De quoi furent suivies ses vertus ?*

De miracles en si grand nombre durant sa vie et après sa mort, que le bruit s'en est répandu par tout l'univers.

*Comment faut-il sanctifier la fête de saint Martin ?*

Par la sobriété, en détestant ceux qui s'abandonnent en ce jour à l'ivrognerie, comme étant les ennemis de ce saint, et plus même que les hérétiques qui ont jeté au vent ses cendres sacrées.

## LEÇON VIII.

### Pour le jour de saint Fiacre, 30 août.

*Quel est aujourd'hui le sujet d'une joie si universelle dans ce diocèse ?*

C'est la fête de saint Fiacre, patron de Brie.

*Qui étoit saint Fiacre ?*

Un saint solitaire, à qui saint Faron, un de nos évêques, donna pour retraite, auprès de Meaux, le saint lieu où est à présent le monastère et l'église dédiée sous son nom.

*Qui a rendu ce monastère et cette église si célèbres dans toute la France ?*

Les miracles dont Dieu a voulu honorer l'humilité de ce saint Confesseur.

*Qu'entendez-vous par le nom de Confesseur ?*

Celui qui, par ses souffrances ou ses saintes œuvres, confesse et glorifie Jésus-Christ.

*Où reposent les os de saint Fiacre?*

Dans l'église cathédrale, au-dessus du maître autel; et un si saint dépôt rend cette église plus célèbre.

*Que devons-nous principalement imiter dans la vie de saint Fiacre?*

La retraite, le silence et la prière continuelle de ce saint.

*De quelle maladie devons-nous principalement le prier de nous préserver par ses prières?*

Du péché et de l'impénitence.

## LEÇON IX.

Qui sera faite environ le temps de sainte Geneviève, 3 janvier; ou la fête de quelque autre sainte.

*Quelle est la fleur et l'honneur de l'Eglise chrétienne?*

Ce sont les saintes vierges.

*Pourquoi?*

Parce que la virginité est une vertu qui n'étoit point connue avant l'Evangile.

*Qu'a-t-elle de si admirable?*

C'est qu'elle est dans une chair impure et mortelle, une imitation de la vie des anges.

*Quelles sont les vierges qu'on honore particulièrement dans ce diocèse?*

Sainte Geneviève, sainte Fare et sainte Céline.

*Qui doit principalement profiter de leurs exemples?*

Les filles en doivent apprendre la pudeur, la retraite, la modestie dans les habits, et à désirer un époux céleste.

*L'Eglise ne célèbre-t-elle que la nativité des vierges?*

Elle célèbre aussi celle des saintes femmes, des saintes veuves et des saintes pénitentes.

*Qu'honore-t-elle dans chacun de ces états?*

Dans les premières, la foi et la chasteté conjugale, l'éducation des enfans, le soin du ménage : dans les secondes, la retraite et la prière : dans les troisièmes, l'humilité et la pénitence.

## LEÇON X.

Pour la fête de tous les Saints, 1ᵉʳ novembre.

**Le dimanche précédent.**

*Pourquoi l'Eglise a-t-elle établi la fête des Saints?*
Pour honorer Dieu dans ses serviteurs.

*Comment?*
Parce que c'est Dieu qui les a faits saints, et que c'est Dieu qui les rend heureux.

*Quelle est donc l'intention de l'Eglise dans les fêtes établies en mémoire des Saints?*
C'est la gloire de Dieu même, qui rejaillit sur eux.

*Quelle utilité nous revient-il de célébrer la fête des Saints?*
Deux grandes utilités.

*Dites la première.*
C'est qu'en célébrant la mémoire des Saints, nous sommes invités à profiter de leurs exemples.

*Et la seconde.*
C'est que nous sommes aidés par leurs prières.

*Pourquoi l'Eglise a-t-elle établi la fête de tous les Saints, que nous célébrerons N. prochain?*
Afin de rendre graces à Dieu pour toutes les ames bienheureuses.

*Pourquoi encore?*
Pour nous exciter davantage à la vertu, en nous proposant tout d'un coup tant de saints exemples ; et enfin pour multiplier nos intercesseurs.

*Pourquoi cette fête tient-elle un rang si grand parmi les fêtes de l'année?*
Parce que c'est l'image de la fête éternelle, que Dieu fait lui-même dans le ciel avec tous les Saints.

## LEÇON XI.

Pour le jour des Morts, où il est aussi parlé des funérailles et de la messe des Morts.

Le même jour qu'on expliquera la fête de tous les Saints, on fera l'instruction suivante pour la Commémoration des Morts.

*Pourquoi l'Eglise destine-t-elle un jour particulier à la commémoration de tous les fidèles trépassés ?*

Pour leur procurer un soulagement général.

*Pour qui faut-il principalement prier ?*

Pour ses parens, pour ses amis et pour ses bienfaiteurs.

*Pour qui encore ?*

Pour ceux pour qui on ne fait point, ou l'on fait peu de prières particulières : l'Eglise, comme la mère commune, prend soin de leur soulagement.

*Pourquoi la messe des Morts est-elle si différente des autres ?*

C'est qu'on en retranche toutes les choses qui ressentent la célébrité et la joie.

*Pourquoi ?*

Parce que l'Eglise se souvient que la mort est entrée au monde par le péché.

*Comment ?*

Parce que l'homme avoit été créé pour ne pas mourir, et qu'ayant péché, il fut condamné à la mort.

*Ce n'est donc pas pour la perte des biens temporels que l'Eglise prend une couleur, et fait retentir des chants lugubres ?*

Non : c'est pour déplorer le péché.

*Quelle est la consolation des chrétiens dans la mort ?*

C'est l'espérance de la résurrection.

*Comment est-ce que l'Eglise marque cette espérance dans les funérailles des morts ?*

En allumant des flambeaux, des cierges et des torches ardentes.

*Que signifient toutes ces choses ?*

Ce sont des signes de vie et de joie.

*Il y a donc de la joie mêlée dans les funérailles et dans l'office des morts?*

Oui, à cause de la résurrection.

*Les morts sont-ils soulagés par les prières?*

Oui, et principalement par le sacrifice de l'autel.

*Pourquoi?*

Parce qu'on y offre la victime commune du genre humain.

## LEÇON XII.

### Pour les Quatre-Temps, et pour les Vigiles.

*Pourquoi a-t-on institué le jeûne des quatre-temps?*

Pour consacrer à Dieu toutes les saisons de l'année.

*Pourquoi trois jeûnes à chaque saison?*

C'est un jeûne pour chaque mois.

*Pourquoi célèbre-t-on les ordinations durant ce temps?*

L'Eglise profite de l'occasion d'un jeûne public et solennel, pour obtenir la grace de donner aux autels de dignes ministres.

*Les fidèles doivent-ils faire des prières particulières pour les saintes ordinations?*

Oui, puisque c'est pour eux qu'on les fait, ils doivent prier Dieu de les bénir.

*Pourquoi les plus grandes fêtes sont-elles précédées par des jeûnes?*

Parce qu'en cette vie, il faut joindre la pénitence à la joie.

*Quelle sera la vie future?*

Une pure joie et une fête perpétuelle.

## LEÇON XIII.

### Pour le jour de la Dédicace de l'Eglise.

*Pourquoi consacre-t-on les églises avec tant de solennité?*

Pour inspirer le respect envers les lieux saints.

*Pourquoi encore?*

Parce que les églises bâties de pierres, sont les figures de la vraie Eglise, et de la société des saints.

*Comment?*

Parce que l'Eglise est le vrai temple où Dieu habite, et que ce temple est composé des fidèles comme de pierres vivantes.

*Pourquoi renouvelle-t-on tous les ans la mémoire de la dédicace de l'Eglise?*

Pour renouveler dans les cœurs des fidèles la révérence des saints lieux et des mystères qu'on y célèbre tous les jours.

*Pourquoi encore?*

Afin que chaque fidèle renouvelle la mémoire du saint jour où il a été dédié à Dieu.

*A quel jour avons-nous été dédiés à Dieu?*

Dans le baptême, où nous avons été faits les temples vivans du Père, du Fils, et du Saint-Esprit.

*Que faut-il faire en ce jour?*

Renouveler les promesses du baptême, en protestant de nouveau de croire en Dieu, et de renoncer aux pompes et aux œuvres de Satan, c'est-à-dire aux vanités et aux corruptions du monde.

## LEÇON XIV.

### Pour les fêtes des Patrons.

*Pourquoi chaque église a-t-elle un patron?*

Afin de proposer aux fidèles un modèle de vertu, dont ils soient particulièrement touchés.

*Que faut-il particulièrement imiter dans saint N.?*

Le catéchiste marquera ici quelqu'une des vertus du saint patron, et accoutumera les enfans à y faire attention et à en profiter.

## LEÇON XV.

### Pour la fête des saints Anges Gardiens, au commencement du mois d'octobre.

*Est-il bien vrai que Dieu ait daigné députer des anges pour nous garder?*

Oui : nous apprenons de l'Ecriture que les anges sont envoyés pour être les ministres de notre salut, et qu'il y en a qui sont députés, non-seulement pour garder les royaumes et les nations, mais encore les hommes particuliers.

*Quel profit devons-nous tirer de cette doctrine ?*

D'avoir une grande reconnoissance pour la divine bonté.

*Et quoi encore ?*

D'avoir un grand respect pour tous les fidèles, jusqu'aux plus petits enfans, dont les anges voient sans cesse la face du Père céleste. (*Matth.*, XVIII, 10.)

*Et quoi encore ?*

De respecter la présence du saint ange, qui est en garde autour de nous, et de ne le contrister par aucun péché.

*Et enfin ?*

De répandre devant Dieu de saintes prières, et de prier nos saints anges de les porter à son autel éternel comme un encens agréable. (*Apoc.*, VIII, 3.)

FIN DU CATÉCHISME.

# PRIÈRES ECCLÉSIASTIQUES

POUR AIDER LE CHRÉTIEN

## A BIEN ENTENDRE LE SERVICE DE LA PAROISSE

AUX DIMANCHES ET AUX FÊTES PRINCIPALES.

---

### AVERTISSEMENT GÉNÉRAL
POUR BIEN ENTENDRE LE SERVICE DIVIN.

La première chose que le chrétien doit considérer, c'est que le service divin est institué pour adorer Dieu, le louer, lui rendre graces, et lui demander nos besoins, et non-seulement nos besoins spirituels, mais encore les temporels par rapport aux spirituels.

Telle est en général la fin du service divin. L'Eglise le diversifie souvent, afin de rappeler dans l'esprit des fidèles les mystères de Jésus-Christ, ou la mémoire de la sainte Vierge et des Saints; et tout cela pour nous exciter à aimer Dieu par toute sorte de moyens.

Ainsi ce qu'on doit faire en général dans le service divin, c'est de se mettre et de se tenir en la présence de Dieu, et de faire de continuels actes de foi, d'espérance et de charité.

Pour le bien faire, il est bon de relire souvent ce qui en est dit dans le second *Catéchisme*, I$^{re}$ part., leçon VI, et III$^e$ part., leçon I; et encore IV$^e$ part., leçon V. On verra que tout le monde est capable de ces actes; et que pour les faire on n'a pas besoin d'une grande application de l'esprit, mais d'une droite intention du cœur.

Et à chaque jour solennel il faut entrer dans l'esprit de la fête, en relisant et méditant avec soin dans le *Catéchisme des Fêtes*, ce qui est dit pour chacune.

On doit considérer en second lieu, que c'est avec beaucoup de raison que l'Eglise de Dieu a continué de faire le service divin, ou en grec ou en latin, et dans les autres langues primitives et originales, même après que ces langues ont cessé d'être vulgaires et connues. La principale vue que l'Eglise a eue dans cette pratique, c'est d'éviter les changemens trop fréquens qui se font dans les langues vulgaires, et de conserver une certaine uniformité.

Quand même on chanteroit les *Psaumes* et qu'on liroit les autres parties de l'Ecriture en langue vulgaire, il y auroit toujours beaucoup de choses que la plus grande partie du peuple n'entendroit pas. Il ne seroit pas pour cela sans fruit, parce que, comme dit saint Augustin : « Si le peuple chrétien n'entend pas toujours les *Psaumes* qu'il chante, il croit que ce qu'il chante est bon, et il recueille le fruit de sa foi. » (Tract. 22 n. 5, *in Joan.*)

Toutefois pour ne pas priver le peuple de ce fruit particulier qui lui revient de l'intelligence de ce qui se chante et se récite en l'Eglise, on y a pourvu par tant de pieuses versions, que personne n'a sujet de se plaindre que rien lui puisse manquer.

Notre intention, dans ce recueil, est d'aider les plus ignorans qui ne sont pas capables de plus hautes méditations ; les plus pauvres qui n'ont pas le moyen d'acheter d'autres livres, et les plus occupés qui n'ont pas le loisir de les lire.

# PRIÈRES ECCLÉSIASTIQUES.

Les Prières du matin et du soir sont à la suite du *Premier Catéchisme*, pages 27 et 28.

## L'ANGÉLUS.

C'est la prière que l'Eglise récite au son de la cloche, au matin, à midi et au soir, pour remercier Dieu à toutes les heures du jour du grand bienfait de l'incarnation. On l'appelle *le Pardon*, parce que nous n'avons de pardon à espérer que par Jésus-Christ notre Sauveur.

℣. L'Ange du Seigneur annonça à Marie qu'elle enfanteroit un Fils;

℟. Et elle le conçut en ce moment par l'opération du Saint-Esprit.

Je vous salue, Marie, etc.

℣. Voici la servante du Seigneur :

℟. Qu'il me soit fait selon votre parole.

Je vous salue, Marie, etc.

℣. Et le Verbe s'est fait chair.

℟. Et il a demeuré parmi nous.

Je vous salue, Marie, etc.

*Prions.*

Nous vous prions, Seigneur, de répandre votre grace dans nos ames, afin qu'après avoir connu par la voix de l'ange l'incarnation de Jésus-Christ votre Fils, nous arrivions à la gloire de sa résurrection par sa passion et par sa mort : Par le même Jésus-Christ Notre-Seigneur. ℟. Ainsi soit-il.

## BREF EXERCICE

POUR RÉGLER LES PRINCIPALES ACTIONS DU CHRÉTIEN DURANT LA JOURNÉE.

Cet Exercice se trouve à la fin du *Premier Catéchisme*, leçon XIX, p. 25.

Les Commandemens de Dieu *comme Dieu même les a prononcés, ci-dessus*, pag. 89.

Les Commandemens de Dieu en vers. Voyez le *Catéchisme*, pag. 9 *et suiv.*

Les Commandemens de l'Eglise. Voyez le *Catéchisme*, pag. 91 *et suiv.*

## EXPLICATION

DES CHOSES QUI SE RÉPÈTENT LE PLUS SOUVENT A L'OFFICE.

On doit s'appliquer à bien entendre les choses que l'Eglise répète souvent, parce que ce sont les plus utiles, et celles qui servent le plus à exciter la dévotion et l'attention.

### Du *Gloria Patri*, et des autres glorifications.

L'Eglise finit toutes ses hymnes par une semblable glorification; et ce qui fait qu'elle la répète si souvent, c'est pour commencer dans son office ce qui se fera éternellement dans le ciel, qui est de glorifier le Père, le Fils, et le Saint-Esprit.

### De l'*Amen*.

*Amen*, qu'on ajoute après la glorification et à la fin de beaucoup d'autres prières, est un mot hébreu qui signifie : *Il est Ainsi*, ou *ainsi soit-il;* et c'est un consentement à ce qui vient d'être dit, et un désir pour en obtenir l'accomplissement.

### Du *Kyrie, eleison*.

L'Eglise dit aussi souvent ces mots grecs. Les paroles grecques et hébraïques qu'on entrelace de temps en temps dans le service, signifient l'universalité de l'Eglise, qui parle en toutes les langues et, autant qu'il est en elle, conserve la communion avec tous les peuples du monde.

### Du *Domine, exaudi orationem*, etc.

Ce cri signifie ici un ardent désir et un grand sentiment intérieur de son besoin et de sa misère.

### Du *Deus, in adjutorium meum*, etc.

On commence par là toutes les Heures de l'office, pour montrer le grand besoin qu'on a du secours de Dieu en toutes choses, et particulièrement pour le bien prier.

### De l'*Alleluia*.

On entend aussi souvent retentir ce cri de réjouissance : *Alleluia*, c'est-à-dire « Louez Dieu. »

On le supprime dans le temps destiné à la pénitence, et on le répète plus souvent depuis Pâques jusqu'à la Trinité, ce qu'on appelle le temps pascal, qui est un temps consacré à la joie à cause de la résurrection de Notre-Seigneur. Toutes les fois donc qu'on entend ce cri de joie, on doit élever son cœur à Dieu avec un épanchement d'allégresse spirituelle, et se réjouir de sa gloire et de sa grandeur.

Dans le temps de pénitence, au lieu d'*Alleluia*, l'Eglise chante : *Laus tibi Domine, Rex æternæ gloriæ :* « Louange soit à vous, Seigneur, Roi d'éternelle gloire. »

### Du *Deo gratias*.

On finit chaque Heure et chaque Leçon, avec beaucoup d'autres prières, en disant : *Deo gratias*, « Rendons graces à Dieu; » et il n'y a rien qui convienne mieux à un chrétien qui a reçu tant de bienfaits de la main de Dieu.

### Du *Benedicamus Domino*.

On ne sauroit trop bénir Dieu, ni trop lui rendre graces; et cette manière si courte de le faire, devroit être familière à tous les chrétiens à chaque rencontre : c'est aussi pour les y accoutumer que l'Eglise la répète si souvent.

### Du *Dominus vobiscum*.

C'est la mutuelle salutation du prêtre au peuple, et du peuple au prêtre, en signe de communion et de paix, où l'on se souhaite les uns aux autres le plus grand de tous les biens, qui est d'avoir Dieu avec soi.

Cette mutuelle salutation se fait ordinairement devant que le prêtre dise l'*Oremus*, c'est-à-dire la prière qu'on nomme *Collecte*, dont il sera parlé ci-après en expliquant la sainte messe. Il faut alors, devant l'*Oremus*, unir son esprit et son intention avec le prêtre, et demander à Dieu ce que chacun croit lui être le plus nécessaire.

### De l'*Oremus*.

Le mot *Oremus* veut dire : « Prions; » et l'Eglise le répète souvent, afin de réveiller de temps en temps notre attention, pour faire une prière agréable à Dieu.

### Du *per Dominum nostrum Jesum Christum*, etc.

Toutes les fois qu'on entend ces paroles, il faut songer que les prières que nous faisons, ne sont exaucées qu'au nom de Jésus-Christ, par lequel seul nous avons accès auprès du Père éternel, étant par nous-mêmes des pécheurs indignes d'en approcher, et ne pouvant le faire que par Jésus-Christ, le Juste qui a lavé et expié nos péchés par son sang.

On met aussi dans cette prière l'unité parfaite, l'éternité, le règne et la vie du Père, du Fils, et du Saint-Esprit, pour marquer davantage la dignité de Jésus-Christ, et combien il est capable de nous obtenir toutes les graces : et on répond : *Amen*, pour témoigner son consentement à la prière du prêtre.

### ACTE D'ADORATION DEVANT LA DIVINE MAJESTÉ.

On le pourra faire au commencement du service divin, et en d'autres temps de la journée à sa dévotion, à l'exemple de David. (I *Paral.*, XXIX, 10 *et seq.*)

Béni soyez-vous, ô Seigneur Dieu tout-puissant, de toute éternité, et durant toute l'éternité. A vous, Seigneur, appartient la majesté et la puissance, et la gloire, et la victoire, et la louange. Toutes les choses qui sont dans le ciel et dans la terre sont à vous; vous les avez tirées du néant, et vous ne cessez de les conserver par votre bonté. Il vous appartient de régner, et vous êtes au-dessus de tous les princes. Les grandeurs et les richesses sont à vous; vous les donnez à qui il vous plaît; heureux ceux à qui vous apprenez à les mépriser, et à se contenter de vous seul! En votre main est la force et la puissance, la grandeur et l'empire souverain. *Amen*.

ADORATION ET ACTION DE GRACES
A JÉSUS-CHRIST,
Pour la rédemption du genre humain.
(*Apoc.*, v, 12.)

L'Agneau qui a été immolé pour nous, le Fils de Dieu qui s'est fait notre victime, est digne de recevoir la gloire qui est due à sa Divinité, et à sa sagesse, et à sa puissance, et à sa force qui le fait régner dans tout l'univers, et l'honneur, et la louange, et la bénédiction ; parce qu'il nous a rachetés par son sang, de tout peuple, de toute langue, et de toute nation, afin de régner avec lui, et d'être des sacrificateurs spirituels qui lui offrent des vœux, des prières et des louanges continuelles pour tous ses bienfaits. Ainsi soit-il.

## LA MESSE.

La messe est le sacrifice des chrétiens, c'est-à-dire l'acte principal de religion par lequel on rend à Dieu, en lui offrant et consacrant quelque chose de sensible, le culte suprême qui lui est dû comme à notre Créateur, et l'hommage d'une dépendance absolue. On y rend graces à Dieu de tous ses bienfaits ; on lui demande les graces dont on a besoin, et on apaise sa colère irritée par nos péchés.

La victime qu'on offre à Dieu pour toutes ces fins, est le corps et le sang de Jésus-Christ sous les espèces du pain et du vin, qu'on lui consacre en mémoire perpétuelle de la passion et de la mort du même Jésus, qui l'a ainsi ordonné.

Ce mot de *Messe* signifie *renvoi*, parce qu'autrefois au commencement de l'action du sacrifice, on renvoyoit, c'est-à-dire on faisoit sortir de l'église les catéchumènes et les pénitens, et qu'à la fin on renvoie encore tout le peuple, en disant : *Ite, missa est :* « Allez, on vous renvoie. » Ce dernier renvoi veut dire qu'il ne faut sortir de l'église que lorsque tout le sacrifice est achevé, et que l'Eglise elle-même, qui nous y a invités, nous renvoie dans nos maisons.

Les catéchumènes étoient ceux qu'on préparoit au baptême, et les pénitens ceux qui étoient en pénitence publique. C'est donc ici le sacrifice des saints ; et pour y assister dignement, il faudroit avoir la conscience toujours pure ; du moins faut-il demander la rémission de ses péchés, avec une douleur sincère de les avoir commis ; et c'est par où le prêtre commence la messe, en se tenant au pied de l'autel comme indigne d'en approcher, disant son *Confiteor* et *meâ culpâ*, frappant sa poitrine et se reconnoissant pécheur.

Le temple où l'on offre le sacrifice représente le ciel où Dieu se manifeste à ses élus ; il signifie aussi la société des fidèles où Dieu habite, et les fidèles sont les pierres vivantes dont cet édifice spirituel est composé. C'est pour cela qu'on l'appelle *église*, parce qu'il représente l'Eglise qui est la société des fidèles.

L'autel représente le trône de Dieu, où il reçoit les adorations de toutes ses créatures. Il signifie aussi Jésus-Christ, en qui tous nos vœux et nous-mêmes nous sommes offerts à Dieu comme une offrande agréable.

Le prêtre représente Jésus-Christ notre Pontife. Les habits sacrés font connoître que le prêtre est une nouvelle créature, portant en lui-même l'image de Jésus-Christ crucifié, au nom duquel il agit et il parle dans cette action.

Il faut donc s'unir au prêtre; et en la personne du prêtre, s'unir à Jésus-Christ même dont il est le ministre.

Il est aussi le ministre de tout le peuple au nom duquel il parle, et dont il porte à Dieu les vœux et les prières; de sorte que ce sacrifice n'est pas seulement le sacrifice du prêtre, mais encore celui de tout le peuple.

Anciennement tout le peuple assistoit, autant qu'il se pouvoit, à la même messe, afin d'offrir en commun ses vœux : chose très-agréable à Dieu, qui est le Dieu de paix, et un Père qui est bien aise d'être servi par ses enfans en unité parfaite. C'est ce qu'on fait encore dans la messe paroissiale.

Les assistans communioient autrefois avec le prêtre, et ce seroit encore l'intention de l'Eglise que cela se fît, comme elle s'en est expliquée dans le concile de Trente, sess. XXII, cap. 6; mais elle ne laisse pas d'offrir à Dieu son sacrifice, et de célébrer le banquet sacré : encore que tous les fidèles n'y participent pas en effet; l'Eglise les y invite, et il y faut du moins participer en esprit.

Autrefois aussi tout le peuple répondoit au prêtre; et le ministre qui le sert doit aussi, pour cette raison, parler au nom de toute l'Eglise. Voici les réponses qu'il faut faire.

## LES RÉPONSES DE LA MESSE.

Le ministre qui sert à la messe a soin que les cierges soient allumés, et les burettes garnies de vin et d'eau, avant que la messe commence. Il aide au prêtre à se revêtir, et prend garde qu'il soit revêtu proprement.

Si le prêtre part du revestiaire tout habillé, il marche devant modestement, portant le missel et les burettes (si déjà elles n'étoient à l'autel); et s'il passe devant le saint Sacrement, il fait la révérence.

Etant arrivé à l'autel, il passe au côté de l'épître; et y ayant reçu le bonnet, il le place en un lieu convenable hors de dessus l'autel ; puis ayant mis le missel sur l'autel et les burettes en leur place, aussitôt il se va mettre à genoux au-dessous des degrés, tout en bas, du côté de l'évangile, et se tourne vers le milieu de l'autel.

Il fait toujours la révérence lorsqu'il passe devant l'autel. Il n'a ni livre ni chapelet à la main, afin d'être plus attentif à bien servir le prêtre.

Il fait le signe de la croix avec le prêtre au commencement, et répond posément et distinctement au même ton que le prêtre.

Le prêtre étant debout au pied de l'autel et le ministre à genoux, ils font ensemble le signe de la croix, et le prêtre dit tout haut :

Au nom du Père, et du Fils, et du Saint-Esprit. Ainsi soit-il.

Puis ils récitent alternativement les prières suivantes (*a*) :

### ANTIENNE.

*Le Prêtre.* Je me présenterai à l'autel de Dieu :

*Le Ministre.* Du Dieu qui réjouit ma jeunesse.

### PSAUME 42.

*David persécuté par Saül et banni des saintes assemblées, désire assister au sacrifice. Le chrétien, à son exemple, ôte de son esprit tous les déplaisirs de la vie pour se réjouir en Jésus-Christ.*

Ce Psaume ne se dit pas aux messes des morts, ni depuis le dimanche de la Passion jusqu'au Samedi saint, à cause que c'est un Psaume de réjouissance, et qu'à ces jours-là l'Eglise est dans la tristesse.

*P.* 1. Seigneur, soyez mon juge et séparez ma cause d'avec celle des impies : délivrez-moi des hommes pleins de tromperie et d'injustice.

*M.* 2. Car vous êtes mon Dieu; vous êtes ma force : pourquoi vous éloignez-vous de moi? pourquoi me laissez-vous dans le deuil [1] et dans la tristesse sous l'oppression de mes ennemis?

*P.* 3. Faites luire sur moi votre lumière et votre vérité : elles m'ont conduit et m'ont introduit sur votre Montagne sainte et dans votre Tabernacle.

*M.* 4. Afin que je m'approche de l'autel de Dieu, du Dieu qui me comble de joie dans ma jeunesse [2].

*P.* 5. Je chanterai vos louanges sur la harpe [3], ô mon Seigneur et mon Dieu : pourquoi donc, mon ame, êtes-vous triste, et pourquoi me troublez-vous?

*M.* 6. Espérez en Dieu : car je le louerai encore, parce qu'il est mon sauveur, vers qui je tourne ma face, et mon Dieu.

*P.* Gloire soit au Père, et au Fils, et au Saint-Esprit.

*M.* Et qu'elle soit telle aujourd'hui, et toujours et dans les siècles des siècles, qu'elle a été dès le commencement. Ainsi soit-il.

[1] L'ame dans sa détresse se croit délaissée de Dieu; mais sa foi la relève.

[2] La jeunesse de l'ame, c'est la ferveur de l'esprit qui se renouvelle tous les jours.

[3] Les instrumens de musique signifient le parfait accord de nos désirs réglés par la loi de Dieu.

(*a*) On ne donne pas le latin, parce qu'il se trouve partout; on donne le françois, parce qu'il est de Bossuet.

### ANTIENNE.

*P.* Je me présenterai à l'autel de Dieu;

*M.* Du Dieu qui réjouit ma jeunesse.

On fait sur soi le signe de la croix, en disant :

*P.* Notre secours est dans le nom et la toute-puissance du Seigneur,

*M.* Qui a créé le ciel et la terre.

*P.* Je me confesse à Dieu, etc.

Le ministre étant incliné, dit :

Que le Dieu tout-puissant vous fasse miséricorde, etc.

Le ministre étant encore incliné, dit :

Je me confesse à Dieu, etc.

*P.* Que le Dieu tout-puissant vous fasse miséricorde, et que vous ayant pardonné vos péchés, il vous conduise à la vie éternelle.

*M.* Ainsi soit-il.

On fait sur soi le signe de la croix, en disant :

*P.* Que le Seigneur tout-puissant et miséricordieux nous accorde le pardon, l'absolution et la rémission de nos péchés.

*M.* Ainsi soit-il.

On s'incline médiocrement.

*P.* O Dieu, si vous vous tournez vers nous, vous nous ferez vivre.

*M.* Et votre peuple se réjouira en vous.

*P.* Seigneur, montrez-nous votre miséricorde.

*M.* Et donnez-nous votre salut.

*P.* Seigneur, écoutez ma prière.

*M.* Et que ma voix s'élève jusqu'à vous.

*P.* Que le Seigneur soit avec vous.

*M.* Et qu'il soit avec votre esprit.

*P.* Prions.

Le prêtre monte à l'autel, lit l'*Introït ;* puis étant au milieu de l'autel, il dit le *Kyrie, eleison.*

Ensuite le prêtre dit quelquefois *Gloria in excelsis*, d'autres fois il ne le dit pas ; mais se tournant aussitôt vers le peuple, ou après avoir dit *Gloria in excelsis*, il dit :

Que le Seigneur soit avec vous.

*M.* Et qu'il soit avec votre esprit.

Il lit une Collecte ou plusieurs, et les termine toujours en disant :

C'est ce que nous vous demandons par Notre-Seigneur Jésus-Christ votre Fils, qui étant Dieu, vit et règne avec vous en l'unité du Saint-Esprit, par tous les siècles des siècles. Ainsi soit-il.

Le prêtre lit l'Epître, et à la fin le ministre répond toujours ainsi :

Rendons graces à Dieu.

Le prêtre se retire au milieu de l'autel, et le ministre porte le livre au côté de l'évangile ; et en passant devant l'autel il s'incline, et revient ensuite au côté de l'épitre.

*P.* Que le Seigneur soit avec vous.

*M.* Et qu'il soit avec votre esprit.

# LA SAINTE MESSE.

Le commencement, *ou*, la suite du saint Evangile selon *N*.

Gloire vous soit donnée, ô Seigneur.

A la fin de l'Evangile le ministre répond :

Louange vous soit donnée, ô Jésus-Christ.

Le prêtre dit ensuite, *Credo in unum Deum*, et après ou sans le dire, se tournant vers le peuple, il dit :

Que le Seigneur soit avec vous.

*M*. Et qu'il soit avec votre esprit.

Lorsque le prêtre offre le pain, le ministre monte au côté de l'épitre avec les burettes ; il s'incline devant le prêtre, et il lui présente premièrement le vin, et puis l'eau. Il lui donne ensuite à laver, en lui versant quelques gouttes d'eau sur les doigts. Le prêtre se retire au milieu de l'autel, et puis se tournant vers le peuple, il dit :

Priez, mes frères, que mon sacrifice qui est aussi le vôtre, soit agréable à Dieu le Père tout-puissant.

*M*. Que le Seigneur reçoive de vos mains le sacrifice pour l'honneur et la gloire de son nom, pour notre utilité particulière et pour le bien de toute son Eglise.

Le prêtre répond tout bas :

Amen.

Le prêtre récite la secrète, à la fin de laquelle il dit la préface à haute voix.

Le prêtre, à la fin de la préface, disant *Sanctus, etc.*, le ministre tinte la clochette, et allume les flambeaux ou cierges pour l'élévation.

Il tinte la clochette à l'élévation de la sainte hostie, et encore à l'élévation du calice. Le prêtre prie à voix basse jusqu'à la dernière élévation de la sainte hostie et du calice ensemble, à laquelle le ministre sonne pour la dernière fois, et le prêtre dit ensuite :

Dans tous les siècles des siècles.

*M*. Ainsi soit-il.

Prions.

Et peu après le prêtre dit :

Notre Père, etc.

Et le ministre répond :

Mais délivrez-nous du mal.

Et le prêtre, tout bas :

Ainsi soit-il.

Puis à haute voix :

Dans tous les siècles des siècles.

*M*. Ainsi soit-il.

*P*. Que la paix du Seigneur soit toujours avec vous.

*M*. Et qu'elle soit avec votre esprit.

Le prêtre dit tout bas les prières pour se préparer à la communion ; il communie, prend premièrement la sainte hostie, et puis le calice ; et alors le ministre monte à l'autel au côté de l'épitre, avec les burettes. Le prêtre lui présente le calice, et il y verse quelques gouttes de vin seulement pour la première ablution. Le prêtre vient à lui tenant le calice entre ses mains, et il verse quelques gouttes de vin et d'eau pour la seconde ablution. Il remet les burettes en leur place ; porte le livre au côté de l'épitre ; éteint le flambeau ou le cierge allumé à l'élévation, et se place au côté de l'évangile. Le prêtre lit alors la communion, et dit ensuite :

Que le Seigneur soit avec vous, etc.

Le prêtre dit la postcommunion, et

la termine ainsi qu'il a été dit des Collectes.

Que le Seigneur soit avec vous, etc.

*P.* Allez-vous-en, on vous renvoie.

*M.* Nous rendons graces à Dieu.

Aux messes où le *Gloria in excelsis* n'a point été dit, le prêtre dit :

Bénissons le Seigneur.

*M.* Rendons graces à Dieu.

*P.* Que le Dieu tout-puissant vous bénisse : le Père, et le Fils, et le Saint-Esprit.

*M.* Ainsi soit-il.

Aux messes des morts on dit :

Que les ames des fidèles qui sont morts, reposent en paix.

Si le prêtre laisse le livre ouvert, le ministre doit le porter au côté de l'évangile.

Le prêtre dit l'évangile *In principio*, et à la fin on dit :

Rendons graces à Dieu.

Le ministre présente le bonnet au prêtre au pied de l'autel ; et si le prêtre retourne au revestiaire tout habillé, il marche devant, portant le livre et les burettes ; et quand il y est arrivé, il fait une inclination au prêtre et se retire en paix.

# MANIÈRE
## DE BIEN ENTENDRE LA SAINTE MESSE.

### AVERTISSEMENT GÉNÉRAL.

La première chose qu'il faut faire, c'est de relire souvent et de bien comprendre ce qui est dit de la messe au *Second Catéchisme,* partie V, *Instruction sur l'Eucharistie,* leçon II.

Il faut aussi bien comprendre ce qui est enseigné dans le *Catéchisme des Fêtes,* leçon I, du Dimanche, partie I, où il est parlé de la messe paroissiale.

Aux autres fêtes il faut pareillement relire, et bien comprendre ce qui en est dit dans le *Catéchisme des Fêtes.* On trouvera dans les *Prières ecclésiastiques,* les Collectes qui renferment ce qu'il y a de meilleur, de plus sûr et de plus court pour bien entendre l'intention, et bien prendre l'esprit de l'Eglise dans l'institution de chaque fête. Et comme l'esprit de l'Eglise, dans la messe qu'elle célèbre en ces saints jours, c'est de rendre graces à Dieu des merveilles dont on fait mémoire, il faut commencer par les considérer, et s'en faire à soi-même l'application pour son profit spirituel, ainsi qu'il est marqué dans le *Catéchisme*.

## L'EAU BÉNITE.

Les bénédictions de l'Eglise sont des prières qu'elle fait avec des signes de croix, et d'autres pieuses cérémonies. Les signes de croix signifient que tout est béni par la croix de Jésus-Christ. Quand l'Eglise applique ses prières sur l'eau et sur d'autres choses qui frappent nos sens, c'est afin de rendre sensibles, et de réveiller dans notre mémoire les prières qu'on a faites, et les graces qu'on a demandées à Dieu.

Les exorcismes sont des prières que fait l'Eglise pour chasser le malin esprit; et c'est ce que veut dire le mot d'*exorcisme*. Quand l'Eglise fait des exorcismes sur l'eau et sur d'autres choses sensibles, c'est pour montrer que par le péché de l'homme, toutes les créatures qui lui étaient assujetties tombèrent sous la puissance du démon, qui en effet les fit servir à l'idolâtrie et au péché. On montre en les exorcisant que la puissance du démon est anéantie, et que l'homme qu'il avoit vaincu lui devient supérieur.

Dans cet esprit, les premiers chrétiens faisoient des signes de croix sur tout ce dont ils se servoient, soit dans les choses de la religion, soit dans les usages communs de la vie.

L'eau bénite nous représente en particulier la grace de notre baptême, et la continuelle purification que nous devons faire de nos consciences par la pénitence.

Le sel qu'on y mêle marque que nous devons éviter la corruption, et signifie la sagesse céleste dont nos discours doivent être assaisonnés, selon ce précepte de saint Paul : « Que votre discours soit toujours plein de grace et assaisonné de sel, afin que vous sachiez ce que vous devez répondre à un chacun. » *Col.*, IV, 6.

### BÉNÉDICTION DE L'EAU.

*Exorcisme et bénédiction du sel.*

Notre secours est dans le nom du Seigneur.

Qui a fait le ciel et la terre.

Je t'exorcise, créature de sel, par le Dieu vivant, par le Dieu véritable, par le Dieu saint : par le Dieu qui fit ordonner par le prophète Elisée qu'on te jetât dans l'eau pour la rendre saine et féconde, afin que par cet exorcisme tu puisses servir aux fidèles pour leur salut, et que tous ceux qui te prendront reçoivent la santé du corps et de l'ame; et afin que le lieu où tu seras répandue soit délivré de toute illusion, malice, ruse et surprise du diable, et que tout esprit impur en soit chassé; par la conjuration de celui qui viendra juger les vivans et les morts, et le monde par le feu. Ainsi soit-il.

ORAISON, *Immensam clementiam, etc.*

Dieu tout-puissant et éternel, nous supplions humblement votre clémence infinie, qu'il vous plaise par votre bonté, de bénir et de sanctifier cette créature de sel que vous avez donnée au genre humain pour son usage, afin qu'elle serve à tous ceux qui en prendront pour le salut de leur ame et de leur corps ; et que tout ce qui en sera touché ou arrosé, soit préservé de toute tache et de toutes les attaques des esprits malins. Par Notre-Seigneur Jésus-Christ votre Fils, qui étant Dieu, vit et règne avec vous en l'unité du Saint-Esprit. Ainsi soit-il.

*Exorcisme et bénédiction de l'eau.*

Je t'exorcise, créature d'eau, au nom du Père tout-puissant, et au nom de Notre-Seigneur Jésus-Christ son Fils, et en la vertu du Saint-Esprit, afin que par cet exorcisme tu puisses servir à chasser et dissiper toutes les forces de l'ennemi, et à l'exterminer lui-même avec ses anges apostats, par la puissance du même Jésus-Christ Notre-Seigneur, qui viendra juger les vivans et les morts, et le monde par le feu. Ainsi soit-il.

ORAISON, *Deus, qui ad salutem, etc.*

O Dieu, qui pour procurer le salut du genre humain, avez établi les plus grands mystères [1] dans la substance des eaux, écoutez favorablement nos humbles prières, et répandez la vertu de votre bénédiction sur cet élément qui est préparé par diverses purifications, afin que votre créature servant à vos mystères, reçoive l'effet de votre grace divine, pour chasser les démons et les maladies ; et tout ce qui sera arrosé de cette eau dans les maisons ou dans les autres lieux des fidèles, soit préservé de toute impureté et de tous maux ; qu'il n'y ait point ni d'esprit pestilentieux, ni d'air corrompu ; qu'il soit délivré des embûches secrètes de l'ennemi ; et s'il y a quelque chose qui puisse nuire ou à la santé ou au repos de ceux qui y habitent, qu'elle en soit éloignée par l'aspersion de cette eau ; et qu'enfin nous puissions obtenir, par l'invocation de votre saint nom, une prospérité comme nous désirons, qui soit à couvert de toutes sortes d'attaques. Par Notre-Seigneur, etc. Ainsi soit-il.

Le prêtre jette le sel dans l'eau en forme de croix, en disant :

Que ce mélange du sel et de l'eau soit fait au nom du Père, et du Fils, et du Saint-Esprit. Ainsi soit-il.

Le Seigneur soit avec vous.

Et qu'il soit avec votre Esprit.

---

(1) C'est, avant Jésus-Christ, l'Esprit de Dieu porté sur les eaux au commencement du monde : le déluge où tout l'univers fut purgé et renouvelé : la mer Rouge qui sauva le peuple de Dieu, et noya ses ennemis : et dans le Nouveau Testament, le premier miracle de Jésus-Christ, lorsqu'il changea l'eau en vin : la manifestation de la sainte Trinité dans son baptême, et enfin la rémission des péchés dans le nôtre.

ORAISON, *Deus, invictæ virtutis, etc.*

O Dieu, qui êtes l'auteur d'une puissance invincible, Roi d'un empire inébranlable, et qui triomphez toujours glorieusement; qui dissipez les forces du parti contraire; qui abattez la fureur de l'ennemi rugissant, et qui domptez puissamment la malice de vos adversaires: nous vous supplions avec un profond respect, qu'il vous plaise de regarder d'un œil favorable cette créature de sel et d'eau, de répandre sur elle la lumière de votre grace, et de la sanctifier par la rosée de votre bonté, afin que tous les lieux qui en seront arrosés, soient préservés, par l'invocation de votre saint nom, des fantômes de l'esprit impur; qu'il n'y ait point de serpent venimeux à craindre; mais qu'en implorant votre miséricorde, nous soyons en tous lieux assistés par la présence du Saint-Esprit. Par Notre-Seigneur. Ainsi soit-il.

La bénédiction étant finie, le prêtre fait l'aspersion sur l'autel et ensuite sur le clergé et le peuple. Cependant on chante dans le chœur ce qui suit:

Ant. Vous me purifierez, Seigneur, avec l'hysope, et je serai net: vous me laverez, et je deviendrai plus blanc que la neige.

℣. Ayez pitié de moi, mon Dieu, selon votre grande miséricorde.

℣. Gloire, etc. *On répète:* Vous me purifierez, etc.

Depuis Pâques jusqu'à la Trinité, on dit l'antienne suivante:

J'ai vu sortir de l'eau du côté droit du temple, louez Dieu; et tous ceux qui ont été arrosés de cette eau, ont été sauvés, et ils diront: Louez Dieu, louez Dieu, louez Dieu.

℣. Célébrez les louanges du Seigneur, parce qu'il est bon; parce que sa miséricorde est éternelle.

℣. Gloire, etc.

Après l'aspersion de l'eau, le prêtre étant debout, dit:

℣. Seigneur, faites-nous paroître votre miséricorde,

℟. Et accordez-nous votre salut.

℣. Seigneur, exaucez ma prière,
℟. Et que mes cris s'élèvent jusqu'à vous.

℣. Que le Seigneur soit avec vous.

℟. Et qu'il soit avec votre esprit.

ORAISON, *Exaudi nos, etc.*

Exaucez-nous, Seigneur, Père saint, Dieu tout-puissant et éternel, et daignez envoyer du ciel votre saint ange; qu'il garde, qu'il soutienne, qu'il protége, qu'il visite et qu'il défende tous ceux qui sont en ce lieu. Par Jésus-Christ Notre-Seigneur, etc. Ainsi soit-il.

## PREMIÈRE PARTIE DE LA MESSE.

*Le sacrifice de la messe, c'est dans la célébration du mystère de l'Eucharistie, la commémoration du sacrifice de la croix.*

*Il est divisé en trois parties : la première est depuis le commencement jusqu'à l'offertoire; la seconde, depuis l'offertoire jusqu'après la communion; la troisième est après la communion jusqu'à la fin.*

*Dans la première partie, l'Eglise se prépare au sacrifice par la prière, par de saints cantiques, et par des lectures tirées de l'Ecriture sainte.*

Quand on voit le prêtre se tenir au pied de l'autel, il faut entrer dans l'esprit d'une humilité profonde, et se regarder comme un pécheur banni de l'autel, et qui n'en approche qu'en tremblant ; et dire dans cet esprit les prières qu'on dit au bas de l'autel.

Quand le prêtre monte à l'autel en levant les yeux et les mains au ciel, et en disant : *Oremus*, c'est-à-dire « prions, » il faut dire avec lui :

O Seigneur, purifiez-nous de nos iniquités et de nos péchés, afin que nous approchions de votre sanctuaire et du Saint des saints, avec des mains pures.

Quand le prêtre baise l'autel et salue les saintes reliques qui y sont enfermées, selon l'ancienne tradition :

O mon Dieu, j'ose approcher de vous avec votre ministre en unité d'esprit, avec toute votre Eglise, tant celle qui est sur la terre que celle qui est dans les cieux ; Par Jésus-Christ Notre-Seigneur.

Quand le prêtre, au coin de l'autel, fait le signe de la croix, il le faut faire avec lui ; et si on n'a pas l'introït devant les yeux, on peut dire :

Le nom de Dieu soit béni maintenant, et aux siècles des siècles.

Depuis le matin jusqu'au soir, depuis le levant jusqu'au couchant, le nom du Seigneur est toujours louable.

Qui est semblable au Seigneur notre Dieu, qui a son siège dans les hauts lieux, et qui regarde les humbles dans le ciel et dans la terre? (*Psal.* CXII, 2-6.)

*Gloria Patri, etc.*

Gloire soit au Père, et au Fils, et au Saint-Esprit,

Et qu'elle soit telle aujourd'hui et toujours, et dans les siècles des siècles, qu'elle a été dans le commencement. Ainsi soit-il.

Au *Kyrie*.

On dit ensuite avec le prêtre :

*Kyrie, eleison;* « Seigneur, ayez pitié de nous. » *Christe, eleison;* «Christ, ayez pitié de nous. » *Kyrie, eleison;* « Seigneur, ayez pitié de nous. » Trois fois au Père, trois fois au Fils et trois fois au Saint-Esprit.

Au *Kyrie* dans une messe haute.

O Père, qui avez écouté les cris

de votre peuple captif en Egypte ; ô Dieu, qui avez eu pitié des Ninivites convertis ; ô Dieu, qui touché de la perte du genre humain, avez envoyé votre Fils pour nous sauver, ayez pitié de nous.

O Christ, Fils de Dieu, qui êtes venu pour sauver les pécheurs ; vous qui avez eu pitié des larmes de Pierre, et de celles de la pécheresse qui pleuroit à vos pieds ; vous qui avez daigné vous-même pleurer pour nous, ayez pitié de nous.

Saint-Esprit, Seigneur et Dieu tout-puissant, qui nous illuminez et nous attendrissez par votre onction ; qui changez les cœurs ; qui les remplissez de l'esprit de componction et de gémissement pour leurs péchés, ayez pitié de nous.

### Au *Gloria in excelsis Deo*.

Il le faut dire avec le prêtre, et se souvenir que c'est le cantique des anges à la naissance de Notre-Seigneur, dont on se doit réjouir avec eux et avec les bergers à qui ils la vinrent annoncer.

Gloire à Dieu au plus haut des cieux,

Et paix aux hommes de bonne volonté, sur la terre.

Nous vous louons,

Nous vous bénissons,

Nous vous adorons,

Nous vous glorifions,

Nous vous rendons graces dans la vue de votre gloire infinie.

O Seigneur Dieu, Roi du ciel !

Ô Dieu, Père tout-puissant !

O Seigneur, Fils unique de Dieu, Jésus-Christ.

O Seigneur Dieu, Agneau de Dieu, Fils du Père.

O vous qui effacez les péchés du monde, ayez pitié de nous.

O vous qui effacez les péchés du monde, recevez notre prière.

O vous qui êtes assis à la droite du Père, ayez pitié de nous.

Car vous, ô Christ, êtes le seul saint,

Le seul Seigneur,

Le seul Très-Haut,

Avec le Saint-Esprit en la gloire de Dieu le Père.

Ainsi soit-il.

### Au *Dominus vobiscum*.

« Que le Seigneur soit avec vous. » Il faut recevoir le salut du prêtre, et le lui rendre en disant : *Et cum spiritu tuo* ; « Et qu'il soit avec votre esprit ; » et s'unir avec son esprit pour prier.

### A l'*Oremus* ou à la Collecte.

A ce mot, *Oremus*, « Prions, » il faut, selon l'intention de l'Eglise, réveiller son attention et dire de cœur : Prions ; faisons une prière véritable, qui ne soit pas seulement sur les lèvres, mais encore dans le cœur.

### La Collecte.

Ce mot *Collecte* signifie recueil ; et on appelle ainsi cette prière, parce qu'alors le prêtre, comme ministre et interprète de toute l'Eglise, ramasse en peu de paroles les vœux et les prières de tout le peuple, pour les présenter à Dieu par Jésus-Christ.

Les collectes des dimanches et des fêtes sont marquées ci-après.

### A l'Epître.

Ce qu'on appelle l'*Epître* est tiré de quelque endroit de l'Ancien ou du Nouveau Testament : jamais néanmoins de l'Evangile. Il y a des livres où l'on trouve les épîtres et les évangiles en françois. Si on ne les a pas, on pourra dire durant la lecture de l'Epître :

O Seigneur, soyez loué à jamais de ce qu'il vous a plu communiquer votre Esprit aux saints prophètes et aux saints apôtres, leur découvrant tant d'admirables secrets pour votre gloire et notre salut. Je crois de tout mon cœur à leur parole qui est la vôtre ; donnez-moi la grace d'entendre par les instructions de votre Eglise, ce qui m'est profitable, et de le pratiquer jusqu'à la fin de mes jours.

A la fin de l'Epître, on dit : *Deo gratias,* « Graces à Dieu. »

O Seigneur, je vous rends graces de tant d'excellentes vérités que vous avez révélées à votre Eglise, pour l'instruction et la consolation de vos serviteurs.

Si c'est une haute messe, on pourra s'occuper durant la prière nommée *Graduel*, qu'on fait entre l'épître et l'évangile, en disant quelqu'un des psaumes pénitentiels, ou quelque autre dévote prière.

### A l'Evangile.

Le diacre, dans les hautes messes, se met à genoux pour prier Dieu de purifier ses lèvres, afin de les rendre dignes de prononcer les paroles de Jésus-Christ qu'on va réciter dans l'évangile : le prêtre dans les basses messes fait aussi la même prière, étant profondément incliné au milieu de l'autel.

On porte avec révérence le livre de l'évangile, la croix et les cierges devant. La croix signifie que l'Evangile en abrégé n'est autre chose que Jésus-Christ crucifié : les cierges allumés signifient la joie avec laquelle on entend la parole de Jésus-Christ, et la foi qui nous le fait regarder comme la lumière que nous devons suivre. On se lève à la lecture de l'évangile, pour montrer la joie et la promptitude avec laquelle on le veut pratiquer. Quand on s'incline devant l'évangile, ou qu'on le baise, c'est une adoration rendue à la vérité éternelle contenue dans ce livre divin.

*Prière pendant l'Evangile, quand on ne l'a pas devant les yeux pour le lire.*

O Seigneur, soyez loué à jamais de ce que, non content de nous enseigner par les prophètes et par les apôtres, vous avez daigné nous parler par Jésus-Christ votre propre Fils : vous qui par une voix venue du ciel, nous avez commandé de l'entendre, donnez-nous la grace de profiter de sa doctrine céleste. Divin Jésus, tout ce qui est écrit de vous dans votre Evangile est la vérité même : tout est sagesse dans vos actions ; tout est puissance et bonté dans vos miracles ; tout est lumière dans vos saintes paroles. Vous avez des paroles de vie éternelle : vos paroles sont esprit et vie. Je les crois : faites-moi la grace de les pratiquer.

A la de fin l'Evangile on répond :

*Laus tibi Christe,* « Louange vous soit donnée, ô Jésus-Christ, » pour les paroles de vérité qu'on vient de lire dans votre Evangile.

### Au Credo.

C'est le Symbole des apôtres auquel les Pères du concile de Nicée, et ceux du concile de Constantinople ont ajouté ce qui étoit nécessaire pour la condamnation des hérétiques qui nioient la divinité du Fils et du Saint-Esprit, et d'autres vérités de la foi.

Je crois en un seul Dieu,
Père tout-puissant,
Qui a fait le ciel et la terre,
Et toutes les choses visibles et invisibles :
Et en un seul Seigneur Jésus-Christ, Fils unique de Dieu,
Et né du Père avant tous les siècles :
Dieu de Dieu, lumière de lumière, vrai Dieu du vrai Dieu :
Qui n'a pas été fait, mais engendré ; qui est de même substance que le Père, et par qui toutes choses ont été faites ;
Qui est descendu des cieux pour nous hommes misérables, et pour notre salut,
Et a pris chair de la Vierge Marie par l'opération du Saint-Esprit, et a été fait homme ;
Qui a été aussi crucifié pour nous ; qui a souffert sous Ponce-Pilate, et a été mis dans le tombeau ;
Qui est ressuscité le troisième jour, selon les Ecritures ;
Qui est monté au ciel, et est assis à la droite du Père ;
Qui viendra de nouveau, plein de gloire, pour juger les vivans et les morts,
Et dont le règne n'aura point de fin.
Je crois au Saint-Esprit, qui est aussi Seigneur, et qui donne la vie ;
Qui procède du Père et du Fils ;
Qui est adoré et glorifié conjointement avec le Père et le Fils ;
Qui a parlé par les Prophètes.
Je crois l'Eglise qui est une, sainte, catholique et apostolique.
Je confesse un baptême pour la rémission des péchés,
Et j'attends la résurrection des morts,
Et la vie du siècle à venir. Cela est ainsi, c'est la vérité.

### A L'OFFERTOIRE.

## SECONDE PARTIE DE LA MESSE,

#### OU COMMENCE L'OBLATION ET LA CÉLÉBRATION DU SAINT SACRIFICE.

*Ce sacrifice consiste à offrir à Dieu sur l'autel, du pain et du vin pour être changés au corps et au sang de Jésus-Christ, et ensuite être consumés à la communion.*

*Le pain et le vin sont notre nourriture ordinaire; nous offrons donc à Dieu notre propre vie, en lui offrant ce qui en fait le soutien.*

*Le pain nous doit faire souvenir du corps de Jésus-Christ, qui est la nourriture de nos ames, et le vin, de son sang, qui nous réjouit en nous confirmant la rémission de nos péchés.*

*Comme il a fallu pour faire du pain que le blé fût broyé et froissé; et pour faire du vin, que le raisin sous le pressoir rendît toute sa liqueur: ainsi, afin que Jesus-Christ fût notre nourriture et notre soutien, il a fallu qu'il souffrît dans sa passion les dernières violences, et qu'il y répandît tout son sang.*

*Le pain et le vin signifient aussi les fidèles unis ensemble, comme le pain est composé de plusieurs grains unis, et le vin de la liqueur de plusieurs raisins; et c'est en cette sorte qu'en ce sacrifice, avec le pain et le vin, on offre à Dieu tous ses fidèles, et avec Jésus-Christ toute son Eglise.*

*Ainsi nous devons nous considérer comme étant tous offerts à Dieu: nous devons aussi nous y offrir nous-mêmes. Il faut songer que le prêtre offre au nom de toute l'Eglise, et qu'en lui et par lui, tous les assistans doivent aussi offrir à Dieu leur sacrifice; de sorte que la meilleure manière de participer à cette sainte action, c'est de s'unir à l'intention du prêtre offrant, et de s'offrir à Dieu avec Jésus-Christ, comme une hostie vivante pour accomplir sa volonté en toutes choses.*

*Autrefois chaque fidèle apportoit et présentoit à l'autel le pain et le vin dont on prenoit ce qui étoit nécessaire pour le sacrifice et pour la communion du peuple: le reste s'employoit à la subsistance du clergé et des pauvres; et c'est ce qui a donné lieu à ce qu'on appelle à présent l'Offrande, ainsi qu'il est expliqué au* Catéchisme des Fêtes, *leçon du Dimanche.*

### Du Pain bénit.

La cérémonie en est expliquée au même endroit du *Catéchisme*: c'est un signe de communion entre les fidèles; et pour suivre les intentions de l'Eglise, on peut faire cette prière.

O Jésus-Christ, vous êtes le vrai pain vivant qui donnez la vie au monde. C'est vous qui avez dit que l'homme ne vit pas seulement de pain, mais de toute parole qui sort de la bouche de Dieu: ma nourriture sera de faire votre volonté, comme la vôtre a été de faire la volonté de votre Père.

### A l'Offrande.

O mon Dieu, je m'offre à vous de tout mon cœur, pour faire et souffrir tout ce qui vous plaît: recevez mon offrande, et soutenez ma foiblesse.

#### Prière quand on offre le pain sur la patène.

O Dieu, ayez agréable ce saint sacrifice, et recevez-le des mains de votre ministre, pour la gloire de votre saint nom et pour le salut de tout votre peuple.

*Quand on met l'eau dans le vin.*

Ce mélange signifie l'union de la nature humaine avec la nature divine en la personne de Jésus-Christ; il faut dire avec l'Eglise :

*Deus, qui humanæ substantiæ*, etc.

O Dieu, qui avez créé d'une manière admirable la nature humaine, et qui l'avez rétablie d'une manière encore plus admirable dans sa première dignité : faites que, par ce mystère du vin et de l'eau, nous soyons rendus participans de la divinité de Jésus-Christ votre Fils Notre-Seigneur, qui a voulu participer à notre nature foible et mortelle; lui qui vit et règne éternellement avec vous dans l'unité du Saint-Esprit.

Comme, selon la doctrine des saints, ce mélange signifie encore l'union du peuple avec Jésus-Christ, dont le sang qui nous lave est désigné par le vin, on peut dire quelquefois pour entretenir son esprit de plusieurs vérités :

*Autre Prière pour le même sujet.*

O Jésus, unissez-moi avec vous; qu'il ne paroisse plus rien de ce que je suis, comme il ne paroît plus rien de cette eau mêlée dans le vin; que vous seul paroissiez dans toutes mes œuvres; plongez-moi dans votre sang; que mes péchés ne paroissent plus. *Amen, amen.*

*Pendant que le prêtre incliné fait sa prière sur les dons offerts, et qu'il les bénit.*

Il faut songer que ces dons offerts, c'est-à-dire le pain et le vin qui doivent être changés au corps et au sang de Jésus-Christ, sont préparés à ce changement par la bénédiction de l'Eglise : nous devons aussi à notre manière être changés en Jésus-Christ avec ses dons, et nous préparer à ce changement par cette prière :

O Seigneur, qui par un effet de votre toute-puissance, devez changer ce pain et ce vin au corps et au sang de votre Fils Jésus-Christ, nous nous offrons nous-mêmes à vous avec un cœur contrit et humilié, afin que changés par votre Esprit-Saint au dedans du cœur, nous vivions en Jésus-Christ, et lui en nous.

*A l'Encensement.*

L'encens dans l'Ecriture signifie les prières des saints. L'ange les présente dans l'*Apocalypse*, et ce parfum s'élève de sa main devant la face de Dieu. (*Apoc.*, VIII, 3, 4.) Ainsi l'encens dont on parfume le pain et le vin, représente qu'avec ces dons ou plutôt avec Jésus-Christ, dont on doit faire le corps et le sang, nous devons faire monter à Dieu nos prières. Il faut donc dire avec le prêtre cette prière du psaume CXL.

*Dirigatur, Domine*, etc.

Que ma prière, Seigneur, monte droit vers vous comme la fumée de l'encens; que l'élévation de mes mains vous soit agréable comme le sacrifice du soir.

Mettez, Seigneur, une garde à ma bouche [1], et une porte à mes lèvres.

---

[1] Il prie qu'on ne fasse à Dieu que des prières dignes de lui; et que si on lui demande les choses temporelles, ce soit par rapport aux éternelles.

Ne permettez point que mon cœur s'égare dans des paroles de malice, pour chercher des excuses dans mes péchés[1].

*Au Lavabo, lorsque le prêtre lave ses doigts.*

Cette action signifie qu'il se faut nettoyer de ses péchés en les détestant, pour être digne d'assister à un sacrifice si pur.

Pour cela on dit avec le prêtre la fin du psaume XXV.

*Lavabo inter innocentes manus meas.*

6. O Seigneur, je laverai mes mains avec les personnes innocentes : et j'environnerai votre autel,

7. Afin d'écouter la voix de vos louanges, et de raconter toutes vos merveilles.

8. Seigneur, j'ai aimé la beauté de votre maison : et le lieu où réside votre gloire.

9. Ne perdez pas mon ame avec les impies : ma vie avec les hommes sanguinaires et vindicatifs,

10. Qui ont les mains remplies d'injustices : et la main droite pleine de présens[2].

11. Mais pour moi, j'ai marché dans l'innocence : délivrez-moi, et ayez pitié de moi.

12. Mon pied est demeuré ferme dans la droite voie : je vous bénirai, Seigneur, dans les assemblées.

Gloire soit au Père, au Fils, etc.

*Autre Prière.*

O Seigneur, les innocens mêmes ont besoin de se laver; purifiez-nous de nos moindres fautes, et ne permettez pas que nous vous offrions un sacrifice si pur avec des mains souillées.

Après le *Lavabo*, pendant que le prêtre retourné à l'autel, s'incline de nouveau devant Dieu pour lui offrir les dons proposés.

*Prière.*

Très-sainte Trinité, Père, Fils, et Saint-Esprit : nous vous offrons cette oblation sainte en mémoire de la passion, de la résurrection et de l'ascension de Notre-Seigneur Jésus-Christ, en honorant tous vos saints que vous avez sanctifiés par ce sacrifice, et vous demandant leurs prières, particulièrement celles de la sainte Vierge Marie.

*A l'Orate, fratres.*

Cet endroit de la messe est très-important. Le prêtre prêt à entrer dans l'action du sacrifice, se retourne pour avertir les assistans que c'est en leur nom qu'il va offrir, et il demande la société de leurs prières dans le sacrifice qu'ils doivent offrir avec lui : il leur dit donc :

*Orate, fratres*, priez, mes frères, que mon sacrifice, qui est

---

[1] Lorsqu'on se laisse aveugler par l'amour des biens de la terre, et qu'on en fait tout le sujet de sa prière, on croit être pieux ; et il semble qu'on veuille chercher de vaines excuses à ses passions déréglées, en les portant jusque devant Dieu.

[2] Pour corrompre les personnes puissantes, et s'en servir à opprimer ses ennemis innocens.

aussi le vôtre, soit agréable à notre Dieu tout-puissant.

Il faut répondre de cœur et de bouche :

Que le Seigneur reçoive de vos mains le sacrifice pour l'honneur et la gloire de son nom, pour notre utilité particulière et pour le bien de toute son Eglise.

*A l'Oraison qu'on appelle* Secrète, *devant le premier* Per omnia.

Le prêtre dans cette oraison, prie Dieu d'accepter les dons qu'on lui offre, et explique ordinairement le sujet de l'oblation, surtout dans les fêtes particulières, où il lui rend graces, ou pour les mystères qu'il a accomplis en Jésus-Christ, ou pour les merveilles qu'il a faites dans ses saints.

O Dieu, rendez-moi digne d'assister à ces saints et redoutables mystères. O Dieu, combien est terrible l'ouvrage que vous commencez ! O Dieu, achevez-le et agréez nos offrandes, par Jésus-Christ Notre-Seigneur votre Fils, qui vit et règne avec vous en l'unité du Saint-Esprit.

Par tous les siècles des siècles. Ainsi soit-il.

Que le Seigneur soit avec vous.

Et qu'il soit avec votre esprit.

Elevez vos cœurs.

Nous les tenons élevés vers le Seigneur.

Rendons graces au Seigneur notre Dieu.

Il est juste et raisonnable.

Dans ces deux avertissemens du prêtre et dans les deux réponses que tout le monde lui fait, est comprise toute l'instruction de ce mystère.

Avoir le cœur en haut, c'est s'élever au-dessus des sens pour ne voir plus dans ce mystère ce qu'ils nous suggèrent, mais ce que Jésus-Christ y va dire et faire.

Rendre graces à Dieu, c'est commencer en effet le sacrifice de l'Eucharistie, qui veut dire *action de graces.*

La Préface, après le premier *Per omnia.*

*Vere dignum et justum est,* etc.

Pour élever les cœurs en haut selon que l'Eglise nous en avertit, on se joint avec tous les esprits célestes. La prière et l'action de graces par laquelle on le fait s'appelle *Préface*, parce que c'est par là qu'on commence le sacrifice ; et on dit avec le prêtre :

Il est bien juste, ô Dieu, Père tout-puissant; il est bien raisonnable de vous rendre graces en tout lieu et en tout temps, de tant de biens que nous avons reçus et que nous recevons continuellement de votre bonté. Nous vous en rendons graces par Jésus-Christ Notre-Seigneur, par qui les anges mêmes, et tous les esprits célestes louent et glorifient votre sainte et redoutable Majesté; nous unissons avec eux nos cœurs et nos voix, et nous chantons de toutes nos forces avec les séraphins :

*Sur le* Sanctus.

C'est le cantique que le prophète Isaïe ouït chanter aux séraphins avec un respect étonnant de la Majesté divine. L'Eglise y ajoute le *Benedictus*, qui est le cri de réjouissance qu'on chanta à Notre-Seigneur, lorsqu'il fit son entrée dans Jérusalem.

*Hosanna*, en langue sainte, est un cri de réjouissance, comme qui diroit : *Béni soit Dieu qui nous délivre.*

Saint, saint, saint est le Seigneur, le Dieu des armées.

Votre gloire remplit le ciel et la terre. Le salut nous soit donné du plus haut des cieux.

Béni soit celui qui vient au nom du Seigneur.

Le salut nous soit donné du plus haut des cieux.

### Après le Sanctus.

C'est alors que l'on commence l'action du sacrifice qui s'appelle aussi dans le style ecclésiastique l'*Action*, comme étant la plus grande action, et la plus divine qui se puisse faire dans l'Eglise. On appelle cette prière *Canon*, c'est-à-dire règle, pour exprimer qu'on va offrir à Dieu, selon la règle de son Evangile, le sacrifice institué par Jésus-Christ, avec la prière réglée par les apôtres et par la tradition perpétuelle de l'Eglise.

En cet endroit il est à propos de parler plus du cœur que de la bouche, et de se tenir attentif au mystère incompréhensible qu'on va opérer.

Néanmoins pour se conformer à l'intention de l'Eglise, on peut dire :

### Prière après le Sanctus.

### Te igitur.

Nous vous prions, Père très-clément, par Jésus-Christ votre Fils, Notre-Seigneur, de recevoir cette oblation pour toute votre Eglise catholique. O Dieu, qu'il lui plaise de l'unir, de lui donner votre paix, et de la sanctifier avec notre saint Père le pape N., et notre évêque N., et notre roi N., et tous les évêques or-thodoxes, tout l'Ordre sacré et tout le peuple fidèle.

### Au premier Memento.

O Seigneur, nous recommandons à votre bonté nous et nos amis, nos proches, nos bienfaiteurs et tous vos fidèles, sans oublier nos ennemis, que nous voulons toujours regarder comme nos chers frères.

O Seigneur, nous nous unissons de tout notre cœur tous ensemble dans la communion de vos Saints, avec la glorieuse Marie toujours vierge, Mère de notre Dieu et sauveur Jésus-Christ, et avec vos saints martyrs et tous vos Saints. Faites que par les prières de ceux qui sont en si grand honneur et considération devant vous, nous soyons toujours assistés de votre secours; au nom de Jésus-Christ Notre-Seigneur.

### Quand le prêtre étend les mains sur les dons proposés.

Cette action signifie qu'on s'unit avec ces dons pour être consacré à Dieu, c'est-à-dire changé avec eux; et il faut dire avec le prêtre :

O Seigneur, ayez agréable cette oblation de toute votre famille, en témoignage de notre dépendance absolue. Faites couler nos jours dans votre paix; délivrez-nous de la damnation éternelle, et mettez-nous au nombre de vos élus, par Jésus-Christ Notre-Seigneur.

### Pendant que le prêtre bénit les dons, faisant dessus des signes de croix.

Alors il ne faut plus parler que du

cœur. Il faut être attentif à ce que fit Jésus-Christ la veille de sa mort dans sa sainte Cène, à sa passion et à sa mort, dont tant de signes de croix nous rappellent la mémoire.

### Pendant la Consécration.

Il faut tenir son esprit attentif au grand et miraculeux changement qui se va faire, où le pain deviendra le propre corps, et le vin le propre sang de Jésus-Christ, le même corps livré pour nous, le même sang répandu pour nous.

Pendant qu'on élève le corps adorable et le calice du sang précieux, c'est mieux fait de le regarder en silence et avec une profonde humilité en disant seulement du cœur : « Je crois, Seigneur, je crois : fortifiez ma foi, changez-moi : vivez en moi, et moi en vous. »

Quand après la consécration le prêtre répète ces paroles de Jésus-Christ : « Toutes les fois que vous ferez ces choses, faites-les en mémoire de moi : » obéissons à sa parole, et disons :

### Prière après la Consécration.

O Seigneur, nous nous souviendrons éternellement de tout ce que vous avez fait pour notre salut; de votre passion douloureuse; de votre obéissance jusqu'à la mort de la croix; de votre glorieuse résurrection; de votre ascension triomphante; et en actions de graces de tous ces mystères, nous vous offrons cette hostie sainte, cette hostie pure, cette hostie sans tache, ce pain de vie éternelle, et ce calice où est contenu notre salut perpétuel.

O Seigneur, de si grands dons vous sont agréables par eux-mêmes; mais parce que la manière impure dont nous vous les offrons vous pourroit déplaire, nous vous prions d'avoir notre oblation agréable, comme vous avez eu agréable celle du juste Abel votre serviteur, et le sacrifice de notre père Abraham, et celui de votre saint pontife Melchisédech; et si vous avez regardé en pitié ceux qui vous offrirent des figures, recevez-nous maintenant, nous qui vous offrons Jésus-Christ, qui est la vérité même.

O Seigneur, sanctifiez ceux qui doivent communier et recevoir de ce saint autel le sacré corps et le sang de votre Fils Jésus-Christ, et daignez leur accorder toute bénédiction spirituelle; par le même Notre-Seigneur Jésus-Christ.

### Au second Memento.

O Seigneur, devant qui ceux qui sont morts dans la paix et dans la communion de votre Eglise sont vivans, en sorte que leur mort n'est qu'un sommeil : donnez à nos frères, amis, bienfaiteurs, et à tous les fidèles trépassés, avec la parfaite rémission de leurs péchés, le rafraîchissement qu'ils espèrent et votre paix éternelle; par Jésus Christ Notre-Seigneur.

*Quand le prêtre frappe sa poitrine, en disant* : Nobis quoque peccatoribus.

Cette action de se frapper la poitrine signifie la componction d'un cœur qui s'accuse et s'afflige de ses péchés. Il faut faire cette action avec le prêtre, en disant :

Nous vous prions, ô Seigneur, de

nous regarder en pitié, nous qui ne sommes que des pécheurs et des serviteurs inutiles, mais qui mettons notre espérance en vos grandes miséricordes. O Seigneur, mettez-nous dans la compagnie de vos saints apôtres et martyrs, ne prenant pas garde à ce que nous méritons, mais nous pardonnant par votre grace, au nom de Notre-Seigneur Jésus-Christ.

*Pendant que le prêtre fait des signes de croix avec la sainte hostie sur et devant le calice, on dit avec lui :*

O Seigneur, qui nous avez fait tant de graces, et qui créez aujourd'hui pour nous une chose si excellente; qui avez donné la vie aux choses inanimées que nous avons mises sur vos saints autels, et qui en avez fait le corps et le sang de votre Fils que vous nous donnez, ce n'est pas à nous qu'il appartient de vous glorifier pour de tels bienfaits; mais que par le même Jésus-Christ, et avec lui et en lui, honneur et gloire vous en soit rendue en l'unité du Saint-Esprit; par tous les siècles des siècles.

A ces dernières paroles et en disant : *Omnis honor et gloria*, le prêtre élève un peu le calice et la sainte hostie. C'étoit une cérémonie du sacrifice, d'élever la victime pour l'offrir à Dieu. On élève dans ce même esprit le corps et le sang de Notre-Seigneur, qui sont notre véritable victime.

Au second *Per omnia*, où l'on dit l'Oraison Dominicale, il faut profiter de l'avertissement du prêtre qui dit : *Oremus*, « Prions, » disons la plus excellente de toutes les prières, puisque c'est celle que le Sauveur nous a lui-même enseignée : le prêtre ajoute : *Audemus dicere:* « Nous osons dire. » A ces mots, il faut admirer la bonté de Dieu, qui permet à des pécheurs comme nous de l'appeler *notre Père*.

O Seigneur, pécheurs que nous sommes, assurés sur votre parole, nous osons vous appeler notre Père, et nous vous disons :

*Pater noster*, etc. « Notre Père, » etc.

Il faut dire de cœur avec le prêtre cette divine oraison, et à la fin répondre de toute l'étendue de son affection : *Sed libera nos à malo :* « Délivrez-nous du mal. » Puis ajouter avec le prêtre :

*Prière après le* Pater.

Seigneur, nous sommes tout environnés et tout pénétrés de mal : délivrez-nous de tous les maux passés, présens et à venir : c'est-à-dire des maux que nous nous sommes faits à nous-mêmes par le péché, des maux dont nous sommes accablés parmi les misères de cette vie, et des maux encore plus grands que nous méritons en punition de nos crimes; et par les prières de la sainte Vierge et de tous les Saints, faites régner la paix en nos jours; délivrez-nous de tout trouble; affranchissez-nous du péché, et rendez-nous vraiment libres; par Jésus-Christ Notre-Seigneur, qui vit et règne avec vous, et le Saint-Esprit, par tous les siècles des siècles.

*Au troisième* Per omnia, *le prêtre dit* : Pax Domini sit semper vobiscum.

« Que la paix de Notre-Seigneur soit toujours avec vous. »

*Prière au troisième* Per omnia.

O Seigneur Jésus-Christ, qui avez dit à vos saints apôtres : Je vous laisse la paix, je vous donne ma paix, donnez-nous cette vraie paix que vous seul pouvez donner, la paix de la conscience, la paix avec vous, en nous délivrant du péché qui nous en sépare, la paix et une parfaite union avec tous nos frères. Donnez la paix à votre sainte Eglise catholique; délivrez-la de tout schisme, de toute oppression et de tout mal.

C'est en ce temps qu'on donne la paix, un peu devant la communion.

Cette cérémonie est mise à la place du saint baiser, du baiser de paix dont parle saint Paul, que les fidèles se donnoient mutuellement, selon la coutume du temps, en signe d'union.

On donnoit donc la paix, et on la donne encore devant la communion, pour faire voir que la plus nécessaire disposition à communier, c'est d'être en paix et dans une parfaite réconciliation avec ses frères, conformément à cette parole de l'Evangile : « Lorsque vous offrez votre présent à l'autel, s'il vous souvient que votre frère a quelque chose sur le cœur contre vous, laissez là votre présent devant l'autel, et allez vous réconcilier premièrement avec votre frère, et après vous viendrez faire votre offrande. » *Matth.*, v, 23, 24.

*A la Communion.*

Pendant que le prêtre communie, il faut faire avec lui la communion spirituelle, en se souvenant de la mort que Jésus-Christ a endurée pour nous, et désirant de participer à sa sainte table, suivant ce qui est écrit dans le *Catéchisme*, leçon v, *de l'Instruction sur l'Eucharistie.*

# TROISIÈME PARTIE DE LA MESSE.

### ELLE CONSISTE DANS L'ACTION DE GRACES, QU'ON FAIT A DIEU APRÈS LA COMMUNION.

*Prière après la Communion.*

O Seigneur, donnez-moi part au fruit de votre mort, dont on a célébré la mémoire dans ce sacrifice et dans cette communion. Heureux ceux qui sont assis à votre table pour y manger le pain de vie ! O Jésus, mon âme a soif de vous, ma chair vous désire; mon cœur et ma chair se réjouissent en vous, ô Dieu vivant ! Je vous aime, ô mon Dieu, de tout mon cœur : que je puisse tous les jours jouir de votre saint corps, qui est le gage de notre éternelle félicité et de l'éternelle jouissance, où nous vous posséderons avec votre Père et avec votre Saint-Esprit, dans la vision bienheureuse ! Je vous rends graces, ô Seigneur, de tant de bienfaits, et de la miséricorde que vous m'avez faite de me recevoir aujourd'hui à ce désirable sacrifice, où vous êtes vous-même le prêtre et la victime.

Cette prière pourra conduire jusqu'à la fin de la messe, et le fidèle qui aura communié spirituellement avec le prêtre, fera aussi avec lui ses actions de graces.

Au *Domine salvum fac Regem*.

*Prière pour le Roi.*

Seigneur, sauvez le Roi, et bénissez sa famille. Conservez la maison de saint Louis votre serviteur, et faites que ses enfans soient imitateurs de sa foi.

*Autre prière pour le Roi.*

Seigneur, sauvez le Roi; sauvez-le de ses ennemis visibles et invisibles. Donnez-lui la victoire et la paix; donnez-lui une longue vie et une santé parfaite de corps et d'esprit. Donnez-lui votre crainte et votre amour; donnez-lui votre esprit de sagesse et de conseil, de force, de justice et de piété. Qu'il protége votre Eglise, qu'il extermine les hérésies, qu'il étende votre empire, qu'il gouverne selon vos lois le peuple que vous avez mis en sa main, afin qu'il vous rende bon compte d'une si grande administration, et qu'il reçoive pour sa récompense votre royaume éternel. Ainsi soit-il.

Après cela, il ne restera qu'à recevoir humblement dans la bénédiction du prêtre celle du Père, du Fils, et du Saint-Esprit, par l'impression de la croix de Jésus-Christ.

Lorsque l'évêque est présent, il bénit en cette sorte, et c'est la même bénédiction qui se donne à la fin du Sermon et de l'Office.

℣. Que le nom du Seigneur soit béni,

℟. Dès maintenant et à jamais.

℣. Notre secours est au nom et en la puissance du Seigneur,

℟. Qui a fait le ciel et la terre.

℣. Que le Dieu tout-puissant vous bénisse, † le Père, † et le Fils, † et le Saint-Esprit.

℟. Ainsi soit-il.

*Le dernier Evangile, qui est d'ordinaire le commencement de l'évangile de saint Jean,* In Principio.

En lisant l'évangile de saint Jean, il faut considérer d'où le Fils de Dieu descend pour nous; c'est du sein de son Père : d'où il descend pour nous; jusqu'à l'infirmité de notre chair : combien il a été mal reçu des siens qu'il a daigné visiter, quelque soin qu'il eût pris de les y préparer par saint Jean-Baptiste; et quelle grace il apporte à ceux qui le reçoivent bien, qui est celle d'être enfans de Dieu.

*Commencement du saint évangile selon saint Jean.*

Au commencement étoit le Verbe, et le Verbe étoit en Dieu, et le Verbe étoit Dieu. Il étoit au commencement en Dieu : toutes choses ont été faites par lui, et de tout ce qui a été fait, rien n'a été fait sans lui. La vie étoit en lui, et la vie étoit la lumière des hommes; et la lumière luit dans les ténèbres, et les ténèbres ne l'ont point comprise. Il y eut un homme envoyé de

Dieu, qui s'appeloit Jean : il vint pour servir de témoin, pour rendre témoignage à la lumière, afin que tous crussent par lui. Il n'étoit pas la lumière, mais il étoit venu pour rendre témoignage à la lumière. La lumière véritable étoit celle qui éclaire tout homme venant en ce monde. Il étoit dans le monde, et le monde a été fait par lui, et le monde ne l'a point connu. Il est venu chez soi, et les siens ne l'ont pas reçu : mais il a donné le pouvoir d'être faits enfans de Dieu à tous ceux qui l'ont reçu, et qui croient en son nom; qui ne sont pas nés du sang, ni de la volonté de l'homme, mais de Dieu même. *Et le Verbe a été fait chair :* et il a habité parmi nous : et nous avons vu sa gloire, la gloire, dis-je, comme du Fils unique du Père, étant plein de grace et de vérité. « Rendons graces à Dieu. »

# ORAISONS OU COLLECTES
## DES DIMANCHES
### ET DES PRINCIPALES FÊTES.

Au I<sup>er</sup> dimanche de l'Avent.

ORAISON. *Excita, quæsumus, Domine,* etc.

Nous vous prions, Seigneur, de faire paroître votre puissance, et de venir du ciel sur la terre, afin que vous nous délivriez et nous sauviez par votre main toute-puissante, de tous les périls où nos péchés nous engagent; vous qui étant Dieu, etc.

Au II<sup>e</sup> dimanche.

ORAISON. *Excita, Domine, corda nostra,* etc.

Seigneur, excitez nos cœurs à se préparer pour recevoir votre Fils unique, afin que nos ames étant purifiées par la grace de son avénement, nous puissions vous rendre un culte digne de vous; par le même Jésus-Christ Notre-Seigneur, etc.

Au III<sup>e</sup> dimanche.

ORAISON. *Aurem tuam, quæsumus, Domine,* etc.

Prêtez l'oreille à nos prières, ô Seigneur; et éclairez les ténèbres de notre esprit par la grace de votre avénement; vous qui étant Dieu, etc.

Au IV<sup>e</sup> dimanche.

ORAISON. *Excita, quæsumus, Domine,* etc.

Déployez votre puissance, Seigneur; venez et secourez-nous par votre grande force, afin que par votre miséricorde toujours indulgente, nous obtenions les dons salutaires que nos péchés nous font perdre, vous qui étant Dieu, etc.

### A la fête de Noël, à la messe de minuit.

ORAISON. *Deus, qui hanc sacratissimam noctem*, etc.

O Dieu, qui avez rendu cette sainte nuit plus claire que le jour, y faisant naître la véritable lumière qui est Jésus-Christ : faites, s'il vous plaît, qu'après en avoir connu les mystères sur la terre, nous ayons aussi la joie de le voir à découvert dans le ciel, lui qui vit et règne avec vous en unité du Saint-Esprit, etc.

### A la messe de l'aurore.

ORAISON. *Da nobis, quæsumus, omnipotens Deus*, etc.

Accordez-nous, ô Dieu tout-puissant, qu'éclairés par la nouvelle lumière du Verbe incarné, nous fassions éclater dans nos œuvres ce qui luit dans notre esprit par la foi; par le même Jésus-Christ, etc.

### A la messe du jour.

ORAISON. *Concede, quæsumus, omnipotens Deus*, etc.

Accordez-nous, ô Dieu tout-puissant, que la nouvelle naissance de votre Fils unique selon la chair, nous délivre de la servitude ancienne où nous sommes nés; par le même Jésus-Christ, etc.

### A la fête de saint Etienne.

ORAISON. *Da nobis, quæsumus, Domine*, etc.

Donnez-nous la grace, ô Seigneur, d'imiter ce que nous honorons, afin que nous apprenions à aimer jusqu'à nos ennemis, en célébrant la naissance de celui qui a su prier pour ses persécuteurs, Notre-Seigneur Jésus-Christ votre Fils, qui étant Dieu, etc.

### A la fête de saint Jean.

ORAISON. *Ecclesiam tuam, Domine*, etc.

O Seigneur, éclairez votre Eglise par votre bonté, et faites qu'instruite de la doctrine de saint Jean votre apôtre et évangéliste, elle arrive à la possession des biens éternels; par Notre-Seigneur Jésus-Christ votre Fils, qui étant Dieu, etc.

### A la fête des saints Innocens.

ORAISON. *Deus cujus hodiernâ die*, etc.

O Dieu dont les Innocens vos martyrs ont publié les louanges, non en parlant, mais en souffrant : éteignez et mortifiez en nous tous les maux des vices, afin que nous attestions par notre vie et nos bonnes œuvres, la foi que nous confessons par notre langue ; par Notre-Seigneur Jésus-Christ votre Fils, qui étant Dieu, etc.

Au dimanche de l'octave de Noël.

ORAISON. *Omnipotens sempiterne Deus*, etc.

O Dieu tout-puissant et éternel, réglez nos actions sur le modèle de votre bon plaisir, afin qu'au nom de votre Fils bien-aimé, notre vie soit abondante en toutes sortes de bonnes œuvres ; par le même Jésus-Christ, etc.

A la fête de la Circoncision.

ORAISON. *Deus qui salutis æternæ*, etc.

O Dieu, qui avez fait part aux hommes du salut éternel par la virginité féconde de la bienheureuse Marie : accordez-nous la grace d'éprouver dans nos besoins, combien est puissante envers nous l'intercession de celle par laquelle nous avons reçu l'auteur de la vie, Notre-Seigneur Jésus-Christ votre Fils, qui étant Dieu, etc.

A la fête de l'Epiphanie.

ORAISON. *Deus qui hodiernâ die*, etc.

O Dieu, qui en ce jour avez fait connoître et adorer votre Fils unique aux Gentils, en leur envoyant une étoile pour les conduire vers lui : accordez-nous par votre bonté que vous connoissant déjà par la foi, nous soyons élevés jusqu'à contempler clairement la sublimité de votre gloire ; par Notre-Seigneur Jésus-Christ votre Fils, etc.

Au dimanche de l'octave de l'Epiphanie.

ORAISON. *Vota, quæsumus, Domine*, etc.

Seigneur, recevez en pitié les vœux et les supplications de vos fidèles, afin que par votre grace ils connoissent le bien qu'ils doivent faire, et qu'ils aient la force de pratiquer ce qu'ils auront connu ; par Notre-Seigneur Jésus-Christ, etc.

A l'octave de l'Epiphanie.

ORAISON. *Deus cujus Unigenitus*, etc.

O Dieu, dont le Fils unique a paru dans la substance de notre chair, nous vous prions de nous accorder que nous soyons réformés au dedans par celui que nous avons vu semblable à nous au dehors ; c'est lui qui, avec vous et dans l'unité du Saint-Esprit, vit et règne, etc.

Au II<sup>e</sup> dimanche après l'Epiphanie.

ORAISON. *Omnipotens sempiterne Deus*, etc.

Dieu tout-puissant et éternel, qui gouvernez également le ciel et la terre : écoutez en miséricorde les supplications de votre peuple, et faites que dans notre temps nous jouissions de votre paix; par Notre-Seigneur Jésus-Christ, etc.

Au III<sup>e</sup> dimanche après l'Epiphanie.

ORAISON. *Omnipotens sempiterne Deus*, etc.

Dieu tout-puissant et éternel, regardez notre foiblesse avec compassion, et étendez votre main toute-puissante pour nous secourir; par Notre-Seigneur Jésus-Christ, etc.

Au IV<sup>e</sup> dimanche après l'Epiphanie.

ORAISON. *Deus, qui nos in tantis periculis*, etc.

O Dieu, qui en nous voyant environnés de tant de périls, savez bien que nous ne pouvons subsister dans une telle foiblesse : donnez-nous la santé de l'ame et du corps, afin que nous surmontions par votre assistance tout ce que nous avons à souffrir pour nos péchés; par Notre-Seigneur Jésus-Christ, etc.

Au V<sup>e</sup> dimanche après l'Epiphanie.

ORAISON. *Familiam tuam, quæsumus, Domine*, etc.

Nous vous prions, Seigneur, de garder votre Eglise par une continuelle miséricorde, et de la défendre toujours par votre protection, puisqu'elle se repose sur la seule espérance de votre grace; par Notre-Seigneur Jésus-Christ, etc.

Au VI<sup>e</sup> dimanche après l'Epiphanie.

ORAISON. *Præsta, quæsumus, omnipotens Deus*, etc.

O Dieu tout-puissant, donnez-nous la grace de méditer sans cesse des choses raisonnables : afin que nous pratiquions votre volonté, et par nos paroles et par nos œuvres; par Notre-Seigneur Jésus-Christ, etc.

Au dimanche de la Septuagésime.

ORAISON. *Preces populi tui, quæsumus, Domine*, etc.

Nous vous prions, Seigneur, d'exaucer par votre bonté les prières de votre peuple, afin que nous soyons miséricordieusement délivrés pour la gloire de votre nom, des maux dont votre justice nous afflige, en punition de nos péchés; par Notre-Seigneur Jésus-Christ, etc.

Au dimanche de la Sexagésime.

ORAISON. *Deus, qui conspicis*, etc.

O Dieu, qui voyez que nous ne mettons pas notre confiance en no propres œuvres : accordez-nous par l'intercession du Docteur des nations [1], la grace qui nous fortifie contre tous les maux contraires à notre salut; par Notre-Seigneur Jésus-Christ, etc.

[1] C'est saint Paul que l'Eglise invoque, parce qu'en ce jour le clergé de Rome alloit anciennement offrir le sacrifice dans l'église dédiée au nom de ce saint Apôtre.

Au dimanche de la Quinquagésime.

ORAISON. *Preces nostras, quæsumus, Domine*, etc.

Seigneur, écoutez nos prières par votre miséricorde : faites-nous sortir des liens de nos péchés, et préservez-nous de toute adversité ; par Notre-Seigneur, etc.

Au I<sup>er</sup> dimanche de Carême.

ORAISON. *Deus, qui Ecclesiam tuam,* etc.

Seigneur, qui purifiez votre Eglise par ce sacré temps de carême qu'elle observe religieusement chaque année : faites que vos enfans s'efforcent d'obtenir de vous par leurs bonnes œuvres, la grace qu'ils vous demandent par leur abstinence et par leurs jeûnes ; par Notre-Seigneur Jésus-Christ, etc.

Au II<sup>e</sup> dimanche.

ORAISON. *Deus, qui conspicis,* etc.

O Dieu, qui nous voyez dénués de toute force : gardez-nous au dedans et au dehors ; préservez notre corps de toute adversité, et purifiez notre ame de toutes les mauvaises pensées ; par Notre-Seigneur, etc.

Au III<sup>e</sup> dimanche.

ORAISON. *Quæsumus, omnipotens Deus,* etc.

Dieu tout-puissant, recevez les vœux de vos humbles serviteurs, et étendez votre main toute-puissante pour les protéger ; par Notre-Seigneur, etc.

Au IV<sup>e</sup> dimanche.

ORAISON. *Concede, omnipotens Deus,* etc.

O Dieu tout-puissant, faites-nous respirer par la consolation de votre grace, nous qui sommes affligés en punition de nos péchés ; par Notre-Seigneur, etc.

Au dimanche de la Passion.

ORAISON. *Quæsumus, omnipotens Deus,* etc.

Nous vous prions, ô Dieu tout-puissant, de regarder vos enfans dans votre miséricorde, en conservant leurs corps par le soin de votre providence, et leurs ames par l'assistance de votre grace ; par Notre-Seigneur, etc.

Au dimanche des Rameaux.

ORAISON. *Omnipotens sempiterne Deus,* etc.

Dieu tout-puissant et éternel, qui avez voulu que notre Sauveur se revêtît de notre chair, et souffrît le supplice de la croix, afin que les hommes superbes ne refusassent point de s'humilier à la vue d'un si grand exemple : faites-nous la grace de suivre Jésus-Christ dans ses souffrances, afin d'avoir part à sa résurrection glorieuse ; par le même Jésus-Christ, etc.

Pendant la Semaine sainte.

ORAISON. *Respice, quæsumus, Domine*, etc.

O Seigneur, nous vous prions de regarder en pitié votre famille ici présente, pour laquelle Notre-Seigneur Jésus-Christ n'a pas craint de se livrer entre les mains des méchans, et de subir le supplice de la croix; Lui qui, avec vous et le Saint-Esprit, vit et règne, etc.

Au jour de Pâques.

ORAISON. *Deus, qui hodiernâ die per Unigenitum*, etc.

O Dieu, qui nous avez aujourd'hui ouvert l'entrée de l'éternité, par la victoire que votre Fils unique a remportée sur la mort : secondez par votre secours les prières et les vœux que vous nous avez vous-même inspirés, en nous prévenant par votre grace; par le même Jésus-Christ, etc.

Au lundi de Pâques.

ORAISON. *In solemnitate paschali*, etc.

O Dieu, qui avez donné un souverain remède [1] au monde dans la solennité de Pâques : versez sur votre peuple les dons célestes en abondance; afin qu'il parvienne à la liberté parfaite, et qu'il s'avance toujours vers la vie éternelle; par Notre Seigneur, etc.

Au mardi de Pâques.

ORAISON. *Deus, qui Ecclesiam*, etc.

O Dieu, qui multipliez sans cesse votre Eglise par de nouveaux enfans : faites que vos serviteurs conservent par une vie vraiment chrétienne, la grace du saint baptême, qu'ils ont reçue par la foi; par Notre-Seigneur.

Au I<sup>er</sup> dimanche après Pâques.

ORAISON. *Præsta, quæsumus, omnipotens Deus*, etc.

Accordez-nous, ô Dieu tout-puissant, qu'après avoir achevé de célébrer la solennité de Pâques, nous en conservions toujours l'esprit dans toute la conduite de notre vie; par Notre-Seigneur, etc.

Au II<sup>e</sup> dimanche après Pâques.

ORAISON. *Deus, qui in Filii tui humilitate*, etc.

O Dieu, qui avez relevé le monde abattu, par l'humilité de votre Fils, donnez à vos serviteurs une joie solide et continuelle : afin qu'après les avoir délivrés de la mort éternelle, vous les fassiez jouir de la félicité qui ne doit jamais finir; par le même Jésus-Christ, etc.

Au III<sup>e</sup> dimanche après Pâques.

ORAISON. *Deus, qui errantibus*, etc.

---

[1] Celui de la rémission des péchés par le baptême et la pénitence, qui s'administrent dans l'Eglise, principalement au temps de Pâques.

O Dieu, qui découvrez la lumière de votre vérité à ceux qui sont dans l'égarement, afin qu'ils puissent rentrer dans la voie de la justice : accordez à ceux qui font profession du christianisme, de rejeter tout ce qui est contraire à un nom si saint, et d'embrasser tout ce qui y est conforme ; par Notre-Seigneur, etc.

Au IV<sup>e</sup> dimanche après Pâques.

ORAISON. *Deus, qui fidelium*, etc.

Seigneur, qui unissez tous les fidèles dans un même esprit et une même volonté : accordez à votre peuple la grace d'aimer ce que vous commandez, de désirer ce que vous promettez, afin que parmi l'instabilité des choses du monde,. nos cœurs demeurent atttachés ou réside la véritable joie ; par Notre-Seigneur, etc.

Au V<sup>e</sup> dimanche après Pâques.

ORAISON. *Deus à quo bona cuncta procedunt*, etc.

O Dieu, de qui nous vient tout le bien que nous faisons : nous vous prions de nous inspirer de saintes pensées par votre grace, et de conduire de telle sorte notre volonté que nous les exécutions ; par Notre-Seigneur, etc.

Aux processions des Rogations.

ORAISON. *Præsta, quæsumus, omnipotens Deus*, etc.

Faites-nous la grace, ô Dieu tout-puissant, que mettant notre confiance dans votre bonté, parmi nos afflictions, nous soyons défendus contre toutes les adversités par votre secours ; par Notre-Seigneur, etc.

A la fête de l'Ascension.

ORAISON. *Concede, quæsumus, omnipotens Deus*, etc.

O Dieu tout-puissant, faites-nous la grace qu'ainsi que nous croyons par la foi, que votre Fils unique notre Sauveur est aujourd'hui monté dans le ciel, nous y demeurions aussi nous-mêmes en esprit ; c'est ce que nous vous demandons, par le même Jésus-Christ, etc.

Au dimanche de l'octave de l'Ascension.

ORAISON. *Omnipotens sempiterne Deus*, etc.

Dieu tout-puissant et éternel, faites que notre volonté soit toujours touchée d'une vraie piété envers vous, et que nous rendions à votre Majesté le culte d'un cœur sincère ; par Notre-Seigneur, etc.

A la fête de la Pentecôte.

ORAISON. *Deus, qui hodiernâ die*, etc.

O Dieu, qui avez instruit et éclairé en ce jour les cœurs de vos fidèles, en y répandant la lumière de votre Saint-Esprit : donnez-nous par ce même Esprit des sentimens droits, et une joie continuelle par ses consolations ; par Notre-Seigneur, etc.

Au lundi de la Pentecôte.

ORAISON. *Deus, qui Apostolis tuis,* etc.

O Dieu, qui avez répandu sur vos apôtres les dons de votre Saint-Esprit : accordez à votre peuple ce qu'il vous demande par ses prières, et donnez votre paix à ceux à qui vous avez donné la foi ; par Notre-Seigneur, etc.

Au mardi de la Pentecôte.

ORAISON. *Adsit nobis, quæsumus, Domine,* etc.

Nous vous prions, Seigneur, que la vertu du Saint-Esprit nous assiste sans cesse : afin que par sa miséricorde il purifie nos cœurs, et qu'il les garde de toute adversité ; par Notre-Seigneur, etc.

A la fête de la sainte Trinité.

ORAISON. *Omnipotens sempiterne Deus,* etc.

Dieu tout-puissant et éternel, qui dans la confession de la vraie foi avez fait connoître à vos serviteurs la gloire de l'éternelle Trinité, et leur avez fait adorer une parfaite unité dans votre nature souveraine, faites qu'affermis par cette foi, nous demeurions inébranlables dans tous les maux de cette vie ; par Notre-Seigneur, etc.

Au I<sup>er</sup> dimanche après la Pentecôte, dont l'Eglise fait mémoire le jour de la sainte Trinité.

ORAISON. *Deus, in te sperantium fortitudo,* etc.

O Dieu, qui êtes la force de ceux qui espèrent en vous, écoutez favorablement nos prières ; et parce que la foiblesse de l'homme ne peut rien sans vous, donnez-nous le secours de votre grace, afin que nous vous plaisions en accomplissant vos commandemens par volonté et par œuvre ; par Notre-Seigneur Jésus-Christ, etc.

—A la fête du saint Sacrement.

ORAISON. *Deus, qui nobis sub Sacramento,* etc.

O Dieu, qui nous avez laissé la mémoire de votre passion dans cet admirable sacrement : donnez-nous la grace de révérer de telle sorte les sacrés mystères de votre corps et de votre sang, que nous ressentions sans cesse en nos ames les fruits de la rédemption que vous avez accomplie ; Vous qui étant Dieu, etc.

Au II<sup>e</sup> dimanche après la Pentecôte.

ORAISON. *Sancti nominis tui, Domine,* etc.

Faites, Seigneur, que nous ayons sans cesse la crainte et l'amour de votre saint nom, puisque vous n'abandonnez jamais ceux que vous avez établis en la solidité de votre amour ; par Notre-Seigneur, etc.

Au III<sup>e</sup> dimanche.

ORAISON. *Protector in te sperantium, Deus,* etc.

O Dieu, qui êtes le protecteur de ceux qui espèrent en vous, et sans lequel il n'y a rien de ferme, ni de saint : multipliez sur nous votre miséricorde, afin que sous votre conduite nous passions de telle sorte par les biens temporels, que nous ne perdions pas les éternels; par Notre-Seigneur Jésus-Christ, etc.

### Au IV<sup>e</sup> dimanche.

ORAISON. *Da nobis, quæsumus, Domine*, etc.

Accordez-nous, Seigneur, que les affaires du monde aient sous vos ordres un cours paisible, et que votre Eglise vous serve avec joie dans la tranquillité; par Notre-Seigneur, etc.

### Au V<sup>e</sup> dimanche.

ORAISON. *Deus, qui diligentibus te*, etc.

O Dieu, qui avez préparé des biens invisibles à ceux qui vous aiment : répandez dans nos cœurs la tendresse de votre amour, afin que vous aimant en toutes choses et plus que toutes choses, nous puissions parvenir à la jouissance de vos promesses qui surpassent tous nos désirs; par Notre-Seigneur, etc.

### Au VI<sup>e</sup> dimanche.

ORAISON. *Deus virtutum*, etc.

Dieu des vertus, de qui vient totalement ce qui est bon : imprimez dans nos cœurs l'amour de votre nom, et augmentez en nous l'esprit de piété et de ferveur, afin que vous y entreteniez ce qu'il y a de bien, et que vous le conserviez par l'amour de la piété; par Notre-Seigneur, etc.

### Au VII<sup>e</sup> dimanche.

ORAISON. *Deus cujus providentia*, etc.

O Seigneur, dont la Providence ne se trompe point dans sa conduite : nous vous prions de détourner de nous tout ce qui nous peut nuire, et de nous accorder tout ce qui peut servir à notre avancement; par Notre-Seigneur, etc.

### Au VIII<sup>e</sup> dimanche.

ORAISON. *Largire nobis, quæsumus, Domine*, etc.

Nous vous prions, Seigneur, de répandre en nous miséricordieusement votre Esprit, auteur des bonnes pensées et des saintes actions, afin que ne pouvant être sans vous, nous puissions vivre selon votre volonté; par Notre-Seigneur, etc.

### Au IX<sup>e</sup> dimanche.

ORAISON. *Pateant aures misericordiæ tuæ, Domine*, etc.

O Seigneur, que les oreilles de votre miséricorde soient ouvertes aux prières de ceux qui l'implorent; et afin que vous leur accordiez ce qu'ils vous demandent, faites qu'ils ne vous demandent que ce qui vous est agréable; par Notre-Seigneur, etc.

### Au X**e** dimanche.

ORAISON. *Deus, qui omnipotentiam tuam,* etc.

O Dieu, qui montrez particulièrement votre toute-puissance en pardonnant et en compatissant : multipliez sur nous votre miséricorde, afin qu'après avoir couru vers vos promesses, nous arrivions par votre grace aux biens célestes; par Notre-Seigneur.

### Au XI**e** dimanche.

ORAISON. *Omnipotens sempiterne Deus,* etc.

Dieu tout-puissant et éternel, qui surpassez par l'excès de votre bonté ses mérites et les vœux de vos serviteurs : répandez sur nous votre miséricorde ; pardonnez-nous les fautes pour lesquelles notre conscience est en crainte, et accordez-nous les graces que nous n'osons même vous demander; par Notre-Seigneur, etc.

### Au XII**e** dimanche.

ORAISON. *Omnipotens et misericors Deus,* etc.

Dieu tout-puissant et miséricordieux, à qui vos serviteurs sont redevables du bonheur qu'ils ont de vous rendre un culte agréable et digne de vous : donnez-nous, s'il vous plaît, la grace de courir vers les biens que vous nous promettez, sans que rien nous fasse tomber; par Notre-Seigneur, etc.

### Au XIII**e** dimanche.

ORAISON. *Omnipotens sempiterne Deus,* etc.

Dieu tout-puissant et éternel, augmentez en nous la foi, l'espérance et la charité; et afin que nous méritions d'obtenir ce que vous promettez, faites-nous aimer ce que vous commandez; par Notre-Seigneur, etc.

### Au XIV**e** dimanche.

ORAISON. *Custodi, Domine, quæsumus,* etc.

O Seigneur, gardez votre Eglise par l'assistance continuelle de votre miséricorde ; et parce que sans vous la foiblesse humaine est toujours en danger de tomber, retirez-nous de la perdition par votre secours, et conduisez-nous au salut; par Notre-Seigneur Jésus-Christ, etc.

### Au XV**e** dimanche.

ORAISON. *Ecclesiam tuam, Domine,* etc.

Seigneur, purifiez et fortifiez votre Eglise par votre continuelle miséricorde; et parce qu'elle ne peut subsister sans votre grace, conduisez-la toujours par votre bonté; par Notre-Seigneur, etc.

### Au XVI**e** dimanche.

ORAISON. *Tua nos, quæsumus, Domine,* etc.

Que votre grace, ô Seigneur, nous prévienne et nous accompagne toujours, et qu'elle nous applique sans cesse aux œuvres de piété; par Notre-Seigneur, etc.

### Au XVIIᵉ dimanche.

ORAISON. *Da, quæsumus, Domine,* etc.

Nous vous prions, Seigneur, de délivrer votre peuple de la contagion du démon, afin qu'avec un cœur pur, il soit attaché à vous seul, qui êtes son Dieu; par Notre-Seigneur, etc.

### Au XVIIIᵉ dimanche.

ORAISON. *Dirigat corda nostra,* etc.

O Seigneur, que l'opération de votre grace conduise nos cœurs, puisque sans vous nous ne pouvons vous être agréables; par Notre-Seigneur, etc.

### Au XIXᵉ dimanche.

ORAISON. *Omnipotens et misericors Deus,* etc.

Dieu tout-puissant et miséricordieux, détournez de nous par votre miséricorde tout ce qui nous est contraire, afin que nous fassions votre service avec une liberté parfaite d'esprit et de corps; par Notre-Seigneur Jésus-Christ, etc.

### Au XXᵉ dimanche.

ORAISON. *Largire, quæsumus, Domine,* etc.

O Seigneur, laissez-vous fléchir aux prières de vos fidèles; accordez-leur le pardon et donnez-leur votre paix, afin que purifiés de toutes leurs fautes, ils vous servent avec tranquillité et avec confiance; par Notre-Seigneur, etc.

### Au XXIᵉ dimanche.

ORAISON. *Familiam tuam, quæsumus, Domine,* etc.

Nous vous prions, Seigneur, de garder vos enfans par l'assistance continuelle de votre bonté, afin que par votre protection ils soient délivrés de toute adversité, et que pour la gloire de votre nom, ils soient fervens dans la pratique des bonnes œuvres; par Notre-Seigneur, etc.

### Au XXIIᵉ dimanche.

ORAISON. *Deus, refugium nostrum et virtus,* etc.

O Dieu, notre refuge et notre force, soyez attentif aux pieuses prières de votre Eglise, vous de qui vient toute piété, en sorte que nous obtenions avec efficace, ce que nous vous demandons avec foi; par Notre-Seigneur, etc.

### Au XXIIIᵉ dimanche.

ORAISON. *Absolve, quæsumus, Domine,* etc.

Nous vous prions, Seigneur, de pardonner les offenses de votre peuple, afin que, par votre bonté, vous nous retiriez des liens de nos péchés, dans lesquels nous tombons sans cesse par notre foiblesse ; par Notre-Seigneur, etc.

S'il y a plus de vingt-quatre dimanches depuis la Pentecôte jusqu'à l'Avent, on reprend ici les Oraisons des dimanches d'après l'Epiphanie, lesquelles n'ont pas été dites, et la Collecte suivante se réserve toujours pour le dernier dimanche.

Au XXIV<sup>e</sup> dimanche.

ORAISON. *Excita, quæsumus, Domine,* etc.

Nous vous prions, Seigneur, de réveiller les volontés de vos fidèles, afin qu'ils produisent avec plus d'ardeur les fruits des saintes actions, et qu'ils reçoivent de plus grands remèdes de votre bonté ; par Notre-Seigneur, etc.

# COLLECTES

## DES FÊTES DE LA SAINTE VIERGE,

### ET DES PRINCIPALES FÊTES DES SAINTS.

A la fête de saint André, apôtre, 30 novembre.

ORAISON. *Majestatem tuam, Domine,* etc.

Nous vous prions, Seigneur, avec humilité que saint André, votre bienheureux apôtre, nous soit auprès de vous un continuel intercesseur, comme il a été le prédicateur et le pasteur de votre Eglise ; par Notre-Seigneur, etc.

Saint Nicolas, 6 décembre.

ORAISON. *Deus, qui beatum Nicolaum,* etc.

O Dieu, qui avez honoré d'une infinité de miracles saint Nicolas, évêque : nous vous prions, par ses mérites et par ses prières, de nous délivrer du feu de l'enfer ; par Notre-Seigneur, etc.

Sainte Fare, 7 décembre.

ORAISON. *Deus cujus amore beata Fara,* etc.

O Dieu, pour l'amour de qui la bienheureuse Fare a méprisé les vanités du monde et a refusé un époux mortel pour s'en donner un qui ne meurt jamais ; faites que nous apprenions par son exemple à mépriser les biens de la terre, et que nous mettions toute notre joie à goûter les dons célestes ; par Notre-Seigneur, etc.

La Conception de la sainte Vierge, 8 décembre.

ORAISON. *Famulis tuis, quæsumus, Domine,* etc.

Nous vous prions, Seigneur, d'accorder à vos serviteurs le don céleste de votre grace, afin que l'enfantement de la bienheureuse Vierge ayant été le commencement de notre salut, la pieuse solennité de sa Conception nous apporte un accroissement de paix; par Notre-Seigneur, etc.

Saint Thomas, apôtre, 21 décembre.

ORAISON. *Da, quæsumus, Domine, beati apostoli tui Thomæ*, etc.

Accordez-nous, s'il vous plaît, Seigneur, de célébrer avec joie la solennité de saint Thomas votre bienheureux apôtre, afin que nous soyons toujours assistés de ses prières, et que nous imitions sa foi avec une vraie piété; par Notre-Seigneur, etc.

Sainte Geneviève, 3 janvier.

ORAISON. *Beatæ Genovefæ natalitia*, etc.

Faites, Seigneur, que votre Eglise célèbre avec dévotion la glorieuse naissance de sainte Geneviève; excitez notre ferveur par le désir de la gloire que vous lui avez donnée, et faites que nous profitions de l'exemple d'une si grande foi; par Notre-Seigneur, etc.

Saint Fabien et saint Sébastien martyrs, 20 janvier.

ORAISON. *Infirmitatem nostram respice*, etc.

O Dieu tout-puissant, jetez les yeux sur notre foiblesse; et par l'intercession de saint Fabien et de saint Sébastien vos martyrs, soulagez-nous du poids de nos propres actions, qui nous accable; par Notre-Seigneur, etc.

La Purification de la sainte Vierge, 2 février.

ORAISON. *Omnipotens sempiterne Deus*, etc.

O Seigneur, Dieu tout-puissant, abaissés devant votre Majesté, nous la supplions que, de même qu'à ce saint jour votre Fils unique a été présenté dans votre temple en la substance de notre chair, ainsi vous fassiez par votre grace que nous vous soyons présentés avec des cœurs purifiés; par le même Jésus-Christ, etc.

Saint Mathias apôtre, 24 ou 25 février.

ORAISON. *Deus, qui beatum Mathiam*, etc.

O Dieu, qui avez mis saint Mathias au nombre de vos apôtres : acordez-moi, s'il vous plaît, par son intercession, l'assistance de votre paternelle miséricorde; par Notre-Seigneur, etc.

Saint Joseph, 19 mars.

ORAISON. *Sanctissimæ genitricis tuæ sponsi*, etc.

Nous vous prions, Seigneur, de nous secourir par les mérites du bienheureux Joseph, époux de votre très-sainte Mère, et de nous accorder par son intercession ce que notre foiblesse ne peut mériter; vous, Seigneur, qui étant Dieu, etc.

### L'Annonciation de la sainte Vierge, 25 mars.

ORAISON. *Deus, qui de beatæ Mariæ Virginis*, etc.

O Dieu, qui avez voulu que dans le message de votre saint ange, votre Verbe prît notre chair dans le sein de la bienheureuse vierge Marie : accordez à votre peuple prosterné devant vous, que nous tous qui la croyons vraiment Mère de Dieu, nous soyons aidés par ses pieuses prières; par le même Jésus-Christ, etc.

### Saint Marc évangéliste, 25 avril.

ORAISON. *Deus, qui beatum Marcum*, etc.

O Dieu, qui avez élevé saint Marc, votre évangéliste, à la dignité de prédicateur de l'Evangile, accordez-nous la grace de profiter de sa doctrine, et d'être secourus par ses prières; par Notre-Seigneur, etc.

### Saint Philippe et saint Jacques apôtres, 1ᵉʳ mai.

ORAISON. *Deus, qui nos annua Apostolorum*, etc.

O Dieu, qui donnez une nouvelle joie à votre Eglise dans la solennité de vos apôtres saint Philippe et saint Jacques : faites-nous profiter de leurs exemples, comme nous nous réjouissons de leurs mérites; par Notre-Seigneur, etc.

### L'Invention de la sainte Croix, 3 mai.

ORAISON. *Deus, qui in præclara salutiferæ crucis*, etc.

O Seigneur, qui avez renouvelé les miracles de votre passion dans l'Invention glorieuse de votre croix salutaire : faites-nous la grace de nous conduire à la vie éternelle, vous qui par ce bois nous avez rachetés de la mort et de l'enfer; qui étant Dieu, etc.

### Saint Hildevert évêque de Meaux, 27 mai.

ORAISON. *Omnipotens sempiterne Deus*, etc.

Dieu tout-puissant et éternel, qui avez consacré ce jour à l'honneur de saint Hildevert votre confesseur et évêque : donnez-nous la grace d'en célébrer la fête avec dévotion, afin que par son intercession nous obtenions le pardon de nos péchés, et que nous arrivions à la gloire éternelle; par Notre-Seigneur, etc.

### Saint Barnabé apôtre, 11 juin.

ORAISON. *Deus, qui nos beati Barnabæ*, etc.

O Dieu, qui renouvelez notre joie par la gloire et par l'intercession de saint Barnabé votre apôtre : nous implorons vos miséricordes par ses mérites; accordez-les-*nous* par le don de votre grace; par Notre-Seigneur, etc.

### La Nativité de saint Jean-Baptiste, 24 juin.

ORAISON. *Deus, qui præsentem diem,* etc.

O Dieu, qui nous avez rendu ce jour vénérable par la Nativité de saint Jean-Baptiste : donnez à votre peuple la grace d'une joie spirituelle, et conduisez les esprits de tous vos fidèles dans la voie du salut éternel; par Notre-Seigneur, etc.

### Saint Pierre et saint Paul apôtres, 29 juin.

ORAISON. *Deus, qui hodiernam diem apostolorum,* etc.

O Dieu, qui avez consacré ce jour par le martyre de vos apôtres saint Pierre et saint Paul : faites la grace à votre Eglise de suivre en tout le précepte de ceux par qui la religion a commencé; par Notre-Seigneur, etc.

### La Mémoire de saint Paul apôtre, 30 juin.

ORAISON. *Deus, qui multitudinem gentium,* etc.

O Dieu, qui avez enseigné les nations par la prédication de saint Paul votre apôtre : aujourd'hui que nous en célébrons la naissance, secourez-nous par son intercession; par Notre-Seigneur, etc.

### On fait en particulier mémoire de saint Pierre apôtre.

ORAISON. *Deus, qui beato Petro,* etc.

O Dieu, qui avez donné à saint Pierre votre apôtre le pouvoir de lier et de délier les péchés en lui confiant les clefs du ciel : délivrez-nous des liens de nos péchés par son intercession; par Notre-Seigneur, etc.

### La Visitation de la sainte Vierge, 2 juillet.

L'oraison de la Conception au 8 décembre.

### Sainte Marie-Madeleine, 22 juillet.

ORAISON. *Beatæ Mariæ Magdalenæ,* etc.

Nous vous prions, Seigneur, par les suffrages de sainte Marie-Madeleine, de venir à notre aide : vous qui, fléchi par ses prières, avez fait sortir du tombeau son frère Lazare, mort depuis quatre jours; et qui étant Dieu, etc.

### Saint Jacques apôtre, 25 juillet.

ORAISON. *Esto, Domine, plebi tuæ,* etc.

O Seigneur, sanctifiez votre peuple et soyez-en la garde, afin qu'aidé par l'assistance de saint Jacques votre apôtre, il mène une vie qui vous soit agréable, et vous serve avec tranquillité et avec confiance; par Notre-Seigneur, etc.

### Sainte Anne, 26 juillet.

ORAISON. *Deus, qui beatæ Agnæ*, etc.

O Dieu, qui avez choisi sainte Anne pour être la mère de celle par laquelle votre Fils unique est né selon la chair : secourez-nous par son intercession, en ce jour où nous solennisons sa mémoire ; par Notre-Seigneur, etc.

### L'Invention de saint Etienne, 3 août.

ORAISON. *Da nobis, quæsumus, Domine*, etc.

Donnez-nous la grace, ô Seigneur, d'imiter ce que nous honorons, afin que nous apprenions à aimer jusqu'à nos ennemis, en célébrant l'Invention de celui qui a su prier pour ses persécuteurs, Notre-Seigneur.

### La Transfiguration de Notre-Seigneur Jésus-Christ, 6 août.

ORAISON. *Deus, qui fidei sacramenta*, etc.

O Dieu, qui avez affermi les mystères de la foi dans la glorieuse Transfiguration de votre Fils Notre-Seigneur, par le témoignage des anciens Pères ; et qui, par la voix que vous avez fait entendre dans la nuée lumineuse, nous avez marqué la grace de la parfaite adoption : faites-nous par votre miséricorde les cohéritiers de son royaume et participans de sa gloire ; par Notre-Seigneur, etc.

### Saint Laurent, 10 août.

ORAISON. *Da nobis, quæsumus, omnipotens Deus*, etc.

Nous vous prions, Seigneur, d'éteindre en nous l'ardeur de nos vices : vous qui avez donné à saint Laurent la force de surmonter les flammes de ses tourmens ; par Notre-Seigneur, etc.

### La réception de la sainte Couronne de Notre-Seigneur, 11 août.

ORAISON. *Præsta, quæsumus, Domine*, etc.

O Dieu tout-puissant, en cette solennité que nous célébrons sur la terre à l'honneur de la Couronne d'épines de Notre-Seigneur Jésus-Christ, pour nous rappeler la mémoire de sa passion : accordez-nous la grace d'être dans le ciel couronnés de la gloire éternelle, par le Sauveur même ; qui étant Dieu, etc.

### L'Assomption de la sainte Vierge, 15 août.

ORAISON. *Famulorum tuorum, quæsumus, Domine*, etc.

Nous vous prions, Seigneur, de pardonner les péchés de vos serviteurs, afin qu'étant incapables de vous plaire par nos actions, nous soyons sauvés par les prières de la

Mère de votre Fils; par le même Jésus-Christ, etc.

Autre Collecte du même jour.

ORAISON. *Veneranda*, etc.

O Seigneur, que nous recevions un salutaire secours de la vénérable solennité de ce jour, où la bienheureuse vierge Marie mère de Dieu a subi la mort temporelle, mais n'a pu être abattue par les liens de la mort, elle dont avoit été incarné et engendré votre Fils unique, qui avec vous et le Saint-Esprit, vit et règne aux siècles des siècles. Ainsi soit-il.

Saint Barthélemi apôtre, 24 août.

ORAISON. *Omnipotens sempiterne Deus*, etc.

Dieu tout-puissant et éternel, qui nous donnez une sainte joie à célébrer la fête de saint Barthélemi votre apôtre : accordez à votre Eglise la grace d'aimer les vérités qu'il a crues, et de les prêcher avec la même liberté qu'il a fait; par Notre-Seigneur, etc.

Saint Louis roi de France, 25 août.

ORAISON. *Deus, qui beatum Ludovicum*, etc.

O Dieu, qui du royaume de la terre avez élevé saint Louis votre confesseur à la gloire du royaume du ciel : nous vous prions par ses mérites et par son intercession de nous faire part de la gloire du Roi des rois Jésus-Christ votre Fils; qui étant Dieu, etc.

Saint Fiacre patron de la Brie, confesseur, 30 août.

ORAISON. *Misericordiam tuam, Domine*, etc.

Accordez-nous votre grace, ô Seigneur miséricordieux, par la prière de saint Fiacre votre confesseur, et soyez propice à nous pécheurs par son assistance ; par Notre-Seigneur, etc.

La Nativité de la sainte Vierge, 8 septembre.

Voyez l'oraison de la Conception, au 8 décembre.

L'Exaltation de la sainte Croix, 14 septembre.

ORAISON. *Deus, qui nos hodiernâ die Exaltationis*, etc.

O Dieu qui renouvelez notre joie lorsque nous renouvelons la mémoire de l'Exaltation de la sainte Croix : faites-nous la grace d'en bien comprendre le mystère sur la terre, et de jouir dans le ciel du prix de la rédemption qu'elle nous a méritée ; par Notre-Seigneur, etc.

Saint Matthieu apôtre et évangéliste, 21 septembre.

ORAISON. *Beati apostoli et evangelistæ Matthæi*, etc.

Ecoutez, Seigneur, les prières de saint Matthieu votre apôtre et évangéliste, et accordez-nous par son intercession ce que notre foiblesse ne peut obtenir; par Notre-Seigneur, etc.

Saint Michel archange, 29 septembre.

ORAISON. *Deus, qui miro ordine angelorum*, etc.

O Dieu, qui dispensez avec un ordre merveilleux le ministère des anges et des hommes : accordez-nous par votre bonté que ceux qui se présentent continuellement à vous pour obéir à vos ordres, soient les protecteurs de notre vie; par Notre-Seigneur, etc.

Saint Remy évêque, 1er octobre.

ORAISON. *Deus, qui populo tuo*, etc.

O Dieu, qui avez donné saint Remy à votre peuple pour le conduire au salut éternel : faites qu'après nous avoir enseigné la doctrine de vie sur la terre, il soit présentement auprès de vous notre intercesseur dans le ciel; par Notre-Seigneur, etc.

Saint Denys et ses Compagnons, 9 octobre.

ORAISON. *Deus, qui hodierná die beatum Dionysium*, etc.

O Dieu, qui avez fortifié par une constance inébranlable saint Denys pontife votre martyr, et qui pour annoncer votre gloire aux Gentils lui avez donné pour compagnons saint Rustique et saint Eleuthère :

accordez-nous cette grace qu'à leur exemple nous méprisions pour l'amour de vous toutes les prospérités du monde et que nous n'en redoutions aucunes adversités; par Notre-Seigneur, etc.

Saint Saintin évêque de Meaux, 11 octobre.

ORAISON. *Deus, qui es Sanctorum tuorum splendor*, etc.

O Dieu, gloire éternelle de vos Saints, qui avez consacré ce jour par la mort de saint Saintin votre confesseur et évêque : faites que votre Eglise se réjouisse toujours de sa naissance, et que par votre miséricorde elle ressente l'assistance de ses mérites et de ses exemples; par Notre-Seigneur, etc.

Saint Luc évangéliste, 18 octobre.

ORAISON. *Interveniat pro nobis, quæsumus, Domine*, etc.

Faites, Seigneur, que saint Luc votre évangéliste soit notre intercesseur auprès de vous : lui qui pour la gloire de votre nom a continuellement porté sur son corps la mortification de la croix; par Notre-Seigneur, etc.

La fête des saintes Reliques qui reposent dans l'église de Meaux : elle se célèbre au dimanche qui suit la fête de saint Luc.

ORAISON. *Propitiare, quæsumus, Domine*, etc.

Nous vous prions, Seigneur,

d'être propice à vos serviteurs par les mérites de vos Saints, dont les Reliques reposent dans l'église de Meaux; afin que par leur pieuse intercession nous soyons délivrés de toute adversité ; par Notre-Seigneur, etc.

### Sainte Céline, vierge de l'Eglise de Meaux, 21 octobre.

ORAISON. *Deus salutaris noster*, etc.

O Dieu notre Sauveur, écoutez-nous, afin que nous réjouissant de la fête de sainte Céline vierge, nous profitions de l'instruction que nous donne sa dévotion ; par Notre-Seigneur, etc.

### Saint Simon et saint Jude apôtres, 28 octobre.

ORAISON. *Deus, qui nos per beatos apostolos*, etc.

O Dieu, qui nous avez donné la connoissance de votre nom par la prédication de vos apôtres saint Simon et saint Jude : accordez-nous la grace de célébrer toujours leur éternelle gloire avec une nouvelle ferveur, et d'avancer en votre amour en solennisant leur mémoire; par Notre-Seigneur, etc.

### Saint Faron, évêque de Meaux, 29 octobre.

ORAISON. *Deus, qui hodiernam diem sacratissimam*, etc.

O Dieu, qui avez fait pour nous de ce jour où nous solennisons la mémoire de saint Faron votre confesseur et évêque, un jour de bénédictions et de graces : écoutez en pitié les prières de votre Eglise, et secourez-la par l'intercession de celui dont elle célèbre les mérites; par Notre-Seigneur, etc.

### A la fête de tous les Saints, 1er novembre.

ORAISON. *Omnipotens sempiterne Deus*, etc.

Dieu tout-puissant et éternel, qui nous avez fait la grace de célébrer dans une même solennité les mérites de tous vos Saints : nous vous prions qu'en multipliant nos intercesseurs, nous obtenions l'abondance tant désirée de vos miséricordes; par Notre-Seigneur, etc.

### Au jour des Morts, 2 novembre.

ORAISON. *Fidelium, Deus, omnium conditor*, etc.

O Dieu, Créateur et Rédempteur de tous les fidèles, accordez aux ames de vos serviteurs et de vos servantes, la rémission de tous leurs péchés, afin que par de pieuses prières ils obtiennent le pardon qu'ils ont toujours désiré ; vous qui étant Dieu, etc.

### Saint Martin, évêque, 11 novembre.

ORAISON. *Deus qui conspicis*, etc.

O Dieu, qui voyez que nous ne pouvons nous soutenir par aucune force : accordez-nous par votre bonté que nous soyons fortifiés contre toutes les adversités, par l'intercession de saint Martin votre confesseur et pontife; par Notre-Seigneur, etc.

De la Présentation de la sainte Vierge, 21 novembre.

ORAISON. *Deus, qui beatam Mariam*, etc.

O Dieu, qui avez voulu que la bienheureuse Marie toujours vierge, demeure du Saint-Esprit, fût aujourd'hui présentée au temple : nous vous prions de nous accorder que par son intercession nous soyons présentés au temple de votre gloire : par Notre-Seigneur Jésus-Christ, etc.

# ORAISONS

## DU COMMUN DES SAINTS.

Elles se disent aux fêtes où il n'y en a point de propres. Il y a des oraisons propres à toutes les fêtes des saints Apôtres.

A la fête d'un saint Martyr, s'il est martyr et évêque.

ORAISON. *Infirmitatem nostram respice*, etc.

O Dieu tout-puissant, jetez les yeux sur notre foiblesse; et par l'intercession de saint N. votre martyr et évêque, soulagez-nous du poids de nos propres actions qui nous accable; par Notre-Seigneur, etc.

S'il est seulement martyr.

ORAISON. *Præsta, quæsumus, omnipotens Deus*, etc.

Faites-nous la grace, ô Dieu tout-puissant, de nous fortifier dans l'amour de votre nom, par l'intercession de saint N. votre martyr, dont nous honorons la naissance; par Notre-Seigneur, etc.

Pour plusieurs saints martyrs et évêques.

ORAISON. *Beatorum martyrum*, etc.

Nous vous supplions, Seigneur, de nous accorder votre assistance en cette solennité de saint N. et de saint N. vos martyrs et évêques, et d'écouter leurs vénérables prières en notre faveur; par Notre-Seigneur, etc.

S'ils ne sont pas évêques.

ORAISON. *Deus, qui nos annuâ sanctorum Martyrum*, etc.

O Dieu, qui renouvelez notre joie chaque année, dans la solennité de saint N. et de saint N. vos martyrs : accordez-nous par votre bonté la grace de profiter de leurs exemples, en même temps que nous

nous réjouissons de leurs mérites ; par Notre-Seigneur, etc.

### Un saint Confesseur [1] évêque.

ORAISON. *Da, quæsumus, omnipotens Deus*, etc.

Faites-nous la grace, Dieu tout-puissant, que la vénérable solennité de saint N. votre confesseur et évêque, accroisse notre dévotion et avance notre salut ; par Notre-Seigneur, etc.

### Autre Oraison.

ORAISON. *Exaudi nos, quæsumus, Domine*, etc.

Nous vous supplions, Seigneur, d'écouter les prières que nous vous adressons en la solennité de saint N. votre confesseur et évêque ; et de nous accorder le pardon de tous nos péchés, par l'intercession de celui à qui vous avez fait la grace de vous rendre un culte digne de vous ; par Notre-Seigneur, etc.

### Un saint Docteur.

ORAISON. *Deus, qui populo tuo*, etc.

O Dieu, qui avez donné saint N. à votre peuple pour le conduire au salut éternel : faites qu'il soit maintenant auprès de vous notre intercesseur dans le ciel, lui qui nous

[1] On appeloit autrefois confesseurs, ceux qui souffroient quelque peine pour la confession de la foi : on donne maintenant ce nom à tous les Saints qui n'étant ni apôtres ni martyrs, ont confessé Jésus-Christ par leurs bonnes œuvres.

a enseigné la doctrine de vie sur la terre ; par Notre-Seigneur, etc.

### Un saint Confesseur.

ORAISON. *Deus, qui nos beati N. Confessoris*, etc.

O Dieu, qui renouvelez notre joie chaque année en la solennité de saint N. votre confesseur : accordez-nous par votre bonté la grace d'imiter les actions de celui dont nous honorons la naissance ; par Notre-Seigneur, etc.

### Un saint Abbé.

ORAISON. *Intercessio nos, quæsumus, Domine*, etc.

Nous vous prions, Seigneur, de nous secourir par l'intercession de saint N. abbé, et de nous accorder par ses prières ce que nous ne pouvons obtenir par nos mérites ; par Notre-Seigneur, etc.

### Une sainte Vierge, martyre.

ORAISON. *Deus, qui inter cœtera*, etc.

O Dieu, qui avez fait paroître les merveilles de votre puissance en donnant au sexe le plus foible la force de remporter la couronne du martyre : accordez-nous par votre bonté la grace d'aller à vous en suivant les exemples de sainte N., votre vierge et martyre, dont nous honorons la naissance ; par Notre-Seigneur, etc.

On dit la même collecte à la fête

d'une sainte martyre qui n'est pas vierge, en omettant le mot de *vierge*.

Une sainte Vierge.

Oraison. *Exaudi nos, Deus salutaris noster*, etc.

O Dieu, notre Sauveur, écoutez-nous, afin que nous réjouissant de la fête de sainte N. votre vierge, nous profitions de l'instruction que nous donne sa dévotion; par Notre-Seigneur, etc.

On dit la même collecte à la fête d'une sainte qui n'est pas vierge, en omettant le mot de *vierge*.

La Dédicace de l'Eglise.

Oraison. *Deus, qui nobis per singulos annos*, etc.

O Dieu, qui renouvelez tous les ans le jour de la consécration de ce saint temple dédié à votre nom, et nous conservez la vie, afin que nous assistions toujours à des mystères sacrés : exaucez les prières de votre peuple, et accordez-nous que quiconque entrera dans ce temple pour y demander vos bienfaits, se réjouisse de les avoir obtenus; par Notre-Seigneur, etc.

Pour les jours de Patrons.

Oraison. *Da nobis, quæsumus*, etc.

Faites-nous la grace, Dieu tout-puissant, que la vénérable solennité de saint N. accroisse notre dévotion, et avance notre salut; par Notre-Seigneur Jésus-Christ, etc.

# L'OFFICE DE L'ÉGLISE.

*Quoique notre intention soit de ne mettre ici que l'Office des Vêpres, nous avons toutefois ajouté quelques Cantiques et quelques Psaumes les plus nécessaires à l'instruction et à l'édification des fidèles, que l'on trouvera suivant l'ordre qu'on les chante à l'église.*

### DES TROIS CANTIQUES DU NOUVEAU TESTAMENT.

On appelle *Cantiques* des chants de réjouissance, que les saints inspirés de Dieu ont chantés dans le temps qu'ils en ont reçu des graces particulières.

Il y en a trois dans le Nouveau Testament, que l'Eglise chante tous les jours, à cause de la liaison particulière qu'ils ont avec le mystère du Verbe incarné. *Benedictus* se chante à Laudes, et nous le mettons ici le premier. *Magnificat* et *Nunc dimittis* se trouveront en leur ordre à Vêpres et à Complies.

CANTIQUE DE SAINT ZACHARIE.
Luc., 1, 68.

Saint Zacharie, père de saint Jean-Baptiste, n'avoit pas cru assez promptement à la parole de l'Ange, qui lui annonçoit qu'il seroit le père de ce saint Précurseur; et en punition de son doute, il devint muet.

*La parole lui fut rendue à la naissance de ce bienheureux enfant : le saint vieillard employa la voix, qu'il venoit de recouvrer, à louer Dieu de la venue prochaine de son Christ, à qui saint Jean venoit préparer les voies, et il prophétisa en ces termes :*

1. Béni soit le Seigneur, le Dieu d'Israël, de ce qu'il est venu visiter son peuple pour le racheter.

2. Et a suscité dans la maison de David son serviteur, un puissant Médiateur de notre salut :

3. Comme il l'avoit promis par la bouche de ses saints prophètes, qui ont prédit dès les siècles passés,

4. Qu'il nous délivreroit de la puissance de nos ennemis, et de la main de tous ceux qui nous haïssent :

5. Pour nous faire miséricorde, comme il l'avoit promis à nos pères ; et pour accomplir son alliance sainte :

6. Selon le serment par lequel il avoit juré à notre père Abraham, de nous faire la grace,

7. Qu'étant délivrés de la puissance de nos ennemis, nous le servions sans crainte :

8. Vivant en sa présence tous les jours de notre vie, dans la sainteté et dans la justice.

9. Mais vous, enfant, vous serez appelé le prophète du Très-Haut ; car vous marcherez devant le Seigneur pour préparer ses voies :

10. En apprenant à son peuple la science du salut, pour la rémission de ses péchés :

11. Par les entrailles de la miséricorde de notre Dieu, par laquelle ce Soleil[1] levant nous est venu visiter du ciel :

12. Pour éclairer ceux qui étoient ensevelis dans les ténèbres et dans l'ombre de la mort ; et conduire nos pas dans le chemin de la paix.

Ainsi soit-il.

L'Eglise récite tous les jours le Psaume suivant aux heures de Prime, Tierce, Sexte, et None ; c'est pourquoi on le met ici comme très-propre à entretenir la piété des fidèles.

### PSAUME 118.

*David banni et fugitif durant la persécution de Saül, se console dans la méditation de la loi de Dieu, et s'excite à l'aimer de tout son cœur.*

### PRIME.

*Beati immaculati in viâ, etc.*

1. Heureux ceux qui sont purs dans la voie : qui marchent selon la loi du Seigneur.

2. Heureux ceux qui étudient ses ordonnances, et qui le cherchent de tout leur cœur.

3. Car ceux qui commettent l'iniquité, ne marchent point dans ses voies.

4. Vous avez ordonné que vos lois soient exactement gardées.

[1] C'est ainsi que Jésus-Christ est appelé par les prophètes, pour montrer qu'à son arrivée les ténèbres de l'idolâtrie seroient dissipées.

5. Plût à Dieu que toutes mes voies tendent à l'observation de vos ordonnances!

6. Je ne tomberai point dans la confusion, lorsque j'aurai tous vos commandemens devant les yeux.

7. Je vous bénirai avec un cœur droit, lorsque je serai instruit de vos ordonnances pleines d'équité.

8. Je garderai vos préceptes : ne m'abandonnez jamais.

*In quo corrigit adolescentior, etc.*

9. Comment l'homme dans sa jeunesse redressera-t-il sa voie? En gardant vos paroles.

10. Je vous ai cherché de tout mon cœur : ne permettez pas que je m'éloigne de vos préceptes.

11. Je tiens vos paroles cachées dans le fond de mon cœur : afin que je ne vous offense point.

12. O Seigneur, vous êtes béni! Enseignez-moi votre loi.

13. Mes lèvres prononceront toutes les ordonnances de votre bouche.

14. Je trouve autant de joie dans la voie de vos commandemens, que si je possédois toutes les richesses du monde.

15. Je méditerai sur vos préceptes, et je considérerai vos voies.

16. Je méditerai sur vos ordonnances : je n'oublierai point vos paroles.

*Retribue servo tuo, etc.*

17. Rendez votre grace à votre serviteur : donnez-moi la vie, et je garderai vos commandemens.

18. Dévoilez mes yeux, et je contemplerai les merveilles de votre loi.

19. Je suis étranger sur la terre : ne me cachez pas vos préceptes.

20. Mon ame désire [1] sans cesse de désirer vos commandemens.

21. Vous menacez les superbes : ceux qui se détournent de vos commandemens, sont maudits.

22. Eloignez de moi l'opprobre et le mépris, puisque je garde vos commandemens.

23. Car les grands de la terre se sont assis, et ils ont parlé entre eux contre moi : mais votre serviteur méditoit sur votre loi.

24. Vos ordonnances sont mon entretien continuel : et vos oracles sont mes conseillers.

*Ad hæsit pavimento anima mea : vivifica me*, etc.

25. Mon ame est prosternée contre terre : donnez-moi la vie selon votre parole.

26. Je vous ai exposé mes voies, et vous m'avez exaucé : enseignez-moi vos ordonnances.

27. Instruisez-moi de la voie de vos préceptes, et je m'entretiendrai de vos merveilles.

28. Mon ame s'assoupit dans son ennui : fortifiez-moi par vos paroles.

[1] Comme un malade qui désire d'être guéri de son dégoût.

29. Détournez de moi la voie de l'iniquité, et faites-moi miséricorde selon votre loi.

30. J'ai choisi la voie de la vérité : je n'ai pas oublié vos jugemens.

31. Seigneur, je me tiens attaché à vos témoignages : ne me couvrez pas de confusion.

32. J'ai couru dans la voie de vos commandemens, lorsque vous m'avez dilaté [1] le cœur.

## TIERCE.

*Legem pone mihi, Domine,* etc.

33. Enseignez-moi, Seigneur, la voie de vos commandemens, et je la rechercherai sans relâche.

34. Donnez-moi l'intelligence, et j'approfondirai votre loi : et je la garderai de tout mon cœur.

35. Conduisez-moi dans le sentier de vos commandemens ; car c'est tout ce que je désire.

36. Portez mon cœur vers vos ordonnances, et non à l'avarice.

37. Détournez mes yeux, de peur qu'ils ne s'arrêtent sur la vanité : donnez-moi la vie dans votre voie.

38. Affermissez votre parole dans votre serviteur, par votre crainte.

39. Eloignez de moi l'opprobre [2] que j'appréhende : parce que vos jugemens sont doux.

40. Je soupire après vos commandemens : donnez-moi la vie par votre justice.

*Et veniat super me misericordia tua, Domine,* etc.

41. Que votre miséricorde, Seigneur, descende sur moi : sauvez-moi selon vos oracles.

42. Afin que je réponde à ceux qui me couvrent d'opprobres, que j'espère en vos paroles.

43. Et ne m'ôtez jamais de la bouche la parole de vérité : parce que je mets toute mon espérance en vos jugemens.

44. Je garderai toujours votre loi : je la garderai à jamais.

45. Je marcherai comme dans un chemin spacieux : parce que je recherche vos préceptes.

46. J'ai parlé de vos témoignages devant les rois : et je n'en ai point rougi.

47. J'ai médité vos commandemens, qui font mes délices.

48. J'élèverai mes mains pour exécuter vos préceptes, qui sont mon amour ; et je m'exercerai dans la pratique de votre loi.

*Memor esto verbi tui servo tuo,* etc.

49. Souvenez-vous de la promesse que vous avez faite à votre serviteur, par laquelle vous m'avez donné de l'espérance.

50. C'est ce qui me console dans mon humiliation : parce que votre parole m'a donné la vie.

---

[1] En y répandant vos consolations.
[2] C'est qu'on faisoit passer David pour ennemi de son prince et de sa patrie.

51. Les superbes font sans cesse des injustices; mais je ne me suis point détourné de votre loi.

52. Je me suis souvenu, Seigneur, que vos jugemens sont éternels; et j'y ai trouvé ma consolation.

53. La défaillance m'accable à la vue des pécheurs qui abandonnent votre loi.

54. Vos préceptes sont le sujet de mes cantiques, dans le lieu de mon exil.

55. Je me suis souvenu, Seigneur, de votre nom durant la nuit; et j'ai gardé votre loi.

56. Ce bien m'est arrivé, parce que j'ai recherché vos préceptes.

*Portio mea, Domine,* etc.

57. J'ai dit en moi-même : Seigneur, mon partage est de garder votre loi.

58. J'ai imploré votre assistance de tout mon cœur : ayez pitié de moi selon vos paroles.

59. J'ai réfléchi sur mes voies; et j'ai tourné mes pas vers vos témoignages.

60. Je suis prêt de garder vos commandemens, et je ne suis troublé de rien.

61. Les filets des méchans m'ont enveloppé : mais je n'ai pas oublié votre loi.

62. Je me levois au milieu de la nuit, pour vous louer sur les jugemens de votre justice.

63. Je suis en société avec tous ceux qui vous craignent, et qui gardent vos commandemens.

64. L'univers est plein de votre miséricorde, Seigneur : enseignez-moi votre loi.

*Bonitatem fecisti cum servo tuo, Domine,* etc.

65. Seigneur, vous avez fait miséricorde à votre serviteur, selon vos promesses.

66. Enseignez-moi la bonté, la discipline et la science, parce que j'ai une ferme foi en vos commandemens.

67. J'ai péché avant que d'être humilié : c'est pourquoi j'ai gardé vos paroles.

68. Vous êtes bon : et dans votre bonté, enseignez-moi vos ordonnances.

69. L'iniquité des superbes s'est multipliée contre moi de plus en plus : mais je ne laisserai pas de rechercher vos commandemens de tout mon cœur.

70. Leur cœur s'est épaissi [1] comme le lait; mais moi j'ai médité sur votre loi.

71. Il m'a été bon que vous m'ayez humilié, pour apprendre vos préceptes.

72. La loi qui est sortie de votre bouche, me vaut mieux que des millions d'or et d'argent.

*Manus tuæ fecerunt me,* etc.

73. Vos mains m'ont créé et

---

[1] Mes ennemis sont devenus charnels et grossiers.

m'ont formé : donnez-moi l'intelligence, afin que j'apprenne vos commandemens.

74. Ceux qui vous craignent, me verront, et se réjouiront de ce que j'aurai toujours espéré dans vos paroles.

75. Je reconnois, Seigneur, que vos jugemens sont équitables, et que vous m'avez humilié avec justice.

76. Que votre miséricorde soit toute ma consolation, selon la promesse que vous avez faite à votre serviteur.

77. Que vos miséricordes se répandent sur moi, afin que je vive; puisque votre loi est tout mon entretien.

78. Que les superbes soient confondus, pour m'avoir persécuté injustement : et je m'occuperai de vos ordonnances.

79. Que ceux qui vous craignent et qui entendent vos oracles, s'unissent avec moi.

80. Que mon cœur soit pur dans vos ordonnances, afin que je ne sois point confus.

### SEXTE.

*Defecit in salutare tuum anima mea*, etc.

81. Mon ame languit dans l'attente de votre salut, et j'espère en vos paroles de plus en plus.

82. Mes yeux languissent à force d'attendre l'accomplissement de vos paroles ; ils vous disent : Quand me consolerez-vous?

83. Je suis aussi sec qu'une peau exposée à la gelée : je n'ai point oublié vos ordonnances.

84. Combien de jours reste-t-il encore à votre serviteur? Quand jugerez-vous ceux qui me persécutent ?

85. Les injustes m'ont conté des fables ; mais ce qu'ils disent n'est pas comme votre loi.

86. Tous vos commandemens sont la vérité même : ils m'ont persécuté injustement ; secourez-moi.

87. Ils m'ont presque anéanti sur la terre : mais je n'ai pas abandonné vos préceptes.

88. Rendez-moi la vie par votre miséricorde, et je garderai les paroles de votre bouche.

*In æternum, Domine*, etc.

89. Votre parole, Seigneur, subsistera éternellement dans le ciel.

90. Votre vérité passera de siècle en siècle : vous avez affermi la terre, et elle demeurera toujours.

91. Le jour subsiste par votre ordre : car toutes les créatures vous sont assujetties.

92. Si votre loi n'avoit été tout mon entretien : je serois péri il y a longtemps dans mon humiliation.

93. Je n'oublierai jamais vos préceptes : car c'est par eux que vous me donnez la vie.

94. Je suis tout à vous, sauvez-moi : puisque j'ai toujours recherché vos préceptes.

95. Les pécheurs m'attendent

pour me perdre : mais j'ai compris vos ordonnances.

96. J'ai vu la fin de toute la perfection[1] : votre loi a une étendue merveilleuse.

*Quomodo dilexi legem tuam, Domine,* etc.

97. Que j'aime votre loi, Seigneur! Elle est le sujet de mon entretien durant tout le jour.

98. Vous m'avez rendu plus sage que mes ennemis par votre parole : parce que je m'y suis attaché pour jamais.

99. Je suis devenu plus intelligent que tous ceux qui m'instruisent : parce que vos oracles sont mon entretien continuel.

100. Je suis devenu plus prudent que les vieillards : parce que je recherche vos commandemens.

101. J'ai retiré mes pieds de toute mauvaise voie, afin de garder vos paroles.

102. Je ne me suis point écarté de vos jugemens : parce que vous m'avez vous-même donné votre loi.

103. Que vos oracles me sont doux! Ils le sont plus que le miel ne l'est à ma bouche.

104. Vos préceptes me rendent intelligent : c'est pourquoi je hais toute voie corrompue.

*Lucerna pedibus meis,* etc.

105. Votre parole est la lampe qui éclaire mes pas, et la lumière qui luit dans mes voies.

106. J'ai juré, et résolu de garder vos justes jugemens.

107. Seigneur, j'ai été réduit à une extrême humiliation : donnez-moi la vie selon votre parole.

108. Agréez, Seigneur, les sacrifices que ma bouche vous offre ; et enseignez-moi vos jugemens.

109. Mon ame est toujours en mes mains : je n'oublie point votre loi.

110. Les méchans m'ont tendu un piége pour me perdre : mais je ne me suis point écarté de vos commandemens.

111. J'ai pris vos paroles pour être à jamais mon héritage : parce qu'elles sont la joie de mon cœur.

112. J'ai porté mon cœur à garder vos jugemens pour jamais à cause de la récompense.

*Iniquos odio habui,* etc.

113. Je hais les injustes ; et j'aime uniquement votre loi.

114. Vous êtes mon refuge et mon protecteur, et j'espère de plus en plus en vos paroles.

115. Retirez-vous de moi, méchans ; et j'étudierai les commandemens de mon Dieu.

116. Recevez-moi selon votre parole, et je vivrai : et ne me confondez point dans mon espérance.

117. Secourez-moi, et je serai sauvé : et je méditerai toujours vos jugemens.

---

[1] Les choses les plus parfaites finissent ; mais la loi de Dieu est éternelle.

118. Vous rejetez avec mépris tous ceux qui s'égarent de vos jugemens : parce que leur pensée est injuste.

119. J'ai regardé tous les méchans de la terre comme des prévaricateurs : c'est pourquoi j'aime vos témoignages.

120. Pénétrez ma chair de votre crainte : parce que je tremble dans la vue de vos jugemens.

*Feci judicium et justitiam*, etc.

121. J'ai gardé la justice et l'équité : ne m'abandonnez pas à ceux qui me calomnient.

122. Recevez votre serviteur en grace : que les superbes ne médisent plus de moi.

123. Mes yeux sont languissans dans l'attente de votre secours, et dans l'espérance de voir l'effet des paroles de votre justice.

124. Traitez votre serviteur selon votre miséricorde, et enseignez-moi vos jugemens.

125. Je suis votre serviteur : donnez-moi l'intelligence : afin que je connoisse vos témoignages.

126. Seigneur, il est temps que vous agissiez : ils ont dissipé votre loi.

127. C'est pourquoi j'aime vos commandemens, plus que l'or et la topaze.

128. Et je me conduis selon tous vos préceptes, et je hais toute voie corrompue.

## NONE.

*Mirabilia testimonia tua*, etc.

129. Vos témoignages sont admirables ; c'est pourquoi mon ame les étudie.

130. L'explication de vos paroles porte la lumière dans les esprits, et donne l'intelligence aux petits.

131. J'ai ouvert la bouche [1] et j'ai attiré l'air, parce que je désirois votre loi.

132. Jetez les yeux sur moi, et faites-moi miséricorde : comme vous la faites à ceux qui aiment votre nom.

133. Réglez mes pas selon votre parole, et que nulle iniquité ne domine en moi.

134. Délivrez-moi des calomnies des hommes, afin que je garde vos commandemens.

135. Répandez sur votre serviteur la lumière de votre visage, et enseignez-moi vos jugemens.

136. Mes yeux ont versé des ruisseaux de larmes, parce qu'ils n'ont pas gardé votre loi.

*Justus es, Domine,* etc.

137. Vous êtes juste, Seigneur, et vos jugemens sont droits.

138. Vous avez établi par votre commandement la justice de vos témoignages, et votre vérité.

139. Mon zèle m'a fait sécher, de ce que mes ennemis ont oublié vos paroles.

[1] J'ai soupiré après votre loi.

140. Votre parole est toute brûlante : et votre serviteur l'aime tendrement.

141. Je suis jeune et méprisé : mais je n'oublie pas vos jugemens.

142. Votre justice est la justice éternelle : et votre loi, la vérité même.

143. L'affliction et l'angoisse m'ont pénétré : vos commandemens sont mon entretien.

144. Vos témoignages sont éternellement justes : donnez-moi l'intelligence et je vivrai.

*Clamavi in toto corde meo*, etc.

145. Mon Dieu j'ai crié vers vous de tout mon cœur : exaucez-moi, et je garderai vos ordonnances.

146. J'ai crié vers vous ; sauvez-moi : afin que j'observe vos commandemens.

147. Je préviens le jour et je crie vers vous : parce que j'espère de plus en plus en vos paroles.

148. Mes yeux vous ont prévenu dès le point du jour, afin de méditer votre loi.

140. Seigneur, écoutez ma voix selon votre miséricorde ; donnez-moi la vie selon votre jugement.

150. Ceux qui me persécutent se sont approchés de l'iniquité, et ils se sont éloignés de votre loi.

151. Seigneur, vous êtes proche, et toutes vos voies sont véritables.

152. J'ai reconnu dès le commencement, que vous avez affermi vos témoignages pour jamais.

*Vide humilitatem meam, et eripe me*, etc.

153. Regardez ma bassesse, et me délivrez : puisque je n'ai point oublié votre loi.

154. Jugez ma cause et rachetez-moi ; donnez-moi la vie selon votre parole.

155. Le salut est loin des méchans, parce qu'ils ne recherchent point vos jugemens.

156. Seigneur, vos miséricordes sont infinies : donnez-moi la vie selon votre jugement.

157. Le nombre est grand de ceux qui me persécutent et qui m'affligent : mais je ne me suis point écarté de vos témoignages.

158. J'ai vu les prévaricateurs et j'ai séché ; parce qu'ils ne gardent point vos paroles.

159. Considérez, Seigneur, que j'aime vos commandemens : donnez-moi la vie selon votre miséricorde.

160. La vérité est le commencement de vos paroles : tous vos jugemens sont éternellement équitables.

*Principes persecuti sunt me gratis*, etc.

161. Les grands du monde m'ont persécuté sans sujet : et mon cœur n'a été effrayé que de vos paroles.

162. Je mets ma joie dans vos paroles, comme un homme qui a trouvé de riches dépouilles.

163. J'ai l'iniquité en haine et en abomination ; mais votre loi est tout mon amour.

164. Sept fois le jour je vous chante des louanges, sur vos jugemens équitables.

165. La véritable paix est avec ceux qui aiment votre loi, et rien ne les fait tomber.

166. Seigneur, j'ai attendu de vous mon salut, et j'ai aimé vos commandemens.

167. Mon ame a gardé vos préceptes, et les a aimés souverainement.

168. J'ai observé vos commandemens et vos témoignages, parce que toutes mes voies sont exposées à vos yeux.

*Appropinquet deprecatio mea in conspectu tuo, Domine*, etc.

169. Que ma prière, Seigneur, monte jusqu'à vous : donnez-moi l'intelligence selon votre parole.

170. Que mes demandes soient présentées à vos yeux : délivrez-moi selon vos promesses.

171. Mes lèvres pousseront des hymnes à votre louange : lorsque vous m'aurez enseigné vos jugemens.

172. Ma langue publiera vos paroles : parce que tous vos commandemens sont équitables.

173. Tendez-moi la main pour me sauver : puisque je me suis attaché à vos commandemens.

174. Seigneur, je désire de recevoir de vous mon salut ; et votre loi est tout mon entretien.

175. Mon ame vivra et vous louera : et vos jugemens viendront à mon aide.

176. J'ai été errant comme une brebis égarée : cherchez votre serviteur, puisque je n'ai point oublié vos commandemens.

# VÊPRES
## DU DIMANCHE.

O Dieu, venez à mon aide.

Hâtez-vous, Seigneur, de me secourir.

Gloire soit au Père, et au Fils, et au Saint-Esprit.

Et qu'elle soit telle maintenant, et toujours, et dans les siècles des siècles, qu'elle a été dès le commencement. Ainsi soit-il. Louez le Seigneur, *ou*, Louange soit à vous, Seigneur, roi d'éternelle gloire.

PSAUME 109. (Prophétique.)

David contemple en esprit le Père éternel, qui fait asseoir Jésus-Christ à sa droite au jour de son ascension ; et célébrant la puissance, la génération éternelle, le sacerdoce et les victoires du Sauveur, qui devoit être son Fils, il l'appelle son Seigneur. (*Matth.*, xxii, 44.)

*Dixit Dominus Domino meo*, etc.

1. Le Seigneur a dit à mon Seigneur : Asseyez-vous à ma droite.

2. Jusqu'à ce que j'aie réduit vos

ennemis, à vous servir de marche-pied.

3. Le Seigneur fera sortir de Sion [1] le sceptre de votre règne : vous dominerez au milieu de vos ennemis [2].

4. La puissance royale dont vous êtes revêtu, éclatera au jour de votre force dans la gloire et dans la lumière des saints : je [3] vous ai engendré de mon sein devant l'aurore.

5. Le Seigneur a juré, et il ne rétractera point son serment : vous serez le Sacrificateur éternel selon l'ordre de Melchisédech.

6. Le Seigneur est à votre droite [4] : il brisera les rois au jour de sa colère.

7. Il jugera les nations, il mettra tout en ruines : il brisera sur la terre les têtes de plusieurs.

8. Il boira dans le chemin de l'eau [5] du torrent : et par là il s'élèvera dans la gloire.

*Antienne* [6]. Le Seigneur a dit à mon Seigneur : Asseyez-vous à ma droite.

### PSAUME 110.
(Moral et d'action de graces.)

Le Prophète célèbre les merveilles de Dieu dans la délivrance de son peuple, et dans la loi qu'il lui a donnée.

*Confitebor tibi, Domine, in toto corde meo*, etc.

1. Seigneur, je vous louerai de tout mon cœur, dans l'assemblée et dans la compagnie des justes.

2. Les ouvrages du Seigneur sont grands : tous ceux qui les aiment les recherchent.

3. La magnificence et la gloire reluisent dans ses ouvrages : et sa justice demeure éternellement.

4. Le Seigneur bon et miséricordieux a consacré la mémoire de ses merveilles : il a donné une nourriture [7] à ceux qui le craignent.

5. Il se souviendra éternellement de son alliance [8] : il montrera à son peuple la grandeur de ses ouvrages.

6. En leur donnant l'héritage des nations [9] : les ouvrages de ses mains

---

[1] Parce que l'Evangile par lequel Jésus-Christ règne devoit commencer à Jérusalem, où étoit la sainte montagne de Sion, et de là se répandre par tout l'univers.

[2] Au milieu des gentils convertis par la prédication des apôtres.

[3] C'est le Père éternel qui parle.

[4] Par le puissant secours de Dieu, Jésus-Christ triomphera de ses ennemis, et exercera de sévères jugemens sur les persécuteurs de son Eglise.

[5] L'eau du torrent dont Jésus-Christ boira dans le chemin, sont les peines qu'il endurera dans sa vie mortelle, par lesquelles il entrera dans sa gloire.

[6] L'antienne est un chant après le psaume, où l'on en répète ordinairement le verset le plus remarquable ou celui qui revient le mieux à la fête. Les premiers mots de l'antienne se disent au commencement du psaume pour donner le ton.

[7] La manne dans le désert, et l'Eucharistie dans notre pèlerinage.

[8] C'est la promesse faite à Abraham quatre cents ans devant que de donner la Terre sainte à sa race.

[9] Des peuples de Chanaan, anciens habitans de ce pays.

mains sont justes et véritables.

7. Tous ses oracles sont immuables : ils sont affermis dans tous les siècles, et fondés dans la vérité et la justice.

8. Il a racheté son peuple de servitude [1] : il a établi son alliance pour jamais.

9. Son nom est saint et redoutable : la crainte du Seigneur est le commencement de la sagesse.

10. La vraie intelligence est pour tous ceux qui ont cette crainte : ils en seront loués au siècle des siècles.

*Ant.* Tous ses oracles sont immuables ; ils sont affermis dans tous les siècles.

PSAUME 111. (Moral.)

L'homme de bien est heureux.

*Beatus vir qui timet Dominum*, etc.

1. Heureux l'homme qui craint le Seigneur : il met tout son plaisir à faire ses commandemens.

2. Sa postérité sera puissante sur la terre : la race des justes sera bénie.

3. La gloire et les richesses sont dans sa maison : et sa justice demeure éternellement.

4. Il s'est élevé une lumière sur les justes au milieu des ténèbres : le Seigneur est clément, miséricordieux et juste.

5. Celui-là est aimable qui donne et qui prête au pauvre, qui conduit ses paroles avec jugement : il ne sera jamais ébranlé.

6. La mémoire du juste sera éternelle : il ne craindra pas d'entendre mal parler de lui.

7. Son cœur est disposé à se confier au Seigneur : son cœur est inébranlable ; il ne craint rien jusqu'à ce qu'il méprise ses ennemis [2].

8. Il répand ses aumônes et les distribue aux pauvres : sa justice demeurera au siècle des siècles, et il sera élevé en gloire.

9. Le pécheur le verra avec indignation, il grincera les dents et séchera de dépit : les désirs des méchans s'évanouiront.

*Ant.* Il met tout son plaisir à faire ses commandemens.

PSAUME 112.

Le Prophète loue Dieu de la protection qu'il donne aux humbles et aux gens de bien.

*Laudate, pueri, Dominum*, etc.

1. Louez le Seigneur, vous qui êtes ses serviteurs : louez le nom du Seigneur.

2. Que le nom du Seigneur soit béni, dès maintenant et dans l'éternité.

3. Le nom du Seigneur mérite

[1] Il a tiré l'ancien peuple de l'Egypte, et nous de l'enfer.

[2] Le juste ne craint pas ses ennemis, parce que Dieu lui en fera bientôt voir la foiblesse.

d'être loué depuis le matin jusqu'au soir.

4. Le Seigneur est élevé au-dessus de toutes les nations : et sa gloire paroît jusqu'au-dessus des cieux.

5. Qui est semblable au Seigneur notre Dieu, qui des hauts lieux où il fait sa demeure, regarde les choses basses dans le ciel et dans la terre ?

6. Il tire le foible de la poussière, et relève le pauvre de dessus le fumier,

7. Pour le placer entre les princes, entre les princes de son peuple.

8. Il rend féconde celle qui étoit stérile, et lui donne la joie d'être mère de plusieurs enfans.

*Ant.* Que le nom du Seigneur soit béni dans l'éternité.

### PSAUME 113.

David représente la grandeur de Dieu délivrant son peuple, et la vanité des idoles.

*In exitu Israël de Ægypto,* etc.

1. Lorsqu'Israël sortit d'Egypte, et la maison de Jacob du milieu d'un peuple barbare,

2. Dieu consacra la maison de Juda à son service, et établit son empire dans Israël.

3. La mer le vit et prit la fuite; le Jourdain remonta vers sa source.

4. Les montagnes sautèrent comme des béliers, et les collines comme des agneaux.

5. O mer, pourquoi fuyois-tu ? et toi Jourdain, pourquoi remontois-tu vers ta source ?

6. Montagnes, pourquoi sautiez-vous comme des béliers ? Et vous, collines, comme des agneaux ?

7. La terre a tremblé devant la face du Seigneur, devant le Dieu de Jacob,

8. Qui a changé la pierre en un torrent d'eau, et la roche en une fontaine abondante.

9. Que ce ne soit point à nous, Seigneur, que ce ne soit point à nous que vous donniez la gloire; mais donnez-la à votre nom :

10. Afin que votre miséricorde et votre vérité éclatent, et de peur que les nations ne disent : Où est leur Dieu ?

11. Notre Dieu est dans le ciel : il a fait tout ce qu'il a voulu.

12. Les idoles des nations ne sont qu'or et argent, et l'ouvrage des mains des hommes.

13. Ils ont une bouche, et ne parlent point; ils ont des yeux, et ne voient point;

14. Ils ont des oreilles, et n'entendent point; ils ont des narines, et ne sentent point;

15. Ils ont des mains, et ne touchent point; ils ont des pieds et ne marchent point, et il ne sort aucune voix de leur bouche.

16. Que ceux qui les font leur deviennent semblables, avec tous ceux qui y mettent leur confiance.

17. La maison d'Israël a espéré

au Seigneur ; il est son appui et son protecteur.

18. La maison d'Aaron a espéré au Seigneur ; il est son appui et son protecteur.

19. Ceux qui craignent le Seigneur ont mis leur espérance en lui : il est leur appui et leur protecteur.

20. Le Seigneur s'est souvenu de nous, et il nous a bénis.

21. Il a béni la maison d'Israël ; il a béni la maison d'Aaron.

22. Il a béni tous ceux qui le craignent, les grands et les petits.

23. Que le Seigneur multiplie ses dons sur vous ; sur vous et sur vos enfans.

24. Que vous puissiez être bénis du Seigneur, qui a fait le ciel et la terre.

25. Le ciel des cieux est au Seigneur ; et il a donné la terre aux enfans des hommes.

26. Les morts ne vous loueront point, Seigneur ; ni aucun de ceux qui sont dans le sépulcre :

27. Mais nous qui vivons, nous bénissons le Seigneur, dès maintenant et jusqu'à jamais.

*Ant.* Nous qui vivons, nous bénissons le Seigneur.

PETIT CHAPITRE. II *Cor.*, 1, 3, 4.

Beni soit Dieu, et le Père de Notre-Seigneur Jésus-Christ, le Père des miséricordes et le Dieu de toute consolation, qui nous console en toutes nos afflictions.

℞. Rendons graces à Dieu.

HYMNE, *Lucis Creator*, etc.

O Dieu très-bon, créateur de la lumière, qui la faites luire pour régler la durée des jours, et qui avez commencé par elle la création du monde.

O Dieu, qui avez voulu qu'on appelât jour le temps qui s'écoule du matin au soir : au moment que les ténèbres de la nuit s'approchent, écoutez les prières que nous vous faisons avec larmes ;

De peur que l'ame accablée de crimes ne se ferme l'entrée de la vie en ne pensant point aux choses éternelles, et s'engageant dans le péché.

Que nos prières pénètrent les cieux, qu'elles emportent le prix de la vie éternelle : que nous évitions tout péché, et que nous lavions ceux où nous sommes tombés.

Accordez-nous cette grace, ô Père de miséricorde, et vous Fils unique égal au Père, qui avec vous, et l'Esprit consolateur, régnez dans tous les siècles des siècles.

Ainsi soit-il.

℣. Que ma prière, Seigneur, s'élève vers vous.

℞. Comme la fumée de l'encens.

CANTIQUE DE LA SAINTE VIERGE.
(*Luc*, 1, 46.)

A la voix de la sainte Vierge et à la présence de Jésus-Christ qu'elle portoit dans son sein, sa cousine sainte Elisabeth, qu'elle étoit venue visiter, la publia heureuse, et l'enfant même que cette sainte femme avoit dans ses entrailles, en tressaillit de joie. Alors Marie, animée de l'esprit de Dieu, admire ses bontés immenses; et dans la naissance prochaine de Jésus-Christ, célèbre l'accomplissement des promesses, l'exaltation des humbles, et l'abaissement des superbes. Voyez *le Catéchisme des Fêtes*, pour les fêtes de la sainte Vierge, leçon IV, page 187.

*Magnificat anima mea*, etc.

1. Mon ame glorifie le Seigneur,

2. Et mon esprit s'est réjoui en Dieu mon Sauveur :

3. Parce qu'il a regardé la bassesse de sa servante : car en cela toute la postérité m'appellera bienheureuse.

4. Le Tout-Puissant a fait en moi de grandes choses; et son nom est saint.

5. Sa miséricorde passe d'âge en âge, envers ceux qui le craignent.

6. Il a déployé la force de son bras ; il a dissipé les superbes avec leurs orgueilleuses pensées.

7. Il a fait descendre les puissans de leurs trônes; et il a élevé les humbles.

8. Il a comblé de biens ceux qui avoient faim ; et il a réduit les riches au néant.

9. Il a pris dans sa sauvegarde Israël son serviteur, se souvenant de sa miséricorde :

10. Comme il l'avoit promis à nos pères, à Abraham, et à sa postérité pour jamais.

La collecte est l'une de celles qui sont ci-dessus, après laquelle le célébrant salue le peuple en disant :

℣. Que le Seigneur soit avec vous,

℟. Et qu'il soit avec votre esprit.

℣. Bénissons le Seigneur.

℟. Rendons graces à Dieu.

℣. Que les ames des fidèles qui sont morts reposent en paix.

℟. Ainsi soit-il.

# COMPLIES.

Convertissez-nous, ô Dieu, notre salut;

Et détournez votre colère de dessus nous.

O Dieu, venez à mon aide, etc.

### PSAUME 4.

David rend graces à Dieu de la protection qu'il lui a donnée dans ses afflictions.

*Cùm invocarem, exaudivit me Deus justitiæ meæ*, etc.

1. Le Dieu de ma justice m'a exaucé lorsque je l'ai invoqué : vous m'avez mis au large dans l'affliction.

2. Ayez pitié de moi, et exaucez ma prière.

3. Enfans des hommes, jusqu'à quand aurez-vous le cœur appesanti ? Pourquoi aimez-vous la va-

nité, et recherchez-vous le mensonge?

4. Sachez que Dieu a glorifié son saint [1] : le Seigneur m'exaucera, lorsque j'élèverai ma voix vers lui.

5. Mettez-vous en colère [2], et ne péchez point : quand vous vous reposerez sur votre lit, soyez touchés de componction de ce que vous aurez dit dans votre cœur [3].

6. Offrez au Seigneur un sacrifice de justice, et espérez en lui : plusieurs disent : Qui nous fera jouir des biens [4] ?

7. La lumière de votre visage, Seigneur, est imprimée sur nous : vous avez rempli mon cœur de joie.

8. Ils se sont multipliés [5] par l'abondance de leur froment, de leur vin et de leur huile.

9. Et moi je dormirai et me reposerai en paix :

10. Parce que vous seul, Seigneur, m'avez affermi dans l'espérance.

[1] David lui-même, qui représente ici Jésus-Christ, et l'ame fidèle.
[2] Ayez une sainte indignation contre les impies et les superbes, mais ne vous laissez emporter contre eux à aucun excès.
[3] Ne vous endormez pas, que vous n'ayez auparavant examiné devant Dieu vos plus secrètes pensées.
[4] C'est une parole des hommes charnels; mais dans le verset suivant, David les avertit de s'élever à Dieu.
[5] Les impies mettent leur richess dans les biens de la terre, et moi dans l'espérance que j'ai en Dieu.

## PSAUME 30.

David, qui espère en Dieu, ne craint rien, ni à la vie, ni à la mort.

*In te, Domine, speravi; non confundar in æternum,* etc.

1. Seigneur, j'ai mis mon espérance en vous, je ne serai jamais confondu : délivrez-moi par votre justice [6];

2. Prêtez l'oreille à ma voix, hâtez-vous de me tirer du péril.

3. Soyez-moi un Dieu protecteur et un lieu d'asile, afin que vous me sauviez.

4. Car vous êtes ma force et mon refuge : vous me conduirez, et me nourrirez pour la gloire de votre nom.

5. Vous me délivrerez du piège qu'on m'a tendu : parce que vous êtes mon protecteur.

6. Je remets mon ame entre vos mains : vous m'avez racheté, Seigneur, Dieu de vérité.

## PSAUME 90.

L'ame fidèle s'excite elle-même à mettre son espérance en Dieu, et Dieu l'assure de sa protection.

*Qui habitat in adjutorio Altissimi,* etc.

1. Celui qui habite dans l'asile du Très-Haut, demeurera sous la protection du Dieu du ciel.

2. Il dira au Seigneur : Vous êtes mon protecteur et mon refuge :

[6] Selon la fidélité de vos promesses.

c'est mon Dieu en qui je mettrai ma confiance.

3. C'est lui qui m'a délivré du filet du chasseur, et de la parole dure [1].

4. Il vous couvrira de l'ombre de ses ailes : et vous espérerez sous ses plumes.

5. Sa vérité vous environnera comme un bouclier : vous ne craindrez point les frayeurs de la nuit.

6. Ni la flèche qui vole durant le jour, ni les entreprises cachées qu'on fera contre vous, ni les attaques du démon du midi [2].

7. Il en tombera mille à votre gauche, et dix mille à votre droite : mais le mal n'approchera pas de vous.

8. Vous regarderez toutefois tout ce carnage de vos yeux; et vous verrez quelle est la punition des méchans :

9. Parce que vous êtes mon espérance, ô Seigneur. Vous avez pris le Très-Haut pour votre refuge.

10. Le mal n'approchera point de vous, ni la plaie de votre tente :

11. Car il a donné ordre à ses anges de vous garder en toutes vos voies.

12. Ils vous porteront sur leurs mains, de peur que vous ne vous heurtiez le pied contre la pierre.

13. Vous marcherez sur l'aspic et sur le basilic : et vous foulerez aux pieds le lion et le dragon.

14. Je le délivrerai [3], parce qu'il a mis son espérance en moi : je le protégerai, parce qu'il a connu mon nom.

15. Il criera vers moi, et je l'exaucerai : je suis avec lui dans l'affliction; je l'en tirerai et le comblerai de gloire.

16. Je lui donnerai une longue vie, et lui ferai part de mon salut.

PSAUME 133.

Le chef des lévites qui étoient en garde dans le temple durant la nuit, les excite à louer Dieu pendant leurs veilles, et ils répondent comme prêts à le faire.

1. Bénissez maintenant le Seigneur, vous tous qui êtes ses serviteurs.

2. Vous qui êtes en garde dans la maison du Seigneur, et dans l'enceinte de la maison de notre Dieu.

3. Elevez vos mains durant la nuit vers le sanctuaire, et bénissez le Seigneur.

4. Béni soyez-vous du Seigneur de Sion [4], qui a fait le ciel et la terre.

[1] Des menaces de mes ennemis.
[2] Ce sont les tentations violentes ; et soit que l'ennemi nous attaque en secret ou à découvert, Dieu est toujours prêt à nous secourir.

[3] Jusqu'ici l'ame parle à Dieu et à elle-même ; maintenant Dieu parle à l'ame.
[4] C'est la réponse des lévites à leur conducteur.

## COMPLIES.

*Ant.* Ayez pitié de moi, Seigneur, et exaucez ma prière.

**HYMNE** *Te lucis*, etc.

A la fin de ce jour, nous vous prions, ô Créateur de toutes choses, de veiller à notre garde avec votre bonté ordinaire.

Loin de nous les songes et les fantômes de la nuit : réprimez notre ennemi, afin que rien ne souille la pureté de nos corps.

Accordez-nous cette grace, ô Père tout-puissant, par Jésus-Christ Notre-Seigneur, qui vit et règne avec vous dans l'unité du Saint-Esprit.

Ainsi soit-il.

**PETIT CHAPITRE.** (*Jerem.*, XIV, 9.)

Vous êtes avec nous, Seigneur, et votre saint nom a été invoqué sur nous : ne nous abandonnez point, ô Seigneur notre Dieu.

℟. Rendons graces à Dieu.

**PETIT RÉPONS.**

O Seigneur, je remets mon ame entre vos mains.

℣. Vous nous avez rachetés, ô Seigneur Dieu de vérité.

℟. Je remets, etc.

℣. Gloire soit au Père, etc.

℟. O Seigneur, etc.

℣. Gardez-nous, Seigneur, comme la prunelle de l'œil.

℟. Mettez-nous à couvert par votre protection, comme sous l'ombre de vos ailes.

**CANTIQUE DE SAINT SIMÉON.**
(*Luc.*, II, 29.)

Le saint vieillard Siméon tenant l'Enfant Jésus entre ses bras, prédit sa gloire et la conversion des gentils, et ne veut plus rien voir après l'avoir vu.

*Nunc dimittis servum tuum*, etc.

1. Seigneur, vous laisserez maintenant mourir en paix votre serviteur, selon votre promesse :

2. Puisque mes yeux ont vu le Sauveur que vous avez envoyé au monde,

3. Et que vous avez destiné pour être exposé à la face de tous les peuples,

4. Pour être la lumière qui éclairera les nations, et la gloire de votre peuple d'Israël.

*Ant.* Sauvez-nous, Seigneur, lorsque nous sommes éveillés : et gardez-nous lorsque nous dormons : afin que nous veillions avec Jésus-Christ et que nous reposions en paix.

Les prières suivantes se disent aux dimanches ; et aux jours de jeûne elles se disent à genoux, mais on ne les dit point aux fêtes doubles.

**PRIÈRES.**

Seigneur, ayez pitié de nous. Christ, ayez pitié de nous. Seigneur, ayez pitié de nous.

Notre Père, *etc. tout bas.*

℣. Et ne nous induisez pas en tentation ;

℟. Mais délivrez-nous du mal.

Je crois en Dieu, etc. *tout bas.*

℣. Je crois la résurrection de la chair,

℟. Et la vie éternelle. Ainsi soit-il.

℣. Vous êtes béni, ô Seigneur, Dieu de nos pères.

℟. Vous êtes digne de louange et de gloire dans l'éternité.

℣. Bénissons le Père, et le Fils, avec le Saint-Esprit.

℟. Louons et glorifions Dieu éternellement.

℣. Vous êtes béni, ô Seigneur, au plus haut des cieux.

℟. Et vous êtes digne d'être loué et d'être glorifié, et d'être exalté dans l'éternité.

℣. Que le Seigneur tout-puissant et miséricordieux nous bénisse et nous protége toujours.

℟. Ainsi soit-il.

L'officiant fait ici la confession générale, et les assistans lui répondent :

℣. Daignez, durant cette nuit, Seigneur,

℟. Nous garder de tout péché.

℣. O Seigneur, ayez pitié de nous.

℟. Ayez pitié de nous.

℣. Faites-nous miséricorde, Seigneur,

℟. Selon l'espérance que nous avons mise en vous.

℣. Seigneur, écoutez ma prière, etc.

Prions.

Nous vous prions, Seigneur, de visiter cette demeure, et d'en éloigner toutes les embûches du démon notre ennemi : que vos saints anges y habitent pour nous y conserver en paix, et que votre bénédiction demeure toujours sur nous ; par Notre-Seigneur Jésus-Christ, votre Fils, qui étant Dieu, vit et règne avec vous en l'unité du Saint-Esprit, par tous les siècles des siècles. Ainsi soit-il.

Bénédiction.

Que le Seigneur tout-puissant et miséricordieux, le Père, et le Fils, et le Saint-Esprit, nous bénisse et nous protége toujours. ℟. Ainsi soit-il.

On dit ensuite l'antienne de la sainte Vierge, qui convient au temps.

ANTIENNES DE LA SAINTE VIERGE.

L'Eglise, toujours touchée des graces que Dieu a faites au genre humain par la sainte Vierge, par laquelle il nous a donné le Sauveur même, chante ses louanges à la fin de l'office, et les termine par une oraison qu'elle adresse à Dieu, pour le remercier des graces inestimables qu'il a faites à cette Vierge très-pure, et pour le prier en même temps d'avoir agréables, au nom de Jésus-Christ, les prières que sa sainte Mère lui fait pour nous. Voyez ci-dessous l'*Avertissement*, devant les *Litanies de la sainte Vierge*.

Depuis le premier dimanche de l'Avent jusqu'à la Purification.

*Alma Redemptoris Mater*, etc.

Glorieuse Mère du Sauveur, porte du ciel toujours ouverte, étoile de la mer ¹, prêtez la main au peuple fidèle qui tombe et travaille à se relever. Vous qui par un miracle surprenant avez enfanté celui-là même qui vous a créée ; Vierge devant et après l'enfantement, qui avez appris de l'ange Gabriel le mystère du Verbe incarné : ayez compassion de nous, misérables pécheurs.

Durant l'Avent.

℣. L'ange du Seigneur annonça à Marie qu'elle enfanteroit un Fils.

℟. Et elle le conçut en ce moment par l'opération du Saint-Esprit.

Prions.

Nous vous prions, Seigneur, de répandre votre grace dans nos ames, afin qu'après avoir connu par la voix de l'ange l'incarnation de Jésus-Christ votre Fils, nous arrivions à la gloire de la résurrection, par sa passion et par sa mort ; par le même Jésus-Christ Notre-Seigneur. Ainsi soit-il.

Depuis Noël jusqu'à la Purification.

℣. Vous êtes demeurée vierge sans tache après votre enfantement.

℟. O Mère de Dieu, priez pour nous.

Prions.

O Dieu, qui avez fait part aux hommes du salut éternel par la virginité féconde de la bienheureuse Marie : accordez-nous, s'il vous plaît, que nous éprouvions dans nos besoins, combien est puissante envers vous l'intercession de celle par laquelle nous avons reçu l'Auteur de la vie, Notre-Seigneur Jésus-Christ votre Fils. Ainsi soit-il.

Depuis la Purification jusqu'au Jeudi saint.

*Ave, Regina cœlorum*, etc.

Je vous salue, Reine des cieux, je vous salue, Maîtresse des anges ; je vous salue, Racine de Jessé ², Porte du ciel, par laquelle la lumière est entrée dans le monde. Réjouissez-vous, glorieuse Vierge, plus belle que toutes les vierges. Nous vous saluons dans l'éclat de votre gloire : rendez-nous Jésus-Christ propice.

℣. Agréez, ô Vierge sacrée, que je publie vos louanges.

℟. Fortifiez-moi contre vos ennemis.

Prions.

O Dieu miséricordieux, fortifiez

---

¹ L'Etoile polaire guide le pilote sur la mer, et le remet en son chemin après la tempête : aussi la sainte Vierge, qui a ramené les hommes au chemin du salut, en donnant au monde un Sauveur, est appelée l'*Etoile de la mer*.

² C'est ainsi qu'Isaïe appelle la sainte Vierge, lorsqu'il prédit qu'elle devoit naître de la race de Jessé, père de David.

notre foiblesse : et lorsque nous célébrons la mémoire de la sainte Mère de Dieu, faites que, par son intercession, nous nous relevions de nos péchés ; par Jésus-Christ Notre-Seigneur. Ainsi soit-il.

Depuis le Samedi saint, jusqu'à la Pentecôte.

*Regina cœli, lætare,* etc.

Reine du ciel, réjouissez-vous, louez Dieu : parce que celui que vous avez mérité de porter dans votre sein, louez Dieu, est ressuscité, comme il l'avoit prédit, louez Dieu. Priez Dieu pour nous, louez Dieu.

℣. Réjouissez-vous et tressaillez de joie, ô Marie toujours vierge.

℟. Parce que le Seigneur est véritablement ressuscité.

Prions.

O Dieu, qui avez rendu la joie au monde par la résurrection de votre Fils Notre-Seigneur Jésus-Christ : faites-nous goûter les joies de la vie éternelle, par l'intercession de la sainte Vierge Marie sa Mère ; par le même Jésus-Christ Notre-Seigneur. Ainsi soit-il.

Depuis la fête de la sainte Trinité jusqu'à l'Avent.

*Salve, Regina, Mater misericordiæ,* etc.

Nous vous saluons, ô Reine, Mère de miséricorde : nous vous saluons, ô notre vie, notre consolation et notre espérance. Nous élevons nos cris vers vous, pauvres exilés, et misérables enfans d'Eve. Nous soupirons vers vous avec pleurs et avec gémissemens dans cette vallée de larmes. O notre douce avocate, jetez sur nous un œil de compassion, et obtenez-nous la grace de voir après notre exil Jésus le fruit béni de vos entrailles, ô Marie, Vierge compatissante, pleine de douceur et de bonté pour nous.

℣. Priez pour nous, ô sainte Mère de Dieu.

℟. Afin que nous soyons rendus dignes des promesses de Jésus-Christ.

Prions.

Dieu tout puissant et éternel, qui avez préparé par l'opération du Saint-Esprit le corps et l'ame de la bienheureuse Marie, Vierge-mère, pour en faire la digne demeure de votre Fils : accordez-nous, qu'en célébrant sa mémoire avec joie, nous soyons délivrés par son intercession des maux qui nous pressent, et de la mort éternelle ; par le même Jésus-Christ Notre-Seigneur. Ainsi soit-il.

℣. Que le divin secours demeure toujours avec nous.

℟. Ainsi soit-il.

L'office se finit en récitant tout bas le *Pater,* l'*Ave,* le *Credo.*

# LES PSAUMES DES VÊPRES
## DES PRINCIPALES FÊTES.

Il y a premières et secondes Vêpres en toutes les solennités de l'Eglise. Les premières Vêpres se disent la veille de la fête, et les secondes le jour même de la fête.

Les Psaumes des premières Vêpres sont toujours le 109, le 110, le 111, le 112 *ci-dessus*, pag. 263 aux Vêpres du dimanche, avec le ci-joint, si ce n'est où il est marqué autrement.

### PSAUME 116.

La vocation des gentils à la connoissance du vrai Dieu.

*Laudate Dominum, omnes gentes,* etc.

1. Nations, louez toutes le Seigneur ; peuples, louez-le tous.

2. Parce qu'il a affermi sa miséricorde sur nous, et que la vérité du Seigneur demeure éternellement.

Les Psaumes des Vêpres de la Circoncision.
Aux premières et secondes Vêpres, le 109 et le 113 *ci-dessus*, avec les ci-joints.

### PSAUME 121.

Lorsque David bâtit Jérusalem et Sion, il chanta ce psaume en la personne du peuple, pour la consacrer à Dieu, y établir son culte, et en faire la ville royale. Jérusalem est la figure de l'Eglise.

*Lætatus sum in his quæ dicta sunt mihi,* etc.

1. Je me suis réjoui, lorsqu'on m'a dit : Nous irons en la maison du Seigneur.

2. Nous étions debout dans votre enceinte, ô Jérusalem.

3. Jérusalem est bâtie comme une ville dont les maisons sont unies ensemble :

4. Car là sont venues toutes les tribus, toutes les tribus du Seigneur : témoignage de l'union d'Israël pour louer le nom du Seigneur.

5. Là sont établis les tribunaux de la justice, les tribunaux établis sur la maison de David.

6. Demandez la paix de Jérusalem : que ceux qui te chérissent, ô cité sainte, soient dans l'abondance.

7. Que la paix soit dans tes forteresses, et l'abondance dans tes tours.

8. J'ai désiré que tu fusses en paix, ô Jérusalem ; à cause que mes frères et mes proches sont tes habitans :

9. J'ai cherché en tout tes avantages, à cause que la maison du Seigneur notre Dieu est dans ton enceinte.

### PSAUME 126.

Ce psaume est de Salomon, qui, après avoir bâti la maison de Dieu et la sienne, le prie de bénir cet ouvrage.

*Nisi Dominus œdificaverit Domum*, etc.

1. Si le Seigneur n'édifie la maison, en vain travailleront ceux qui la bâtissent.

2. Si le Seigneur ne garde la ville, en vain les sentinelles veillent à sa garde.

En vain vous vous lèverez avant le jour : levez-vous après vous être reposés [1], vous qui mangez le pain de douleur.

4. Parce que c'est Dieu qui fait reposer ses bien-aimés [2] : les enfans sont un héritage qui vient du Seigneur ; et le fruit des entrailles est une récompense.

5. Ce que sont les flèches en la main d'un vaillant homme, les enfans [3] le sont à leurs pères.

6. Heureux celui qui en a selon son désir ; il ne sera point confondu, lorsqu'il parlera à ses ennemis devant les tribunaux des juges.

### PSAUME 147.

Le Prophète loue Dieu qui affermit le repos des villes, et préside à toutes les saisons.

*Lauda, Jerusalem, Dominum,* etc.

1. Jérusalem, louez le Seigneur ; Sion, chantez les louanges de votre Dieu.

2. Parce qu'il a affermi les serrures de vos portes ; et a béni vos enfans au milieu de vous.

3. Il a établi la paix dans votre enceinte : il vous rassasie du plus pur froment.

4. Il envoie sa parole sur la terre : et sa parole court avec vitesse.

5. Il fait tomber la neige comme de la laine ; il répand la gelée blanche comme de la cendre.

6. Il envoie la glace en divers petits morceaux [4] : qui pourra subsister exposé à sa froidure ?

7. Il envoie sa parole, et il fond les glaçons ; son vent souffle et il fait couler les eaux.

8. Il annonce sa parole à Jacob : les lois de sa justice et ses jugemens à Israël.

9. Il n'a pas ainsi traité les autres nations, et il ne leur a pas déclaré ses jugemens.

Les Psaumes des Vêpres du saint Sacrement. Le 109 et le 110 ci-dessus,

---

[1] Ne vous agitez point par de vaines inquiétudes.

[2] Il ne faut point avoir d'inquiétude, mais attendre de Dieu son repos, et tous les autres biens.

[3] Les enfans sont l'appui et la défense de leurs parens.

[4] C'est la grêle.

page 263 et suiv.; le 115, ci-après, aux Vêpres des Apôtres; le 127 ci-joint, et le 147, ci-dessus, aux Vêpres de la Circoncision, page 276.

## PSAUME 127.

La crainte de Dieu attire sa bénédiction sur les familles : c'est pourquoi le peuple fidèle à Dieu après la captivité, devint aussi nombreux qu'il l'étoit auparavant.

*Beati omnes qui timent Dominum*, etc.

1. Heureux tous ceux qui craignent le Seigneur, et qui marchent dans ses voies.

2. Vous vous nourrirez du travail de vos mains : vous serez heureux et comblé de biens.

3. Votre femme sera, au milieu de votre maison, semblable à une vigne féconde.

4. Vos enfans seront autour de votre table, comme de nouveaux plants d'oliviers.

5. C'est ainsi que sera béni l'homme qui craint le Seigneur.

6. Que le Seigneur vous bénisse de Sion : et puissiez-vous voir le rétablissement de Jérusalem tous les jours de votre vie,

7. Et les enfans de vos enfans, et la paix dans Israël!

Les Psaumes des secondes Vêpres des saints apôtres. Le 109 et le 112, ci-dessus, page 263, avec les ci-joints.

## PSAUME 115.

Le Prophète rend graces à Dieu qui l'a délivré des mains des hommes trompeurs.

*Credidi propter quod locutus sum*, etc.

1. J'ai cru, c'est pourquoi j'ai parlé : j'ai été humilié jusqu'à l'excès.

2. J'ai dit dans mon transport : Tout homme est menteur.

3. Que rendrai-je au Seigneur pour tous les biens qu'il m'a faits?

4. Je prendrai le calice du salut [1], et j'invoquerai le nom du Seigneur.

5. Je rendrai mes vœux au Seigneur en présence de tout son peuple : la mort des saints du Seigneur est précieuse devant ses yeux.

6. O Seigneur, je suis votre serviteur : je suis votre serviteur, et le fils de votre servante.

7. Vous avez rompu mes liens; je vous offrirai une hostie de louange, et j'invoquerai le nom du Seigneur.

8. Je rendrai mes vœux au Seigneur, en présence de tout son peuple; à l'entrée de la maison du Seigneur, au milieu de vous, ô Jérusalem.

## PSAUME 125.

Il rend graces à Dieu, après le retour de la captivité de Babylone. Ce

[1] Il veut parler des effusions où l'on versoit des liqueurs dans les sacrifices; et c'étoit la figure du calice de l'Eucharistie.

Psaume convient au fidèle délivré de la servitude du péché.

*In convertendo Dominus captivitatem Sion*, etc.

1. Lorsque le Seigneur délivra Sion de captivité, nous en eûmes une extrême joie.

2. Notre bouche poussa des cris de réjouissance ; et notre langue des chants d'allégresse.

3. On dit alors parmi les nations : Le Seigneur a fait de grandes choses pour eux :

4. Le Seigneur a fait de grandes choses pour nous ; il nous a comblés de joie.

5. Ramenez, Seigneur, les restes de notre captivité ; comme vous faites couler les torrens[1] de neiges fondues au vent du midi.

6. Ceux qui sèment avec larmes, recueilleront avec joie.

7. Ils marchoient en pleurant, lorsqu'ils jetoient leur semence sur la terre :

8. Mais ils reviendront en joie, chargés des gerbes qu'ils auront recueillies.

### PSAUME 138.

David accusé par ses ennemis, prend à témoin de son innocence Dieu même qui l'a créé, et qui voit le fond de son cœur.

*Domine, probasti me et cognovisti me*, etc.

1. Seigneur vous me sondez et vous me connoissez : vous savez lorsque je m'assieds, et lorsque je me relève[2].

2. Vous découvrez de loin mes pensées : vous examinez mes démarches et mes pas.

3. Vous prévoyez tous mes desseins avant même que la parole soit sur ma langue.

4. Vous connoissez, Seigneur, tout le passé et l'avenir : vous m'avez formé, et vous avez mis votre main sur moi[3].

5. Votre sagesse s'est fait admirer en moi : elle est élevée au-dessus de moi, et je ne puis y atteindre.

6. Où irai-je pour me cacher à votre esprit, et où fuirai-je de devant votre face ?

7. Si je monte au ciel, vous y faites votre demeure ; si je descends aux enfers, vous y êtes présent.

8. Si je prends des ailes pour voler vers l'Orient, ou si j'établis ma demeure à l'extrémité de la mer,

9. Votre main m'y conduira, et vous me tiendrez toujours de votre droite.

10. Je me suis dit à moi-même : Peut-être que les ténèbres me couvriront ; mais la nuit même est devenue ma lumière dans mes délices[4] :

[1] Ramenez les captifs de tous côtés avec autant d'abondance et de promptitude, que vous faites couler les torrens.

[2] Vous connoissez tout le particulier de mes actions.

[3] En signe de protection.

[4] Dans la joie que j'ai d'être toujours sous vos yeux.

11. Car les ténèbres ne sont point obscures pour vous; la nuit est claire comme le jour à votre vue; les ténèbres et la lumière sont la même chose devant vous.

12. Vous avez sondé mes reins; vous m'avez reçu dès le ventre de ma mère.

13. Je vous louerai, parce que vous êtes terrible dans votre grandeur, vos ouvrages sont admirables, et mon ame en est toute pénétrée.

14. Vous avez connu tous mes os, que vous faisiez vous-même en secret : et ma propre substance, lorsqu'elle étoit au fond de la terre.

15. Vos yeux m'ont vu, lorsque je n'étois encore qu'une masse informe : tous les hommes sont écrits dans votre livre : vous ferez des jours où il ne naîtra plus d'hommes.

16. O Dieu, combien vos amis sont élevés en honneur! que leur puissance est solidement affermie!

17. Si j'entreprends de les compter, leur nombre égale le sable de la mer : je me suis relevé, et je suis encore avec vous.

18. Puisque vous ferez mourir les pécheurs, ô mon Dieu; hommes de sang, retirez-vous de moi :

19. Vous qui dites en vous-mêmes : C'est en vain, ô Seigneur, que vous donnerez des villes aux justes [1].

20. Seigneur, n'ai-je pas haï ceux qui vous haïssent? et n'ai-je pas séché à la vue de vos ennemis?

[1] Parce que nous les en chasserons.

21. Je les haïssois d'une haine parfaite [2]; et ils sont devenus mes ennemis.

22. O Dieu, mettez-moi à l'épreuve, et sondez mon cœur : interrogez-moi, et examinez toutes mes démarches.

23. Voyez s'il y a dans moi des traces d'iniquité : et mettez-moi dans le chemin de l'éternité.

Les Psaumes des secondes Vêpres des saints Confesseurs évêques. Les quatre premiers Psaumes, comme aux Vêpres du dimanche, avec le ci-joint.

PSAUME 131.

Le rapport de ce Psaume avec la prière de Salomon dans la dédicace du temple (II *Paral.*, VI, 41), fait croire qu'il est de lui. Salomon donc en transportant l'arche de Sion où son père David l'avoit mise, dans le temple qu'il venoit de bâtir, loue David qui en avoit fait les préparatifs, et prie Dieu de confirmer dans sa race l'éternité de son règne, en faisant naître Jésus-Christ qu'il lui a promis. Par l'arche il faut entendre Jésus-Christ même, et par le temple l'Eglise.

*Memento, Domine, David*, etc.

1. Seigneur, souvenez-vous de David, et de toutes ses miséricordes.

2. Souvenez-vous qu'il jura devant le Seigneur; qu'il fit un vœu au Dieu de Jacob.

3. Je jure que je n'entrerai point [3]

[2] Je haïssois les péchés, et non pas les hommes.
[3] Salomon fait ici parler David.

dans ma maison ; que je ne monterai point sur ma couche ;

4. Que mes yeux ne se fermeront point pour dormir, ni mes paupières pour sommeiller ;

5. Et que mes tempes ne se reposeront point, jusqu'à ce que j'aie bâti une demeure au Seigneur, et un tabernacle au Dieu de Jacob.

6. Nous avons ouï parler de l'arche en Ephrata [1] ; nous l'avons trouvée dans les forêts [2].

7. Nous entrerons dans son tabernacle ; nous l'adorerons dans le lieu qui lui sert de marche pied [3].

8. Seigneur, élevez-vous dans votre repos : vous et l'arche où réside votre sainteté.

9. Que vos sacrificateurs se revêtent de justice ; et que vos saints tressaillent de joie.

10. Ne détournez pas votre face de dessus votre Christ [4], en considération de David votre serviteur.

11. Le Seigneur a fait à David un serment véritable, et il ne le rétractera point : J'établirai [5] sur votre trône le fruit qui sortira de vous.

12. Si vos enfans gardent mon alliance, et ces préceptes que je leur enseignerai,

13. Ils seront à jamais assis sur votre trône, eux et leurs descendans.

14. Car le Seigneur a choisi Sion, il l'a choisie pour sa demeure.

15. Elle sera pour jamais le lieu de mon repos ; j'y établirai ma demeure, parce que je l'ai choisie :

16. Je répandrai mes bénédictions sur sa veuve, je rassasierai de pain ses pauvres ;

17. Je revêtirai ses sacrificateurs de ma grace salutaire, et ses saints seront transportés de joie.

18. C'est de là que je ferai paroître la puissance de David : j'ai préparé un flambeau [6] pour mon Christ.

19. Je couvrirai de honte ses ennemis ; et la gloire de ma sainteté fleurira sur lui.

---

[1] David dès son enfance et pendant qu'il étoit à Bethléem ou Ephrata, ville de sa naissance, savoit que l'arche n'étoit pas en lieu assez convenable, et il en étoit affligé.

[2] La ville de Cariathiarim où reposoit l'arche, avant que David l'eût transportée dans Sion, étoit située au milieu des bois et en tiroit son nom.

[3] C'est l'arche d'alliance où Dieu résidoit, qui est la figure de l'humanité de Jésus-Christ, où réside sa divinité.

[4] Salomon est appelé, comme tous les rois, le Christ et l'Oint du Seigneur ; et encore plus particulièrement, parce qu'il étoit la figure de Jésus-Christ.

[5] C'est Dieu qui parle jusqu'à la fin du psaume.

[6] C'est la gloire de David, comparée à un flambeau, à cause de son éclat.

# HYMNES

## QUI SE CHANTENT A VÊPRES

### AUX DIMANCHES

### ET AUX FÊTES PRINCIPALES.

**PENDANT L'AVENT.**

*Conditor alme siderum*, etc.

O Créateur des astres, éternelle lumière des fidèles, Christ Sauveur de tous les hommes : exaucez les prières de vos humbles serviteurs.

Touché de voir périr le genre humain par la mort, vous avez apprêté un remède à ses langueurs, et vous l'avez sauvé en lui pardonnant ses péchés.

Dans les derniers temps vous êtes venu au monde en sortant du chaste sein d'une Vierge, comme un époux de son lit nuptial.

Toute créature dans le ciel et dans la terre fléchit le genou devant votre souveraine puissance, et reconnoît sa dépendance.

O Saint, qui viendrez une seconde fois pour juger le monde : nous vous prions de nous délivrer des tentations de l'ennemi malin, et trompeur.

Louange, honneur, force et gloire à Dieu, Père, Fils, et Saint-Esprit, dans tous les siècles des siècles. Ainsi soit-il.

**A LA FÊTE DE NOEL.**

*Christe, Redemptor omnium*, etc.

O Christ, Sauveur de tous les hommes, Fils unique du Père et seul avant tous les temps engendré de son sein d'une manière ineffable,

Vous êtes la lumière et la splendeur du Père, vous êtes l'espérance éternelle de tout le monde : daignez écouter les prières que vos serviteurs vous offrent par toute la terre.

Souvenez-vous que, pour opérer notre salut, vous avez pris un corps comme le nôtre, en naissant d'une Vierge toute pure.

C'est le mystère que nous représente ce bienheureux jour, qui se renouvelle tous les ans : et il nous fait souvenir que, seul descendu du trône de Dieu votre Père, vous êtes venu sauver le monde.

En ce jour, le ciel, la terre, la mer, et toutes les créatures qu'ils enferment, célèbrent la grace de votre avénement par leurs louanges et par leurs chants.

Et nous qui avons été rachetés

par votre sang précieux, nous chantons aussi un nouveau cantique, pour honorer le jour de votre naissance.

Gloire soit à vous, ô Seigneur, qui êtes né d'une Vierge, et soyez honoré avec le Père et le Saint-Esprit, dans toute l'éternité. Ainsi soit-il.

**A COMPLIES,**
*depuis Noël jusqu'à la Purification, et toutes les fêtes de la Vierge.*

*Virgo Dei genitrix*, etc.

O Vierge, Mère de Dieu, vous avez renfermé dans votre sein le Verbe Fils de Dieu fait homme, que le monde entier ne peut contenir.

Vous l'avez enfanté, sans cesser d'être Vierge ; et la foi vive qu'on a en lui, a purifié le monde de ses péchés.

Nous implorons votre secours, ô Mère compatissante : ô Vierge bénie, assistez vos serviteurs.

Gloire soit au Père, au Fils, et au Saint-Esprit : gloire soit à Dieu. Ainsi soit-il.

**SAINT ETIENNE, PREMIER MARTYR,**
*à Vêpres et à Matines.*

*Illustrem Stephani funeribus diem*, etc.

O Christ, soleil de justice, en regardant de la droite du Père, saint Etienne dans son martyre, vous avez rendu le jour de sa mort plus éclatant que la lumière du ciel la plus brillante.

Etienne, l'honneur et la fleur des sept diacres, pénétré de la grace dont la lumière rejaillissoit sur son visage, exerçoit son ministère à l'autel, comme un ange devant le trône de Dieu.

Avec un cœur embrasé de l'amour divin et un esprit toujours appliqué à la prière, il dresse des tables, et sert des viandes pour les repas des pauvres, que l'union des chrétiens faisoit appeler festins de charité.

De là il va confondre par la force de l'esprit dont il est animé, les auteurs des erreurs, qui comme des monstres furieux, semblent être sortis de l'enfer : et il abat aux pieds de la croix de Jésus-Christ les Juifs, ces têtes dures et ces cœurs incirconcis.

Telles sont les premières victoires que l'invincible Etienne remporte sur les incrédules : mais par là il s'ouvre le chemin au martyre, et vous lui verrez offrir au ciel en sa personne les prémices des martyrs.

Louange et gloire soit à vous, ô Seigneur Jésus, qui de toute éternité engendré dans le sein du Père, venez aujourd'hui au monde en naissant d'une Vierge très-pure, que le Saint-Esprit a remplie de sa vertu. Ainsi soit-il.

**A LAUDES.**

*Duras eloquio dum Stephanus potens*, etc.

Etienne, puissant en paroles,

enseigne aux Juifs à humilier leurs esprits, et à porter le joug du Seigneur qui est doux : et alors sa face plus éclatante qu'une étoile, leur paroissoit plutôt le visage d'un ange que celui d'un homme.

L'envie anime ses ennemis : ils sont transportés de fureur ; et l'on voit fondre une grêle de cailloux sur le corps tendre et délicat de l'innocent Etienne : son sang coule de toutes parts : ses habits, la terre, les cailloux mêmes en sont empourprés.

Son corps est tout couvert de plaies ; il les souffre en patience : Jésus ouvre les cieux, et assis à la droite du Père, il se fait voir à son martyr.

A cette vue Etienne augmente sa charité, il prie pour ses ennemis, et demande leur salut en récompense de ses peines; et Paul de persécuteur devient un vase d'élection.

O ame sainte d'Etienne, qui jouissez de la vue de Dieu : obtenez-nous le pardon de nos péchés, conduisez-nous au ciel : vous avez réconcilié vos ennemis avec Dieu, secourez de votre assistance ceux qui vous honorent.

Louange et gloire vous soit rendue, ô Seigneur Jésus, qui de toute éternité engendré dans le sein du Père, venez aujourd'hui au monde en naissant d'une Vierge très-pure, que le Saint-Esprit a remplie de sa vertu. Ainsi soit-il.

## LES SAINTS INNOCENS.

*Salvete, flores martyrum*, etc.

Nous vous saluons, ô fleurs et prémices des martyrs, qu'un persécuteur de Jésus-Christ a enlevées dès le commencement de votre vie, comme un tourbillon enlève des roses naissantes.

Vous êtes les premières victimes du Sauveur, vous êtes les tendres agneaux qu'on lui a immolés, et vous vous jouez innocemment devant son autel avec les palmes et les couronnes que vous avez remportées.

Gloire vous soit rendue, ô Seigneur, qui êtes né d'une Vierge, et soyez honoré avec le Père et le Saint-Esprit dans toute l'éternité. Ainsi soit-il.

A la fête de la Circoncision, comme à la fête de Noël.

## A LA FÊTE DE L'ÉPIPHANIE.

*Hostis Herodes impie*, etc.

Hérode, impie et cruel persécuteur, pourquoi crains-tu la venue de Jésus-Christ ? Il ne vient pas ôter aux hommes les royaumes de la terre, lui qui leur donne le royaume du ciel.

Les mages suivent l'étoile qui les précède : sa lumière leur fait trouver la véritable lumière : et ils reconnoissent un Dieu par leurs présens.

L'Agneau céleste touche et sanctifie les pures eaux du Jourdain :

il nous lave en sa personne sacrée des péchés dont il est innocent.

Miracle nouveau de la puissance de Jésus-Christ : l'eau rougit dans les cruches de Cana, et elle change de nature aussitôt que le Sauveur lui ordonne d'être transformée en vin.

Gloire soit à vous, ô Seigneur, qui vous êtes fait connoître aujourd'hui, avec le Père et le Saint-Esprit dans toute l'éternité. Ainsi soit-il.

### POUR LE CARÊME.

*Audi, benigne Conditor*, etc.

O Dieu, notre Créateur miséricordieux, écoutez les prières que nous vous offrons avec larmes dans ce saint jeûne de quarante jours.

O Seigneur, vous voyez le fond des cœurs, et vous savez quelle est notre foiblesse : nous retournons à vous, accordez-nous par votre grace la rémission de nos fautes.

Il est vrai, nous sommes coupables d'un grand nombre de péchés ; mais pardonnez-les-nous, puisque nous les confessons devant vous, et guérissez les maladies de nos ames, pour la gloire de votre nom.

Faites qu'en mortifiant notre corps par l'abstinence des viandes, notre ame jeûne aussi en s'abstenant de tout péché.

O bienheureuse Trinité, ô unité parfaite, faites que vos serviteurs profitent du jeûne qu'ils vous offrent. Ainsi soit-il.

### A COMPLIES, *pendant le Carême.*

*Christe, qui lux es et dies*, etc.

O Christ, lumière des croyans et jour des bienheureux, c'est vous qui dissipez les ténèbres de la nuit du péché : vous êtes la lumière sortie de la lumière, c'est vous qui avez apporté au monde la vraie lumière.

O Seigneur, nous vous prions d'être en cette nuit notre défenseur ; donnez-nous une nuit tranquille, soyez notre repos ;

De peur que le sommeil ne nous accable par sa pesanteur, et ne donne lieu à l'ennemi de nous surprendre ; et que la chair flattée par ses illusions, ne nous rende coupables à vos yeux.

Que nos yeux prennent un doux sommeil, et que notre cœur toujours vigilant s'élève à vous ; que votre main toute-puissante soutienne vos serviteurs qui vous aiment.

O Dieu notre défenseur, veillez autour de nous : repoussez l'ennemi qui cherche à nous surprendre ; soyez le guide de vos serviteurs, que vous avez rachetés de votre sang.

Souvenez-vous de nous, Seigneur ; et pendant que nous gémissons sous la pesanteur de ce corps, vous qui êtes défenseur de notre ame, venez à notre secours.

## AU TEMPS DE LA PASSION.

*Vexilla regis prodeunt*, etc.

L'étendard du roi marche; le mystère de la croix paroît : mystère où le Créateur de la chair a été attaché à un gibet, avec la chair qu'il avoit prise.

Où ensuite il fut percé du cruel fer d'une lance, et répandit l'eau et le sang dont nos crimes sont lavés.

Ce que David a chanté dans ses vers véritables, est accompli : Dieu a régné par le bois [1], comme ce Prophète l'avoit prédit.

Arbre précieux et éclatant, empourpré du sang du Roi des rois, choisi parmi tous les arbres, pour toucher des membres si saints,

Que tu es heureux d'avoir porté entre tes bras la rançon du genre humain! Tu es la balance où cette rançon a été pesée, et tu as enlevé à l'enfer sa proie.

Nous te révérons, ô croix notre unique espérance. Que par toi dans ce temps sacré des souffrances d'un Dieu, les justes croissent en piété, et que les pécheurs obtiennent le pardon de leurs crimes.

Que tout esprit vous loue, ô Dieu Trinité souveraine : vous qui nous avez sauvés par le mystère de la croix, gouvernez-nous éternellement dans le ciel. Ainsi soit-il.

## PENDANT LA SEMAINE DE PAQUES,
*à la Messe et à Vêpres.*

PROSE. — *Victimæ paschali laudes*, etc.

Offrez, chrétiens, un sacrifice de louanges à Jésus-Christ votre véritable Agneau pascal.

L'Agneau a racheté les brebis : le Christ innocent a réconcilié les pécheurs avec son Père.

Il y a eu un merveilleux combat entre la mort et la vie.

L'auteur de la vie, en mourant, triomphe de la mort, et règne vivant et glorieux.

Dites-nous, Marie, ce que vous avez vu en allant au sépulcre?

J'ai trouvé le tombeau vide : Jésus est vivant; j'ai vu la gloire de sa résurrection; j'ai vu les anges qui me l'ont annoncée, son suaire et ses linceuls, qui en sont autant de témoins.

Oui, Jésus, mon unique espérance, est ressuscité : apôtres, il doit aller devant vous en Galilée.

Nous savons que Jésus-Christ est vraiment ressuscité d'entre les morts: ô Roi vainqueur de la mort, faites-nous miséricorde. Ainsi soit-il. Louez Dieu.

Depuis *Quasimodo* jusqu'à l'Ascension.

*Ad cœnam Agni providi*, etc.

Après avoir passé la mer Rouge,

---

[1] C'étoit une leçon des Septante, dans le Psaume XCV, 10.

allons, revêtus d'habits blancs, au festin de l'Agneau, et chantons les louanges de Jésus-Christ notre Roi.

Son saint corps a été dans les souffrances, comme dans un feu, sur l'autel de la croix : en goûtant le sang qui en est sorti, nous vivons pour Dieu.

Par ce sang nous avons été délivrés de l'ange exterminateur au soir de la pâque, et nous avons été affranchis de la rigoureuse tyrannie de Pharaon.

Ainsi Jésus-Christ est notre pâque, c'est l'Agneau qui a été immolé pour notre salut; sa chair offerte pour nous est le vrai pain sans levain, et l'azyme de sincérité dont nous devons nous nourrir.

O victime d'un prix infini, par vous les portes de l'enfer ont été brisées, les captifs ont été rachetés, et la vie a été rendue aux morts.

Jésus-Christ ressuscite du tombeau, il revient victorieux de l'enfer : il a enchaîné le tyran, et il a ouvert le paradis.

O Dieu Créateur de toutes choses, nous vous prions, dans cette joie sainte que nous donne la solennité de Pâques, de défendre votre peuple contre toutes les attaques de la mort.

Gloire vous soit rendue, ô Seigneur, qui êtes ressuscité d'entre les morts : et soyez honoré avec le Père et le Saint-Esprit dans toute l'éternité. Ainsi soit-il.

A COMPLIES,
*depuis* Quasimodo *jusqu'à la* Trinité.

*Jesu Salvator sæculi,* etc.

O Jésus Sauveur du monde, vous êtes le Verbe du Père tout-puissant : vous êtes la lumière sortie de la lumière invisible, et la garde toujours vigilante de vos serviteurs.

Vous qui êtes le Créateur de toutes choses, et qui disposez l'ordre des temps, rétablissez par le repos de la nuit les forces de nos corps épuisés par le travail.

O Seigneur, nous vous prions de nous délivrer de l'ennemi, qu'il ne trompe pas ceux que vous avez rachetés de votre sang.

Pendant le peu de temps que nous avons à vivre dans ce corps pesant, faites que notre chair se repose de telle sorte, que notre esprit veille toujours en vous.

O Dieu, Créateur de toutes choses, nous vous prions dans cette joie sainte que nous donne la solennité de Pâques, de défendre votre peuple contre toutes les attaques de la mort.

Gloire vous soit rendue, ô Seigneur, qui êtes ressuscité d'entre les morts ; et soyez honoré avec le Père et le Saint-Esprit, dans toute l'éternité. Ainsi soit-il.

Au lieu des deux derniers versets, on dit le suivant, depuis l'Ascension jusqu'à la Pentecôte.

*Gloria tibi, Domine,* etc.

Gloire vous soit rendue, ô Seigneur, qui êtes monté au ciel, avec le Père et le Saint-Esprit, dans toute l'éternité. Ainsi soit-il.

Depuis la Pentecôte jusqu'à la Trinité, on dit :

*Gloria Patri, Domino,* etc.

Gloire dans tous les siècles au Père, Seigneur de l'univers, au Fils ressuscité d'entre les morts, et au Saint-Esprit notre Consolateur. Ainsi soit-il.

### A LA FÊTE DE L'ASCENSION.

*Jesu nostra Redemptio.*

O Jésus notre Rédempteur, objet de notre amour et de nos désirs : Dieu Créateur de toutes choses, et homme dans la fin des temps.

Quel excès de bonté vous a fait prendre nos crimes sur vous, et souffrir une cruelle mort pour nous sauver de la mort !

Vous avez forcé la prison des enfers, vous en avez tiré vos captifs; et par un glorieux triomphe, vous avez pris votre place à la droite de votre Père.

Que votre miséricorde, Seigneur, vous porte à surmonter nos maux en nous les pardonnant, et contentez nos désirs en nous faisant voir votre gloire.

Soyez notre joie, comme vous devez être notre récompense : faites que nous mettions notre gloire en vous, à présent et dans l'éternité. Ainsi soit-il.

### A LA FÊTE DE LA PENTECOTE.

*Veni, Creator Spiritus,* etc.

Venez, ô Esprit Créateur, visitez les ames de vos fidèles, et remplissez de votre grace céleste les cœurs que vous avez créés.

Vous êtes notre Consolateur : vous êtes le don du Dieu très-haut, la source d'eau vive, le feu sacré qui embrase les cœurs, la charité et l'onction spirituelle des ames.

C'est vous qui venez en nous avec les sept dons de votre grace; vous êtes le doigt de Dieu, et c'est par vous qu'il opère ses merveilles : c'est vous que le Père avoit promis à l'Eglise : vous êtes descendu sur les apôtres, et vous avez rendu leur langue éloquente.

Eclairez nos esprits de vos lumières; embrasez nos cœurs de votre amour; et fortifiez notre chair fragile par l'assistance continuelle de votre grace.

Repoussez loin de nous notre ennemi : faites-nous goûter votre paix, soyez vous-même notre guide; et soumis à votre conduite, nous éviterons tout ce qui peut nous faire tomber dans le mal.

Que par vous nous connoissions le Père éternel, que nous connoissions aussi le Fils, et que nous croyions toujours en vous qui êtes l'Esprit de l'un et de l'autre.

Gloire dans tous les siècles au Père Seigneur de l'univers, au Fils ressuscité d'entre les morts, et au

Saint-Esprit notre Consolateur. Ainsi soit-il.

### POUR LE JOUR DE LA PENTECOTE.

Prose. — *Veni, sancte Spiritus*, etc.

Venez, ô Esprit-Saint, et envoyez-nous du ciel un rayon de vos lumières.

Venez, ô Père des pauvres; venez, distributeur des dons célestes; venez, lumière des cœurs.

Venez, Consolateur plein de bonté, doux hôte des ames pures, et leur agréable rafraîchissement.

Vous êtes leur repos dans le travail, vous tempérez leurs mauvais désirs, vous les consolez dans leur affliction.

O bienheureuse lumière, remplissez de vos clartés les cœurs de vos fidèles.

Sans votre secours il n'y a rien de bon, ni de pur dans l'homme.

Lavez nos taches, arrosez nos sécheresses, guérissez nos blessures;

Attendrissez nos cœurs endurcis, échauffez nos froideurs, conduisez-nous dans nos égaremens.

Donnez vos sept dons sacrés à vos fidèles, qui mettent en vous leur confiance;

Donnez-leur le mérite de la vertu, une fin heureuse et la joie éternelle. Ainsi soit-il.

### A LA FÊTE DE LA SAINTE TRINITÉ,
*et aux Vêpres du samedi.*

*O lux beata Trinitas*, etc.

O bienheureuse Trinité, lumière éternelle et souveraine unité, le soleil se retire, venez éclairer nos cœurs.

Que nous chantions vos louanges dès le matin; que nous vous adorions le soir; que nous célébrions votre gloire dans toute l'éternité.

Gloire dans tous les siècles à Dieu le Père, à son Fils unique, et au Saint-Esprit notre Consolateur. Ainsi soit-il.

### A LA FÊTE DU SAINT SACREMENT,
*à Vêpres.*

*Pange, lingua, gloriosi*, etc.

Chante, ma langue, le mystère du glorieux corps et du précieux sang, que le Roi des nations, fruit d'une Vierge de race royale, a répandu pour la rédemption du monde.

Enfant donné au genre humain, né pour nous d'une Vierge très-pure : il a vécu sur la terre pour être notre exemple; et après avoir répandu la divine semence de sa parole, il a fini avec un ordre admirable la course de sa vie.

Assis à table avec ses apôtres, dans le dernier souper qu'il fit avec eux, où il observa pleinement la loi, il se donna de ses propres mains à ses douze disciples, pour être leur nourriture.

Le Verbe fait chair a changé par sa parole le pain véritable en cette chair qu'il a prise : le vin devient son sang; et si le sens humain ne comprend rien dans ce mystère, la foi suffit pour affermir un cœur sincère.

Révérons donc avec un profond respect un si grand sacrement : que toutes les ombres de la loi ancienne cèdent à ce mystère de la loi nouvelle, et qu'une foi vive supplée au défaut de nos sens.

Gloire, louange, salut et honneur, force et bénédiction au Père, et au Fils, et à l'Esprit qui procède de l'un de l'autre. Ainsi soit-il.

### A Matines.

*Sacris solemniis juncta sint gaudia*, etc.

O chrétiens, tressaillez de joie en cette sainte solennité, faites retentir du fond de vos cœurs des cantiques de louanges : dépouillez-vous du vieil homme ; que tout soit nouveau en vous, vos cœurs, vos paroles et vos œuvres.

Nous repassons la mémoire de ce dernier souper où le Sauveur donna à ses Apôtres l'Agneau pascal et des pains sans levain, selon les cérémonies de la loi prescrite à l'ancien peuple.

Après qu'ils eurent mangé cet Agneau, figure de Jésus-Christ notre véritable pâque, nous confessons que le Sauveur donna de ses propres mains son vrai corps à ses disciples, et le donna tout entier à tous, et tout entier à chacun.

Il nous a donné son corps pour nous soutenir dans nos foiblesses ; il nous a donné le breuvage de son sang, pour nous réjouir dans nos afflictions, disant : « Prenez le calice que je vous présente, buvez-en tous. »

C'est ainsi qu'il institua ce sacrifice. Les prêtres seuls ont reçu de lui le pouvoir de le consacrer, et c'est eux qui le doivent prendre et le distribuer.

Ainsi le pain des anges devient le pain des hommes : les figures de la loi ancienne sont accomplies. O merveille ! l'esclave pauvre et misérable mange son Seigneur.

O sainte Trinité un seul Dieu, nous vous prions de nous visiter en ce jour où nous vous honorons : conduisez-nous où se portent tous nos désirs, à la lumière éternelle où vous habitez. Ainsi soit-il.

### A Laudes.

*Verbum supernum prodiens*, etc.

Le Verbe descendu d'en haut sans quitter la droite de son Père, et sorti pour accomplir son ouvrage, vint à la fin de sa vie.

Pendant que Judas méditoit le dessein de le livrer à ses ennemis, il voulut auparavant se donner à ses disciples pour être leur nourriture et leur vie.

Il leur donna donc sous deux espèces sa chair et son sang, afin de nourrir l'homme tout entier composé de ces deux substances.

En naissant il est entré en société avec nous : dans son festin sacré il s'est fait notre nourriture : en mourant il a été le prix de notre rédemption : dans son royaume il sera notre récompense.

O salutaire victime, qui nous ouvrez la porte du ciel, l'ennemi nous presse par ses attaques, soyez notre force et notre secours.

Gloire éternelle à un seul Dieu, qui subsiste en trois Personnes, et qu'il nous donne la vie éternelle dans la céleste patrie.

PROSE DU SAINT SACREMENT.

*Lauda, Sion, Salvatorem*, etc.

: Sion, loue ton Sauveur, chante des hymnes et des cantiques en l'honneur de ton Pasteur et de ton Roi.

Fais tout l'effort possible, puisqu'il est au-dessus de toutes les louanges, et que tu ne peux assez le louer.

Voici en ce jour un nouveau sujet de louange dans ce pain vivant et vivifiant,

Que nous croyons sans aucun doute avoir été donné aux douze apôtres dans la dernière Cène.

Que ta louange soit donc pleine et éclatante, et que l'allégresse de ton esprit soit tout ensemble vive et modeste.

Car en ce jour solennel se renouvelle la mémoire de l'institution de la sainte table,

Sur laquelle le nouveau Roi a établi la pâque de la loi nouvelle, et a mis fin à l'ancienne pâque :

Faisant ainsi succéder la nouveauté à la vieillesse, la vérité à la figure et la lumière à la nuit.

Ce que Jésus-Christ a fait dans la dernière Cène, il nous a ordonné de le faire en mémoire de lui.

C'est pourquoi, instruits de ses divins oracles, nous consacrons le pain et le vin pour être la victime de notre salut.

Car la foi enseigne aux chrétiens que le pain est changé au corps de Jésus-Christ, et le vin en son sang;

Et animé de la certitude de cette foi, tu crois, contre l'ordre de la nature, ce que tes yeux ne voient point et ce que ta raison ne peut comprendre.

Sous ces différentes espèces, qui ne sont pas des choses, mais des signes, des choses admirables sont cachées.

C'est la chair de Jésus-Christ même, devenue notre viande; c'est son sang, devenu notre breuvage : c'est Jésus-Christ tout entier sous chacune de ces espèces.

Aussi le reçoit-on tout entier, sans le couper, ni le rompre, ni le diviser :

Et soit qu'un seul ou que mille le reçoivent, chacun le reçoit également et sans le consumer.

Les bons et les méchants le reçoivent; mais avec un sort bien différent, puisque les uns y trouvent la vie, et les autres la mort.

Car il est la mort des méchans et

la vie des bons ; et une communion, semblable au dehors, produit au dedans des effets si contraires.

Lorsqu'on rompt l'hostie, que votre foi ne s'ébranle pas ; mais sachez qu'il y a autant sous chaque fragment, qu'il y avoit sous l'hostie entière.

Car on ne rompt que le signe, et non Jésus-Christ qu'il représente, lequel par la fraction ne souffre ni diminution ni changement.

Voici donc le pain des anges devenu la nourriture des voyageurs ; c'est là ce vrai pain des enfans, qui ne doit pas être jeté aux chiens.

L'immolation d'Isaac, le sacrifice de l'Agneau pascal, et la manne que Dieu donna aux Juifs, ont été les figures de ce mystère sacré.

Jésus, notre bon Pasteur, pain vivant et véritable de nos ames, soyez notre nourriture et notre défense, et faites-nous posséder la terre des vivans.

Vous, qui connoissez tout et qui êtes le Tout-Puissant qui nous nourrissez de vous-même pendant cette vie mortelle : faites que nous soyons un jour assis à votre table dans le ciel, et que nous soyons les cohéritiers et les compagnons des saints habitants de ce séjour bienheureux. Ainsi soit-il.

# HYMNES

## DES FÊTES DE LA SAINTE VIERGE

### ET DES SAINTS.

*Ave, maris stella*, etc.

Je vous salue, ô brillante étoile de la mer, incomparable Mère de Dieu, Vierge féconde, bienheureuse porte du ciel.

Recevez la salutation de l'ange Gabriel : devenez plus véritablement et plus heureusement qu'Eve la mère des vivans, et établissez-nous dans une paix solide que rien ne puisse troubler.

Rompez les liens des pécheurs ; rendez la lumière aux aveugles ; éloignez de nous les maux qui nous pressent, et obtenez-nous par vos prières toutes sortes de biens.

Faites-nous ressentir que vous êtes mère ; faites recevoir favorablement nos prières par celui qui s'est abaissé jusqu'à être votre Fils pour notre salut.

O Vierge incomparable, douce et compatissante plus que toutes les créatures : faites par votre assistance qu'après avoir obtenu le pardon de nos péchés, nous soyons humbles, doux, et chastes.

Faites que nous menions une vie pure et sainte, et que nous marchions dans le chemin droit et assuré, afin que nous puissions entrer dans la société de votre joie, et voir avec vous Jésus régnant dans sa gloire.

Louange et gloire à Dieu le Père, à Jésus-Christ notre souverain Seigneur, et au Saint-Esprit ; un même et un seul honneur à toute la sainte Trinité. Ainsi soit-il.

### A LA FÊTE DE LA PURIFICATION.

*Quod chorus vatum venerandus, olim*, etc.

Le mystère que le Saint-Esprit avoit prédit par la troupe sacrée des prophètes, est aujourd'hui accompli en la personne de Marie Mère de Dieu.

Vierge, elle a conçu le Dieu du ciel et le Seigneur de la terre ; vierge, elle l'a enfanté ; et toujours vierge, elle a adoré son Fils premier-né.

O Messie, ô Sauveur, l'espérance des justes, l'attente des nations : avec quelle joie le saint vieillard Siméon vous a-t-il vu entre ses bras dans le temple du Seigneur !

O Mère du Roi des rois, maintenant que vous êtes assise au plus haut des cieux, recevez favorablement les prières de vos humbles serviteurs.

Honneur, puissance, louange et gloire à Dieu seul, et à la sainte Trinité, sur la terre et au plus haut des cieux. Ainsi soit-il.

### SAINT JEAN-BAPTISTE.

*Ut queant laxis resonare fibris*, etc.

Purifiez nos lèvres, ô Précurseur de Jésus : nous chanterons les merveilles de votre naissance, de toute l'étendue de nos voix.

Il vint un ange du ciel annoncer à Zacharie la naissance de Jean : l'ange marqua au père de l'enfant son nom, sa vie pénitente, son ministère et la joie qu'il apporteroit au monde.

Le prophète sembla douter : il en fut aussitôt puni et perdit la parole ; mais vous la lui rendîtes en naissant, ô fils bienheureux.

Encore caché dans le sein de votre mère, vous reconnûtes Jésus notre Roi, gisant dans les flancs de Marie ; et devenu prophète avant même que de naître, vous en révélâtes le secret à Zacharie et à Elisabeth.

Gloire au Père, et au Fils qu'il a engendré, et à vous, Esprit de l'un et de l'autre, égal à tous deux et avec eux un seul Dieu durant toute l'éternité. Ainsi soit-il.

### SAINT PIERRE ET SAINT PAUL, APOTRES.

*Aureâ luce et decore roseo*, etc.

O Jésus, Lumière de lumière, vous avez en ce jour répandu dans le monde un nouveau rayon de lumière et de gloire : vos saints apôtres ont remporté la palme du martyre ; le ciel en reçoit un nouvel éclat; et nous pécheurs, nous en avons plus de confiance en votre miséricorde.

Pierre portier du ciel, et Paul docteur des nations, tous deux juges du monde, vraies lumières des fidèles, l'un par la croix et l'autre par l'épée, tous deux sont aujourd'hui couronnés dans le ciel.

O Rome bienheureuse, tu es empourprée du sang précieux de deux grands protecteurs! Leurs vertus et non ta propre gloire, t'élèvent au-dessus de toute la terre.

Gloire immortelle, honneur et puissance, avec une sincère acclamation de joie, à la sainte Trinité à qui appartient l'empire dans une parfaite unité, maintenant et à jamais. Ainsi soit-il.

### AU JOUR DE LA MÉMOIRE DE SAINT PAUL.

*Doctor egregie Paule, mores instrue*, etc.

O Paul, divin docteur, réformez nos mœurs, et transportez nos esprits au ciel, en attendant que délivrés du voile de nos corps, vous nous obteniez la grace de jouir avec vous de la claire vue de Dieu.

Gloire immortelle, honneur et puissance, avec une sincère acclamation de joie, à la sainte Trinité à qui appartient l'empire dans une parfaite unité, maintenant et à jamais. Ainsi soit-il.

### SAINTE MARIE-MADELEINE.

*Pater superni luminis*, etc.

O Père de la vraie lumière, aussitôt que vous regardez Madeleine, vous excitez en son cœur les flammes du divin amour, et vous en échauffez les froideurs.

Blessée de ce saint amour, elle court à vous : elle se jette à vos pieds : elle les parfume, les baigne de ses larmes, les essuie avec ses cheveux et ne cesse de les baiser.

Sans crainte elle se présente à votre croix : elle ne peut se séparer de votre tombeau : les cruels qui le gardent ne la troublent pas : l'amour a chassé la crainte.

O Christ, vous êtes seul la vraie charité; pardonnez-nous nos crimes, répandez votre grace dans nos cœurs, conduisez-nous au ciel.

Gloire à Dieu le Père, à son Fils unique, et au Saint-Esprit, maintenant et à jamais. Ainsi soit-il.

### SAINTE ANNE.

*Claræ diei gaudiis*, etc.

L'Eglise, notre Mère, est transportée de joie en ce saint jour; et chante les louanges d'Anne, l'honneur de la Judée, et la mère de Marie.

Anne est illustre parmi son peuple, issue du sang des rois et de la race des sacrificateurs; mais elle l'est encore plus par l'éclat de ses vertus.

Elle entre dans les liens d'un saint mariage; Dieu y verse ses bénédictions : stérile, elle porte en son sein le fruit bienheureux de cette alliance.

Un ange lui révèle la merveille qui est enfermée dans ses flancs : ô mère heureuse de qui doit naître une Vierge d'une pureté plus éclatante que les étoiles!

Gloire à Dieu le Père, à son Fils unique, et au Saint-Esprit, maintenant et à jamais. Ainsi soit-il.

### L'INVENTION DE SAINT ETIENNE, PREMIER MARTYR,
à Vêpres et à Matines.

*Luciane, quid moraris*, etc.

O Lucien [1], pourquoi retardez-vous la joie des chrétiens? La vérité d'un aussi heureux songe est assez évidente : de tels signes envoyés d'en haut aux fidèles serviteurs de Dieu ne sont pas trompeurs.

Levez-vous : le soleil déjà levé a dissipé par sa lumière tous les vains fantômes. Levez-vous, Lucien : pourquoi apportez-vous un plus long retardement à notre joie?

Enfin on assemble les évêques des églises voisines; on tire du tombeau les ossemens du saint martyr : il en sort une odeur qui apaise les douleurs des malades.

Gloire éternelle à la sainte Tri-

[1] C'étoit un saint prêtre de l'église de Jérusalem, à qui Dieu révéla dans un songe où étoit le tombeau de saint Etienne.

nité; égal honneur au Père, au Fils, et au Saint-Esprit : que toute la terre chante les louanges d'un seul Dieu et des trois Personnes divines. Ainsi soit-il.

### A Laudes.

*Prodeas tandem è tenebris*, etc.

Sortez de vos ténèbres, ô précieuses reliques de saint Etienne : sortez, la guérison vient avec vous, la pâleur se retirera de dessus les visages; et le malade auparavant abattu de foiblesse, s'en retournera par le milieu de la ville portant son lit sur ses épaules.

Une femme aveugle depuis longtemps, désire avec impatience de voir la lumière : sortez, venez la lui rendre; déjà l'aveugle montre sur son visage et par ses gestes, et publie par ses paroles, la joie d'avoir recouvré la vue; et un saint prélat est guéri d'un mal affreux.

Nos yeux s'obscurcissent, nos corps tombent dans la langueur, notre esprit s'abat : venez à notre secours, et délivrez-nous de nos maux.

Gloire éternelle soit à la sainte Trinité; égal honneur au Père, au Fils, et au Saint-Esprit : que toute la terre chante les louanges d'un seul Dieu et des trois Personnes divines. Ainsi soit-il.

### LA TRANSFIGURATION.

*Quicumque Christum quæritis*, etc.

Vous tous qui cherchez Jésus-

Christ, levez les yeux en haut ; vous le verrez avec les marques de la gloire éternelle.

Nous voyons je ne sais quoi d'éclatant qui ne finira jamais : nous voyons une majesté sublime et immense, plus ancienne que le ciel et que le commencement du monde.

C'est ici le Roi des nations, le Roi des Juifs, promis à notre père Abraham et à sa postérité.

Après le témoignage des saints prophètes qui viennent encore aujourd'hui nous le montrer, le Père même, témoin fidèle de la vérité, nous ordonne de l'écouter et de croire en lui.

O Seigneur, qui êtes apparu aujourd'hui, la gloire vous soit rendue avec le Père et le Saint-Esprit, dans toute l'éternité. Ainsi soit-il.

### LA RÉCEPTION DE LA SAINTE COURONNE DE NOTRE-SEIGNEUR JÉSUS-CHRIST.

*Exite, filiæ Sion*, etc.

Sortez, filles de Sion : vierges, qui êtes les délices du Roi des rois, voyez la couronne de Jésus-Christ, que sa Mère elle-même lui a composée.

On lui arrache les cheveux : sa tête percée d'épines est toute en sang ; et ce visage sans couleur marque la mort prochaine.

Quelle terre inculte et abandonnée, couverte de ronces et de buissons, a produit de si dures épines? Quelle cruelle main les a cueillies?

Les épines, empourprées du sang de Jésus-Christ, ont perdu leurs pointes, et sont devenues des roses : elles sont plus propres au triomphe que la palme même, et portent de meilleurs fruits.

Les épines que nos péchés ont produites, ô Sauveur, vous ont déchiré ; arrachez celles de nos cœurs, et enfoncez-y les vôtres.

Louange, honneur, force et gloire à Dieu le Père, et au Fils, avec le Saint-Esprit, dans les siècles des siècles. Ainsi soit-il.

### SAINT LOUIS, ROI DE FRANCE.

*Rex summe regum, qui potenti numine*, etc.

O souverain Roi des rois, qui partagez les royaumes avec la même puissance que vous les avez établis : tandis que nos églises fument de l'encens que nous brûlons à votre honneur et retentissent de vos cantiques, écoutez les prières que nous vous offrons à la louange d'un saint roi.

Louis né dans la pourpre, monta sur le trône de ses pères, étant encore enfant ; et élevé sous la conduite de Blanche sa mère dans l'ignorance du mal, il apprit à être serviteur de Jésus-Christ avant que de régner.

Sévère observateur de la justice, il policia les villes par de sages lois, et gouverna ses sujets par amour. Il dompta ses ennemis par la crainte ;

et par sa piété, il se rendit le Ciel propice. Il dressa des autels et bâtit des temples à Dieu, et des hôpitaux aux pauvres.

Enfin il passa les mers, porta ses étendards sur le rivage des Barbares; et vengeur du sang chrétien, il leur fit une sanglante guerre : il y perdit la vie, et il l'offrit à Dieu en sacrifice.

Gloire éternelle soit à la sainte Trinité; honneur, puissance, et louange à Dieu, à qui seul appartient l'empire, dès maintenant et dans les siècles à venir. Ainsi soit-il.

### SAINT MICHEL, ARCHANGE.

*Tibi, Christe, splendor Patris*, etc.

O Christ, splendeur du Père, ô vie, ô force des cœurs : nous nous joignons aux anges; et partagés en deux chœurs, nous chantons tour à tour vos louanges.

Cette sainte milice du ciel est aujourd'hui l'objet de nos chants, et surtout saint Michel leur prince, qui a renversé avec force l'orgueil de Satan.

O Christ, notre Roi, sous la garde d'un tel Protecteur, délivrez-nous de la malice de l'ennemi; et purs d'esprit et de corps, conduisez-nous au ciel par votre seule miséricorde.

Chantons la gloire du Père avec des accens mélodieux; chantons celle de Jésus-Christ et du Saint-Esprit un seul Dieu en trois Personnes, avant tous les siècles. Ainsi soit-il.

### A LA FÊTE DE TOUS LES SAINTS.

*Christe, Redemptor omnium*, etc.

O Christ, Sauveur de tous les hommes, conservez vos fidèles serviteurs, apaisé par les saintes prières de la bienheureuse Marie toujours Vierge.

Saintes troupes des esprits bienheureux, détournez de nous toute sorte de maux, passés, présens, et à venir.

Nous vous prions, ô saints prophètes, et vous saints apôtres du Seigneur, d'avancer l'œuvre de notre salut par vos intercessions.

Glorieux martyrs, saints confesseurs, obtenez-nous par vos prières la grace de porter nos désirs vers le ciel.

Troupe sacrée des saints moines et des chastes vierges; vous tous Saints et Saintes de Dieu, demandez pour nous la grace d'être avec vous les cohéritiers de Jésus-Christ.

Eloignez de nous les infidèles, afin que jouissant de la paix, nous chantions de dignes louanges au Sauveur.

Gloire au Père qui n'a point de principe : gloire à son Fils unique, avec le Saint-Esprit, aux siècles des siècles. Ainsi soit-il.

# HYMNES
## DU COMMUN DES SAINTS.

### LES SAINTS APOTRES.

*Exultet cœlum laudibus*, etc.

Que le ciel retentisse de louanges, et que la terre fasse éclater sa joie : que tout publie la gloire des saints apôtres en cette solennité.

O vous qui devez être les justes juges de l'univers, comme vous en avez été la véritable lumière, nous vous supplions du plus profond de nos cœurs d'écouter nos humbles prières.

Vous qui fermez et ouvrez le ciel par la puissance de votre parole, déliez-nous de tous nos péchés par la même puissance.

Dieu a soumis à votre pouvoir la santé et la maladie ; guérissez-nous de la corruption de nos mœurs, et rétablissez-nous dans la pratique de toutes les vertus,

Afin que quand Jésus-Christ viendra à la fin des siècles juger le monde, il nous fasse entrer en la jouissance de la félicité éternelle.

Gloire à Dieu le Père et à son Fils unique, avec le Saint-Esprit Consolateur, maintenant et dans toute l'éternité. Ainsi soit-il.

### LES SAINTS APOTRES,
#### au temps de Pâques.

*Tristes erant Apostoli*, etc.

Les saints apôtres pleuroient leur Maître, livré à la mort par la cruauté des impies :

Mais un ange dit aux femmes cette parole de vérité : Le Seigneur sera devant vous en Galilée, et là vous le verrez.

Tandis qu'elles vont en hâte porter cette nouvelle aux apôtres, elles rencontrent Jésus vivant, et elles lui embrassent les pieds.

Ce que les apôtres ayant appris, ils se hâtent d'aller en Galilée voir leur Maître tant désiré.

O Dieu Créateur de toutes choses, nous vous prions dans cette joie sainte que nous donne la solennité de Pâques, de défendre votre peuple contre toutes les attaques de la mort.

La gloire vous soit rendue, ô Seigneur, qui êtes ressuscité d'entre les morts ; soyez honoré avec le Père et le Saint-Esprit dans toute l'éternité. Ainsi soit-il.

### UN SAINT MARTYR.

*Deus, tuorum militum*, etc.

O Dieu, qui êtes vous-même l'héritage, la couronne et la récompense de vos soldats ; pendant que nous chantons les louanges de votre saint martyr, rompez les liens de nos crimes.

Ce saint a foulé aux pieds les

joies et les caresses pernicieuses de ce monde : il en a vu la vanité, et il est arrivé heureusement au ciel.

Il a fourni courageusement la carrière des souffrances, il a enduré les supplices avec une constance mâle; et en répandant son sang pour vous, il est entré dans la possession des biens éternels.

C'est ce qui fait, ô Dieu de bonté, qu'en célébrant le triomphe de ce saint martyr, nous vous prions humblement d'accorder à vos serviteurs la rémission de leurs péchés.

Au temps de Pâques, on dit :

O Dieu, Créateur de toutes choses, nous vous prions dans cette joie sainte que nous donne la solennité de Pâques, de défendre votre peuple contre toutes les attaques de la mort.

Louange et gloire éternelle dans tous les siècles au Père, et au Fils, et au Saint-Esprit Consolateur. Ainsi soit-il.

#### PLUSIEURS SAINTS MARTYRS.

*Sanctorum meritis inclita gaudia*, etc.

O fidèles, joignons ensemble nos voix, et chantons avec allégresse les mérites et les glorieuses actions des Saints; car j'ai le cœur tout brûlant du désir de louer par des hymnes cette courageuse troupe de vainqueurs.

Ce sont des hommes que le monde a eus en horreur, parce qu'ils en ont foulé aux pieds la beauté sèche et stérile, et qu'ils vous ont suivi, ô Jésus, aimable Roi du ciel.

Ils ont méprisé pour l'amour de vous la fureur et la rage des hommes, et toute la rigueur des fouets : ils ont triomphé des ongles de fer qui déchiroient leur corps, et qui n'ont rien pu sur leur cœur.

On les égorgeoit comme des brebis, sans qu'ils fissent entendre la moindre plainte; et leur ame innocente, pleine de confiance, conservoit dans un cœur tranquille une patience que rien ne pouvoit ébranler.

Quelle voix, quelle langue pourra exprimer les récompenses que vous préparez aux saints martyrs? Empourprés du sang qu'ils ont répandu pour vous, ils reçoivent de votre main des couronnes que le temps ne peut flétrir.

O Dieu en trois Personnes, nous vous supplions d'effacer les péchés de vos serviteurs; d'éloigner d'eux ce qui leur peut nuire; de leur donner votre paix, et de les rendre dignes de vous glorifier dans tous les siècles. Ainsi soit-il.

#### LES SAINTS CONFESSEURS.

*Iste Confessor Domini sacratus*, etc.

Le saint Confesseur du Seigneur, dont les peuples célèbrent la fête sur la terre, a mérité d'entrer aujourd'hui plein de joie dans le sanctuaire du ciel.

(*Si ce n'est pas le jour de sa mort, on dit :* A remporté aujourd'hui les plus grandes louanges.)

Il a vécu ici-bas avec piété et sagesse, dans l'humilité, la pureté, la tempérance, la chasteté, la paix et la tranquillité de son ame.

Et après sa mort, souvent les malades reçoivent à son tombeau la guérison de quelque maladie que ce soit dont ils soient affligés.

Unissons donc nos voix, et chantons avec joie cet hymne en son honneur, afin que nous soyons sans cesse secourus par ses mérites.

Salut, honneur et puissance à Dieu, un en trois Personnes, qui du haut des cieux où il est élevé, gouverne par sa providence la machine de ce grand univers. Ainsi soit-il.

### LES SAINTES VIERGES.

*Jesu, corona Virginum*, etc.

O Jésus, couronne des vierges, conçu et né d'une Mère toujours vierge, recevez en pitié les vœux que nous vous offrons.

Vous qui menez vos troupeaux parmi [1] les lis, qu'une troupe de vierges environne : Epoux tout brillant de gloire, et qui distribuez de dignes récompenses à vos épouses.

Partout où vous allez, les vierges vous suivent; elles courent après vous en célébrant vos louanges; et les doux hymnes qu'elles chantent font éclater leur transport.

O Jésus, nous vous prions de garder nos sens, en sorte que nous ne ressentions jamais les blessures de l'impureté.

Louange, honneur, vertu, gloire à Dieu le Père, et au Fils, et à l'Esprit Consolateur, aux siècles des siècles. Ainsi soit-il.

### LES SAINTES, NON VIERGES.

*Fortem virili pectore*, etc.

O fidèles, louons tous cette femme forte et d'un courage au-dessus de son sexe : de toutes parts elle éclate par la gloire de sa sainteté.

Blessée de l'amour de Jésus-Christ, elle a eu horreur de l'amour du monde, et par un chemin difficile elle s'est élevée jusqu'au ciel.

Elle a dompté sa chair par les jeûnes, et a nourri son ame de la pâture délicieuse de l'oraison; et maintenant elle jouit des joies du ciel.

O Jésus, notre Roi, notre force, qui seul opérez de grandes choses : écoutez en pitié nos prières par l'intercession de cette sainte femme.

Gloire à Dieu le Père, à son Fils unique, et à l'Esprit Consolateur, maintenant et dans toute l'éternité. Ainsi soit-il.

### A LA DÉDICACE DE L'ÉGLISE.

*Urbs Jerusalem beata*, etc.

Heureuse cité de Jérusalem,

---

[1] Parole des Cantiques, qu' veut dire que l'Epoux céleste fait sa demeure parmi les ames pures. (*Cant.*, II, 16.)

dont le nom signifie *Vision de la paix*, et qui êtes environnée d'anges, comme une épouse des amis de son époux !

Elle descend du ciel renouvelée par la grace, et parée pour être conduite dans sa chambre nuptiale comme la chère épouse de Jésus-Christ. Ses places publiques et ses murailles sont de fin or ;

Ses portes toujours ouvertes brillent de pierreries ; et celui qui souffre en ce monde pour l'amour de Jésus-Christ, y est reçu par la vertu de ses mérites.

Les pierres vivantes dont elle est bâtie, sont taillées et polies par les souffrances et les persécutions, et placées chacune en son lieu par les mains de l'architecte, pour demeurer éternellement dans cet édifice sacré.

Gloire et honneur à jamais au Dieu très-haut, Père, Fils, et Saint-Esprit ; louange et puissance à Dieu dans toute l'éternité. Ainsi soit-il.

### A LA MESSE DES MORTS.

PROSE. — *Dies iræ*, etc.

O jour de colère et de vengeance, qui doit réduire en cendre tout l'univers, selon les oracles de David et les prédictions de la Sibylle :

Quelle sera la frayeur des hommes, lorsque le souverain Juge paroîtra pour examiner toutes leurs actions selon la rigueur de sa justice.

Le son éclatant de la trompette retentissant jusque dans les tombeaux, rassemblera tous les morts devant le tribunal de Jésus-Christ.

Toute la nature et la mort même, seront dans l'étonnement et l'effroi, lorsque les hommes ressusciteront pour répondre devant ce Juge terrible.

On ouvrira le livre où est écrit tout ce qui doit être la matière de ce jugement formidable ;

Et quand le Juge sera assis sur son trône, on verra à découvert tout ce qui étoit caché, et aucun crime ne demeurera impuni.

Que dirai-je alors, malheureux que je suis ? Qui prierai-je d'intercéder auprès de ce Juge devant qui les justes mêmes ne paroîtront qu'en tremblant ?

O Roi d'une majesté si redoutable, qui sauvez gratuitement vos élus : sauvez-moi par votre bonté, ô source de miséricorde !

Souvenez-vous, doux Jésus, que c'est pour moi que vous êtes descendu du ciel sur la terre : ne me perdez pas en ce jour terrible.

Vous vous êtes lassé en me cherchant, vous m'avez racheté par votre croix ; qu'un si grand travail ne soit pas inutile.

Juste vengeur des crimes, accordez-moi le pardon de mes fautes avant le jour où il faudra vous en rendre compte.

Je gémis comme un coupable : mes crimes couvrent mon visage de confusion : ô Dieu, pardonnez à mon humble prière.

Vous qui avez pardonné à la pécheresse, qui avez exaucé le larron, vous m'avez moi-même rempli d'espérance.

Mes prières sont indignes d'être exaucées; mais vous qui êtes la bonté même, délivrez-moi du feu éternel.

Séparez-moi des boucs qui seront à votre gauche, et placez-moi à votre droite avec les brebis.

Séparez-moi de ces maudits que vous chasserez de devant vous; et en les envoyant au feu éternel, appelez-moi avec ceux que votre Père a bénis.

Je me jette à vos pieds avec un cœur brisé et réduit en poudre, prenez soin de mon éternité.

O jour déplorable, où l'homme criminel sortira de la poussière du tombeau, pour être jugé par celui qu'il a offensé!

Pardonnez-lui, ô Dieu de miséricorde; et accordez, ô Jésus plein de bonté, le repos éternel à ceux pour qui nous vous prions en ce jour. Ainsi soit-il.

# HYMNE
### DE LOUANGE ET D'ACTION DE GRACES.

*Il se chante tous les dimanches (si ce n'est pendant l'Avent et depuis la Septuagésime jusqu'à Pâques) et toutes les fêtes à la fin de Matines, pour rendre à Dieu des actions de graces publiques pour toute sorte de prospérités.*

*Te Deum laudamus*, etc.

O Dieu, nous vous louons, et vous reconnoissons comme le Seigneur et le Maître.

O Père éternel, toute la terre vous adore.

Tous les anges, les cieux et toutes les puissances,

Les Chérubins et les Séraphins ne cessent de chanter à votre louange :

Saint, saint, saint est le Seigneur, le Dieu des armées.

Le ciel et la terre sont pleins de la majesté de votre gloire :

Le chœur glorieux des Apôtres,

La vénérable multitude des Prophètes,

L'armée des Martyrs, toute brillante de l'éclat de leurs robes blanches, publient de concert vos louanges.

La sainte Eglise confesse votre nom par toute la terre.

Elle vous confesse, vous Père éternel dont la majesté est infinie,

Et votre vrai et unique Fils, digne de toute adoration,

Et votre Saint-Esprit le Consolateur.

O Jésus, vous êtes le Roi de gloire,

Fils du Père de toute éternité.

Lorsque vous avez pris la chair de l'homme pour le racheter, vous n'avez point eu d'horreur de descendre dans le sein d'une Vierge.

Vous avez vaincu l'aiguillon de la mort, et ouvert le royaume du ciel aux fidèles :

Vous êtes assis à la droite de Dieu dans la gloire du Père.

Et nous croyons que vous viendrez pour juger le monde.

Nous vous prions donc de secourir vos serviteurs ; que vous avez rachetés par votre précieux sang.

Faites-nous jouir de la gloire éternelle dans la compagnie de vos Saints.

Seigneur, sauvez votre peuple, et bénissez votre héritage.

Conduisez-les, et les élevez jusque dans l'éternité.

Nous vous bénissons tous les jours,

Et nous louons votre nom digne d'être loué aux siècles des siècles.

Daignez, Seigneur, nous garder de tout péché durant ce jour.

Ayez pitié de nous, Seigneur, ayez pitié de nous.

Faites-nous miséricorde, Seigneur, comme nous l'avons toujours espéré de vous.

En vous, Seigneur, est toute mon espérance : je ne serai pas éternellement confondu.

## PRIÈRE POUR LE ROI.

### PSAUME 19.

David prie pour le roi marchant à la guerre.

*Exaudiat te Dominus in die tribulationis*, etc.

1. Que le Seigneur vous exauce au jour de l'affliction ; que le nom du Dieu de Jacob soit votre protection.

2. Qu'il vous envoie son secours de son sanctuaire ; et son assistance de Sion.

3. Qu'il conserve la mémoire de tous vos sacrifices ; et que votre holocauste lui soit agréable.

4. Qu'il remplisse tous les désirs de votre cœur : et qu'il affermisse tous vos desseins.

5. Nous nous réjouirons de la protection qu'il vous donnera : et nous mettrons toute notre gloire au nom de notre Dieu.

6. Que le Seigneur vous accorde toutes vos demandes : j'ai reconnu maintenant que le Seigneur a sauvé son Christ.

7. Il l'exaucera du haut du ciel qui est son sanctuaire : le salut est dans sa droite toute-puissante.

8. Nos ennemis mettent leur confiance dans leurs chariots et dans leurs chevaux : mais nous, nous invoquerons le nom du Seigneur notre Dieu.

9. Ils se sont embarrassés, et ils sont tombés : mais nous, nous nous

sommes relevés, et nous demeurerons fermes sur nos pieds.

10. Seigneur, sauvez le roi, et exaucez-nous au jour que nous vous invoquerons.

Prions.

Nous vous prions, Dieu tout-puissant, que N., votre serviteur et notre roi, qui a reçu de votre miséricorde la conduite de ce royaume, en reçoive aussi la perfection de toutes les vertus : afin qu'en étant doué comme le doit être un roi très-chrétien, il puisse terrasser les monstres des vices, demeurer victorieux de ses ennemis, extirper les hérésies, maintenir la paix et entrer plein de mérites en votre royaume, ô Sauveur du monde qui êtes la voie, la vérité et la vie; et qui étant Dieu, vivez et régnez avec le Père et le Saint-Esprit, aux siècles des siècles. Ainsi soit-il.

Antienne de la Paix.

Seigneur, donnez-nous la paix pendant nos jours; puisque nul autre ne combat pour nous que nous seul, ô notre Dieu.

℣. Que la paix soit dans vos forteresses.

℟. Et l'abondance dans vos tours.

Prions.

O Dieu, qui inspirez les saints désirs, les conseils droits et les bonnes œuvres : donnez à vos serviteurs cette paix que le monde ne leur peut donner, afin que tenant nos cœurs assujettis à vos commandemens, et n'ayant point d'ennemis à craindre, nous passions tranquillement nos jours sous votre protection : Par Notre-Seigneur Jésus-Christ votre Fils, qui étant Dieu vit et règne avec vous en l'unité du Saint-Esprit, par tous les siècles des siècles. ℟. Ainsi soit-il.

# VÊPRES DES MORTS.

PSAUME 114.

Le Prophète épanche son cœur devant Dieu qui l'a délivré de grands périls.

*Dilexi, quoniam exaudiet Dominus,* etc.

1. J'aime le Seigneur, parce qu'il écoutera la voix de ma prière.

2. Parce qu'il m'a prêté une oreille favorable, je l'invoquerai toute ma vie.

3. Les douleurs de la mort m'ont assiégé, et les maux de l'enfer sont venus fondre sur moi.

4. J'ai été dans l'affliction et

dans la douleur, et j'ai invoqué le nom du Seigneur.

5. O Dieu, délivrez mon ame : le Seigneur est juste et compatissant ; et notre Dieu est miséricordieux.

6. Le Seigneur garde les petits : j'ai été humilié, et il m'a sauvé.

7. Mon ame, entrez dans votre repos, parce que le Seigneur vous a comblée de biens.

8. Car le Seigneur a délivré mon ame de la mort, mes yeux des larmes et mes pieds de la chute.

9. Je plairai au Seigneur dans la terre des vivans.

On finit ainsi ces Psaumes :

Seigneur, donnez le repos éternel aux ames de ceux qui sont morts, et faites luire sur eux votre éternelle lumière.

*Ant.* Je plairai au Seigneur dans la terre des vivans.

### PSAUME 119.

Il déplore les maux qu'il souffre dans la captivité de Babylone, et il apprend au chrétien à se dégoûter du siècle, où l'on vit avec des hommes trompeurs.

*Ad Dominum, cùm tribularer, clamavi.*

1. J'ai crié au Seigneur dans mon affliction, et il m'a exaucé.

2. Seigneur, délivrez mon ame des lèvres injustes, et de la langue trompeuse.

3. Quel châtiment et quelle punition éprouveras-tu, ô langue trompeuse ?

4. Les flèches lancées par l'homme fort sont perçantes, avec les charbons qui consument tout [1].

5. Hélas ! que mon exil est long ! je vis ici parmi les habitans de Cédar [2] : il y a longtemps que mon ame est étrangère.

6. Je vivois en paix avec ceux qui haïssent la paix : et lorsque je leur parlois, ils me persécutoient sans sujet.

*Ant.* Hélas ! Seigneur, que mon pèlerinage est long !

### PSAUME 120.

Le juste, dans ses besoins et dans ses périls, se repose sur la protection de Dieu.

*Levavi oculos meos in montes.*

1. J'ai levé mes yeux vers les montagnes, d'où me viendra le secours.

2. Mon secours vient du Seigneur, qui a fait le ciel et la terre.

3. Il ne laissera point chanceler votre pied ; et celui qui vous garde ne s'endormira point.

4. Non, celui qui garde Israël, ne dort ni ne sommeille.

[1] Il compare la médisance et la calomnie à des flèches perçantes et à des charbons ardens.
[2] Ce sont les peuples étrangers parmi lesquels les Juifs étoient captifs, et ils représentent les méchans, dont la malice et la vie scandaleuse affligent continuellement les justes.

5. C'est le Seigneur qui vous garde, c'est le Seigneur qui vous protége : il se tient à votre droite.

6. Le soleil ne vous nuira point pendant le jour, ni la lune pendant la nuit.

7. Le Seigneur vous préservera de tout mal : que le Seigneur prenne votre ame en sa garde.

8. Que le Seigneur vous garde à votre entrée et à votre sortie, maintenant et à jamais.

*Ant.* Le Seigneur vous préserve de tout mal ; que le Seigneur prenne votre ame en sa garde.

### PSAUME 129.

Le pécheur abîmé dans ses crimes, n'attend de secours que de l'infinie miséricorde de Dieu.

*De profundis clamavi ad te, Domine,* etc.

1. Seigneur, je m'écrie vers vous du fond de l'abîme : Seigneur, écoutez ma voix.

2. Que vos oreilles soient attentives à la prière que je vous fais.

3. Seigneur, si vous examinez nos péchés, qui pourra subsister devant vous?

4. Mais en vous est la source des miséricordes, et je vous ai attendu, Seigneur, à cause de votre loi [1].

5. Mon ame a attendu le Seigneur, à cause de sa parole : mon ame a espéré au Seigneur.

6. Que depuis le point du jour jusqu'à la nuit, Israël espère au Seigneur.

7. Car au Seigneur appartient la miséricorde ; et la rédemption que nous trouvons en lui est très-abondante.

8. Il rachètera lui-même Israël de tous ses péchés.

*Ant.* Seigneur, si vous examinez nos péchés, qui pourra, Seigneur, subsister devant vous?

### PSAUME 137.

Le Prophète adore Dieu devant ses saints anges, et il invite tous les rois de la terre à l'adorer avec lui.

*Confitebor tibi, Domine, in toto corde meo,* etc.

1. Seigneur, je vous rendrai graces de tout mon cœur, de ce que vous avez entendu les paroles de ma bouche.

2. Je vous chanterai des hymnes en la présence des anges : je vous adorerai dans votre saint temple, et je bénirai votre nom,

3. A cause de votre miséricorde et de votre vérité : parce que vous avez glorifié votre nom par-dessus toutes choses.

4. En quelque jour que je vous invoque, exaucez-moi : et répandez dans mon ame une force toujours nouvelle.

5. Que tous les rois de la terre

---

[1] Par laquelle vous promettez le pardon à ceux qui ont recours à votre bonté.

vous louent, ô Seigneur, puisqu'ils ont ouï toutes les paroles de votre bouche :

6. Et qu'ils chantent dans les voies [1] du Seigneur, que la gloire du Seigneur est grande.

7. Car le Seigneur est le Très-Haut : il considère les choses basses, et regarde de loin les choses hautes.

8. Si je marche dans l'affliction, vous me donnerez la vie : vous étendrez votre main contre la fureur de mes ennemis, et votre droite me sauvera.

9. Le Seigneur me vengera de mes ennemis : Seigneur, votre miséricorde est éternelle, ne méprisez pas les ouvrages de vos mains.

*Ant.* O Seigneur, ne méprisez pas les ouvrages de vos mains.

A *Magnificat.*

*Ant.* Seigneur, délivrez des liens du péché les ames de ceux qui sont morts, afin qu'au jour de la résurrection glorieuse, ils ressuscitent avec vos saints et vos élus, pour jouir de la vie éternelle.

Notre Père, *tout bas.*

℣. Et ne nous induisez pas en tentation.

℟. Mais délivrez-nous du mal.

℣. La mémoire des justes sera éternelle.

℟. Ils ne craindront pas que l'on parle mal d'eux.

[1] Le long des chemins qui mènent au temple.

℣. Seigneur, délivrez leurs ames.
℟. De la porte de l'enfer.
℣. J'ai une espérance ferme de jouir des biens du Seigneur.
℟. Dans la terre des vivans.

PSAUME 145.

Dieu nous aide en tous nos maux.

*Lauda, anima mea, Dominum,* etc.

1. O mon ame, louez le Seigneur ; je louerai le Seigneur toute ma vie : tant que je serai, je chanterai les louanges de mon Dieu.

2. Ne mettez point votre confiance dans les princes, ni dans les enfans des hommes qui ne vous peuvent sauver.

3. Leur ame sortira de leur corps, et leur corps retournera en sa poussière : en ce jour toutes leurs pensées s'évanouiront.

4. Heureux celui dont le Dieu de Jacob est le défenseur ; qui met son espérance au Seigneur son Dieu, qui a fait le ciel et la terre, la mer et tout ce qu'ils contiennent ;

5. Qui garde la vérité pour jamais, et qui fait justice à ceux qui sont opprimés, et donne à manger à ceux qui ont faim.

6. Le Seigneur rompt les liens des captifs ; le Seigneur éclaire les aveugles :

7. Le Seigneur redresse ceux qui sont brisés et froissés ; le Seigneur aime les justes :

8. Le Seigneur est la garde de

VÊPRES DES MORTS.

l'étranger, le refuge de l'orphelin et de la veuve : et il renversera les entreprises des méchans.

9. Le Seigneur régnera aux siècles des siècles : votre Dieu, ô Sion, régnera dans tous les âges.

Prions.

Nous vous prions, Seigneur, que ceux d'entre vos serviteurs que vous avez mis au nombre des prêtres apostoliques, par la dignité pontificale (*ou* sacerdotale), soient aussi éternellement unis à la compagnie de vos saints apôtres.

O Dieu qui pardonnez aux pécheurs et qui aimez le salut des hommes, nous vous prions par votre bonté de conduire au séjour de la béatitude éternelle ceux de notre société, nos frères, nos parens et nos bienfaiteurs qui sont morts; par l'intercession de la bienheureuse Marie, toujours vierge, et de tous les Saints.

O Dieu, Créateur et Rédempteur de tous les fidèles : accordez aux ames de vos serviteurs et servantes la rémission de tous leurs péchés, afin qu'elles obtiennent par les humbles prières de votre Eglise le pardon qu'elles ont toujours désiré. C'est ce que nous vous demandons pour elles, ô Jésus, qui vivez et régnez aux siècles des siècles.

Nous vous prions, Seigneur, de pardonner tous les péchés à l'ame de votre serviteur (*ou* de votre servante) N., afin qu'étant mort (*ou* morte) au monde, il vive (*ou* elle vive) en vous ; et d'effacer par votre infinie miséricorde toutes les offenses qu'il a (*ou* qu'elle a) commises durant cette vie par la fragilité de la chair; par Notre-Seigneur Jésus-Christ, etc.

Au jour de l'anniversaire.

O Seigneur, Dieu des miséricordes, nous vous prions en ce jour que nous célébrons l'anniversaire de la mort de vos serviteurs et de vos servantes, d'accorder à leurs ames un lieu de rafraîchissement, le repos de la béatitude, et la claire vue de votre gloire; par Notre-Seigneur Jésus-Christ, etc.

Pour les pères et mères, on dit la collecte suivante :

O Dieu, qui nous avez commandé d'honorer nos pères et nos mères, nous vous prions d'avoir pitié de leurs ames selon votre grande miséricorde, en leur remettant leurs péchés, et nous faisant la grace d'arriver avec eux à la joie de la vie éternelle ; par Notre-Seigneur Jésus-Christ, votre Fils, qui étant Dieu, vit et règne, etc.

Pour un homme mort.

Seigneur, prêtez l'oreille aux prières que nous vous adressons en toute humilité; accordez à l'ame de votre serviteur, que vous avez retiré de ce monde, une place dans le lieu de paix et de lumière, et faites-la entrer dans la compagnie de vos Saints ; par Notre-Seigneur Jésus-Christ, etc.

Pour une femme.

Nous vous prions, Seigneur, d'avoir pitié de l'ame de votre servante, selon votre miséricorde ; et après l'avoir délivrée des tentations de cette vie mortelle, de lui donner part au salut éternel ; par Notre-Seigneur, etc.

# LES SEPT PSAUMES
## DE LA PÉNITENCE.

PSAUME 6.

David malade demande pardon à Dieu qui l'a frappé, et le prie de guérir les plaies de son ame.

*Domine, ne in furore tuo arguas me*, etc.

1. Seigneur, ne me reprenez pas dans votre fureur, et ne me châtiez pas dans votre colère.

2. Ayez pitié de moi, Seigneur, car je languis de foiblesse : guérissez-moi, Seigneur, parce que le trouble m'a saisi jusqu'au fond des os.

3. Mon ame est toute troublée ; mais vous, Seigneur, jusqu'à quand différerez-vous ?

4. Seigneur, tournez-vous vers moi, et délivrez mon ame : sauvez-moi à cause de votre miséricorde ;

5. Car nul dans la mort ne se souvient de vous : qui publiera vos louanges dans le sépulcre ?

6. Je me suis lassé à force de gémir : je laverai toutes les nuits mon lit de mes pleurs ; je l'arroserai de mes larmes.

7. Mon œil a été troublé de fureur[1] : j'ai vieilli au milieu de tous mes ennemis.

8. Retirez-vous de moi[2], vous tous qui commettez l'iniquité ; car le Seigneur a exaucé la voix de mes pleurs.

9. Le Seigneur m'a accordé mes demandes ; le Seigneur a reçu ma prière.

10. Que tous mes ennemis rougissent[3] et soient saisis d'étonnement ; qu'ils retournent en arrière, et soient couverts de honte.

---

[1]. J'étois comme hors de moi dans les violens transports de la maladie.

[2] Les ennemis de David attendoient sa mort pour s'en réjouir, mais Dieu lui a prolongé la vie.

[3] Il souhaite à ses ennemis une sainte honte de leur malice, afin qu'ils se convertissent.

## PSAUME 31.

David ressent le bonheur d'une ame à qui Dieu a pardonné ses péchés, et représente cette grace sous la figure d'un malade qui guérit.

*Beati quorum remissæ sunt iniquitates*, etc.

1. Heureux ceux dont les iniquités sont pardonnées, et dont les péchés sont couverts!

2. Heureux celui à qui le Seigneur n'a point imputé de péché, et dont l'esprit est sans déguisement!

3. Parce que je me suis tu [1], mes os se sont envieillis, tandis que je criois tout le jour.

4. Car votre main s'est appesantie sur moi durant le jour et durant la nuit : je me suis converti dans ma douleur, lorsque j'ai été percé d'une épine [2].

5. Je vous ai découvert mon péché, et je ne vous ai point caché mon iniquité.

6. J'ai dit : Je confesserai contre moi-même mon iniquité au Seigneur; et vous avez remis l'impiété de mon péché.

7. C'est pour cela que tous les saints vous adresseront leurs prières au temps favorable :

8. Afin que dans le déluge des eaux [3], elles n'approchent point d'eux.

9. Vous êtes mon refuge contre les maux qui m'environnent : ô Dieu, qui êtes ma joie, délivrez-moi de ceux qui m'assiégent [4].

10. Je vous donnerai [5] l'intelligence, et je vous instruirai dans la voie par laquelle vous devez marcher : je tiendrai mes yeux arrêtés sur vous.

11. Ne devenez pas semblable au cheval et au mulet, qui n'ont point d'intelligence.

12. Serrez avec le mors et la bride [6] la bouche de ceux qui ne veulent pas s'approcher de vous.

13. Les pécheurs seront frappés de plusieurs plaies : mais la miséricorde environnera celui qui espère en Dieu.

14. Justes, réjouissez-vous au Seigneur, et tressaillez de joie; et glorifiez-vous en lui, vous tous qui avez le cœur droit.

## PSAUME 37.

David ressent les plaies profondes que la longue habitude du péché a faites en lui, et prie Dieu de le regarder en pitié.

*Domine, ne in furore tuo arguas me*, etc.

[1] Parce que j'ai été longtemps sans vouloir confesser mes péchés, mes forces se sont affoiblies, et je suis réduit maintenant à faire des plaintes continuelles.

[2] D'une sainte componction.

[3] Les eaux signifient les misères de la vie et la corruption du monde.

[4] Des démons qui me tentent et des hommes qui me portent au mal.

[5] C'est Dieu qui parle à l'âme pénitente pour la consoler.

[6] Il prie Dieu de réprimer les mauvais désirs des hommes rebelles et indociles

1. Seigneur, ne me reprenez pas dans votre fureur, et ne me châtiez pas dans votre colère.

2. Car vous m'avez percé de vos flèches, et vous avez appesanti votre main sur moi.

3. Il n'y a plus rien de sain dans ma chair à la vue de votre colère; il n'y a point de paix dans mes os [1] à la vue de mes péchés.

4. Car mes iniquités se sont élevées au-dessus de ma tête; et elles m'ont accablé comme un poids insupportable.

5. La pourriture et la corruption s'est formée dans mes plaies, à cause de ma folie.

6. Je suis plongé dans la misère : je suis continuellement tout courbé; je passe tout le jour dans la tristesse.

7. Mes reins sont remplis d'illusions [2] : et il n'y a plus rien de sain dans ma chair.

8. J'ai été affligé et humilié jusqu'à l'excès; je pousse du fond de mon cœur des sanglots et des cris.

9. Tous mes désirs vous sont connus, Seigneur : et mon gémissement ne vous est point caché.

10. Mon cœur est troublé; mes forces me quittent; et la lumière même de mes yeux m'a abandonné.

11. Mes amis et mes proches sont venus vers moi, et se sont élevés contre moi [3] :

12. Ceux qui étoient auprès de moi s'en sont éloignés; et ceux qui cherchoient à m'ôter la vie, me faisoient violence.

13. Ceux qui cherchoient à me faire du mal ont publié des mensonges; et ils méditoient quelque tromperie pendant tout le jour.

14. Pour moi, j'étois comme un sourd qui n'entend point, et comme un muet qui n'ouvre point la bouche.

15. Je suis devenu comme un homme qui n'entend plus, et qui n'a rien à répliquer.

16. Parce que j'ai mis en vous, Seigneur, toute mon espérance : vous m'exaucerez, ô Seigneur mon Dieu.

17. Car je me suis dit à moi-même : A Dieu ne plaise que je devienne un sujet de joie à mes ennemis, qui ont déjà parlé insolemment de moi, lorsque mes pieds se sont ébranlés?

18. Je suis préparé au châtiment, et ma douleur est toujours devant mes yeux.

19. Je confesserai mon iniquité, et je serai sans cesse occupé du désir d'expier mon péché.

20. Et toutefois mes ennemis vivent, et sont devenus plus puissans que moi; et le nombre de ceux qui me haïssent injustement s'accroît tous les jours.

---

[1] Dans mon intérieur.

[2] La sensualité remplit mon esprit de mauvaises pensées.

[3] Cela est arrivé à David dans la révolte de son fils Absalon.

21. Ceux qui rendent le mal pour le bien médisoient de moi, parce que j'embrasse la justice.

22. Ne m'abandonnez point, ô Seigneur mon Dieu; ne vous éloignez point de moi.

23. Hâtez-vous de me secourir, ô Seigneur, Dieu de mon salut.

### PSAUME 50.

Regrets et prières de David, quand le prophète Nathan lui reprocha de la part de Dieu le crime qu'il avoit commis avec Bethsabée.

*Miserere mei, Deus,* etc.

1. Ayez pitié de moi, Seigneur, selon votre grande miséricorde;

2. Et effacez mon péché selon la multitude de vos compassions.

3. Lavez-moi de plus en plus de mon iniquité; et purifiez-moi de mon péché.

4. Car je reconnois mon iniquité; et mon péché est toujours devant moi.

5. J'ai péché contre vous seul, et j'ai fait le mal en votre présence : afin que vous soyez trouvé juste [1] dans vos paroles et victorieux dans les jugemens [2] qu'on fera de vous.

6. J'ai été conçu en iniquité, et ma mère m'a conçu dans le péché.

7. Vous aimez la vérité : vous m'avez découvert ce qu'il y a d'incertain [1] et de caché dans votre sagesse.

8. Vous jetterez sur moi de l'eau avec l'hysope, et je serai purifié [2] : vous me laverez, et je deviendrai plus blanc que la neige.

9. Vous me ferez entendre une parole de joie et de consolation [3] : et mes os humiliés tressailliront d'allégresse [4].

10. Détournez votre face de mes péchés, et effacez toutes mes offenses.

11. O Dieu, créez en moi un cœur pur, et renouvelez l'esprit droit dans mes entrailles.

12. Ne me rejetez pas de devant votre face; et ne retirez pas de moi votre Esprit-Saint.

13. Rendez-moi la joie de votre salut, et fortifiez-moi par l'esprit principal [5].

14. J'apprendrai vos voies aux méchans, et les impies se convertiront à vous.

---

[1] J'avoue mon crime caché, afin qu'on voie que votre prophète a eu raison de m'en reprendre de votre part.

[2] Quand Dieu souffre longtemps les péchés sans les punir, les hommes l'accusent de ne les voir pas ou d'être trop indulgent; mais on voit par mon exemple que Dieu songe à les punir, lorsque nous y pensons le moins.

[3] A notre égard, parce que nous n'en pouvons pas pénétrer le fond.

[4] On jetoit l'eau avec l'hysope dans la purification des lépreux, et des autres personnes immondes. (*Levit.*, XIV, 6; *Num.*, XIX, 18.)

[5] C'est la parole de pardon qui fut prononcée à David par Nathan, et qui est prononcée aux pécheurs par les prêtres.

[6] La joie dans l'intérieur suit l'humiliation.

[7] L'esprit de fermeté et de persévérance.

15. Délivrez-moi du sang [1], ô Dieu, ô Dieu mon Sauveur : et ma langue publiera avec joie votre justice.

16. Seigneur, ouvrez mes lèvres, et ma bouche chantera vos louanges.

17. Si vous aimiez les sacrifices, je vous en offrirois : mais les holocaustes [2] ne vous sont pas agréables.

18. L'esprit affligé est le sacrifice que Dieu demande : ô Dieu, vous ne mépriserez pas un cœur contrit et humilié.

19. Seigneur, traitez Sion selon votre miséricorde, et bâtissez les murs de Jérusalem [3].

20. Vous agréerez alors le sacrifice de justice, les offrandes et les holocaustes : et on vous offrira des veaux [4] sur votre autel.

### PSAUME 101.

Il déplore la captivité du peuple de Dieu dans Babylone, et il demande le rétablissement de Sion : une ame pauvre et désolée demande aussi à son exemple, d'être rétablie par la grace.

*Domine, exaudi orationem meam*, etc.

1. Seigneur, écoutez ma prière ; et que mes cris s'élèvent jusqu'à vous.

2. Ne détournez pas de moi votre face : quelque jour que je sois dans l'affliction, prêtez l'oreille à ma voix :

3. Quelque jour que je vous invoque, hâtez-vous de me secourir.

4. Car mes jours se sont évanouis comme la fumée, et mes os se sont desséchés, comme du bois prêt à prendre feu.

5. J'ai été frappé comme l'herbe, et mon cœur est devenu sec, parce que j'ai oublié de manger mon pain.

6. Mes os tiennent à ma peau à force de gémir et de soupirer.

7. Je suis devenu semblable au pélican des déserts, et au hibou des lieux solitaires.

8. J'ai passé les nuits en veille, et je suis devenu semblable au passereau seul sur le toit.

9. Mes ennemis me faisoient des reproches durant tout le jour, et ceux qui me louoient faisoient des imprécations contre moi :

10. Parce que je mangeois la cendre comme le pain, et je mêlois mon breuvage de mes larmes,

11. A cause de votre colère et

---

[1] Du sang d'Urie que j'ai répandu, et qui crie vengeance contre moi.

[2] L'holocauste étoit un sacrifice où la victime étoit entièrement consumée par le feu, et il signifie le cœur du chrétien tout embrasé par la charité.

[3] Sous la figure de Jérusalem et de Sion, il représente l'Eglise et l'ame pénitente, dont il faut réparer les ruines.

[4] Les sacrifices des animaux étoient la figure du sacrifice de Jésus-Christ immolé sur la croix, et tous les jours offert sur les autels.

de votre indignation : parce qu'en m'élevant, vous m'avez écrasé.

12. Mes jours se sont évanouis comme l'ombre, et je suis devenu sec comme l'herbe.

13. Mais vous, Seigneur, vous demeurez éternellement ; et la mémoire de votre nom passe de race en race.

14. Vous vous élèverez, et vous aurez pitié de Sion, puisque le temps est venu d'avoir compassion d'elle, le temps en est venu :

15. Puisque ses pierres sont aimées de vos serviteurs, et que la terre où elle étoit les attendrit [1].

16. Les nations craindront votre nom, et les rois de la terre publieront votre gloire;

17. Parce que le Seigneur rebâtira Sion, et il se montrera dans sa gloire.

18. Il a tourné ses regards sur la prière des humbles, et il n'a pas méprisé leurs vœux.

19. Que ceci soit écrit pour la race qui viendra ; et le peuple qui sera créé louera le Seigneur.

20. Parce qu'il a regardé du haut de son sanctuaire : le Seigneur a jeté les yeux du ciel en terre,

21. Pour écouter les gémissemens des captifs : pour mettre en liberté les enfans de ceux qu'on a mis à mort :

22. Afin qu'ils louent le nom du Seigneur dans Sion, et qu'ils chantent ses louanges dans Jérusalem.

23. Lorsque les peuples s'uniront ensemble avec les rois, pour servir le Seigneur.

24. Il lui dit dans sa force [1] : Faites-moi connoître la brièveté de mes jours.

25. Ne me tirez pas du monde à la moitié de ma vie : vos années dureront dans la suite de tous les âges.

26. Seigneur, vous avez fondé la terre dès le commencement, et les cieux sont l'ouvrage de vos mains.

27. Ils périront ; mais vous, vous demeurerez : ils vieilliront tous comme un vêtement.

28. Vous les changerez comme un manteau, et ils changeront de forme : mais vous êtes toujours le même, et vos années n'auront pas de fin.

29. Les enfans de vos serviteurs habiteront sur la terre, et leur postérité sera éternellement heureuse.

PSAUME 129.

Le pécheur abîmé dans ses crimes, n'attend de secours que de l'infinie miséricorde de Dieu.

*De profundis clamavi*, etc.

1. Seigneur, je m'écrie vers vous

---

[1] Les Juifs aimoient jusqu'aux ruines de leur patrie et du temple, et en chérissoient la poussière, où ils venoient offrir leurs dons.

[2] Quelque forte que paroisse sa santé, il craint de mourir sans avoir vu Jérusalem rétablie, et prie Dieu de prolonger ses jours jusqu'à ce temps.

du fond de l'abîme : Seigneur écoutez ma voix.

2. Que vos oreilles soient attentives à la prière que je vous fais.

3. Seigneur, si vous examinez nos péchés, qui pourra subsister devant vous?

4. Mais en vous est la source des miséricordes ; et je vous ai attendu, Seigneur, à cause de votre loi [1].

5. Mon ame a attendu le Seigneur, à cause de sa parole : mon ame a espéré au Seigneur.

6. Que depuis le point du jour jusqu'à la nuit, Israël espère au Seigneur :

7. Car au Seigneur appartient la miséricorde, et la rédemption que nous trouvons en lui est très-abondante.

8. Il rachètera lui-même Israël de tous ses péchés.

## PSAUME 142.

David accablé de maux, prie Dieu de ne le traiter pas selon la rigueur de ses jugemens, mais de le conduire dans ses voies. Ce Psaume convient à l'état où étoit David, lorsque la caverne où il étoit réfugié fut environnée par les troupes de Saül qui le poursuivoit à mort. (I Reg., xii.) Il exprime aussi l'état du pécheur environné de péchés et de tentations, qui ne se peut sauver que par miracle, comme David.

*Domine, exaudi orationem meam, auribus percipe,* etc.

[1] Par laquelle vous promettez le pardon à ceux qui ont recours à votre bonté.

1. Seigneur, écoutez ma prière ; prêtez l'oreille à ma demande selon votre vérité ; exaucez-moi selon votre justice.

2. N'entrez point en jugement avec votre serviteur : parce que nul homme vivant ne pourra être trouvé juste devant vous.

3. Car l'ennemi a poursuivi mon ame [2] : il m'a toute ma vie humilié sur la terre.

4. Il m'a mis dans des lieux obscurs [3], comme les morts ensevelis depuis longtemps : mon esprit a été accablé d'ennui, mon cœur a été en moi-même tout saisi de trouble.

5. Je me suis souvenu des siècles passés ; j'ai médité sur toutes vos œuvres, et sur les ouvrages de vos mains.

6. J'ai élevé mes mains vers vous ; mon âme est devant vous comme une terre sans eau [4].

7. Hâtez-vous, Seigneur, de m'exaucer ; mon esprit tombe en défaillance.

8. Ne détournez pas votre face de dessus moi, de peur que je ne sois semblable à ceux qui descendent dans le lac.

9. Prévenez-moi en votre miséricorde dès le matin : parce que j'espère en vous.

[2] David étoit comme enterré dans sa caverne, et ses ennemis qui ne croyoient pas qu'il leur pût échapper, le regardoient comme mort.

[3], [4] Il représente une ame qui attend la grace.

10. Faites-moi connoître la voie par laquelle je dois marcher : puisque j'ai élevé mon ame vers vous.

11. Seigneur, délivrez-moi de mes ennemis, j'ai recours à vous : enseignez-moi à faire votre volonté, parce vous êtes mon Dieu.

12. Votre bon esprit me conduira dans un chemin droit : vous me donnerez la vie, Seigneur, dans votre justice pour la gloire de votre nom.

13. Vous tirerez mon ame de l'affliction, et vous ferez périr tous mes ennemis [1], selon votre miséricorde.

14. Vous ferez périr tous ceux qui affligent mon ame : parce que je suis votre serviteur.

*Ant.* Seigneur, ne vous souvenez pas de nos fautes, ni de celles de nos proches, et ne vous vengez pas de nos péchés.

[1] David ne désire pas que ces maux arrivent à Saül ni à ses autres ennemis, mais il prévoit la punition de leur endurcissement.

# LITANIES DES SAINTS.

Pour bien entendre l'esprit des Litanies des Saints, voyez le *Catéchisme des Fêtes*, leçon XI, parmi les fêtes de Notre-Seigneur. pag. 167 et suiv.

Seigneur, ayez pitié de nous.
Christ, ayez pitié de nous.
Seigneur, ayez pitié de nous.
Christ, écoutez-nous.
Christ, exaucez-nous.
Père céleste, qui êtes Dieu, ayez pitié de nous.
Fils Rédempteur du monde, qui êtes Dieu, ayez pitié de nous.
Saint-Esprit, qui êtes Dieu, ayez pitié de nous.
Sainte Trinité, qui êtes un seul Dieu, ayez pitié de nous.
Sainte Marie, priez pour nous.
Sainte Mère de Dieu, priez pour nous.
Sainte Vierge des vierges, priez pour nous.
Saint Michel, priez pour nous.
Saint Gabriel, priez pour nous.
Saint Raphaël, priez pour nous.
Vous tous saints Anges et saints Archanges, priez pour nous.
Vous tous saints ordres des Esprits bienheureux, priez pour nous.
Saint Jean-Baptiste, priez pour nous.
Vous tous saints Patriarches et saints Prophètes, priez pour nous.
Saint Pierre, priez pour nous.
Saint Paul, priez pour nous.
Saint André, priez pour nous.
Saint Jacques, priez pour nous.
Saint Jean, priez pour nous.

Saint Thomas, priez pour nous.
Saint Jacques, priez pour nous.
Saint Philippe, priez pour nous.
Saint Barthélemi, priez pour nous.
Saint Matthieu, priez pour nous.
Saint Simon, priez pour nous.
Saint Thadée, priez pour nous.
Saint Mathias, priez pour nous.
Saint Barnabé, priez pour nous.
Saint Luc, priez pour nous.
Saint Marc, priez pour nous.
Vous tous saints Apôtres et saints Evangélistes, priez pour nous.
Vous tous saints Disciples du Seigneur, priez pour nous.
Saint Etienne, priez pour nous.
Saint Laurent, priez pour nous.
Saint Vincent, priez pour nous.
Saint Denis avec les compagnons de votre martyre, priez pour nous.
Saint Fabien et saint Sébastien, priez pour nous.
Saint Jean et saint Paul, priez pour nous.
Saint Côme et saint Damien, priez pour nous.
Saint Gervais et saint Protais, priez pour nous.
Vous tous saints Martyrs, priez pour nous.
Saint Sylvestre, priez pour nous.
Saint Grégoire, priez pour nous.
Saint Ambroise, priez pour nous.
Saint Augustin, priez pour nous.
Saint Jérôme, priez pour nous.
Saint Hilaire, priez pour nous.
Saint Martin, priez pour nous.
Saint Remy, priez pour nous.

Saint Nicolas, priez pour nous.
Saint Sainctin, priez pour nous.
Saint Faron, priez pour nous.
Saint Hildevert, priez pour nous.
Vous tous saints Evêques et saints Confesseurs, priez pour nous.
Vous tous saints Docteurs, priez pour nous.
Saint Antoine, priez pour nous.
Saint Benoît, priez pour nous.
Saint Fiacre, priez pour nous.
Saint Pathus, priez pour nous.
Saint Bernard, priez pour nous.
Saint Dominique, priez pour nous.
Saint François, priez pour nous.
Saint Louis, priez pour nous.
Saint Roch, priez pour nous.
Vous tous saints Prêtres et saints Diacres, priez pour nous.
Vous tous saints Moines et saints Ermites, priez pour nous.
Sainte Marie-Madeleine, priez pour nous.
Sainte Agathe, priez pour nous.
Sainte Luce, priez pour nous.
Sainte Agnès, priez pour nous.
Sainte Cécile, priez pour nous.
Sainte Catherine, priez pour nous.
Sainte Anastasie, priez pour nous.
Sainte Geneviève, priez pour nous.
Sainte Céline, priez pour nous.
Sainte Fare, priez pour nous.
Sainte Foi, priez pour nous.
Vous toutes saintes Vierges et saintes Veuves, priez pour nous.
Vous tous Saints et Saintes de Dieu, intercédez pour nous.
Seigneur, soyez-nous propice, et nous pardonnez.

Seigneur, soyez-nous propice, et nous exaucez.

Seigneur, délivrez-nous de tout mal.

Seigneur, délivrez-nous de tout péché.

Seigneur, délivrez-nous de votre ire.

De la mort subite et imprévue, délivrez-nous, Seigneur.

Des embûches du démon, délivrez-nous, Seigneur.

De la colère et de la haine, et de toute mauvaise volonté, délivrez-nous, Seigneur.

De l'esprit d'impureté, délivrez-nous, Seigneur.

Des feux de l'air et des tempêtes, délivrez-nous, Seigneur.

De la mort éternelle, délivrez-nous, Seigneur.

Par le mystère de votre sainte Incarnation, délivrez-nous, Seigneur.

Par votre avénement, délivrez-nous, Seigneur.

Par votre naissance, délivrez-nous, Seigneur.

Par votre baptême et votre saint jeûne, délivrez-nous, Seigneur.

Par votre croix et par votre passion, délivrez-nous, Seigneur.

Par votre mort et par votre sépulture, délivrez-nous, Seigneur.

Par votre sainte résurrection, délivrez-nous, Seigneur.

Par votre admirable ascension, délivrez-nous, Seigneur.

Par l'avénement de votre Saint-Esprit Consolateur, délivrez-nous, Seigneur.

Au jour du jugement, délivrez-nous, Seigneur.

Nous, malheureux pécheurs, nous vous prions de nous écouter,

Afin que vous nous pardonniez, nous vous prions de nous écouter,

Afin que vous nous fassiez miséricorde, nous vous prions de nous écouter.

Afin qu'il vous plaise de nous conduire à la vraie pénitence, nous vous prions de nous écouter.

Afin qu'il vous plaise de gouverner et de conserver votre sainte Eglise, nous vous prions de nous écouter.

Afin qu'il vous plaise de maintenir notre saint père le Pape, et tous les ordres de l'Eglise dans la sainte religion; nous vous prions de nous écouter.

Afin qu'il vous plaise de conserver notre évêque N., et toutes les sociétés qui lui sont confiées dans les saintes pratiques de votre service, nous vous prions de nous écouter.

Afin qu'il vous plaise d'humilier les ennemis de la sainte Eglise, nous vous prions de nous écouter.

Afin qu'il vous plaise de veiller à la garde de notre roi, nous vous prions de nous écouter.

Afin qu'il vous plaise de donner la paix, et la vraie concorde aux rois et aux princes chrétiens, nous vous prions de nous écouter.

Afin qu'il vous plaise de tenir le peuple chrétien en paix et en union, nous vous prions de nous écouter.

Afin qu'il vous plaise de nous conserver et de nous affermir dans votre service, nous vous prions de nous écouter.

Afin que vous éleviez nos ames au désir des choses célestes, nous vous prions de nous écouter.

Afin que vous récompensiez tous nos bienfaiteurs des biens éternels, nous vous prions de nous écouter.

Afin que vous délivriez nos ames, celles de nos frères, de nos proches et de nos bienfaiteurs, de la damnation éternelle, nous vous prions de nous écouter.

Afin qu'il vous plaise de nous donner, et de conserver les fruits de la terre, nous vous prions de nous écouter.

Afin qu'il vous plaise de donner le repos éternel aux ames de tous les fidèles qui sont morts, nous vous prions de nous écouter.

Afin qu'il vous plaise de nous exaucer, nous vous prions de nous écouter.

Fils de Dieu, nous vous prions de nous écouter.

Agneau de Dieu qui ôtez les péchés du monde, pardonnez-nous, Seigneur.

Agneau de Dieu qui ôtez les péchés du monde, exaucez-nous, Seigneur.

Agneau de Dieu qui ôtez les péchés du monde, faites-nous miséricorde, Seigneur.

Christ, écoutez-nous.
Christ, exaucez-nous.
Seigneur, ayez pitié de nous.
Christ, écoutez-nous.
Seigneur, ayez pitié de nous.

### PSAUME 69.

Dans une extrême foiblesse et parmi des maux pressans, David demande un prompt secours.

*Deus, in adjutorium, etc.*

1. O Dieu, venez à mon aide : hâtez-vous, Seigneur, de me secourir.

2. Que ceux qui cherchent à m'ôter la vie, se retirent chargés de confusion [1] et de honte ;

3. Que ceux qui me veulent du mal, se retirent en arrière couverts de honte [2] ;

4. Que ceux qui m'insultent dans mes maux, se retirent aussitôt pleins de confusion [3] ;

5. Que tous ceux qui vous cherchent trouvent en vous leur repos et leur joie ; et que ceux qui aiment leur salut disent sans cesse : Que le Seigneur soit glorifié.

6. Pour moi, je suis pauvre et dans l'indigence : ô Dieu, venez à mon aide.

7. Soyez mon défenseur et mon

---

[1], [2], [3] Ce n'est pas un mal que David souhaite à ses ennemis : il est utile aux hommes violens d'être confondus dans leurs mauvais desseins.

libérateur : Seigneur, ne tardez pas davantage.

℣. Mon Dieu, sauvez vos serviteurs ;

℟. Qui espèrent en vous.

℣. Seigneur, soyez-nous une tour forte et imprenable.

℟. Contre les attaques de l'ennemi.

℣. Que l'ennemi ne puisse rien contre nous.

℟. Et que le méchant ne nous puisse nuire.

℣. Seigneur, ne nous traitez pas selon nos péchés.

℟. Et ne nous rendez pas ce que nos iniquités ont mérité.

℣. Prions pour notre saint père le pape N.

℟. Que le Seigneur le garde, lui donne une longue vie, le rende heureux sur la terre, et le délivre des mains de ses ennemis.

℣. Prions pour notre évêque N.

℟. Que le Seigneur veille à sa garde, et lui donne une longue vie.

℣. Prions pour notre roi N.

℟. Seigneur, sauvez le roi, et exaucez-nous en ce jour que nous vous invoquons.

℣. Prions pour nos bienfaiteurs.

℟. Accordez, Seigneur, la vie éternelle, pour la gloire de votre nom, à tous ceux qui nous font du bien. Ainsi soit-il.

℣. Prions pour les fidèles qui sont morts.

℟. Seigneur, donnez le repos éternel aux ames de ceux qui sont morts, et faites luire sur eux votre éternelle lumière.

℣. Que leurs ames reposent en paix.

℟. Ainsi soit-il.

℣. Prions pour nos frères qui sont absens.

℟. Mon Dieu, sauvez vos serviteurs qui espèrent en vous.

℣. Seigneur, envoyez-leur votre secours de votre sanctuaire.

℟. Et votre assistance de Sion.

℣. Seigneur, exaucez ma prière, etc.

Prions.

O Dieu, qui par votre bonté êtes toujours prêt de faire misericorde et de pardonner : exaucez nos prières ; et par cette même miséricorde toujours compatissante, délivrez-nous des liens du péché, nous tous qui sommes vos serviteurs.

Nous vous prions, Seigneur, d'exaucer nos humbles prières, et de nous pardonner nos péchés, à nous qui nous reconnoissons pécheurs devant vous, afin que vous nous accordiez en même temps l'indulgence et la douceur de la paix de conscience.

Seigneur, faites paroître sur nous votre ineffable miséricorde : et en nous délivrant de tous nos péchés, délivrez-nous aussi des poines dont nous nous sommes rendus coupables en les commettant.

O Dieu, que les péchés offensent

et que la pénitence apaise, recevez en pitié les humbles prières de votre peuple, et détournez de nous les fléaux de votre colère, que nous avons attirés sur nos têtes par nos offenses.

### Pour le Pape.

O Dieu, qui êtes vous-même le Pasteur et le Conducteur de tous vos fidèles, regardez en pitié votre serviteur N. que vous avez élevé à la dignité de pasteur de votre Eglise ; faites-lui la grace d'avancer le salut de ceux qu'il gouverne par ses paroles et par son exemple, afin qu'il puisse arriver à la vie éternelle avec le troupeau qui lui a été confié.

### Pour l'Evêque.

Dieu tout-puissant et éternel, ayez pitié de notre évêque N. votre serviteur, et conduisez-le par votre bonté dans la voie du salut éternel, en lui faisant vouloir par le don de votre grace tout ce qui vous est agréable, et le lui faisant accomplir de toutes ses forces.

Pour le Roi, voyez ci-dessus, p. 302.
Pour la paix, etc., ci-dessus, p. 303.

Seigneur, brûlez nos cœurs ; éteignez en nous toute convoitise par le feu de votre Saint-Esprit, afin que nous vous servions dans un corps chaste, et que par la pureté de nos ames nous vous soyons toujours agréables.

Seigneur, qui êtes le Créateur et le Rédempteur de tous les fidèles, accordez aux ames de vos serviteurs et de vos servantes la rémission de tous leurs péchés, afin qu'elles obtiennent par les humbles prières de votre Eglise le pardon qu'elles ont toujours désiré.

Nous vous prions, Seigneur, de prévenir toutes nos actions par votre esprit et de les conduire par votre grace, afin que toutes nos prières et nos œuvres aient en vous leur commencement et leur fin.

Dieu tout-puissant et éternel, souverain Seigneur des vivans et des morts, et qui faites miséricorde à tous ceux que vous connoissez devoir être du nombre de vos élus par leur foi et leurs bonnes œuvres : nous vous prions avec humilité que par cette même miséricorde et par l'intercession de tous vos saints, vous accordiez la rémission de tous péchés à ceux pour qui nous vous offrons des prières, vivans ou morts ; par Notre-Seigneur Jésus-Christ votre Fils, qui étant Dieu vit et règne avec vous en l'unité du Saint-Esprit, par tous les siècles des siècles.

# LITANIES
## DU SAINT NOM DE JÉSUS.

Le fidèle doit réciter les Litanies du saint Nom de Jésus avec une tendre piété envers Jésus ; car toutes les paroles qu'on y prononce sont tirées des saints Prophètes et des autres Ecritures saintes ; et le Saint-Esprit qui a dicté lui-même ces paroles, les a en même temps consacrées à la louange et à la gloire éternelle de Jésus-Christ notre Sauveur.

Seigneur, ayez pitié de nous.
Christ, ayez pitié de nous.
Seigneur, ayez pitié de nous.
Jésus, écoutez-nous.
Jésus, exaucez-nous.
Père céleste, qui êtes Dieu, ayez pitié de nous.
Fils Rédempteur du monde, qui êtes Dieu, ayez pitié de nous.
Saint-Esprit, qui êtes Dieu, ayez pitié de nous.
Sainte Trinité, qui êtes un seul Dieu, ayez pitié de nous.
Jésus, Fils du Dieu vivant, ayez pitié de nous.
Jésus, qui êtes la splendeur du Père, ayez pitié de nous.
Jésus, qui êtes l'éclat de la lumière éternelle, ayez pitié de nous.
Jésus, qui êtes le Roi de gloire, ayez pitié de nous.
Jésus, qui êtes le Soleil de justice, ayez pitié de nous.
Jésus, Fils de Marie toujours vierge, ayez pitié de nous.
Jésus, qui êtes l'Admirable, ayez pitié de nous.
Jésus, qui êtes le Dieu fort, ayez pitié de nous.
Jésus, qui êtes le Père du siècle [1] à venir, ayez pitié de nous.
Jésus, qui êtes l'Ange du grand conseil, ayez pitié de nous.
Jésus, qui êtes tout-puissant, ayez pitié de nous.
Jésus, qui avez été très-obéissant [2], ayez pitié de nous.
Jésus, qui avez été très-patient [3], ayez pitié de nous.
Jésus, doux et humble de cœur, ayez pitié de nous.
Jésus, qui chérissez la chasteté [4], ayez pitié de nous.

[1] Jésus mourant pour nous sur la croix, nous y a tous engendrés à la vie éternelle.
[2] Jusqu'à la mort, et à la mort de la croix. (*Philip.*, II, 8.)
[3] Lorsqu'on le calomnioit, il ne maudissoit point : lorsqu'il étoit dans les souffrances, il ne faisoit point de menaces ; mais il s'est livré soi-même à un juge qui le devoit condamner injustement. (*I Petr.*, II, 23.)
[4] Lui qui a dit : « Bienheureux sont ceux qui ont le cœur pur. » (*Matth.*, V, 8.)

Jésus, notre amour, ayez pitié de nous.

Jésus, qui êtes le Dieu de paix, ayez pitié de nous.

Jésus, Auteur de la vie, ayez pitié de nous.

Jésus, modèle des vertus, ayez pitié de nous.

Jésus, qui êtes plein de zèle pour le salut des ames [1], ayez pitié de nous.

Jésus, qui êtes notre Dieu, ayez pitié de nous.

Jésus, notre unique refuge, ayez pitié de nous.

Jésus, qui êtes le Père des pauvres, ayez pitié de nous.

Jésus, qui êtes le trésor des fidèles [2], ayez pitié de nous.

Jésus, qui êtes le bon Pasteur [3], ayez pitié de nous.

Jésus, qui êtes la vraie lumière, ayez pitié de nous.

Jésus, qui êtes la sagesse éternelle, ayez pitié de nous.

Jésus, source infinie de bonté, ayez pitié de nous.

Jésus, qui êtes notre voie et notre vie, ayez pitié de nous.

Jésus, qui êtes la joie des Anges, ayez pitié de nous.

Jésus, qui êtes le maître des Apôtres [4], ayez pitié de nous.

Jésus, qui êtes le docteur des Evangélistes [5], ayez pitié de nous.

Jésus, qui êtes la force des Martyrs [6], ayez pitié de nous.

Jésus, qui êtes la lumière des Confesseurs, ayez pitié de nous.

Jésus, qui êtes la pureté des Vierges, ayez pitié de nous.

Jésus, qui êtes la couronne et la récompense de tous les Saints, ayez pitié de nous.

Soyez-nous propice, et nous pardonnez, ô Jésus.

Soyez-nous propice, et nous exaucez, ô Jésus.

De tout péché, délivrez-nous, Jésus.

De votre colère, délivrez-nous, Jésus.

Des embûches du démon, délivrez-nous, Jésus.

De l'esprit d'impureté, délivrez-nous, Jésus.

De la mort éternelle, délivrez-nous, Jésus.

Par le mystère de votre sainte incarnation, délivrez-nous, Jésus.

Par votre naissance, délivrez-nous, Jésus.

---

[1] De qui il est écrit : « Le zèle de votre maison me dévore. » (*Joan.*, II, 17.)

[2] Parce « qu'en lui sont renfermés tous les trésors de la sagesse et de la science » de Dieu, où puisent les ames fidèles de quoi nourrir leur foi. » (*Coloss.*, II, 3.)

[3] Le bon pasteur donne sa vie pour ses brebis. (*Joan*, X, 11.)

[4] A qui il a dit : « Comme mon Père m'a envoyé, ainsi je vous envoie. » (*Joan.*, XX, 25.)

[5] A qui l'esprit de vérité qu'il a envoyé, a enseigné toute vérité. (*Joan.*, XVI, 13).

[6] De qui il a dit en parlant aux apôtres : « Je vous donnerai une bouche et une sagesse, à laquelle tous vos ennemis ne pourront résister. » (*Luc.*, XXI, 15.)

Par votre enfance, délivrez-nous, Jésus.
Par votre vie toute divine, délivrez-nous, Jésus.
Par vos travaux, délivrez-nous, Jésus.
Par votre agonie et votre passion, délivrez-nous, Jésus.
Par votre croix et votre délaissement, délivrez-nous, Jésus.
Par vos langueurs, délivrez-nous, Jésus.
Par votre mort et votre sépulture, délivrez-nous, Jésus.
Par votre ascension, délivrez-nous, Jésus.
Par vos joies, délivrez-nous, Jésus.
Par votre gloire, délivrez-nous, Jésus.
Agneau de Dieu, qui ôtez les péchés du monde, pardonnez-nous, Jésus.
Agneau de Dieu, qui ôtez les péchés du monde, exaucez-nous, Jésus.
Agneau de Dieu, qui ôtez les péchés du monde, faites-nous miséricorde, Jésus.
Jésus, écoutez-nous.
Jésus, exaucez-nous.

Collecte.

ORAISON. *Domine Jesu Christe*, etc.

O Jésus-Christ Notre-Seigneur, qui avez dit : « Demandez, et vous recevrez ; cherchez, et vous trouverez ; frappez à la porte, et on vous l'ouvrira : » nous vous prions de répandre en nous la tendresse de votre divin amour, afin que nous vous aimions de tout notre cœur ; que par votre bouche nous répandions partout la bonne odeur de cet amour ; que nous en donnions des marques par nos œuvres, et que nous ne cessions jamais de louer votre saint Nom.

ORAISON. *Humanitatis tuæ ipsâ Divinitate unctæ*, etc.

O Jésus-Christ Notre-Seigneur, mettez en nous pour jamais la crainte et l'amour de votre sacrée personne, et de cette humanité sanctifiée par l'union de la Divinité, puisque vous n'abandonnez jamais ceux que vous avez établis en la solidité de votre amour ; Vous qui étant Dieu, vivez, etc.

# AVERTISSEMENT

### SUR LES LITANIES DE LA SAINTE VIERGE.

Les Litanies de la sainte Vierge sont des titres d'honneur que les saints Pères ont donnés à la bienheureuse Marie, à cause principalement de sa *qualité incommunicable de Mère de Dieu. On a cru qu'on ne pouvoit assez célébrer celle que Dieu a choisie pour nous donner Jésus-Christ par son moyen, d'autant plus qu'il a plu à Dieu qu'elle donnât son consentement exprès au mystère de l'Incarnation qu'il vouloit accomplir en elle; et que c'étoit pour tirer d'elle ce consentement, qu'il lui envoya l'archange saint Gabriel. Elle fut donc alors remplie d'un amour immense pour le genre humain, et s'estima bienheureuse d'être choisie pour lui donner le Sauveur.*

*Dans la suite, Dieu voulut encore que le premier miracle que fit Jésus-Christ pour établir la foi dans le cœur de ses disciples, se fit à la prière de la sainte Vierge. Car ce fut elle qui pria son Fils de fournir par sa toute-puissance dans les noces de Cana en Galilée, le vin dont on y manquoit; et quoiqu'à l'extérieur il semble d'abord que Jésus-Christ, pour exercer l'humilité admirable de sa sainte Mère, ne la veuille pas écouter, néanmoins il fait en effet ce qu'elle souhaite, et il opère ce miracle dont saint Jean écrit dans son Evangile :* « C'est ici le commencement des miracles que fit Jésus, et ses disciples crurent en lui. » (Jean, II. 11.) *C'est à cela que regardoit saint Augustin quand il disoit de la sainte Vierge :* « Que selon la chair elle est mère de Jésus-Christ, notre chef, et selon l'esprit mère de ses membres, c'est-à-dire de nous tous, parce qu'elle a coopéré par sa charité à la naissance des fidèles dans l'Eglise. » (S. Aug., *de Virg.* cap. 6.)

*C'est donc en ce sens que la sainte Vierge est l'Eve de la nouvelle alliance, c'est-à-dire la vraie mère de tous les vivans, et Dieu lui a voulu donner la même part dans notre salut qu'Eve a eue dans notre perte. Voyez* Catéchisme des Fêtes, *leçon unique, des Fêtes de la sainte Vierge et des Saints, et sur les Fêtes de la sainte Vierge, leçon* III, *pour l'Annonciation.*

*C'est sur ce solide fondement que sont appuyés tous les éloges que l'Eglise a toujours donnés à la sainte Vierge, et qu'elle a comme recueillis dans ces Litanies.*

*On peut voir un modèle de ces éloges et de ces titres d'honneur, dans le concile d'Ephèse, qui est le troisième général. Il fut tenu dans l'église principale d'Ephèse appelée* Marie, *du nom de la sainte Vierge, en mémoire de ce qu'elle avoit passé une grande partie de sa vie dans cette ville avec l'apôtre saint Jean, à qui Jésus-Christ mourant l'avoit laissée en garde. Ce fut donc dans cette église que le saint concile d'Ephèse fit retentir les louanges de la Mère de Dieu, à qui saint Cyrille, patriarche d'Alexandrie, et président de cette vénérable assemblée, adressa ces mots au nom de tous les Pères qui la composoient, et de toute l'Eglise catholique qui y étoit représentée:* « Nous vous saluons, ô Marie, Mère de Dieu, vénérable Trésor de tout l'univers, Flambleau qui ne se peut jamais éteindre, Couronne de la virginité, Sceptre de la foi orthodoxe, Temple incorruptible, Lieu de celui qui n'a pas de lieu, par laquelle nous a été donné celui qui est appelé *Béni* par excellence, et *qui est venu au nom du Seigneur.* C'est par vous que la Trinité est glorifiée ; que la croix est célébrée et adorée par toute la terre : c'est par vous que les cieux tressaillent de joie, que les anges sont réjouis, que les démons sont mis en fuite, que le démon tentateur est tombé du ciel, que la créature tombée est mise à sa place ; » *et le reste qu'il seroit trop long de rapporter, et qu'il finit par ces mots :* « Adorons la très-sainte Trinité, en célébrant par nos hymnes Marie toujours vierge, et son Fils l'Epoux de l'Eglise, Jésus-Christ Notre-Seigneur, à qui appartient tout honneur et gloire, aux siècles des siècles. »

*C'est ainsi que tout l'ouvrage de la Rédemption est attribué à sa manière à la sainte Vierge, par laquelle le Père éternel nous a donné son Fils notre Sauveur. C'est ainsi qu'on unit les louanges de cette Vierge Mère avec celles de son Fils, et même avec celles de toute la très-sainte Trinité.*

# LITANIES
## DE LA SAINTE VIERGE.

Seigneur, ayez pitié de nous.
Christ, ayez pitié de nous.
Seigneur, ayez pitié de nous.
Christ, écoutez-nous.
Christ, exaucez-nous.
Père céleste, qui êtes Dieu, ayez pitié de nous.
Fils Rédempteur du monde, qui êtes Dieu, ayez pitié de nous.
Saint-Esprit, qui êtes Dieu, ayez pitié de nous.
Sainte Trinité, qui êtes un seul Dieu, ayez pitié de nous.
Sainte Marie, priez pour nous.
Sainte Mère de Dieu, priez pour nous.
Sainte Vierge des vierges, priez pour nous.
Mère de Jésus-Christ, priez pour nous.
Mère de l'Auteur de la grace, priez pour nous.
Mère très-pure, priez pour nous.
Mère très-chaste, priez pour nous.
Mère d'une pureté inviolable, priez pour nous.
Mère sans tache, priez pour nous.
Mère tout aimable, priez pour nous.
Mère tout admirable, priez pour nous.
Mère de notre Créateur, priez pour nous.
Mère de notre Sauveur, priez pour nous.
Vierge très-prudente, priez pour nous.
Vierge digne de tout honneur, priez pour nous.
Vierge digne de toute louange, priez pour nous.
Vierge très-puissante auprès de Dieu, priez pour nous.
Vierge pleine de bonté et de clémence, priez pour nous.
Vierge toujours fidèle à Dieu, priez pour nous.
Vous, qui êtes un modèle de sainteté, priez pour nous.

Vous, qui avez servi de trône à la Sagesse divine, priez pour nous.

Vous, qui êtes la source de notre joie, priez pour nous.

Vous, qui êtes un vaisseau d'élection orné de toutes les graces du Saint-Esprit, priez pour nous.

Vous, qui êtes le plus beau de ces vaisseaux de miséricorde que Dieu a préparés pour la gloire, priez pour nous.

Vous, qui êtes un vase précieux où Dieu a versé la plus tendre piété, priez pour nous.

Vous, qui êtes la rose mystérieuse, qui avez rempli le monde de l'odeur de votre sainteté, priez pour nous.

Vous, qui êtes la tour de David, inaccessible à tous les ennemis, priez pour nous.

Vous, qui êtes la tour d'ivoire, dont la pureté est inviolable, priez pour nous.

Vous, qui êtes le temple du vrai Salomon, tout brillant de l'or de la charité, priez pour nous.

Vous, qui êtes l'arche de la nouvelle alliance, priez pour nous.

Vous, qui êtes la porte du ciel, par laquelle le Seigneur est venu à nous, priez pour nous.

Vous, qui êtes l'étoile du matin, qui avez annoncé la venue du soleil de la grace, priez pour nous.

Vous, qui êtes le soutien des foibles et le salut des malades, priez pour nous.

Doux refuge des pécheurs, et leur avocate auprès de Dieu, priez pour nous.

Vous, qui êtes la consolation des affligés, priez pour nous.

Vous, qui êtes la protection des chrétiens, priez pour nous.

Reine des anges, priez pour nous.

Reine des Patriarches, priez pour nous.

Reine des Prophètes, priez pour nous.

Reine des Apôtres, priez pour nous.

Reine des Martyrs, priez pour nous.

Reine des Confesseurs, priez pour nous.

Reine des Vierges, priez pour nous.

Reine de tous les Saints priez pour nous.

Agneau de Dieu, qui ôtez les péchés du monde, pardonnez-nous, Seigneur.

Agneau de Dieu, qui ôtez les péchés du monde, exaucez-nous, Seigneur.

Agneau de Dieu, qui ôtez les péchés du monde, faites-nous miséricorde, Seigneur.

# EXERCICE DE LA CONFESSION.

## PRÉPARATION.

Il faut relire dans le *Catéchisme* l'instruction particulière sur la pénitence, *second Catéchisme*; et méditer attentivement les actes nécessaires pour la confession. Premièrement, pour l'examen de conscience.

O Seigneur, qui voyez le secret des cœurs, donnez-moi la grace de connoître mes péchés, et de vous les confesser avec crainte.

## COMPONCTION.

Il faut ensuite écouter devant Dieu sa conscience, comme celle qu'il nous a donnée pour nous faire connoître et sentir le bien et le mal. On en étouffe la voix, quand on se laisse aller au péché : à présent il la lui faut rendre, et écouter ses justes reproches, en disant avec David :

Je repasserai sur toutes mes années dans l'amertume de mon cœur : ô Seigneur, j'ai péché contre vous, et j'ai fait le mal à vos yeux. J'ai dit : Je confesserai mes iniquités contre moi-même ; et vous avez remis mon iniquité et mon péché.

Le pécheur doit ici considérer qu'en effet le ressouvenir de son péché et le désir de le confesser peut être accompagné de tant de larmes, d'une componction si vive, d'une contrition et d'une charité si parfaites, qu'on en reçoive d'abord la rémission.

Pour connoître ses péchés, il faut encore écouter la loi de Dieu, et parcourir ses dix Commandemens avec ceux de sa sainte Eglise. *Premier et second Catéchisme*, partie IV, leçons I, II, III, IV, V et VI.

Après l'examen, le pécheur s'effraie à la vue de la justice de Dieu.

O Seigneur, mes iniquités se sont multipliées par-dessus les cheveux de ma tête : je suis accablé de ce poids. O Seigneur, pourrai-je supporter votre redoutable justice ? O Seigneur, pénétrez-moi de la terreur de vos jugemens. Où fuirai-je de devant votre face ? Où irois-je, si je mourois à ce moment ? Gouffres éternels, étangs de soufre et de flammes, ver dévorant, grincement de dents, enfer ; en un mot, il n'y a entre vous et moi qu'une vie, qui à chaque instant peut s'éteindre ! Puis-je vivre, puis-je goûter le sommeil en cet état ?

Le pécheur se console dans la vue de la miséricorde de Dieu et de la mort de Jésus-Christ.

O Seigneur, tout est perdu, si vous n'avez pitié de moi ; mais vous êtes bon : vos miséricordes éclatent par-dessus tous vos ouvrages ; où le péché abonde, la miséricorde surabonde. O Jésus, votre obéissance jusqu'à la mort de la croix, a expié ma désobéissance et mon ingratitude !

*Le pécheur s'excite à aimer Dieu, et résout de mourir plutôt que de l'offenser.*

Mon Père, j'ai péché contre le ciel et contre vous. Je ne suis pas digne d'être appelé votre fils : vos bienfaits ne m'ont point touché ; vos bontés ne m'ont point attendri. C'est en vain que vous m'attendiez depuis si longtemps à pénitence : votre miséricorde, ô Dieu tout bon, m'a donné la hardiesse de vous offenser. Quel malheur, quelle ingratitude d'avoir offensé un si bon Père ! O Seigneur, que ne suis-je mort plutôt que de vous déplaire ! Mille morts, Seigneur, mille morts, plutôt que de vous offenser !

Falloit-il, ô mon Jésus, Sauveur si benin, falloit-il que je foulasse aux pieds votre sang par lequel j'ai été racheté, et que je vous crucifiasse encore une fois ? Et voilà que vous tendez encore les bras à cet indigne pécheur. Vous me regardez en pitié, quelle miséricorde ! quelle bonté ! O Seigneur, je vous aimerai toute ma vie : vous seul possédez mon cœur.

*Le pécheur demande pardon de ses péchés par cette prière de Moïse. (Exod., xxxiv, 9.)*

Seigneur Dieu, Maître absolu de toutes choses : Tout-Puissant, clément, miséricordieux ; terrible dans vos jugemens, fidèle dans vos promesses : vous devant qui nul n'est innocent ; vous qui ôtez nos iniquités, nos péchés et nos crimes : ô Seigneur, je vous en conjure, marchez devant nous ; ôtez nos iniquités et nos péchés, et possédez-nous.

Il est bon de répéter souvent et avec ardeur ces mots : *Et possédez-nous.*

*Le pécheur résout de se confesser au plus tôt.*

J'ai dit en mon cœur : J'irai confesser mes iniquités contre moi-même : je les dirai à celui à qui vous avez donné pouvoir de les remettre ; au prêtre qui est votre ange, le dépositaire et le ministre de vos graces, à qui vous avez dit en la personne de vos saints apôtres : « Recevez le Saint-Esprit : ceux dont vous remettrez les péchés, ils leur seront remis : ceux dont vous les retiendrez, ils leur seront retenus. » J'irai lui confesser mes péchés : nulle honte ne m'empêchera de dire toutes mes foiblesses. Il falloit, Seigneur, il falloit rougir quand je vous offensois ; mais il ne faut pas rougir de s'humilier du péché commis. J'obéirai aux ordres de votre ministre et à la sainte discipline de votre Eglise. Soit qu'il me remette mes péchés, soit qu'il juge plus à propos pour mon bien de les retenir, je subirai humblement la pénitence salutaire qui me sera imposée. Seigneur, inspirez votre prêtre, et donnez-moi la componction et l'obéissance.

Le pécheur commence sa confession humblement et avec soumission ; et il dit son *Confiteor* jusqu'au premier *meâ culpâ*, confessant devant Dieu, devant ses anges, devant ses saints qui sont dans le ciel, et devant tous les hommes, qu'il est pécheur, et grand pécheur.

En disant, *meâ culpâ*, « par ma faute, » le pécheur frappe sa poitrine à l'exemple du Publicain, se reconnoissant le seul auteur de son péché et n'en accusant que lui-même. Quand le prêtre le reprend, il ne cherche point à s'excuser, ni à rejeter sa faute sur les autres; mais il écoute avec respect et soumission, trouvant toujours qu'on le traite trop doucement. Quand on lui donne sa pénitence, il écoute avec respect et soumission, prêt à obéir à tout; et lorsqu'on lui va donner l'absolution, il s'excite de nouveau au regret de ses péchés pour l'amour de Dieu et en espère la rémission par sa pure bonté, par les mérites de Jésus-Christ qui lui sont appliqués dans le sacrement.

Le pécheur, après avoir reçu l'absolution, va goûter en un coin entre Dieu et lui la grace de la rémission des péchés. Il résout de nouveau, avec la grace de Dieu, de mourir plutôt que d'y retomber; et il dit avec le Prophète le psaume suivant :

## PSAUME 102.

Il rend graces à Dieu de la remission des péchés, pénétré de la profondeur de ses plaies, et de l'immense miséricorde de son libérateur.

*Benedic, anima mea, Domino*, etc.

1. O mon ame, bénis le Seigneur, et que tout ce qui est au dedans de moi loue son saint nom.

2. O mon ame, bénis le Seigneur, et n'oublie jamais les graces que tu as reçues de lui.

3. C'est lui qui te pardonne toutes tes offenses : c'est lui qui guérit toutes tes langueurs :

4. C'est lui qui rachète ta vie de la mort : c'est lui qui te couronne de miséricorde et de grace :

5. C'est lui qui remplit tous tes désirs par l'abondance de ses biens; qui te rajeunira, et te donnera la vigueur de l'aigle.

6. Le Seigneur fait miséricorde, il fait justice à tous ceux que l'on opprime.

7. Il a déclaré ses voies à Moïse, et ses volontés aux enfans d'Israël.

8. Le Seigneur est clément et doux : il est lent à punir et plein de miséricorde.

9. Il ne gardera pas éternellement sa colère : il ne fera pas toujours des menaces.

10. Il ne nous a pas traités selon nos péchés, et il ne nous a pas rendu ce que nos fautes méritent.

11. Car autant que le ciel est élevé au-dessus de la terre, autant il a affermi sa miséricorde sur ceux qui le craignent.

12. Autant que le levant est éloigné du couchant, autant il a éloigné nos péchés de nous.

13. Comme un père s'attendrit sur ses enfans, ainsi le Seigneur a pitié de ceux qui le craignent;

parce qu'il connoît notre fragilité.

14. Il s'est souvenu que nous ne sommes que poudre, que la vie de l'homme passe comme l'herbe, et qu'il fleurit comme une fleur de la campagne.

15. Un vent souffle, et elle se sèche; et il n'en reste plus de trace sur la terre.

16. Mais la miséricorde du Seigneur s'étend depuis l'éternité jusque dans toute l'éternité sur ceux qui le craignent ;

17. Et sa justice protége les enfans des enfans de ceux qui gardent son alliance,

18. Et qui se souviennent de ses commandemens pour les observer.

19. Le Seigneur a préparé son trône dans les cieux, et tout sera assujetti à son règne.

20. Anges du Seigneur, bénissez-le tous; vous dont la puissance est si grande, qui êtes soumis à sa parole, et qui faites qu'on obéit à sa voix.

21. Armées du Seigneur, bénissez-le toutes, vous qui êtes ses ministres, et qui exécutez ses volontés.

22. Ouvrages du Seigneur, bénissez-le tous dans toute l'étendue de sa domination : ô mon ame, bénis le Seigneur.

*Le pécheur regardant la pénitence comme un second baptême, renouvelle les promesses du baptême.*

O Dieu, Père, Fils, et Saint-Esprit, je crois en vous de tout mon cœur.

O Dieu, Père de miséricorde, je crois qu'il n'y a de salut, ni d'espérance, que dans la mort de Jésus-Christ votre Fils, qui est notre Sauveur par son sang.

Je renonce de tout mon cœur à Satan, à toutes ses pompes et à toutes ses vanités, à toutes ses œuvres, à toutes ses mauvaises maximes et à toutes ses corruptions.

O Dieu, aidez-moi à exécuter ce que vous m'inspirez : car on ne peut pas même désirer le bien sans vous. Donnez-moi un cœur nouveau, et renouvelez en moi un esprit droit. Ainsi soit-il.

## EXERCICE DE LA COMMUNION.

Il faut, autant qu'il se peut, quelques jours avant la communion, s'y préparer par la lecture de l'Instruction particulière sur le sacrement de l'Eucharistie, dans le *second Catéchisme*, et surtout des leçons IV, V et VI, et par la méditation de l'instruction que nous avons mise ici. Et pour les actes qu'on trouvera ensuite, qui doivent servir de disposition prochaine, il se les faut rendre si familiers, que le cœur seul les prononce, ou plutôt les goûte, dans le temps de la communion.

## INSTRUCTION
### SUR LA SAINTE COMMUNION.

La fin de la communion est de renouveler le fidèle, et de toujours changer sa vie en mieux, jusqu'à ce qu'il parvienne à la perfection chrétienne, et enfin à la vie éternelle. Il faut donc qu'après la communion il paroisse par sa manière de vivre qu'il a reçu la grace de Jésus-Christ, et qu'il a été admis au plus saint de tous les mystères. Que doit-on espérer d'un homme à qui Jésus-Christ reçu, ne sert de rien? Et qu'y aura-t-il après cela qui soit capable de le toucher? Le plus grand de tous les objets, le plus grand de tous les sacremens, les plus grandes de toutes les graces, c'est ce que contient l'Eucharistie. Si des remèdes si puissans ne changent point le malade en mieux, sa santé est désespérée. Mais afin qu'un si grand mystère opère en nos cœurs ce qu'il y doit opérer, on a besoin d'une grande préparation.

Elle doit commencer par l'instruction. Il y a cinq choses principales à apprendre sur cet adorable sacrement : 1. ce que c'est; 2. pourquoi il a été institué; 3. ce qu'il faut faire devant que de le recevoir; 4. ce qu'il faut faire en le recevant; 5. ce qu'il faut faire après l'avoir reçu.

## § I.
### Qu'est-ce que le saint Sacrement?

Jésus-Christ nous l'apprend par ces paroles : « Ceci est mon corps livré pour vous, » (*Luc.*, XXII, 19,) ou selon saint Paul, « rompu pour vous : » (I *Cor.*, XI, 24.) « Ceci est mon sang du Nouveau Testament, répandu pour la rémission des péchés.» (*Matth.*, XXVI, 28.)

C'est donc ce même corps conçu du Saint-Esprit, né de la Vierge Marie, crucifié, ressuscité, élevé aux cieux, placé à la droite du Père, avec lequel Jésus-Christ viendra juger les vivans et les morts.

C'est ce même sang infiniment précieux, qui a été répandu pour nous, et par lequel nos péchés ont été lavés.

Ce corps et ce sang, après la résurrection, sont inséparables. Ainsi avec le corps, on reçoit le sang; avec le sang, on reçoit le corps; et avec l'un et l'autre, on reçoit l'ame et la Divinité de Jésus-Christ, qui ne peuvent en être séparées; en un mot, on reçoit Jésus-Christ entier, Dieu et homme tout ensemble.

Avec Jésus-Christ vont toutes les graces, toutes les lumières, toutes les consolations, enfin toutes les richesses du ciel et de la terre. Tout nous est donné avec Jésus-Christ;

et qui se donne soi-même, ne peut plus rien refuser.

Voilà ce qu'il faut croire d'une ferme foi. N'importe que nos sens et notre raisonnement naturel ne comprennent rien dans ces mystères : le chrétien n'a rien à écouter que Jésus-Christ. «Celui-ci est mon Fils bien-aimé dans lequel je me suis plu, écoutez-le. » (*Matth.*, XVII, 5.) Il est la vérité même; il fait tout ce qu'il lui plaît par sa parole. Il est cette parole éternelle par qui tout a été tiré du néant. Exerçons ici notre foi par le mépris du rapport que nous font nos sens. Il n'y a rien ici pour eux : c'est un exercice pour la foi; n'écoutons que Jésus-Christ, et jouissons du bien infini qu'il nous présente.

## § II.

Pourquoi est instituée l'Eucharistie ?

Jésus-Christ l'a expliqué par ces paroles : « Faites ceci en mémoire de moi, » (*Luc.*, XXII, 19); et encore : « Comme mon Père vivant m'a envoyé, et que je vis pour mon Père, ainsi celui qui me mange vivra aussi pour moi. » (*Joan.*, VI, 58.)

Souvenons-nous de cette nuit triste et bienheureuse tout ensemble, où Jésus-Christ fut livré pour être crucifié le lendemain : lui qui savoit toutes choses, qui sentoit approcher son heure dernière, ayant toujours aimé tendrement les siens, il les aima jusqu'à la mort; et assemblant en la personne de ses saints apôtres tous ceux pour qui il alloit mourir, il leur dit, en leur laissant ce don précieux de son corps et de son sang : « Faites ceci en mémoire de moi. » Célébrez ce saint mystère jusqu'à ce que je vienne juger les vivans et les morts; et souvenez-vous en le célébrant de ce que j'ai fait pour votre salut. Souvenez-vous de mon amour; souvenez-vous de mes bontés infinies; rappelez en votre mémoire tout ce que j'ai fait pour vous, et surtout n'oubliez jamais que je vais mourir pour votre salut. C'est moi-même qui donne ma vie volontairement : « personne ne me ravit mon ame, mais je la donne de moi-même, » (*Joan.*, X, 18,) parce que vous avez besoin d'un tel sacrifice.

Méditons donc à la sainte table l'amour que le Fils de Dieu a pour nous. Cet amour lui a fait faire pour notre bien des choses incompréhensibles. Pour s'approcher de nous et s'unir à nous, il a pris une chair humaine. Cette chair qu'il a prise pour l'amour de nous, il l'a donnée pour nous avec tout son sang. Non content d'avoir donné pour nous son corps et son sang à la croix, il nous le donne encore dans l'Eucharistie; et tout cela nous est un gage qu'il se donnera un jour à nous dans le ciel, pour nous rendre éternellement heureux.

Songeons à toutes ces choses; et

nous laissant attendrir à tant de marques de l'amour de notre Sauveur, ne soyons plus qu'amour pour lui. C'est ce qu'il attend de nous; et c'est pour exciter cet amour, qu'il a institué ce saint mystère.

Il nous le dit lui-même par ces paroles : « Comme mon Père vivant m'a envoyé, et que je vis pour mon Père, ainsi celui qui me mange vivra aussi pour moi. » On voit par ces paroles que l'effet véritable de la communion, c'est de nous faire vivre pour Jésus-Christ, comme il a vécu pour son Père : exemple admirable proposé aux chrétiens ! Jésus-Christ ne respiroit que la gloire de son Père : il n'y a rien qu'il n'ait fait et qu'il n'ait souffert pour la procurer : sa nourriture étoit de faire en tout et partout la volonté de son Père. Il a subi volontairement une mort infâme et cruelle, parce que son Père le vouloit ainsi. « Le prince de ce monde, dit-il, c'est-à-dire le démon, ne trouvera rien en moi qui lui donne prise, » (*Joan.*, xiv, 30,) parce que je suis sans péché ; et toutefois je m'en vais m'abandonner à sa puissance, et souffrir, entre les mains de ceux qu'il possède, une mort infâme, « afin que le monde voie que j'aime mon Père, et que je fais ce qu'il me commande. » (*Joan.*, xiv, 31.)

L'amour qu'il a pour son Père, lui fait aimer ses commandemens, quelque rigoureux qu'ils soient aux sens. Il ne vit que pour son Père, puisqu'il est prêt à chaque moment de donner sa vie pour lui plaire. Ainsi celui qui reçoit Jésus-Christ, doit vivre uniquement pour lui, c'est-à-dire qu'il doit être tout amour pour son Sauveur, ne respirer que sa gloire, aimer ses commandemens, sacrifier tous ses désirs pour lui plaire : il faut que Jésus-Christ soit sa joie, et le possède tout entier au corps et en l'ame ; car c'est ainsi que s'accomplit cette parole : « Qui me mange, doit vivre pour moi. »

## § III.

Que faut-il faire avant la Communion ?

Saint Paul nous le dit par ces paroles. Après avoir rapporté comme Jésus-Christ nous donne son corps et son sang avec ordre de célébrer ce saint mystère en mémoire de sa mort, il ajoute ce qui suit : « Quiconque mangera ce pain, ou boira le calice du Seigneur indignement, sera coupable du corps et du sang du Seigneur. Que l'homme donc s'éprouve soi-même, et ne présume point manger de ce pain, ni boire de cette coupe sans cette épreuve : car celui qui mange et boit indignement, mange et boit son jugement, ne discernant point le corps du Seigneur. C'est pour cela qu'il y en a plusieurs parmi vous qui tombent malades, et que plusieurs meurent. Que si nous nous jugions nous-mêmes, nous ne serions point jugés ; et quand nous sommes jugés, nous sommes repris par le Seigneur, afin de n'être point condamnés avec le monde. » (I *Cor.*, XI, 27 et suivans.)

Ces paroles de saint Paul sont terribles, et doivent être écoutées avec tremblement de tous ceux qui approchent de la sainte table.

1. Elles nous apprennent que ceux qui communient indignement, sont coupables du corps et du sang de Jésus-Christ, c'est-à-dire qu'ils sont coupables du crime de Judas qui l'a livré, et du crime des Juifs qui l'ont mis à mort, et qui ont versé son sang innocent. Car communier indignement, c'est lui donner avec Judas un baiser de traître : c'est violer la sainteté de son corps et de son sang ; les profaner, les fouler aux pieds, les outrager d'une manière plus indigne que n'ont fait les Juifs qui ne le connoissoient pas dans leur fureur, au lieu que le chrétien sacrilége l'outrage en le connoissant pour le Roi de gloire, et l'appelant son Sauveur.

2. Ces paroles nous font voir jusqu'où va le mépris que ces chrétiens sacriléges ont pour Jésus-Christ, en ce « qu'ils ne discernent point le corps du Seigneur, » et le mangent comme ils feroient un morceau de pain, sans songer auparavant à purifier leur conscience : ce qui est le mépris le plus outrageux qu'on puisse faire à un Dieu qui se donne à nous.

3. Saint Paul conclut de là, « que celui qui mange indignement le corps de Jésus-Christ, mange et boit son jugement. » Car comme celui qui pèche aux yeux du juge qui a en main la puissance publique pour châtier les scélérats, s'attire une prompte et inévitable punition : ainsi ce chrétien téméraire, qui communie sans avoir purifié sa conscience, mène son juge en lui-même, où il semble ne l'introduire qu'afin qu'il voie de plus près ses crimes, et qu'il soit comme forcé à en prendre une prompte et rigoureuse vengeance.

4. Saint Paul nous enseigne que Dieu châtie souvent dès cette vie les communions indignes, en frappant ceux qui les font de maladies mortelles et de morts soudaines : ce qui doit faire appréhender que les communions sacriléges, si fréquentes parmi les chrétiens, n'attirent, et sur les particuliers, et sur toute la Chrétienté, des châtimens effroyables.

5. Le même saint Paul nous apprend que ces châtimens temporels qui nous sont envoyés pour nous avertir, quelque terribles qu'ils soient, ne sont rien à comparaison de ceux qui sont réservés en l'autre vie aux malheureux chrétiens que de tels avertissemens n'auront pu détourner de leurs communions sacriléges.

6. Ce saint Apôtre conclut de tout cela que « l'homme doit s'éprouver soi-même, » avant que d'approcher de la communion, «et ne présumer pas de la recevoir sans avoir fait cette épreuve. »

Elle consiste en deux choses : premièrement, à examiner sa conscience et à se juger indigne de la communion, quand on se sent souillé d'un péché mortel; secondement, à éprouver ses forces durant quelque temps, pour voir si on aura le courage de surmonter ses mauvaises habitudes : car on ne doit point présumer de recevoir ce saint sacrement, qu'il n'y ait une apparence bien fondée qu'on est en état d'en profiter.

Cette épreuve se doit faire par l'avis d'un sage confesseur, qui sache nous donner si à propos ce remède salutaire, que nous nous en portions mieux, et que notre vie devienne tous les jours meilleure.

Car sans doute c'est profaner le corps et le sang de Jésus-Christ, que de le recevoir sans qu'il y paroisse à notre vie. Ce n'est point discerner le corps de Notre-Seigneur d'avec une nourriture ordinaire, que de demeurer toujours aussi grand pécheur après l'avoir reçu qu'auparavant. Il n'y a rien qui endurcisse davantage les pécheurs, ni qui les mène plus certainement à l'impénitence, que de recevoir les sacremens sans en profiter; parce que s'accoutumant à les recevoir sans effet, ils n'en sont plus touchés et ne se laissent aucun moyen de se relever. Dieu retire ses graces de ceux qui en abusent; et plus elles sont abondantes dans l'Eucharistie, plus on se rend odieux à la justice divine, quand on les laisse écouler sans fruit.

Que le pécheur s'éprouve donc soi-même, et qu'il juge sérieusement devant Dieu avec un sage confesseur, s'il est en état de profiter de la communion : car s'il n'en profite pas, il se met dans un danger évident d'être pire qu'auparavant, selon cette parole de Jésus-Christ : « Le dernier état de cet homme est pire que le premier. » (*Matth.*, XII, 45.)

Mais malheur à celui qui, n'étant pas jugé digne de communier, n'est point percé de douleur, et ne regarde point cette privation comme une image terrible du dernier jugement, où Jésus-Christ séparera pour jamais de sa compagnie ceux qui auront mérité la damnation.

Ce jugement n'est pas assez redouté, parce que les hommes le regardent comme une chose éloignée; mais Jésus-Christ nous le rend présent dans l'Eucharistie. Il y sépare les agneaux d'avec les boucs; il appelle les justes, et éloigne de lui les pécheurs, et leur dénonce par là qu'ils n'auront jamais de part avec lui s'ils ne font bientôt pénitence.

Il y en a qui se font un sujet d'orgueil de ne pas communier, et qui s'imaginent être plus vertueux que les autres, quand ils se retirent de la sainte table sans se disposer à en approcher au plus tôt. C'est une illusion pernicieuse : cette privation est un sujet d'humiliation profonde. Jésus-Christ est notre pain que nous devrions manger tous les jours, comme faisoient les premiers chrétiens; et nous devons nous confondre, quand nous sommes jugés indignes de le recevoir. Au lieu donc de nous reposer dans cette privation, il faut entièrement tourner notre cœur à déplorer notre malheureux état, et travailler avec ardeur à recouvrer bientôt Jésus-Christ, dont nos crimes nous ont séparés.

Quelques jours avant que de communier, il y faut préparer son cœur par des actes fréquens de foi, d'espérance et de charité, et travailler peu à peu à nous les rendre si familiers, qu'ils sortent comme naturellement de notre cœur, sans qu'il ait besoin d'y être excité par aucun effort.

Chacun en faisant ces actes, dont il y a des formules après cette instruction, doit s'éprouver soi-même sur ces trois vertus. Le chrétien doit examiner sérieusement si, en disant les paroles par lesquelles les actes sont exprimés, il en a le sentiment en lui-même, c'est-à-dire qu'il doit sonder son cœur pour considérer s'il croit véritablement les saintes vérités de Dieu, s'il met toute sa confiance en ses promesses, s'il l'aime de tout son cœur et s'il désire sa gloire.

Après avoir fait cette épreuve et avoir reçu l'absolution avec un cœur vraiment repentant, on peut s'approcher de la communion, quelque indigne qu'on se sente encore de la recevoir : car les pécheurs humbles et repentans sont ceux que Jésus-Christ est venu chercher.

Il faut donc aller à lui avec confiance, comme à l'unique soutien de notre foiblesse; et puisqu'il nous a déjà donné le repentir de nos fautes, chercher encore en lui-même la force nécessaire pour persévérer.

§ IV.

Que faut-il faire dans la Communion ?

« Seigneur, je ne suis pas digne que vous entriez dans ma maison; mais dites seulement une parole, et mon ame sera guérie. » (*Matth.*, VIII, 8.) Et encore cette parole de l'Apocalypse : « Venez, Seigneur Jésus, venez. » (*Apocal.*, XXII, 20.)

Dans cette sainte action, il faut mêler ensemble ces deux sentimens, une profonde humilité par laquelle nous nous sentons indignes de recevoir Jésus-Christ, avec une ardeur extrême de s'unir à lui pour ne s'en séparer jamais.

C'est ici le mystère de l'union de

l'Epoux céleste avec l'Eglise, son Epouse; c'est ici qu'il s'unit à elle corps à corps, cœur à cœur, esprit à esprit, pour ne faire avec elle qu'une même chose; où il se donne à posséder tout entier aux ames chastes qui sont ses épouses, et où il veut aussi les posséder sans réserve.

Quel amour, quel ardent désir ne doit-on pas ressentir à l'approche d'une telle grace! Mais que cet amour doit être humble et respectueux! Que l'ame doit être pénétrée de sa bassesse, de son néant, de la grandeur de l'Epoux céleste qui s'unit à elle, de ses bontés infinies, de ses miséricordes innombrables!

Il faut s'éveiller dans un grand respect et avec un grand sentiment de l'action qu'on va faire; se tenir toujours recueilli au dedans; et sans s'arrêter à des paroles certaines, laisser aller son cœur à ces deux mouvemens d'humilité et d'amour.

Il faut tâcher de les exciter avec une nouvelle ardeur durant la messe, où nous avons dessein de communier. Prions-y plus que jamais pour toute l'Eglise et pour la paix de la chrétienté, pour les justes, pour les pécheurs, pour les pasteurs de l'Eglise et pour les princes, afin que Dieu soit servi partout et le monde bien gouverné en toutes manières; pour les hérétiques, pour les infidèles, pour ses amis, pour ses ennemis, pour ceux qui doivent communier ce jour-là, enfin pour les vivans et pour les morts, et offrons à Dieu notre communion pour toutes ces choses : car c'est ici le mystère de charité, où il faut, autant qu'il se peut, exercer la charité envers tous les hommes, et exciter en son cœur le désir de leur faire tout le bien possible.

Il faut recommander avec plus de soin ceux qu'on a une obligation particulière de recommander à Dieu. Ce saint mystère est établi pour nous perfectionner dans tous nos devoirs, pour nous faire exercer toutes les vertus, et pour donner de la force à toutes nos prières et à tous nos vœux.

Offrons-nous donc à Dieu par Jésus-Christ en sacrifice, et offrons-lui avec nous tous ceux avec qui nous souhaitons de régner éternellement avec lui.

Quand le prêtre communie, excitons-nous plus que jamais; abandonnons notre cœur aux sentimens qu'une humilité sincère et un amour plein de confiance nous inspire; et disons toujours, non tant par paroles que par un intime sentiment du cœur : « O Seigneur, je ne suis pas digne! Venez, Seigneur Jésus, venez. »

Après la communion du prêtre, il faut approcher de l'autel. Songeons en prenant la nappe, quel honneur nous allons recevoir d'être appelés à la table du Roi des rois, où lui-même devient notre nourriture.

Il faut dire son *Confiteor* avec un regret extrême de ses péchés. Frappons notre poitrine en disant : *Meâ culpâ*, plus encore par une vive componction que par l'action extérieure de la main.

Quand le prêtre dit : *Misereatur*, et *Indulgentiam*, prions Dieu avec lui qu'il nous pardonne nos péchés, et qu'il nous fasse la grace de les corriger.

Le prêtre dit ensuite, et nous avec lui : *Domine, non sum dignus*. On le répète trois fois, et on ne le peut dire trop souvent, ni trop admirer la bonté d'un Dieu qui ne dédaigne pas de venir à nous. Là on adore Jésus-Christ avec un abaissement profond d'esprit et de corps : on frappe sa poitrine, mais on doit encore plus frapper son cœur en l'excitant à componction.

Après, le prêtre s'approche pour nous apporter Jésus-Christ; puis faisant le signe de la croix et nous souhaitant la vie éternelle, il nous donne ce divin corps qui contient en soi toutes les graces.

Heureux celui qui ouvrant la bouche, ouvre encore plus son cœur pour le recevoir! Ayant reçu Jésus-Christ, on se retire modestement les mains jointes, plein d'une joie intérieure, comme un homme qui a trouvé un trésor, et qui possède ce qu'il aime.

Il faut demeurer quelque temps tranquille, jouissant intérieurement de la présence de Jésus-Christ, et écoutant ce qu'il nous dira au fond du cœur; car il a des paroles de consolation et de paix, dont nul ne peut comprendre la douceur que celui qui les a ouïes.

Il faut goûter intérieurement Jésus-Christ en s'aidant des sentimens qu'on trouvera ci-après, et le prier de se faire tellement goûter à nous, que nous perdions le goût de toute autre chose.

On peut faire après cela les actions de graces qui sont ici marquées; mais il n'y en a point de meilleures que celles qui sortent naturellement d'un cœur rempli des bontés de Dieu, et touché de ses infinies miséricordes. L'ame qui sent son bonheur ne peut quitter cette pensée : elle s'épanche tout entière en actes d'amour et en cantiques de réjouissance.

Elle fait aussi des demandes; mais des demandes animées d'un amour céleste. Elle demande pour toute grace qu'il lui soit donné d'aimer Dieu; elle souhaite et demande le même bonheur à tous ceux qu'elle aime; et plus elle aime quelqu'un, plus elle prie qu'il soit rempli de l'amour divin.

Après l'action de graces, on se retire plein de Jésus-Christ et du désir de lui plaire.

## § V.

Que faut-il faire après la communion?

Jésus-Christ nous l'apprend par

ces paroles : « Qui mange ma chair et boit mon sang demeure en moi, et moi en lui. » (*Joan.*, vi, 57.)

La grace de la communion n'est pas une grace passagère : c'est une grace de persévérance et de force, qui doit nous unir avec Jésus-Christ d'une manière stable et permanente : « Qui me mange demeure en moi, et moi en lui. »

Il faut demeurer en lui par l'obéissance à ses préceptes, afin qu'il demeure en nous par le continuel épanchement de ses graces.

La force de cette viande céleste doit tellement prendre le dessus en nous, qu'elle nous conforme tout à fait à elle, en sorte que Jésus-Christ paroisse dans toute notre conduite, c'est-à-dire que nous vivions selon ses préceptes et ses exemples.

Quiconque mange Jésus-Christ, doit être tellement rempli de ce divin goût, qu'il soit sans cesse attiré à la table de Notre-Seigneur, et qu'il se dise souvent à lui-même : « Mon ame goûte et ressent combien le Seigneur est doux : heureux l'homme qui espère en lui. » (*Psal.* xxxiii, 9.)

Le propre effet de la communion est de nous faire aimer Jésus-Christ tout entier, c'est-à-dire sa personne adorable, sa parole, son Evangile, sa doctrine céleste, ses vérités saintes, ses exemples, son obéissance et sa charité infinie. Il faut prendre dans la communion le goût de toutes ces choses. Il faut que Jésus-Christ nous plaise, que nous l'imprimions en nous-mêmes, que nous en soyons une vive image, et que nous fassions notre plaisir du soin de lui plaire.

Ainsi nous accomplirons cette parole qu'il a prononcée : « Comme je vis pour mon Père, celui qui me mange vivra aussi pour moi, » c'est-à-dire accomplira mes volontés, comme j'ai accompli celles de mon Père.

C'est ici la consommation du mystère de Jésus-Christ, où par lui et en lui nous aimons son Père : c'est ici que le Sauveur Dieu et homme est le parfait Médiateur, et le lien éternel de l'homme avec Dieu.

Il faut donc que celui qui a communié, prenne bien garde de ne plus tomber dans les péchés qui le séparent d'avec Jésus-Christ, et l'excluent de sa communion. C'est une terrible profanation de l'Eucharistie de retomber dans le crime après l'avoir reçue, et de se laisser emporter à nos passions, après avoir goûté ce don céleste.

Que Jésus-Christ vive donc éternellement dans nos cœurs; que le péché y meure; que les mauvais désirs s'y éteignent peu à peu; que Jésus-Christ prenne le dessus; qu'il demeure en nous, et nous en lui, et que rien ne soit capable de nous séparer de son amour !

Ainsi soit-il.

# PRIÈRES POUR LA COMMUNION.

**ACTE DE FOI EN PRÉSENCE DU SAINT SACREMENT,**
Pour se préparer à le recevoir.

Je crois, mon Sauveur, que vous êtes réellement et substantiellement présent sous ces espèces qui paroissent à mes yeux. Je sais que ce n'est plus du pain et du vin : c'est votre corps adorable, c'est votre sang précieux : car vous l'avez dit, Seigneur, vous qui êtes la vérité même ; vous l'avez dit de votre bouche sacrée et toute-puissante, et je sais que tout obéit à votre voix.

Je vous adore de tout mon cœur, ô Dieu caché sous ces figures : mes sens, ni ma raison ne comprennent rien dans ce mystère ; mais il suffit que vous parliez ; mon esprit se soumet à vous tout entier. Ici la vue, le goût, le toucher me trompent ; l'ouïe seule ne me trompe pas, et me rapporte fidèlement ce que vous dites : je le crois, ô mon Sauveur ; il n'y a rien de plus véritable que cette parole.

Vous ne cachiez à la croix que votre divinité ; vous nous cachez ici l'humanité même : je les crois présentes l'une et l'autre dans ce sacrement ; faites-moi la grace de les voir un jour.

Je ne vous demande point, comme saint Thomas, à voir et à toucher vos plaies ; je reconnois sans rien voir que vous êtes Jésus-Christ, vrai Dieu et vrai homme ; je ne veux plus suivre mes sens, ni les fausses douceurs qu'ils me présentent ; je croirai de chaque chose ce que vous en dites, et votre vérité sera ma règle.

Quand vous recevrai-je, ô mon Sauveur ? quand vous posséderai-je en moi-même ? quand jouirai-je de votre présence désirable ? Le jour approche, ô mon Dieu, je le désire et je le crains. Je le désire, car avec vous sont toutes les graces pour ceux qui vous aiment : je le crains, car les indignes qui osent vous recevoir, mangent et boivent leur condamnation. Qui sommes-nous, ô Dieu tout-puissant, que vous daigniez habiter en nous ? Le ciel et les cieux des cieux ne peuvent vous contenir, et cependant vous venez à nous. Soyez loué à jamais de votre bonté ; préparez-vous en mon cœur une demeure agréable ; purifiez ma conscience par une foi vive. Je crois, Seigneur, je crois : aidez mon incrédulité ; soutenez ma foi chancelante ; faites-moi vivre selon ma croyance. Venez, Seigneur Jésus ; venez, mon cœur vous attend. Venez, et comblez-moi de vos graces.

**ACTE D'ESPÉRANCE.**

Mon Dieu, mon Seigneur, j'espérerai en vous, et je ne serai point confondu. Je verrai les biens du Seigneur dans la terre des vivans. Seigneur, je vous verrai un jour; je vous posséderai dans le ciel, vous me remplirez de joie par la vue de votre face. Vous me montrerez tout le bien en vous découvrant vous-même, et j'en jouirai à jamais : voilà mon espérance, voilà ma vie. O Dieu, quel gage m'avez-vous donné pour m'assurer de votre bonté et de mon bonheur éternel? Votre parole, votre promesse, votre vérité : mais voici encore un autre gage : votre corps et votre sang, ô Seigneur Jésus. Puis-je douter, mon Sauveur, que vous ne vous donniez à moi dans le ciel, puisque déjà je vous possède sur la terre? Mon ame, bénis le Seigneur, et que tout ce qui est en moi bénisse son saint nom. Vous êtes à moi, ô Jésus; car vous vous donnez tout entier dans ce sacrement, votre corps, votre sang, votre ame sainte, votre éternelle Divinité, toute votre Personne adorable : vous me donnez tout, tout est à moi.

Mais, Seigneur, si dans cet exil je vous possède caché, dans le ciel je vous posséderai à découvert. Venez donc, ô Seigneur Jésus; venez. Remplissez-moi de vous-même; faites-moi goûter par avance les douceurs de ce céleste banquet, où vous serez la nourriture éternelle et des hommes et des anges. Les anges vivent de vous, et s'en nourrissent ; l'homme mortel s'en nourrit aussi; mais les anges vous possèdent à découvert, et vous venez à nous sous une figure étrangère. O Jésus, menez-moi au dedans du voile ; conduisez-moi à la claire vue. Qu'ont à espérer les enfans d'Adam ? Tout passe, tout s'évanouit : nos jours ne sont qu'une ombre sur la terre, et rien ne demeure ; nos vains plaisirs nous échappent, et notre gloire s'efface en un moment. Où sont les rois anciens qui ont fait tant de bruit dans le monde ? Ils gisent dans leurs tombeaux, et leur ame peut-être est dans les tourmens. O néant des espérances humaines! O mon ame, viens goûter avec Jésus-Christ une meilleure espérance. Qu'est-ce que les biens du monde? qu'est-ce qu'un royaume sur la terre? Une vaine pompe, un éclat d'un jour, une terrible obligation de conscience. O Seigneur, je régnerai un jour avec vous; mon ame sera heureuse, car elle verra votre lumière : mon corps sera plein de gloire et de vie, car votre corps que je recevrai déploiera sur moi sa vertu. Qui vous mange ne mourra point à jamais, et vous le ressusciterez au dernier jour. Vous l'avez dit : et je le crois. Un jour, quand la mort viendra, vous me serez, ô Jésus, un doux Viatique : au milieu des ombres de la mort, je ne craindrai point les maux, parce que vous serez avec moi; ma chair se reposera en paix et la corruption ne me retiendra pas ; vous me montrerez les voies de la vie; vous me remplirez de joie avec votre face : je serai comblé éternellement de plaisirs célestes.

Il m'est bon de m'attacher à mon Dieu et de mettre en lui mon espérance : *Mihi autem adhærere Deo bonum est : ponere in Domino Deo spem meam.*

### ACTE DE CHARITÉ.

Venez, Seigneur Jésus, venez; venez, ô le désiré des nations, ô la lumière du monde, ô les délices du Père éternel et l'objet de ses complaisances! Vous voulez qu'en fréquentant vos mystères, je me souvienne de vous. Je m'en souviendrai, ô mon Dieu; je n'oublierai jamais vos bienfaits, ni l'amour immense qui vous a porté à me combler de tant de graces.

Mon Sauveur, je me souviendrai qu'étant dans le sein de votre Père, le désir de vous approcher de nous vous a fait prendre une chair humaine.

Je me souviendrai qu'ayant pris cette chair pour l'amour de moi, vous l'avez encore immolée pour mon salut.

Et maintenant, ô mon Sauveur, non content de l'avoir prise pour moi dans l'incarnation et de l'avoir donnée pour moi à la croix, vous me la donnez encore dans ce sacrement adorable; et le don que vous me faites de vous-même, m'est un gage certain que vous vous donnerez à moi dans la gloire, pour me rendre éternellement heureux.

O mon Dieu, je me souviendrai de toutes ces choses ; ces témoignages précieux de votre amour me seront toujours présens. Oui, Seigneur, je m'en souviendrai, et mon ame sera attendrie par le souvenir de vos bontés.

Je vous aimerai, Seigneur, qui êtes ma force, mon refuge, mon espérance, mon bien et ma vie, mon soutien et ma couronne.

Heureux ceux qui demeurent en votre maison! Ils vous loueront aux siècles des siècles.

C'est vous qui pardonnez tous mes péchés; c'est vous qui guérissez toutes mes langueurs; c'est vous qui me rachetez de la mort; c'est vous qui me couronnez par vos éternelles miséricordes; c'est vous enfin qui me renouvellerez au jour de la résurrection, et qui me donnerez une jeunesse éternelle.

Mon ame, bénis le Seigneur, et n'oublie jamais ses miséricordes.

Que n'ai-je, ô mon Dieu, tout le zèle et toute l'ardeur que ressentent pour vous tous les anges et toutes les ames bienheureuses! Encore n'est-ce pas assez; quand toutes les créatures vivantes et inanimées seroient changées en amour, vous ne seriez pas autant aimé que vous êtes bon et aimable.

Venez donc, ô Epoux céleste :

venez consommer le sacré mystère de votre union avec votre Eglise. Soyez possédé, possédez-nous.

Vous pourrai-je offenser, mon Dieu, vous pourrai-je offenser jamais après cette communion? Plutôt la mort, ô mon Dieu, plutôt la mort!

O Jésus, aurai-je le goût si dépravé, qu'après vous avoir goûté, je puisse goûter autre chose?

Donnez-moi la grace, ô Seigneur Jésus, que prévenu de la douceur de cette viande céleste, toutes les autres douceurs ne me trompent plus.

Venez; tirez-moi à vous. Que je vous aime, ô mon Dieu; que tous ceux qui me sont chers vous aiment; que tout le monde vous aime; que je sois à vous tout entier, et que je meure plutôt que de vous déplaire!

### PRIÈRES UN PEU AVANT LA COMMUNION.

Seigneur, je ne suis pas digne que vous entriez dans ma maison : mais dites seulement une parole, et mon ame sera guérie.

Venez, Seigneur Jésus; venez.

Seigneur, je ne suis pas digne; venez, Seigneur Jésus, venez. Je ne suis pas digne; car je ne suis qu'un pécheur et un néant; mais venez, Seigneur Jésus, venez; car vous êtes venu chercher les pécheurs. Vous êtes le seul soutien de ma foiblesse; vous êtes le seul remède à mes maux extrêmes; vous êtes le pain et la nourriture qui répare mes forces abattues; vous êtes ma vie et mon espérance; vous êtes enfin tout mon bien, et en ce monde et en l'autre.

O Seigneur, je ne suis pas digne! Venez, Seigneur; venez.

Qui suis-je, Seigneur? Qui êtes-vous? Quoi! Seigneur, vous venez à moi! Venez, Seigneur Jésus; venez.

O Seigneur, serai-je assez malheureux et assez ingrat pour vous offenser dorénavant? Plutôt la mort, mon Dieu, plutôt la mort!

O Jésus, vous êtes à moi : vous vous donnez tout entier. O Jésus, je me donne à vous; je veux être à vous sans réserve.

### PRIÈRES UN PEU APRÈS LA COMMUNION.

Parlez, Seigneur Jésus : parlez, votre serviteur écoute.

J'ai trouvé celui que mon ame aimoit; je ne le quitterai jamais.

Mon ame loue le Seigneur, et mon esprit se réjouit en Dieu mon Sauveur.

Louez le Seigneur, parce qu'il est bon, parce que ses miséricordes sont éternelles.

Tirez-moi après vous, ô mon bien-aimé; que je coure après l'odeur de vos parfums, que je ne sente plus que vos douceurs!

Qu'on vous aime, ô mon Dieu, qu'on vous aime; que je vous aime de tout mon cœur ; que tous ceux qui me sont chers vous aiment, que tout le monde vous aime ; puissions-nous tous vous aimer, vous louer et vous bénir maintenant et à jamais !

### AUTRES PRIÈRES APRÈS LA COMMUNION.

#### Prières de l'Eglise.

Seigneur, que nous prenions par un esprit pur ce que nous avons pris par la bouche ; et que ce présent que vous nous faites dans le temps, nous soit un remède pour l'éternité.

O Seigneur, que votre corps et votre sang dont je me suis rassasié, s'attachent à mes entrailles ; et qu'il ne demeure en moi aucune tache du péché, après que j'ai reçu un sacrement si pur et si saint.

Faites, Seigneur, qu'ayant goûté les délices de votre table, nous ayons toujours faim de cette viande céleste par laquelle nous avons la véritable vie.

Que nous sentions, ô Seigneur, par la réception de votre sacrement, le soulagement de notre esprit et de notre corps, afin qu'étant sauvés dans l'un et dans l'autre, nous jouissions de l'effet entier de ce remède céleste.

O Dieu, que la divine opération du don céleste que nous avons reçu, possède notre esprit et notre corps, afin que nous n'agissions plus dorénavant par nous-mêmes, mais que l'effet et la grace de ce sacrement nous préviennent en tout.

Après nous avoir permis d'approcher de ces saints mystères, disposez intérieurement notre cœur à en recevoir tout l'effet.

O Dieu, accordez-nous cette grace par la prière de la sainte Vierge et de tous vos Saints, que le sacrement que nous avons reçu nous purifie ; qu'il ne nous tourne point à condamnation, mais qu'il nous soit un moyen pour obtenir la rémission de nos péchés, qu'il soit le salut des pécheurs, qu'il soit le soutien des foibles, qu'il nous soit une défense invincible contre toutes les tentations et tous les périls de cette vie, qu'il obtienne à tous les fidèles vivans et trépassés la rémission de toutes leurs fautes ; par Notre-Seigneur Jésus-Christ, votre Fils unique, qui avec vous et le Saint-Esprit, vit et règne aux siècles des siècles. Ainsi soit-il.

#### PRIÈRE DE SAINT THOMAS D'AQUIN.

Je vous rends graces, ô Seigneur très-saint, Père tout-puissant et Dieu éternel, de ce que vous avez daigné par votre pure miséricorde, sans que je méritasse une telle grace, me rassasier du corps et du sang de votre Fils, moi qui ne suis qu'un pécheur et un serviteur indigne. Je vous prie, ô mon Dieu, que cette communion ne m'attire point de nouveaux supplices ; mais qu'elle me soit un moyen salutaire pour obtenir votre grace et la rémission de mes péchés; qu'elle me soit comme une armure par une foi vive, et qu'elle soit à ma volonté comme un bouclier qui l'environne; qu'elle corrige mes vices, qu'elle éteigne mes mauvais désirs, qu'elle mortifie en moi la concupiscence ; qu'elle me fasse croître tous les jours en charité, en patience, en humilité, en obéissance, en toutes sortes de vertus; qu'elle me soit une défense invincible contre tous mes ennemis visibles et invisibles; qu'elle me fasse attacher uniquement à vous durant ma vie, et me donne une mort heureuse en votre paix. Je vous prie, ô mon Dieu, que vous daigniez me conduire, indigne pécheur que je suis, à ce banquet éternel, où avec votre Fils et le Saint-Esprit vous êtes à tous vos saints une lumière éternelle, une pleine satisfaction, une nourriture immortelle, une joie infinie et une félicité parfaite. Mon Dieu, je vous le demande par Notre-Seigneur Jésus-Christ. Ainsi soit-il.

PRIÈRE DE SAINT BONAVENTURE.

Pénétrez-moi, ô Seigneur Jésus, jusqu'au fond du cœur de la douce et salutaire blessure de votre amour ; remplissez-moi de cette charité vive, sincère et tranquille, qui faisoit désirer à votre Apôtre saint Paul d'être séparé du corps pour être avec vous. Que mon ame languisse pour vous, toujours touchée du désir de vos tabernacles éternels. Que je sois affamé de vous qui êtes le pain des anges, la nourriture des ames saintes, le pain vivant que nous devons manger tous les jours, le pain nourrissant qui soutenez le cœur de l'homme, et qui contenez en vous toute douceur. Que mon cœur ait toujours faim de vous et qu'il vous mange sans cesse, ô pain désirable ! Qu'il ait soif de vous, ô fontaine de vie, vive source de sagesse et de science, torrent de volupté, qui réjouissez et arrosez la maison de Dieu ! Que je ne cesse de vous désirer, vous que les anges désirent de voir, et qu'ils voient toujours avec un nouveau goût. Que mon ame vous souhaite, qu'elle vous cherche, qu'elle vous trouve, qu'elle tende à vous, qu'elle y arrive. Soyez l'objet de mon cœur, le sujet de mes méditations et de mes entretiens. Que je fasse tout pour votre gloire avec humilité, avec considération, avec prudence et discrétion, avec amour et avec joie, avec une persévérance qui dure jusqu'à la fin ; et que vous soyez vous seul mon espérance, ma confiance, mes richesses, mes plaisirs, ma joie, mon repos, ma tranquillité, la paix de mon ame. Soyez-moi une douceur toujours attirante et une bonne odeur, un bon goût, une nourriture solide et toujours agréable. Que je vous aime, que je vous serve sans dégoût et sans relâchement. Soyez mon refuge, ma consolation, mon secours, mes forces, ma sagesse, mon partage, mon bien, mon trésor, dans lequel mon cœur soit pour jamais ; et que mon ame demeure éternellement, fixement, immuablement enracinée en vous seul.

Ainsi soit-il.

On peut aussi se servir utilement pour faire son action de graces, des cantiques et des psaumes de louange qui se trouvent en ce livre, et encore des hymnes et de la prose du saint Sacrement. Les cantiques et les psaumes propres à ce sujet sont les suivans : *Benedictus Dominus Deus Israel, etc.; Magnificat, etc.; Nunc dimittis, etc.; Laudate, pueri, Dominum, etc.; Laudate Dominum, omnes gentes, etc.; Ecce nunc benedicite Dominum, etc.; Te Deum laudamus, etc.; Pange, lingua, etc.*, avec les deux autres hymnes, *Lauda, Sion, Salvatorem, etc.* Ce n'est pas à dire qu'il faille se faire une loi de réciter toutes ces prières : on en propose au fidèle de toutes sortes, afin qu'il choisisse celles pour lesquelles le Saint-Esprit lui donnera plus de goût. Car après tout, il faut toujours se ressouvenir que la meilleure action de graces est de posséder Jésus-Christ avec un esprit pénétré de foi et une ame pleine du désir de lui plaire à jamais, à la vie et à la mort.

# PRATIQUES ORDINAIRES
## DE DÉVOTION.

Prière pour la conversion des hérétiques, des infidèles et de tous les pécheurs.

Ecoutez, ô Dieu de miséricorde, les vœux que nous vous présentons humblement pour tous les ennemis de votre Eglise, et en général pour tous les pécheurs. Regardez-les en pitié pour l'amour de votre Fils Jésus-Christ : brisez les cœurs endurcis; convertissez les rebelles; illuminez les aveugles; levez le voile qui est sur leurs yeux et qui leur couvre vos vérités saintes, et ramenez tous les dévoyés au troupeau dont vous êtes le souverain Pasteur. Ainsi soit-il.

Pour les pasteurs et prédicateurs, et pour tous ceux qui travaillent au salut des ames.

Répandez abondamment, ô mon Dieu, sur nos pasteurs et prédicateurs, cet Esprit que vous donnâtes à vos saints apôtres dans l'établissement de votre Eglise. Animez leur zèle, conduisez leurs pensées, donnez efficace à leurs paroles, afin qu'ils puissent toucher les cœurs. O Jésus, unique Sauveur des ames, bénissez le travail de ceux que votre Saint-Esprit a appelés pour coopérer au salut des ames que vous avez rachetées de votre sang. Ainsi soit-il.

### Le dimanche au matin, pour demander à Dieu la Foi.

Nous croyons, ô Dieu tout-puissant, nous croyons de tout notre cœur tout ce que vous nous avez révélé, et tout ce que nous enseigne votre sainte Église. Aidez-nous, ô Seigneur, pour nous affermir de plus en plus jusqu'à notre dernier soupir dans cette foi que nous professons ; et faites par votre bonté que croyant fidèlement en ce monde des vérités que nous ne voyons pas, nous puissions enfin parvenir au ciel où nous les verrons à découvert ; par Notre-Seigneur Jésus-Christ. Ainsi soit-il.

### Le lundi, pour demander l'Espérance.

Seigneur, dont la miséricorde infinie a préparé un bonheur sans fin à ceux qui vous aiment, détournez nos yeux de dessus les vanités du monde ; et faites que, méprisant les plaisirs qu'il nous présente, nous n'attachions nos pensées et nos espérances qu'au bien que vous nous promettez, qui est de vous posséder éternellement, au nom de Notre-Seigneur Jésus-Christ.

### Le mardi, pour demander la Charité.

Dieu et Père miséricordieux, Dieu infiniment bon et infiniment aimable, répandez en nous par votre Esprit-Saint la flamme céleste de votre amour. Que nous ne vivions, que nous ne respirions, que nous n'agissions que pour vous. Que tout notre esprit, que tout notre cœur, que toutes nos entrailles soupirent après vous. Soyez vous seul notre joie, toute notre douceur, tout notre repos ; et faites que nous aimions en vous et pour vous, tous ceux que vous nous avez commandé d'aimer. Nous vous le demandons humblement au nom de Notre-Seigneur Jésus-Christ votre Fils unique et bien-aimé. Ainsi soit-il.

### Le mercredi, pour demander l'Esprit de Pénitence.

Pardon, Seigneur, pardon pour toutes nos fautes. Nous vous le demandons par miséricorde et par grâce au nom de votre Fils bien-aimé ; nous attachons tous nos péchés à sa croix ; nous les noyons dans son sang ; nous les jetons dans ses plaies. Juste Juge, n'entrez pas en jugement avec nous ; mais donnez-nous la grâce de faire une véritable pénitence, afin que, nous châtiant nous-mêmes volontairement et souffrant avec humilité les peines que vous nous envoyez en cette vie, nous évitions en l'autre la rigueur de votre justice ; par les mérites infinis de Jésus-Christ, votre cher Fils, notre Sauveur. Ainsi soit-il.

### Le jeudi, pour demander le don d'Oraison.

Attirez-nous à vous, ô Dieu, notre Père céleste. Faites que nous répandions devant vous nos cœurs avec une pleine confiance; et afin que nos prières vous soient agréables, formez-les vous-même par votre Saint-Esprit, et donnez-nous la grace de ne vous demander que ce qui vous plaît. Ainsi soit-il.

### Le vendredi, pour demander la Pureté.

O Dieu, qui ne permettez pas que personne approche de vous que les ames pures et innocentes, sanctifiez et purifiez nos cœurs par votre amour, afin que brûlant des chastes feux de la charité, nous ne soyons point souillés par les ardeurs de la convoitise, mais que nous gardions saintement nos corps et nos ames, comme les temples sacrés de votre Saint-Esprit. Ainsi soit-il.

### Le samedi, pour demander la Persévérance.

Nous reconnoissons humblement, ô Dieu vivant et éternel, que depuis le péché de notre premier père, notre esprit naturellement est penché au mal; et que notre chute est infaillible, si votre toute-puissance ne nous soutient : daignez donc, ô Seigneur, notre unique appui, tenir toujours par la main vos créatures foibles et fragiles, de peur qu'elles ne tombent dans les précipices qui les environnent; que dans toutes nos actions votre grace nous prévienne, nous accompagne et nous suive. Faites que nous rendions jusqu'à la fin de notre vie l'obéissance que nous devons à vos commandemens très-saints et très-justes, afin qu'ayant persévéré constamment dans votre service durant cette vie, nous allions continuer dans le ciel à vous louer et à vous bénir pour toute l'éternité. C'est la grace que nous vous demandons, non point à cause de nos mérites, mais par ceux de votre Fils bien-aimé, dans lequel vous vous êtes plu, et par lequel vous avez promis de nous exaucer.

# POUR ADORER

### TOUS LES JOURS

## UN DES MYSTÈRES DE NOTRE-SEIGNEUR.

### Le lundi, pour adorer Jésus-Christ dans le sein de son Père.

Je vous adore de tout mon cœur, ô Fils éternel du Dieu vivant, engendré devant tous les temps dans le sein de votre Père céleste. Ni les anges, ni les archanges, ni les chérubins, ni les séraphins ne peuvent assez admirer votre divine et éternelle naissance. J'en adore le mystère incompréhensible par la foi et par le silence, et je confesse en toute humilité que je ne puis jamais m'abaisser assez profondément devant votre Majesté infinie.

#### Le mardi, à Jésus-Christ incarné.

Qui ne vous loueroit, qui ne vous béniroit, qui ne vous adoreroit, Dieu fait homme pour l'amour des hommes : Dieu, qui prenez nos foiblesses pour nous communiquer vos grandeurs : Dieu, qui nous venez chercher sur la terre pour nous ouvrir le chemin du ciel? Béni soyez-vous à jamais, vous qui venez au nom du Seigneur! Béni le sein qui vous a porté ! Bénies les mamelles virginales que vous avez sucées, et bénies mille et mille fois les mains qui vous ont tenu pendant votre enfance! O Jésus, soyez-nous Jésus et Sauveur. Ainsi soit-il.

#### Le mercredi, à Jésus-Christ prêchant.

Ouvrez la bouche, ô divin Sauveur, répandez-en avec abondance les paroles de vie éternelle. Bienheureux ceux qui vous écoutent, et qui n'écoutent que vous : ceux-là ont choisi la meilleure part qui ne leur sera point ôtée. Que votre voix sonne à mes oreilles ; mais plutôt qu'elle résonne à mon cœur, car votre voix est infiniment douce. Vous entendre, c'est le salut : croire en vous, c'est la vie.

#### Le jeudi, Jésus-Christ instituant le saint Sacrement.

Très-aimable Jésus, qui pour rafraîchir en nos cœurs un tendre souvenir de votre passion douloureuse, nous présentez tous les jours à vos saints autels cette même chair immolée et ce même sang répandu pour nous : faites que nous nous souvenions tellement de cette grande miséricorde, que nous oubliions tout hormis vous ; que nous ne goûtions que vous et que nous désirions avec tant d'ardeur les délices de votre divine table, que nous ayons horreur de tomber dans les péchés qui nous en séparent. Ainsi soit-il.

#### Le vendredi, à Jésus-Christ crucifié.

O tête couronnée d'épines, ô visage défiguré, yeux cruellement meurtris, chair de mon Sauveur toute déchirée par les coups de fouet! ô plaies que l'amour a ouvertes ! ô sang que la miséricorde a répandu ! vous êtes ma vie, mon salut et tout l'appui de mon espérance. Que je sois votre victime, ô Jésus, ainsi que vous êtes la mienne. Ainsi soit-il.

#### Le samedi, à Jésus-Christ enseveli et descendu aux enfers.

O Jésus, qui pour ne laisser pas un moment où vous n'agissiez pour le salut des hommes, pendant que votre corps froid et enseveli étoit gisant dans le tombeau, avez voulu que votre sainte ame descendît aux enfers pour y délivrer nos pères qui y soupiroient après vous : descendez au fond de nos cœurs où le péché fait un enfer, et tirez-nous des ténèbres à votre admirable lumière. Ainsi soit-il.

### Le dimanche, à Jésus-Christ ressuscité et assis à la droite de Dieu son Père.

Il n'étoit pas juste, ni possible, ô divin Auteur de la vie, que les ombres de la mort vous retinssent ; et puisque vous n'êtes mort que pour nos péchés, il falloit que votre Père vous ressuscitât après que vous avez accompli l'œuvre de notre rédemption. Sortez donc de votre tombeau pour retourner glorieux et immortel à celui qui vous a envoyé, mais tirez nos cœurs après vous ; et puisque vous êtes en haut à la droite de votre Père céleste, faites, ô Jésus, notre unique amour, que nous n'aimions plus rien ici-bas, et que nous portions nos désirs au lieu où vous êtes. Ainsi soit-il.

### Prière à la sainte Vierge.

Marie pleine de grace, Mère de miséricorde, prenez-nous en votre protection spéciale à l'heure de notre mort : défendez-nous contre l'ennemi, et obtenez-nous par vos prières que nous puissions voir, après cet exil, le bienheureux fruit de vos entrailles, Jésus-Christ Notre-Seigneur. Ainsi soit-il.

### Prière devant le travail.

Nous vous offrons, ô Seigneur, l'ouvrage que nous allons commencer pour l'amour de vous. Faites, ô juste Dieu, qu'étant condamnés aux sueurs et au travail pour le péché de notre premier père et pour les nôtres particuliers, nous subissions cette peine dans l'esprit de soumission et de pénitence, afin que ces temps de fatigue étant écoulés, nous arrivions enfin au lieu de votre repos, où nous vous posséderons en paix durant toute l'éternité, ô bonté et vérité infinie. Ainsi soit-il.

### Après le travail.

Seigneur tout-puissant et éternel, conduisez toutes nos actions selon votre bon plaisir, afin qu'au nom et par le mérite de votre Fils bien-aimé, notre Dieu et notre Sauveur, nous puissions abonder en bonnes œuvres. Ainsi soit-il.

# PRIÈRE
## DE NOTRE-SEIGNEUR JÉSUS-CHRIST,
### Tirée de l'évangile de saint Jean, chap. XVII.

*Cette prière fut faite par Notre-Seigneur comme il alloit à la mort, après l'action de graces de la Cène, et contient ce que le Sauveur nous a voulu obtenir par son sacrifice.*

*Jésus-Christ la continue dans le ciel, non pas en forme de suppliant comme lorsqu'il étoit sur la terre, mais en se présentant pour nous à son Père, selon ce que dit saint Paul,* « qu'il paroît pour nous devant la face de Dieu, et qu'il est toujours vivant, afin d'intercéder pour nous. » (*Hebr.*, VII, 25, *et* IX, 24.)

*Nos prières ne sont exaucées qu'à cause qu'elles sont unies à la perpétuelle intercession de Jésus-Christ, et c'est pourquoi l'Eglise les finit toutes par Notre-Seigneur Jésus-Christ.*

*Pour unir nos intentions à celles de Jésus-Christ, il faut savoir ce qu'il a demandé allant consommer son sacrifice; c'est pourquoi Dieu a voulu que le bien-aimé disciple l'ait écrit si distinctement ; et nous rapportons, à la fin de ce livre de prières, celle que Jésus-Christ a faite pour nous, d'où les nôtres tirent toute leur force.*

De l'Evangile de saint Jean, chap. XVII.

1. Jésus dit ces choses [1], et levant les yeux au ciel il parla en cette sorte : Mon Père, l'heure est venue [2] : glorifiez votre Fils, afin que votre Fils vous glorifie.

2. Comme vous lui avez donné puissance sur toute chair [3], afin qu'il donne la vie éternelle à tout ce que vous lui avez donné.

3. Or la vie éternelle consiste à vous connoître, vous qui êtes le seul Dieu, et Jésus-Christ que vous avez envoyé [4].

4. Je vous ai glorifié sur la terre; j'ai achevé l'ouvrage que vous m'avez donné à faire.

5. Et maintenant glorifiez-moi en vous-même, vous, ô mon Père, de cette gloire que j'ai eue en vous, avant que le monde fût [5].

6. J'ai fait connoître votre nom aux hommes que vous avez tirés du monde pour me les donner [6], ils étoient à vous [7] : et vous me les avez donnés [8], et ils ont gardé votre parole.

7. Ils savent présentement que tout ce que vous m'avez donné vient de vous [9].

---

[1] Toutes celles qu'il avoit dites à ses apôtres depuis la Cène. ( En *saint Jean*, XIII, XIV, XV. )

[2] L'heure que je dois vous glorifier par ma mort et ensuite par ma résurrection, selon ce qu'il avoit dit incontinent après que Judas fut sorti pour le trahir : « Maintenant le Fils de l'homme est glorifié, et Dieu est glorifié en lui : que si Dieu est glorifié en lui-même, Dieu aussi le glorifiera en lui-même ; et c'est bientôt qu'il le glorifiera. » ( En *saint Jean*, XIII, 31, 32.)

[3] Sur tous les hommes, *phrase hébraïque.*

[4] Vous comme le terme où il faut tendre, et Jésus-Christ comme le moyen pour y arriver, et le lien éternel de Dieu et de l'homme.

[5] « Lorsque vous m'avez engendré de votre sein dans la lumière resplendissante de l'éternité, devant que l'aurore fût. » (Au *Psaume.* CIX, 4.)

[6] A mes apôtres.

[7] Par le choix que vous en aviez fait dès l'éternité.

[8] Afin que j'accomplisse en eux votre volonté comme j'ai fait en les choisissant aussi pour être les prédicateurs de mon Evangile, et les premiers pasteurs de mon Eglise.

[9] Ils le savent par ma doctrine et par mes miracles.

8. Parce que je leur ai donné les paroles que vous m'aviez données, et ils les ont reçues, et ils ont vraiment reconnu que je suis sorti de vous¹, et ils ont cru que vous m'avez envoyé.

9. Je prie pour eux : je ne prie point pour le monde²; mais pour ceux que vous m'avez donnés, parce qu'ils sont à vous.

10. Tout ce qui est à moi est à vous, et tout ce qui est à vous est à moi³ et j'ai été glorifié en eux⁴.

11. Et maintenant je ne suis point dans le monde⁵ : mais pour eux, ils sont dans le monde, et je m'en retourne à vous⁶. Père saint⁷, conservez en votre nom ceux que vous m'avez donnés, afin qu'ils soient un comme nous⁸.

12. Lorsque j'étois avec eux⁹, je les conservois en votre nom : j'ai conservé ceux que vous m'avez donnés, et aucun d'eux n'a été perdu; mais seulement l'enfant de perdition¹⁰, afin que l'Ecriture fût accomplie¹¹.

13. Maintenant je retourne à vous, et je dis ces choses étant encore dans le monde, afin qu'ils aient en eux une joie accomplie¹².

14. Je leur ai donné votre parole, et le monde les a haïs¹³, parce qu'ils ne sont point du

---

¹ Sorti de vous « dans les jours de l'éternité » par ma génération éternelle, comme il est écrit dans *Michée*, v, 2; et sorti de vous, lorsque j'ai paru au monde avec une chair mortelle. C'est pourquoi dans cette prière, et partout ailleurs, le Sauveur rapporte tout à son Père, d'où il est sorti lui-même.

² Qui, en s'attachant aux choses présentes, se rend incapable du vrai bien que je vous demande pour mes fidèles.

³ Par la parfaite unité et égalité qui est entre nous.

⁴ Il parle de la gloire que ses apôtres lui ont donnée jusqu'alors en le suivant, et voit en esprit celle qu'ils lui donneront par leur prédication et leurs souffrances.

⁵ Je m'en vais : je vais cesser d'y paroître.

⁶ Où j'étois dès l'éternité : où je retournerai visiblement par mon Ascension : où je suis toujours par ma nature divine, selon ce qui est écrit : « Nul homme n'a jamais vu Dieu : le Fils unique qui est dans le sein du Père, l'a fait connoître. » ( En *saint Jean*, I, 18.)

⁷ C'est un effet de la sainteté de Dieu, de conserver les hommes dans la sainteté et dans la grace qu'il leur a donnée.

⁸ Eternellement, immuablement; qu'ils soient par imitation et par participation ce que nous sommes par excellence, par nature et dans une souveraine perfection, avec la proportion qui peut être entre Dieu et la créature, comme lorsqu'il dit : « Soyez parfaits comme votre Père céleste est parfait... soyez miséricordieux comme votre Père céleste est miséricordieux. » ( En *saint Matth.*, V, 48; en *saint Luc*, VI, 36; saint Athan., IV *Disc. contr. les ariens*.)

⁹ Le grec ajoute : *Dans le monde*.

¹⁰ Le traître Judas.

¹¹ Dans les Psaumes en plusieurs endroits, ainsi que Jésus-Christ même l'a expliqué. ( En *saint Jean*, XVII; 12 ; et *saint Pierre*, aux *Actes*, I, 16, 20.)

¹² Afin qu'ils soient remplis de joie, en voyant l'amour avec lequel je vous le recommande, afin que la joie que j'ai en les remettant entre vos mains, passe en eux avec abondance.

¹³ Le monde a commencé à les haïr, en les voyant attachés à moi, et les haïra dans la suite beaucoup davantage : ce que Jésus-Christ voit en esprit.

monde¹, comme moi-même je ne suis point du monde.

15. Je ne vous prie point de les ôter du monde², mais de les garder du mal³.

16. Ils ne sont point du monde, comme je ne suis point moi-même du monde⁴.

17. Sanctifiez-les dans la vérité⁵ : votre parole est la vérité⁶.

18. Comme vous m'avez envoyé dans le monde, de même aussi je les ai envoyés dans le monde⁷.

19. Et je me sanctifie⁸ moi-même pour eux, afin qu'ils soient aussi sanctifiés dans la vérité⁹.

20. Je ne prie pas pour eux seulement, mais encore pour ceux qui doivent croire en moi par leur parole¹⁰.

21. Afin que tout soit un, comme vous, mon Père, êtes en moi et moi en vous¹¹, que de même aussi ils soient un en nous¹², afin que le monde croie que vous m'avez envoyé¹³.

22. Et je leur ai donné la gloire que vous m'avez donnée¹⁴, afin qu'ils

¹ Etre du monde, c'est être comme le monde attaché à la vie présente, à soi-même et aux biens sensibles, selon ce que dit saint Jean : « Tout ce qui est dans le monde est la concupiscence de la chair, la concupiscence des yeux et l'orgueil de la vie : » c'est-à-dire que tout y est sensualité, curiosité, vanité et orgueil. (*I Epît. de S. Jean*, II, 6.)

² D'où mes fidèles doivent être tirés comme eux, et où par conséquent ils sont nécessaires pour rendre témoignage à la vérité.

³ Du péché qui est répandu de tous côtés dans le monde : ou du mauvais : du diable et de ses suppôts qui y dominent.

⁴ Jésus-Christ vient de dire la même chose au verset 14; mais il le répète encore pour montrer qu'on n'y sauroit trop penser, et que le chrétien examine en soi-même s'il peut dire avec Jésus-Christ : « Je ne suis point du monde. » Car s'il ne cesse d'en être, il sera du monde pour qui Jésus-Christ ne prie pas, vers. 9. Il n'auroit point de part aux biens qu'il demande ici pour ses fidèles.

⁵ Le grec porte : « Dans votre vérité. » Qu'ils n'aient point une apparence de sainteté, mais qu'ils soient saints dans le fond et de l'intime du cœur.

⁶ C'est la vérité même.

⁷ Excellence de la mission des apôtres, et en eux de celle de leurs successeurs,

d'être une imitation et une participation de celle de Jésus-Christ.

⁸ Je me consacre, je me dévoue, je m'offre en sacrifice pour eux.

⁹ Aussi véritablement que votre parole qu'ils prêchent et qu'ils gardent est véritable, comme au verset 17.

¹⁰ Nous voilà donc compris manifestement dans la prière de Jésus-Christ, et il ne faut point douter qu'il n'ait pensé distinctement à nous tous; ce qui nous oblige à faire toutes nos prières en union avec celle-ci.

¹¹ Il explique encore davantage ce qu'il a dit, vers. 11.

¹² *Un en nous.* C'est ce qui fait voir l'unité souverainement parfaite du Père et du Fils, qui sont un en nature et par eux-mêmes; et nous un, mais en eux et par la participation de leur unité : la leur étant essentielle et le modèle de la nôtre. (S. Athan., *Disc.* IV *contr. les Ariens.*)

¹³ Il faut bien méditer, et bien entendre que l'union des frères est la marque que Dieu est en eux, et le sceau de la mission du Fils de Dieu.

¹⁴ En vous-même par ma naissance éternelle, et au dehors par la glorification de la nature humaine qui m'est une. Le chrétien est appelé à cette gloire : il a part à la gloire du Fils,

soient un comme nous sommes un.

23. Je suis en eux [1] et vous en moi, afin qu'ils deviennent parfaitement un [2]; et que le monde connoisse que vous m'avez envoyé [3], et que vous les aimez comme vous m'avez aimé.

24. Mon Père, je veux [4] que là où je suis, ceux que vous m'avez donnés y soient aussi avec moi, afin qu'ils voient [5] la gloire que vous m'avez donnée, parce que vous m'avez aimé avant la création du monde.

25. Père juste, le monde ne vous a point connu [6]; mais moi je vous ai connu [7], et ceux-ci ont connu que vous m'avez envoyé.

26. Et je leur ai fait connoître votre nom, et je le leur ferai connoître encore [8], afin que l'amour dont vous m'avez aimé soit en eux, et moi en eux [9].

comme il a part à son unité avec le Père.

[1] Par ma doctrine, par mon esprit, par ma chair que je leur donne dans les mystères. (S. Hilaire, *liv.* VIII *de la Trin.*)

[2] A leur manière et en nous : en sorte qu'ils deviennent ce que nous sommes; qu'ils deviennent par grace ce que nous sommes par nature et par excellence. De mot à mot, « qu'ils soient consommés en un, » réduits à être une même chose entre eux et avec nous ; et l'enchaînement consiste en ce que le Père étant dans le Fils, et le Fils dans les fidèles, tout est fait un par ce moyen avec la proportion qui peut être entre la source et les ruisseaux, entre le modèle et l'imitation, entre l'exemplaire ou l'original et les copies tirées dessus.

[3] C'est ce qu'il a déjà dit, verset 21, et qu'il inculque de plus en plus, afin que nous soyons pénétrés de cette vérité, et unis par la charité avec tous nos frères.

[4] *Je veux.* Il exprime ici une volonté absolue et parfaite, toujours conforme à celle de son Père.

[5] *Qu'ils voient.* On traduiroit mieux selon le grec : « *Qu'ils contemplent;* ce qui montre une vision permanente, où il faut entendre la vision bienheureuse et face à face.

[6] C'est un effet de votre justice d'avoir privé de votre connoissance le monde qui s'en étoit rendu indigne; ou bien : « Père juste, le monde ne vous connoît pas : » il ne connoît pas votre justice, ni la profondeur de vos jugemens.

[7] De cette parfaite connoissance dont le Fils de Dieu a dit ailleurs : « Nul ne connoît le Fils, si ce n'est le Père; et nul ne connoît le Père, si ce n'est le Fils, et celui à qui le Fils le voudra révéler. » (*En saint Luc,* x, 22.)

[8] En leur envoyant le Saint-Esprit, et par mes continuelles illuminations.

[9] Comme je suis en eux : à la manière expliquée, verset 23; ainsi l'amour que vous avez pour moi s'étend sur eux, et passe du chef aux membres. C'est le comble de notre bonheur, le fondement de notre espérance, et celui de nos prières, par où aussi Jésus-Christ finit la sienne.

# MÉDITATIONS
## POUR LE TEMPS DU JUBILÉ.

### MANDEMENT

DE MONSEIGNEUR L'ILLUSTRISSIME ET RÉVÉRENDISSIME ÉVÊQUE DE MEAUX.

Jacques-Bénigne, par la permission divine, Evêque de Meaux : aux doyens ruraux de notre diocèse, au clergé et au peuple, salut et bénédiction en Notre-Seigneur Jésus-Christ.

Nous vous annonçons la grace qui nous a été accordée par notre saint Père le Pape Clément XI, à notre supplication, pour la consolation spirituelle et le salut des chrétiens commis à notre charge, qui n'ont pu aller à Rome pour y gagner le jubilé de l'année sainte. Cette grace est accordée à tous les fidèles vraiment pénitens, confessés et communiés, qui visiteront quatre églises, chapelles, autels ou lieux pieux désignés une fois par nous, durant quinze jours de suite ou discontinués, et dans l'espace de deux mois pareillement marqués de nous : lequel nombre pourra être diminué en faveur des malades, des prisonniers et autres qui ne seront pas en état de satisfaire à ce que dessus, avec pouvoir à leurs supérieurs ou confesseurs de changer ces obligations en autres œuvres pieuses, suivant le besoin des ames, religieux ou religieuses et autres, avec prudence et discrétion. Ils diront cinq *Pater* et cinq *Ave* à chaque église, chapelle, autel ou lieux pieux où les stations seront marquées pour la rémission de leurs péchés, la concorde des princes chrétiens, l'extirpation des hérésies, l'exaltation de l'Eglise, l'accomplissement des pieux désirs de notre saint Père le Pape, et pour les nécessités présentes. Par ce moyen ils gagneront l'indulgence plénière de l'année sainte, comme s'ils avoient été à Rome aux tombeaux des saints Apôtres, et qu'ils en eussent visité dévotement les quatre grandes églises qui sont les principales et comme les mères de toutes celles de la Chrétienté. Tous confesseurs approuvés de nous auront pouvoir d'absoudre des cas réservés à notre saint Père le Pape ou à nous, et de toutes peines et censures, à l'effet de gagner le présent jubilé, dont ceux mêmes qui l'auront déjà gagné à Rome pourront encore ici obtenir la grace. Ceux qui voudront satisfaire ensemble aux devoirs du jubilé et de la confession annuelle ou communion pascale, le pourront en se présentant pour leurs pâques à leurs curés, afin d'en recevoir les avis et les permissions nécessaires. Nous avertissons les curés de se servir même en public des méditations, prières et autres instructions que nous avons publiées exprès pour le temps de cette indulgence : et nous exhortons les fidèles à profiter des avertissemens paternels que nous leur donnons en ces livres en toute simplicité et charité. Les deux mois destinés à ce jubilé commenceront le dimanche de la Passion, 2 d'avril prochain, et finiront le dimanche de la Pentecôte, 4 de juin inclusivement. Nous vous demandons le secours de vos prières pour l'heureux accomplissement de notre charge pastorale, pour la gloire de Dieu par Jésus-Christ et le salut de vos ames, pour lesquelles nous veillons nuit et jour. Et se fera la publication du jubilé, ensemble de notre présent mandement, le quatrième dimanche de carême, 26 mars, au prône et au sermon dans toutes les églises.

Donné à Meaux, dans notre palais épiscopal, le 15 de janvier 1702.

## AVERTISSEMENT.

L'on pourra faire plusieurs sujets de méditation de la matière proposée dans celle-ci, en les divisant comme on voudra, et chacun selon son attrait; mais on les réduit à deux, par rapport à la double puissance de l'Eglise : la puissance de lier et de retenir : la puissance de délier et de remettre.

Ces deux puissances qu'il faut ici présupposer comme connues par la foi, dans le fond n'en font qu'une seule, qui a un double exercice.

L'Eglise peut lier et délier, remettre et retenir, tant à l'égard de la coulpe qu'à l'égard de la peine.

Elle délie et remet, quand elle donne l'absolution; elle lie et retient, lorsque par un sage discernement elle la diffère à ceux qu'elle n'en juge pas encore capables : et voilà ce qui regarde la coulpe.

Pour les peines, l'Eglise a droit d'en imposer de très-rigoureuses aux pénitens: et elle a droit aussi de les tempérer, de les relâcher, de les remettre avec prudence et discrétion. Le premier est l'effet de sa juste et salutaire rigueur; le second est l'effet de son indulgence. Ces deux parties de la puissance de l'Eglise, tant à l'égard de la coulpe qu'à l'égard des peines, sont également constantes par l'Ecriture et par la tradition. Le dessein de ces méditations n'est pas de considérer la puissance de l'Eglise par rapport à la coulpe, mais seulement par rapport à la peine, dans le dessein de tirer tout le profit que l'Eglise attend des pénitences qu'elle impose aux pécheurs, et tout ensemble de l'indulgence dont elle use pour les relâcher. De ces deux parties, la première qui est le fondement de l'autre ne peut être mieux expliquée que par la doctrine du concile de Trente, dans la session xiv, où il traite de la nécessité et du fruit de la satisfaction ; et la seconde n'est pas moins saintement et moins sagement exprimée dans le décret des indulgences, où ce concile en établit la foi et en règle l'usage. Qu'il me soit donc permis de proposer ces deux endroits aux chrétiens selon la simplicité de l'Evangile dans ce temps de jubilé, afin que chacun règle ses pratiques et ses oraisons selon les principes de la foi, conformément à cette parole du Prophète et de l'Apôtre : « Le juste vit de la foi [1]. »

Pour marcher plus simplement dans cette voie de la foi, on s'attache ici à ce qu'il y a de certain : et tout le but de ces méditations est que, quelque opinion que l'on veuille suivre dans la manière d'expliquer l'effet des indulgences, soit qu'on se tienne à celle d'Adrien VI qu'on trouve si bien expliquée chez le cardinal Pallavicin [2], soit même qu'on aille plus loin : le chrétien demeure toujours convaincu qu'il doit tâcher d'augmenter son amour envers Dieu à proportion des graces qu'il en reçoit, selon cette sentence de la parabole : « Qui est celui qui aime le plus ? C'est celui à qui on a le plus pardonné. » *Luc.* vii, 42, 43.

[1] *Habac.* ii, 4; *Rom.* i, 17. — [2] *Hist. del conc. Trid.*, tom. I, cap. iv.

# PREMIÈRE MÉDITATION.
## LA RIGUEUR DE L'ÉGLISE.

### PREMIER POINT.

*Considérations générales sur la rigueur de l'Eglise.*

#### PREMIÈRE CONSIDÉRATION.

Paroles du concile de Trente, pour nous l'expliquer.

La rigueur de l'Eglise nous est expliquée par ces paroles du concile de Trente : « Le fruit du baptême est différent de celui de la pénitence : car par le baptême nous sommes revêtus de Jésus-Christ, et nous sommes faits en lui une nouvelle créature, en recevant une pleine et entière rémission de tous nos péchés. Mais nous ne pouvons parvenir dans le sacrement de pénitence à cette première nouveauté et intégrité sans de grands pleurs et de grands travaux, la justice l'exigeant ainsi; en sorte que ce n'est pas sans raison que la pénitence est appelée par les saints Pères un *baptême laborieux* [1]. »

Ecoutez, enfans de l'Eglise, les paroles de votre mère; elle vous propose *de grands pleurs et de grands travaux, un baptême laborieux;* elle vous apprend que *la justice divine l'exige ainsi.* Cette rigueur de l'Eglise est de son esprit primitif, qui ne s'éteindra jamais, et qu'elle ne cessera d'opposer au relâchement. Que nous sert de détester avec le concile la mollesse des hérétiques, qui ont rejeté ces saintes rigueurs de la satisfaction, si nous tombons dans une semblable langueur, et que nous méprisions en effet ce que nous confessons en paroles ?

[1] Sess. XIV, cap. II.

## IIᵉ CONSIDÉRATION.

*Par les travaux de la pénitence on revient, selon le concile, à la pureté du baptême.*

Le concile nous a fait entendre la rigueur de l'Eglise. Elle est juste ; car elle imite la justice de Dieu, le pécheur vengeant sur lui-même l'injure qu'il a faite à cette bonté, à cette majesté infinie. Elle est sainte, parce que la justice de Dieu, que l'Eglise exerce, est sainte aussi : ce qui fait dire au Psalmiste : « Son nom est saint et terrible [1]. » Elle est salutaire, parce que c'est un nouveau baptême, pénible à la vérité et laborieux ; mais enfin toujours un baptême par lequel, comme dit le saint concile, en pleurant nos péchés dans l'amertume de notre cœur et en subissant une pénitence proportionnée à leur énormité, nous recouvrons *cette première nouveauté et intégrité baptismale* que nous avions perdue : tant est grande l'efficace des peines que nous portons pour nos crimes sous les ordres de l'Eglise, et en esprit de componction et d'obéissance à ses prêtres.

## IIIᵉ CONSIDÉRATION.

*Désirs des saintes ames que les rigueurs de l'Eglise leur soient appliquées.*

C'est ce qui a inspiré à toutes les ames pénitentes un désir intime, qu'on leur appliquât les saintes rigueurs de l'Eglise. On leur voyoit demander à genoux cette grace à leurs évêques, à leurs pasteurs, à leurs confesseurs, avec une humilité et une ardeur admirable. Je ne m'en étonne pas : elles étoient toutes pénétrées de l'amour de Jésus-Christ ; et sentant la séparation que met le péché entre l'ame et l'Epoux céleste, elles désiroient, quoi qu'il leur en coûtât, de lui être réunies par ce laborieux baptême de la pénitence. Il a été institué pour nous ramener à la pureté que nous avions reçue aux fonts baptismaux ; et il détruit tellement le péché, qui seul met la division entre Dieu et nous, que nous serions avec lui dans une union consommée, si nous mourions en cet état de parfait renouvellement où la pénitence nous peut ré-

[1] *Psal.* cx, 9.

tablir. Ainsi il ne faut pas s'étonner qu'on la demandât, et qu'on la reçût comme une grace.

###### PRIÈRES, AFFECTIONS ET RÉSOLUTIONS.

Disons donc avec le Sauveur : « J'ai à être baptisé d'un baptême[1]. » O mon Sauveur! ce baptême, dont vous deviez être baptisé, étoit le baptême de votre sang, où vous deviez être plongé pour nos péchés dans votre douloureuse passion; et vous ajoutiez : « Ah! combien me sens-je pressé jusqu'à ce qu'il s'accomplisse? » Pécheur que je suis, j'ai aussi à être baptisé dans le baptême de la pénitence, qui est un baptême de larmes et en quelque sorte un baptême de sang, s'il est vrai, comme dit un Père, que les larmes qu'on y doit répandre soient une espèce de sang; et encore un baptême de sang, parce que c'est un baptême d'une véritable et parfaite mortification. Ah! que je me sens pressé à porter les saintes rigueurs de ce baptême laborieux, pour y être entièrement renouvelé! O mon Sauveur, appliquez-moi ces saintes rigueurs du baptême de la pénitence : inspirez à vos ministres, qui sont mes pères, une sainte inflexibilité pour m'imposer les peines que j'ai méritées. Je reçois en esprit de pénitence les maux que vous m'envoyez, les pertes, les afflictions de corps et d'esprit, les maladies : dans ce temps rempli de misères, loin de murmurer je baisse la tête sous vos fléaux : mais comme vous me faites ressentir la grace et la bénédiction particulière qu'il y a à vous obéir en la personne de vos ministres, lorsque vous me liez par leur autorité qui est la vôtre, inspirez-moi une parfaite docilité et à eux en même temps une discrète et paternelle, mais aussi une sévère et sainte rigueur, afin qu'ils me donnent une pénitence digne de ce nom et convenable à mes péchés; et que lié par leur ordre, dans lequel je reçois le vôtre, en portant ces peines salutaires, je puisse espérer de revenir par ce moyen à la parfaite nouveauté de vie et à l'intégrité de mon baptême.

O mon Sauveur, je le dis encore une fois en union avec vous : J'ai à être baptisé d'un baptême, du baptême laborieux de la pénitence. Ah! que mon ame est pressée! Qu'elle souffre, qu'elle

[1] *Luc.*, XII, 50.

est dans l'angoisse, jusqu'à ce qu'il s'accomplisse ! Tout à l'heure, et sans plus tarder, j'irai au tribunal de la pénitence avec un esprit chrétien, c'est-à-dire avec un esprit soumis au rigoureux jugement que l'Eglise daignera exercer sur moi en votre nom.

## II{{e}} POINT.

*Raisons des rigueurs de l'Eglise.*

Première raison tirée de la justice divine.

Le même concile de Trente nous explique excellemment les raisons de cette rigueur, dont la première se tire de la justice divine en cette manière : « Et certainement, dit ce saint concile, il paroît que l'ordre de la justice de Dieu exige de lui qu'il reçoive d'une autre manière en sa grace ceux qui auront péché dans leur ignorance avant le baptême (avant que d'avoir connu et goûté Dieu), que ceux qui, après avoir été une fois délivrés de la servitude du péché et du démon et avoir reçu le don du Saint-Esprit, n'ont pas craint de violer avec connoissance et de propos délibéré le temple de Dieu, et d'attrister son Saint-Esprit [1]. »

Le saint concile nous propose en abrégé toutes les raisons qui aggravent le crime de ceux qui ont péché depuis le baptême. Elles sont tirées de saint Paul [2], qui nous apprend que ceux qui pèchent de cette sorte, « attristent le Saint-Esprit dont ils ont reçu le sceau » par le baptême, pour conserver l'esprit de grace « et de rédemption. » Qu'est-ce qu'attrister le Saint-Esprit, si ce n'est le chasser d'une ame dont il avoit pris possession en mettant son sceau dessus, et en disant : Elle est à moi; c'est mon bien. Mais celui qui pèche après le baptême viole ce sceau sacré, le rompt en lui-même, et en disant au Saint-Esprit : Je ne veux plus être à vous; il lui fait un outrage capable d'affliger cet Esprit, s'il n'étoit d'une nature inaltérable.

C'est ce que le même saint Paul exprime en disant « qu'on fait outrage à l'esprit de la grace [3]; » car par la grace de la rémission des péchés « on avoit été fait participant du Saint-Esprit [4]; » et par

---

[1] Sess. XIV, cap. VIII. — [2] *Ephes.*, IV, 30. — [3] *Hebr.*, X, 29. — [4] *Hebr.*, VI, 4.

le péché on repousse outrageusement cet Esprit de grace et de bonté qui avoit effacé nos crimes.

Les pécheurs qui ont violé leur baptême, passent plus avant selon le même saint Paul; ils crucifient de nouveau et foulent aux pieds le Fils de Dieu [1]; ils profanent le sang de son Nouveau Testament, par lequel ils ont été sanctifiés, et tournent ses souffrances en dérision, comme ont fait les Juifs. Mais les Juifs ne le connoissoient pas; et « s'ils l'avoient connu, jamais ils n'auroient crucifié le Seigneur de gloire [2]. » Et nous qui le connoissons, qui avons reçu le baptême en son nom, mais qui après en avoir perdu la grace, l'avons recouvrée par la pénitence, et qui avons reçu tant de fois son sacré corps; nous avons violé tous les sacremens, le baptême, la pénitence, l'Eucharistie : et nous avons traité notre Sauveur et notre Dieu, le sachant et le connoissant, avec plus d'indignité que ceux qui ne le connoissoient pas. Quelle augmentation de supplices nous sommes-nous attirée par notre ingratitude!

Telles sont donc les raisons qui aggravent le péché de ceux qui ont manqué à la grace, et l'ont volontairement perdue : voilà ce qui les rend si redevables à la justice de Dieu. D'où le concile conclut [3], « que l'Eglise a toujours cru qu'il n'y avoit point une voie plus sûre pour détourner le coup de la main de Dieu, et les maux qui sont prêts à fondre sur nous, que de subir humblement et nous rendre familières ces œuvres de pénitence avec une sincère douleur. »

### PRIÈRES, AFFECTIONS ET RÉSOLUTIONS.

Je me soumets donc, mon Sauveur, à ces œuvres de pénitence que votre Eglise veut qu'on m'impose en réparation de l'outrage que j'ai fait à votre grace : je souhaite de les subir avec un cœur percé de douleur. Mon Sauveur, je le reconnois, il n'est pas juste que vous me receviez comme ceux qui vous offensent dans leur ignorance : je confesse la vérité qu'a annoncée le Prince des apôtres : « Il vaudroit mieux n'avoir point connu la voie de la justice que de retourner en arrière après l'avoir connue [4]. » Votre

---

[1] *Hebr.*, X, 29. — [2] I *Cor.*, II, 8. — [3] Sess. XIV, cap. VIII. — [4] II *Petr.*, II, 21.

Prophète a dit aussi à Jérusalem qui vous connoissoit : « Sodome et Samarie, tes sœurs, sont justifiées, à comparaison de tes abominations ; tu les a surmontées par tes crimes [1]. » Faites-moi donc entrer, ô Seigneur, dans les rigoureuses règles de votre justice, qui multiplie les châtimens à proportion de la connoissance qu'on a de la vérité. Faites-moi entrer dans votre sainte jalousie, qui vous fait punir l'épouse infidèle plus que celle que vous n'avez jamais admise à votre lit nuptial. O Seigneur, je reconnois mon péché : ma honte et ma confusion sont sur moi. Armez contre moi le zèle de votre Eglise ; que vos ministres entrent avec vous dans cet esprit de jalousie contre les ames qui vous ont quitté et se sont prostituées à votre ennemi. De quelle pénitence ne suis-je pas digne ? O Seigneur, je veux tout subir, et prendre contre moi-même le parti de votre justice, afin de la fléchir par ma soumission. Mais je ne puis rien sans vous ; vous qui m'avez mis dans le cœur ces saintes pensées, donnez-moi la force de les accomplir.

### III<sup>e</sup> POINT.

*Seconde raison de la rigueur de l'Eglise.*

La miséricorde de Dieu.

S'il est digne de la justice de Dieu de recevoir autrement ceux qui l'ont offensé après le baptême (ajoutons après la pénitence et après la communion) que ceux qui n'avoient point encore reçu de pareilles graces : « Il est digne de sa clémence, poursuit le même concile, de ne remettre pas les péchés sans satisfaction, de peur que les croyant trop légers, nous ne tombions dans de plus grandes fautes, et ne fassions de nouveaux outrages au Saint-Esprit, nous amassant un trésor de colère pour le jour de la vengeance, par notre endurcissement et notre impénitence [2]. »

Ce n'est donc pas seulement par un effet de sa justice, mais c'est encore par un effet de sa miséricorde, que Dieu veut qu'on soit rigoureux aux pécheurs, parce qu'ajoute le même concile : « Il n'y a point de doute que ces peines satisfactoires ne nous retirent du péché ; qu'elles ne nous soient comme un frein, et ne

[1] *Ezech.*, XVI, 48. — [2] Sess. XIV, cap. VIII.

nous rendent à l'avenir plus attentifs sur nous-mêmes. Elles remédient aussi, dit le saint concile, aux restes des péchés, et ôtent les mauvaises habitudes que nous avons contractées par une mauvaise vie, en nous faisant pratiquer les vertus contraires. »

#### PRIÈRES, AFFECTIONS ET RÉSOLUTIONS.

O Seigneur, les saintes rigueurs que vous inspirez à votre Eglise contre les pécheurs pénitens, ne sont donc pas seulement un effet de votre justice, mais encore un exercice de votre miséricorde paternelle. O sage et bon médecin! c'est un régime que vous prescrivez à vos malades pour achever leur guérison et déraciner tous les principes du mal. C'est une sage et miséricordieuse précaution que vous prenez contre nos foiblesses, pour exciter notre vigilance dans les occasions qui nous font tomber. Appliquez-moi donc, ô Sauveur, par un conseil de miséricorde, les salutaires rigueurs de votre Eglise. Qu'on fasse durer longtemps le souvenir de mon péché ; qu'on le rende horrible à mes yeux en m'imposant des œuvres vraiment pénales, qui mortifient ma chair, qui la crucifient, qui humilient mon esprit, qui m'impriment la crainte de la rechute, et ne me permettent pas de me relâcher dans l'exercice de la pénitence. O rigueur, que vous êtes douce! O peines, qui êtes un frein à la licence et aux emportemens, que vous êtes aimables! O saintes précautions qu'on me fait prendre contre moi-même, je vous embrasse de tout mon cœur, et j'adore la miséricorde qui me les impose!

### IV° POINT.

#### *Troisième raison des rigueurs de l'Eglise.*

##### La conformité avec Jésus-Christ.

« Il faut encore considérer, poursuit le concile, qu'en souffrant et satisfaisant pour nos péchés, nous sommes rendus semblables à Jésus-Christ, qui a satisfait pour nos crimes, et de qui vient toute notre force et tout le pouvoir qui nous rend capables du bien[1] : ce qui nous est un gage certain qu'ayant part à ses souffrances,

[1] II *Cor.*, III, 5.

nous aurons part à sa gloire. Mais il ne faut pas penser que cette satisfaction que nous faisons à Dieu pour nos péchés, soit tellement nôtre, qu'elle ne soit point par Jésus-Christ, puisque nous qui ne pouvons rien de nous-mêmes, comme de nous-mêmes, pouvons tout avec la coopération de celui qui nous fortifie [1]. Ainsi l'homme n'a pas de quoi se glorifier [2]; mais toute notre gloire est en Jésus-Christ, en qui nous vivons, en qui nous méritons, en qui nous satisfaisons, faisant de dignes fruits de pénitence, qui tirent leur force de lui, qui sont offerts par lui-même à son Père, et en lui sont acceptés par son Père [3]. »

### PRIÈRES, AFFECTIONS ET RÉSOLUTIONS.

Je crois, mon Dieu, la sainte doctrine que votre Eglise catholique a si bien expliquée par ces paroles : j'adore la vérité que vous y avez imprimée, et je reconnois qu'elle vient uniquement de vous. Que votre Eglise est sainte! Que sa foi est pure! Que l'Esprit qui la conduit est véritable!

Je crois donc, ô mon Dieu, avant toutes choses, que je suis obligé à m'unir aux satisfactions de Jésus-Christ, en les imitant selon ma foiblesse. A Dieu ne plaise que je croie qu'une indigne et criminelle créature puisse satisfaire comme lui. Il a satisfait comme un Dieu, et je satisfais comme un pécheur. Il a satisfait pleinement et infiniment, et moi je satisfais, comme je puis, en vous offrant mon néant, qui n'a aucune valeur que celle que lui donnent le sang, les souffrances, la satisfaction et le sacrifice infiniment digne de votre Fils. Recevez donc de ce Fils, qui est votre égal, la juste satisfaction qui vous est due : et recevez d'un vil esclave le peu qu'il fait, qu'encore il ne fait point de lui-même, et qu'il ne peut espérer que vous acceptiez, qu'à cause qu'il est uni à ce que fait votre Fils unique, mon Sauveur, mon Médiateur, mon sacrificateur, et ma victime tout ensemble. .

Faites-moi donc, ô mon Dieu, faites-moi trouver dans la pénitence, non pas de la complaisance, de la flatterie, des peines légères; mais puisqu'il faut ici me rendre conforme à la passion de Jésus-Christ, faites-moi trouver une croix, des clous qui me per-

---

[1] *Philipp.*, IV, 13. — [2] I *Cor.*, I, 29. — [3] *Conc. Trid.*, sess. XIV, cap. VIII.

cent, une flagellation qui me déchire, du vinaigre, du fiel dont l'amertume me dégoûte des pernicieuses douceurs que j'ai trop goûtées en suivant ma volonté, en flattant mes sens, en me plaisant en moi-même. Mon Sauveur, je tends le dos aux flagellations, je présente mon visage aux crachats; qu'on me reprenne avec force, qu'on me confonde; plongez-moi par la pénitence dans votre passion et dans vos douleurs.

## Vᵉ POINT.

*On en revient aux saintes rigueurs de la justice divine.*

Le saint concile de Trente, après avoir exposé des vérités si solides et si touchantes, conclut en cette manière : « Il faut donc que les prêtres du Seigneur, autant que le Saint-Esprit et la prudence le suggéreront, imposent des pénitences salutaires et convenables, selon la qualité des crimes et le pouvoir des pénitens : de peur que, s'ils connivent aux péchés, et traitent leurs pénitens avec trop d'indulgence, en leur imposant, pour de très-griefs péchés, des peines et des œuvres très-légères, ils ne participent aux péchés d'autrui et ne s'en rendent complices. Qu'ils aient donc devant les yeux la nécessité d'imposer une satisfaction qui ne serve pas seulement de précaution contre les péchés à venir et de remède à la foiblesse, mais encore de vengeance et de châtiment aux péchés passés, puisque les anciens Pères croient et enseignent que les clefs qui sont mises entre les mains des ministres de Jésus-Christ, ne leur sont pas seulement données pour absoudre, mais encore pour lier [1]; » et on ne doit pas penser pour cela que le sacrement de pénitence soit un tribunal de colère ou de peine : ce que le concile ajoute, parce qu'on a vu selon sa doctrine précédente, que ces peines que l'on subit avec une humble et sincère obéissance, sont au fond un trésor de grace et un gage de la divine miséricorde.

Le concile de Trente ajoute encore : « Que Dieu par un témoignage admirable de son amour, veut que nous puissions le satisfaire par Jésus-Christ, non-seulement par les peines que l'on

[1] *Conc. Trid.*, sess. xiv, cap. viii.

s'impose à soi-même et par celles que les prêtres nous ordonnent selon la mesure de nos péchés, mais encore par les fléaux temporels que sa justice nous envoie [1] : » ce qui est pour les pécheurs pénitens un dernier trait de miséricorde, puisqu'il change les supplices en remèdes.

### PRIÈRES, AFFECTIONS ET RÉSOLUTIONS.

Malheur à moi, mon Dieu, si je cherche dans le sacrement de pénitence un flatteur et un complice plutôt qu'un juge! O mon Dieu, inspirez des paroles fortes à vos ministres, afin de confondre mon orgueil : inspirez-leur une sainte et invincible rigueur, de peur qu'ils ne connivent à mon péché : donnez-leur le zèle d'Elie, celui de saint Jean-Baptiste, celui de Jésus-Christ même; qu'ils aient à son exemple, le fouet à la main pour chasser tout ce qui profane la maison de Dieu, qui est mon ame et mon corps même. Mon Sauveur, si Tyr et Sidon avoient su ce que nous savons, elles auroient fait pénitence dans le sac et dans la cendre [2]. Mais aussi avez-vous dit que Tyr et Sidon seront traitées plus doucement que nous au jugement. Et vous n'avez pas seulement prononcé cette sentence contre les villes qui vous ont vu en personne; vous avez dit à vos disciples : « Qui vous reçoit, me reçoit; qui vous méprise, me méprise. Si l'on ne vous reçoit pas dans une ville, allez dans une autre; mais je vous le dis en vérité, le traitement que recevront Sodome et Gomorrhe, dans le jugement de Dieu, sera plus supportable que celui de cette ville [3]. » Qu'y a-t-il là à répondre? Rien, mon Dieu; je suis confondu : il faut se taire. Et comme disoit Esdras : « Seigneur, vous êtes juste : nous sommes devant vous dans notre péché, et il n'y a pas moyen de soutenir votre face [4]. »

Mais, ô Seigneur, soyez loué à jamais de la manière dont vous nous aidez à vous satisfaire. O Dieu! nous n'avons pas le courage de nous imposer à nous-mêmes des austérités; au contraire le peu d'abstinences et le peu de jeûnes que votre Eglise nous ordonne nous est à charge, et nous ne cessons de nous en plaindre; nous

---

[1] Sess. XIV, cap. 9. — [2] *Matth.*, XI, 21, 22. — [3] *Matth.*, X, 14, 15. — [4] I *Esdr.*, IX, 15.

transgressons ses observances, et nous ne marchons point dans ses préceptes. Nos confesseurs nous trouvent si lâches, qu'ils craignent de nous accabler par les moindres pénitences; mais vous, Seigneur, qui avez pitié de notre foiblesse, vous nous envoyez des peines plus proportionnées à votre justice. Vous avez multiplié vos fléaux d'une manière terrible. La guerre vient contre nous avec toutes ses suites funestes (a) : nous n'avons jamais vu tant d'ennemis aussi acharnés à notre perte : vous nous soutenez toutefois de votre bras tout-puissant; mais cependant le sang coule comme l'eau autour de Jérusalem : nos familles sont désolées : le nombre de nos parens et de nos amis diminue tous les jours : et celui des morts qui nous étoient chers, s'accroît sans mesure. Nous avons vu la famine : ô Dieu! avec quelle horreur nous apparut-elle il y a quelques années. La mortalité est venue à sa suite : nos villes et nos campagnes pleurent la perte de leurs habitans : la rareté nous en étonne : combien de villages sont ravagés, et en combien de manières la diminution du peuple se fait-elle sentir! Vous êtes juste, Seigneur! Les prospérités aveuglent les hommes, et vous leur ouvrez les yeux par vos fléaux et par tant de coups redoublés. Mais que ces peines qui nous font pousser vers le ciel de si grandes plaintes, sont douces en comparaison de celles que vous réservez dans vos trésors! Vous nous épargnez, Seigneur, et vous ne déployez pas toutes vos vengeances. Car aussi qui les pourroit supporter? Adoucissez encore vos justes rigueurs : donnez-nous la paix tant désirée, que vous seul pouvez nous donner. Mais puisque la saine doctrine vient de nous apprendre qu'il n'y a point de plus sûr moyen de détourner vos coups que de subir les peines de la pénitence, faites-nous pratiquer cet admirable moyen de vous apaiser : faites-nous d'humbles, de véritables, de courageux pénitens, qui sachent s'irriter implacablement contre eux-mêmes et ne se rien pardonner, afin que vous leur pardonniez.

(a) Au lieu de la guerre dont Dieu affligeoit son peuple lorsque M. Bossuet écrivoit ces *Méditations*, comme elle a cessé, les chrétiens doivent s'occuper devant Dieu d'autres fléaux qu'il leur envoie pour les punir de leurs péchés et les exciter à la pénitence, par exemple la peste, les maladies, etc. (Note de l'édit. de 1741.)

# SECONDE MÉDITATION.
## L'INDULGENCE DE L'ÉGLISE.

### PREMIER POINT.

*On peut suppléer aux rigueurs de la pénitence par sa ferveur et par un amour ardent.*

Il pourroit sembler qu'après ces sévères et saintes maximes que le concile de Trente a tirées de l'Ecriture et de la plus pure antiquité, il n'y a plus de lieu à l'indulgence : mais le contraire paroît par des exemples admirables, et premièrement par ceux du Sauveur.

#### PREMIÈRE CONSIDÉRATION.

Indulgence de Jésus, et premièrement envers celle qui oignit ses pieds.

Parabole de Notre-Seigneur, en saint Luc, chap. VII, 41, 47.

Considérez à ses pieds la sainte pécheresse, et voyez comme elle y reçoit en un instant une entière rémission de ses péchés : c'est que sa ferveur et un amour ardent lui avoit fait souffrir tout d'un coup dans le cœur tout le martyre de la pénitence : vous le voyez par ses pleurs et par ses regrets, par la honte où elle s'expose et par la bassesse de ses humbles prosternemens. — Jésus lui « remet beaucoup parce qu'elle a beaucoup aimé : » et il nous assure en même temps que recevant beaucoup par un grand amour, elle apprenoit à aimer encore plus. « De deux débiteurs, demande Jésus, lequel est-ce qui aime le plus? Celui à qui on remet cinq cents deniers, ou celui à qui on en remet cinquante? » Celui à qui on remet une plus grande dette, ou celui à qui on en remet une moindre? On lui répond : « C'est celui à qui on donne le plus : » et Jésus dit : « Vous avez bien jugé. » Ainsi cette pécheresse aimoit d'autant plus, qu'elle attendoit une plus grande grace; et après l'avoir reçue, elle redoubla son amour. C'est là le vrai caractère et le propre effet de l'indulgence, à proportion qu'elle est grande, de préparer le cœur à la recevoir avec un plus grand amour, et d'être suivie encore d'un plus grand amour, après que la grace est accordée. Jésus-Christ confirme l'un et l'autre : *Beaucoup de péchés lui sont remis, parce qu'elle a beaucoup aimé :* voilà un grand amour, qui précède la grace du pardon : *Celui à qui on donne le plus, aime le plus :* voilà un plus grand amour, qui suit une plus grande rémission et une grace plus abondante.

### PRIÈRES, AFFECTIONS ET RÉSOLUTIONS.

#### Sur la première partie de la parabole.

Mon Sauveur, permettez-moi d'écouter encore une fois à vos pieds, avec la sainte pécheresse, l'instruction admirable que vous y donnez à Simon le pharisien pour la consolation de vos serviteurs.

Simon, j'ai une chose à vous dire. — Maître, dites. — « Un créancier avoit deux débiteurs ; l'un lui devoit cinq cents deniers, et l'autre cinquante ; comme ils n'avoient pas de quoi le payer, il leur quitta la dette à tous deux [1]. »

Je m'arrête à cette parole, pour considérer premièrement que l'un devoit cinq cents deniers et l'autre cinquante : l'un devoit beaucoup, et l'autre peu ; mais cependant ils étoient tous deux également insolvables. Ainsi étoit tout le genre humain. Il y a de plus grands pécheurs les uns que les autres : les uns doivent moins, les autres plus. Ceux qui doivent moins, sont ceux qui pèchent dans leur ignorance, sans connoître Dieu : ils ont péché en Adam, et leurs péchés se sont accrus à mesure que la convoitise dont ils avoient apporté le fond en naissant s'est déclarée : ils périssent dans leur péché, et ils sont entièrement insolvables. Tels sont les Gentils, les Juifs et tous les infidèles : les uns plus, les autres moins, selon les degrés de lumière qu'ils ont reçus ; mais tous sont dans l'ignorance, parce qu'ils n'ont pas connu le Père céleste, ni Jésus-Christ qu'il a envoyé. Lorsque vous les appelez,

[1] *Luc.,* VII, 41.

mon Sauveur, à la grace du saint baptême, vous leur quittez tout ce qu'ils doivent : mais il y a de bien plus grands débiteurs, et ce sont ceux qui ont reçu de plus grandes graces. Ceux qui ont été baptisés et illuminés, comme parle saint Paul [1], qui ont cru en l'Evangile, qui ont reçu le Saint-Esprit, qui ont été lavés plusieurs fois dans le sacrement de pénitence, qui ont goûté le don céleste et les délices de votre table sacrée, et après cela ont péché et multiplié leurs iniquités par-dessus leur tête : ceux-ci doivent cinq cents deniers, au lieu que les autres n'en doivent que cinquante : cependant, ô Seigneur, et grands et petits pécheurs, s'il y en a de petits, si l'on peut parler de cette sorte, nous sommes tous insolvables; et si vous ne nous quittez tous, nous périssons tous également.

## II.

### Sur la seconde partie de la parabole.

Passons outre dans la lecture de cet évangile : « Comme ils n'avoient point de quoi payer, il leur remit la dette à tous deux : lequel des deux l'aime le plus? C'est celui à qui on remet davantage [2]. » O mon Dieu, je suis du nombre des grands débiteurs, moi qui ai reçu tant de graces et qui suis coupable de tant de péchés ! Il faut donc que je vous aime davantage. Plus vous exercez envers moi vos miséricordes, plus il faut que je vous donne mon cœur : et dans une indulgence plénière, si je n'ai pour ainsi parler un amour plénier, je ne réponds pas aux desseins de votre bonté.

## III.

### Application de la parabole.

Mon Sauveur, je n'attendrai pas à vous aimer que j'aie reçu la grace et l'indulgence. L'attente de vos bontés m'attendrit le cœur. Tout le monde est étonné de cette admirable facilité avec laquelle vous vous laissez approcher d'une pécheresse. Elle touche vos pieds sacrés : elle pleure dessus aussi longtemps qu'il lui plaît; elle les oint de ses parfums : elle les essuie de ses cheveux : elle

---

[1] *Hebr.*, VI, 4-6. — [2] *Luc.* VII, 42, 43.

les baise tant qu'elle veut : « Elle n'a cessé, dites-vous, de baiser mes pieds[1]. » Le pharisien en murmure, et toute la compagnie en est surprise. Mais personne n'en est plus surpris qu'elle. Votre bonté, vos facilités, lui percent le cœur : elle fond en larmes : elle n'a pas la force de prononcer une parole : ses larmes, ses cheveux épars, ses parfums répandus, ses humbles et tendres baisers parlent assez : plus son amour est vif, plus ses regrets sont amers; car qui ne sait que plus on vous aime, plus on regrette de vous avoir offensé? Si l'indulgence augmente l'amour, elle augmente par conséquent la douleur. Ne parlons plus à cette sainte pécheresse des rigueurs et du martyre de la pénitence, son amour et sa douleur lui font tout sentir : elle souffre plus dans le cœur, que les plus austères pénitens.

## IV.

L'amour pénitent comprend toutes les peines satisfactoires.

Donnez-moi, mon Sauveur, comme à cette sainte pécheresse, un cœur pénétré d'amour à la vue de votre indulgence : je ramasserai avec elle en un instant toute l'action de la pénitence : la confusion, la confiance, la réparation du mal, celle du scandale. Pénitens des premiers siècles, vous fondiez en larmes à l'entrée de l'église; notre pécheresse fond en larmes aux pieds de Jésus. Vous baisiez les pieds des fidèles, elle baise ceux du Sauveur; et ce sont les pieds que les pénitens cherchent encore dans ceux de leurs frères. Pénitens des siècles passés, vous quittiez toutes les marques de la vanité; voilà notre pécheresse qui répand tous ses parfums. Vous paroissiez les cheveux épars, négligés, couverts de cendre et de poussière; notre pécheresse n'estime les siens qu'à cause qu'elle en essuie les pieds du Sauveur, et les lui consacre. Heureuse l'indulgence, si elle produit tout son effet! elle augmentera l'amour de Dieu; car celui à qui on remet plus, doit plus aimer : si elle augmente l'amour de Dieu, elle augmente la douleur de l'avoir offensé. Ah! que cette douleur est douce, puisque c'est l'amour qui l'excite! Mais cependant, qu'elle est vive,

---

[1] *Luc.*, VII, 45.

qu'elle est pénétrante, qu'elle est déchirante et perçante, si l'amour qui la fait naître est véritable! Mon Sauveur, que je coure donc à l'indulgence : mon extrême misère a besoin de la plus grande; mais que j'y coure comme à un moyen d'augmenter en mon cœur votre saint amour, et par mon amour la douleur d'avoir péché contre le ciel et contre vous.

## II<sup>e</sup> POINT.

*Autres exemples de l'indulgence du Sauveur.*

### PREMIÈRE CONSIDÉRATION.

#### Le Paralytique.

Je vois ce paralytique que quatre hommes portent à peine sur son grabat : ils ne savoient par où aborder Jésus qu'un grand peuple environnoit. On ne pouvoit entrer dans la maison où il s'étoit retiré : on découvre le toit, et on descend ce pauvre impotent avec des cordes aux pieds de Jésus. « Et Jésus voyant leur foi, dit au paralytique : Mon fils, prenez confiance : vos péchés vous sont remis [1]. » Il ne lui impose point de pénitence, content de la foi avec laquelle il se fait porter à ses pieds.

### II<sup>e</sup> CONSIDÉRATION.

#### La femme adultère.

Jésus n'est pas moins indulgent envers la femme adultère. « Femme, personne ne vous a condamnée? Personne, Seigneur : je ne vous condamnerai pas non plus : allez, et ne péchez plus [2]. » Il venoit de là délivrer du dernier supplice (car on l'alloit lapider); combien fut-elle touchée de cette grace! Sa pénitence fut faite en un moment. La douceur de Jésus-Christ lui inspira plus de confusion et de douleur que n'auroient fait les plus rigoureuses corrections, les plus longs jeûnes et les plus insupportables austérités. On ne passe point d'une si grande frayeur à une si grande paix, sans une extrême reconnoissance.

[1] *Matth.*, IX, 2; *Marc.*, II, 3; *Luc.*, V, 18. — [2] *Joan.*, VIII, 10, 11.

### IIIᵉ CONSIDÉRATION.

#### Saint Pierre.

Mais que dirons-nous de saint Pierre après qu'il eut renié trois fois? « Jésus se retournant de son côté le regarda ¹. » Quelle force dans ce regard? Combien renfermoit-il de doux reproches de Jésus! Combien étoit-il puissant pour émouvoir son foible et infidèle disciple? Pierre aussi « se ressouvint de la prédiction de Jésus; et se retirant, il pleura amèrement. » Nous voyons ici deux effets de sa pénitence : le premier est de se retirer de la maison qui lui avoit été une occasion de péché; il ne dit plus comme auparavant à Notre-Seigneur : « Pourquoi dites-vous que je ne puis pas vous suivre? J'exposerai ma vie pour vous ². » Il confesse sa foiblesse en se retirant de l'occasion du mal. C'est par où il faut commencer, et c'est le premier effet de la pénitence : et le second, c'est « que s'étant retiré, il pleura amèrement. » Admirons la douceur de Jésus après sa résurrection; il reproche à Pierre aussi bien qu'aux autres son incrédulité : mais il ne lui reproche plus ses reniemens. C'étoit assez qu'il eût pleuré, qu'il eût été attendri au seul regard de Jésus : ce bon Sauveur a oublié sa faute.

### IVᵉ CONSIDÉRATION.

#### Réflexions des saints Pères sur les exemples précédens.

Je ne sais s'il est permis de penser que Jésus-Christ ait usé de quelque réserve dans les rémissions qu'on vient de voir. Je ne puis croire que l'indulgence sortie de la propre bouche de ce grand Pontife, de ce Pontife tout-puissant dont le sacerdoce est éternel et incomparable, qui ne succède à personne, à qui personne ne succède; de ce Pontife miséricordieux et compatissant : je ne puis croire, encore un coup, que son indulgence ait pu n'avoir pas été très-parfaite et sans aucune réserve de peine. Néanmoins ce Pontife tout-puissant a pu faire ce qu'il a voulu ; et quoi qu'il en soit, je ne doute point que ceux à qui il a pardonné, sans leur imposer

---

¹ *Luc.*, XXII, 61, 62. — ² *Joan.*, XIII, 37.

aucune peine, n'aient été dans la suite d'autant plus rigoureux envers eux-mêmes pour mortifier leur corps et leur esprit, que le Sauveur les aura épargnés. Mais de quelque manière qu'il faille entendre des indulgences dont l'effet a été si prompt, les saints Pères ne veulent pas qu'on les tire à conséquence. Car Jésus-Christ, disent-ils, est le maître qui peut tout : les règles ordinaires auxquelles il a astreint ses ministres, ne sont pas pour lui. Il voit et met dans les cœurs des dispositions que nul autre que lui, je ne dis pas n'y peut mettre, mais n'y peut voir quand elles y sont. Ce que nous apprennent ces exemples, c'est que Dieu peut tout d'un coup inspirer aux hommes la foi et la charité dans un si haut degré, qu'elle suffiroit pour obtenir en un moment la totale rémission et de la coulpe et de la peine. Telle est l'indulgence de Jésus, que nul que lui ne peut donner. Ne laissons pas de recevoir celle qu'il donne par son Eglise, et servons-nous-en pour obtenir de Jésus-Christ du moins un commencement de cette haute disposition de l'amour de Dieu, qui feroit en nous un parfait renouvellement.

### Vᵉ CONSIDÉRATION.

#### L'indulgence accordée au bon larron.

Ne disons rien du bon larron : celui-là est à la croix avec Jésus-Christ, et il satisfait quoiqu'en un moment, lorsqu'il dit au compagnon de son crime et de son supplice, qui ne le fut pas de sa pénitence : « Vous ne craignez pas Dieu, quoique vous vous trouviez condamné au même supplice? Encore pour nous, c'est avec justice, puisque nous souffrons la peine que nous avons méritée; mais celui-ci n'a rien fait[1]. » Il fut absous à l'instant par la bouche de Jésus-Christ, et le paradis lui fut promis dans le même jour. Que Jésus pardonne aisément à ceux qui souffrent avec lui, et qui font un sacrifice volontaire de leurs maux quoique forcés!

### PRIÈRES, etc.

#### Sur l'exemple du paralytique et de la femme adultère.

Qui ne seroit touché de cette parole de l'Evangile : « Jésus voyant

[1] *Luc.*, XXIII, 40, 41.

leur foi » (celle de ceux qui descendirent le paralytique par le toit), il lui dit: « Aye confiance, mon fils, tes péchés te sont remis[1]. » Il pardonne au malade : mais il est expressément marqué que c'est à la considération, non-seulement de sa foi, mais encore de celle des autres.

A quelque prix que ce soit, ô mon Sauveur, je veux vous aborder pour obtenir votre indulgence : si je ne puis entrer par la porte, je me ferai descendre par le toit : je tenterai les voies les plus difficiles : je ne vous aborderai pas seul : j'aurai avec moi des intercesseurs semblables à ceux qui descendirent ce paralytique aux pieds du Sauveur, et dont la foi le toucha.

« Tous les saints, disoit David, prieront au temps convenable pour la rémission de mon péché[2]. » Prions donc les uns pour les autres ; ce temps convenable est le temps de l'indulgence et de la miséricorde, et c'est alors plus que jamais que les saints prient pour les pécheurs. Ah ! si je ne puis approcher moi-même, je me ferai porter au Sauveur par mes frères et par les saints : peut-être qu'ayant égard à leur foi plutôt qu'à la mienne, il me fera miséricorde.

Si je puis jamais concevoir de quelle mort Jésus retire mon ame infidèle, plus touché de reconnoissance et de la douleur de mon crime que cette femme adultère, j'obtiendrai un prompt pardon par l'excès de ma douleur.

## II.

Sur l'exemple de saint Pierre et du bon larron.

Jésus, vous me regardez. Vous me reprochez secrètement que, comme saint Pierre, par un excès de témérité, je me suis jeté dans le péril malgré vos menaces et vos défenses, et malgré le juste sentiment que vous vouliez m'inspirer de ma foiblesse. Je veux toujours croire, en me flattant, que ces entretiens, que ces occasions qui m'ont si souvent été funestes, ne me nuiront pas : je demeure dans ces conversations dangereuses où règnent la corruption, la médisance, le libertinage et l'impiété, et je croirai ne brûler

[1] *Matth.*, IX, 2; *Luc.*, V, 20. — [2] *Psal.* XXXI, 6.

pas en me jetant au milieu des flammes? O mon Sauveur, je fuirai à l'exemple de saint Pierre, quoi qu'il m'en coûte, le dangereux commerce de ceux avec qui je me suis perdu. Je le fuirai avec cet apôtre, et pour éviter les occasions du mal, et pour pleurer seul en liberté mon ame perdue et mon innocence souillée. Puisse ce baptême de larmes être si abondant, que tous mes péchés y soient noyés et que j'y expie la peine, comme j'espère y effacer la coulpe.

Seigneur, vous m'attachez à votre croix par ces pertes de biens, par ces afflictions, par ces maladies: faites dans mon cœur une si vive impression de votre justice, que j'obtienne par une sainte société avec vos souffrances une pleine miséricorde.

### III<sup>e</sup> POINT.

*Indulgence de saint Paul après avoir exercé une juste rigueur.*

PREMIÈRE CONSIDÉRATION.

La rigueur de saint Paul.

Un Corinthien avoit contracté mariage avec la femme de son père: saint Paul reprend d'une manière terrible l'Eglise de Corinthe, qui avoit souffert cet inceste. « Quoi, dit-il, après cela vous êtes encore enflés d'orgueil, au lieu de verser des pleurs, et de retrancher du milieu de vous celui qui a commis un tel crime[1]! » Il s'en prend à toute l'Eglise de Corinthe: le crime de l'incestueux est devenu le crime commun par la complaisance qu'on a eue pour le coupable. Saint Paul commence donc par faire voir aux Corinthiens la juste rigueur dont on devoit avoir usé envers ce pécheur en le retranchant de la communion; et il ajoute cette terrible parole: « Pour moi, quoique absent de corps, mais présent en esprit, j'ai porté ce jugement, comme présent, qui est que, mon esprit étant uni à votre assemblée au nom de Notre-Seigneur Jésus-Christ, celui qui a commis ce crime soit par la puissance de Notre-Seigneur Jésus-Christ livré à Satan pour mortifier sa chair, afin que son ame soit sauvée au jour de Notre-Seigneur Jésus-Christ[2]. »

[1] I *Cor.*, v, 2. — [2] *Ibid.*, 3-5.

Voilà toute la rigueur de l'Eglise, puisqu'on retranche de la communion le membre gâté, et outre cela qu'on lui fait sentir une vengeance telle que pouvoit être celle que Satan, à qui on le livre, exerceroit sur lui, soit par quelque maladie, selon qu'on voit souvent dans l'Ecriture qu'il y en avoit dont le démon étoit l'auteur, soit par d'autres moyens dont il n'est pas question ici. Voilà donc la double rigueur de l'Eglise : l'excommunication et la peine sensible ; mais néanmoins c'est une rigueur qui tend à miséricorde, puisque la chair n'est affligée qu'afin de sauver l'esprit.

## IIᵉ CONSIDÉRATION.

### Douceur et indulgence de l'Eglise de Corinthe et du saint Apôtre.

Telle fut la sentence de saint Paul, qu'il prononça, comme il dit lui-même, « le cœur serré et avec beaucoup de larmes [1]. » C'est ainsi qu'en doivent user les pasteurs de l'Eglise, lorsqu'ils sont contraints par la charité à se servir du pouvoir que Jésus-Christ leur a mis en main pour humilier les pécheurs superbes. A cette sentence apostolique, l'incestueux conçut un tel regret de son crime et fut tellement outré de douleur, qu'on craignit qu'il ne tombât dans le désespoir. Ainsi l'Eglise de Corinthe adoucit la peine de ce pénitent : non-seulement elle en abrégea le temps, mais encore elle en diminua le poids : et pour ne point manquer envers l'Apôtre qui avoit condamné le crime et imposé la pénitence, on le pria d'approuver l'indulgence dont l'Eglise avoit usé. Et le saint Apôtre attendri : « C'est assez, dit-il, que le coupable ait subi la correction qui lui a été faite par plusieurs [2] ; » c'est-à-dire par la multitude et par l'Eglise assemblée. Après donc avoir ainsi ratifié l'indulgence que les pasteurs de l'Eglise avoient accordée devant tout le peuple, selon la coutume de ce temps, il ajoute : « Loin d'improuver le pardon que vous avez accordé au coupable, je souhaite au contraire que vous le traitiez de plus en plus avec indulgence et que vous le consoliez, de peur qu'il ne soit accablé par un excès de tristesse [3]. » Tel est le pardon apostolique : voilà ceux qui sont jugés dignes par saint Paul de l'indulgence de l'Eglise. Ce sont

[1] II *Cor.*, II, 4. — [2] *Ibid.*, 6. — [3] *Ibid.*, 7.

ceux qu'on voit tellement pressés des douleurs de la pénitence, qu'il est à craindre qu'ils n'y succombent : et c'est pourquoi saint Paul n'use plus envers ce pécheur d'aucun reproche : il n'a plus que des paroles de consolation, de charité, de douceur : « Ce que vous avez accordé, dit-il, je l'accorde aussi ; et si j'use moi-même d'indulgence, c'est à cause de vous en la personne de Jésus-Christ, afin que Satan ne nous trompe pas et n'emporte rien sur nous : car nous n'ignorons pas ses pensées, et nous savons qu'il se prévaut de tout [1]. »

PRIÈRES, etc.

On demande à Dieu la douleur qui porta l'apôtre saint Paul à accorder l'indulgence à l'incestueux de Corinthe.

Qui ramènera ces heureux temps où les pécheurs qu'on mettoit en pénitence, au premier avertissement des pasteurs étoient tellement plongés et comme abîmés dans la tristesse, que l'Eglise craignant pour eux, étoit obligée aussitôt à se relâcher? On n'auroit presque plus besoin d'autre correction, d'autre satisfaction, d'autre pénitence : il n'y auroit plus que de la consolation et du baume pour les pécheurs. Sainte douleur de la pénitence que je cherche il y a longtemps, quand vous trouverai-je? « Les afflictions et l'angoisse m'ont trouvé, disoit David [2]. » Pendant que je les fuyois, elles ont bien su me trouver sans que je les cherchasse. Mais il y a une affliction, et c'est celle de la pénitence, que je voudrois bien pouvoir trouver afin de dire : « J'ai trouvé l'affliction et la douleur, et j'ai invoqué le nom du Seigneur [3]. » Sainte douleur, quand vous trouverai-je? Quand viendrez-vous m'attendrir le cœur? Larmes de la pénitence, si souvent recherchées, venez, il est temps : venez me préparer à l'indulgence : si mon péché ne me touche pas, si je suis insensible aux menaces de Dieu et de l'Eglise, que l'indulgence, la bonté, la facilité de Jésus-Christ et de l'Eglise, sa chère épouse, me fende le cœur et que je commence à sentir combien il est horrible et combien il doit être douloureux d'avoir offensé un Dieu si bon.

[1] II *Cor.*, II, 10, 11. — [2] *Psal.* CXVIII, 143. — [3] *Psal.* CXIV, 3, 4.

## IVᵉ POINT.

*Indulgence de l'apôtre et évangéliste saint Jean.*

Elle est célèbre dans l'*Histoire ecclésiastique :* tout le monde connoît le jeune homme que saint Jean, en revenant de son exil de Pathmos, avoit converti et confié à l'évêque qui lui donna le baptême, et ensuite pour le mieux garder, le sceau du Seigneur, c'est-à-dire la confirmation. Ce jeune homme entraîné par les plaisirs et les mauvaises compagnies, se plongea peu à peu dans le désordre, jusqu'à devenir enfin capitaine de voleurs. Le saint apôtre revenu à Ephèse fut assez longtemps sans retourner à la ville où il l'avoit laissé ; et y ayant été rappelé pour y régler les affaires de l'Eglise, il les commença par redemander à l'évêque le sacré dépôt qu'il lui avoit confié. L'évêque lui répondit en soupirant, que le jeune homme étoit mort ; et le saint qui savoit bien quelle mort les chrétiens déploroient, apprit bientôt que cette mort n'étoit autre chose que le crime de son disciple. Après en avoir amèrement déploré la perte et l'avoir reprochée au bon évêque, tout cassé qu'il étoit, car il avoit près de cent ans, il se fait mettre sur un cheval, et en cet état il court après sa brebis perdue. Il fut bientôt pris par les compagnons de ce voleur : car c'étoit ce qu'il vouloit, et il les prioit avec grande ardeur de le mener à leur chef. Le jeune homme n'eut pas plutôt reconnu saint Jean, que ne pouvant en soutenir la vue, il prit la fuite ; mais l'apôtre le poursuivoit en lui criant : « Mon fils, pourquoi me fuyez-vous ? Votre salut n'est pas désespéré, je rendrai compte pour vous à Dieu ; et s'il faut mourir pour vous comme Jésus-Christ est mort pour nous tous, je donnerai mon ame pour la vôtre ; arrêtez-vous, croyez : Jésus-Christ m'a envoyé à vous. » A ces mots, le farouche jeune homme demeure étonné ; ses yeux étoient attachés à la terre : à l'instant il jeta ses armes et fit de grands cris, versant un torrent de larmes. Puis il embrassa le saint vieillard qui accouroit à lui ; et baptisé une seconde fois par les larmes qu'il répandoit, il cachoit sa main meurtrière : mais l'apôtre la voyant lavée par la pénitence, de tout le sang qu'elle avoit répandu, la baisa, et ramena son disciple à l'église, où ayant demandé pour lui pardon à Dieu et s'étant affligé avec lui par des jeûnes continuels, il n'eut point de cesse qu'il ne l'eût rétabli dans l'Eglise, avant même que de partir de cette ville : tant les larmes de son pénitent, mêlées avec les siennes, furent efficaces. Ainsi il donna à toute l'Eglise par de belles marques un fameux exemple d'une seconde régénération et de la prompte résurrection d'une ame perdue. C'est ce qu'Eusèbe raconte dans son *Histoire ecclésiastique* [1], comme tiré du livre de saint Clément d'Alexandrie : *Quel est le riche qui se sauve ?* où nous le lisons encore au chap. XLII. Telle fut l'indulgence de saint Jean, où il ne faut pas oublier qu'elle fut accompagnée de jeûnes, comme ç'a toujours été l'esprit de l'Eglise.

PRIÈRES, etc.

On demande à Dieu pour les pasteurs de l'Eglise et pour les pécheurs l'esprit de gémissement et de componction.

Mon Dieu, donnez-moi ces larmes qui abrégent le temps de la pénitence : inspirez aux pasteurs de votre Eglise cet esprit de gémissement pour les pécheurs, sur qui ils excercent l'autorité que vous leur avez donnée. Nous avons vu un saint Paul prononcer avec larmes la triste sentence du Corinthien incestueux ; les larmes du saint apôtre qui excitèrent celles du pécheur, attirèrent en même temps au pécheur l'indulgence apostolique : il en arriva de même au pénitent de saint Jean. O Seigneur, qui avez inspiré à votre disciple bien-aimé ces larmes paternelles, et le désir de jeûner et de s'affliger avec celui qu'il vouloit rétablir dans l'Eglise : renouvelez dans les pasteurs et dans le peuple cet esprit de componction et de larmes, qui prépare si bien les cœurs à l'indulgence.

[1] Euseb., lib. III, cap. VII.

## Vᵉ POINT.

*Indulgence de l'ancienne Eglise durant les persécutions.*

#### PREMIÈRE CONSIDÉRATION.

Les Martyrs s'affligent dans leurs prisons de la chute des pécheurs, et intercèdent pour eux envers l'Eglise pour abréger le temps de leur pénitence.

Durant les persécutions les martyrs intercédoient pour les pénitens : et on regardoit leur intercession comme une espèce de sentence prononcée en leur faveur, pour leur faire rendre la paix et la communion : c'est ce qui paroît dans une lettre de saint Denis d'Alexandrie [1].

On voit dans quelques lettres des martyrs les larmes qu'ils versoient dans leurs prisons pour ceux qui étoient tombés durant la persécution : plus affligés de la chute de leurs frères que de leurs propres souffrances, à la veille d'expirer par la faim, ils ne s'occupoient que du soin de la conversion de ces malheureux. Un des martyrs écrit à un autre : Je vous prie de vous affliger avec moi de la perte de ma sœur, qui est tombée dans ce ravage, pour laquelle je passe en deuil la joie de Pâques et suis nuit et jour à verser des larmes dans la cendre et dans le cilice. Les peines qu'ils enduroient dans leur affreuse prison, ne les empêchoient pas de sentir la joie de la solennité pascale, mais la chute de leurs frères leur en ôtoit toute la douceur ; et comme si la souffrance de ces victimes de Jésus-Christ n'eût pas été assez violente, ils y ajoutoient avec de continuels gémissemens l'humilité de la cendre et l'austérité du cilice. C'est ce qui paroît dans les lettres de Célerin et de Lucien, parmi celles de saint Cyprien [2].

#### IIᵉ CONSIDÉRATION.

L'Eglise avoit égard à l'intercession des Martyrs, et usoit d'indulgence en leur faveur.

L'Eglise avoit égard aux intercessions des martyrs à l'exemple du Sauveur qui, comme nous avons vu, accorda au paralytique la

---

[1] Euseb., *Hist. eccles.*, VI, 4. — [2] Epist. XVI, 20, 21.

rémission de ses péchés en vue, non-seulement de sa foi, mais encore de la foi de ceux qui le portoient à ses pieds : et telle étoit l'indulgence qu'on accordoit si souvent au nom des martyrs.

On résistoit néanmoins à ceux qui entreprenoient de communier, sans être auparavant soumis aux lois de la pénitence : les lettres mêmes des martyrs le portoient ainsi, et ils ne promettoient la paix et l'indulgence qu'à ceux dont la cause seroit connue par l'évêque, c'est-à-dire après qu'il auroit examiné comment ils s'étoient conduits depuis leur chute [1]. Si l'on trouvoit que leur zèle se fût ranimé, qu'ils eussent abandonné leurs maisons et leurs biens qu'ils avoient voulu conserver au préjudice de leur foi, et enfin qu'ils se fussent soumis à l'Eglise, on leur pardonnoit volontiers à la considération des martyrs.

### III<sup>e</sup> CONSIDÉRATION.

Les Martyrs sont regardés dans l'ancienne Eglise comme ayant part à l'œuvre de la rédemption.

C'est dans cette vue qu'Origène n'a pas craint d'écrire « que les martyrs administrent la rémission des péchés : que leur martyre, à l'exemple de celui de Jésus-Christ, est un baptême où les péchés de plusieurs sont expiés ; et que nous pouvons en quelque sorte être rachetés par le sang précieux des martyrs, comme par le sang précieux de Jésus [2]. » En quoi il ne fait qu'expliquer les endroits de l'Ecriture, qui associent les saints à l'empire de Jésus-Christ [3], et le passage où saint Paul dit qu'il accomplit ce qui manque à la passion de Jésus-Christ pour l'Eglise qui est son corps [4].

Ce qui est écrit des martyrs se doit entendre de tous les saints, qui tous sont martyrs de la mortification et de la pénitence, et tous aussi sont disposés à donner leur vie pour Jésus-Christ et pour leurs frères, afin d'exercer l'amour dont le même Jésus a dit qu'il n'y en a point de plus grand [5] : ainsi ils sont tous associés aux martyrs; et devenus avec eux des intercesseurs efficaces

---

[1] Ap. Cypr. epist. XVI, 20, 21. — [2] Orig., *De exhort. Mart.* — [3] *Apoc.*, II, 26, 27, 28, 29. — [4] *Coloss.*, I, 24. — [5] *Joan.*, XV, 13.

pour les pénitens, ils augmentent le trésor des indulgences de l'Eglise.

### IV<sup>e</sup> CONSIDÉRATION.

C'est le sang de Jésus-Christ qui donne ce prix à l'intercession des Saints.

Cette grace que Dieu fait aux saints est un effet de l'efficace du sang de Jésus-Christ. Ce sang est si puissant et d'un si grand prix, qu'il communique sa valeur, et au sang et aux souffrances des saints qui sont unies avec les siennes. C'est ce qui fait une partie de la communion des saints : il n'y a aucun bien dans un membre du corps de Jésus-Christ, où les autres par sa bonté ne puissent avoir part. Ainsi fléchi par les uns, il s'adoucit envers les autres : c'est une erreur trop grossière de s'imaginer que cette doctrine diminue le prix des satisfactions infinies de Jésus-Christ, puisqu'au contraire elle nous en fait voir les richesses ; et en Dieu une si grande bonté, qu'il a égard non-seulement à l'intercession infinie et toute-puissante du sang de son Fils, mais encore à celle de tous ses membres, à cause de l'union qu'ils ont avec lui : ce qui fait l'accomplissement de cette prière du Sauveur lui-même, lorsqu'il dit : « Je veux, mon Père, que l'amour par lequel vous m'avez aimé, soit en eux, comme je suis moi-même en eux [1]. »

### PRIÈRES, etc.

*On demande à Dieu d'être associé aux mérites des saints Martyrs et de tous les Saints, pour obtenir l'indulgence de l'Eglise.*

Associez-moi, mon Sauveur, aux souffrances de vos martyrs et de tous vos saints ; c'est aux vôtres que je désire d'être associé en m'associant aux leurs, puisque c'est des vôtres qu'en vient l'efficace, la sainteté et le mérite. Mon Sauveur, je reconnois votre plénitude, qui s'étend sur moi et par elle-même, et par les graces qu'elle répand pour moi sur tous vos membres dans la sainte société que j'ai avec eux.

Quand je m'enrichis, ô Sauveur, des mérites de vos saints, que vous daignez m'appliquer par leurs pieuses intercessions, je

[1] *Joan.*, XVII, 26.

m'associe à vos trésors et aux richesses immenses de votre sang, dont votre Eglise me dispense le prix infini par ma pénitence telle quelle, et par sa grande indulgence, qui est la vôtre.

## VI<sup>e</sup> POINT.

*L'indulgence du concile de Nicée et de l'Eglise dans sa paix.*

### PREMIÈRE CONSIDÉRATION.

#### Deux canons de ce saint concile.

La bonté de l'Eglise est si grande, qu'elle a même de l'indulgence pour ceux qui en méritent le moins, pourvu qu'ils commencent de bonne foi leur pénitence. C'est ce qui paroît dans deux canons du concile de Nicée : le canon 11 parle ainsi : « Pour ceux qui sont tombés sans nécessité, sans perte de biens, sans péril ou autre chose semblable, ainsi qu'il est arrivé sous la tyrannie de Licinius; encore qu'ils soient indignes de toute douceur, il a plu néanmoins au saint concile qu'on en usât envers eux. » Cette douceur alloit néanmoins à les laisser douze ans en pénitence, à cause de l'énormité de leur chute, en les déchargeant du reste que la rigueur de la discipline exigeoit alors; tant étoit vive l'impression des saintes rigueurs de l'Eglise où le jugement de Dieu s'exerçoit. Mais le canon 12 s'explique plus clairement sur l'indulgence, et il déclare : « Qu'en toutes ces choses qui regardent la pénitence (tant dans le canon 11 que dans celui-ci), pour tous ceux qui auront montré par les effets, c'est-à-dire, comme ils l'expliquent, par la crainte des jugemens de Dieu, par leurs larmes, leur patience et leurs bonnes œuvres, que leur conversion est véritable et non pas feinte; après certains exercices de plusieurs années, qu'il seroit trop long d'expliquer, il sera permis à l'évêque d'ordonner pour eux quelque plus grande douceur et humanité. Mais pour ceux qui auront fait pénitence indifféremment, croyant (remarquez ces mots) que c'est assez d'entrer dans l'Eglise pour être converti, ils achèveront leur temps et on ne leur fera aucune grace. » Ainsi la douceur et l'humanité, c'est-à-dire l'indulgence selon l'esprit de l'Eglise et de ce grand concile, est attachée à la ferveur avec laquelle on aura subi les travaux de la pénitence.

### II° CONSIDÉRATION.

Ce que c'est, selon ce concile, que faire pénitence indifféremment.

Pesons ces paroles des Pères de Nicée : *Ceux qui feront pénitence indifféremment, croyant que c'est assez d'entrer dans l'Eglise pour être converti, achèveront leur temps.* Que veulent dire ces Pères par cette pénitence indifférente, sinon une pénitence et des œuvres satisfactoires pratiquées avec mollesse, avec nonchalance, sans componction, sans courage, sans sentiment, sans prendre rien sur soi-même, sans éviter les occasions qui nous induisent au mal : qui rendent la tentation victorieuse de notre foiblesse. Pour sortir de cette funeste indifférence, il faut s'attacher à la prière, au jeûne, aux aumônes, aux bonnes œuvres, et travailler sérieusement à l'œuvre de son salut, à la durée permanente de sa conversion : autrement on prend trop indifféremment la pénitence; on est de ces tièdes que Jésus-Christ vomit de sa bouche [1], et l'indulgence n'est pas faite pour de tels états, selon le concile de Nicée.

### PRIÈRES, etc.

On demande à Dieu la ferveur intérieure où l'Eglise nous veut porter par l'indulgence.

O Dieu, ôtez de mon cœur cette nonchalance qui me fait prendre la pénitence indifféremment : il faut avoir oublié ses péchés, ses obligations, son salut, vos jugemens, vos miséricordes, vos graces, pour faire nonchalamment et avec mollesse et indifférence, une action aussi importante que celle de la pénitence.

Mon Sauveur, je tremble à cette terrible menace de vomir les tièdes, c'est-à-dire ceux qui font lâchement votre œuvre. Mais quelle œuvre doit être faite moins lâchement que l'œuvre de la pénitence, où il s'agit de réparer ses lâchetés et ses négligences passées ?

O mon Dieu, dans la pénitence il faut vaincre sa foiblesse et ses

[1] *Apoc.*, III, 16.

mauvaises habitudes : quelle action demande plus d'effort, plus de violence que celle-là ? N'est-ce pas ici l'occasion où le royaume des cieux souffre violence, et doit être enlevé par force, afin que la coutume de mal faire cède, comme dit saint Augustin, à la violence du repentir ? *Ut violentiæ pœnitendi cedat consuetudo peccandi.*

Seigneur, pour éviter cette nonchalance, donnez-nous ce que votre Eglise, dans le concile de Nicée, demandoit aux pénitens : la crainte qui nous fait fuir les occasions du péché dans l'appréhension de notre foiblesse et de vos jugemens : les larmes qu'un tendre amour et une douleur pénétrante tire des yeux : une patience capable de tout porter et des œuvres qui fassent voir une conversion véritable, sans quoi l'indulgence est une illusion et la conversion est imaginaire.

O Seigneur, que l'indulgence m'excite à aimer, qu'au lieu de me relâcher, elle m'anime : que je ne sois pas de ceux qui croient avoir tout fait, et s'être parfaitement convertis, pourvu qu'ils entrent extérieurement dans l'Eglise, qu'ils fassent leurs stations et qu'ils approchent de la sainte table avec les autres, sans travailler sérieusement à la conversion de leur cœur. Délivrez-moi, Seigneur, de cette écorce trompeuse de dévotion : donnez-moi dans la pénitence une si grande ferveur, qu'elle me rende vraiment digne de l'indulgence : et faites que je profite tellement de l'indulgence, qu'elle excite ma ferveur.

## VII<sup>e</sup> POINT.

*L'indulgence des siècles suivans, et de l'Eglise d'à présent.*

### PREMIÈRE CONSIDÉRATION.

La doctrine du concile de Trente dans le décret rapporté ci-dessus, suffit pour renouveler, dans la pratique de la pénitence et de l'indulgence, l'ancien esprit de l'Eglise.

Il ne s'agit pas ici de faire une histoire curieuse des indulgences, ni de marquer tous les degrés par lesquels on s'est relâché de l'ancienne rigueur des canons. Il n'est pas même besoin d'examiner si ces canons subsistent encore d'une certaine manière et si l'Eglise y a quelque égard dans les indulgences, comme les docteurs le pensent communément. Les indulgences plénières opposées aux indulgences de sept ans, de quatorze ans, de vingt ans, de vingt jours, de quarante jours, de soixante jours, de cent jours, et autres pareilles, semblent faire voir que les canons pénitentiaux ne sont pas entièrement oubliés, puisque l'Eglise y regarde encore dans ces indulgences. Mais en laissant ces questions à l'Ecole et pour ne méditer ici que ce qui sert à l'édification, le concile de Trente suffit pour nous faire voir que l'Eglise conserve le droit et l'intention d'exercer ses saintes rigueurs dans la pénitence; d'y donner *des pénitences convenables et proportionnées;* des pénitences qui nous rendent conformes à Jésus-Christ crucifié, et satisfaisant pour nous à la justice de son Père; des pénitences qui servent *de frein* à la licence, et qui soient non-seulement par rapport à nous un remède des habitudes vicieuses, mais encore par rapport à Dieu une vengeance et un châtiment des péchés passés : voilà l'abrégé et le précis des paroles du concile de Trente, que nous avons rapportées de la *Sess.* xiv, *ch.* 2 *et* 8. C'en est assez pour nous faire voir que l'intention de l'Eglise est toujours de conserver l'ancien droit qu'elle a d'exercer sévèrement sur les pénitens la justice que Dieu a remise entre ses mains. Cette doctrine du concile contient en vertu toute l'austérité des anciens canons : l'énormité des péchés que commettent les chrétiens, n'est pas moins grande : leur ingratitude qui outrage le Saint-Esprit qu'ils ont reçu dans le baptême, n'est pas moins horrible : la justice de Dieu n'a pas changé ses règles : la pente des mauvaises habitudes contractées par le péché, n'est pas moins dangereuse, et la licence de pécher n'est pas moins à craindre que dans les premiers siècles. L'Eglise appuie toutes ces raisons dans le concile de Trente, avec une force qui ne cède en rien à celle des Pères : la pénitence n'est un second baptême qu'à ce prix; et comme dit le concile, s'il n'est accompagné *de grands pleurs et de grands travaux,* ce ne sera point ce baptême laborieux qui nous ramène à notre première pureté et intégrité. Que si la vigueur de l'ancien esprit du christianisme subsiste dans toute sa force, on a toujours le même besoin de la clémence et de l'indulgence de l'Eglise.

### IIe CONSIDÉRATION.
#### Autres décrets importans du même concile.

C'est pourquoi ce même concile entrant dans l'esprit et dans le zèle de l'antiquité, pour conserver les indulgences contre la témérité des hérétiques et déterminer ce qu'il en faut croire, parle ainsi : « La puissance de conférer les indulgences, ayant été donnée à l'Eglise par Jésus-Christ, et la même Eglise ayant usé de cette puissance dès les premiers temps, le saint concile enseigne que l'usage des indulgences très-salutaire au peuple chrétien et approuvé par l'autorité des saints conciles, doit être conservé. Le même concile frappe d'anathème tous ceux qui assurent, ou qu'elles sont inutiles, ou que la puissance de les accorder n'est pas dans l'Eglise. Elle souhaite pourtant qu'on apporte à les accorder la modération qui est établie par la coutume ancienne et approuvée dans l'Eglise, de peur que la discipline ecclésiastique ne soit énervée par une excessive facilité [1]. » Le reste de ce décret ne regarde que les évêques et le soin qu'ils doivent prendre de déraciner la superstition, les gains illicites, et les abus qui se pourroient trouver dans la dispensation et l'usage des indulgences : ce qui revient au décret du même concile où il est réglé « que les indulgences et les autres graces spirituelles dont il n'est pas juste de priver les fidèles de Jésus-Christ, sous prétexte qu'on en abuse, seront publiées, avec les circonspections prescrites dans ce décret : *en sorte enfin*, conclut le concile, *qu'on entende que ces célestes trésors d'Eglise sont dispensés, non pas pour le gain, mais pour la piété* [2]. »

### IIIe CONSIDÉRATION.
#### Remarques sur ces décrets.

Tout ressent l'antiquité et la piété dans ces décrets du concile, et l'on ne peut assez admirer la sagesse de l'Eglise, ni la pureté de sa doctrine.

---

[1] Contin. sess. XXV, *Decr. de Indulg.* — [2] Sess. XXI, cap. IX, *De Reform.*

On voit premièrement que le saint concile ramène tout aux usages anciens et approuvés dans l'Eglise et dans les conciles : or est-il que l'esprit des anciens conciles, et entre autres du concile de Nicée, est d'accorder l'indulgence à ceux qui récompenseront par la ferveur ce qui sera relâché de l'austérité; par conséquent il paroît que c'est encore aujourd'hui l'intention de l'Eglise que les fidèles entrent dans cet esprit, et qu'ils aiment davantage, lorsqu'on leur remet davantage, selon que Jésus-Christ l'a prononcé de sa bouche.

Secondement le concile souhaite qu'on modère les indulgences, *de peur d'énerver la discipline ecclésiastique :* et sans nous jeter dans des discussions qui regardent le soin des pasteurs, il n'y a rien de plus efficace pour prévenir ce funeste affoiblissement de la discipline que de faire entrer les fidèles, par le moyen des indulgences, dans cet esprit de ferveur si conforme à l'Evangile et à toute l'antiquité.

### IV<sup>e</sup> CONSIDÉRATION.

Il ne faut point rechercher trop curieusement l'effet précis des indulgences.

Ce qu'il y a de plus remarquable dans le décret du concile, c'est que sans déterminer en quoi consiste précisément l'utilité de l'indulgence, il se contente de décider qu'elle est utile et salutaire. Ce n'est point pour en rabaisser le prix qu'il en a parlé avec cette réserve, comme les profanes et les hérétiques le pourroient soupçonner; à Dieu ne plaise! mais c'est au contraire qu'une des plus saintes préparations qu'on puisse apporter à recevoir l'indulgence, c'est d'entrer dans cet esprit d'humilité, et d'accepter les graces de l'Eglise, comme elle les donne, sans rechercher trop avant ce qu'elle ne trouve pas à propos d'expliquer. Il y a dans cette réserve une retenue qui plaît à Dieu, qui honore son Eglise, qui exerce la foi; et s'il faut pousser plus loin la recherche, c'est un soin qu'on doit laisser aux théologiens, le simple fidèle demeurant content des largesses de l'Eglise et croyant d'une ferme foi avec le concile qu'il ne se peut qu'on ne tire une très-grande utilité d'une grace si authentique et si solennelle.

### V⁰ CONSIDÉRATION.

*Le fidèle doit recevoir l'indulgence avec une sainte confiance qu'elle sert à la décharge des peines de l'autre vie.*

Je parlerai au Seigneur mon Dieu, quoique je ne sois que poudre et cendre, et sans sonder son secret, j'oserai lui demander : Seigneur, qui avez parlé dans les saints conciles, dans celui de Nicée, dans celui de Trente, comme dans toutes les autres assemblées de votre Eglise catholique, c'est en votre nom et par votre autorité que le premier a nommé l'indulgence une humanité, une douceur : j'ai aussi entendu la doctrine du saint concile de Trente, concile des derniers temps; mais vous présidez par votre Esprit-Saint aux derniers comme aux premiers temps de votre Eglise catholique, dans laquelle et avec laquelle vous avez promis d'être toujours. La doctrine de ce concile est que l'indulgence est très-utile et très-salutaire : mais, ô Seigneur, quelle seroit cette humanité et cette douceur, si en exemptant les fidèles des rigueurs de la justice de l'Eglise, ce n'étoit que pour les soumettre à de plus grandes rigueurs dans la vie future? O Dieu, j'ai appris de vos saints, que tous les supplices de cette vie ne sont rien en comparaison de ceux que vous préparez dans le purgatoire aux ames qui ne sont pas encore assez épurées pour entrer dans ce royaume éternel où rien de souillé ne trouve place [1]. Mais d'ailleurs il est véritable par la sainte et inviolable doctrine de votre Eglise catholique, qu'en subissant les travaux de la pénitence avec toutes les dispositions que vous demandez, on est ramené, comme par un second baptême, à la pureté de sa première régénération. Si l'on peut par ces salutaires rigueurs parvenir à un si heureux et si parfait renouvellement, ce seroit mal récompenser la ferveur des pénitens, que de leur épargner les peines qui les auroient si parfaitement régénérés, sans leur laisser l'espérance de venir par leurs regrets et en profitant de l'indulgence, à un semblable état. Ainsi on ne peut douter raisonnablement que l'indulgence ne serve à nous décharger des peines de l'autre vie et du purgatoire.

[1] August., *in Psal.* XXXVII.

Que sert de nous objecter que les pénitences qu'on exige dans les indulgences et les jubilés, sont trop légères pour faire une raisonnable compensation des peines de l'autre vie, puisque tant de graves auteurs, dont on a vu quelques-uns élevés à la chaire de saint Pierre, ont enseigné que les œuvres pénitentielles qu'on donne, comme pour matière nécessaire à l'indulgence, quoique petites en elles-mêmes, sont tellement rehaussées par l'accroissement de ferveur que l'indulgence inspire aux saints pénitens, qu'associés au prix infini du sang de Jésus-Christ et aux mérites des saints, par la grace de l'indulgence elles peuvent être relevées jusqu'à produire une parfaite purification?

Dans quel degré il faut que soit cette ferveur, pour produire un si grand effet, nous n'avons pas besoin de le savoir : il suffit à l'homme, sans vouloir être plus savant ni plus sage qu'il ne faut, d'allumer autant qu'il peut dans son cœur cette sainte ardeur et d'abandonner le reste à la divine miséricorde, qui sait la mesure qu'elle a donnée à ses bienfaits. Saint Jean dit que la parfaite charité bannit la crainte [1]. Cela est certain, puisqu'il est prononcé par un apôtre. Mais si l'on vouloit raisonner sur le degré où la charité atteint à cette perfection, on se jetteroit dans une curiosité, non-seulement inutile, mais encore dangereuse. Qui sait aussi à quel degré doit être un acte d'amour pour unir l'ame si parfaitement avec Jésus-Christ, qu'il soit capable de la transporter au ciel, sans passer par le purgatoire? Il y a pourtant un degré où cela est; mais il n'est pas nécessaire qu'il nous soit connu. Il y a aussi dans l'exécution des œuvres pénales auxquelles on attache l'indulgence, un degré de ferveur qui absorberoit toutes les peines de la vie future. C'est ce degré de ferveur que ces mêmes docteurs ne permettent pas de déterminer : et quoi qu'il en soit, il est certain qu'on a toujours besoin d'indulgence; qu'elle a toujours son utilité; qu'en elle-même elle est toujours efficace, et qu'on ne peut attribuer le manquement ou la diminution de son effet qu'à sa propre indisposition et à sa propre langueur.

Quiconque voudra donner un effet encore plus grand à l'indulgence, il le pourra, pourvu qu'il n'en fasse pas une occasion de

[1] I *Joan.*, IV, 18.

relâchement; mais qu'il soit toujours attentif, selon le précepte de l'Evangile, à aimer d'autant plus qu'il croira qu'on lui accorde un grand pardon.

### PRIÈRES, etc.

##### On demande à Dieu son amour, avec protestation d'observer ses commandemens.

Mon Sauveur, pontife éternel selon l'ordre de Melchisédech, toujours vivant dans le ciel afin d'intercéder pour nous : je viens à l'indulgence de votre Eglise qui est la vôtre, en toute humilité et simplicité, sans disputer sur vos dons et avec une ferme foi que cette indulgence m'est très-utile, très-nécessaire, et en même temps qu'elle est très-puissante et très-efficace : j'y viens avec le dessein d'accroître en moi votre amour. Il sera toujours véritable qu'en remettant davantage, vous voulez qu'on vous aime davantage. C'est le canon fondamental de la pénitence : c'est la règle que vous avez prononcée de votre sainte et divine bouche dans votre Evangile. Vous en avez tiré la confession de la bouche froide et dédaigneuse d'un pharisien, plus lépreux encore dans l'ame que dans le corps; ce superbe ne vouloit pas laisser approcher de vous les pécheurs humiliés et pénitens : mais moi je fends la presse, je viens à vos pieds, et ne vous quitterai pas que vous ne m'ayez béni, que je n'entende de vous cette douce et inestimable parole : « Plusieurs péchés lui sont remis, parce qu'elle a beaucoup aimé; » et encore : « Celui à qui l'on pardonne plus, aime plus [1]. »

Mais vous avez dit que si l'on vous aime, il faut garder vos commandemens, et les garder par amour. C'est par les œuvres et non point par les paroles, ni même par les sentimens que l'on montre qu'on vous aime. Ainsi je m'attacherai à votre loi : je la repasserai nuit et jour dans ma pensée : en m'endormant, en me réveillant, soit que « je sois dans ma maison, ou que je marche dans le chemin [2] : » c'est-à-dire, soit que j'agisse, soit que je demeure en repos, je ne la perdrai jamais de vue : « elle m'accompagnera dans mes voyages : elle me gardera dans mon sommeil : à mon réveil, dès le point du jour, je m'entretiendrai avec elle,

---

[1] *Luc.*, VII, 47. — [2] *Deuter.*, VI, 7.

comme disoit Salomon, parce que votre commandement est un flambeau devant mes yeux : votre loi est une lumière qui me réjouit et me guide, et les corrections que j'y reçois de votre bouche paternelle sont ma vie [1]. »

Percez-moi le cœur des traits de votre divin amour : brisez ce cœur endurci par une sincère et parfaite contrition : ôtez-lui ce qu'il a du sien, et créez en moi un cœur pur, un cœur nouveau qui soit tout à vous, afin que je dise nuit et jour : Votre volonté soit faite : car c'est là le vrai exercice de l'amour divin.

## VIIIᵉ POINT.

*Que l'indulgence nous doit porter à augmenter notre amour, non-seulement envers Dieu, mais encore envers le prochain.*

### PREMIÈRE CONSIDÉRATION.

L'amour fraternel se mesure par l'amour de Dieu.

Il n'y a que deux préceptes où se réduisent la loi et les prophètes : le premier est d'aimer Dieu de tout son cœur, et le second, qui lui est semblable, d'aimer son prochain comme soi-même : le second est dérivé du premier, et c'est une des raisons pourquoi il est dit qu'il lui est semblable. Tout le monde est d'accord que plus on aime Dieu, plus on aime le prochain. C'est donc assez d'avoir établi l'augmentation de l'amour divin dans l'indulgence, pour y établir en même temps celle de l'amour fraternel. Mais pour nous rendre cette vérité plus claire, Jésus-Christ nous a proposé cette parabole.

### IIᵉ CONSIDÉRATION.

Parabole du Roi qui pardonne.

Un roi avoit fait compter ses serviteurs, et avoit miséricordieusement relâché à l'un d'eux dix mille talens : mais voyant que ce serviteur ingrat exerçoit les dernières rigueurs envers un de ses compagnons, il lui parla en cette sorte : « Mauvais serviteur, je

[1] *Prov.*, VI, 22, 23.

vous ai remis toute votre dette, parce que vous m'en aviez prié : je n'ai rien exigé de vous, et je me suis contenté de votre prière : ne falloit-il donc pas que vous eussiez pitié de votre conserviteur comme j'ai eu pitié de vous [1]? Si vous ne le faites, mon indulgence n'aura en vous aucun effet; il faudra vous jeter pieds et poings liés entre les mains des bourreaux, qui exigeront de vous la dette entière sans en rien remettre [2]. »

Justice de mon Sauveur, je vous adore dans cette parole ; c'est à nous tous, c'est à moi en particulier que vous l'adressez : « Vous deviez avoir eu pitié de votre frère, comme j'ai eu pitié de vous : » vous vous deviez sentir obligé à une compassion égale à celle que vous aviez éprouvée, et ne rien garder sur votre cœur de l'offense que vous aviez reçue, comme de mon côté je vous avois remis dans l'indulgence toute celle que vous m'aviez faite.

### IIIᵉ CONSIDÉRATION.

La bonté de Dieu envers nous, règle la mesure de la nôtre envers le prochain.

« Ne craignez point, petit troupeau, parce qu'il a plu à votre Père de vous donner son royaume : vendez tout ce que vous avez, et donnez l'aumône [3]. » En mémoire de la grande aumône que Dieu vous a faite en vous transportant des ténèbres à son admirable lumière, et en vous donnant son royaume par un effet si visible d'une dilection et d'une grace si gratuite, faites l'aumône à vos frères : *Vendez tout, et donnez l'aumône ;* vendez-vous vous-même au prochain, en vous faisant par la charité serviteur de tous : n'ayez rien à vous : possédez vos biens comme ne les possédant pas : ne croyez à vous véritablement que ce que vous aurez donné à ces amis qui vous recevront dans les tabernacles éternels, et ce que vous faites passera au ciel par leurs mains. Mettez votre cœur où vous avez votre trésor. Estimez-vous plus heureux de donner que de recevoir, selon la parole du Seigneur Jésus, dont saint Paul nous a ordonné de nous souvenir [4].

« Songez à votre éternelle prédestination si pleine de miséri-

---

[1] *Matth.*, XVIII, 32, 33. — [2] *Ibid.* — [3] *Luc.*, XII, 32, 33. — [4] *Act.*, XX, 35.

corde, et revêtez-vous comme des élus de Dieu saints et bienaimés, d'entrailles de compassion, de bénignité, d'humilité, de modestie et de patience : vous supportant les uns les autres, et pardonnant l'un à l'autre tout ce qu'on aura contre son frère : comme Jésus-Christ vous a donné, donnez de même [1]. » Enfans de dilection et de grace, aimez à faire plaisir : donnez, pardonnez, rendez à vos frères l'indulgence que Dieu vous accorde : ne croyez perdus que les jours que vous passez sans donner, et regrettez jusqu'à l'infini, non-seulement d'avoir offensé un Dieu si bon, mais encore d'avoir contristé votre prochain dans lequel Dieu se tient offensé.

### PRIÈRES, etc.

*On résout sous les yeux de Dieu d'aimer plus que jamais et lui et le prochain après l'indulgence.*

Mon Dieu, faites-moi la grace de parvenir à cette ferveur que votre Eglise attend de ses enfans dans la distribution de ses indulgences.

Mais, ô mon Dieu, mon Seigneur, qui ne vous loueroit dans l'opération de votre grace? En même temps que vous attirez mon cœur à votre bonté infinie, vous m'apprenez à répandre sur mon prochain le chaste et pur amour qui m'unit à vous : je ne puis plus demeurer désuni d'avec aucun de mes frères, ni en froideur ou indifférence avec les plus petits. Que ne puis-je, à l'exemple de saint Paul, me donner moi-même à mes frères qui sont vos enfans et les membres de votre Fils ! Et en effet, comme disoit le disciple bien-aimé : « Si je n'aime pas mon frère que je vois, comment aimerai-je Dieu que je ne vois pas [2]? » Attendrissez mon cœur sur les maux et sur les besoins temporels et spirituels de mes frères. Heureux progrès du saint amour, qui de nos frères s'élève à Dieu, et de Dieu se répand encore avec une nouvelle douceur sur nos frères!

Mon Dieu, je veux entrer dans cet esprit, qui est l'esprit de votre Evangile : je porterai les rigueurs de la pénitence, autant que ma foiblesse le pourra permettre. Si vos ministres, qui sont

---
[1] *Coloss.*, III, 13. — [2] *I Joan.*, IV, 20.

mes pères, trouvent à propos d'épargner mon infirmité, je tâcherai d'augmenter mon amour et ma douleur au dedans. Je ne ménagerai rien d'un côté, que je ne tâche de récompenser de l'autre. On ne peut jamais me tenir trop de rigueur ; car il n'y en a point que je ne mérite : mais quelle que soit celle qu'on me tiendra, je n'aurai toujours que trop de besoin d'indulgence. Ainsi je profiterai de toute celle de votre Eglise, et toujours plein du dessein d'y augmenter mon amour, aidé par votre grace, je tâcherai d'arriver à ce bienheureux renouvellement où vous voulez me conduire. L'indulgence ne me peut être que très-salutaire, puisqu'elle est également propre à apaiser votre colère et à exciter mon amour. Très-puissante et très-efficace par elle-même, elle ne peut manquer son effet que par ma langueur. O Jésus, ô Epoux céleste, dans l'extrême besoin où je suis, j'accepte en esprit de foi, d'humilité et de componction les indulgences de votre Eglise, dans le dessein de m'unir à vous plus parfaitement, et s'il se peut de ne rien laisser entre vous et moi, pas même le moindre reste ou du péché ou de la peine, qui me puisse séparer de vous un seul moment! Car, ô mon Dieu, mon refuge et mon appui, je veux être à vous : je vous consacre mon cœur pour vous aimer de toutes mes forces, à cause que vous êtes mon Dieu, mon créateur, très-aimable, très-bon et très-parfait, à qui tout honneur et gloire appartient aux siècles des siècles. *Amen.*

# INSTRUCTIONS NÉCESSAIRES
## POUR LE JUBILÉ.

### ARTICLE I.
#### Ce que c'est que le jubilé.

Le jubilé est une indulgence plénière d'autant plus certaine et d'autant plus efficace, qu'elle est accordée par notre saint Père le Pape pour cause publique, avec une réflexion plus particulière sur les besoins de la chrétienté, et qu'elle est universelle ; ce qui faisant un concours entier de tout le corps de l'Eglise à faire pénitence de ses péchés, et à offrir de saintes et humbles prières en unité d'esprit, il se répand sur tous les membres particuliers de ce corps une grace plus abondante à cause du sacré lien de la société fraternelle et de la communion des saints.

Les indulgences sont instituées pour relâcher la rigueur des peines temporelles dues au péché : c'est pourquoi le saint concile de Trente a eu grande raison de définir que l'usage en est très-salutaire au peuple chrétien [1].

Il ne faut pas rechercher curieusement comment cette rigueur est relâchée, mais être persuadé du grand pouvoir de l'Eglise à lier et à délier, ainsi que Jésus-Christ l'a prononcé de sa propre bouche, et croire certainement qu'une mère si charitable ne propose rien à ses enfans, qui ne serve véritablement à les soulager en cette vie et en l'autre.

Mais il se faut bien garder de s'imaginer que l'intention de l'Eglise soit de nous décharger par l'indulgence de l'obligation de satisfaire à Dieu : au contraire l'esprit de l'Eglise est de n'accorder l'indulgence qu'à ceux qui se mettent en devoir de satisfaire de leur côté à la justice divine, autant que l'infirmité humaine le permet : et l'indulgence ne laisse pas de nous être fort nécessaire en cet état, puisqu'ayant comme nous avons, tout sujet de croire que nous sommes bien éloignés d'avoir satisfait selon nos obligations, nous serions trop ennemis de nous-mêmes, si nous n'avions recours aux graces et à l'indulgence de l'Eglise.

En un mot l'esprit de l'Eglise dans la dispensation des indulgences, n'est pas de diminuer le zèle qui nous doit porter à venger sur nous la justice de Dieu offensée par nos péchés, mais d'aider les hommes de bonne volonté et de suppléer à leur foiblesse ; et le moyen de gagner le jubilé et toutes les autres indulgences, est de faire de bonne foi tout ce qu'on peut pour les bien gagner, et d'en attendre l'effet de la miséricorde de Dieu, qui seul connoît le secret des cœurs.

Le fondement des indulgences est la satisfaction infiniment

[1] Sess. XXV, *Decr. de Indulg.*

surabondante de Jésus-Christ, à quoi on ajoute aussi les satisfactions des saints, à cause de la bonté de Dieu, qui veut bien en faveur des plus pieux de ses serviteurs, se laisser fléchir envers les autres.

Ainsi pour gagner les indulgences, il faut s'unir en esprit aux larmes, aux soupirs, aux gémissements, aux mortifications, aux travaux, aux souffrances de tous les martyrs et de tous les Saints, et surtout à l'agonie, aux délaissemens, enfin à la passion et au sacrifice de Jésus-Christ, en qui et par qui toutes les satisfactions et bonnes œuvres des Saints sont acceptées par son Père.

### ARTICLE II.
#### Ce qu'il faut faire pour gagner le Jubilé, et premièrement de la prière.

La fin générale de l'Eglise dans le jubilé universel, est d'exciter les fidèles à prier aussi pour tous ses besoins en général, et premièrement pour notre saint Père le Pape, pour les évêques, les prêtres et les pasteurs; pour tous les états; et chacun en particulier pour la rémission de ses péchés et de ceux de ses frères; pour l'extirpation des hérésies, l'exaltation de la sainte Eglise, la paix des princes chrétiens et généralement pour toutes les nécessités présentes.

Les autres sujets de prières sont marqués dans les oraisons de l'Eglise, et il ne reste qu'à vous avertir de ne prier pas seulement de bouche, mais encore de cœur, de peur que vous ne soyez du nombre de ces hypocrites dont il est écrit : « Ce peuple m'honore des lèvres, mais son cœur est loin de moi. »

### ARTICLE III.
#### Du jeûne, des aumônes et de la visite des églises.

Encore qu'en particulier la bulle de notre saint Père le Pape ne parle pas dans ce jubilé, ni du jeûne ni des aumônes, c'est la coutume d'en prescrire dans tous les autres; et c'est aussi l'esprit de l'Eglise de les joindre ensemble, conformément à cette parole : « L'oraison est bonne avec le jeûne et l'aumône [1]. » Jeûnons donc

---
[1] *Tob.*, XII, 8.

avec un esprit de componction et d'humilité ; retirons-nous des jeux et des divertissemens ; pleurons nos péchés et songeons que le jeûne que Dieu a choisi et qui lui est agréable, est que mortifiant nos sens et notre propre volonté, nous accomplissions la sienne.

Pour l'aumône, il est écrit qu'*elle prie pour nous*. Que chacun la fasse donc selon son pouvoir et par-dessus son pouvoir, comme dit l'Apôtre. Mais que les pauvres qui ne peuvent rien donner, se souviennent de l'obole de la veuve et du verre d'eau donné pour l'amour de Jésus-Christ à l'indigent, dont il nous promet de nous tenir un si grand compte au jour de son jugement.

On visite les églises pour adorer Dieu dans sa maison, et pour s'unir aux mérites et aux prières des saints à la mémoire desquels les temples sont érigés. Songeons donc à la parole de notre Sauveur : « Ma maison est une maison de prières, et n'en faisons pas une caverne de voleurs, » en y portant des mains souillées de vengeances, de rapines et du bien d'autrui, ravi ou convoité dans notre cœur.

### ARTICLE IV.

#### De la Confession et de la Communion.

L'œuvre principale du jubilé est une sainte communion à laquelle on soit préparé par une confession et une pénitence sincère.

On est toujours obligé à s'exciter à l'amour de Dieu toutes les fois qu'on se confesse, parce que Dieu ne remet les péchés qu'à ceux qui l'aiment ou qui s'efforcent de l'aimer de tout leur cœur, ce qui est déjà un commencement d'amour. Mais cette obligation augmente au temps du jubilé et des indulgences, parce que plus Dieu se montre miséricordieux, plus nous sommes étroitement obligés à lui rendre amour pour amour, conformément à cette parole de notre Sauveur : « Celui à qui on donne moins, aime moins ; » ce qui veut dire manifestement que celui à qui on donne plus, aime plus ; et plus on attend de Dieu, plus on doit l'aimer : ce qui est aussi la disposition la plus nécessaire pour la communion, puisqu'elle n'est autre chose que la consommation du saint amour.

Les confesseurs sont bien avertis qu'ils peuvent bien différer en un autre temps, le plus proche néanmoins qu'il se pourra, et même changer en d'autres œuvres aux religieuses, aux captifs et aux malades, les œuvres du jubilé, que leur état présent ou même leur vocation ne leur permettra pas d'accomplir. Mais il est important qu'on sache encore qu'ils peuvent différer l'absolution, la communion et le jubilé à ceux qu'ils ne trouveront pas assez disposés, pourvu néanmoins qu'ils y remarquent un véritable désir de se convertir.

### ARTICLE V.

#### Du pouvoir des confesseurs durant le Jubilé.

Les confesseurs approuvés peuvent durant le temps du jubilé absoudre de tous cas réservés aux évêques et même au Saint-Siége, et de toutes excommunications et suspensions au for de la conscience, et pour cette fois seulement. Mais il faut toujours se souvenir que plus l'Eglise est indulgente, plus on doit être sévère à soi-même et exact à satisfaire à ses frères.

### ARTICLE VI.

#### Quel est le fruit du Jubilé?

Le vrai fruit du jubilé est d'en venir à une sincère et parfaite conversion, et d'obliger les fidèles à éviter les rechutes avec plus de soin que jamais, de peur qu'il ne leur arrive pis; et que, comme dit le Sauveur, « leur dernier état ne soit pire que le premier. »

Le sentiment que doit inspirer la grace reçue, c'est de dire avec l'Epouse : « Je me suis lavée, me souillerai-je de nouveau? » Serai-je « comme le chien qui ravale ce qu'il a vomi, et comme un pourceau qui, après avoir été lavé, se vautre de nouveau dans la boue, » ainsi que parle saint Pierre? A Dieu ne plaise!

Nous vous admonestons en Notre-Seigneur, nos chers frères les curés, prédicateurs et confesseurs, de faire de ces vérités le principal sujet de vos instructions dans le temps du jubilé; et vous, nos chers frères et nos chers enfans, pour lesquels nous sommes nuit et jour dans le travail de l'enfantement, tâchant de vous engendrer en Jésus-Christ, d'être attentifs à notre parole et du nombre de ces brebis dont il est écrit : « Mes brebis écoutent ma voix et me suivent. » Car en vain écouteriez-vous la voix du pasteur, si vous ne le suiviez aux pâturages où il vous conduit pour y avoir la véritable vie.

# DE DOCTRINA CONCILII TRIDENTINI

### CIRCA

# DILECTIONEM

### IN SACRAMENTO PŒNITENTIÆ REQUISITAM.

Cùm in ecclesiasticis et solemnibus collationibus nostris, per annos proximè elapsos, saepè multùmque quaesitum sit de dilectione Dei, praesertim eâ quae ad sacramentum Pœnitentiae requiratur : nos quidem, rogantibus Fratribus et Compresbyteris nostris, polliciti sumus futurum, ut quae de tantâ re per diversos conventus vivâ voce responsa protulimus, eadem scripto traderemus, ad rei memoriam. Itaque otium nacti liberamus fidem nostram, et conscientiam gravi onere relevamus. Sanè quaestionem totam, si opus fuerit, ex altissimis traditionis fontibus repetemus : hîc autem, ne nostra in immensum tractatio excurrat, eò omne studium conferemus, ut sacrosancti Concilii Tridentini expressa decreta, quantâ fieri poterit brevitate ac simplicitate sermonis, accuratè exponantur. Sic autem procedimus.

I. — *Quaedam necessaria praemittuntur, super obligatione generali mandati de diligendo Deo.*

Ac primùm praemonemus quaedam, quae ad rei intelligentiam necessaria videantur, quaeque apud omnes jam in confesso sint : nempè illud, divino de dilectione mandato directè imperari ipsum per se diligendi actum. Sanè non defuerunt, qui docerent imperari tantùm, ut diligendi habitum, charitatis infusæ et habitualis operâ, per dispositiones ad id requisitas, comparare, sive potiùs impetrare studeamus. Sed id stare non potest; cùm, ut cætera omittamus, sufficiat istud, quòd relato illo summo de charitate mandato : *Diliges Dominum Deum tuum ex toto corde tuo*, subdat ipse Dominus : *Hoc fac, et vives*[1] *:* quo directè et perspicuè ipse actus, ipsum diligendi exercitium imperatur. Itaque ab Alexandro VIII hæc prolata censura est, quam ad verbum referimus, ut nuperrimè Romæ est typis edita Innocentii XII verè optimi ac maximi Pontificis jussu : « Sufficit ut actus moralis tendat in finem ultimum interpretativè. Hunc (finem ultimum scilicet) homo non tenetur amare, neque in principio, neque in decursu vitæ mortalis. » Quâ de re Pontifex sic censuit : « Hæc propositio est hæretica : die Jovis, 24 Aug., anno 1690. » Quòd autem quidam, loco vocis *Hunc,* alii reposuerunt *Hinc*, eumdem sensum, eamdem censuram effert : neque de hâc re litigare est animus.

In eam hæresim impingunt, qui negant, verbo *Diliges* respondere specialem dilectionis actum, qui à Deo imperetur. Sanè extiterunt, qui dicerent, « præceptum amoris Dei et proximi, non esse speciale, sed generale, cui per aliorum præceptorum adimpletionem satisfit[2]. » Quam propositionem alii aliter exprimunt; nempè sic : Ut mandato charitatis imperetur tantùm illa dilectio, quam *effectivam* vocant, in omnium mandatorum executione contentam : non autem imperetur dilectio *affectiva*, sive specialis actus et affectus diligendi Dei propter suam excellentissimam dignitatem atque bonitatem. Hæc autem doctrina à sacrâ Facultate theologicâ Parisiensi, erroris, impietatis et repugnantiæ cum mandato maximo condemnata, nec defendi, nec tolerari potest. Nam dari aliquem specialem dilectionis actum, vel hæc Davidis probant : *Diligam te, Domine*[3]; et in Oratione Dominicâ, illud : *Sanctificetur nomen tuum*[4]; quo Dei glorificandi studium continetur; et illud : *Adveniat regnum tuum :* quo Deus

---

[1] *Luc.*, X, 27, 28. — [2] Censura Guimenii, tit. *de Charit.* — [3] *Psal.* XVII, 2. — [4] *Matth.*, VI, 9, 10.

non tam regnare nos facit, quàm ipse in nobis regnat; deniquè illud : *Fiat voluntas tua*, quæ est humanæ voluntatis cum divinâ, ut est inter cœlites, mira et perpetua consensio : atque is est ipsissimus dilectionis actus. Neque omittendum illud : *Dimitte nobis... sicut dimittimus :* qui est expressissimus fraternæ dilectionis actus, cum Dei dilectione necessariò conjunctus. Cùm ergo detur specialis dilectionis actus, eum designari voce : *Diliges,* nemo pius diffitetur. Ac reverà non potest Deus toto corde diligi, si nullus unquàm specialis ac proprius actus dilectionis elicitur, nullaque ejus actùs obligatio agnoscitur. Undè hæc propositio : « In rigore loquendo, non videtur quòd homo teneatur unquàm per totam vitam suam elicere actum amoris Dei, » à sacrâ Facultate Lovaniensi, » *ut impia, et primam legem christianæ vitæ evertens,* proscripta est [1]; ritè interrogantibus et approbantibus Episcopis : et clarè inducit hæresim ab Alexandro VIII condemnatam, quam memoravimus.

Nec minùs necessariò damnatæ propositiones istæ. Prima : « Præceptum amoris Dei per se tantùm obligat in articulo mortis [2]. » Altera : « An peccet mortaliter, qui actum dilectionis Dei semel tantùm in vitâ eliceret, condemnare non audemus [3]. » Denique : « Probabile est, ne singulis quidem rigorosè quinquenniis per se obligare præceptum charitatis erga Deum [4]. » Reverà enim nulla causa subest, cur per quinquennium is actus supprimatur, potiùs quàm semel editus, per totam posteà vitam ; aut nec semel editus, omninò prætermittatur. E contrà, si vel semel obligat, obligat centies, obligat millies, obligat nullo termino numeroque : neque anxiè disputandum, quo præcisè tempore et loco, quod ex variis circumstantiis, inspirationibus ac tentationibus pendet; sed eò enitendum est, ut tantâ diligentiâ curemus tantæ necessitatis actum elici, ut nullum sit in omittendo aut negligendo periculum.

Eò igitur nos adigunt tot damnatæ à celeberrimis Academiis, imò verò à summis Pontificibus, propositiones : nec refert quâ decreti formulâ ; cùm in eam damnationem, et ipsa rei natura, et totius Ecclesiæ consensio nos inducat.

[1] *Censura Lov.*, 1657, prop. 24. — [2] *Censura Guimen.*, eod. titulo.— [3] Innoc. XI, prop. 5. — [4] Ejusd., 6.

Undè etiam meritò reprobatur hæc propositio [1] : « Tunc solùm obligat de Deo diligendo mandatum, quandò tenemur justificari, et non habemus aliam viam quâ justificari possimus : » quasi Deus se velit diligi tantùm à peccatoribus, non autem à justis; aut tanti præcepti observantia ad justificationis gratiam impetrandam tantùm, non autem ad conservandam augendamque pertineat : quo neglecto, ipsâ incuriâ, gratiam justificationis amittant.

Hæc igitur erronea et hæretica procul à fidelium mentibus propulsanda sunt. Quantùm autem et quanto sub discrimine oporteat tantum actum frequentare, ipsa Dominica Oratio, quæ quotidiana dicitur, satis docet; quippe quæ vero et pleno sensu sine actu dilectionis proferri non possit; cùm hæc ipsa vox : *Pater noster*, si rectè, et ut à Christo pronuntiata est, dicitur, teste Apostolo, inducat *spiritum non timoris, sed adoptionis et charitatis, in cordibus nostris clamantem : Abba, Pater* [2].

Sin autem objicitur illud æquè impium ac nugatorium de præceptis positivis, non semper iis teneri nos, atque adeò nunquàm, vel vix unquàm : eò res recidit nobis, ut omnis intercidat fidei et spei exercendæ obligatio; imò Dei metuendi, cogitandi de Deo ac de salute suâ aut fide; ex quo vita christiana oblivioni Dei, atque inde consecutæ omni injuriæ ac nequitiæ relinquatur. Quem in gurgitem jam demersi sunt qui hæc dicunt : « Homo nullo unquàm suæ vitæ tempore tenetur elicere actum fidei et charitatis, ex vi præceptorum divinorum ad eas virtutes pertinentium [3]. Fides non censetur cadere sub præceptum speciale secundùm se. Satis est actum fidei semel in vitâ elicere [4]. »

## II. — Partitio hujus opusculi.

His igitur generatìm præmissis de mandato diligendi Dei, jam quæ sint ejus partes ad justificandum impium, maximè in sacramento Pœnitentiæ, ex decretis Tridentinis explicare aggredimur. Quam disputationem ita partiemur : ut primùm agamus de sacramentorum, quibus justificamur, efficientiâ; quo loco demonstrabimus ad illa non requiri eam dilectionem, quæ cum sacra-

---

[1] Innoc. IX, prop. 7. — [2] *Rom.*, VIII, 15; *Galat.*, IV, 6. — [3] Alex. VII, prop. 1. — [4] Innoc. XI, prop. 16, 17.

mentorum suscipiendorum voto semper justiflcet. Deindè tractabimus de incipiente dilectione, saltem ad justificationis gratiam in sacramentis impetrandam omninò necessariâ. Deniquè ex certis principiis difficultates resolvemus : atque is erit hujus tractationis finis.

## PRIMA PARS.

### I. — De sacramentorum quibus justificamur effectu sive efficientiâ. Tridentina decreta referuntur.

Ac primùm, sacrosancta Synodus de sacramentorum quibus justificamur effectu sive efficientiâ, hæc tradidit : « Hanc dispositionem seu præparationem justificatio ipsa consequitur [1]. » Quæ verba sancta Synodus subdit, post expositam præcedente capite illam dispositionem seu præparationem, quæ in fide, atque indè profecto « divinæ justitiæ timore, in spe propter Christum, atque in ipso incipientis dilectionis » motu reponatur : « ex quo peccatorum odium ac detestatio existat, per eam pœnitentiam, quam ante Baptismum agi oportet : deniqué, in proposito suscipiendi Baptismi, inchoandi novam vitam et servandi divina mandata [2]. »

Non ergo hæc omnia justificationem includunt; non fides, non spes, non illa dilectio incipiens, non illud ex dilectione odium ac detestatio peccatorum; non illa pœnitentia aut illud suscipiendi Baptismi propositum ac votum, quamvis cum novæ vitæ proposito et quâdam etiam inchoatione conjunctum : non illa, inquam, omnia, optima licet et sancta, justificationem includunt, sed sunt ejusmodi ex quibus, teste sacrosancto Concilio, *ipsa justificatio consequatur*.

Hùc accedunt ex eodem capitulo verba sequentia : « Instrumentalis item causa (justificationis) est ipse Baptismus, quod est sacramentum fidei [3]. » Quibus verbis constat ipsum sacramentum, non acceptæ justitiæ sigillum, ut hæretici volunt, sed ejus accipiendæ atque adipiscendæ causam et instrumentum esse.

Id autem luculentiùs ac firmiùs docet alterum capitulum ex sessionis VII proœmio repetitum, quod est ejusmodi : « Ad consummationem salutaris de justificatione doctrinæ consentaneum

[1] Sess. VI, cap. VII. — [2] *Ibid.*, cap. VI. — [3] *Ibid.*, cap. VII.

visum est de sanctissimis Ecclesiæ sacramentis agere, per quæ omnis justitia vera vel incipit, vel cœpta augetur, vel amissa reparatur. » Ex quo constat, quædam sanè sacramenta ea esse, per quæ justitia jam anteâ per susceptum sacramentum accepta tantùm augeatur, quæ nos sacramenta vivorum sive justorum appellamus : sed alia etiam sacramenta ea esse, per quæ *justitia incipiat, vel amissa reparetur,* sive recuperetur; qualia omninò sunt Baptismi ac Pœnitentiæ sacramenta; quæ sanè peccatoribus dentur et mortuis, sed per eadem sacramenta cum fide suscepta revicturis. Quò etiam pertinent ex eâdem sessione septimâ, canones VI, VII et VIII, ubi sub anathematis pœnâ prohibetur, ne quis dixerit eadem sacramenta « signa quædam esse ac notas jam acceptæ justitiæ, non verò in iisdem gratiam contineri, dari et reipsâ conferri : idque ex opere operato, quantùm est ex parte Dei, si ritè suscipiant nec obicem ponant. »

II. — Ea dogmata ad sacramentum Pœnitentiæ applicantur, ex sess. XIV, cap. IV.

Quæ dogmata atque decreta, sive, ut vocant, principia generalia, ut sacramento Pœnitentiæ applicentur, eadem sacrosancta Synodus docet : « Etsi contritionem hanc, quam describit, aliquandò charitate perfectam esse contingat, hominemque Deo reconciliare, priusquàm hoc sacramentum actu suscipiatur; ipsam nihilominùs reconciliationem ipsi contritioni, sine sacramenti voto, quod in illâ includitur, non esse adscribendam. » Quo liquet, non id semper aut ex naturâ rei fieri, sed tantùm *aliquandò contingere,* ut illa contritio *charitate perfecta sit :* undè subdit, quamcumque aliam contritionem eum esse « motum, quo pœnitens adjutus viam sibi ad justitiam parat, quique ad Dei gratiam in sacramento Pœnitentiæ impetrandam disponit. » Cæterùm contritionem eam quæ statim Deo reconciliet, etiam ante susceptum actu sacramentum, eam esse tantùm, « quam aliquandò charitate perfectam esse contingat : » atque adeò alios esse casus, eosque vulgatos atque communes, quibus absolutio sacerdotis hominem adhuc reperiat obligatum lethalibus culpis, neque justificatum supponat, sed faciat.

Hùc spectat etiam ejusdem sessionis canon ix : « Ne quis dixerit, absolutionem sacramentalem sacerdotis non esse actum judicialem, sed nudum ministerium pronuntiandi et declarandi remissa esse peccata: » quod non satis pro sancti Concilii intentione fixum haberetur, si omnis absolutio actu suscepta hominem jam justum jamque Deo gratum ac reconciliatum reperiret, idque ex naturâ rei, sive ex institutione divinâ, fieri oportere, pro certo crederetur. Sic enim sacramenta, quibus justificari credimus, opus justificationis ac remissionis peccatorum jam perfectum supponerent : hominemque nullius alterius rei indigentem, quàm ut ei jam remissa esse annuntiaretur ac declararetur. Ipsa quoque absolutionis formula, quod absit, mendax esset, si nunquàm peccata solveret, sed soluta reperiret; nec ministri Christi verè unquàm exercerent concessam sibi ligandi ac solvendi, remittendi ac retinendi potestatem, si nunquàm solverent atque remitterent; sed semper soluta vincula, semper dimissa peccata supponerent. Et quemadmodùm ad verè exercendam ligandi ac retinendi potestatem, intelligere debemus non supponi ligatos et actu judiciali sub nexu retentos, sed effici, ut verè ligati, verè et positivè sub nexu retenti habeantur; ita de potestate solvendi ac remittendi credendum est, nec supponi tantùm jam soluta et dimissa, sed verè effici ut actu solvantur ac remittantur.

Quæ omnia in hunc syllogismum concludi possunt : Qui specialis est sacramenti effectus, is ante sacramentum actu susceptum non necessariò supponitur, sed per illud efficitur. Atqui in Baptismo et Pœnitentiâ, specialis sacramenti effectus est ipsa justificatio, seu remissio peccatorum. Ergo justificatio seu remissio peccatorum, in Baptismo et Pœnitentiâ actu susceptis, non necessariò supponitur, sed per illud efficitur. Ergo ulteriùs, quod *aliquandò* id fiat, non est necessarium, sed casuale et accidentarium, nempè *cùm contritionem charitate perfectam esse contingit,* ut ex Tridentino [1] diximus.

[1] Sess. xiv, cap. iv.

III. — Concilii Tridentini doctrinæ summa, omniumque ejus doctrinæ partium consensio : transitus ad secundam hujus disputationis partem.

Hæc ergo dogmata circa sacramentorum efficaciam sive efficientiam, nonnisi læsâ fide Tridentinâ negari possunt. Quare diligentissimè cavit sanctissima et doctissima Synodus, ne quam tantâ auctoritate ac perspicuitate asseruit virtutem ac vim; eamdem, quod absit, evertere videretur. Itaque, cùm clarè definierit, uti prædiximus [1] et mox luculentiùs declarabimus, ad justificationem in sacramentis requiri, ut ad eam moveamur non solo timore pœnæ, sed etiam dilectione justitiæ; ne tamen putarent, eam dilectionem saltem cum voto sacramenti statim esse vivificam, sive reconciliatoriam ac justificantem, eam certis characteribus, à vivâ et reconciliatoriâ sive justificante contritione discrevit; quod hæc quidem sit, ut diximus [2], charitate perfecta; illa autem sit dilectio tantùm *incipiens,* nec ad eum deducta finem, ut charitate perfecta sit : undè etiam fit, ut sit præparatoria, non perficiens, aut justitiam inducens, sed ea quam ipsa justitia consequatur; ut sit deniquè, non nova vita, quod est opus contritionis charitate perfectæ, sed novæ vitæ propositum ejusdemque inchoatio quædam. Quos incipientis dilectionis characteres nunc explicare aggredimur : atque hæc erit secunda pars nostræ disputationis, haud obscurioribus aut inferioribus sacrosancti Concilii firmata decretis, et pari utique fide retinenda.

## SECUNDA PARS.

I. — De dispositionibus, maximè verò de incipiente dilectione Dei ad consequendam justificationem necessariò requisitâ : ex sess. VI, cap. VI.

Placet igitur primùm ex sessione VI, cap. VI, sequentia recitare : « Disponuntur autem ad ipsam justitiam, dùm excitati divinâ gratiâ,.... liberè moventur in Deum, credentes vera esse quæ divinitùs revelata et promissa sunt; atque illud imprimis, justificari impium per gratiam ejus;... et dùm peccatores se esse intelligentes, à divinæ justitiæ timore, quo utiliter concutiuntur, ad

[1] Sup., n. 1.— [2] Sup., n. 2.

considerandam Dei misericordiam se convertendo, in spem eriguntur; fidentes Deum sibi propter Christum propitium fore, illumque tanquàm omnis justitiæ fontem diligere incipiunt. » Quibus verbis, necessariæ dispositiones tres distinctè et ordine proponuntur : primùm *fides*, eique conjunctus divinæ justitiæ *timor*; deindè *spes* per Christum; tertiò, ipsa *dilectio*, sed tantùm *incipiens*. Quarum dispositionum si quis vel unam detraxerit, tanti Concilii integram perfectamque doctrinam truncasse judicetur.

II. — Quid sit diligere Deum ut omnis justitiæ fontem, eodem cap. vi, sess. vi.

Quid sit autem illud, quòd *Deum tanquam omnis justitiæ fontem diligere incipiant*, facilè intelliget, qui illam justitiam, quæ Deus est, per se ac propter se diligendam ac nobis communicandam per Christum, nosque efficienter justificantem consideraverit, quemadmodùm ait Paulus : *Ut sit ipse justus, et justificans eum qui est ex fide Jesu Christi* [1]. Diligitur ergo *Deus ut fons justitiæ*, cùm diligitur ut justus atque justificans : quam justitiam nos esurire ac sitire oportet, dicente Domino : *Beati qui esuriunt et sitiunt justitiam* [2], atque inde præparari ad justitiam capessendam, cùm eam esurire et sitire pœnitentes incipimus : quod est piæ et sanctæ dilectionis initium, justificandis hominibus penitùs necessarium : ne scilicet, quod ait idem Apostolus, *ignorantes justitiam Dei*, quâ ipse justus est atque justificans : *et suam*, id est operum ac meritorum suorum, *volentes constituere, justitiæ Dei non essent subjecti* [3]. Quâ voce jubemur veræ justitiæ subjacere liberâ voluntate, et in eam consentire; quod sine aliquo incipientis saltem dilectionis voluntario ac libero motu esse non poterat.

III. — Continuatio, ex eodem cap. vi, sess. vi.

Stante ergo illo fideique ac spei distinctè superaddito, incipientis dilectionis sensu, quid inde consequatur sacra Synodus docet his verbis : » Ac proptereà (eò scilicet quòd Deum justitiæ fontem diligere incipiant) moveantur adversùs peccata per odium ali-

[1] *Rom.*, III, 26. — [2] *Matth.*, v, 6. — [3] *Rom.*, x, 3.

quod et detestationem, hoc est per eam pœnitentiam quam ante Baptismum agi oportet; » ut inde exoriatur peccati odium et detestatio, quòd auctor justitiæ Deus diligi ac placere incipiat : quâ in re sita est illa pœnitentia, sine quâ præviâ neminem justificari posse aut unquàm justificari potuisse, constat.

Summa autem hujus rei est, quod homo peccator, post peccata commissa, hoc est, post tot dicta, facta, et concupita contra legem æternam, in quo, post beatum Augustinum, omnes theologi rationem peccati constituunt : jam incipiat convertere se ad ipsam justitiam, quæ Deus est; hoc est, ad legem æternam, quæ est super omnia ac præsidet rebus humanis; nec tamen ei perfectè conjungi, qui est ipse justificationis effectus ; sed tamen ad eam assurgere eamque rebus omnibus velle anteponere : undè incipit quæri et reduci ille ordo, quem, eodem Augustino teste [1], « lex æterna observari jubet, perturbari vetat. »

IV. — Continuatio, ex eodem capite : ubi de proposito implendi mandata.

Subdit sancta Synodus : « Deniquè dùm proponunt suscipere Baptismun, inchoare novam vitam et servare divina mandata : » quod confirmat sancta Synodus, etiam relato hoc Christi mandato : *Euntes docete omnes gentes*, etc., *docentes eos servare omnia quæcumque mandavi vobis* [2] *:* quo fiat etiam illud : *Præparate corda vestra Domino* [3].

Est igitur, teste Scripturâ sacrâ, Synodo interprete, omninò necessarium quo ad justificationem homines præparentur, ut corde gerant non inane, sed firmum ac verum propositum servandi *omnia* mandata quæcumque Christus imposuit : quibus omnibus maximè comprehendi primum illud ac maximum omnium mandatorum, quo Dominum Deum nostrum diligere toto corde, totâ mente, totis viribus, hoc est propter ipsum ac super omnia jubeamur, nemo sanus negaverit. Hujus ergo tanti præcepti, nisi quis veram ac sinceram executionem et observationem firmo proposito intendat, nec servare mandata, omisso omnium maximo, nec justificari vult : ut profectò constet, justificationis pro-

[1] *Cont. Faust.*, lib. XXII, cap. xxx. — [2] *Matth.*, xxviii, 19, 20. — [3] I *Reg.*, vii, 3.

positum nullum esse posse, nisi cum verâ Dei summè ac super omnia diligendi voluntate conjunctum : quo sanctæ dilectionis saltem aliquod initium continetur : nec frustrà Synodus *novæ vitæ inchoandæ propositum* inesse oportere decernit, quod mox, suo loco, ex ejusdem Synodi sententiâ perpendemus. An autem, sine aliquo incœptæ et inchoatæ dilectionis initio, stare possit voluntas implendi divini de summâ dilectione mandati, certissimè credimus dubitare posse neminem.

V. — Idem ex cap. vii ejusdem sessionis vi, et ex can. xi.

Hæc ex sexto capite sextæ sessionis. Septimum verò sic incipit : « Hanc dispositionem seu præparationem justificatio ipsa consequitur; quæ non est sola peccatorum remissio, sed et sanctificatio et renovatio interioris hominis per voluntariam susceptionem gratiæ et donorum, undè homo ex injusto fit justus, et ex inimico amicus. » Nemo ergo vereatur, ne præmissæ à Concilio tot ac tantæ dispositiones ac præparationes justificationem contineant; cùm eadem Synodus apertè præcaveat ne id sentiamus, ac monitos nos velit has esse præparationes ac dispositiones tantùm, *quas ipsa justificatio consequatur.*

Jam illa verba perpendant : « Justificatio non est sola peccatorum remissio, sed et renovatio interioris hominis per voluntariam susceptionem gratiæ et donorum, quibus homo efficitur ex injusto justus, et ex inimico amicus. » Quæ si consideraverint, profectò intelligent, in ipso renovationis interioris actu inesse liberum actum, qui sit *voluntaria susceptio gratiæ :* addit » *et donorum; undè homo ex injusto fit justus, et ex inimico amicus :* ut certum omninò sit, dùm justificamur atque interiùs renovamur, planè consentire nos in ipsam justitiam atque amicitiam ipsâ justificatione reparatam ac redintegratam : quod nihil aliud esse possit, quàm fructus et actus veræ ac perfectæ dilectionis, ex ipsâ justificationis gratiâ consecutæ : cùm præsertim sancta Synodus illam ipsam justitiam in charitate collocet, « quæ, inquit, diffunditur in cordibus eorum atque ipsis inhæret : » quod etiam clarè ac sub anathematis pœnâ repetitum et inculcatum, ejusdem sessionis canone xi.

VI. — Expenditur præcedens doctrina Concilii exponentis incipientem dilectionem, quæ in verum firmumque charitatis actum, in ipsâ justificatione desinat.

Hanc doctrinam ex sancto Thomâ depromptam esse, imò ex ejus verbis penè contextam, posteà demonstrabimus. Nunc, ne distrahatur animus, mox relata verba Concilii notatu dignissima paulùm pensitanda sunt. Nam respiciunt animam sub ipsâ gratiæ infusione, in ipso justificationis ac renovationis instanti constitutam; actu enim suscipit gratiam, non modò peccata remittentem, sed etiam interiùs renovantem ac sanctificantem; actu, inquam, hanc suscipit. Quid autem? An mortuo modo? Imò, inquit, *voluntariâ susceptione gratiæ*, hoc est, liberâ et actuali consensione in illam ut actu inhærentem. Hæc est enim Concilii mens, hoc est fidei catholicæ ab hæreticorum perversâ credulitate discrimen. Nec tacet Concilium. Est enim illa *susceptio voluntaria gratiæ et donorum*. Cujus autem gratiæ, quorumve donorum? Horum certè quibus homo fit *ex injusto justus, et ex inimico amicus*. Hæc est ergo illa actualis et voluntaria consensio in amicitiam Dei, hoc est profectò in ipsam inter nos et Deum mutuam charitatem. Nihil enim est aliud ista amicitia, ex consensu theologorum, quàm mutua charitas. Fit ergo consensio in ipsam inter nos et Deum mutuam charitatem. An sine ullo charitatis actu? Quis hoc vel cogitare possit? Addit verò Synodus esse consensionem in gratiam, ex quâ *homo fit de injusto justus*. Quomodò autem justus? Nempe, ut ex Synodo diximus [1], *diffusâ intùs charitate per Spiritum sanctum*, atque animis *inhærente*. Consensio autem libera et actualis in illam habitualem inhærentemque charitatem, est ipse elicitus charitatis actus. Quare justificatio non sine habituali et actuali simul charitate transigitur.

An igitur necesse est, ut omnes justificati inhærentem et habitualem charitatem distinctè cogitent; cùm tot sint veri pœnitentes, qui ne has quidem voces intelligant? Rectè, si de vocibus, non autem de ipsis rebus ageretur. Non enim si tam multi sunt, qui nesciant propè inhærere quid sit; ideò ignorare oportet pœnitentes, fieri aliquid in eis operatione divinâ per Spiritum sanc-

[1] Sup. n. 5, sub fin.

tum, quo immutetur animus intùs, fiatque verè sanctus ac justus, non imputatâ ab extrinseco Christi justitiâ, ut hæretici somniant, sed verè communicatâ et infusâ, imò etiam stabili ac permanente, undè habitualis dicitur. Non ergo voces illæ theologicæ, sed ipsa summa rerum cogitanda est pœnitentibus, *ut sciamus quæ à Deo donata sunt nobis* [1] *:* ne cæcam, infructuosam, totque acceptorum in ipsâ justificatione donorum ac beneficiorum immemorem agamus pœnitentiam.

Verùm ulteriùs procedendum est. Neque enim statim ac nullâ congruâ dispositione præviâ, fit transitus ad ipsam charitatem habendam et exercendam; imò verò necesse est, ipsum habitum aliquid antecedat per modum disponentis atque transeuntis; quæ est ipsa dispositio à Synodo agnita dilectionis illius incipientis suprà memoratæ : sic sanè, ut illud disponens atque incipiens, in verum, fixum, perfectumque actum desinat connaturali progressu, fiatque simul in nobis et exerceatur charitas, quam ultrò et liberè justificati ac renovati suscipimus.

VII. — Libera electio et consensio in futuram justitiam atque charitatem, inhærentem, à Synodo sess. vi, cap. v et vi constituta, quid importet?

Hæc sanè vera sunt, et ex Concilii clarâ definitione certa. Verùm profectò nobis hìc id vel maximè cogitandum est, non quòd justificationem comitetur aut consequatur, sed quòd antecedat ac præparet; hoc est ipse consensus liber ac voluntarius in futuram justitiam et charitatem in cordibus diffundendam eisque inhæsuram. Quàm autem sit libera illa consensio, jam quidem ex cap. vi sessionis vi retulimus, dicente Concilio, *disponi ad justitiam, dùm liberè moventur in Deum.* Verùm id ex capitis v antecedentis adhuc clariore et expressiore doctrinâ repetendum. Verba autem sanctæ Synodi hæc sunt : « Nempè, inquit, ipsius justificationis exordium in adultis à Dei per Christum Jesum præveniente gratiâ sumendum esse, hoc est ab ejus vocatione, quâ, nullis eorum existentibus meritis, vocantur : ut qui per peccata à Deo aversi erant, per ejus excitantem et adjuvantem gratiam ad convertendum se ad suam ipsorum justificationem, eidem gratiæ

[1] *Cor.*, ii, 12.

liberè assentiendo et cooperando, disponantur : ita ut, tangente Deo cor hominis per Spiritùs sancti illuminationem, neque homo ipse nihil omninò agat, inspirationem illam recipiens, quippe qui illam et abjicere potest, neque tamen sine gratiâ Dei movere se ad justitiam coràm illo liberâ suâ voluntate possit. » Quod item ejusdem sessionis canone IV et IX confirmatum omnes norunt.

Sic quàm libera fuit ac voluntaria susceptio gratiæ actu justificantis atque renovantis, tam liberam et voluntariam esse oportet *conversionem* hominis *ad suam justificationem futuram*, tam libero motu *ad justitiam*, hoc est ex antedictis, ad amicitiam atque charitatem *movere se*, Deique vocationi *liberè assentiri et cooperari*, necesse est. Hæc sancta Synodus claris verbis decernit. His autem actibus illud comprehenditur, ut pœnitentis animus vocanti *ad gratiam, ad justitiam, ad amicitiam, ad* ipsam *charitatem*, Deo se præparet liberrimo motu, verâ electione, et Spiritui sancto ad justitiam, hoc est, ad ipsam charitatem moventi et excitanti, se totum liberè subdat. His etiam efficitur, animam pœnitentem eidem Spiritui sancto adducturo justitiam ac diffusuro intùs in cordibus charitatem, ultrò occurrere et assentiendo cooperari ; venturam charitatem arripere, inhæsuræ aptare se ; invitantem et oblatam eligere, acceptare, complecti : quæ sine aliquo jam incipientis sive transeuntis ac disponentis dilectionis motu non fiunt.

VIII. — Aliud ex sess. VI, cap. VII.

Hùc accedit aliud ex ejusdem sessionis VI, cap. VII repetitum : nempè ut ii qui se ad justificationem præparatos volunt, *petant fidem*, non illam *mortuam et otiosam*, quam Jacobus memorat[1], sed vitam et actuosam, de quâ dicit Paulus, *in Christo Jesu neque circumcisionem aliquid valere, neque præputium, sed fidem, quæ per charitatem operatur*[2]. Hoc enim attestatur idem Concilium Tridentinum, cùm, his recitatis Apostoli verbis, subdit : « Hanc fidem ante Baptismi sacramentum, ex Apostolorum traditione, Catechumeni ab Ecclesiâ (docente et orante) petunt, cùm petunt fidem vitam æternam præstantem : » petunt, inquam,

[1] *Jacob.*, II, 17. — [2] *Galat.*, V, 6.

fidem eam quæ per charitatem operatur vivam et salvificam : quam petere et expectare nonnisi ex quodam ejusdem initio possumus; quod est illud à Synodo prædicatum, piæ, post fidem ac spem, præparatoriæ dilectionis initium.

### IX. — Idem ex canone III sessionis VI.

Hæc igitur nobis ex sextâ sessione deprompta sint, maximè ex capite sexto, cui respondet canon III, his verbis : « Si quis dixerit sine præveniente Spiritûs sancti inspiratione atque ejus adjutorio, hominem credere, sperare, diligere aut pœnitere posse sicut oportet, ut ei justificationis gratia conferatur, anathema sit. » Sanè constat, ex perpetuâ sacri Concilii consuetudine, ita canones institutos, ut singuli ad singula quædam decreta referantur. Hunc ergo canonem ad caput hoc sextum referri oportere, et confitentur omnes, et ipsa verborum demonstrat series. Ecce enim hujus capitis decreto distinctè et ordine memorantur, ut vidimus, primùm fides, deindè spes, tertiò ipsa dilectio, quâ « incipimus diligere Deum, ut omnis justitiæ fontem : » ex quâ deniquè « ea pœnitentia » consequatur, « quam ante Baptismum agi oportet. » Hæc ergo quatuor eodem ordine recensita canone III, pro more Concilii in pauca contrahit, et solitâ brevitate complectitur; decernitque, ut cuicumque « justificationis gratia conferatur, » eumdem « oporteat » credere, sperare, diligere : his tribus actibus in unum pœnitentiæ actum recollectis, neque unquàm à se in ipsâ justificationis præparatione divulsis.

### X. — Solvitur objectio referentium supradicta ad solum Baptismum, non autem ad Pœnitentiæ sacramentum.

Dicent, hæc tam plana, tam liquida, tam ex intimo Concilii spiritu prompta, de Baptismo quidem esse tradita nec pertinere ad Pœnitentiam, quasi ad hanc minora requirantur : sed hoc stare non potest. Primùm enim, quâ ratione id statuunt? Nullâ prorsùs. Quid enim? An quòd ex parte Dei major sit Pœnitentiæ quàm Baptismi virtus, ut proptereà ad illam, quàm ad hunc minor ex parte nostrâ dispositio requiratur? Sed contrà; virtus Baptismi ex parte Dei major et uberior, quippe cùm simul omnem et culpæ et pœnæ reatum absorbeat : quod Pœnitentiæ non est concessum. Est sanè Pœnitentia secundus Baptismus, ad quem minora requiri quàm ad primum, nulla vel levis conjectura suadet. Undè sacra Synodus utriusque sacramenti differentiam bis assignans, sess. vi, cap. xiv, et adhuc expressiùs sess. xiv, cap. ii, de hoc discrimine ex obligatione incipientis dilectionis orto ne quidem cogitat. Clarum istud. Extant duo capita : alterum sub hoc titulo : *De lapsis, et eorum reparatione,* sess. vi, in quo utriusque sacramenti discrimen traditur; alterum, sess. xiv, sub hoc titulo : *De differentiâ sacramenti Pœnitentiæ et Baptismi.* Utraque accuratè relegantur : circa dispositiones nullum discrimen invenies : cùm id eo loco vel maximè memorari oporteret. At si in alterutro sacramento majora requirerentur, pro Pœnitentiâ judicandum esset, in quâ jam violato Baptismo major injuria, majore proindè studio reparanda.

Huc accedunt verba Christi pronuntiantis : *Cui plura donantur, eum magis diligere*[1]. In Pœnitentiâ autem plura dimittuntur, cùm ipsum violati Baptismi facinus dimittenda augeat. Eo ergo major exoritur diligendi obligatio, nedùm ex parte dilectionis aliquid imminutum esse intelligatur. Quanquam enim allegata Christi sententia ad consequentem dilectionem directè pertinet, æquo jure referenda est ad præparatoriam; cùm petentis et expectantis remissionem, haud alia sit ratio, quàm de impetratâ gratiâ agentis.

Deniquè quid causæ esset, cur à Pœnitentiâ potiùs quàm à Baptismo dilectionem illam abesse oporteret? An quia illa dilectio per sese justificationem inferret, vacuo posteà sacramento, aut saltem suum effectum jam supponente? Atqui de Baptismo idem dicendum esset, cui remissionis et justificationis effectus haud minùs efficacibus verbis à Scripturâ, Patribus Conciliisque, adeòque ab ipso Tridentino tribuatur. Quare hæc opinionum ludibria procul à Scholæ gravitate et auctoritate amandari deceret ; ac reverà certum, responsionem hanc, ne quid dicam gravius, haberi improbabilem ac temerariam, nullo quem sciam hujus auctore nominato.

[1] *Luc.,* vii, 43.

## XI. — Cur sess. xiv non repetitur doctrina de incipiente dilectione, quæ sess. vi traditur.

Quærunt, quare igitur sancta Synodus, sess. xiv, de Pœnitentiæ sacramento tractans, dicta de Baptismo circa dilectionis initium, non iterat? In promptu causa est, ideò factum quòd semel dicta sufficiant : neque metuendum videbatur, ne de Baptismo dicta ad Pœnitentiæ sacramentum prono velut ac suo cursu deduci non possent. Quin ipsa Synodus, in prooemio sessionis xiv, id ultrò præmonuit his verbis : « Quamvis in decreto *de Justificatione* multus fuerit de Pœnitentiæ sacramento, propter locorum cognationem, necessariâ quâdam ratione sermo interpositus; tanta nihilominùs circa illud, nostrâ hâc ætate, diversorum errorum est multitudo, ut non parùm publicæ utilitatis retulerit, de eo exactiorem et pleniorem definitionem tradidisse. » Quibus verbis duo videmus : primum, illud ipsum *de Justificatione* decretum communis fundamenti loco esse positum ; deindè, propter multiplices errores, è re videri, ut de eo argumento plenior tractatio habeatur, ad errores scilicet detegendos, ut ipsa Synodus profitetur, communi, ut diximus, fundamento stante : quod etiam à nobis mox ordine perpendetur, ubi ad eum locum nostra disputatio devenerit.

Id interim observabimus, in utrisque decretis et sess. vi et xiv, æquo jure postulari « vitæ novæ propositum et inchoationem [1]. » Id autem ita explicatur sess. vi, ut in illo proposito expressè intelligatur contineri voluntatem, quâ quisque proponat « servare divina mandata, » quod licèt sess. xiv prætermissum, tamen in Pœnitentiâ valere nemo negaverit; ut profectò clarum sit duo illa decreta non inter se opponenda, quod absit, sed alteri ex altero quærendam lucem; et sessionem vi pro sessionis xiv certo ac stabili fundamento habendam.

## XII. — Doctrina sess. xiv proponitur, ac primùm ex prooemio, et cap. i, ii, iii.

Jam absolutâ sessione vi, veniamus ad sessionem xiv, ubi de sacramento Pœnitentiæ specialis tractatio instituitur. In hâc au-

---
[1] Sess. vi, cap. vi; sess. xiv, cap. iv.

tem statim notavimus, ex ipso procemio id quod ad sessionis vi, quæ fundamenti loco ponitur, commendationem pertinet. Nunc autem in decretis observamus primum illud, ex cap. 1 : « Fuit quidem pœnitentia universis hominibus, qui se mortali aliquo peccato inquinassent, quovis tempore ad gratiam et justitiam assequendam necessaria. » Quo ex loco claret præire omninò in hoc quoque sacramento eam pœnitentiam quam ex sess. vi, ante Baptismum agi oportet, ut suprà memoravimus; cui quidem pœnitentiæ inesse necesse sit, illud credere, illud sperare, illud diligere, atque indè profectam peccati detestationem eam, in quâ, ex eâdem sessione vi, præeuntis pœnitentiæ ratio collocetur.

Deindè, ex capite secundo, notamus « differentiam sacramenti Baptismi et Pœnitentiæ, » nullâ mentione discriminis circa antedictas dispositiones, ut profectò easdem in utroque sacramento pariter retineri ac requiri necesse sit, quemadmodùm suprà memoravimus. Interim de utriusque sacramenti æquâ necessitate, ita est definitum : « Ut sit hoc Pœnitentiæ sacramentum lapsis post Baptismum æquè necessarium, ut nondùm regeneratis ipse Baptismus : » hoc est necessarium non modò necessitate præcepti, verùm etiam necessitate medii.

Posteà ex capite tertio : « Rem et effectum hujus sacramenti, quantùm ad ejus vim et efficaciam attinet, reconciliationem esse cum Deo. » Quare hoc sacramentum meritò definire possis, redintegratæ gratiæ ac reconciliatæ amicitiæ sacramentum, quod nemini, nisi optanti et volenti Dei amicitiam et cum eo gratiam, concedi posse liquet, ut suprà diximus : undè etiam addidimus, huic sacramento demi efficaciam, si quid his detraxeris, neque in pœnitente Dei amicitiam, hoc est, charitatem ipsam efflagitante, aliquid agnoveris, undè Deum ipsius gratiæ et justificatiónis auctorem amare jam cœperit.

### XIII. — Doctrina capitis iv ejusdem sessionis xiv.

Hactenùs apparuit sessionem xiv sessioni vi veluti fundamento superstructam esse. Sed res erit clarior, si caput quartum, hoc est illud ipsum, quod vel maximè nobis objicitur, diligenter perpenderimus. Sic autem habet : « Contritio, quæ primum locum inter pœnitentis actus habet, animi dolor ac detestatio est de peccato commisso, cum proposito non peccandi de cætero. » Ac paulò post : « Declarat sancta Synodus, hanc contritionem non solùm cessationem à peccato, et vitæ novæ propositum et inchoationem, sed veteris etiam odium continere. » Quis autem negaverit novæ vitæ firmo validoque proposito contineri firmam de observando primo et maximo diligendi ex toto corde, hoc est, super omnia, Domini Dei nostri voluntatem? De quo præcepto dicit Dominus : « Hoc fac et vives [1] : » ne quis novam vitam absque charitate esse posse præsumat. Undè sacra Synodus in novæ vitæ proposito, nihil minùs quàm Dei super omnia diligendi propositum potuit intelligere : neque tantùm exigit *vitæ novæ propositum;* sed etiam *inchoationem;* eò quòd amaturo Deum, idque jam firmiter apud se proponenti ac volenti, ipsum illud propositum nonnisi vitæ novæ inchoatio quædam atque initium sit : cum quo, teste Synodo, anteactæ vitæ turpis illius ac vero pioque amore destitutæ, simul inordinato amore laborantis, odium conjungatur.

Sanè observavimus hanc vitæ novæ inchoationem in sacramento Pœnitentiæ requisitam, præcessisse in Baptismo, ex sessione VI, cap. VI, atque ita esse constitutam, ut conjuncta intelligatur cum proposito servandi omnia mandata divina, adeòque vel maximè illud primum. Quod sanè propositum implendi omnia mandata, nisi altè ac firmiter animo constitutum atque infixum geras, nulla justificatio est.

Ex his igitur verbis facilè intelligimus, quàm fuerit illud necessarium, fidei ac spei superadditum, secundùm Synodum, dilectionis initium : cùm absque illo, in Baptismo ac Pœnitentiâ æquo jure requisitum observandi omnia mandata et omnia peccata detestandi propositum, nec intelligi possit.

Fixum ergo firmumque est, verè pœnitenti ac justificationem expectanti id inesse propositum, quo Dei amorem velit; item amicitiam Dei quærat et velit, eamque cuivis amicitiæ anteponat, ejusdem justitiæ se subdat Deumque ejus fontem diligere incipiat [2] : reconciliatam cum Deo gratiam plus omnibus bonis optet :

---

[1] *Luc.*, X, 28. — [2] Sess. VI, cap. VI.

Dei charitatem animo suo inhæsuram ultrò advocet et accersat, eamque petat fidem quæ per charitatem operatur. Quæ si quis negaverit cum voluntate quâdam Dei toto corde et super omnia diligendi esse conjuncta, ibique omninò inesse aliquid charitatis, atque actum aliquem qui in eam virtutem et ex sese tendat, et ad eam necessariò reducatur, etsi nondùm sit illa contritio, quam *charitate perfectam,* atque adeò justificantem esse contingat : ille se absurdum, atque à seipso dissentientem, et ab omni charitatis officio alienissimum se præbeat.

XIV. — Hìc quæstionem totam omninò absolutam esse unâ interrogatiunculâ.

Anteaquàm ulteriùs progredimur, hîc tantisper sistamus gradum, ut seriò consideremus jam totam hanc absolutam esse quæstionem, nisi quodam litigandi studio teneamur. Rogo enim, an illud propositum vitæ novæ inchoandæ, à sanctâ Synodo in sacramento Pœnitentiæ requisitum, non sit illud ipsum in Baptismo requisitum propositum, quod in sessione VI, capite VI, complectatur voluntatem omnia implendi divina mandata, juxta illud Dominicum : *Euntes docete omnes gentes, baptizantes eos;..... docentes servare omnia quæcumque mandavi vobis*[1]. Rem planè putamus suprà jam à nobis clarè esse confectam, neque quemquam existimamus futurum, qui negare possit per illud propositum in Pœnitentiâ æquè ac in Baptismo requisitum, haberi expressissimam implendi omnia Christi mandata, neque unquàm adversùs illa peccandi voluntatem. Hoc firmum, hoc fixum est. Tota ergo quæstio jam in eo versabitur, an inter mandata quæ implere volumus, ac firmâ voluntate proponimus, contineatur illud mandatum, quod est omnium primum; quod si negaverint, credo bonâ fide, ipsi sibi erubescent.

XV. — Quid sit illa distinctio impliciti et expliciti, quam hîc adhibent.

Nec tamen dissimulandum est quid reponant. Quærunt enim et ipsi à nobis, an igitur nulla futura sit Pœnitentiæ, nulla Baptismi vis, quantùm ad justificationem attinet, nisi de omnibus singu-

[1] *Matth.,* XXVIII, 19, 20.

latìm præceptis actu et expressè cogitetur? Non ita, inquiunt, sed sufficit confusè et implicitè velle servare mandata : ac si de aliquibus specialiter cogitandum, sanè de iis tantùm contra quæ peccaveris.

Mirum autem illud, quia possibile non sit de singulis quibusque mandatis cogitari semper, ex eo inferre nec de illo primo distinctè cogitandum, cùm è contra sic potiùs argumentandum esset : Ex eo quòd omnia et singula divina mandata simul cogitare, nec sæpè possibile sit, nec necessarium, ideò requiri saltem ut illud præceptum animo et voluntate complectamur, quo, teste Domino, ipsa præceptorum summa consistat.

Quod autem fateris, ea saltem expressè cogitanda præcepta adversùs quæ peccaveris, arripio ut meum, cùm planè nemo peccet, nisi ex eo fonte, quòd non dilexerit.

Dices : Peccatores omnes violare illud de dilectione mandatum implicitè tantùm, eò quòd cætera mandata contempserint, quibus implendis illa continetur dilectio Dei, quam effectivam dicunt.

Contrà : Illa, ut vocant, effectiva dilectio facit observari mandata propter ipsum Deum, tanquàm propter finem ultimum, non interpretativè, sed propriè; et id negare est hæreticum, ut ab initio, Alexandro VIII auctore, diximus [1]. Ergo in eo peccas vel maximè, quòd mandata propter Deum implere nolueris, sive neglexeris. Quam sanè injuriam resarcire non potes, nisi firmiter statuas propter ipsum Deum implere mandata : hoc est effectivam exercere dilectionem.

Jam attentè considerantibus compertum erit nobis, æquè fide certam obligationem nostram ad specialem ac proprium dilectionis actum. Nam pro explorato ac fide certo posuimus [2], ita ut contrarium hæreticum haberetur, vi mandati hujus : *Diliges,* omninò teneri nos ad illum specialem ac proprium dilectionis actum : ad id, inquam, teneri nos, nec semel in vità, nec per solidum saltem quinquennium, sed per annos, per dies, ita ut ejus usus sit frequentissimus, imò verò tam frequens, ut familiaris nobis ac velut quotidianus esse videatur : cùm absque illo nec Orationem Dominicam, quæ velut quotidiana esse debeat, vero suoque sensu in-

[1] Sup., n. 1. — [2] Ibid.

telligere aut proferre possimus. Quo posito, si rem altiùs scrutemur atque intimos resecemus tantæ veritatis sensus; certum item erit nobis, indè exortam esse ipsam effectivæ, sive mandata propter Deum adimplentis dilectionis cessationem, quod affectivam suo loco et tempore æquè necessariò servandam omiserimus. Hinc tota mali labes. Hinc peccandi principium; ac rectè Augustinus : « Per hanc dilectionem peccata solvuntur. Hæc si non teneatur, et grave peccatum est, et radix omnium peccatorum [1]. » Nec immeritò; ex hoc enim debent solvi peccata, ex cujus defectu orta sunt. Si enim, ut fieri oportebat, debitum affectum in Deum provocasses, neque omisisses tam necessarium sanctæ dilectionis exercitium, profectò nec effectivæ et mandata propter Deum adimplentis dilectionis officium intercidisset. Peccas ergo, quisquis es, contra ipsum debitæ dilectionis affectum; quod ut resarcias, ipsam voluntatem, ipsum propositum specialis et propriæ sive affectivæ dilectionis exercendæ excitari oportet.

Dices : Id nimiæ subtilitatis esse, neque vulgaribus hominibus venire in mentem. Contrà : Nam has voces : *affectivum, effectivum*, aliasque similes vulgares homines nesciunt; sed rem ipsam, hoc est, et præcepta omnia implenda esse propter Deum, et ipsam quoque dilectionem singulari studio in Deum incitandam, idque divino de dilectione mandato cautum esse, tenere omnes, omnes doceri debent, nec omitti potest tanta res ab iis qui Deo placere volunt.

Ac reverà, si quis attendat tot post pœnitentiam lapsus, facilè, deprehendet horum esse fontem, quòd de Deo diligendo nec in frequentandà pœnitentià cogitent, frigidamque et exsuccam agant pœnitentiam. Hæc illa est pœnitentia, quam *indifferenter*, nulloque vero ac sincero affectu *actam* Synodus Nicæna improbavit [2], fontem et altricem peccatorum, non verum ac firmum eorum remedium.

### XVI. — Rursùs de implicito et explicito.

Jam ut accuratiùs perpendamus distinctionem impliciti et expliciti, illa ipsa est, quà præceptum charitatis absolutè eluditur

---

[1] *In Epist. Joan.*, tract. v, n. 2. — [2] *Conc. Nic.*, can. xi; tom II *Concil.*, col. 48.

ab iis quos inter hæreticos computari diximus [1]. Nempe aiunt ipsum diligere nihil aliud esse, quàm impleri singula divina præcepta; quibus impletis, præcepto charitatis ibidem implicitè contento satisfacias, ac nihil necesse sit, ut de illo explicitè cogites. Sic eludunt præcepti vim, cujus erroris gratiâ ab Ecclesiâ meritò condemnantur. Quare distinctionem illam suspectam ac periculosam habere nos oportet, cùm in illâ distinctione errorem exitiosissimum, quique ad tollendam præcepti maximi obligationem pertineat, latere constiterit.

Ut ergo is error in ipso Pœnitentiæ sacramento retegatur, rogo quid sit illud quod voluntate ac proposito implendi mandata, ipsum dilectionis mandatum comprehendi quidem, sed tantùm implicitè velis? Rogo, inquam, quid sit illud implicitum? Nempè, inquies, illud vocamus implicitum in aliquo actu contineri, cùm, verbi gratiâ, rogati an volendo implere divina mandata, eâ voluntate contineri intelligamus ipsum de Dei dilectione mandatum, statim respondemus omninò id velle nos. Sic enim interpretari solent illud implicitum. Aiunt omnes uno ore philosophi ac theologi, ideò nos in omni actu velle beatitudinem saltem implicitè, quod roganti quid velimus in unoquoque actu, statim respondeamus nos velle esse beatos, idque à nobis maximè intendi. Esto, si velis, aliud exemplum familiarius ac magis obvium. In profectione Romanâ, etsi non semper nec omni, ut aiunt, passu, Romam actu expresso cogites, tamen certum omninò est ipsam Romam implicitè velle te, cùm rogatus quò pergas, nihil nisi Romam retuleris. Itaque quod implicitè volumus, reverà et summè volumus, tametsi non eam voluntatem reflexè et formaliter exprimamus. Ergo sic interpretandum, cùm in Pœnitentiâ implicitè volumus implere præceptum de diligendo Deo, illud reipsâ et summè velle nos, licèt non exprimamus, aut ullum eâ de re actum reflexum aut expressum elicere cogitemus; quod rectè intellectum fortassè sufficiat.

Quid quòd si illud implere ita velis, ut rogatus an velis statim respondeas velle te, nihil est quod confessionis minister id rogare gravetur, aut quod pœnitentem se ipsum rogare pigeat. Cur enim

---
[1] Sup., n. 1.

verearis idipsum clarè confiteri, quod jam intùs mente conceptum geras? aut quis est Christianus, qui de Christo amando non se admoneri gaudeat? Vel usque adeò alieno est animo à Christo, ut nec admonitus amare nitatur? Et hunc christianum aut pœnitentem vocas? Absit. Cur ergo hîc taces, et ab amore suadendo cessas, quasi metuas ne citiùs amet quàm oporteat, aut ne justificetur ante susceptum actu sacramentum? Quo vel uno argumento litigantium, ac in re gravissimâ tam vana respondentium ora concludere ac velut opprimere possis.

XVII. — Rursùs eâdem de re.

Sed fortassis alio modo illud implicitum intelligas; quo sensu nimirùm dicuntur antiqui ante Christum justi, Deo misericordi ac remuneratori credentes, pariter credere in Christum, sed implicitè tantùm, cùm ipsum nesciant. Hùc ergo recidet omnis ratiocinatio, ut Christianus, isque pœnitens ac professus se recuperandæ divinæ amicitiæ studiosum, haud magis de Dei amicitiâ cogitet, quàm antiqui justi de Christo cogitabant, quem nondùm noverant.

Verùm id et per sese est absurdissimum, et quocumquè te vertas, frustrà eris. Semper enim occurret illud ex sessione VI, capite VI, ut credas, ut speres, ut diligere incipias : neque aliter quàm à Synodo explicetur, distinctè et expressè, distinctis et expressis actibus; neque magìs dilectionem habebis implicitam, quàm ipsam fidem ac spem. Illud etiam ex sessione VI, canone III, certum erit, quemdam esse modum quo credere, sperare, diligere oporteat justificationis gratiam adepturos : quibus verbis distinctos actus, ut credendi ac sperandi, ita diligendi esse necessarios, luce meridianâ est clarius.

Neque illud minùs clarum à quovis pœnitente disertè postulari, ut Dei amicitiam, reconciliatam gratiam, hoc est, ipsam in cordibus diffusam charitatem, deniquè fidem eam quæ per charitatem operatur, optet ac velit : quæ si quis implicita tantùm esse contenderit, jam eò nobis redibit res, ut in pœnitentiâ nihil actuale, nihil vividum verumque habeatur, sed confusa omnia et interpretativa : quo etiam fiat, ut passim peccatores inani aut etiam noxiâ, nec tollente aut eradicante, sed potiùs alente peccatum, pœnitentiâ perfungantur : quibus profectò credimus causam esse finitam.

XVIII. — De Attritionis naturâ ac vi, quid sancta Synodus decreverit.

Ne tamen objiciant à nobis prætermissam Tridentinorum decretorum potissimam partem, quæ est de attritione; eam integram referimus, et ex antedictis jam esse explicatam ostendimus. Sic autem habet : « Illam verò contritionem imperfectam, quæ *Attritio* dicitur, quoniam vel ex turpitudinis peccati consideratione, vel ex gehennæ metu communiter concipitur, si voluntatem peccandi excludat, cum spe veniæ : declarat non solùm non facere hominem hypocritam et magis peccatorem, verùm etiam donum Dei esse, et Spiritûs sancti impulsum, non adhuc quidem inhabitantis, sed tantùm moventis, quo pœnitens adjutus, viam sibi ad justitiam parat [1]. » Quæ planè valeant adversùs Lutheranos, qui pœnarum metum non modò ut inutilem rejicere solebant, sed etiam ut noxium et ex carnali sensu, non ex Spiritûs sancti motu et impulsu venientem. Fixum ergo immotumque sit, ex pœnarum metu attritionem ortam, à Spiritu sancto movente et impellente esse, eâdem adjuvari non gravari pœnitentes, eâdem parari viam ad justitiam : neque quidquam ampliùs : quod et Synodus decernit, et omnes confitentur.

At enim vim faciunt maximam in sequentibus verbis : « Et quamvis sine sacramento Pœnitentiæ per se ad justificationem perducere nequeat, tamen eum ad Dei gratiam in sacramento Pœnitentiæ impetrandam disponit. » Hîc ergo sistimus : attritionem illam ad justitiam disponere profitemur sanctæque Synodi verbis atque sententiis, ut nihil detrahi, ita nihil addi volumus.

Fateamur ergo hoc timoris metu adjuvari nos : viam parari nobis ad ipsam justitiam, ad eamdem nos disponi : hoc firmum, hoc stabile. Addamus, si placet, eodem auctore Concilio, « pœnarum timore utiliter concuti pœnitentes, » ex sessione vi; eodem timore « utiliter concussos esse Ninivitas, » ex sessione xiv; atque ex cognatis locis selecta ac studiosè repetita verba pense-

[1] Sess. xiv, cap. iv.

mus, neque ultrà prosilire conemur. Adstringunt enim nos toties inculcata, imò etiam selecta verba *utilitatis, adjumenti, præparationis ac dispositionis :* ubi illud « sufficere, » quod erat obvium, si Patres Tridentini ita sensissent, non modò ubique tacetur, sed etiam studiosè devitatur, ut ostendit ipse verborum tenor, et gesta Concilii mox referenda pandent.

Nec dicant illud *disponere*, esse vocabulum, quod *sufficientiæ* æquivaleat : non enim vocem tam obviam, tam necessariam, Synodus refugisset, si suæ intentioni respondere, suis verbis æquipollere videretur.

Quin ipsa Synodus mentem suam et intentum, ut vocant, jam inde à proœmio sessionis xiv palàm profitetur, nempè propter multiplices errores exactiorem et pleniorem definitionem tradi oportuisse, ut suprà retulimus. Quos autem errores? Illos Lutheranorum scilicet, qui malum, qui noxium, qui carnalem putarent esse pœnarum metum. Eum autem errorem Tridentini Patres, stabilità ejusdem timoris utilitate, pietate ex Spiritu sancto profectà, ipsâque prætereà tam utili, tam necessarià ad justitiam impetrandam præparatione ac dispositione ita confutant, ut nihil aliud requiratur. Sin autem ad illud decurrunt, hîc omissam dilectionem ac tantùm expressam *spem veniæ :* jam respondimus, non proindè exclusa, sed potiùs supposita fuisse cætera ex sessione vi. An enim exclusam putant ibi requisitam servandi omnia præcepta voluntatem, cujus hîc nulla mentio est? An verò ipsam fidem, quam Synodus non magis expressit? Absit. Hæc ergo supposita ut aliundè certa et alibi definita. *Spes* autem *veniæ* exprimitur, quippe quæ pertineat ad exprimendam timoris illius naturam, qui absque spe veniæ tristis omninò esset, et anxius nimis, ac desperationi quàm timori propior.

XIX. — Quam intelligendæ et explicandæ Synodi sequamur regulam.

Synodi autem exponendæ rationem ac regulam tradimus eam primùm, quæ hæreat proprietati ac simplicitati verborum : cui scilicet, *parare, disponere*, sit parare, disponere, non autem sufficere. Tùm, quæ Synodi mentem intentumque respiciat, ut modò fecimus. Tertiò, quæ Synodi dicta non disjungere et inter se collidere, sed coaptare et conciliare intendat, quod hùc usquè præstitimus. Quartò, quæ ejusdem Synodi gestis per optimos relatores, Sede apostolicâ probante, digestis fidem adhibeat; quod mox præstabimus, teste doctissimo cardinale Pallavicino. Deniquè, quæ exempla ab eâdem Synodo proposita, quidve ex iis elici velit, diligenter attendat; neque supponat, verbi gratiâ, Ninivitas solo « timore concussos, » aut per « pœnitentiam solis terroribus plenam, » nullo interveniente actu charitatis, « ad Jonæ prædicationem misericordiam à Domino impetrasse : » quod eorum temporum ratio ne cogitari quidem sinit.

XX. — Sanctæ Synodi gesta sessionis vi, ex Historiâ cardinalis Pallavicini : ubi etiam quæritur de amore justitiæ ad amorem amicitiæ, non autem ad amorem spei, ut vocant, et concupiscentiæ, referendo.

Hactenùs ex tenore verborum : nunc ipsa Synodi gesta ex prædicti Cardinalis Historiâ relegamus. Neque necesse est, ut hujus auctoritatem commendemus, cùm id abundè sufficiat quod Sedis apostolicæ jussu hanc Historiam susceperit, ejusdem approbatione ediderit, visis perpensisque actis synodalibus munierit; eo præsertim consilio, ne falsa et aliena tantæ Synodo supponerentur atque imputarentur : qui etiam futurus est hujus tractationis fructus.

Quo in argumento ita versari nos oportet, ut à Cardinalis sententiâ ipsa Synodi gesta diligentissimè secernamus, cùm illa sit, magni licet, sed tamen privati doctoris, hic ipse Concilii sensus.

Ergo ad sessionis vi cap. vi hoc dignum observatu refert : timore et fiduciâ constitutis, eò processum esse à Patribus, ut hoc adderent, quod nempè, his positis, « incipiunt diligere Deum tanquam omnis justitiæ fontem, et proptereà moventur adversùs peccata per odium aliquod et detestationem. » Cæterùm narrat Cardinalis, « quod ad Dei dilectionem attinet, in primâ formulâ nullam hujus actùs mentionem factam : sed admonitos Patres à quatuor gravissimis auctoribus, ut adderetur etiam aliquis charitatis actus, idque ita approbatum et confectum fuisse[1]. » Ex quo planè constat, voces illas de diligendo Deo ut justitiæ fonte, « ad

[1] Lib. VIII, cap. xiii, edit. Romæ, 1656, p. 714, 715.

quemdam charitatis actum apponendum, » ex Patrum instituto fuisse additas : adeò non refugerunt, quod nunc recentiores faciunt, quin in justificationis dispositionibus aliquem actum charitatis agnoscerent, ut eum potiùs studiosè apponendum curarent.

Quam sententiam à viginti tribus Patribus expressè approbatam, cùm aliis non placeret, memorat Cardinalis acriter « à theologis fuisse defensam, qui hoc etiam scriptum reliquerint, non ibi actum de ipso habitu charitatis; sed quia in illâ parte ubi de pœnitentiâ (disponente ad justificationem) agebatur, nulla erat amoris facta mentio, visum esse, cum actis fidei et spei addendum etiam dilectionis actum aliquem, cùm pœnitentia, si tota timoris esset sine amore justitiæ, aut dolor de peccatis totus esset ex metu, et non ex Dei offensâ, » infructuosa esset. Certum ergo est, studiosè additum *de amore justitiæ,* qui ad actum charitatis pertineret, ac sine illo actu irritam ac sterilem pœnitentiam futuram fuisse : quo quid est clarius?

Quin etiam Cardinalis id firmat ex actis in castello Sancti Angeli diligenter asservatis, in quibus hæc verba reperiuntur : « Similiter propositum est, an peccatorum detestatio in præparatione spem præcedat? Et post accuratissimum rei examen, fuit conclusum : Quantumvis aliqua peccatorum detestatio spem præcedat, nihilominùs sequi posteà eam peccatorum detestationem, quæ ad justificationem disponat, de quâ sessione VI, capite VI, eo quod sine aliquâ spe ac dilectione fieri non possit [1]. »

His ergo clarè liquet, in ipsâ Tridentinâ Synodo nemini dubium fuisse, quin actus ille dilectionis in Deum ut omnis justitiæ fontem, ad aliquem charitatis actum per sese referretur, idque omninò constare ex intento Patrum et theologorum defensionibus, atque ex ipsius Concilii gestis.

Procul ergo facessant illa recentiorum theologorum objecta, dilectionem illam ad amorem concupiscentiæ seu spei ablegandam esse; imò Tridentini Patres aliquem dilectionis actum, ab ipsâ spe contradistinctum decernunt et agnoscunt. Ac reverà theologi, cùm de dilectione absolutè loquuntur, nihil aliud quàm illam in charitatis actu repositam intelligunt. Quin Patres Tridentini

---

[1] Lib. VIII, cap. XIII, edit. Romæ, 1656, p. 714, 715.

nullâ unquàm amoris illius spei et concupiscentiæ mentione dilectionem agnoscunt, non eam quam cum spe confundant, sed eam quam spei addant ac distinctè superponant.

Facessat etiam illud à quibusdam inventum de dilectione Dei, ut est fons justitiæ, non posse pertinere ad charitatem; cùm hæc spectet Deum ut in se perfectum, nullo respectu ad nos. Quod ita à theologis intelligi constat, ut nos ipsos propter Deum, non autem Deum propter nos diligamus, omniaque nostra ad eum, ut in se est absolutè et propter se, referamus : non autem ut ab amandi causis sive motivis excludamus ea quæ nos adjungunt Deo, Deumque nostrum faciunt. Nam nemo negaverit, ad Deum ex charitate diligendum pertinere illud Davidicum : *Diligam te, Domine, fortitudo mea : Dominus firmamentum meum et refugium meum, Deus meus*[1]. Quas voces ex intimo sensu mandati charitatis : *Diliges Dominum Deum tuum*[2], depromptas esse constat : ac proindè ab amandi causis nonnisi per manifestum errorem secludi ea quæ ad nos etiam spectent; quasi etiam istud : *Deum tuum*, in ipso dilectionis mandato tam expressè, tam directè ab ipso initio positum, non referatur ad nos : quæ tam absurda sunt ac toties confutata, ut jam nec memoratu digna sint.

Quin ex antedictis constat, Tridentinos Patres ad ipsum charitatis actum retulisse celebratissimum illum ex S. Augustino *amorem justitiæ*, quo nempè diligatur Deus ut ipsa justitia, attestante Prophetâ : *Et hoc est nomen, quod vocabunt eum, Dominus justus noster*[3] sive justitia nostra. Et iterùm : *Benedicat tibi Dominus, pulchritudo justitiæ*[4]. Esto fortè de templo, propter inhabitantem Deum : quantò magis de ipso Deo dictum. Denique illud : *Nomen meum Sol justitiæ*[5]; hoc est profectò fons luminis; lumen ipsum idemque illuminans, justus atque justificans, ut suprà ex Apostolo retulimus.

XXI. — Gesta sessionis xiv, cap. iv, ex eodem Cardinali.

De sessionis xiv actis, primum illud ex doctissimo Cardinale

[1] *Psal.* XVII, 27. — [2] *Luc.*, X, 2. — [3] *Jerem.*, XXIII, 6. — [4] *Jerem.*, XXXI, 23. — [5] *Malach.*, IV, 2.

referemus : inter articulos sive hæreticorum errores de quibus deliberandum esset, istum recenseri : « Contritionem quæ disponitur per examen, per recollectionem aut per peccatorum detestationem, non disponere ad gratiam Dei, nec remittere peccata, sed potiùs facere hominem hypocritam et magis peccatorem, eamque contritionem esse dolorem coactum, non liberum [1]. » Hîc igitur diligentissimè observandus est ipse hæreticorum error, quem Synodus damnare voluit, ut scopo quò tendebat cognito, totam ejus mentem facilè assequamur.

Id autem alterâ observatione firmamus ex ipsis Cardinalis verbis; nempè ita memorat : « Reverà, quantùm ex Actis comperit, theologorum intentum fuisse, ut damnarent hæreticorum sententiam, qui pœnæ metum ut malum reprobarent, non autem ut deciderent quæstionem scholasticam, an talis timor non solùm sine contritione perfectâ, de quâ vix ulla contentio fuerit, verùm etiam sine ullo studio excitandi amorem imperfectum, sufficiat ad impetrandam in ipso sacramento remissionem peccatorum [2]. » Undè constat in hâc sessione xiv à Synodo vixdùm esse tractatam, nedùm definitam putemus eam de quâ nunc agimus quæstionem.

Tertiò observamus, ex iisdem gestis, in eâ sessione adeò temperatum fuisse « ab eo articulo, ut vix aliqua hujus significatio fuerit in duabus singularibus et oppositis opinationibus : altera quæ amorem negabat necessarium; altera ad aliud extremum opposita, quæ contritionem perfectam necessariam statueret [3]. » Quo perspicuum est procul à vero aberrare eos, qui suæ de sufficientiâ ortæ ex metu attritionis opinioni, hujus decreti auctoritatem obtendunt. Quartum et ultimum, idque manifestissimum ex eodem Cardinale accipimus istud : in decreto de doctrinâ primùm fuisse posita duo : alterum, « contritionem eam quam theologi *attritionem* dicerent, eo quòd imperfecta esset, conceptam esse ex solâ consideratione turpitudinis peccati, aut gehennæ metu [4]; alterum eamdem attritionem esse sufficientem ad Pœnitentiæ sacramentum [5] : » quæ duo in ipsâ Synodi definitione

---

[1] Lib. XII, cap. x, p. 399. — [2] *Ibid.*, p. 1003. — [3] *Ibid.* — [4] *Ibid.* — [5] Sess. xiv, cap. iv; Pallavicini, *ibid.*, p. 1006.

sublata sunt : cùm, loco illius sententiæ : « ex solâ consideratione turpitudinis peccati aut gehennæ metu concipi attritionem; » ipsa Synodus non ex eâ consideratione *solâ*, sed ex eâ *communiter* concipi in suâ definitione reposuerit. Quod autem attritionem *sufficere* esset positum, id à sanctâ Synodo adeò esse rejectum, ut illud *sufficere* in ipsum *disponere* fuerit commutatum.

Ex his ergo perspicuè demonstrantur duo, quæ jam asseruimus : primum, ut mentem atque intentionem Synodi assequamur, spectandos esse errores Lutheranos, quos Patres condemnare voluerunt; alterum, studiosè evitatum fuisse ipsum *sufficientiæ* in attritione vocabulum : quæ quidem manifesta erant ex tenore decreti : nunc autem, ex Actis à doctissimo Cardinale relatis, ad certissimam et ineluctabilem demonstrationem adducta sunt.

XXII. — Referuntur quædam Patrum ac Doctorum sententiæ in sess. XIV, ex eodem Pallavicino : utræque sessiones inter se conferuntur.

Verùm ad majorem rei evidentiam placet referre quasdam sententias in ipsâ Synodo dictas. Prima est Jacobi Lainez, ad sacramentum requirentis « pœnitentiam, timorem, dilectionem, contritionem, absolutionem [1] : » quo satis indicat dilectionem timori additam, et indè profectam contritionem, quippe ex aliquâ dilectione conceptam.

Clariùs à Ferrusio Hispano, episcopi Segoviensis theologo, dilectio requisita ex verbis Dominicis : *Remittuntur ei peccata multa, quoniam dilexit multùm* [2]. Ubi vox illa : *Dilexit*, præterito tempore, antecedentem dilectionem infert. Addebat Ferrusius eòdem pertinere illam Pauli *secundùm Deum*, hoc est secundùm Deum amatum, *tristitiam* [3]; « undè, inquiebat, Augustinus negaret absque amore dari gratiam : primam occurrere fidem ipsam ; ex quâ peccati detestatio, mox erectus animus in spem, tùm amare incipiat; undè prima gratia, » seu prima justitiæ infusio. Hæc summa doctrinæ Ferrusii.

Aiebat alius, « primùm dolere homines propter pœnam, exindè propter Deum, posteà confiteri. » Alius requirebat, « ut rem ne-

[1] Sess. XIV, cap. IV; Pallavicini, *ibid.*, p. 1003. — [2] *Luc.*, VII, 47. — [3] II *Cor.*, VII, 10.

cessariam, primò pœnæ timorem, detestationem, fidem, ex quâ spes oriatur, et ex hâc dilectio. » Cæteri in eumdem ferè morem. Et quidem duæ tantùm extitere suprà memoratæ sententiæ singulares; quarum altera amorem excludebat omnem, altera perfectum necessariò reposcebat. Quibus constat, uno fortè dempto, requiri ab omnibus ipsam timori, fidei ac spei dilectionem superadditam, eam assiduè in ore Theologorum ac Patrum haberi; ejus frequentissimam, imò perpetuam in hâc quoque sessione, **ut etiam in sextâ**, fuisse mentionem.

Quæ cùm ita sint, ex optimo actorum relatore constat quòd de dilectione in sessionis XIV decreto taceatur, non indè ortum esse, quòd ea prætermitteretur, sed quòd supponeretur; nec opus fuisse, ut hîc de eâ specialis quæstio sive tractatio haberetur, nempè alibi transactâ re : neque ex pœnitentiæ naturâ, sed ex communioribus de justificatione decretis ac principiis repetenda.

Nec Patres metuerunt, ne, si dilectionem præparatoriam ut necessariam admitterent, justificatione jam per illam inductâ, sacramentorum efficientiæ detrahere viderentur, aut eam hæreticorum more, ut acceptæ gratiæ pignus, non ut accipiendæ causam agnoscerent. Non id, inquam, metuebant, qui dilectionem illam ubique sonarent, atque inculcatam vellent. Quo metu si tenerentur, primum ipsi Baptismo metuendum esset, pari utrinquè incommodo parique futuro errore, si Pœnitentiæ tantùm, non autem ipsi Baptismo consulerent. Atque hæc sunt, quæ ex gestis Pallavicini Cardinalis repetenda esse duximus.

XXIII. — Ex Catechismo Romano ad Parochos quædam recensentur.

Auditis Synodi decretis ac perquisitis gestis, ad introspiciendam penitùs sancti Concilii mentem, *Catechismi* quoque *Romani ad parochos* ejusdem jussu editi, sententiam recensemus, nec immeritò, cùm ipse titulus *Catechismi* satis indicet doctrinam vel maximè necessariam ibidem esse traditam. Hæc igitur habet sub titulo *de Pœnitentiæ Sacramento :* quæ nos ex editione Romanâ exscripsimus, eâ quæ post confectam Synodum prima est edita [1].

1. Ac primum fundamenti loco ponit ipsam nominis notionem,

[1] Edit. Rom., 1566, p. 160.

ubi illud legitur : Pœnitentiam eam, quam *tertiam* vocat, haberi
« cùm, inquit, non solùm admissi sceleris causâ intimo animi
sensu dolemus, vel ejus doloris externum etiam aliquod signum
damus; verùm unius Dei causâ in eo mœrore sumus. » Atque
hanc, inquit, « tertiam (pœnitentiam) tum ad virtutem pertinere,
tùm sacramentum esse dicimus. » Ubi notanda illa verba : *Unius
Dei causâ,* quæ ex sequentibus declarantur.

2. His ergo generatìm de pœnitentiæ et virtute et sacramento
dictis, jam illud de pœnitentiâ, ut est virtus, secundò statuit :
« Quia hujus virtutis actiones tanquàm materiam præbent, in
quâ pœnitentiæ sacramentum versatur, ideò nisi priùs quæ sit
pœnitentiæ virtus rectè intelligatur, sacramenti etiam vim ignorari necesse est [1]. »

3. Undè tertiò docet « intimam animi pœnitentiam, quam virtutem dicimus, esse illam, cùm ad Deum nos ex animo convertimus. »

4. Quid sit autem illud : « Ex animo converti, et quibus gradibus ad hanc divinam virtutem liceat ascendere, » quarto loco
commemorat. Primùm nos præveniri à Deo corda nostra convertente. Tùm adesse fidem, « quâ ad Deum animo tendimus. » Hinc
« motum timoris consequi, suppliciorum acerbitate propositâ. »
Deindè, « accedere spem impetrandæ à Deo misericordiæ. » Quibus constitutis subdit : « Postremò charitate corda nostra accenduntur, ex quâ liberalis ille timor probis et ingenuis filiis dignus
oritur : atque ita illud unum vereri, ne quâ in re Dei majestatem
lædamus, peccandi consuetudinem omninò deserimus. » Undè
concludit : « Hisce quasi gradibus ad hanc præstantissimam pœnitentiæ virtutem perveniri. » Hùc ergo pœnitentem contendere
necesse est ; ut profectò constet, ex mente Catechismi, nonnisi
horum conjunctione haberi integram veramque pœnitentiam,
quam præire oportet ad sacramenti fructum.

5. Sic ergo explicatâ illâ quam dixit *intimâ pœnitentiâ,* sive
*animi conversione,* quintò pergendum erat « ad externam, in
quâ, inquit, sacramenti ratio consistit, » docendumque per eam
« haberi externas quasdam res sensibus subjectas, quibus decla-

---

[1] *Cat. Rom.,* p. 160, 161.

rantur ea quæ interiùs in animâ fiant, » hoc est profectò *illud intimum* anteriùs positum, quod fide, spe et charitate constaret. Quod confirmat his verbis : « Deindè quod caput est, cùm illa quæ extrinsecùs tùm à pœnitente, tùm à sacerdote fiunt, declarent ea quæ interiùs efficiantur in animâ : » nisi ergo verè insunt uti declarentur, fides, spes, charitas, vanam et falsam pœnitentiam esse constiterit.

6. Neque proptereà credendum est, ante absolutionem vi contritionis semper condonata esse peccata : imò sextò statuendum est hanc formulam : *Ego te absolvo,* non minùs verè pronuntiari à sacerdote de illo etiam homine, « qui ardentissimæ charitatis vi, accedente tamen confessionis voto, peccatorum veniam à Deo consecutus sit : » ubi notandum est illum ex voto sacramenti justificationis effectum referri *ad ardentissimam charitatis vim :* ut profectò constet, aliis qui non statim ex ipsâ contritione gratiam consequuntur, defuisse, non contritionem cum incipiente « charitate sive dilectione » conjunctam; sed tantùm « ardentissimam contritionis illius vim, » quam non *incipientem,* sed *charitate perfectam* à Synodo appellatam sæpè vidimus.

7. Hinc septimò subdit : « Quanquam si id minùs consequi nobis liceat ut perfecta sit, vera tamen et efficax contritio esse potest : » ubi vera contritio à perfectâ perspicuè distinguitur.

8. Et ultimò illud concluditur: « Ex fidei catholicæ doctrinâ omnibus credendum et constanter affirmandum; si quis ita animo affectus sit, ut peccata admissa doleat simulque in posterum non peccare constituat, etsi ejusmodi dolore non afficiatur, qui ad impetrandam veniam satis esse possit; ei tamen, cùm peccata sacerdoti ritè confessus fuerit, vi clavium scelera omnia remitti ac condonari : » quod et Patrum traditione certâ, et Concilii Florentini decreto sancitum sit.

Hæc igitur *Catechismi Romani* summa doctrinæ est: undè liquet in eo diligentissimè esse versatum, ut sacramento sua constaret efficientia, idque sedulò actum, ne in Pœnitentiæ sacramento requiri videretur illa completa ac perfecta contritio quæ statim justificet : quare charitas ea quam scilicet cum virtute pœnitentiæ præire voluit, incipiens, inchoata, non proindè necessariò perfecta sit. Cæterùm de attritionis ex solo timore conceptæ sufficientiâ nullum verbum, in quo nunc omnem reponunt sacramenti efficaciam : et tamen prætermissum in eâ tractatione : in quâ ea quæ essent populo prædicanda ut maximè necessaria, tradi oportuisse vidimus.

Hæc igitur doctrina est, quam in catechismis christianæ plebi tradi necesse sit : præire oportere cum fide et spe motum propter Deum ex ipsâ charitate, non tamen necessariò perfectâ illâ et ardentissimâ quæ sola justificet cum sacramenti voto, sed quæ tamen ad Deum summè et unicè diligendum impellat; et ideò quoque peccata detestetur, quòd, ipso Catechismo teste, « ut maximè diligendus est Deus, ita quæ nos alienant à Deo maximè detestari debeamus [1]. »

Hic autem ultrò confiteor non omnes catechismos ita esse compositos, ut hanc doctrinam explicent : nec deesse, qui solo terrore contenti, spem etiam prætermittant, à Synodo Tridentinâ sessione quoque XIV tam diligenter expressam, his vocibus, « cum spe veniæ [2]. » Quare negare non possumus in ipsis catechismis interdùm prætermissa quædam imprimis necessaria, neque tantùm in hoc argumento, sed in aliis vel maximis : eò quòd in illâ doctrinæ summâ puerilibus animis vulgaria quæque et capitalia tradenda susciperent, quibus intenti quædam reservarent, aliis iisque amplioribus tractanda documentis. Nec pudeat confiteri quamdam fortè indiligentiam accuratiore operâ sarciendam. Nunc autem diligentiores Episcopi hæc etiam addunt, eam formam secuti, quam *Romanus* ille ac totius velut Ecclesiæ *Catechismus*, auctore Concilio, ad ejus mentem ediderit.

XXIV. — Contrariæ sententiæ duo incommoda proponuntur.

Contraria verò sententia, quæ in suscipiendo pœnitentiæ sacramento nihil doceat intervenire charitatis, sive castæ dilectionis propter Deum ejusque justitiam sempiternam, præter alia quæ diximus, duobus insuper laborat incommodis. Primùm, ut christianus non modò nullo unquàm vel semel edito charitatis actu, sed etiam nullâ Dei toto corde diligendi curâ, nullo vero conatu;

[1] *Cat. Rom.*, p. 169. — [2] Sess. XIV, cap. IV.

nullâ hujus rei consequendæ voluntate, possit fieri non modò justus, verùm etiam salvus : quo omnis omninò, et in sacramento et extra sacramentum obligatio diligendi Dei solvitur; tantumque mandatum, non ad vitæ christianæ necessitatem, sed ad consilium et ad perfectionis memoriam in Lege et in Evangelio remaneat. Alterum incommodum, « ut non sit illicitum in sacramentis conferendis, sequi opinionem probabilem de valore sacramenti, relictâ tutiore : quod utrumque, et ex sese est pessimum, et decretis pontificiis ex adverso pugnat [1].

Ecce enim quæritur, quisnam dolor de peccatis sit materia necessaria sacramenti pœnitentiæ : an ille ex solo gehennæ metu : an ille etiam ex incipiente saltem dilectione ortus : undè, teste Synodo Tridentinâ, exoriatur motus « adversùs peccata per odium aliquod ac detestationem? » Ergo de ipsâ sacramenti materiâ quæritur. Sequenda ergo pars tutior. Tutius autem est diligere incipere : nullum in eo periculum. Ergo vel id sequendum : vel in Innocentiani decreti perspicuam condemnationem incurris.

XXV. — De præcepto amoris ad pœnitentiam maximè pertinente, ubi tractatur locus concilii Tridentini : *Et facere quod possis*, etc. Sess. VI, cap. XI.

De primo autem incommodo circà ipsum de Dei summâ dilectione mandatum, hæc subjungimus. Quæ doctrina illius mandati obligationem solvit, aut etiam eam ad paucos actus redigit, eam vidimus ex Alexandro VIII non modò esse falsam, sed etiam hæreticam. Atqui hùc tendit sententia, quæ à pœnitentiæ sacramento omnem etiam incipientem dilectionem excludit. Quod ut perspicuè pateat, placet hanc unam proponere quæstiunculam : an ab obligatione communi diligendi Dei eximantur ii, qui per peccata mortui gratiâ exciderunt.

Si eximi putas, rogo iterùm paucis : Quo jure, quo titulo? An eò quòd peccaverint, non sunt christiani, non sunt saltem res Dei, non sunt opus Dei, creaturæ Dei ad eum diligendum à Deo institutæ? Absit. Ergo lege teneri, necesse est ut dicas.

An fortè respondebis, teneri quidem ex sese, sed peccatis irre-

[1] Alex. VIII, sup., cap. I; Innoc. XI, prop. I.

titos ad tam sublimem actum non posse consurgere? Atqui tùm locum habet Tridentinum illud ab Augustino, atque ab omni Patrum traditione repetitum : « Et facere quod possis, et petere quod non possis, et adjuvat ut possis [1]. »

Ne verò suspiceris nullos occurrisse casus, quo positivum amoris actum exercere teneretur, id velim cogites, laxissimos auctores concessisse saltem, ne ultrà totum rigorosè quinquennium ab amore cessaretur. Atqui ille peccator tot annis obduruit, ut nihil ex Evangelio tenere videatur præter illud *Apocalypsis : Qui in sordibus est, sordescat adhuc* [2]; et illud : *Sus lota in volutabro luti* [3]. Ergo dùm huic luto hæret, vel centies adfuerit oportet casus obligationis ad amandum Deum : ergo et casus et tempus vel amandi Dei vel petendi amorem. Ac si ad extremum urgeas illud de præcepto positivo, nempè id fiet, ut nec credere, nec sperare, nec judicia divina contremiscere, nec horrere seipsum, aut de pœnitentiâ curare debeat : nisi positivos inter actus unum amorem seligas ad quem liceat nobis esse tardissimos, cùm contra sit. Rogo autem, cùm illa obligatio semper incumbat, cur tempus illud excipias, quo ad Ecclesiæ claves et ad pœnitentiæ sacramentum accedit, et pro peccato suo cogitare cœpit? Non potest, inquies. Potest ergo magis excitare gehennæ metum : nec in eo provehendus est Spiritûs sancti motu et impulsu speciali, ut est à Tridentinâ synodo definitum? Nempè, inquies, impellit Deus ad illum terrorem cui resisti sine gravi culpâ non potest. Non ergo Deus ad amorem ipsum impellit pœnitentes? non corda intùs ciet? aut verò pœnitens ad id unum obsurduit? Quin ipsi doctores, nedùm ad amandum erigant, magis deprimunt mentes, cùm docent lege amoris non teneri. Id quidem, quid est aliud quàm cæci cæco ducatum præstent [4]? Quod cùm sit absurdissimum, iterùm inculco : vel amet vel amorem petat, et petendo amare incipiat, ut Synodus statuit.

At nimis laboriosum est. Ad id respondere piget. Sed ultro respondent omnes : Hoc actu nihil dulcius, quo omne jugum leve, omne onus suave fiat. Imò cùm pœnitentia laboriosus sit baptismus, ideoque primis sæculis Ecclesia catholica tot ac tantos labo-

---

[1] Sess. VI, cap. XI. — [2] *Apoc.*, XXII, 11. — [3] II *Petr.*, II, 22. — [4] *Matth.*, XV, 14.

res, tamque diuturnos imponeret pœnitentibus; eò magis necessarius, qui tantum onus levaret, sanctæ dilectionis fructus.

### XXVI. — De incipiente dilectione, comparatâ cum eâ contritione quam Synodus dixit charitate perfectam.

Nunc, ne quid effugiat inquisitionem nostram, diligentiùs considerandum est, quid sit illa quam sæpè memoravimus incipiens dilectio, et 'quomodò secernatur ab eâ contritione quam Synodus vocat *charitate perfectam*. Multum enim inter illas interesse discriminis, vel hinc constat, quod incipiens illa dilectio ad justificationem *præparare* dicatur tantùm; quæ per contritionem charitate perfectam jam plena et tota inducatur.

Sanè incipit diligere qui desiderat, qui petit, qui enititur ut dilectionem habeat. Neque enim quis fidem aut petit aut desiderat, aut ad eam enititur, nisi ex quibusdam fidei initiis : ita de dilectione dicendum est. An autem jam habeat dilectionem, qui cupit, vult et petit : *Quis sapiens, et intelliget hæc* [1]? Habet enim suo modo, quippe desiderans, petens et enitens ex quibusdam sanè dilectionis initiis. Nondùm autem habet, ut habere oportet ad justificationem actu obtinendam. Nondùm enim plenè habet, qui desiderat, qui petit, qui enititur ut habeat. Quis ergo ejus status? Nempè is quem ex sacro Concilio delineavimus. Nam et petit quod nondùm potest, nempè ut diligat : et facit quod potest; desiderare enim optat, enititur: necdùm plenè fruitur amore justitiæ, sed ad eam tamen præparatur.

An autem is impleat summum illud de dilectione mandatum? implet et non implet, sed diverso sensu. Implet sanè suo modo, qui, cùm omnes adhibeat quas tunc habet vires, et jam totis viribus diligit, et tamen non plenè diligit, cui vires ad id præstandum desint. Is ergo et intelligit præcepti necessitatem; et ideò conatur, ut impleat : et suo modo implet, qui quod potest jam incipit, et ad justitiam capiendam se accingit ac præparat. At is qui nihil tale cogitat, solo pœnarum timore concussus, nec se ad implendum summum de dilectione mandatum disponit ut debet, qui nec desiderat, nec conatur, nec petit; adeòque nec se præpa-

[1] *Psal.* CVI, 43.

rat, ut in eo fiat illa, quam à Synodo postulari vidimus, « voluntaria susceptio donorum quibus homo efficitur ex injusto justus, et ex inimico amicus. »

An ergo vult ille noster dilectionem summam? Vult planè, ad quam enititur totis quas tunc habet viribus; non vult autem, qui adhuc et deesse sentit, et habere desiderat. Deniquè in motu est ad amandum, potiùs quàm ab ipso amore possidetur qui firmo licèt amorem habendi et exequendi proposito, eum et vult et habet per modum cujusdam transeuntis dispositionis, nondùm autem per modum fixi jam stabilisque habitûs, quæ plena justitia est. Etsi enim, quod diligentissimè observari volumus, illa diligendi et mandatum charitatis implendi voluntas suo quodam modo firma sit, non tamen ad eam pervenit firmitudinem, quæ sit habitualis. Undè firma est, sanè in ratione propositi, desiderii, nisûs, sive incipientis voluntatis, non autem in ratione jam comparati et constabiliti habitûs. Quo loco valere videtur illa Scholæ distinctio, aliud esse virtutem quamdam, puta dilectionem, in fieri, sive in motu, ut diximus; aliud in facto esse. Quo etiam pertinet illud Dominicum : *Si quis diligit me, diligetur à Patre meo, et ego diligam eum* [1] *:* quod sanè sit illius jam factæ dilectionis, quæ ipsam justificationem, hoc est, summam cum Deo conjunctionem inducat per charitatem illam, quæ, Apostolo teste, *nunquàm excidit* [2] *:* quippe quæ in ratione habitûs firmissima, ad id valet, ut nos in æternum conjungat Deo, nisi ab eâ sponte deficimus.

Contingit autem, ut volens et enitens et petens, rem ipsam interdum nescius assequatur : contingit, inquam, ut *concupiscens desiderare justificationes* [3], prono velut cursu reverâ desideret: et ut hîc quoque valeat notum illud ac tritum Gregorii Magni, nempè ut « dilata desideria crescant, et crescentia capiant [4]. » Sic autem ex igniculis occultè serpentibus ac velut hàc illàc discurrentibus, flammescit verus ignis, qui jam intima corda corripiat, his insideat, hæc possideat, solo Deo teste : atque hæc illa contritio est vera et stabili charitate perfecta, quæ statim justificet

[1] *Joan.*, XIV, 21. — [2] I *Cor.*, XIII, 8. — [3] *Psal.* CXVIII, 20. — [4] Hom. XXV, *in Evang.*

cum solo sacramenti voto. Quandò autem id contingat, aut quomodò, quàm expedito à concupiscentià et inolitis cupiditatibus animo, aut quàm intenso, quàm fixo dilectionis gradu, sciri nec potest nec expedit. Sufficit autem ut fieri certà fide credamus, neque ulteriùs progredi cæci et curiosi conemur.

Sic, teste Joanne *perfecta charitas foras mittit timorem*, eum qui pœnam habeat [1] sive inquietudinem et anxietatem quamdam : certum istud. Quo autem et quàm intenso gradu is effectus consequatur, nos fugit ac Deo suum opus inspicienti relinquendum.

XXVII. — Sancti Thomæ doctrina Concilio conformis, de dilectione in sacramento pœnitentiæ requisità : primùm ex *Supplemento*.

Hanc doctrinam ante Synodum Tridentinam sanctus Thomas tradidit. Primùm, in *Supplemento Summæ*, ex IV, in *Sententias* repetito. Tùm in ipsâ *Summâ*, prima secundæ; deniquè in tertiâ parte.

Ergo in *Supplemento*, hæc tria statuit : primùm, in sacramento pœnitentiæ contritionem amoris expertem esse non posse, probatur ex his locis. Primus : « Attritionis principium est timor servilis; contritionis autem, timor filialis, » quem charitatis esse constat, Q. I, art. 3, *Sed contrà :* quin etiam suprà inter objectiones dicit, et in responsione supponit « attritionem non esse actum virtutis; » subditque : « Ut ab omnibus dicitur; » ut hæc sententia, nemine discrepante, ut certa valeat : at verò, q. I, art. 2, objectione 2, « Contritio est actus virtutis; » ibid. *Sed contrà.*

Secundus locus, q. II, art. 1, *Sed contrà :* « Pœnitens... non dolet de pœnà; et sic contritio, quæ est dolor pœnitentialis, non est de pœnà. » Et in corpore : « De malis pœnæ potest esse dolor, sed non contritio; » pœnitentialis illa et ad virtutem pœnitentiæ pertinens, alio ergo motivo concepta.

Esse autem charitatis hæc probant tertius et quartus locus : « Omnis dolor in amore fundatur, sed amor charitatis, in quo fundatur dolor contritionis, est maximus, » Q. III, art. 1, *Sed contrà*. Et iterùm, art. 3, object. 3 : « De peccato præcipuè est

---

[1] I *Joan.*, IV, 18.

contritio, secundùm quod avertit à Deo; » quod est charitatis, et in responsione concessum manet.

Hoc primum ex *Supplemento*. Alterum, non omni contritione, quæ sit ex amore, remitti peccata. Primus locus, isque evidentissimus : « Quòd intensio contritionis potest attendi dupliciter : uno modo ex parte charitatis : ... et sic contingit tantùm intendi charitatem in actu, quòd contritio inde sequens merebitur non solùm culpæ remissionem, sed etiam absolutionem ab omni pœnâ; » Q. V, art. 2, in corp. Item q. X, a. 5, c. : « Contigit autem quandòque, quòd per contritionem præcedentem peccatum aliquod deletum est quoad culpam; » ergo iterùm atque iterùm *contingere* docet, id quod non semper eveniat. Quâ etiam voce in eumdem finem usos esse Tridentinos suo loco observavimus : sed ex sequentibus maximè stabilitur inter sanctam Synodum et sanctum Thomam doctrinæ cognatio.

Sic ergo hoc tertium ex sancto Doctore constitutum : indè contingere ut non omnis contritio justificet, quòd amor in eâ contentus ad perfectionem non pervenerit : pro quo est hic locus evidentissimus ac longè certissimus : « Dolor potest esse adeò parvus, quòd non sufficiat ad actum contritionis, ut si minùs displiceret ei peccatum, quàm debeat displicere separatio à fine : sicut etiam amor potest ita esse remissus, quòd non sufficiat ad rationem charitatis, » Q. V, a. 3. c. En amor non justificans nec conterens, eò quòd ad rationem charitatis non devenerit : non quidem quòd sit alterius generis aut alterius objecti, sed quòd in eodem genere et eodem objecto sit remissus. Ergo non perfectus, sed tantùm incipiens : quæ nostra, imò sacri Concilii sententia est.

Sic ergo omnia constant : nempè et contritionem charitate fundari et peccata remittere : non aliter tamen quàm si tantus sit amor, ut ad rationem charitatis adeòque et contritionis devenerit. Mitto alios locos, eod. art., ad 1; et q. X, art. 1, c., et alibi passim.

XXVIII. — Idem ex primâ secundæ, quæst. CXIII, art. 3, c.

Jam ex primâ secundæ, q. CXIII, ubi de justificatione agitur, pauca sed illustria sumimus, imprimis illud : « Ita infundit donum gratiæ justificantis, quòd etiam simul cum hoc movet liberum arbitrium ad donum gratiæ acceptandum, in his qui sunt hujus motûs capaces, » art. 3, c. En illa acceptatio sive susceptio libera gratiæ, quam Tridentina Synodus decernebat. Gratia autem justificans, de quâ hîc agitur, necessariò cum charitate conjuncta est, sine quâ non potest esse justitia. Ergo illa susceptio est actualis et libera susceptio et acceptatio charitatis, in eamque consensio : qui motus charitatis est.

Sed ne ratiociniis sit opus, sanctus Doctor clarè exprimit charitatem his verbis : « Quòd motus fidei non est perfectus, nisi sit charitate informatus : undè simul in justificatione impii, cum motu fidei, est etiam motus charitatis, » art. 4, ad 1. Subdit : « Movetur autem liberum arbitrium in Deum, ad hoc quod ei se subjiciat : undè etiam concurrit actus timoris filialis et actus humilitatis. » Sic actus charitatis, et ex eâ profectus actus timoris filialis, cum actu fidei concurrit ad justificandum hominem.

Tertius locus : « Quòd per cognitionem naturalem homo non convertitur in Deum, in quantum est objectum beatitudinis et justificationis causa, » *ibid. ad* 2. Ad charitatem autem pertinet moveri in Deum ut est objectum beatitudinis, ut sanctus Doctor asserit, secundâ secundæ, Q. XXIII, quæ est de charitate : et in eâ quæstione centies. Nec minùs est charitatis respicere Deum « in quantum est justificationis causa, » hoc est, « in quantum est fons omnis justitiæ, » ut sancta Synodus loquitur. Quod etiam incidit in illud Apostoli, in quantum *est justus atque justificans eum qui ex fide est* [1], ut suprà diximus.

Deniquè, eâdem Q. CXIII, art. 5, quæritur : « utrùm ad justificationem impii requiratur motus liberi arbitrii adversùs peccatum? » Respondetur autem requiri expressissimum motum charitatis, « eò quòd ad eumdem actum pertinet, prosequi unum oppositorum et refugere aliud : et ideò, sicut ad charitatem pertinet diligere Deum, ita etiam detestari peccata, per quæ anima separatur à Deo, » *ibid. ad* 1. Hactenùs ex primâ secundæ.

[1] *Rom.*, III, 26.

## XXIX. — Idem ex tertiâ parte.

Jam ex tertiâ parte, quo loco expressè tractatur de sacramento pœnitentiæ, deque pœnitentiâ ut est virtus prævia ad illud sacramentum, hæc habemus : Primùm, « quòd pœnitentia est virtus specialis [1] : » in quâ quippe sit « specialis ratio actûs laudabilis, scilicet operari ad destructionem peccati præteriti in quantum est Dei offensa [2] ; » ac posteà, « quòd pœnitens dolet de peccato commisso, in quantum est offensa Dei [3] ; » id autem est charitatis. Undè, art. 5, in corp., enumerantur sex actus pœnitentis. Primus est animi cooperantis cum Deo « convertente; secundus, est fidei; tertius, timoris servilis ; quartus, spei, sub spe scilicet veniæ : quintus, charitatis, quo alicui peccatum displicet secundùm seipsum, et non jam propter supplicia; sextus, timoris filialis propter reverentiam Dei. » Ergo ex sancto Doctore, in pœnitentiæ virtute, actus charitatis eique conjunctus filialis timoris actus intervenit. Atqui sine pœnitentiæ virtute, pœnitentiæ sacramentum esse non potest. Ergo sine charitate eique conjuncto timoris filialis actu, sacramentum illud esse non potest. Undè subdit, ad 1, « quòd peccatum priùs incipit displicere peccatori propter supplicia, quæ respicit timor servilis, quàm propter Dei offensam vel peccati turpitudinem, quod pertinet ad charitatem. » Ergo iterùm pœnitentiæ virtuti, adeòque sacramento actus quidam charitatis adjungitur, non autem ille actus perfectæ charitatis, qui statim justificat, ut dictum est : ergo incipiens et præparatorius, qualem sæpe memoravimus.

Hinc articulo 6, in corp., idem sanctus Thomas docet, « quòd actus et habitus charitatis simul sunt tempore cum actu et habitu pœnitentiæ. » Subdit : « Nam, ut in secundâ parte habitum est [4], in justificatione impii simul est motus liberi arbitrii in Deum (qui est actus fidei per charitatem formatus) et motus liberi arbitrii in peccatum (ut est offensa Dei, ut vidimus), qui est pœnitentiæ actus. » Ergo iterùm ac tertiò, non est sacramentum istud sine charitatis actu.

---

[1] III part., quæst. LXXXV, art. 7. c. — [2] Quæst. LXXXV, art. 2. c. — [3] *Ibid.*, art. 3. c. — [4] Primâ secundæ, quæst. CXII, art. 3 et 8.

Quæstione verò LXXXVI ejusdem tertiæ partis, art. 3, in c., « peccatum mortale non potest sine verâ pœnitentiâ remitti, ad quam pertinet deserere peccatum, in quantum est contrà Deum : » et quidem « contrà Deum super omnia dilectum, » ut habetur in sequentibus.

Deniquè ejusdem quæstionis LXXXVI, art. 6, item in c. : « Sicut remissio culpæ fit in baptismo, non solùm virtute formæ, sed etiam virtute materiæ, scilicet aquæ, principaliùs tamen virtute formæ, ex quâ et ipsa aqua virtutem recipit : ita etiam remissio culpæ est effectus pœnitentiæ, principaliùs quidem ex virtute clavium, quas habent ministri, ex quorum parte accipitur id quod est formale in hoc sacramento (ut suprà dictum est) : secundariò autem, ex vi actuum pœnitentis, » quos inter enumeratus est pœnitentiæ virtutis actui conjunctus charitatis actus.

Idem autem ad 1 : Nempè, inquit, in justificatione « non solùm est gratiæ infusio et remissio culpæ, sed etiam motus liberi arbitrii in Deum, qui est actus fidei formatæ, et motus liberi arbitrii in peccatum, qui est actus pœnitentiæ. »

Ex his igitur patet, concurrere ad justificationem liberi arbitrii actum ex charitate profectum; eique tribui minùs quidem principaliter, sed tamen conjunctim et necessariò, remissionem peccati, ut dictum est.

Sanè fatendum est videri sanctum Doctorem de iis actibus locutum, qui justificationis actum comitentur, non qui antecedant et præparent. Verùm id sufficit. Nam primum certum erit, sine actu charitatis justificationem non posse transigi, quod illi refugiunt. Deindè ex illo actu veræ ac plenæ charitatis cum justificatione conjuncto, certa erit consecutio ad anteriorem actum, quo anima præparetur, ne fiat tam subita sine congruâ dispositione mutatio. Deniquè illa dispositio congrua in eo est, quòd amor imperfectus, necdùm ad rationem perveniens charitatis, antecedat ac præparet perfectum in ipsâ justificatione futurum charitatis actum, ut superiori capite ex sancto Doctore retulimus.

Non ergo immeritò diximus tantam esse sacrosanctæ Synodi Tridentinæ cum sancto Thomâ doctrinæ consensionem, ut ex hâc illa quodam modo contexta esse videatur. Nam, ut alia omittamus, quæ non sunt ad hunc locum necessaria, quæque diligens lector per sese facilè recognoscet, in id concinunt, ut cum sacramento pœnitentiæ simul pœnitentiæ virtutis actus conjungendus sit, in quo actu pœnitentiæ inesse necesse sit aliquid charitatis, quo anima pœnitens, et ad gratiam se moveat, et eam voluntariè suscipiat et acceptet : neque tamen proptereà omnis illius dilectionis actus statim justificet, etiam cum sacramenti voto, sed id contingat tantùm, cùm perfecta est charitas. Itaque, ex sancto Thomâ, in justificatione impii necessariò intervenit et voluntaria illa ex libero arbitrio per motum charitatis susceptio gratiæ, et prævius quidam, nec statim justificans imperfectioris dilectionis sensus : quæ sunt præcipua, quantùm ad hunc attinet locum, fidei Tridentinæ capita.

Hactenùs sanctum Thomam cum Synodo contulimus; neque difficilis esset ejusdem sancti Doctoris cum *Catechismo Tridentino* collatio : sed nobis ea suprà indicasse suffecerit. Cæterùm de varietate quâdam operis *in Sententias* ac *Summæ*, locutione magis quàm re, non est hìc disserendi locus.

### XXX. — Corollaria quædam.

Nunc ex antedictis aliquot corollaria, quæ huic operi lucem afferant, colligemus.

Primum illud : Omnia quæ communi theologorum sententiâ ad justificationem in sacramento pœnitentiæ impetrandam disponunt, sanctum et castum spirare amorem.

Incipimus autem ex fide, cujus hæc summa est : *Sic Deus dilexit mundum, ut Filium suum unigenitum daret, ut omnis qui credit in eum non pereat, sed habeat vitam æternam* [1]. Hæc ergo fides Christianorum : hæc fides in Jesum Christum, quam totam magister diligendi Joannes apostolus recollegit ac instauravit in hoc verbo : *Et nos credidimus charitati, quam habet Deus in nobis* [2]. Hæc igitur fides ex sese in Dei charitatem provocat, dicente eodem Apostolo : *Nos ergo diligamus Deum, quoniam Deus prior dilexit nos* [3]. Quare jubemur christiani, non tantùm credere Deo et credere Deum, quod et *dæmones*

[1] *Joan.*, III, 16. — [2] *I Joan.*, IV, 16. — [3] *Ibid.*, 19.

*credunt et contremiscunt* [1], quæ est fides mortua : sed credere in Deum, qui, omni theologiâ attestante, post sanctos Augustinum et Thomam, est affectus pius animæ ex dilectione tendentis in Deum seque conjungentis Deo ut ipsa fidei ratio ex se apta nata sit ad inspirandam dilectionem castam.

Nec minùs ad eumdem affectum concitandum spes apta nata est : parique, imò etiam majore affectu speramus in Deum atque in illum credimus.

Hæc igitur omnia charitatem spirant, ut profectò qui nullam piæ dilectionis, idem nullam quoque fidei ac spei rationem habeat sterili et infructuosâ pœnitentiâ.

Ipsa etiam oratio, quam fideles omnes peccata confitentes in ipsum sinum sacerdotis effundunt, pium ubique ac vehementissimum ex sanctâ dilectione dolorem sonant. Hoc enim dolore percita fidelis anima primùm advocat suorum gravissimorum peccatorum testes, non modò ipsum Deum cordium scrutatorem, sed etiam sanctos omnes, imprimis autem cum Paulo electos Angelos [2], totamque cœlestem aulam, Mariâ ipsâ duce : quod facit et ad verecundiam et ad opem, mox eosdem adhibitura apud Deum optimos precatores: tùm ad illud devenit : *quia peccavi nimis, meâ culpâ :* bis terque illud ingeminans tunso simul pectore. Sic autem imitatur *Peccavi* illud Davidicum, quo statim ejus peccata translata sunt, tanquam cum eodem Davide diceret : *Quoniam iniquitatem meam ego cognosco, et peccatum meum contra me est semper : tibi soli peccavi, et malum coràm te feci* [3]. Sic enim explicatur, et in Dei amorem vertitur illud ipsum *Peccavi.* Nec minùs imitatur dolorem Publicani illius percutientis pectus Deumque exorantis, ac statim justificati, quo nos etiam eniti par est : nec minùs proptereà fisos Ecclesiæ clavibus, quæ quod desit supplent. Hæc igitur, nullâ licet dilectionis expressæ mentione, tamen dilectionem insinuant. Hîc enim agi omnia non vocibus, sed rebus et affectibus, et David, et Publicanus ille, et illa peccatrix ad Domini pedes, et alii verè pœnitentes testantur : nec ullum in Scripturis reperitur exemplum peccatoris absque dilectione reconciliari Deo.

[1] *Jacob.,* II, 19. — [2] I *Timoth.,* v, 21. — [3] *Psal.* I, 5, 6.

Quin etiam fateri nos oportet, ad amorem excitandum, terroris gehennæ maximam esse vim : imminutâ quippè per inconcussos terrores concupiscentiæ vi, faciliùs justitia diligitur. Ergo ipse peccator, quò vehementiùs agente et impellente Spiritu sancto per metum commovetur, tantò est aptior ad concipiendos dilectionis actus. Hoc enim illud est à sancto Augustino dictum, nempè ut ipse timor pœnæ, tanquàm seta linum[1], amorem justitiæ introducat. Quare cùm hi terrores invalescunt, tùm tempus est opportunissimum, concussis jam peccati radicibus, insinuandi dilectionem, quæ tùm prono cursu in animum influat. Quare ista cognata sunt, et gehennæ metus et amandi cupido, nec à se dividenda : verumque est illud ejusdem Augustini de Deo, « qui solus timeri sine amore non potest[2], » amore timorem proximè insecuto, atque ejus veluti extrema premente vestigia.

Ipsa deniquè synodus Tridentina id suadet, et attritionem ad charitatem trahit, cùm statuit eam ex duobus « communiter concipi, nempè ex turpitudinis peccati consideratione, vel ex gehennæ pœnarumque metu[3]. » Atqui turpitudo peccati, præter innatam sibi probrosam infamiam, quam animus ex sese horreat, alio quoque motivo odio haberi potest, nempè opposito illi turpitudini pulchri et honesti studio, cujus Deus et fons et regula est. Gehennæ quoque et pœnarum metus, si quantus esse possit elicitur, id habet luctuosissimum, quòd nos alienet à Deo, quod ipsa per se charitas reformidat. Undè fit illud jam ex *Catechismo Romano* recensitum[4], ut quemadmodùm debemus illud Deo ut illum diligamus, ita peccata quæ à Deo alienant eique adversantur, maximè detestari debeamus; quâ parte nulla est attritio quæ non in se habeat causas dilectionis admixtas.

Quod autem nunc affectant quidam, ut inter attritionis motiva sive incentiva et causas, etiam referant salutis, beatitudinis, gloriæ desiderium, primùm quidem id faciunt nullâ concilii Tridentini auctoritate fulti, cùm non alia ejus motiva commemoret quàm peccati turpitudinem et pœnarum metum : cæterùm gloriæ desiderium suo velut cursu ad charitatem ducit : attestante con-

---

[1] August., *in Epist. Joan.*, tract. IX, n. 4. — [2] Lib. *De quæst.* LXXXIII, quæst. XXXVI, n. 1. — [3] Sess. XIV, cap. IV. — [4] Sup., n. 21.

cilio, id recti sanique moris esse, si Christiani « suam ipsi socordiam excitando et sese ad currendum in stadio cohortando, cum hoc, ut imprimis glorificetur Deus, mercedem quoque intuentur æternam [1] : » qui finis expressissimè ad charitatem spectat.

Addamus et istud, ex sancti Thomæ expressâ doctrinâ [2], fidem ac spem ab ipsâ dilectione præcisas, ac per mortale peccatum *informes* jam factas, nec esse virtutes. Eumdem angelicum Præceptorem mox docentem audivimus, « attritionem non esse virtutis actum, » idque « ab omnibus dici : » nec dolorem ex pœnarum metu ortum « pœnitentialem esse [3]. » Ergo ex illis præcisè motivis, secluso diligendi studio, stare non potest virtus pœnitentiæ, quam tamen in sacramento præire oportere, et omnes theologi sentiunt, et sacrosancta synodus sæpiùs definivit, ut diximus [4].

Deniquè in animo semper habere debemus apostolicum illud : *Finis præcepti charitas* [5] *:* quo constat, omnia præcepta ut reginæ suæ ac fini ultimo charitati servire : quare ex omni parte causis amandi circumdati, amandi studium omittere non possumus. Hæc doctrina quam tradimus : jam verò procedamus ad tertiam partem hujus opusculi, atque objecta solvamus.

## TERTIA ET POSTREMA PARS.

I. — Objectiones tres : prima ex eo quòd attritio voluntatem peccandi excludat, ex concilio Tridentino.

Objiciunt, primò sic : Attritio ea est quæ ex solo metu concepta voluntatem peccandi excludat. Atqui ea exclusio ad justificationem in sacramento pœnitentiæ impetrandam sufficit. Ergo ad eam sufficit attritio.

Majorem probant ex ipsius concilii Tridentini verbis; 2° ex auctoritate sancti Augustini sæpè id asserentis : putà cùm dicit : « Non bona desideras, sed mala caves. Sed ex eo quòd mala caves, corrigis te et incipis bona desiderare. Cùm bona desiderare

---

[1] Sess. VI, cap. XI. — [2] Prima secundæ, quæst. LXV, art. 4. c. et ad 1; quæst. LXXI, art. 4. c.— [3] Sup., n. 35, S. Thom. *Suppl.*, quæst. I, art. 2, obj. 2; *ibid.*, quæst. II, art. 1.— [4] Sess. VI, cap. VI; et sess. XIV, cap. I.— [5] I *Tim.*, I, 5.

cœperis, erit in te timor castus ¹ : » multaque in hunc sensum. 3° Ex ratione certâ, nempè ex discrimine inter metum ab hominibus et metum ex Deo sive divini judicii. Cùm enim homines non penetrent arcana cordis, nonnisi externos actus cohibere possunt : Deus autem omnia cordis arcana pervadit. Ergo metus ex Deo cordis quoque motus occultissimos et intimas cogitationes cohibet; ac peccati voluntatem in ipso fonte extinguit, hoc est in ipsis intimis cordis penetralibus. Sic majorem probant; minorem verò sic : sublato enim obice, sua remanet sacramento efficacia, cùm ex Tridentino « gratiam conferant non ponentibus obicem, et quantùm est ex parte Dei. » (Sessione VII, can. VI et VII.) Atqui exclusâ voluntate peccandi obex tollitur : *Iniquitates enim vestræ diviserunt inter vos et Deum vestrum* ². Et iterum : *Considerans enim et avertens se ab omnibus iniquitatibus suis, quas operatus est, vitâ vivet* ³. Ergo sua constat sacramentis efficacia, adeòque plenus per sacramentum justificationis effectus.

II. — Responsio : ubi de aversione et conversione perversâ, eorumque remediis.

Magna mihi copia est disserendi de attritionis naturâ, et secundùm antiquiores theologos, et secundùm recentiores; et quærendi imprimis, an ut metu concipitur ex suâ solâ vi, an ex comitantibus et adjunctis peccandi voluntatem excludat : an tantùm ex ejus vi id fiat quod ait Augustinus, ut « volentem peccare, » hoc est profectò ex ipsâ jam voluntate peccantem, « interiorem animum non sinat ⁴ : » hoc est, non sinat in actus exteriores seu magis expressos prorumpere; et an, si excludat peccandi voluntatem, id efficere possit durabili statu sine eâ tristitiâ quæ *secundùm Deum stabilem*, ex Apostolo, ac firmam *pœnitentiam operetur* ⁵ ; an tantùm dispositione mobili et fluxâ, peccantibus in vitia prono ac prompto animo relapsuris. Sed ne eat in longum nostra disputatio, quam brevem et præcisam esse, et ex concilii Tridentini decretis constare volumus, utcumquè habeat major propositio, minorem negamus; nempè sufficere exclusam pec-

Tract. IX, *in Epist. Joan.*, n. 2, 5, 7, 8. — ² *Isa.*, LIX, 2. — ³ *Ezech.*, XVIII, 28. — ⁴ August., serm. CLXI, n. 8. — ⁵ II *Cor.*, VII, 9, 10.

candi voluntatem, cùm ipsa Synodus talem exclusionem « non sufficere, » sed « disponere ac viam parare » dixerit[1]; ut toties præmonuimus, nec tantùm ex gestis, verùm et ex ipso tenore verborum quibus decreta contexta sunt.

De obice quod dicunt, vanum est. Duplex enim obex in peccato : primus ex aversione à Deo, alter ex conversione ad creaturam : et hanc quidem exclusa peccandi voluntas fortè sustulerit : aversionem verò à Deo nonnisi conversio ad Deum, hoc est ipsa dilectio. Non ergo exclusa peccandi voluntas tollit omnem obicem, quin imò non tollit maximum : est enim obex maximus aversio Dei sive peccatum in quantum est offensa Dei; quod sic probat sanctus Thomas : « Quia homo debet magis Deum quàm se ipsum diligere; ideo plus debet odire culpam in quantum est offensa Dei, quàm in quantum est nociva sibi[2]. » Quare ad tollendum verum et maximum obicem, necesse est ut aliquid dilectionis interveniat.

Instabis : Exclusâ peccandi voluntate, manere sanè aversionem à Deo, sed habitualem, ad quam tollendam dilectio habitualis per sacramentum infundenda sufficit. Respondeo : Sufficit non in quantum est habitus, sed in quantum certis actibus sanctæ dilectionis comitata procedit. Si enim charitas tantùm daretur ut habitus, daretur mortuo modo, qualis est in dormientibus. Atqui non sic datur in justificationis actu : nam ibi debet esse voluntaria susceptio sive acceptatio infusæ charitatis, ut supra ex Tridentino et ex sancto Thomâ diximus; ex quodam actuali motu liberi arbitrii se convertentis ad Deum. Ergo charitas habitualis, non ut est habitualis, sed ut est conjuncta cum actu, sufficit ad tollendam aversionem à Deo.

Jam ad Scripturæ locos : *Solæ iniquitates dividunt inter nos et Deum* : sanè. Ergo sufficit excludi peccandi voluntatem : quatenùs quidem dividit, et est offensa Dei dissolvens amicitiam, quod ex antedictis sine aliquo dilectionis motu esse non possit : fatemur; et sic objectus Scripturæ locus nobis commodo vertit.

Ex Ezechiele autem : *Avertens se ab omnibus iniquitatibus quas operatus est, vitâ vivet*[3]. Fatcor; si et illud adjungat ibi-

---

[1] Sess. XIV, cap. IV.— [2] Suppl., quæst. III, art. 1, ad 4.— [3] Ezech., XVIII, 28.

dem positum, atque à Tridentinâ synodo allegatum [1] : *Projicite à vobis iniquitates vestras, et facite vobis cor novum et spiritum novum* [2], inducto quodam saltem dilectionis initio.

Cùm vero, teste Psalmistâ, his duobus justitia christiana constet : si *declinemus à malo, et faciamus bonum* [3] *:* ad illud quidem voluntas non peccandi fortè sufficiat : ad hoc autem requiritur ut saltem incipiamus diligere justitiam ejusque fontem Deum.

III. — Altera objectio, ex naturâ et vi dilectionis, jam sæpè resoluta.

Neque verò metuendum est, ne evacuetur sacramenti efficacia, si præmitti oporteat aliquem incipientis licet, fidei tamen et spei superadditæ dilectionis actum : neque enim id metuit synodus Tridentina, ejusdem efficaciæ et simul incipientis illius dilectionis assertrix. Frustrà ergo objiciunt illud de sacramentorum efficaciâ, et synodum cum synodo pugnare faciunt magno veritatis ac ecclesiasticæ dignitatis damno.

At enim, inquiunt, habent charitatis actus non ex gradu, sed ex naturâ, ut et peccatum expellat, et animum conjungat Deo. Sic Patres, ipse Augustinus pro justis habet indistinctè qui amore justitiæ teneantur. Nos autem ad ea objecta ex antedictis facilè respondemus, imò etiam sæpè respondimus. Neque enim sanctus Thomas voluit justificari peccatorem ex eâ dilectione, quæ quidem, eò quòd sit remissa, ejusdem licèt generis, non tamen ad rationem charitatis et perfectæ contritionis assurgat : neque, quod majus est, concilium Tridentinum peccatorem statim justificatum docet per incipientem dilectionem illam, sed profectò per eam quæ sit charitate perfecta. Etsi enim dilectio ex sese ad id tendit, ut nos conjungat Deo, non proindè omnis id efficit ad dilectionem nisus, licèt ille nisus sit aliqua dilectio, sed incipiens, non justificans; inchoata et præparatoria, non consummans, ut sæpè diximus, imò verò, ut sancta Synodus decernit. Ac si res altiùs perscrutanda esset, non equidem crediderim omnis dilectionis expertem fuisse eum, qui vitæ æternæ cupidus ac de mandatis à Domino interrogatus, magnâ fiduciâ respondit : *Magister, hæc omnia observavi à juventute meâ* [4]. Neque id ab eo ficto

---

[1] Sess. IV, cap. IV.— [2] *Ezech.*, XVIII, 31.— [3] *Psal.* XXXIII, 15.— [4] *Marc.*, X, 20, 21.

animo dictum fuisse satis indicant verba Evangelii : *Jesus autem intuitus eum, dilexit eum* [1] *:* videbat enim in illo aliquod piæ ac sanctæ dilectionis initium; interim quàm suis pecuniis jam tùm animo inhæreret, quippe his prohibitus ne vocantem Dominum sequeretur, sequentia declarant. Procul ergo à justitiâ abesse videbatur. Quid ille, qui tantâ vi, tanto affectu dixit : *Bene, magister, in veritate dixisti, quia unus est Deus : et ut diligatur ex toto corde, et ex toto intellectu, et ex totâ animâ, et ex totâ fortitudine : et diligere proximum tanquàm seipsum, majus est omnibus holocautomatibus et sacrificiis* [2] *?* Hic ergo veritatem illam tenebat mente penitùs comprehensam, et in illam inclinabat animus; cui tamen nihil aliud Dominus respondebat, nisi illud : *Non es longe à regno Dei* [3] *:* ut accessisse tantùm, non tamen pervenisse videatur. Nec si quis alicujus studio tenetur ob ejus merita et præclaras virtutes, ideò amicus ejus aut est aut futurus est. Etsi enim illud studium ejusdem generis est ac ipsa amicitia jam pectori infixa, nondùm eam firmitatem et stabilitatem obtinuit quæ amicitiæ nomine commendetur. Atque, ut alia ejus ferè generis exempla referamus, non si quis castæ virginis honesto quodam amore accendi cœpit, eam propterea deperire, aut connubio stabili jungi sibi velit. Nec si sanctus Augustinus pro justis habet eos, qui amore, qui delectatione justitiæ teneantur, propterea necesse est statim atque incipit Deus placere, dulcescere, delectare, ut idem Doctor loqui amat, uno velut ictu confectam esse rem, ac perfectum opus justificationis nostræ; habent enim ista quamdam latitudinem et pro actuum perfectione et gradu suos effectus. Quin in omni virtute aliud est ejus actus transiens ac disponens; aliud actus firmus et stabilis, tantæque virtutis, ut statim in habitum vertat. Homo autem justificatus non est tantùm homo justè agens dispositione et actu mobili, sed stabili modo : nec statim uno actu ad habitum motus, nisi sit ille actus eâ vi præditus, quâ aptus natus sit, Deo bene vertente, ut transeat in habitum justitiæ; cujus generis actus nec philosophia ignorat, nec theologia refugit. Sit ergo dilectionis actus statim justificans, is qui est ejusmodi, ut quasi suo

[1] *Marc.*, x, 20, 21. — [2] *Marc.*, xii, 32, 33. — [3] *Ibid.*, 34.

jure postulet habitum charitatis infundi; non autem id postulat quivis dilectionis actus, sed is tantùm qui firmo et valido consistit gradu.

At enim, inquies, is actus quem ponimus, validus ac firmus est, quippe cùm, ut sæpè diximus, validum ac firmum inducat propositum implendi mandata ac diligendi Dei. Certè; sed distinximus : firmum ac validum in ratione propositi ac desiderii, non proindè in ratione habitûs consistentis. Est enim ille amoris actus prævius sive incipiens, per sese et in ratione amoris, exilis et tenuis, ac facilè mutabilis; sed fide sustentatus ac timore vallatus, fractis cupiditatibus ac vitiosis habitibus, velut illisis fluctibus, se tuetur, et ipsi charitati habituali et perfectæ liberèque acceptandæ viam parat.

Atque hæc quidem alibi diligentiùs expendemus, quæremusque quid sit illud à beato Augustino toties inculcatum : « Omnes amare aliquid [1] : » quo proindè necesse sit, ut nullo vel tenui momento interposito, aut in amore creaturæ tanquàm in luto hæreamus, aut ad diligendum Deum saltem initiali quodam amore adsurgere incipiamus. Nunc autem cùm in eo simus, ut Tridentina decreta certa per sese et firma pensemus, ab aliis abstinemus, nec necesse habemus hîc quidem recludere traditionis fontes.

Quòd autem dicatur omnis charitatis actus ex sese et naturâ seu vi suâ nos Deo conjungere, ex eodem concilio ita interpretamur, ut præter vim naturâ insitam charitati, simul ex speciali institutione Christi adjungendum intelligatur pœnitentiæ sacramentum, idque non tantùm necessitate præcepti, sed etiam necessitate sacramenti et medii : resque ita ex concilii decretis temperanda, ut incipienti dilectioni providerit Deus per necessarium sacramenti actu suscepti præsidium; contritioni verò charitate perfectæ reservavit, ut adjuncto sacramenti voto statim hominem Deo reconciliaret.

IV. — De loquendi modo, et an sit necessarium, ut præparatoria et incipiens dilectio, *charitatis* nomine absolutè appelletur.

Ne tamen, vetante Paulo, contendamus verbis ad subversionem

---

[1] Serm. xxxiv, n. 2, *in Psal.* cxxxviii, tom. v, col. 171, et alibi.

audientium : si quis recusarit aliam vocare charitatem quàm eam quæ diffusa sit in cordibus nostris per Spiritum sanctum, atque his inhæreat, sitque habitualis, quæ facilè ex habitu, gratiæ concomitantis auxilio, actus perfectæ charitatis eliciat : haud iniquo animo ferimus. Sanè admonuimus ex concilii gestis, plurimos è Patribus atque Theologis in explicando illo prævio incipientis dilectionis actu, non reformidasse *charitatis* vocem. Nec prætermisimus sancti Thomæ locum in quo abstinere ab eâ voluisse visus. Utcumque est, certum illud, ne de vocibus litigetur : modò ne extinguant in pœnitentibus per gratiam revicturis illos actus quos post sanctam Synodum memoravimus, aut eos, incipientes licèt ac præparatorios sive dispositivos, ad Deum summè ac super omnia diligendum ferri, idque omninò velle, atque adeò ad ipsam reduci charitatem, ut suprà est expositum, nemo negaverit.

V. — Tertia et postrema objectio, ex Alexandri VII decreto.

Postremò quidam objiciunt Alexandri VII decretum, feriâ v, die 5 maii 1667, quo, auditis votis sacræ Inquisitionis, ad conservandam pacem, hæc habet. Primò exponit sententias duas, quarum altera « attritioni ex metu gehennæ conceptæ, ac excludenti voluntatem peccandi cum spe veniæ, in sacramento pœnitentiæ requirat insuper aliquem actum dilectionis Dei, asserentibus quibusdam et negantibus aliis, et invicem adversam sententiam censurantibus. »

2° Vetat, ne quivis, etiam Episcopi imò et Cardinales, si eo de argumento scribant, « prædicent aut doceant, libros aut scripturas edant, pœnitentes aut scholares erudiant, audeant alicujus theologicæ censuræ alteriusve injuriæ aut contumeliæ notâ taxare alteram sententiam sic negantem necessitatem aliqualis dilectionis Dei in præfatâ attritione, sive asserentem dictæ dilectionis necessitatem, donec ab hâc sanctâ Sede fuerit aliquid hâc in re definitum. »

3° Interserit : « Sententiam negantem necessitatem aliqualis dilectionis hodiè inter theologos communiorem videri. » Hactenùs Alexandri VII decretum.

Nos autem nihil hîc agimus de ejus formulâ : sed tantùm respondemus nihil nocere nobis. Quid enim? Vetat Pontifex ne se invicem *censurent, taxent ;* theologicas censuras, et, ut aiunt, qualificationes inurant, neve injuriis et contumeliis mutuò se proscindant : jubet ut charitatis vinculum servent. Id quidem vel maximè pertinet ad eos coercendos qui quotidiè nostram, hoc est Tridentini concilii, de incipientis dilectionis necessitate doctrinam passim infament, tanquàm eam quæ purum putumque Lutheranismum aut Calvinismum inducere, aut redolere videatur (a). Sanè contrariam partem à talibus quoque abstinere oportet. Hæc quidem Alexander VII, non proptereà, quod absit, prohibet Episcopos, ne sanam doctrinam asserant, doceant, suâ auctoritate ac prædicatione confirment, eamque non tantùm libris editis, sed etiam alio quovis scripti genere commendatam, tutam ac munitam præstent.

At enim indicat Pontifex, « sententiam negantem necessitatem aliqualis dilectionis Dei hodiè inter scholasticos communiorem videri. » *Videri* sanè, non esse : *opinionem*, non autem Scholæ decretum aut dogma : *communiorem*, non proindè stabilem ac certam : *hodiè*, non ab antiquo : *inter scholasticos*, hodiernos certè non Patres. Quid tùm posteà? Melchior Canus, vir doctissimus, libro *de Locis theologicis*, de loco ab opinione eâque communi tractans, clarè pronuntiat, nemine repugnante, aliud esse Scholæ decreta ac firma dogmata, aliud opiniones mobiles ac fluctuantes. Nunc autem confitendum est multas invaluisse' opiniones, quæ ab anteactæ ætatis auctoritate deficiant, pronis ad laxiora ingeniis et ad nova prurientibus auditorum auribus. An proptereà putemus, illi nunc quidem forsitan communiori opinioni aliquam conciliatam esse vel tenuissimæ probabilitatis auctoritatem? Absit : alioqui non satis caveremus ab extrinsecâ illâ probabilitate, quæ nunc inter novitios Casuistas omnis laxitatis et corruptelæ fons est. Quin ipse Alexander VII, in celeberrimo illo et omnibus acceptissimo decreto feriæ v, die 24 septembris 1665, de illis corruptelis ita fatur : « Summam illam luxuriantium ingeniorum licentiam in dies magis excrescere, per quam in rebus ad conscientiam pertinentibus, modus opinandi irrepsit alienus

---
(a) Censure de M. l'archevêque de Rouen.

omninò ab evangelicâ simplicitate sanctorumque Patrum doctrinâ : et quem si pro rectâ regulâ fideles sequerentur, ingens irruptura esset vitæ christianæ corruptela. » En subindè *et in dies excrescentem summam luxuriantium ingeniorum licentiam.* En non tantùm reprehensas aliquot laxiores sententias ; *sed modum ipsum opinandi alienum ab evangelicâ simplicitate, sanctorumque Patrum doctrinâ irrepsisse.* En ex hoc fonte ingentem christianæ vitæ corruptelam, non secuturam tantùm, verùm etiam facilè ac facto velut impetu irrupturam, quam cohibere vix possis. Hæc Alexander VII. An hoc rerum statu, communiorum hodiè in Scholâ opinionum habere nos aliquam rationem is Pontifex velit? Absit, inquam, absit. Non enim tantùm à perversis aliquot opinionibus, sed ab ipso opinandi modo cavendum est : ubi nempè non quæritur de vero et falso, deque justo et injusto, quod erat rei caput; sed de probabili, quod novis quotidiè commentis augeatur.

Ne ergo nos 'moveant communiores hodiè, si fortè opiniones, cùm etiam liceat oculis intueri, gliscente licentiâ, quot prava quotidiè communiora fiant : quæ quidem nobis quasi majoris numeri auctoritate deterritis dissimulanda non sunt : imò verò quò magis invalescunt, eò validiùs confutanda. Ipsa certè minoris probabilitatis assertio tam nova est, ut ultrò confitentibus illius auctoribus, vix demùm anteacto sæculo in hâc temporum fæce natam esse constet, antiquioribus ac sanctis scholasticis, Thomæ, Bonaventuræ, Antonino cæterisque planè ignotam et inauditam. An ergo eò quòd pronis in laxiora ac paradoxa animis communior hodiè videatur ; an, inquam, propthereà eam invalescere sinant episcopi, non autem omni ope propulsandam ac profligandam curent? Ita de exclusâ incipientis dilectionis necessitate dicendum. Neque enim tantâ in re hominum opinionibus, sed Ecclesiæ fide regi jubemur. Nec si vel maximè felicis memoriæ Alexander VII, decreto validissimo, notâque et omnibus acceptissimâ Sedis apostolicæ auctoritate prolato vetuisset, ne illam sententiam ullâ theologicâ censurâ prohibeamus : ideò nos tantam veritatem, tam clarè, tam perspicuè à sacrosanctâ Tridentinâ synodo declaratam tacere debemus : imò verò, quò à pluribus impugnatur, tantò magis, modestè quidem ac pacificè, sed interim magno animo asserenda est; ut adversari concilii Tridentini decretis, si non theologicâ qualificatione, veridicâ tamen assertione dicatur.

Nec fas est Episcopos, tanto accepto deposito, judicare secundùm aliorum communiorem licèt fortè sententiam; quod nihil aliud esset, quàm ut illis auctoribus per inanem probabilitatis speciem falsa securitas induceretur, et contra Domini interdictum traditiones ac mandata hominum invalescere sinerentur.

Liceat et illud reverenter addere, utcumque Alexander VII, ab inferendis neganti sententiæ censuris propter bonum pacis continendos existimavit Episcopos, certè noluisse eam opinionem à successorum quoque suorum Innocentii XI et Alexandri VIII decretis ac notis præstare salvam: in quas incidisse, dùm amandi obligationem generatim solvunt, dùmque in sacramentorum materiâ probabilem tantùm, non autem tutam sequuntur sententiam, suprà demonstravimus.

### VI. — Summa doctrinæ præcedentis, ejusque conclusio.

Hæc igitur ex antedictis concludimus.

I. Constat pœnitentiæ sacramentum lapsis æquè ac baptismum omnibus, etiam adultis nondùm regeneratis, esse necessarium, hoc est non tantùm necessitate præcepti, verùm etiam necessitate medii (cum voto [1]).

II. Constat utrumque sacramentum non acceptæ gratiæ aut justitiæ signum, sed accipiendæ causam instrumentalem esse.

III. Neutrum eorum sacramentorum dùm actu suscipitur, etiam voto sacramenti conjunctum, semper supponit jam acceptam justitiam et gratiam: his contrariæ sententiæ concilio Tridentino adversantur.

IV. Non minores aut inferiores dispositiones requiruntur ad justificationis gratiam in sacramento pœnitentiæ impetrandam, atque in ipso baptismo cùm adultis traditur: contraria sententia eidem concilio et sanæ theologiæ repugnat.

V. De amore in baptismo extat canon expressus è concilii Arau-

[1] Sup., cap. xx.

sicani cap. xxv : « Hoc etiam salubriter profitemur, et credimus quod ipse Deus nobis, nullis præcedentibus meritis, et fidem et amorem sui priùs inspirat, ut baptismi sacramenta fideliter requiramus, et post baptismum, cum ejus adjutorio, ea quæ sibi sunt placita implere possimus. » En ad requirendum baptismum amor necessarius, ad minimum incipiens, ut trahit concilium Tridentinum.

VI. Supponuntur ergo in utroque sacramento distincti actus præparatorii fidei, spei ac dilectionis, quâ Deum ut omnis justitiæ fontem diligere incipimus.

VII. In utroque sacramento pariter requiritur propositum firmum ac validum implendi præcepta omnia quæcumque Christus tradidit, adeòque vel maximè primum illud de Deo toto corde ac totis viribus diligendo, hoc est super omnia.

VIII. In utroque sacramento pari necessitate petenda est fides, quæ per dilectionem operatur.

IX. In utroque sacramento æquè requiritur voluntaria susceptio gratiæ et donorum, quibus homo efficitur ex injusto justus, et ex inimico amicus : æquè necessarius consensus in justitiam inhærentem, quæ est ipsa charitas : æquè voluntario motu quærenda, volenda, procuranda Dei amicitia. Contrariæ sententiæ ejusdem concilii decretis adversantur.

X. Neque tamen omnis etiam incipiens Dei propter se dilectio statim justificationem inducit, sed ea tantùm contritio, quàm charitate perfectam esse contingat.

XI. Qui solvit obligationem Dei super omnia diligendi per speciales actus, aut ad certum numerum redigit, hæresim docet aut inducit.

XII. Qui negaret hoc præcepto teneri etiam peccatores, etiam pœnitentes, eamdem hæresim induceret.

XIII. Neque pœnitentes à conatu saltem eximendi, cùm jubeantur et moneantur, et facere quod possint, et petere quod non possint, Deo adjuturo ut possint.

XIV. Qui docent pœnitentes sufficere attritionem ex solo metu conceptam, non tantùm disponere aut parare viam ad justitiam, concilio Tridentino addunt, eosque periculosè fallunt.

XV. Iidem nisi pœnitentes provocent ad dilectionem præparatoriam, eamque tanquàm non necessariam si negligant, in sacramentis conferendis de valore sacramenti sequuntur opinionem probabilem, relictâ tutiore : probabilem autem non ex verâ, sed ex suâ sententiâ.

Hæc igitur sunt capita, quæ à Tridentino concilio accepta, ut vera, ut tutiora, ut certa, ab episcopis doceri, ab iisdem contraria prohiberi debeant.

Hæc nos, secuti doctissimos ac maximos in Italiâ, Galliâ aliisque provinciis episcopos, fratribus et compresbyteris nostris ecclesiarum rectoribus, aliisque ibidem verbum et sacramenta administrantibus, episcopalis responsi loco, in manus docenda et utenda tradimus : his ab universâ fraternitate obediri oportere admonemus ; ne schismata in Ecclesiis fiant, neve falsâ securitate simplices animæ deludantur.

# ORDONNANCE

## DE M. L'ÉVÊQUE DE MEAUX,

POUR RÉPRIMER DES ABUS QUI S'ÉTOIENT INTRODUITS A L'OCCASION DE LA FÊTE DU MONASTÈRE DE CERFROID.

JACQUES-BÉNIGNE, par la permission divine, évêque de Meaux, conseiller du Roi en ses conseils, ci-devant précepteur de monseigneur le Dauphin, premier aumônier de madame la Dauphine, à tous les fidèles que le Saint-Esprit a soumis à notre conduite, salut en Notre-Seigneur. Il nous a été représenté par les prieurs et religieux de la maison et couvent de Cerfroid, chef de l'Ordre de la très-sainte Trinité et Rédemption des captifs, que le jour et fête de la très-sainte Trinité il se tenoit une espèce de marché devant la porte de cette maison, où bien loin de solenniser cette fête, on commet mille impiétés, on exerce un honteux commerce, on prend des rendez-vous scandaleux, on fait des danses dangereuses, et que par de fréquentes ivrogneries il s'y excite des tumultes et des batteries qui blessent les consciences, scandalisent le peuple et troublent le service divin : requerroient lesdits prieur et religieux qu'il nous plût confirmer l'Ordonnance que nous avions faite l'année précédente pour obvier à ces désordres, de peur qu'un si grand mal, qui n'est pas encore déraciné, ne se renouvelle, si nous ne continuons à le réprimer. Nous, à qui il est enjoint d'en haut de nous opposer d'autant plus à l'iniquité qu'elle est plus publique et plus scandaleuse, désirant empêcher la perdition des ames dont Dieu nous demandera un compte si rigoureux, déclarons de nouveau à tous ceux qui vendent ou qui achètent à ce marché, y portent et débitent leurs marchandises, à leurs adhérens et fauteurs, qu'ils pèchent mortellement en profanant le dimanche jour que Dieu a sanctifié, et encore un dimanche aussi saint que celui où l'on honore la Trinité adorable, qui est le mystère de l'incompréhensible hauteur de Dieu et le fondement de la foi des chrétiens : défendons à tous les fidèles par l'autorité du Saint-Esprit de fréquenter ce marché, y vendre et acheter, y porter et débiter leurs marchandises sous peine de la damnation éternelle : faisons pareille déclaration et défense à tous taverniers et vendans vin, leur dénonçant qu'ils sont d'autant plus coupables, qu'ils ajoutent au crime de la profanation d'un si saint jour celui de participer aux ivrogneries qui s'y commettent et aux crimes qui s'ensuivent : dénonçons pareillement à tous ceux qui profanent ce jour sacré par leurs impuretés, leurs danses scandaleuses, leurs ivrogneries, leurs querelles et leurs blasphèmes, et qui en quelque manière que ce soit, troublent le service divin et les prières des fidèles, que leur crime est d'autant plus énorme, qu'ils choisissent pour le commettre un jour si célèbre : permettons auxdits religieux d'avoir recours aux seigneurs et juges des lieux pour empêcher de tels excès : exhortons lesdits seigneurs et juges à signaler leur piété en cette occasion et à faire le devoir de leur charge; leur dénonçant au nom de Notre-Seigneur que, conformément aux lois divines et humaines, même aux ordonnances des rois dont ils sont les exécuteurs, ils sont obligés en conscience d'empêcher de tels excès, à peine de s'en rendre coupables et d'en rendre compte au sévère jugement de Dieu. Enjoignons aux curés du voisinage, qui en seront requis par lesdits prieur et religieux, de publier le présent mandement les dimanches précédant la fête de la très-sainte Trinité, et de faire entendre au peuple par de graves remontrances que rien ne provoque tant la colère de Dieu, que quand on emploie à l'offenser les jours qu'il a établis pour sanctifier son saint nom et détourner ses vengeances.

Donné à Germigny, le vingt-neuvième de mai MDCLXXXV.

# ORDONNANCE

ET

## INSTRUCTION PASTORALE

DE Mᴳᴿ L'ARCHEVÊQUE DE PARIS,

Portant condamnation du livre intitulé : *Exposition de la Foi*, etc.

---

Louis-Antoine, par la permission divine et par la grace du Saint-Siége apostolique, archevêque de Paris, etc. Le premier devoir des évêques est de garder le dépôt de la foi : ils doivent s'opposer avec zèle à toutes les nouveautés capables d'en altérer la pureté, et ne jamais souffrir qu'on y fasse le moindre changement, ni en ajoutant, ni en diminuant, selon la sage maxime de Vincent de Lérins[1]. Aussi dès le moment que Dieu a permis que nous fussions chargés de la conduite d'un clergé et d'un peuple si nombreux, nous nous sommes résolus de veiller, avec tout le soin que nous devons, à la conservation de la saine doctrine. Nous savons que l'esprit d'erreur s'élève toujours par quelque « doctrine nouvelle contre la science de Dieu[2]; » et, quoiqu'il voie ses conseils renversés par la puissance de l'esprit de vérité, il ne se rebute jamais. Nous espérions néanmoins que les troubles qu'il a excités dans l'Église de France pendant une si grande partie de ce siècle

[1] *Commonit.*, cap. XXXII. — [2] II *Cor.*, X, 5.

et dont on ne peut renouveler le souvenir qu'avec douleur, seroient entièrement apaisés par les censures des Papes, reçues et exécutées par tous les évêques, et appuyées de l'autorité et de la piété d'un roi qui est si digne, par son zèle pour la foi catholique, de la qualité de Fils aîné de l'Eglise. La cause étant si solennellement finie, nous pouvions nous promettre que l'erreur finiroit aussi, pour user des paroles de saint Augustin dans une occasion semblable. Mais nous voyons avec un sensible déplaisir, qu'il y a encore parmi nous des esprits inquiets et ennemis de la paix, et qu'on répand dans le public des livres qui pourroient troubler le repos de l'Eglise, et renouveler les longues et fâcheuses disputes qu'elle a eu tant de peine d'arrêter. Tel est le livre intitulé : *Exposition de la foi, touchant la grace et la prédestination.*

Personne n'ignore le bruit qu'ont excité les cinq fameuses propositions tirées du livre de Cornélius Jansénius, évêque d'Ipres, intitulé : *Augustinus*. Dix ans après que ce livre eut paru, quatre-vingt-cinq évêques de France y voyant des propositions déjà condamnées par le saint concile de Trente, parce qu'elles mettoient des bornes trop étroites à la liberté de l'homme et ne donnoient pas assez d'étendue à la bonté de Dieu, eurent recours à l'autorité du Saint-Siége. Le pape Innocent X, qui le remplissoit alors, fit publier une Constitution en date du dernier mai 1653, où ces cinq propositions de ce livre reçurent la condamnation qu'elles méritoient. Cette première constitution fut interprétée pour un plus grand éclaircissement, et confirmée par deux autres d'Alexandre VII, l'une du 16 octobre 1656 et l'autre du 15 février 1665, qui contenoit un formulaire dont elle ordonnoit la signature, lequel est de même sens et de même esprit que celui de l'assemblée du clergé de 1656.

Les évêques acceptèrent ces constitutions apostoliques, et y acquiescèrent unanimement avec toute sorte de respect et de soumission; ce qui fut suivi du consentement de toute l'Eglise catholique. C'en étoit assez pour détruire une doctrine si pernicieuse ; d'autant plus que Jansénius, qui en étoit l'auteur, en soumettant ses écrits au jugement et à la censure du Saint-Siége, même dans son testament et près de sa mort, avoit donné à ses disciples un exemple qu'ils devoient suivre. Cependant, comme l'orgueil ne cesse de s'élever quoiqu'abattu, nous voyons avec douleur renaître l'hérésie dans un livre nouvellement imprimé, avec d'autant plus de péril qu'étant composé en langue vulgaire, il peut être lu des simples et des ignorans comme des savans.

Ainsi pour nous acquitter de notre devoir dans une occasion si importante, nous avons fait soigneusement examiner, et nous avons aussi nous-même longtemps examiné cet ouvrage, où il nous a été facile de reconnoître tout le venin du dogme de Jansénius. La première proposition, qui est comme la source et le fondement de toutes les autres, c'est-à-dire celle où l'on ôte aux justes qui tombent la grace sans laquelle on ne peut rien, y est renouvelée comme une vérité de foi. On n'a pas besoin de relever les autres propositions condamnées, que cet auteur inconnu a répandues dans son livre, non plus que l'abus qu'il y fait du nom de saint Augustin et de quelques autres docteurs.

Il n'y a point de meilleur remède à ce mal qui s'efforce de revivre, que celui par lequel il a été detruit la première fois, c'est-à-dire les Constitutions d'Innocent X et d'Alexandre VII. L'intelligence en est claire : il n'y a qu'à prendre les Constitutions et les propositions qu'elles condamnent dans le sens qui se fait sentir d'abord, et que la lecture présente *in sensu obvio*. C'est la règle que donne aux évêques des Pays-Bas et à la Faculté de théologie de Louvain, par ses brefs du 6 février 1694, notre saint Père le Pape Innocent XII, que Dieu veuille conserver longtemps pour le bien de la chrétienté, dont il est véritablement le Père commun.

Nous ne pouvons marcher par une voie plus sûre : ainsi en adhérant aux Constitutions d'Innocent X et d'Alexandre VII, après une mûre délibération, LE SAINT NOM DE DIEU INVOQUÉ, nous condamnons le livre intitulé : *Exposition de la foi touchant la grace et la prédestination*, imprimé à Mons, chez Gaspard Migeot, comme contenant des propositions respectivement fausses, téméraires, scandaleuses, impies, blasphématoires, injurieuses à Dieu et dérogeantes à sa bonté, frappées d'anathème et hérétiques; enfin comme renouvelant la doctrine des cinq propositions de Jansénius, avec une témérité d'autant plus insupportable, que cet auteur ose donner, comme étant de foi, non-seulement ce qui n'en est pas, mais même ce que la foi abhorre et ce qui est détesté par toute l'Eglise.

Au surplus nous n'entendons point approuver les autres propositions contenues dans ce livre, nous en défendons la lecture sous peine d'excommunication et autres peines de droit. Ordonnons sous les mêmes peines de remettre les exemplaires entre nos mains ou en celles de nos vicaires généraux; et nous n'oublierons rien de ce qui dépend de notre charge pastorale, pour faire que la doctrine contenue et renouvelée dans ce livre soit entièrement éteinte et supprimée.

Mais pour ne pas arracher le bon grain avec l'ivraie, après avoir découvert l'erreur de ceux qui ont abusé de la doctrine de la grace, en tirant de son efficace des conséquences outrées, il est encore de notre devoir d'instruire sur une matière si importante ceux que le Saint-Esprit a commis à notre conduite. Nous le ferons sans entrer dans des questions épineuses, nous contentant de tirer de l'Ecriture, des conciles et des saints Pères ce qui peut éclairer et nourrir la piété, sans entretenir l'esprit de curiosité et de dispute.

Il n'y a point de chrétien qui ne soit obligé de reconnoître que nous ne pouvons rien pour le salut, sans la grace de Jésus-Christ. Les bonnes pensées, les saintes actions, « tout don parfait vient d'en haut et descend du Père des lumières [1]. » C'est Dieu qui opère en nous *le vouloir et le faire,* selon la doctrine expresse de l'apôtre saint Paul [2]. Il faut donc nous humilier dans la vue de notre impuissance, et nous relever en même temps par la considération de la bonté toute-puissante de Jésus-Christ. Quelque foibles que nous soyons par nous-mêmes et quelque perfection que Dieu nous demande, « il ne nous commande rien d'impossible; mais en nous faisant le commandement, il nous avertit de faire ce que nous pouvons, et de demander ce que nous ne pouvons pas : et il nous aide afin que nous le puissions [3]. » Que celui donc qui a besoin de sagesse ne l'attende pas de soi-même, comme faisoient les philosophes orgueilleux; mais qu'il la de-

[1] *Jacob.,* I, 17. — [2] *Philipp.,* II, 13. — [3] *Concil. Trid.,* sess. VI, cap. XI.

mande à Dieu, comme ont toujours fait les humbles enfans de l'Eglise.

Cette sage et pieuse mère, conduite par le Saint-Esprit, nous apprend par ses prières, formées sur le modèle de l'Oraison Dominicale, la nécessité de la grace et le moyen de l'obtenir. Ç'a été en cette matière, dès les premiers temps, une règle invariable des saints Pères, que la loi de la prière établit celle de la foi, et que, pour bien entendre ce que l'on croit, il n'y a qu'à remarquer ce que l'on demande : « ut legem credendi, lex statuat supplicandi [1]. » On demande à Dieu, au saint autel, non-seulement que les infidèles puissent croire, les pécheurs se convertir, et les bons persévérer dans la justice, mais encore que les premiers reviennent effectivement de leurs erreurs ; que le remède de la pénitence soit appliqué aux seconds, et que les derniers conservent jusqu'à la fin la grace qu'ils ont reçue : ce n'est donc pas le seul pouvoir, mais encore l'effet, que l'on demande ; et pour montrer qu'on ne le fait pas inutilement, lorsque ces saintes prières sont suivies d'un bon succès, on ne manque point d'en rendre graces à Dieu avec une particulière reconnoissance.

Aussi le Maître céleste, quand ses apôtres le supplient de leur enseigner à prier Dieu, voulant instruire toute l'Eglise en leur personne, nous apprend à lui demander que son nom soit en effet sanctifié en nous par notre bonne vie, que son règne à qui tout est soumis arrive bientôt, que sa volonté s'accomplisse en nous comme dans le ciel, et que notre pain de tous les jours, c'est-à-dire, la nourriture nécessaire aux esprits et aux corps, nous soit donnée par sa libéralité.

Comme nous lui demandons les biens dont nous avons besoin, nous le prions pareillement de nous délivrer des maux que nous devons craindre : nous le conjurons de ne nous pas laisser succomber à la tentation, et de nous délivrer du mal, c'est-à-dire, de nous défendre à jamais du péché, qui est le seul mal véritable et la source de tous les autres. Cette délivrance emporte avec soi la persévérance finale ; et l'Eglise s'en explique ainsi dans cette

---

[1] *Auctoritates Sedis apostolicæ,* post Epistolam Cœlestini Papæ ad Episcopo Galliæ. *Concil.,* tom. II, col. 1616, n. VIII.

prière qu'elle fait faire à tous ses ministres, et qu'elle propose à tous les fidèles dans la communion : « Faites, Seigneur, que je demeure toujours attaché à vos commandemens, et ne souffrez pas que je sois jamais séparé de vous. »

L'Orient conspire avec l'Occident dans ces demandes; et il y a plus de mille ans que les défenseurs de la grace ont rapporté cette prière de la Liturgie attribuée à saint Basile : « Faites bons les méchans, conservez les bons dans la piété; car vous pouvez tout, et rien ne vous contredit; vous sauvez quand vous voulez, et il n'y a personne qui résiste à votre volonté[1]. »

C'est cette toute-puissance de la volonté de Dieu opérante en nous, qui a encore formé cette oraison du sacrifice : « Forcez nos volontés, même rebelles, à se rendre à vous; » non que nous soyons justifiés et sauvés malgré nous, mais parce que Dieu rend nos volontés soumises de rebelles qu'elles étoient, et qu'il leur fait aimer ce qu'elles haïssoient auparavant. En faisant passer la volonté du mal au bien, selon l'expression de saint Bernard, il ne force pas la liberté, mais il la redresse et la perfectionne. C'est le Seigneur qui dirige les pas de l'homme, mais c'est en faisant que l'homme entre librement dans la voie : *Apud Dominum gressus hominis dirigentur, et viam ejus volet*[2]. C'est Dieu qui tire l'ame après lui; mais c'est en faisant qu'elle suive cet attrait avec toute la liberté de son choix.

Qu'on ne s'imagine donc pas que la puissance de la grace détruise la liberté de l'homme, ou que la liberté de l'homme affoiblisse la puissance de la grace. Peut-on croire qu'il soit difficile à Dieu, qui a fait l'homme libre, de le faire agir librement et de le mettre en état de choisir ce qui lui plaît? L'Ecriture, la tradition, la raison même nous enseignent que toute la force que nous avons pour faire le bien vient de Dieu, et notre propre expérience nous fait sentir que nous ne pouvons que trop nous empêcher de faire le bien si nous voulons. Il n'arrive même que trop souvent que nous résistons actuellement aux graces que Dieu nous donne, et que *nous les recevons en vain*[3]. Mais quelque

---

[1] Petr. Diacon., *ad S. Fulgent., de Incarn. et Grat. Christi.* — [2] *Psal.* XXXVI, 23. — [3] II *Cor.*, VI, 1.

pouvoir que nous sentions en nous de refuser notre consentement à la grace, même la plus efficace, la foi nous apprend que Dieu est tout-puissant, et qu'ainsi il peut faire ce qu'il veut de notre volonté et par notre volonté. Quand donc il plaît à la miséricorde toute-puissante de Jésus-Christ de nous appeler de cette vocation que saint Paul nomme *selon son propos* [1], c'est-à-dire selon son décret, les morts mêmes entendent sa voix et la suivent. Les liens par lesquels sa grace nous attire, nous paroissent aussi doux et aussi aimables que les chaînes du péché nous deviennent pesantes et honteuses, « et la suavité du Saint-Esprit fait que ce qui nous porte à l'observance de la loi, nous plaît davantage que ce qui nous en éloigne [2]. »

Par là nous pouvons entendre en quelque manière comment la grace s'accorde avec le libre arbitre, et comment le libre arbitre coopère avec la grace. La grace excite la volonté, dit saint Bernard, en lui inspirant de bonnes pensées; elle la guérit en changeant ses affections; elle la fortifie en la portant aux bonnes actions; et la volonté consent et coopère à la grace en suivant ses mouvemens. Ainsi ce qui d'abord a été commencé dans la volonté par la grace seule, se continue et s'accomplit conjointement par la grace et par la volonté; mais en telle sorte que tout se faisant dans la volonté et par la volonté, tout vient cependant de la grace: *Totum quidem hoc, et totum illa; sed ut totum in illo, sic totum ex illâ* [3].

Dieu nous inspire les saintes prières avec autant d'efficace qu'il opère en nous les bonnes œuvres. Quand saint Paul dit que « le Saint-Esprit prie en nous [4], » les saints Pères interprètent qu'il nous fait prier en nous donnant tout ensemble, avec le désir de prier, l'effet d'un si pieux désir, *impartito orationis affectu et effectu* [5], et l'Eglise bien instruite de cette vérité, demande aussi pour être exaucée, « que Dieu lui fasse demander ce qui lui est agréable. »

C'est donc Dieu qui nous fait prier avec autant de pouvoir qu'il

---

[1] *Rom.*, VIII, 28. — [2] S. August., lib. *De Spiritu et litt.*, cap. XXIX, n. 51. — [3] S. Bern., lib. *De Grat. et lib. Arbit.*, cap. XIV, n. 47. — [4] *Rom.*, VIII, 26. — [5] *Epist.* S. August., CXCIV, *ad Sixtum*, n. 16.

nous fait agir ; il a des moyens certains de nous donner la persévérance de la prière, pour nous faire obtenir ensuite celle de la bonne vie. Il a su, il a ordonné, il a préparé devant tous les temps ces bienfaits de sa grace : il a aussi connu ceux à qui il les préparoit par son éternelle miséricorde et par un amour gratuit. Il faut poser pour fondement qu'il n'y a point d'injustice en Dieu, et que nul homme ne doit sonder ni approfondir ses impénétrables conseils. Tout le bien qui est en nous vient de Dieu, et tout le mal vient uniquement de nous. « Dieu couronne ses dons dans ses élus, en couronnant leurs mérites[1] ; » et il ne punit les réprouvés que pour leurs péchés, qui sont l'unique cause de leur malheur. C'est par là que nous apprenons qu'en concourant avec la grace par une humble et fidèle coopération, nous devons, avec saint Cyprien et saint Augustin, attribuer à Dieu tout l'ouvrage de notre salut, *ut totum detur Deo*, et nous abandonner à sa bonté avec une entière confiance, persuadés avec le même saint Augustin que nous serons dans une plus grande sûreté, si nous donnons tout à Dieu, que si nous nous confions en partie à lui et en partie à nous : *Tutiores igitur vivimus, si totum Deo damus ; non autem nos illi ex parte, et nobis ex parte committimus*[2].

Mais que cette confiance, que cet abandon à Dieu ne nous fasse pas croire qu'il n'y ait rien à faire de notre part pour notre salut, puisque saint Pierre nous enseigne « que nous devons rendre, par nos bonnes œuvres, notre vocation et notre élection certaine[3] ; » que saint Paul veut que nous courions pour gagner le prix, *sic currite ut comprehendatis*[4] ; et que saint Augustin nous assure[5] que « nous devons espérer et demander à Dieu tous les jours la persévérance, et croire que par ce moyen nous ne serons point séparés de son peuple élu, puisque si nous espérons et si nous demandons, c'est lui-même qui nous le donne ; » en sorte que notre espérance et notre prière est un gage de sa bonté et une preuve qu'il ne nous abandonne pas. Et ce qui doit encore soutenir la confiance, est que les conciles nous répondent que Dieu

---

[1] S. August., *Epist. ad Sixtum*, CXCIV, n. 19 ; et *De Grat. et lib. Arbit.*, cap. VI, n. 15. — [2] *De dono Persever.*, cap. VI, n. 12. — [3] II Petr., I, 10. — [4] I Cor., IX, 24. — [5] *De dono Persever.*, cap. XXII, n. 62, col. 855.

n'abandonne jamais ceux qu'il a une fois justifiés par sa grace, s'il n'en est abandonné le premier. Ce sont les termes du concile de Trente : *Deus suâ gratiâ semel justificatos non deserit, nisi ab eis priùs deseratur*[1]*;* et c'est ce que le second concile d'Orange avoit reconnu plusieurs siècles auparavant, déclarant qu'il est de la foi catholique que tous ceux qui ont été baptisés peuvent avec la grace de Jésus-Christ accomplir tout ce qui est nécessaire pour leur salut, s'ils veulent travailler fidèlement[2].

Voilà ce que les fidèles doivent savoir de ce grand mystère de la prédestination, qui a tant étonné et tant humilié l'apôtre saint Paul. Le reste peut être regardé comme faisant partie de ces profondeurs qu'on ne doit point mépriser, mais qu'on n'a aussi aucun besoin d'établir[3].

Qu'on se garde bien de penser que les saints Pères qui nous ont donné ces vérités saintes, et en particulier saint Augustin, aient excédé, puisqu'au contraire les Papes déclarent que ce Père, dans sa doctrine toujours approuvée par leurs saints prédécesseurs, « n'a jamais été atteint du moindre soupçon désavantageux[4] : » et bien loin qu'il y ait rien d'excessif dans ses derniers livres, dont les ennemis de la grace ont paru le plus émus, ce sont ceux où un savant Pape a voulu principalement que l'on apprît sur la grace et sur le libre arbitre les sentimens de l'Eglise romaine, c'est-à-dire, ajoute-t-il, ceux de l'Eglise catholique[5].

Ces paroles du saint pontife Hormisdas, qu'un ancien concile de confesseurs bannis pour la foi a opposées à tous ceux qui, manquant de respect pour les ouvrages de saint Augustin, étoient tombés dans l'erreur, méritent d'être répétées en ce temps où notre saint Père le Pape nous renvoie encore à ce même Père, pour savoir « les sentimens que suit l'Eglise romaine, selon les décrets de ses prédécesseurs[6]. » Telle est la saine doctrine de la prédestination et de la grace de Jésus-Christ. Le principal fruit

---

[1] Sess. VI, cap. II. — [2] *Concil. Araus.* II, cap. XXV. — [3] *Auctoritates Sedis apostolicæ, post. epist. Cœlestini Papæ ad episc. Galliæ, Concil.,* tom. II, col. 1617. n. X. — [4] « Nunquàm hunc (Augustinum) sinistræ suspicionis saltem rumor aspersit. » *Epist. Cœlestini ad Galliæ episcopos, Concil.,* tom. II, col. 1612. — [5] Hormisd., *Epist. ad Possessorem, Concil.,* tom. IV, col. 1532. — [6] *Breve ad Facult. theolog. Lovaniensem,* 6 febr. 1694.

qu'elle doit produire, est d'inspirer aux fidèles l'humilité et la vigilance chrétienne, de leur faire craindre leur foiblesse, et de réveiller leur attention pour l'accomplissement de leurs devoirs. En leur faisant connoître « qu'ils ne peuvent rien sans le secours de Jésus-Christ [1], » elle leur fait sentir « qu'ils peuvent tout en celui qui les fortifie [2]. » Leur crainte est soutenue par la confiance ; et ces vertus préparent l'ame à l'amour de Dieu, que « le Saint-Esprit répand dans nos cœurs [3] » avec la grace, puisque la grace consiste principalement dans la délectable inspiration de cet amour. C'est à cet amour que la crainte des supplices éternels prépare la voie : le commencement de cet amour ouvre les cœurs à la conversion, comme sa perfection les y affermit. Par l'amour de Dieu toutes les vertus entrent et se perfectionnent dans nos ames ; toute la fausse morale s'évanouit, l'amour ne nous rendant pas moins éclairés sur nos devoirs que fervens pour les remplir. C'est par cet amour que les hommes cessent de chercher de vaines excuses dans leurs péchés ; et de toutes ces vaines excuses, dont l'amour-propre se fait un fragile appui, il n'y en a point de plus pernicieuse que celle par où l'on tâche de se décharger de l'obligation d'aimer Dieu, puisque c'est la première et la principale, comme la plus juste et la plus aimable de toutes.

Nous exhortons les prédicateurs et les confesseurs, et leur ordonnons par l'autorité du Saint-Esprit, qui nous a établi pasteur pour gouverner l'Eglise de Dieu, de s'attacher fidèlement à la sainte doctrine que nous leur proposons, puisque dans toutes ses parties elle est tirée de l'Ecriture et exprimée par les propres paroles des saints, que le Saint-Siége et toute l'Eglise catholique a reçues et canonisées, nous confiant en Notre-Seigneur que ceux qui auroient écrit dans un autre esprit n'attendront pas la correction que nous pourrions faire de leurs erreurs, s'ils y persistoient.

Pour achever d'imiter en cette occasion la sage conduite de notre saint Père le Pape, que nous nous proposons pour modèle, il ne nous reste plus que de recommander, comme Sa Sainteté fait dans les brefs déjà cités, qu'on ne se serve plus de cette accusation vague et odieuse du jansénisme pour décrier personne, à

---

[1] *Joan.*, XV, 5. — [2] *Philipp.*, IV, 13. — [3] *Rom.*, V, 5.

moins qu'il ne soit convaincu d'avoir enseigné de vive voix ou par écrit quelqu'une des propositions condamnées. Nous nous opposerons aussi fortement que nous le devons à tous ceux qui auront la témérité d'en renouveler la doctrine, et de parler ou d'écrire directement ou indirectement contre les constitutions des papes ; mais nous ne souffrirons pas aussi que des gens sans autorité, comme sans charité, s'ingèrent de juger de la foi de leurs frères, et donnent atteinte à leur réputation sur de légers soupçons. Nous savons trop combien il est préjudiciable à l'Eglise de recevoir facilement de mauvaises impressions contre ceux à qui Dieu a donné la piété et la science nécessaire pour la servir ; et nous ferons tous nos efforts pour arrêter l'inquiétude des esprits remuans, qui pourroient troubler son repos en altérant sa foi par une mauvaise doctrine, ou sa paix par la division de ses ministres, *ut desinat Ecclesiarum quietem inquietudo turbare*[1]. C'est ce que recommandoit autrefois aux évêques de France un saint Pape, et ce que celui qui nous gouverne aujourd'hui avec tant de grace et de bénédiction, ordonne aux églises des Pays-Bas. Si mandons aux officiers de notre Cour d'Eglise, de tenir la main à l'exécution de notre présente ordonnance, de la faire afficher aux portes des églises de cette ville et faubourgs, et partout ailleurs où besoin sera.

Donné à Paris, dans notre palais archiépiscopal, le vingtième août mil six cent quatre-vingt-seize.

[1] *Cœlestini Papœ Epist. ad Galliarum Episcopos,* loc. cit.

# STATUTS
ET
## ORDONNANCES SYNODALES.

Jacques-Bénigne, par la permission divine, Evêque de Meaux, etc., aux curés de notre diocèse, vicaires et prêtres approuvés pour les confessions, salut.

Les curés ne doivent s'éloigner de leurs paroisses qu'avec la permission des évêques et pour des raisons que les mêmes évêques aient jugées légitimes, ni d'autres prêtres s'ingérer à suppléer à l'absence des curés sans approbation particulière pour l'exercice de ses fonctions sacrées. C'est une loi établie par le saint concile de Trente; c'est un des statuts synodaux de ce diocèse, faits dans l'esprit de ce concile. Et quoique nous en ayons prescrit l'exécution de vive voix dans quelques synodes, nous avons toutefois appris avec douleur que quelques curés ne laissent pas de s'absenter de leurs paroisses sans notre participation au grand dommage des ames qui leur ont été confiées, se déchargeant de tout le soin qu'ils doivent en avoir, ou sur leurs vicaires, lesquels ne suffisent pas pour acquitter seuls toute la charge pastorale, ou sur d'autres prêtres simplement approuvés pour ouïr les confessions. A quoi désirant apporter les remèdes nécessaires et mettre les choses dans l'ordre établi par les saints canons, nous avons jugé nécessaire de renouveler un règlement si utile, et même de le devoir marquer d'une manière plus expresse et plus authentique.

A ces causes, nous défendons aux curés de notre diocèse de s'absenter de leurs paroisses plus d'une semaine, sinon pour des causes approuvées de nous ou de notre vicaire général et après en avoir obtenu la permission. Défendons à tous prêtres, quoiqu'approuvés pour les confessions, de desservir sans une approbation spéciale dans les paroisses dont les curés en auront été absens plus de sept jours continus et entiers. Déclarons que ledit temps expiré, nous révoquons toute approbation et pouvoir que ces prêtres pourroient avoir pour les mêmes paroisses, à l'égard même des confessions, et qu'il ne leur sera loisible d'y administrer les sacremens, sinon le baptême aux enfans, et aux autres fidèles en cas de péril de mort les sacremens de pénitence, d'Eucharistie et d'extrême-onction.

Donné à Meaux en notre palais épiscopal, et publié dans notre synode tenu par nous le 24ᵉ jour de septembre 1688.

# ORDONNANCES SYNODALES
## DE L'AN 1691.

Jacques-Bénigne, par la permission divine, Evêque de Meaux, etc., au clergé et au peuple de notre diocèse, salut et bénédiction.

Après que pendant dix ans que nous exerçons notre ministère, nous nous sommes rendus attentifs aux besoins du troupeau qui nous est commis d'en haut, nous serions infidèles envers Dieu, insensibles à notre devoir et au salut de nos frères sur lesquels nous devons veiller, si nous ne profitions de nos expériences pour déraciner les abus que nous voyons croître au milieu de nous, ou qui ne manqueroient pas de s'y élever, si nous n'avions soin de les prévenir. A ces causes, et pour répondre aux bons exemples que nous ont laissés nos prédécesseurs dont la mémoire est en bénédiction, et arracher autant qu'il est en nous l'ivraie d'une terre qu'ils ont si bien cultivée; après avoir invoqué Celui qui éclaire les aveugles et qui soutient les foibles, nous avons ordonné et ordonnons, statué et statuons ce qui s'ensuit.

### I.

Pour ne point ôter les bornes que nos pères ont posées, nous confirmons et renouvelons les règlemens établis par les statuts synodaux de ce diocèse et les ordonnances synodales de notre prédécesseur d'heureuse mémoire. Voulons qu'ils aient leur effet, et soient observés et exécutés selon leur forme et teneur.

### II.

Nous confirmons pareillement notre ordonnance publiée dans notre synode le 14 septembre 1688, portant défense aux curés de s'absenter de leurs paroisses plus d'une semaine, sinon pour des causes approuvées de nous ou de nos vicaires généraux et après en avoir obtenu la permission que nous voulons être donnée par écrit, pour éviter les inconvéniens de ce qui s'accorde, sans en laisser de témoignage : et afin que lesdits curés ne puissent pas se reposer sur les soins de leurs vicaires ou autres prêtres, et tirer de ce secours un prétexte de leur absence ; afin aussi que nous soyons plus tôt avertis de la négligence des pasteurs et du besoin des peuples, nous défendons à tous prêtres, quoiqu'approuvés pour les confessions, de desservir sans une approbation spéciale dans les paroisses dont les curés en auront été absens plus de sept jours continus. Déclarons que ledit temps expiré, nous révoquons toute approbation et pouvoir que ces prêtres pourroient avoir pour desservir ces paroisses, à l'égard même des confessions, et qu'il ne leur sera loisible d'y administrer les sacremens, sinon le baptême aux enfans, et aux autres fidèles en cas de péril de mort les sacremens de pénitence, d'Eucharistie et d'extrême-onction ; et d'y dire la messe basse les dimanches et fêtes commandées, en cas que lesdits sept jours expirans, il ne restât pas auxdits vicaires assez de temps pour avoir recours à nous : sans approuver les absences desdits curés durant plusieurs jours, et notamment celles d'une semaine, lesquelles selon les canons doivent être rares et pour causes graves dont nous chargeons leur conscience : déclarant en outre que nous procéderons contre ceux qui contreviendront à ce que dessus, comme contre des infracteurs du devoir de la résidence et des constitutions canoniques.

### III.

Confirmons aussi l'ordonnance que nous avons publiée dans notre dernier synode, conformément à l'article III de nos statuts synodaux, portant injonction à tous curés, vicaires et bénéficiers, de porter la soutane dans le lieu de leur résidence, sous peine de suspense encourue par le fait, à nous réservée et à nos vicaires généraux, afin que leurs habits mêmes soient un continuel avertissement de la retenue à laquelle ils sont obligés par leur état, et que les peuples s'accoutumant à les regarder avec un œil respectueux comme des personnes distinguées du reste des hommes et séparées par un choix particulier pour le service de Dieu, se rendent aussi plus dociles à profiter de leurs avertissemens.

### IV.

Pour cette même raison, il est convenable qu'ils s'abstiennent de toutes les choses qui les mêlent trop avec le siècle, comme sont les spectacles et les jeux publics, où la révérence de l'ordre sacerdotal est ravilie : pourquoi nous leur defendons, et à tous autres ecclésiastiques de ce diocèse, les jeux publics de courte et de longue paume et de la boule ; à peine d'être procédé contre eux par toutes voies dues et raisonnables à la requête de notre promoteur, les conjurant et les exhortant, et néanmoins leur enjoignant par l'autorité et le devoir de notre charge, de vivre de telle manière qu'ils fassent respecter Dieu en leurs personnes.

### V.

Défendons, comme nous l'avons défendu par notredite ordonnance, aux curés d'établir dans leurs paroisses aucun maître ou maîtresse d'école sans notre permission ou celle de nos vicaires généraux, conformément à l'article xxxiii de nos statuts synodaux. Déclarons nul et de nul effet ce qui sera fait au contraire. Nous leur défendons pareillement de faire assigner leurs paroissiens pour leurs droits curiaux devant les juges laïques, à peine de suspense encourue *ipso facto*, à nous réservée et à nos vicaires généraux, à la réserve du cas de décret ou d'une succession abandonnée.

### VI.

Les curés n'admettront point aux sacremens les maris et les femmes séparés les uns des autres sans l'autorité de l'Eglise ou de la justice. Ils les exhorteront par toutes les voies possibles à la réconciliation, et en cas de refus opiniâtre ils nous en donneront avis.

### VII.

Ils auront soin d'avertir de temps en temps dans leurs prônes qu'il est défendu, sous peine d'excommunication réservée à nous et à nos vicaires généraux, de mettre les enfans coucher avec la mère ou la nourrice avant l'an et jour, à cause du péril évident où ils sont d'être étouffés ; et ils ne permettront point aux pères et mères de faire coucher avec eux leurs enfans dans un âge avancé, ni même de les laisser coucher en même lit, principalement lorsqu'ils sont de différent sexe, afin que toute bienséance et honnêteté soit gardée.

## VIII.

C'est une institution divine et apostolique d'assembler toutes les semaines le peuple fidèle au jour que le Seigneur a choisi pour lui offrir en commun le sacrifice, et ouïr sa sainte parole de la bouche du pasteur établi de Dieu pour la prêcher. Cette coutume et observance a été en vigueur dans l'ancien peuple, et doit être d'autant plus suivie et embrassée du peuple nouveau, que nous avons à célébrer ensemble de plus grands mystères et à rendre graces à Dieu de plus grands bienfaits. Ces assemblées légitimes et réglées du peuple fidèle font une partie des plus essentielles du culte divin, et on ne peut les négliger sans péril manifeste de son salut. C'est pourquoi l'apôtre saint Paul défend expressément de s'en retirer, et réprouve la mauvaise coutume de ceux qui les abandonnent : *Non deserentes collectionem nostram, sicut consuetudinis est quibusdam* [1]. En exécution de cette sentence apostolique, le saint concile de Trente ordonne aux évêques d'admonester le peuple fidèle qu'il ait à assister fréquemment à la messe paroissiale, et du moins aux jours de dimanche et aux grandes fêtes [2]. L'intention de l'Eglise n'est pas que nous parlions à des sourds, ni que nos admonitions soient méprisées : au contraire le saint concile nous donne pouvoir de nous faire rendre en ce point, comme dans les autres marqués dans cet important décret, l'obéissance qui nous est due, même par censures ecclésiastiques. Le même concile nous ordonne encore d'admonester soigneusement le peuple que chacun est tenu d'assister à la paroisse, pour y entendre la parole de Dieu et l'instruction pastorale [3], en quoi ce saint concile n'a fait qu'accomplir ce qui étoit établi par la tradition de tous les siècles. Nos saints prédécesseurs ont été fidèles à exécuter ces ordonnances salutaires, puisqu'encore aujourd'hui dans tous les prônes qu'ils ont dressés, on met au rang des excommuniés ceux qui s'absentent de la messe paroissiale durant trois dimanches

---

[1] *Hebr.*, X, 25. — [2] Sess. XXII, *De observ.*, etc. — [3] Sess. XXIV, *De reform.*, cap. IV.

consécutifs sans excuse légitime : ce qui montre l'importance de la chose, et qui aussi est conforme aux décrets des conciles et des papes depuis les premiers siècles jusqu'aux derniers. Nous laissons à considérer devant Dieu à ceux qui s'absentent de ces saintes assemblées, non point trois dimanches consécutifs, mais presque toute leur vie, s'ils ont pour autoriser une telle négligence une excuse qu'ils puissent porter devant le redoutable tribunal de Dieu. Et néanmoins, pour les réveiller d'un si dangereux assoupissement, touchés de leur péril et de leur besoin et du zèle du culte divin dont nous devons conserver la sainteté, afin aussi de pourvoir à la sanctification du saint dimanche dans toute son étendue et autant que le demande un devoir si essentiel à la piété : à l'exemple et par les préceptes de saint Paul, ensemble de l'autorité de toute l'Eglise et du saint concile de Trente, et de celle du Saint-Esprit qui nous a établis évêques pour régir l'Eglise de Dieu, nous admonestons les fidèles commis à notre garde, d'assister soigneusement et fréquemment et du moins de trois dimanches l'un, comme ils y sont obligés, à la messe paroissiale, à la prière commune, au sacrifice et à l'instruction de celui qui est établi par sa charge leur intercesseur et qui doit rendre compte de leurs ames : et de la même autorité nous improuvons et condamnons la négligence de ces déserteurs de nos assemblées, leur dénonçant en outre que s'ils endurcissent leurs cœurs et n'écoutent pas aujourd'hui notre voix paternelle, nous procéderons contre eux selon la rigueur des canons, et tâcherons du moins de délivrer notre ame si nous ne pouvons pas sauver la leur.

## IX.

Afin de remédier aux contestations qui naissent à l'occasion des places d'église, nous déclarons qu'elles ne sont pas héréditaires : et en conséquence ordonnons qu'après la mort de ceux qui les occupent ou un an après qu'ils auront quitté la paroisse, elles seront annoncées aux prônes, et le dimanche suivant seront publiées et adjugées au plus offrant et dernier enchérisseur. Voulons néanmoins que les enfans majeurs ou mariés de ceux dont les places sont vacantes, soient préférés à tous autres, le tout sans préjudice des bancs et places qui appartiennent aux seigneurs.

## X.

Faisons très-expresses inhibitions aux merciers, boulangers et autres, d'étaler leurs marchandises les jours de fêtes et patrons des églises dans les cimetières et sous les portiques des églises. Exhortons les curés et supérieurs des communautés à ne souffrir pas qu'on profane la sainteté de ces lieux; et les seigneurs, magistrats et juges à faire leur charge, comme ils y sont obligés par les lois ecclésiastiques et séculières, à peine d'être responsables devant Dieu et devant les hommes d'un si grand abus.

## XI.

Comme nous voyons tous les jours le grand fruit des conférences ecclésiastiques qui se font dans notre diocèse, et que nous sommes instruits d'ailleurs des bénédictions que Dieu verse sur l'assemblée des prêtres unis pour traiter ensemble des devoirs de leur ministère, nous voulons que les présidens ou directeurs des conférences y lisent les noms de ceux qui doivent y assister; qu'ils demandent en notre nom et de notre autorité raison des absences; et qu'incontinent après les deux premiers mois, ils nous marquent celles des particuliers, afin que nous excitions leur diligence; ce qu'ils réitéreront vers la fin des conférences au mois de novembre, afin que nous connoissions comment on aura profité de nos avertissemens, et que si on manque à se corriger d'une si blâmable négligence, nous y pourvoyions selon Dieu par des remèdes plus efficaces.

## XII.

Nous ordonnons aux curés, suivant les décrets des saints conciles, de faire au moins tous les dimanches et jours de fêtes solennelles des instructions populaires et intelligibles : les exhortons à éviter toute prolixité inutile, pour ne pas ennuyer et rebuter ceux qu'ils doivent consoler et instruire. Déclarons que nous sommes résolus de n'accorder ni provisions de bénéfices-cures, ni *visa*, qu'à ceux qui seront capables d'instruire par eux-mêmes ; enjoignant à cet effet à tous ceux qui se présenteront devant nous pour en obtenir de nous apporter de bons témoignages de leur capacité à cet égard, sans préjudice de l'examen et épreuve que nous en ferons par nous-même ou par nos vicaires généraux.

Voulons qu'à l'avenir ceux qui seront pourvus de bénéfices à charge d'ames sans avoir exercé aucunes fonctions dans ce diocèse, se retirent pendant quelque temps dans notre séminaire, ou chez un de nos curés qui leur sera par nous désigné, afin d'y apprendre les rits et usages du diocèse, et de nous donner des preuves de leur capacité dans l'administration des sacremens et dans la prédication de la parole.

### XIII.

Pour éviter les malheurs et les périls manifestes de damnation où tombent les troupeaux par l'incapacité et par les mauvais exemples de leurs pasteurs, nous nous croyons obligés d'admonester ceux qui ont à nous présenter des curés ou des vicaires perpétuels de penser sérieusement dans cette présentation, non à satisfaire à des amitiés et à des obligations humaines, ce qui leur est si sévèrement défendu par les saints canons et ce qui pourroit leur faire encourir même le crime de simonie, mais au besoin pressant des peuples, dont le salut à cet égard est mis en quelque sorte entre leurs mains. Ainsi nous leur dénonçons que selon tout droit divin et humain, et en particulier selon les décrets du saint concile de Trente[1], ils sont tenus et obligés de nous présenter ceux qu'ils croient en leur conscience les plus dignes et les plus propres à cet important ministère, à peine de répondre à Dieu et à son terrible jugement, non-seulement des péchés et des scandales qui arriveront par un mauvais choix et de la damnation éternelle qui s'ensuivra de plusieurs de leurs frères, mais encore de tous les degrés de grace et d'instruction que perdront les peuples, faute d'avoir comme ils ont droit de l'attendre de plus dignes et de plus capables pasteurs. Nous les admonestons pareillement de ne nous présenter personne où ils ne reconnoissent et ne croient une sincère volonté de desservir et garder la cure ou vicairie perpétuelle à laquelle ils sont présentés, de peur de participer à tous les infâmes trafics que pratiquent ceux qui ne les acceptent que pour les quitter et négocier honteusement du salut des ames. Enfin nous les exhortons et admonestons d'entrer, dans une occasion si importante, comme ils y sont obligés, dans l'esprit

---

[1] Sess. XXIV, *De ref.*, cap. XVIII.

non-seulement des saints canons, mais encore des statuts de ce diocèse, d'où ils ont reçu le droit qu'ils exercent ; leur déclarant au surplus qu'en une matière si grave ils ne peuvent commettre de fautes légères, et qu'il n'y va de rien moins pour eux que de la malédiction de Dieu et de la damnation de leur ame. Nous déclarons aussi à tous nos curés qui résignent leurs bénéfices, qu'ils sont d'autant plus obligés d'avoir ces règles en vue qu'ils sont plus étroitement chargés du salut de leur troupeau, à quoi nous les admonestons et leur ordonnons d'être encore plus circonspects dans la maladie et dans les approches de la mort où ils peuvent plus facilement être trompés, de peur de porter devant Dieu non-seulement leurs péchés, mais encore ceux des autres.

### XIV.

Afin que les curés et vicaires soient suffisamment instruits des dogmes de la foi et de la morale chrétienne, et qu'ils deviennent selon le précepte de saint Paul des ouvriers irrépréhensibles, traitant et distribuant droitement et comme il faut la parole de vérité, nous les exhortons instamment de lire exactement et assidûment la sainte Ecriture, tant du Vieux que du Nouveau Testament, les explications et les homélies des Pères, principalement celles de saint Jean Chrysostome *sur saint Matthieu* et *sur saint Paul*, les *Morales* de saint Grégoire avec son *Livre pastoral,* le concile et le *Catéchisme de Trente*, les *Confessions* de saint Augustin, avec ses livres de la *Doctrine chrétienne,* des *Mœurs de l'Eglise catholique,* et de l'*Instruction des simples*, ou *De catechizandis rudibus,* avec quelque théologien et quelques livres de piété, chacun selon son génie et ses moyens. Ils pourront lire pour la morale, outre le *Décret de Gratien* et les *Décrétales*, saint Thomas, saint Antonin, Sylvius, Azor ou Tolet, la *Théologie morale de Grenoble,* les *Conférences de Luçon* et les *Résolutions des cas de conscience* de M. de Sainte-Beuve, s'étudiant à les résoudre selon les principes de l'Ecriture et l'esprit de la tradition et des canons, et non par l'autorité et selon l'esprit de plusieurs modernes qui ont trop donné aux subtilités et raisonnemens humains.

### XV.

Comme nous sommes obligé par notre charge de conserver le

dépôt de la doctrine et de la morale chrétienne, nous défendons conformément aux décrets des saints conciles, à tout prédicateur ecclésiastique ou régulier, exempt et non exempt, de prêcher dans notre diocèse, soit dans les églises paroissiales, soit dans celles des communautés religieuses, exemptes et non exemptes, sans se présenter devant nous ou nos vicaires généraux, pour obtenir notre bénédiction et notre agrément : le tout à peine de suspense *ipso facto*. Défendons aux curés et autres supérieurs de le leur permettre, sans néanmoins vouloir déroger à l'exception marquée dans l'article vii de nos statuts synodaux.

### XVI.

Enjoignons aux curés d'avertir les pères qu'il ne leur est point permis de baptiser, ou comme on appelle, ondoyer dans leurs maisons leurs enfans qui se trouvent en danger de mort, s'il y a d'autres personnes, hommes ou femmes capables de leur administrer ce sacrement. Renouvelons l'article xxvi de nos statuts synodaux touchant le délai du baptême, et ordonnons en outre que lorsque la nécessité pressante aura obligé d'ondoyer ou baptiser à la maison un enfant, on suppléera en l'église dans les vingt-quatre heures les onctions et autres cérémonies, à l'exception des exorcismes que nous croyons plus nécessaires après le renouvellement parfait de l'enfant dans le baptême.

### XVII.

Durant le temps du carême les curés, comme le porte notre Rituel, avertiront dans leurs prônes leurs paroissiens de l'étroite obligation que le concile de Latran a imposée à tous les fidèles de recevoir le saint sacrement de l'Eucharistie à leur paroisse dans le temps de Pâques, et de se confesser une fois l'année à leur propre prêtre. Ils leur liront en langue vulgaire, les dimanches de la Passion et des Rameaux, le canon *Omnis utriusque sexûs* de ce concile. En conséquence nous déclarons que la confession annuelle commandée par ce concile, dont le temps a été déterminé par l'usage à la quinzaine de Pâques, doit être fait au curé ou autre prêtre approuvé desservant dans la paroisse. Défendons à tous prêtres, tant séculiers que réguliers, qui confessent hors des paroisses, d'entendre la confession annuelle d'aucun fidèle sans la permission par écrit de son curé ou la nôtre. Enjoignons aux curés de déclarer à leurs paroissiens qu'ils leur accorderont facilement, comme nous leur ordonnons de le faire, la permission de se confesser à quelque autre prêtre séculier ou régulier approuvé de nous; pourvoyant ainsi en toute charité et dans la vue de Dieu aux besoins de leurs paroissiens sans contrainte, mais avec une sincère volonté, comme dit saint Pierre[1].

## XVIII.

Nous leur ordonnons pareillement de se rendre faciles aux malades qui voudront se choisir un confesseur parmi ceux qui sont approuvés. Exhortons néanmoins les malades de s'adresser préférablement à leurs pasteurs, étant bien convenable qu'ils reçoivent les derniers sacremens de ceux qui leur ont administré celui de la régénération, et veillent pour le bien de leur ame comme en devant rendre compte au jugement de Dieu. Nous voulons que les confesseurs tant séculiers que réguliers, qui seront appelés par lesdits malades, en donnent avis au curé, et qu'ils prennent avec lui toutes les mesures que la charité et la sollicitude pastorale peuvent exiger en ces précieux momens d'où dépend l'éternité, sous peine de suspense de leurs fonctions.

## XIX.

Pour remédier à l'insensibilité que certaines personnes ont pour leur salut, jusqu'à se priver volontairement des sacremens et de la communion pascale, nous ordonnons aux curés de les avertir de leur devoir en particulier, même en présence de deux ou trois témoins ecclésiastiques séculiers, dont ils feront un procès-verbal signé d'eux et desdits témoins, et en général dans leurs prônes sans les nommer après la quinzaine de Pâque; et après trois délais compétens de dimanche en dimanche, dans lesquels ils réitéreront les mêmes monitions en esprit de douceur et de charité, ils nous enverront chaque année leurs noms et les raisons qu'ils pourroient avoir ou prétexter de n'obéir pas, afin que nous procédions contre les personnes obstinées selon toute la rigueur du droit. Et néanmoins sans attendre que nous venions aux derniers remèdes que l'Eglise n'applique jamais sans trembler et sans gémir, les

[1] 1 Petr., v, 2.

curés ne les recevront ni aux fiançailles ni aux sacremens de mariage, ni à être parrains ou marraines, ni à présenter le pain bénit, ni à être d'aucune confrérie; et en cas, ce qui n'avienne! qu'ils viennent à mourir sans se reconnoître, après une information sommaire de l'état où ils seront morts, s'ils peuvent le découvrir, ils leur refuseront la sépulture ecclésiastique conformément à l'ordonnance synodale de notre prédécesseur, du 6 septembre 1674, et laisseront leur mémoire en exécration aux fidèles, comme celle de Caïn et de Judas.

### XX.

Les curés, vicaires et autres confesseurs tant réguliers que séculiers, ne passeront point les bornes de leurs pouvoirs. Les approbations données nommément pour une seule paroisse ou un seul monastère, ne pourront servir pour un autre, conformément à l'ordonnance synodale de notre prédécesseur, du 4 septembre 1669; et ceux qui seront approuvés généralement pour le diocèse, ne pourront confesser les religieuses de quelque ordre et de quelque institut qu'elles soient, soi-disant exemptes ou non exemptes, sans une permission spéciale obtenue par écrit de nous ou de nos vicaires généraux, conformément aux constitutions du Pape Grégoire XV et autres souverains Pontifes, aux règlemens du clergé, conciles provinciaux, pratique constante des églises et en particulier de celles de France et de la métropolitaine, sous peine de suspense et d'interdiction. Déclarons les confessions faites sciemment au préjudice de cette ordonnance, nulles et de nul effet.

### XXI.

Nous déclarons que les curés ou vicaires, après avoir quitté leur bénéfice ou leur emploi; les religieux, après avoir quitté le diocèse par obédience de leurs supérieurs, ne pourront plus confesser qu'ils n'aient obtenu une nouvelle permission par écrit.

### XXII.

Nous révoquons toutes les approbations pour confesser, qui pourroient avoir été données verbalement, et déclarons qu'à l'avenir nous ne prétendons point en donner autrement que par écrit.

### XXIII.

Défendons très-expressément à tous confesseurs, tant séculiers que réguliers, exempts ou non exempts, d'absoudre des cas à nous réservés, hors le péril de mort, sans notre permission par écrit. Faisons pareilles défenses de lever les excommunications, suspensions, interdits annexés de droit ou de notre autorité à la contravention de nos statuts, de changer les vœux ou d'en dispenser, d'absoudre des irrégularités publiques ou secrètes, hors le cas des pouvoirs obtenus de la pénitencerie de Rome et autres émanés de l'autorité du Saint-Siége. Déclarons que dans toutes les permissions d'absoudre des cas réservés, que nous ou nos vicaires généraux donneront, le quatorzième sera toujours excepté, s'il n'est nommément exprimé dans lesdites permissions, quand le crime n'auroit pas encore été consommé, le réservant spécialement à nous et à nos vicaires généraux.

### XXIV.

Afin que l'ordre et la discipline soient exactement gardés, nous renouvelons la défense que nous avons déjà faite à tous les curés de confesser ceux qui ne sont pas de leur paroisse, sans avoir obtenu la licence du curé du lieu ou notre permission, à moins que ce ne soit des personnes qui de bonne foi, par dévotion ou par la nécessité de leurs affaires, se trouveront en voyage : et pour remédier aux inconvéniens qui peuvent naître d'un règlement si salutaire, nous permettons à ceux ou à celles à qui la licence de se confesser hors la paroisse seroit refusée, ou qui pour des raisons particulières n'osent quelquefois la demander, de se pourvoir, non-seulement par-devant nous ou nos vicaires généraux, mais encore par-devant les doyens ruraux qui pourvoiront à leurs besoins et pourront même les confesser s'il est nécessaire.

### XXV.

Pour obvier aux déréglemens de certaines personnes qui, pour éviter la juste censure de leurs péchés scandaleux ou persévérer plus facilement dans l'habitude ou occasion prochaine de péché, vont se confesser frauduleusement hors le diocèse à des confesseurs séculiers ou réguliers non approuvés par nous ou nos vicaires généraux, nous déclarons ces confessions nulles et invalides.

### XXVI.

Nous défendons conformément à l'article IV de nos statuts synodaux, à tous ecclésiastiques constitués dans les ordres sacrés, sous peine de suspense encourue *ipso facto*, dont nous nous réservons l'absolution et à nos vicaires généraux, de retenir en leur maison aucune servante qui n'ait atteint l'âge de cinquante ans accomplis, sous quelque prétexte que ce soit, même celui du service de leurs mères ou de leurs sœurs, qui pourroient demeurer avec eux. Nous leur ordonnons de se défaire de celles qui ne seront pas de cet âge, et d'ailleurs de bonnes mœurs et d'une vie sans reproche, au commencement de janvier prochain pour toute préfixion et délai. Ordonnons à notre promoteur de veiller à l'exécution du présent article.

### XXVII.

Nous ne voyons qu'à regret dans les maisons des curés leurs nièces encore jeunes, tant à cause des personnes qu'elles y attirent que pour autres inconvéniens : mais nous les y pouvons tolérer si elles sont humbles, pieuses, modestes, dans un habit simple, de bonne édification, sans aucun scandale, appliquées aux œuvres de piété et dignes enfin d'être élevées dans la maison de l'église sous la conduite d'un curé.

### XXVIII.

Pour les personnes plus proches et encore plus hors de soupçon que les canons leur permettent d'avoir dans leur maison, nous leur permettons pareillement de les y garder à condition qu'elles ne causeront aucune sorte de scandale : et pour les fréquentations familières des personnes de différent sexe, quoique dans des maisons honnêtes et sans reproche, nous leur enjoignons de les éviter dès qu'elles causent le moindre scandale, de peur que le nom de Dieu ne soit blasphémé ; leur déclarant que sur ce sujet, sans vouloir autoriser d'injustes soupçons ou des rapports calomnieux, nous aurons toujours les yeux ouverts et toujours l'oreille attentive aux plaintes des peuples, afin que la vie des prêtres qui doivent être l'exemple et la lumière du monde soit irréprochable, et que le célibat des ecclésiastiques qui fait l'honneur de notre ordre ne lui tourne point à opprobre.

### XXIX.

Comme il arrive que des gens inconnus viennent quelquefois

s'établir avec des concubines qu'ils supposent être leurs femmes, nous ordonnons aux curés de leur faire représenter en ce cas un certificat de leur mariage signé du curé qui les auroit mariés, et légalisé par l'évêque diocésain ou ses vicaires généraux ; sinon de nous en donner incessamment avis et aux officiers des lieux, pour y procéder selon l'exigence du cas et éloigner le crime et le scandale de la maison de Dieu.

## XXX.

Les curés avertiront pareillement les officiers des lieux, lorsqu'il se rencontrera dans leur paroisse quelques femmes de mauvaise vie, et n'oublieront rien pour les faire éloigner. Si au mépris de Dieu et au scandale de la paroisse, il y avoit un concubinage notoire, soit que les personnes soient libres, soit qu'elles soient mariées, de quelque qualité et condition qu'elles soient, nous leur ordonnons de les avertir en particulier, avec force et avec courage, et néanmoins avec prudence et charité ; et en cas qu'ils persévèrent dans cet horrible scandale, après trois monitions à eux faites en particulier, même en présence de deux ou trois témoins si besoin est, selon la règle de l'Evangile et avec délais compétens, ils nous en donneront avis, afin non-seulement que nous excitions la vigilance du magistrat, mais encore que nous tâchions de notre côté, en procédant selon la rigueur du droit, à arracher la proie au démon et à ôter le scandale du milieu de nous.

## XXXI.

Comme les mariages doivent être libres et exempts de toute contrainte, nous déclarons que, conformément à l'esprit de l'Eglise et même aux arrêts et jugemens séculiers, que nous ne souffrirons pas qu'ils soient célébrés dans les prisons, et que nous ne dispenserons pas de la publication des bans les filles ou veuves, qui pour faciliter leur mariage auront prostitué leur honneur, n'étant pas juste que l'Eglise accorde ses graces à celles qui n'ont point eu honte de la scandaliser. Ordonnons aux curés de donner avis à nous ou à nos vicaires généraux du scandale que ces personnes auront causé, afin que selon le précepte de l'Apôtre et selon l'esprit et le décret du saint concile de Trente[1], on leur pres-

---

[1] Sess. XIV, cap. VIII; sess. XXIV, *De reform.*, cap. VIII.

crive une pénitence proportionnée à la qualité de leur faute, et que ceux qui ont été excités au désordre par leur exemple soient rappelés à la vie réglée par le témoignage de leur amendement.

### XXXII.

Nous défendons à tout prêtre, tant séculier que régulier, à peine de suspense *ipso facto*, de publier des indulgences fausses, surannées, ou autres même véritables, sans notre *visa* et mandement pour les publier. Ordonnons que toutes bulles d'indulgence nous seront présentées ou à nos vicaires généraux avant la fête de Pâques, pour être vues et approuvées, dont on tiendra bon et fidèle registre.

### XXXIII.

De crainte de contrevenir au précepte de l'Apôtre et d'imposer témérairement les mains contre sa défense expresse, nous voulons que ceux qui souhaiteront être reçus au séminaire pour se préparer aux ordres, nous apportent un témoignage authentique de vie et de mœurs des curés des lieux où ils font leur résidence. Nous en chargeons la conscience desdits curés, et leur ordonnons de nous envoyer ou à nos vicaires généraux leur attestation cachetée, où ils nous marqueront sincèrement et selon Dieu ce qu'ils savent et ce qu'on peut espérer de ceux qui se présentent. Ordonnons pareillement que chaque ordinand nous présentera une attestation de trois publications faites à la paroisse de sa promotion future aux sacrés ordres de sous-diaconat, de diaconat et de prêtrise.

### XXXIV.

Enjoignons aux curés qui seront chargés de faire les publications de la promotion future aux ordres ou celles des titres, d'intimer au peuple que sous peine d'excommunication il ait à révéler ce qu'il sait tant de la vérité du titre que des mœurs, de la conduite, de la piété, de la continence, de l'âge et de la naissance légitime de l'ordinand : et en cas qu'il ne s'y trouve point d'opposition ni d'empêchement canonique, ils dresseront leur certificat et l'enverront cacheté, comme ci-dessus.

### XXXV.

Afin que ces ordonnances et règlemens salutaires tant du

clergé que du peuple soient bien connus, après la publication qui en sera faite en notre présence dans notre synode, nous ordonnons que ceux où la conscience du peuple est intéressée, et notamment le huitième que nous estimons le plus important, soit lu et publié au prône par trois dimanches consécutifs avec les exhortations les plus vives et les plus pressantes, que le Saint-Esprit mettra dans le cœur et dans la bouche des curés, dont nous leur avons fourni les principaux motifs dans notre *Second Catéchisme*, où il est parlé de la messe paroissiale.

Et seront les présentes ordonnances, aussi bien que celles des synodes précédens, enregistrées en notre officialité et exécutées selon leur forme et teneur, nonobstant oppositions ou appellations quelconques, et sans préjudice d'icelles, d'autant qu'il s'agit de discipline ecclésiastique, consacrée, autorisée et ordonnée par les saints canons pour la gloire de Dieu, l'honneur de l'Eglise et l'édification publique.

Donné à Meaux en notre palais épiscopal, le seizième août mil six cent quatre-vingt-onze.

# ORDONNANCES SYNODALES
## de l'an 1698.

Jacques-Bénigne BOSSUET, par la permission divine, Evêque de Meaux, etc., aux doyens ruraux de notre diocèse et à tous curés, vicaires, salut et bénédiction en Notre-Seigneur.

Désirant pourvoir autant qu'en nous est dans le présent synode, aux besoins les plus pressans de ce diocèse, ensemble rendre nos assemblées synodales le plus utiles qu'il nous sera possible, avons statué et admonesté, statuons et admonestons comme s'ensuit.

### I.

Pour commencer par ce qui regarde le service divin, après diverses admonitions inutiles qui ont été faites en synode ou autrement sur l'observance des fêtes depuis le temps de la Madeleine jusqu'à la Toussaint, nous avons trouvé à propos, à l'exemple de plusieurs diocèses et notamment de ceux du voisinage, de relâcher l'obligation de l'observance des fêtes dans le temps susdit, en faveur du travail nécessaire de la campagne et pour les villages seulement, à la réserve des dimanches dont l'observance est fondée sur le droit divin et des fêtes plus solennelles, comme sont l'Assomption et la Nativité de la sainte Vierge, parmi lesquelles nous comprenons celles du patron. Pour les villes, nous entendons que l'observance desdites fêtes demeurera en pleine vigueur, en dispensant seulement ceux qui auront à travailler à la campagne et non autres.

## II.

N'entendons rien relâcher sous ce prétexte de la célébrité et la solennité du service divin, auquel nous exhortons les peuples de se rendre assidus autant qu'ils pourront, et notamment à la messe qui se dira à l'heure que les curés trouveront la plus convenable pour la commodité du travail, dont les peuples seront avertis : il ne sera rien changé dans les villes ni dans les paroisses où il y aura plusieurs messes, le tout jusqu'à ce que nous y ayons plus particulièrement pourvu.

## III.

On ne laissera pas d'annoncer lesdites fêtes à l'ordinaire, pour n'en point laisser perdre la mémoire au grand dommage de la piété et du culte des Saints.

## IV.

Nous ordonnons que pour la dernière fois seront admonestés aux prônes du premier dimanche de l'avent et suivans jusqu'à Noël, ceux qui ont manqué au devoir de la communion pascale : leur seront dénoncés les sévères jugemens de Dieu et les rigoureuses censures de l'Eglise; et s'ils ne satisfont à leur devoir à la fête de Noël, nous ordonnons aux curés de nous en donner avis après ce terme, afin que nous leur envoyions incessamment les noms des plus contumaces, pour être lus au prône durant le carême avec prières pour fléchir leurs cœurs endurcis : après quoi, s'ils n'obéissent au commandement de l'Eglise à Pâque suivant, dès lors nous les déclarons avoir encouru la peine portée par le canon *Omnis utriusque sexûs*, du grand concile de Latran; et sera cet article publié au prône au temps ci-dessus marqué.

### V.

Nous exhortons et enjoignons aux curés d'avertir leurs paroissiens publiquement et dans les prônes, de la pieuse coutume et ordonnance de ce diocèse, de faire leur confession annuelle dès le commencement du carême, sans attendre au dimanche des Rameaux et semaine sainte, ni à la semaine de Pâque, à peine d'être renvoyés à la discrétion des curés et pour ne point précipiter une action si nécessaire.

### VI.

Les curés admonesteront les fidèles du péril des danses, les empêcheront le plus qu'ils pourront les jours de fêtes et dimanches, et avec une attention plus particulière durant l'avent et le carême et aux fêtes solennelles : admonesteront pareillement les joueurs de violon et autres instrumens qui servent aux danses, du péril extrême de leur profession; et néanmoins pour la dureté des cœurs et sans approuver leur état, nous relâchons l'obligation du cas réservé à nous en faveur de ceux qui, dans un âge avancé, n'ont point d'autre métier pour gagner leur vie, en promettant de ne point permettre celui-là à leurs enfans.

### VII.

Nous nous réservons le cas de ceux qui joueront durant le service divin, sans approuver lesdits jeux et danses dans les autres heures des jours de dimanche et fête.

### VIII.

Nous censurons très-grièvement les curés qui manqueront à dire les premières vêpres des dimanches et des fêtes, sous quelque prétexte que ce soit.

### IX.

Nous renouvelons les statuts et ordonnances faites par nos prédécesseurs d'heureuse mémoire et par nous, contre ceux qui ne portent pas la soutane et l'habit ecclésiastique conformément à iceux : renouvelons semblablement ceux qui regardent l'âge des servantes : déclarons toutes les peines y portées bien encourues par les contrevenans : leur enjoignons d'y pourvoir, sans préjudice des autres peines portées par les canons.

### X.

Nous comprenons dans lesdits statuts et ordonnances sur l'âge des servantes, celles qu'on aura reçues dans sa maison avant l'âge porté par lesdits statuts, encore qu'elles l'aient acquis depuis.

### XI.

Nous ne recevrons pas les excuses de ceux qui auront des servantes dans l'âge inférieur, sous prétexte qu'elles seront avec leurs mères ou leurs sœurs : nous réservant même d'éloigner les plus proches parentes, si elles sont immodestes, querelleuses ou mondaines et de mauvais exemple, afin que la maison des ministres de Jésus-Christ soit sainte et que leur célibat soit à édification, et non à opprobre à l'Eglise.

### XII.

Nous défendons à tous ecclésiastiques de faire coutume d'user du tabac en poudre, notamment et en tout cas dans les églises, pour exterminer cette indécence scandaleuse de la maison de Dieu.

### XIII.

Nous renouvelons pareillement les ordonnances rendues sur la reddition des comptes, poursuites des reliquats, renouvellement des hypothèques, emplois des deniers et autres choses concernant le bien des fabriques : déclarant à tous les curés qui auront laissé passer trois ans sans faire sur ce sujet les diligences requises et nous en faire apparoir, qu'après cette admonition nous les rendrons responsables de la perte des églises.

### XIV.

Enjoignons pareillement auxdits curés de faire toutes les poursuites et diligences nécessaires pour les réparations des églises, livres, ornemens, par qui il appartiendra, et de nous en donner avis, à peine d'être sévèrement censurés.

### XV.

Quant à ceux qui négligent de faire selon leur devoir très-pressant les prônes, les catéchismes et autres instructions pastorales, ou selon une perverse coutume s'en croient dispensés pour tout le reste de l'année, quand ils les font au temps de l'avent et du carême, les noms en seront donnés par notre ordre à notre promoteur, à qui nous enjoignons de faire contre eux toutes les poursuites nécessaires et de nous en rendre compte, sans préjudice d'autres moyens que nous trouverons à propos de pratiquer de notre autorité.

### XVI.

Nous déclarons que nous dénoncerons en plein synode ceux qui manqueront aux choses susdites et autres de même importance, ce qui tiendra lieu d'une admonition canonique : à l'effet de quoi nous ordonnons qu'il sera fait un registre en bonne forme, où seront écrites et registrées lesdites dénonciations et admonitions.

### XVII.

Nous ferons une pareille dénonciation en plein synode de ceux qui s'adonneront au jeu et à la crapule, ou feront entre eux des sociétés et fréries qui scandalisent les peuples, ou qui font coutume de ne se point trouver aux conférences, à moins que pour cause d'infirmité ils n'en aient obtenu de nous ou de nos vicaires généraux une permission par écrit.

### XVIII.

Nous déclarons que les présentes admonitions et ordonnances auront force de statuts, sans préjudice d'autres règlemens.

Fait et publié en synode le seize d'octobre mil six cent quatre-vingt-dix-huit.

† J. BÉNIGNE, Evêque de Meaux.

*Par le commandement de mondit Seigneur,*
ROYER.

# PIÈCES

CONCERNANT

## L'ÉTAT DE L'ABBAYE DE JOUARRE,

Pour Messire Jacques-Bénigne Bossuet, évêque de Meaux, contre Révérende dame Henriette de Lorraine, abbesse de Jouarre.

## FONDATION

### DU MONASTÈRE DE JOUARRE.

#### PREMIÈRE PIÈCE.

Sainte Théodéchilde a été la première abbesse de Jouarre. Il n'y a nulle mention de privilége dans sa vie imprimée par les PP. Bénédictins [1]. Il est encore parlé de cette fondation dans les pièces suivantes.

#### DEUXIÈME PIÈCE, DE L'AN DC. L,

Tirée de la vie de saint Agile, abbé de Rebais [2].

Horum fratrum major natu, Ado nomine, semet cum propriis voluptatibus ac copiis abdicavit, verùm etiam in proprio solo intra Jorani saltûs arva, ope fratris venerabilis videlicet Audoeni, super amnem Maternam monasterium ædificavit, cui Jotrum nomen imposuit atque ex rebus propriis fecundissimè ditavit : in quo etiam monasticè secundùm B. Columbani instituta, unà cum catervâ præclaræ religionis, superno Regi Christo militavit.

#### TROISIÈME PIÈCE, DU MÊME TEMPS,

Tirée de la Vie de saint Faron, évêque de Meaux, écrite sous le règne de Charles le Chauve, par Hildegar aussi évêque de Meaux [3].

Quorum major natu, Ado nomine, semet cum suis voluptatibus abdicavit, postque intra Jotri saltum monasterium ex beati regulà Columbani construxit.

#### REMARQUES SUR LA FONDATION.

Il est constant que c'est là tout ce qu'on a de la fondation de

---

[1] *Act. Ord. S. Bened.*, auct. D. Joh. Mabillon., sæc. II, p. 486. — [2] *Ibid.*, p. 321.
[3] *Ibid.*, p. 612.

Jouarre. Il n'y paroît aucun privilége ; et loin que cette fondation ait été royale dans son origine, on voit qu'Ado, un particulier, a fondé ce monastère dans ses terres et l'a doté de ses propres biens : *In proprio solo, atque ex rebus propriis.*

Quand cette fondation seroit royale, elle ne le seroit pas à plus juste titre que celle des monastères de Sainte-Croix de Poitiers et de Chelles, où deux grandes reines, sainte Radégonde et sainte Bathilde ont pris l'habit de religieuses, après les avoir fondés avec une magnificence royale ; et néanmoins ces deux abbayes sont soumises à l'ordinaire dès leur origine. Celle de Jouarre ne doit pas se croire plus privilégiée que ces deux-là ; ni que saint Faron lui ait accordé plus de privilége qu'au monastère de sa sœur sainte Fare, à qui il est bien constant qu'il n'en a jamais donné aucun, et qui en effet est toujours demeuré soumis et l'est encore.

Quant aux priviléges du Saint-Siége, outre qu'il n'en est fait aucune mention, comme on a vu dans l'histoire de cette fondation, on sait d'ailleurs que les papes n'en accordoient alors qu'à regret, même aux monastères d'hommes ; et on ne croit pas qu'on en trouve aucun exemple pour les monastères de filles. Ainsi il est déjà très-constant que le monastère de Jouarre est soumis dans son origine, comme il le devoit être naturellement, suivant les règles de l'Eglise et la pratique ordinaire de ces temps.

# LA DÉPENDANCE

## DU MONASTÈRE DE JOUARRE.

*Sous Honoré II, qui siégeoit depuis l'an 1125 jusqu'à 1129.*

### QUATRIÈME PIÈCE,

Tirée du Cartulaire de Meaux, d'où elle a été compulsée parties présentes ; et imprimée dans le Recueil des épîtres d'Innocent III, de M. Baluze, l'an 1682, tome II, p. 296.

Epistola Honorii II, de subjectione monasteriorum Resbacensis et Jotrensis.

Honorius Episcopus servus servorum Dei, venerabili fratri **Burcardo**

Meldensi Episcopo [1] ejusque successoribus canonicè promovendis in perpetuum. In eminenti apostolicæ Sedis speculâ disponente Domino constituti, ex injuncto nobis officio fratres nostros Episcopos debemus diligere, et ecclesiis sibi à Deo commissis suam debemus [2] justitiam conservare. Proindè, charissime in Christo frater Burcarde Episcope Meldensis Ecclesiæ, cujus à Deot ibi cura commissa est, salubriter nostrâ sollicitudine providentes, statuimus, ut omnes tam clerici quàm laici in villâ Resbacensi et Jotrensi commorantes, Meldensi Ecclesiæ jure parochiali subjaceant, et ea quæ de eis ad jus parochiale pertinent, tibi tuisque successoribus et illibata serventur. Decernimus etiam ut abbas Resbacensis, Jotrensis abbatissa canonicam tibi tuisque successoribus obedientiam persolvant. Benedictio quoque eorum, sicut per tuos antecessores hactenùs celebrata constiterit, sic per te tuosque successores deinceps exhibeatur. Promotiones etiam monachorum ad ecclesiasticos ordines per Meldensem administrentur Episcopum, si videlicet gratis eas sine pravitate voluerit exhibere, et gratiam apostolicæ Sedis habuerit. Si quis autem, quod absit, huic nostro decreto sciens contraire tentaverit, honoris et officii sui periculum patiatur, nisi præsumptionem suam dignâ satisfactione correxerit. Datum Laterani, xvii kal. maii.

Ces mots, *jure parochiali* et *canonicam obedientiam*, emportent la pleine soumission; et il est constant par cette pièce que les monastères de Jouarre et de Rebais avec leurs paroisses, étoient dans une dépendance absolue.

*Sous Innocent II, qui siégeoit en* 1130 *jusqu'à* 1143.

### CINQUIÈME PIÈCE,

Imprimée par M. Petit, tom. II, p. 673, du Pénitentiel de Théodore de Cantorbéry. On s'en est servi pour favoriser l'exemption de Jouarre; mais elle prouve le contraire.

Ex compositione ab Hugone Antissiodorensi Episcopo et Gaufrido Cathalaunensi factâ, ex præcepto Innocentii II, inter Ecclesiam Meldensem et Farense monasterium.

Ex Cartulario Farensis monasterii.

Deliberavimus quòd sacerdos Farensis monasterii populum recturus de manu Meldensis Episcopi curam totius parochiæ tam clericorum quàm laicorum suscipiet, chrisma quoque et aquam reconciliationis ecclesiarum, si violatæ fuerint, ab Ecclesia Meldensi requiret. Sanè

---

[1] Ce n'étoit donc pas un privilége pour la personne, mais un droit du siége. — [2] C'est donc justice et droit, et non privilége.

sacerdos ille, si quâ culpâ [1] fuerit notatus, primâ vice mandabit Episcopus abbatissæ ut consilio clericorum suorum corrigat eum : si autem posteà crebuerit eadem infamia atque succreverit, tunc Episcopus per abbatissam statuet diem, quo veniens Episcopus in capitulum sanctæ Faræ, per se sacerdotem illum judicabit, et si ei visum fuerit, deponet. Porrò si culpa sacerdotis per pœnitentiam et per pecuniam debeat puniri, Episcopus impone tsacerdoti pœnitentiam, sed Farensis ecclesia retinebit pecuniam. Sic de omnibus parochianis statutum est, ut si quælibet eorum culpa mulctatur per pecuniam, semper ecclesia Farensis habebit eam ; sed parochianos suos ducet sacerdos ad Episcopum propter suorum criminum pœnitentiam. Tandem si sacerdos ille venerit ad synodum Meldensem, an non venerit, statuere supersedimus, quoniam audivimus sacerdotes Jotrensem et Resbacensem qui [2] similiter curam de manu Episcopi suscipiunt, nunquàm sedisse nec etiam ad synodum venisse, et hoc ecclesias illas ex antiquissimâ consuetudine tenuisse, etc.

*Sous Alexandre III, qui siégeoit depuis 1160 jusqu'à 1181.*

SIXIÈME PIÈCE, DE L'AN M. C. LXIII,

Tirée du Cartulaire de Meaux, compulsée et imprimée par M. Baluze, tome II des épîtres d'Innocent III, p. 296.

Epistola Alexandri III, quà confirmat superiores Honorii II litteras.

Alexander Episcopus, servus servorum Dei, venerabili fratri Stephano Meldensi Episcopo, ejusque successoribus canonicè substituendis in perpetuum. In eminenti apostolicæ Sedis speculâ, etc., *ut in illâ Honorii, usque :* Proindè, charissime in Christo frater Stephane, Meldensi Ecclesiæ, cujus à Deo tibi cura commissa est, salubriter providentes, ad exemplar sanctæ recordationis patris et prædecessoris nostri Honorii Papæ, statuimus, ut omnes tam clerici quàm laici in villâ Resbacensi et Jotrensi commanentes, Meldensi Ecclesiæ jure parochiali subjaceant, etc.; *ut in illâ Honorii, usque :* Si quis autem contra hanc nostræ constitutionis paginam venire præsumpserit, secundò tertiòve commonitus, nisi temeritatem suam congruâ satisfactione correxerit, potestatis honorisque sui dignitate careat, et à sacratissimo corpore ac sanguine Dei ac

---

[1] Cet endroit fait voir quelle sorte de juridiction pouvoient avoir les abbesses sur les ecclésiastiques; elle n'étoit qu'économique, temporelle et en choses légères; mais c'est sur ce fondement que quelques-unes ont tâché de l'étendre. — [2] Cet endroit est remarquable, parce qu'il fait voir que le curé de Jouarre prenoit de l'évêque de Meaux *curam animarum*, aussi bien que celui de Faremonstier, qui est constamment pleinement soumis comme tous les autres curés; et on verra que ce droit n'a point été ôté à 'évêque, même par la sentence arbitrale.

Domini nostri Jesu-Christi alienus fiat, atque in extremo examine districtæ ultioni subjaceat. Conservantibus autem hæc sit pax Domini nostri Jesu-Christi; quatenùs et hic fructum bonæ actionis percipiant, et apud supremum Judicem gaudia æternæ pacis inveniant. Amen. Data Turonis, anno m. c. lxiii.

Cette constitution d'Alexandre III est la répétition et confirfirmation de celle d'Honoré II, et on y peut faire les mêmes remarques.

Les évêques obtenoient alors de semblables concessions des papes, parce que les monastères commençoient à être inquiets et à se vouloir rendre indépendans, comme il est constant par l'histoire.

*Sous Luce III, qui tint le siége depuis 1181 jusqu'à 1186.*

SEPTIÈME PIÈCE, DE L'AN M. C. LXXXIII,

Tirée du Cartulaire de Meaux, compulsée et imprimée tom. II du Pénitentiel de Théodore, p. 715.

Epistola Willelmi, Remorum Archiepiscopi, de honore et reverentiâ et de omni jure quod Eustathia Abbatissa Ecclesiæ Jotrensis promisit semper se exhibituram Episcopo Meldensi.

Willelmus, Dei gratiâ Remorum Archiepiscopus, sanctæ Romanæ Ecclesiæ titulo Sanctæ Sabinæ cardinalis, apostolicæ Sedis legatus, universis fidelibus tam futuris quàm præsentibus, ad quos litteræ istæ pervenerint, in Domino salutem. Noverit universitas vestra, quòd cùm inter venerabilem fratrem nostrum Simonem Meldensem Episcopum et Ecclesiam Jotrensem super benedictione abbatissæ, et aliis consuetudinibus quæstio verteretur; tandem inter eos nobis mediantibus compositio facta est in hunc modum: Eustathia abbatissa, assensu [1] capituli sui, in præsentiâ nostrâ publicè Meldis recognovit Meldensem Episcopum esse suum [2], et Villæ Jotrensis Episcopum; et electam Jotrensem non debere benedici, nisi ab eo: nec etiam clericos Jotrenses ordinari, nisi per ipsum. Promisit etiam se Meldensi Episcopo exhibituram [3] omnem hono-

[1] On a voulu dire que l'abbesse de Jouarre s'étoit trouvée par hasard à Meaux; mais ces mots font voir qu'elle y étoit venue exprès du consentement de son chapitre, avec un légitime pouvoir. — [2] La contestation n'étoit pas sur le territoire, mais sur la sujétion; et c'est en cela que l'abbesse reconnoît l'évêque de Meaux pour son évêque. — [3] Les mots suivans renferment toute la juridiction, et il paraît que l'évêque en étoit en possession; ce que les paroles suivantes marquent encore mieux.

rem et reverentiam et omne jus, et omne debitum, quod prædecessores sui antecessoribus ipsius Episcopis [1] exhibuerunt ; et insuper processiones, primam videlicet post Episcopi consecrationem et cæteras quoties Episcopus à Romanâ Sede redierit. Huic igitur compositioni per nos factæ testimonium perhibuimus; sigilli nostri munus apposuimus. Actum anno ab incarnatione Domini [2] M. C. LXXXIII. Datum per manum Lambini Cancellarii nostri.

*Contestation sous Innocent III, qui siégea depuis 1198 jusqu'à 1216.*

### HUITIÈME PIÈCE, DE L'AN M. CC. III,

Tirée du même Cartulaire, compulsée et imprimée tome II du Pénitentiel de Théodore, p. 713, et par M. Baluze, tom. II des épîtres d'Innocent III, p. 290.

Sententia ab Innocentio III lata contra presbyterum de Jotro, qui audito Episcopi mandato in vocem appellationis proruperat.

Innocentius Episcopus, servus servorum Dei, venerabili fratri Parisiensi Episcopo, et dilecto filio Abbati Latiniacensi, salutem et apostolicam benedictionem. Conquerente venerabili fratre nostro Meldensi [3] Episcopo, nostris est auribus intimatum, quòd Hugo presbyter sancti Petri Jotrensis, licet à [4] prædecessore suo curam susceperit animarum, et ei teneatur super hoc respondere, monitus ab eo ad præsentiam ejus venire contempsit, et audito ejus mandato statim in vocem appellationis prorupit ; quod [5] multis jam annis elapsis non fuit per se vel per alium persecutus. Quocirca discretioni vestræ per apostolica scripta mandamus : quatenùs eumdem presbyterum, ut super hoc ipsi episcopo debitam satisfactionem impendat, et deinceps mandatis illius obediat ut tenetur, per censuram ecclesiasticam, appellatione remotâ, cogatis : testes autem qui nominati fuerint, si se gratiâ, odio vel terrore subtraxerint, per districtionem ecclesiasticam [6] appellatione postpositâ compellatis veritati testimonium perhibere, nullis litteris veritati et justitiæ præjudicium facientibus, si quæ apparuerint à Sede apostolicâ impetratæ. Quòd si non ambo his exequendis potueritis interesse, tu, frater Episcope, ea

---

[1] On a vu par les constitutions d'Honoré II et Alexandre III, qu'on leur rendoit une pleine obéissance. — [2] Remarquez que jusqu'à 1183, il n'y avoit point de privilége. — [3] C'étoit Anseau, qui tint le siége depuis 1200 jusqu'à 1208. — [4] On voit par là que le curé de Jouarre recevoit son institution et la cure des ames, *curam animarum*, de l'évêque de Meaux, et lui demeuroit soumis; ce qui venoit de plus haut et de toute antiquité, puisqu'il paroît par la pièce v, ci-dessus, que le droit de l'évêque lui avoit été conservé de tout temps. — [5] Remarquez le mauvais droit de ce curé rebelle qui avoit abandonné son appel. — [6] Le pape ordonne qu'on procède nonobstant appel, comme dans une chose qui ne recevoit point de difficulté.

nihilominùs exequeris. Datum Lateran., x. kalend. junii, pontificatûs nostri anno quinto.

C'est ici la première commission d'Innocent III, adressée à Odon de Sulli, évêque de Paris, et à l'abbé de Lagny, contre le curé de Jouarre ; et on en va voir une semblable adressée aux mêmes, et de même date contre l'abbesse, le clergé et le peuple.

*Sous le même Innocent III.*

### NEUVIÈME PIÈCE, DE MÊME DATE,

Tirée du même Cartulaire, compulsée et imprimée tome II du Pénitentiel de Théodore, p. 714, et par M. Baluze, tome II des épîtres d'Innocent III, p. 290.

Sententia ab Innocentio III lata pro auctoritate Episcopi adversùs abbatissam, clerum et populum Jotreum, sublato appellationis diffugio.

Innocentius Episcopus, servus servorum Dei, venerabili fratri Parisiensi Episcopo, et dilecto filio abbati Latiniacensi, salutem et apostolicam benedictionem. Sicut venerabilis frater noster Meldensis Episcopus in nostrâ præsentiâ constitutus suâ nobis conquestione monstravit, quòd abbatissa Jotrensis obedientiam [1] quam debet impendere cum clericis etiam et hominibus ejusdem villæ ipsi Meldensi Episcopo suo renuit obedire. Ne igitur, si eorum inobedientia remaneat incorrecta, eis incentivum pariat delinquendi ; discretioni vestræ per apostolica scripta mandamus, quatenùs abbatissam, clericos et laicos suprà dictos, ut super hoc memorato Episcopo debitam [2] satisfactionem impendant ; ac deinceps eidem sicut Episcopo suo, prout tenentur, obedientiam exhibeant et honorem, per districtionem ecclesiasticam sublato appellationis diffugio justitiâ mediante cogatis : testes autem qui nominati fuerint si se gratiâ, odio vel timore subtraxerint, per districtionem ecclesiasticam [3] appellatione postpositâ compellatis veritati testimonium perhibere, nullis litteris veritati et justitiæ præjudicium facientibus, si quæ apparuerint à Sede apostolicâ impetratæ. Quòd si non ambo his exequendis potueritis interesse, tu, frater Episcope, ea nihilominùs exequaris. Datum Lateran., x kalend. junii, pontificatûs nostri anno quinto.

[1] L'évêque énonce que l'abbesse lui devoit une pleine obéissance, et la vérité de l'énoncé est démontrée par toutes les pièces précédentes. — [2] Jusqu'ici l'évêque jouit de tout son droit, et on punit les désobéissans. — [3] Remarquez encore qu'on doit procéder contre les religieuses, comme contre le curé, nonobstant appel.

PIÈCES CONCERNANT

FAITS RÉSULTANS DES PIÈCES PRÉCÉDENTES.

1. Que l'exemption de Jouarre n'a pas la faveur de celles qui sont *ab origine*, dès le temps de la fondation des abbayes.

2. Que loin d'être millénaire, elle n'étoit pas en 1183 : par la pièce VII.

3. Qu'elle ne pouvoit avoir que quinze ans au plus à l'exaltation d'Innocent III, n'y en ayant pas davantage depuis 1183 jusqu'à 1198, où ce pape fut élu.

4. Que sous ce pape l'évêque étoit maintenu en pleine juridiction, du moins jusqu'à la cinquième année de son pontificat, qui étoit l'an 1203, sans qu'il parût aucune exemption.

5. Qu'on ne sauroit dire quand, ni comment elle est née.

*Sous le même Innocent III.*

DIXIÈME PIÈCE, DE L'AN M. CC. IV,

Tirée du même Cartulaire, compulsée et imprimée par M. Baluze, tome II des épîtres d'Innocent III, p. 291, et produite dans le *factum* de Jouarre.

Dilectis filiis Longipontis Suessionensis et sancti Justi Belvacensis diœcesum Abbatibus, et Magistro G. Archidiacono Suessionensi.

In nostrâ præsentiâ constitutus dilectus filius venerabilis fratris nostri Meldensis Episcopi procurator proposuit coràm nobis, quòd cùm Jotrense Monasterium[1] à suæ fundationis tempore fuerit Ecclesiæ Meldensi subjectum, ita quòd Meldensis Episcopus tam in benedictione et [2] obedientiâ abbatissæ, quàm consecratione altarium et ecclesiarum, velatione virginum, clericorum ordinatione, procurationibus, pœnitentiis imponendis pro majoribus criminibus ac aliis in monasterio ipso et villâ Jotrensi, episcopalem jurisdictionem [3] consueverit exercere, abbatissa quæ monasterio modò præest, debitam ei obedientiam et reverentiam, et procurationes quæ ipsi et prædecessoribus ejus fuerunt exhibitæ denegans, presbyterum etiam, clericos et laicos villæ Jotrensis ab ejus obedientiâ revocavit : cùmque propter hæc idem Episcopus suam ad nos

---

[1] L'évêque énonce que le monastère de Jouarre est soumis dès son origine, et la vérité de l'énoncé se démontre par toutes les pièces précédentes. — [2] Remarquez la profession de l'obéissance de l'abbesse à sa bénédiction; ce qui est conforme à la pièce VII, ci-dessus. — [3] Remarquez encore que l'évêque étoit en pleine possession de toute la juridiction, tant sur le monastère que sur le clergé et le peuple; ce qui est confirmé par toutes les pièces précédentes.

querimoniam destinasset, venerabili fratri nostro Parisiensi Episcopo et dilecto filio Abbati Latiniacensi causam [1] commisimus terminandam. Coràm quibus cùm restitutionis beneficium super abbatissæ obedientiâ et jurisdictione quam prædecessores ejus in monasterio et villâ Jotrensi exercuerant, postulasset ; procurator monasterii et hominum villæ prædictæ multa proposuit contra eum, quæ quoniam judices reputarunt [2] frivola sicut erant, procurator ipse ad nostram audientiam appellavit. Judices verò appellationi frustratoriæ nullatenùs deferentes, præsertim cùm per litteras nostras sublatum fuisset partibus [3] diffugium appellandi, in abbatissam [4] excommunicationis, et tam clerum quàm populum villæ Jotrensis interdicti sententias protulerunt, et mandaverunt postmodùm utramque sententiam per vicinas ecclesias publicari. Sed nec abbatissa se [5] pro excommunicatâ habuit, nec clerus et populus interdicti sententiam servarunt. Verùm quoniam eos citare cœperunt [6], aliqui vicinorum per nuntios ad Sedem apostolicam destinatos ad venerabilem fratrem nostrum Cathalaunensem Episcopum tunc electum, et dilectum filium Abbatem Trium-Fontium sub certâ formâ [7] litteras impetrarunt : qui, licet pars monasterii [8] nullam exceptionum probaverit quas proposuerat coràm nobis, prædictam sententiam relaxarunt, certum terminum partibus præfigentes quo se nostro conspectui præsentarent. Petebat igitur procurator Episcopi pro Episcopo memorato ante omnia beneficium sibi restitutionis impendi, cùm non deberet causam ingredi spoliatus, et canonicè tam abbatissam quàm clericos et laicos Jotrensis villæ puniri, quia latam in se sententiam non servarant. Cæterùm procurator partis alterius proposuit ex adverso, quod cùm monasterium Jotrense [9] plenâ gaudeat libertate, ac in villâ Jotrensi tam

---

[1] Ces commissions d'Innocent III sont rapportées ci-dessus, pièces VIII et IX. — [2] On voit par cet énoncé que les juges délégués jugèrent frivole l'appellation des religieuses et de la ville de Jouarre, et tout ce qu'on alléguoit pour la soutenir. — [3] Les délégués avoient raison de procéder nonobstant appel, selon les termes de leur commission, dans les pièces VIII et IX. — [4] L'abbesse est excommuniée, et le clergé et le bourg interdits par les délégués, selon les termes de leur commission, aux mêmes pièces VIII et IX. — [5] On voit par là l'attentat manifeste du monastère et du bourg de Jouarre, qui ne déférèrent point à l'excommunication et à l'interdit, quoique le pape eût ordonné qu'on procéderoit nonobstant appel. — [6] Les religieuses sentoient en leur conscience leur cause si mauvaise, qu'elles n'osoient paroître à Rome par elles-mêmes, et ce furent leurs voisins qui y eurent recours pour elles : *aliqui vicinorum*. — [7] C'est ici la commission d'où le chapitre *Ex parte* a été tiré, et dont il sera parlé dans la pièce XIV; ce qui paroit par l'adresse et par le contenu de ce chapitre, conforme de mot à mot à ce qui en est rapporté ici. — [8] Cet endroit fait voir encore combien étoit juste la sentence des premiers délégués, qui étoient l'évêque de Paris et l'abbé de Lagny, contre les religieuses de Jouarre, puisque ces religieuses ayant proposé contre eux diverses exceptions devant le pape, il est constant par cet endroit qu'elles n'en avoient prouvé aucune, en sorte qu'elles n'avoient raison en rien. — [9] Les religieuses énonçoient deux choses : la pre-

spiritualem quàm temporalem jurisdictionem habeat abbatissa, sicut prædecessorum nostrorum privilegia Monasterio concessa Jotrensi pleniùs manifestant, prædictus Episcopus [1] non ignarus eorum monasterium et Villam Jotrensem per litteras ad prædictos judices impetratas graviter molestavit. Coràm quibus per procuratorem proprium pars eadem constituta [2], non contestando litem, sed excipiendo potiùs contra eos, libertatem suam et·jus Sedis apostolicæ [3] allegavit, adjiciens quòd cùm venerabilis frater noster [4] Hostiensis Episcopus, tunc apostolicæ Sedis legatus, ipsius privilegia cognovisset, electam à monialibus benedixerat abbatissam, et professionem ab eâ pro nobis et Ecclesiâ Romanâ receperat, et solitum etiam juramentum. Verùm cùm judices delegati et assessores eorum postulatas ab abbatissa, et... [5] inducias ad exhibenda libertatis privilegia denegassent, procurator earum ad Sedem apostolicam appellavit; excipiens contra judices delegatos, quòd cùm prædictus Parisiensis Episcopus adversùs dilectum filium abbatem sanctæ Genovefæ movisset similem quæstionem, erat ei de jure suspectus, cùm vix credibile videretur quòd aliam sententiam promulgaret quam vellet in simili pro se ferri. Prætereà cùm sine conjudice suo interloqui voluisset, licèt pars abbatissæ illum peteret expectari, ex hoc quod notam surreptionis incurrerat apud ipsas et suum induxerat in suspicione collegam, quem asseruit quidquid vellet ipse facturum : insuper cùm de

mière, leur pleine exemption; la seconde, leur pleine juridiction spirituelle et temporelle sur le bourg de Jouarre; mais ce dernier est faux manifestement, comme on le verra ci-dessous par leurs propres pièces. On pourroit juger par là de la vérité de leur première allégation, quand elle ne seroit pas contraire à toutes les pièces précédentes. — [1] On fait accroire à l'évêque qu'il n'ignoroit pas les priviléges de Jouarre, bien qu'on n'en voie auparavant aucune mention, mais au contraire la pleine dépendance de ce monastère. — [2] On voit ici que les religieuses n'usoient que de chicane et de vains subterfuges, en proposant des exceptions contre l'évêque de Paris et l'abbé de Lagny, sans en pouvoir prouver aucune, comme il paroît par la remarque suivante. — [3] On voit bien que ces religieuses allèguent dès lors comme à présent leurs prétendus priviléges, sans les produire devant les juges et avec la partie, parce que la fausseté ou la nullité en auroient été trop facilement reconnues. — [4] Les religieuses tirent avantage de ce que le cardinal évêque d'Ostie avoit béni leur abbesse, et avoit reçu la profession de son obéissance pour l'Eglise de Rome; ce qu'il n'auroit point fait, disent-elles, si ce légat n'avoit connu leur privilége et leur exemption. Mais il n'y a rien à conclure de cette action du légat, qui est une entreprise manifeste, puisqu'il paroît, par les XIV° et XV° pièces, qu'encore en 1209 et jusqu'à 1220, les papes mêmes reconnoissoient que la bénédiction de l'abbesse appartenoit à l'évêque de Meaux. On voit ici, comme ailleurs, que tout ce qui est favorable aux religieuses se fait par voie de fait et sans règle; on voit des allégations de priviléges qu'on suppose que d'autres ont vues, mais jamais le privilége même, qui est pourtant ce qu'il faudroit voir. — [5] Les religieuses de Jouarre fuient et chicanent toujours : si elles avoient eu un privilége aussi authentique qu'elles le prétendent, elles n'auroient pas demandé du temps pour le produire, et elles l'auroient produit d'abord; Jouarre n'est pas si éloigné de Paris ou des environs, où l'évêque de Paris et l'abbé de Lagny procédoient.

privilegiis apostolicæ Sedis nullam facerent mentionem, et per privilegia ipsa suam defenderet monasterium libertatem, non cogebatur ad prædictas litteras respondere. Cæterùm judices nec appellationi ad nos interpositæ, nec propositis exceptionibus deferentes, excommunicationis in abbatissam, et in clerum, et populum interdicti sententias protulerunt. Nuntiis ergo Jotrensis Ecclesiæ in nostrâ præsentiâ constitutis, nobisque [1] privilegium apostolicum ostendentibus, per quod [2] constabat Jotrense Monasterium ad Romanam Ecclesiam specialiter pertinere, quia pro parte alterâ non comparebat sufficiens responsalis, licèt diutiùs fuerit expectatus, quamvis nuntius quidam simplex prædicti Parisiensis et conjudicis sui nobis litteras præsentasset, privilegium Ecclesiæ Jotrensi concessum duximus innovandum, ita tamen quòd per innovationem ipsius nihil accresceret juris ipsi ultra id quod ei per antecessorum nostrorum privilegia fuerit acquisitum, cùm per hoc non novum jus ipsi concedere, sed antiquum vellemus potiùs conservare. Quia verò de prædictis exceptionibus nobis non poterat fieri plena fides, prædictis Cathalaunensi Episcopo et Abbati Trium-Fontium dedimus in mandatis, ut si pars Jotrensis Ecclesiæ illis vel aliis probandis instaret circa sententias memoratas, partibus convocatis, audirent quæ proponerentur utrinquè ; et si constaret sententias ipsas post appellationem ad nos legitimè interpositam fuisse prolatas, denuntiarent eas sublato appellationis obstaculo non tenere : quòd si aliàs minùs rationabiliter essent latæ, ipsas exigente justitiâ revocarent, alioquin cùm propter contumaciam tantùm promulgatæ fuissent, tam ab abbatissâ quàm ab aliis à quibus exigenda viderent, juratoriam reciperent cautionem, quod super iis ad mandatum apostolicum juri starent, et sic relaxarent sententias memoratas, ad majorem cautelam facientes idipsum, si abbatissa fugiens strepitum quæstionum, ab exceptionum suarum probatione cessaret. Ad hæc [3], cùm nollemus ut de privilegiis Romanorum pontificum alii de facili judicarent ; eisdem dedimus in mandatis, ut si de jure suo vellet Meldensis Episcopus experiri, præfigerent partibus terminum competentem, quo per se vel procuratores idoneos nostro se conspectui præ-

---

[1] Voici tout l'énoncé et tout le dispositif du chapitre *Ex parte*, comme il paroît par les termes de ce chapitre ci-après, pièce XIV ; ce qui marque qu'il est antérieur à la pièce que nous rapportons à présent, et l'on verra de quelle conséquence est cette date. — [2] Comme c'est ici l'énoncé du chapitre *Ex parte*, on renvoie aux remarques qu'on fera sur ce chapitre ci-après, pièce XIV ; on remarquera seulement ici que les religieuses qui se contentent d'alléguer leur privilège avec la partie, ne le produisent que dans un temps où il n'y avoit point de légitime contradicteur : *Pro parte alterâ non comparebat sufficiens responsalis ;* ou comme porte le chapitre même *Ex parte : nullus apparuit idoneus responsalis, qui partem defensaret adversam.* — [3] On voit par toute la suite que la cause pour le fond étoit encore indécise, puisque le pape charge les commissaires de citer pour cela les parties devant lui, et de mettre l'affaire en état ; ce qui est important, comme on va voir.

sentarent. Undè cùm abbatissa strepitum judiciorum evitans, exceptiones probare propositas noluisset, judices juxta mandatum apostolicum procedentes, prædictas sententias relaxarunt. Cùm ergo propter hoc mandaverimus partes ad nostram præsentiam destinari, quia judicari de privilegiis Sedis apostolicæ per alios nolebamus, et per privilegia, non possessio, sed proprietas potiùs demonstretur, procurator monasterii asserebat quòd super proprietate venerat tractaturus, nec tenebatur super restitutionis articulo respondere [1]. Præstereà idem Episcopus mercato quodam confirmato Jotrensi Monasterio per Sedem apostolicam illud temerè spoliarat, cùm sub pœnâ excommunicationis inhibuit ne quis illud prout solitum fuerat frequentaret : sic quod Jotrensi Ecclesiæ non modica damna intulerat et jacturas. Idem etiam Episcopus à quibusdam Jotrensis Ecclesiæ non modica, quos absolvere propriâ temeritate præsumpserit, exegit, in monasterii præjudicium, juramentum, quod durante interdicto Jotrum de cætero non redirent. Nos igitur attendentes, quòd etsi de privilegiis antecessorum nostrorum non mandaverimus, sed quodammodò inhibuerimus per alios judicari, volentes nobis eorum judicium reservare : quia tamen adjecimus ut si prædictus Episcopus de jure suo vellet forsitan experiri, præfigeretur partibus terminus quo se nostro conspectui præsentarent, et non tantùm ad proprietatem, sed etiam ad possessionem se habeat verbum juris, discretioni vestræ per apostolica scripta mandamus, quatenùs cùm lis tam super Episcopi spoliatione quàm impedimento fori coràm nobis fuerit contestata, quæ super præmissis proposita fuerint audiatis, et recipiatis appellatione remotâ tam instrumenta quàm testes, depositiones publicetis et examinetis legitimè, ac si partes consensissent, ad sententiam procedatis ; alioquin causam sufficienter instructam ad nos remittere procuretis, statuentes terminum competentem partibus quo recepturæ sententiam per se vel responsales idoneos nostro se conspectui repræsentent. Testes autem qui fuerint nominati, si se gratiâ, odio et timore subtraxerint, per censuram ecclesiasticam, appellatione cessante, cogatis veritati testimonium perhibere, nullis litteris obstantibus præter assensum partium à Sede apostolicâ impetratis. Quòd si non omnes iis exequendis potueritis interesse, duo vestrùm ea nihilominùs exequantur. Datum Anagniæ, xi kal. januar., pontificatûs nostri anno sexto.

Moyens de fait et de droit résultans de cette pièce.

1. Que l'évêque étoit en pleine possession de la juridiction, et que les religieuses ne faisoient que fuir et chicaner, n'osant

[1] Il paroît par cet endroit qu'outre le différend pour le spirituel, il y avoit des droits temporels à débattre entre l'évêque et le monastère.

même d'abord par elles-mêmes avoir recours au Saint-Siége.

2. Qu'elles allèguent des priviléges devant les juges délégués, sans oser les produire avec la partie, mais les montrant seulement lorsqu'il n'y avoit aucun légitime contradicteur.

3. Que le privilége qu'on ne montre point encore à présent, n'a jamais été vu comme il faut, ni dans aucun jugement contradictoire.

4. Que la date du chapitre *Ex parte*, qui contient la commission adressée à l'évêque de Châlons et à l'abbé de Trois-Fontaines, doit être entre la commission à l'évêque de Paris et à l'abbé de Lagny, et celle-ci qui est adressée aux abbés de Longpont et de Saint-Just.

5. Qu'il demeure démontré par là que si cette commission aux abbés de Longpont et de Saint-Just laisse l'affaire de l'exemption indécise dans son fond, à plus forte raison est-elle indécise par le chapitre *Ex parte*, qui la précédoit : ce qui montre que ce chapitre n'a point été, comme on l'a prétendu, la décision ni un jugement définitif de la cause, par où est clairement renversé le principal fondement des religieuses, ce qui sera confirmé par toutes les pièces suivantes.

*Sous le même Innocent III.*

ONZIÈME PIÈCE, DE L'AN M. CC. VI,

Tirée du même Cartulaire, et imprimée par M. Baluze, tom. II des épîtres d'Innocent III, p. 292, et produite au *factum* de Jouarre.

Dilectis filiis Decano sancti Thomæ Crispiacensis Silvanectensis Diœcesis, Germundo Canonico Suessionensi, et Magistro Gerardo de Sancto Dionysio Canonico Noviomensi.

Olim inter procuratores venerabilis fratris nostri Meldensis Episcopi, et dilectæ in Christo filiæ Abbatissæ Jotrensis, lite in auditorio nostro legitimè contestatâ tam super obedientiâ quam dictus Episcopus ab eâdem abbatissâ conquerebatur sibi esse subtractam in consecratione altarium, dedicatione ecclesiarum, velatione virginum, ordinatione clericorum, exhibitione procurationum, et pœnitentiis pro majoribus criminibus imponendis, ac aliis quæ in Monasterio et Villâ Jotrensi Meldensis Episcopus consueverat exercere, quàm impedimento fori, super quo abbatissa conquerebatur per ipsum Episcopum illatas sibi et monasterio suo graves injurias et jacturas : nos examinationem hujus negotii dilectis filiis Longipontis et Sancti Justi abbatibus, et Magistro G. Archidiacono Suessionensi duximus committendam, qui auditis confessionibus, receptis testibus et allegationibus intellectis, causam ipsam sufficienter instructam cum quorumdam instrumentorum rescriptis ad nostrum remiserunt examen, præfigentes partibus terminum competentem quo recepturæ sententiam nostro se conspectui præsentarent. Partibus igitur in nostrâ præsentiâ constitutis, postquàm de meritis causæ fuimus sufficienter instructi, de fratrum nostrorum consilio restitutionem obedientiæ super præscriptis capitulis, salvâ quæstione proprietatis, adjudicavimus Episcopo faciendam [1], illis duntaxat exceptis super quibus in clero et populo Villæ Jotrensis asserebat obedientiam sibi fuisse subtractam; super quibus ab impeditione Episcopi quoad judicium possessorium absolvimus abbatissam, eumdem Episcopum nihilominùs absolventes super impedimento fori de quo eum ad restitutionem damnorum impetierat abbatissa. Quocircà discretioni vestræ per apostolica scripta mandamus, quatenùs prælibatam sententiam per censuram ecclesiasticam facientes firmiter observari, postquàm idem Episcopus fuerit restitutus, audiatis [2] quæ super jure proprietatis proposita fuerint coràm vobis, et causam sufficienter examinatam ad audientiam nostram fideliter remittatis, per nostræ diffinitionis sententiam terminandam. Si verò præfatus Episcopus infra mensem post factam sibi restitutionem nollet coràm vobis super petitorio respondere, vos eum de contumaciâ punientes, abbatissam in possessionem libertatis super præscriptis capitulis reducatis. Testes autem qui fuerint nominati, etc. nullis litteris, etc. Quòd si non omnes, etc. duo vestrûm sublato cujuslibet contradictionis et appellationis obstaculo ea nihilominùs exequantur. Datum Romæ apud Sanctum Petrum, v kal. februarii, pontificatûs nostri anno octavo.

[1] Il ne paroît pas ici bien clairement en quoi la possession avoit été adjugée à l'évêque; mais on verra ci-après par la sentence du cardinal Romain, pièce XVI, qu'il demeura en possession du droit de visite : ce qui emporte la pleine supériorité. — [2] L'état de la cause se voit ici parfaitement. Par la sentence du pape la possession est adjugée à l'évêque en beaucoup de choses, et entre autres, comme on vient de voir, dans le droit de visite : et le fond restoit à instruire, par conséquent indécis, même au chapitre *Ex parte*, qui a précédé cette commission, comme il a été dit ci-dessus.

*Sous le même Innocent III.*

### DOUZIÈME PIÈCE, DE L'AN M. CC. VI,

Tirée du même Cartulaire, et imprimée par M. Baluze, tome II des épîtres d'Innocent III, p. 292, et produite au *factum* de Jouarre.

Dilectis filiis Sancti Justi Belvacensis Diœcesis, et Longipontis Abbatibus, et G. Archidiacono Suessionensi.

Significavit nobis venerabilis frater noster Meldensis Episcopus, quòd cùm causam quæ inter ipsum ex unâ parte, et abbatissam, clerum et populum Jotrenses Meldensis Diœcesis ex alterâ, super obedientiâ, procurationibus et aliis quæ in monasterio ejusdem loci et Villâ Jotrensi idem Episcopus sibi diœcesano jure competere asserebat, sub certâ formâ vobis duxerimus committendam, vos interlocutoriam protulistis, quòd dictus Episcopus contra clerum et populum per litteras illas agere non valebat. Quare idem Episcopus vobis dari in mandatis à nobis humiliter postulabat, ut eum tam contra abbatissam quàm dictos clerum et populum audientes, in causâ prædictâ juxta prioris mandati nostri tenorem procedere ratione præviâ curaretis. Cùmque dilectus filius Magister P. procurator cleri et populi Jotrensis se opponeret ex adverso, dilectum filium A. subdiaconum et capellanum nostrum ipsis dedimus auditorem. In cujus præsentiâ idem magister proponere procuravit, quod cùm idem Episcopus contra abbatissam, clerum et populum Jotrensem litteras apostolicas impetrasset de libertatibus vel privilegiis quæ ipsis à Sede apostolicâ sunt indulta, quarum Episcopus ipse non erat ignarus, nullâ penitùs habitâ mentione, auctoritate illarum litterarum agere voluit contra eos, et propter contumaciam fecit in ipsos, post appellationem ad nos legitimè interpositam, excommunicationis et interdicti sententias promulgari; quas postmodùm venerabilis frater noster Cathalaunensis Episcopus, et dilectus filius Trium-Fontium Abbas auctoritate apostolicâ relaxantes, partibus certum terminum quo se nostro conspectui præsentarent, de mandato Sedis apostolicæ præfixerunt. Cùmque procuratores utriusque partis termino constituto fuissent in nostrâ præsentiâ constituti, procurator ipsius Episcopi contra abbatissam intendens nihil penitùs contra clerum et populum proponere procuravit; undè ad suscitandam contra clerum et populum quam semel omiserat quæstionem, admitti iterùm non debebat. Quia verò de præmissis nobis non potuit fieri plena fides, vobis de communi partium assensu per apostolica scripta mandamus, quatenùs tam in abbatissam quàm clerum et populum Jotrensem juxta commissionis vobis factæ tenorem ratione præviâ procedatis. Datum Romæ apud Sanctum Petrum, nonis martii, pontificatûs nostri anno octavo.

Cette pièce dont les religieuses se servent, n'est bonne qu'à faire voir qu'après le chapitre *Ex parte* et toutes les pièces précédentes, la question de la juridiction pour le fond étoit encore indécise entre l'évêque d'un côté, et le monastère, le clergé et le peuple de l'autre, puisque le pape ordonne encore à ses délégués de procéder contre l'abbesse, le clergé et le peuple à la requête de l'évêque.

### TREIZIÈME PIÈCE,

Tirée du corps du Droit canonique : le chapitre *Ex parte, de privilegiis*.

Innocentius III, Cathalaunensi electo et Abbati Trium-Fontium.

[1] Innovatio privilegiorum novum jus non tribuit, sed antiquum conservat.

Ex parte abbatissæ ac sororum Jotrensis Ecclesiæ nostris fuit auribus intimatum, quòd venerabilis frater noster Meldensis Episcopus commissionis occasione cujusdam, ad venerabilem fratrem nostrum Parisiensem Episcopum et dilectum filium Abbatem de Latiniaco à nobis obtentæ; in quâ nulla mentio habebatur de ipsarum privilegiis quæ illas et earum ecclesiam, clerum et populum Jotrensem ad apostolicam Sedem nullo mediante spectare declarant [2], quorum ipse non erat ignarus, eas incœpit graviter molestare, obedientiam ab ipsis ac clero et populo Villæ Jotrensis, qui secundùm privilegia Sedis apostolicæ gaudent consimili libertate, subjectionem omnimodam impendendam sibi requirens. *Et infrà:* Verùm cùm judices et assessores eorum ipsas valdè gravarent, ad appellationis beneficium convolarunt. *Et infrà:* Sed judices ipsi appellationi minimè [3] deferentes, nec fragilitati sexûs compatientes earum, in abbatissam et conventum excommunicationis, in clerum et populum Villæ Jotrensis interdicti sententias protulerunt. Sanè cùm nuntii Jotrensis Ecclesiæ prædicta et alia multa in nostrâ præsentiâ retulissent, quibus eas et suos contra libertatem eis concessam gravatos dicebant, privilegium nobis apostolicum ostenderunt per quod Ecclesiam Jotrensem constabat ad Romanam Ecclesiam specialiter pertinere. Nos autem eos diutiùs detinentes propter appellationem prædictam, quia tandem nullus apparuit idoneus responsalis [4] qui partem defensa-

---

[1] C'est le sommaire de ce chapitre qui fait voir quel en est l'esprit, et pourquoi il est inséré dans le corps du Droit. — [2] L'évêque n'avoit garde d'avoir connoissance des priviléges de Jouarre, dont on n'avoit vu jusqu'alors nulle mention, et que les religieuses n'avoient osé montrer en sa présence, comme il a déjà été dit sur la pièce X, remarques. — [3] Parce qu'il étoit dit dans leur commission, pièces VIII et IX, qu'ils procéderoient, *appellatione postpositâ*, et *sublato appellationis diffugio*. — [4] L'évêque étoit occupé alors à la poursuite de son droit devant l'évêque de Paris et l'abbé de Lagny, comme il paroit pièce X. Dans

ret adversam, licèt postmodùm quidam simplex nuntius super hoc prædictorum Parisiensis Episcopi et Latiniacensis Abbatis litteras præsentasset, privilegium apostolicæ Sedis Ecclesiæ Jotrensi [1] concessum duximus innovandum : ita tamen ut per innovationem ipsius, eidem ecclesiæ nihil juris plus accrescat quàm per privilegia prædecessorum nostrorum obtinuit : cùm per hoc [2] novum ei non concedere, sed antiquum jus conservare velimus.

### FAITS RÉSULTANS DE CE CHAPITRE.

1. Que ce chapitre n'est pas inséré dans le Droit pour confirmer le privilége de Jouarre, mais seulement pour faire voir qu'en renouvelant un privilége, on ne donne aucun nouveau droit ; ce qui aussi est marqué par le sommaire, et paroît clairement par la fin du chapitre.

2. Que le dessein d'Innocent III, dans ce chapitre, n'étoit pas de juger la question du privilége, puisque son intention est, sans préjuger, de laisser les choses en l'état où elles étoient.

3. Qu'en effet en 1225, où le cardinal Romain rendit sa sentence, l'évêque étoit encore en possession du droit de visite qui emporte toute la juridiction, comme il paroîtra ci-après, pièce XIV.

4. Que lorsque ce privilége fut montré au pape, il n'y avoit point de légitime contradicteur, ni personne de la part de l'évêque ; ce qui fait qu'on peut aisément avoir surpris le pape en lui montrant un privilége, ou faux, ou nul : *Nullus apparuit idoneus responsalis, qui partem defensaret adversam.*

5. Que si l'évêque eût été présent et qu'il eût contredit le privilége, le pape ne l'auroit pas confirmé ; ce qui est conforme au chapitre *Cùm olim, de Privil.*, où le pape parle ainsi : *Cùm olim essemus apud Perusium constituti, et tu, fili Abbas, privilegium Lucii papæ nobis præsentans postulaveris innovari ; propter contradictionem Episcopi Eugubini asserentis hoc in suum præjudicium redundare, non fuit effectui mancipatum.* On voit claire-

---

l'édition de M. Pithou, ce chapitre est daté de 1213. Si cela est, le siége de Meaux étoit vacant par la retraite volontaire de Godefroi de Tressi dans l'abbaye de Saint-Victor de Paris, ce qui arriva cette même année.

[1] Il paroît donc que ce privilége n'auroit pas été confirmé, s'il y avoit eu un légitime contradicteur.— [2] Voilà manifestement pourquoi ce chapitre est inséré dans le droit, et la raison du sommaire qu'on a mis à la tête.

ment par ce chapitre, qui est d'Innocent III aussi bien que le chapitre *Ex parte*, que la seule opposition de l'évêque empêcha le pape de confirmer le privilége d'une abbaye, et que c'étoit là l'esprit des papes, et en particulier celui d'Innocent III, et c'est pourquoi il dit clairement qu'il ne confirme ce privilége qu'à cause qu'il ne parut point d'opposition de la part de l'évêque.

6. Que ce prétendu privilége est énoncé fort confusément, sans dire ni précisément ce qu'il contient, ni de quelle date il est, ni même quel pape en est l'auteur.

7. Que le pape énonce seulement : *Ecclesiam Jotrensem, ad Romanam Ecclesiam*, etc., sans parler ni du clergé ni du peuple, au lieu que les religieuses avoient énoncé : *Ipsas et earum ecclesiam, clerum et populum Jotrensem*, etc.; ce qui montre que le pape ne s'étoit pas mis beaucoup en peine de vérifier ce qu'on lui avoit exposé.

8. Qu'il ne faut point s'étonner s'il a si peu pris garde à ce privilége, puisque, quel qu'il fût, il déclaroit qu'en le renouvelant il ne donnoit pas un nouveau droit, et ne faisoit tort à personne.

9. Que les religieuses disent bien à la vérité que leur privilége est si notoire, que l'évêque même ne l'ignoroit pas; mais que cette allégation ne se trouve établie par aucune pièce précédente; tout au contraire de celle de l'évêque, qui n'a rien exposé au pape sur son droit et sa possession qui ne soit justifié par pièces.

10. Que ni le pape ni elles n'ont énoncé qu'elles eussent une juridiction active sur le clergé et sur le peuple de Jouarre, mais seulement que ce clergé et ce peuple étoient immédiats au Saint-Siége; ce qui justifie clairement que la juridiction active des religieuses est une entreprise contre leur titre.

MOYENS DE DROIT RÉSULTANS DE CES FAITS.

Il résulte de ces faits et de ceux qu'on a établis par les pièces précédentes :

1. Que ce chapitre ne décide rien pour l'exemption, puisqu'il paroît que longtemps après l'affaire étoit encore à instruire, et que ce chapitre fait seulement partie de l'instruction.

2. Que ce chapitre porte son contredit avec soi, puisqu'il paroît

par les termes dont il est conçu, que le privilége qui y est énoncé n'a été confirmé qu'en l'absence de l'évêque, et ne l'auroit pas été s'il eût été présent pour s'y opposer.

3. Que c'est encore un autre contredit dans les termes de ce chapitre, de ce que le pape dit expressément que cette confirmation laisse tout en son entier.

4. Que ce chapitre demeure en sa pleine vigueur quant à la maxime qu'on y a établie, qui est qu'en renouvelant ou confirmant un privilége, le pape ne donne aucun nouveau droit.

5. Que c'est donc à tort qu'on s'est récrié avec tant de véhémence à l'audience, comme si on alloit abolir le Droit au grand scandale des Allemands et autres étrangers parmi lesquels il est reçu, puisqu'on voit que le droit que les papes ont ici voulu établir subsiste en son entier.

6. Que quand il seroit véritable qu'on jugeroit contre ce chapitre, il n'y auroit pas plus à se récrier pour celui-ci que pour cent autres des Décrétales qu'on ne suit pas, ou parce qu'elles ne conviennent pas à nos mœurs, ou parce qu'on y a dérogé par un nouveau droit. Dans la seule session XXIV du concile de Trente, chap. 1, 2, 3, 4, on a dérogé à une infinité de *Décrétales* qui validoient les mariages clandestins, etc. Ce même concile a réduit presque à rien trente *Décrétales* sur les empêchements, *ex cognatione spirituali*, *ex publicâ honestate*, *ex affinitate per fornicationem*, etc. Tous ces décrets du concile sont reçus parmi nous, et personne ne s'écrie qu'on ait anéanti le Droit. Il y a pareillement trente *Décrétales*, *de rescriptis*, *de præbendis*, *de concessione præbendæ*, qui contiennent des mandats, *ad vacatura*, *ad obtinendam præbendam*, etc., qui sont abolies par un meilleur droit. Quand donc le privilége de Jouarre seroit canonisé dans le Droit, ce qui n'est pas, il n'y auroit point à s'étonner que le concile de Vienne dans la Clémentine *Attendentes*, et le concile de Trente, Sess. XXV, *De reform.* cap. XI, y eût dérogé.

7. Il y a bien plus à s'étonner qu'on osât préférer ce chapitre aux décrets des deux conciles œcuméniques, celui de Vienne et celui de Trente, reçus par l'ordonnance de Blois.

*Sous Innocent III en* 1209, *et Honoré III en* 1220.

QUATORZIÈME ET QUINZIÈME PIÈCES.

Ces deux pièces regardent la bénédiction de l'abbesse de Jouarre.

La première, qui est une épître d'Innocent III à l'évêque de Meaux, imprimée par M. Baluze, tom. II, lib. xi, Epist. 56, p. 160, contient ces faits :

1° Que l'évêque de Meaux à qui le bref étoit adressé, n'étoit pas consacré ; ce qui paroît même par l'adresse : *Dilecto filio Meldensi Episcopo electo.* Il n'étoit donc qu'élu ; s'il eût été sacré, le pape l'auroit honoré du titre de frère.

2° Que l'abbesse de Jouarre n'avoit pu être bénie, parce que l'évêque de Meaux qui devoit faire cette fonction n'étoit pas sacré.

3° Que le pape lui ordonne de bénir cette abbesse quinze jours après son sacre, sinon qu'il a donné la charge de le faire à l'évêque de Troyes, un des évêques voisins.

Cette lettre est de l'an onzième du pontificat d'Innocent III, qui est l'an 1209 ; ce qui montre qu'encore en ce temps, le droit de bénir l'abbesse étoit conservé au propre évêque, ce qui emportoit la profession de l'obéissance.

Encore onze ans après et dans la quatrième année d'Honoré III, successeur d'Innocent III, qui étoit l'an 1220 de Notre-Seigneur, ce pape ayant commis un autre évêque pour bénir l'abbesse, l'évêque de Meaux s'en plaignit, comme étant dépouillé injustement de son droit ; et il reçut du pape un acte de non-préjudice, qui se trouve tout entier dans le Cartulaire de Meaux, d'où il a été tiré et imprimé par M. Baluze, tom. II, pag. 293 ; ainsi le droit de l'évêque et sa possession étoit encore en son entier en 1220.

Tout cela fait voir clairement que ce fut une entreprise manifeste au légat qui bénit l'abbesse de Jouarre au préjudice du droit de l'évêque, comme il a été observé, pièce x, *Remarque.* Ce légat, qui favorisoit l'abbesse, vit bien que s'il la laissoit bénir à l'évêque de Meaux, la profession d'obéissance inséparable de cette action étoit une reconnoissance de la soumission du monastère ; c'est pourquoi, pour l'en exempter et la rendre autant qu'il se pouvoit immédiatement soumise au Saint-Siége, il ôta la bénédiction à l'évêque, encore qu'on voie à présent qu'elle lui appartenoit légitimement. Ainsi les religieuses n'avancent que par surprise et par faveur, contre la règle et le droit.

*Sentence du cardinal Romain.*

SEIZIÈME PIÈCE, DE L'AN M. CC. XXV.

Compositio facta inter Episcopum Meldensem et Ecclesiam Jotrensem.

Romanus miseratione divinâ Sancti Angeli diaconus cardinalis, apostolicæ Sedis legatus, omnibus ad quos præsens scriptum pervenerit, in Domino salutem et sinceræ dilectionis affectum. Noverit universitas vestra, quòd subortâ inter venerabilem patrem Petrum Episcopum Meldensem ex parte unâ, et dilectos in Christo Abbatissam et conventum, clerum et populum Jotrensem ex alterâ, super subjectione ipsius monasterii et eorumdem cleri et populi, materiâ quæstionis, idem Episcopus proposuit in jure libellum hujusmodi contra eos. Petit Meldensis Episcopus ab Abbatissâ et conventu Jotrensi, quòd sibi obediant tanquàm suo Episcopo in visitationibus faciendis, in corrigendis excessibus, in cognitionibus causarum tàm civilium quàm spiritualium ac criminalium, quarum cognitio ad Episcopum diœcesanum pertinet tanquàm ad judicem ecclesiasticum, et in decisionibus earumdem et in iis quæ ad cognitionem et decisionem pertinent, videlicet in veniendo ad citationes, recipiendo dierum assignationes, et in aliis quæ ad cognitionem et decisionem pertinent, et in observatione mandatorum suorum et statutorum suorum legitimorum, et processionibus faciendis Episcopo Meldensi, quando post consecrationem suam primò accedit ad ecclesiam earum, et in omnibus aliis ad jus episcopale pertinentibus. Petit etiam quòd Abbatissa in omnibus prædictis obedientiam ei promittat, his exceptis in quorum possessione est idem Episcopus et [1] quorum possessio fuit ei adjudicata auctoritate domini Papæ, videlicet in consecratione altarium, in dedicatione ecclesiarum, velatione virginum, ordinatione clericorum [2], exhibitione procurationum, et pœnitentiis pro majoribus criminibus injungendis; de quibus ad præsens non agit, cùm sit in possessione eorumdem. Petit etiam idem Episcopus ut non impediant ipsum uti de cætero jurisdictione omnimodâ, quam potest exercere in

---

[1] On verra dans les remarques suivantes, que les religieuses demeuroient d'accord que l'évêque étoit en possession de toutes les choses énoncées ici : c'est-à-dire de la consécration des autels, de la dédicace des églises, de la cérémonie de voiler les vierges, du droit de visite et de la pénitence publique, à la réserve de ce dernier cas, qui pouvoit n'être pas arrivé. — [2] Remarquez le droit de visite parmi les choses dont la possession étoit adjugée à l'évêque.

suis subditis Episcopus diœcesanus, in clero et populo Jotrensi. Petit à Clero Jotrensi Episcopus Meldensis, quòd sibi obediat tanquàm suo Episcopo in visitationibus faciendis, in corrigendis excessibus, in cognitionibus causarum tàm civilium quàm spiritualium ac criminalium quarum cognitio ad Episcopum diœcesanum, tanquàm ad judicem ecclesiasticum pertinet, et in decisionibus earumdem, et in his quæ ad cognitionem et decisionem pertinent, videlicet in veniendo ad citationes, recipiendo dierum assignationes, et in aliis quæ ad cognitionem et decisionem pertinent et ad executionem eorum faciendam, et in observatione mandatorum et statutorum suorum legitimorum, et in omnibus aliis ad jus episcopale pertinentibus, hoc excepto in cujus possessione est idem Episcopus, videlicet in ordinatione eorum. Petit Episcopus Meldensis à populo Jotrensi, quòd sibi obediant tanquàm suo Episcopo in corrigendis excessibus omnibus quorum correctio ad Episcopum diœcesanum tanquàm ad judicem ecclesiasticum pertinet, in cognitionibus causarum tam civilium quàm spiritualium ac criminalium quarum cognitio ad Episcopum diœcesanum, tanquàm ad judicem ecclesiasticum pertinet, et in decisionibus earumdem, et in his quæ ad cognitionem et decisionem pertinent earumdem, videlicet in veniendo ad citationes, recipiendo dierum assignationes, et in aliis quæ ad cognitionem et decisionem pertinent, et ut sententias excommunicationis et interdicti ab ipso latas in ipsos observent, et ut obediant ei in omnibus aliis ad jus episcopale pertinentibus. Quidquid autem idem Episcopus ab Abbatissâ et conventu et clero et populo Jotrensi petit, petit salvo jure addendi, minuendi, mutandi. Istis autem petitionibus procurator Abbatissæ et conventûs, cleri et populi Jotrensis in hunc modum respondit. Dicunt Abbatissa et conventus Monasterium Jotrense exemptum esse et subesse immediatè domino Papæ in omnibus, et proprietatem totius jurisdictionis ecclesiasticæ in Monasterio Jotrensi, nullo mediante, ad dominum Papam pertinere, et usum esse monasterium longissimo tempore hâc libertate, sicut probabimus, si necesse fuerit [1], per privilegia et testes et instrumenta. Et ideò dicunt Abbatissa et conventus, quòd non tenentur obedire Episcopo Meldensi [2] in visitationibus faciendis, nec in aliâ re pro visitatione faciendâ, in excessibus corrigendis, in causarum civilium vel spiritualium vel criminalium cognitionibus, nec in decisionibus earumdem, nec tenentur venire ad citationes ipsius, nec recipere dierum assignationes, nec mandata vel statuta observare, nec ei processionem facere, quandò primò accedit post consecrationem suam ad Ecclesiam Jotrensem, nec aliàs ei in aliquibus ad episcopale jus pertinentibus obedire. Item non tenetur ei Abbatissa

[1] Remarquez que les religieuses en faisant l'énonciation de leurs titres, ne disent point qu'elles aient des lettres-patentes. — [2] Elles nient que l'évêque ait droit de visite, mais sans lui en contester la possession, comme on va voir.

super præmissis vel aliquo præmissorum, vel aliquâ re in mundo obedientiam repromittere. Quod autem dicit Episcopus se ipsum esse in possessione quantùm ¹ ad pœnitentias pro majoribus criminibus imponendas, negant Abbatissa et conventus ipsum esse in possessione. Aliorum verò articulorum in quorum possessione dicit se esse idem Episcopus, dicunt ipsum nullum jus habere in proprietate ². Dicunt etiam Abbatissa et conventus omnimodam justitiam ecclesiasticam et forensem in clero et populo Jotrensi pertinere ad Abbatissam. Dicit Clerus Jotrensis quòd non tenetur obedire Episcopo Meldensi in visitationibus faciendis et in corrigendis excessibus et cognitionibus causarum tam civilium quàm spiritualium ac criminalium quarum cognitio ad Episcopum diœcesanum, tanquàm ad judicem ecclesiasticum, dicitur pertinere, nec in decisionibus earumdem, nec venire ad citationes ipsius, nec assignationes dierum accipere, nec mandata ejus observare, nec ei in aliquo obedire. Dicit populus Jotrensis omnimodam justitiam ecclesiasticam et forensem in populo Jotrensi pertinere ad Abbatissam Jotrensem. Et ideò respondet per se idem quod clerus respondet per se, et quòd in nullo tenetur obedire Meldensi Episcopo. Hæc omnia respondent Abbatissa et conventus, clerus et populus Jotrensis; salvis privilegiis domini Papæ et salvo jure Ecclesiæ Romanæ, et salvo jure addendi, minuendi, corrigendi et mutandi. Cùmque super iis fuisset coràm judicibus à Sede apostolicâ delegatis diutiùs litigatum, tandem utraque pars tam super iis de quibus actum extiterat, quàm etiam super omnibus aliis quæ quoquo modo poterant ratione proprietatis vel possessionis ad jus episcopale lege diœcesanâ vel jure communi, seu alio quocumque jure spectare ³, commiserunt se judicio, diffinitioni, seu ordinationi nostris sub iis formis. Omnibus præsentes litteras inspecturis ⁴ Petrus Dei gratiâ Meldensis Episcopus salutem in Domino. Noverit universitas vestra quòd cùm inter nos ex unâ parte, et Abbatissam et conventum, clerum et populum Jotrensem ex alterâ, super subjectione ipsius monasterii et eorumdem cleri et populi, tam ex petitorio judicio quàm possessorio quæstio verteretur, quòd monasterium cum eisdem clero et populo nobis dicebamus pleno jure subjectum, necnon et omni jure subjectionis ad nos et successores nostros tanquàm loci diœcesanos lege diœcesanâ spectare, et posse in ipso monasterio, clero et populo Jotrensi liberè procurationem recipere, visitationem, correctionem et omnia jura episcopalia exercere, quod eadem Abbatissa et conventus

---

¹ Remarquez que les religieuses ne contestent à l'évêque la possession que de ce qui regardoit la pénitence publique ; tout le reste dont il est parlé ci-dessus n'est pas contesté, et par conséquent il est clair que l'évêque étoit demeuré en possession de la visite ; ce que la suite fera encore mieux paroître. — ² Les religieuses énoncent que toute la juridiction temporelle et spirituelle appartient à l'abbesse ; mais la fausseté de cet énoncé paroît dans la suite. — ³ Il paroit ici et dans la suite, qu'il ne juge que par compromis. — ⁴ C'étoit Pierre de Cuissi.

negantes, ipsum monasterium, clerum et populum Jotrensem asserebant ad jus et proprietatem Ecclesiæ Romanæ nullo medio pertinere, super præmissis et omnibus aliis quæ possint ad jus episcopale spectare, de consensu decani et archidiaconorum et capituli nostri [1] commisimus nos judicio, diffinitioni, seu ordinationi venerabilis (patris) Romani Sancti Angeli diaconi cardinalis, apostolicæ Sedis legati, in ipsum tanquàm in legatum et judicem consentiendo, promittentes nos judicium, diffinitionem, seu ordinationem ipsius in perpetuum servare et nullo tempore contravenire : renuntiando omnibus judicibus, commissionibus, processibus et actis quæ nobis competebant vel competere possent in causâ istâ. In cujus rei testimonium, ad majorem præmissorum omnium firmitatem, præsentes litteras exindè confectas sigillo nostro duximus roborandas. Actum Meldis, anno Domini M CC vicesimo quinto, mense octobri. Omnibus præsentes litteras inspecturis, Decanus Briensis et Meldensis Archidiaconi, totumque Meldensis Ecclesiæ (capitulum) salutem in Domino. Noverit universitas vestra nos litteras venerabilis patris Petri Episcopi nostri sigillo sigillatas inspexisse formam hujusmodi continentes. Petrus Dei gratiâ Meldensis Episcopus, etc., *ut superiùs continentur*. Nos igitur præscriptarum litterarum tenore diligenter inspecto, factum dicti Episcopi nostri in hâc parte approbavimus et ratum habuimus nostrum super præmissis omnibus impartientes assensum. In hujus itaque rei evidentiam sigilla nostra præsentibus duximus litteris appendenda. Actum Meldis, anno Domini M CC vicesimo quinto, mense octobri. Omnibus præsentes litteras inspecturis, Abbatissa et conventus, clerus et populus Jotrensis, salutem in Domino. Noverit universitas vestra quòd cùm inter nos ex unâ parte, et venerabilem patrem Petrum Episcopum Meldensem ex alterâ, super subjectione nostrâ tam petitorio judicio quàm possessorio quæstio verteretur, cùm idem Episcopus assereret Jotrense monasterium et nos pleno jure sibi subesse, necnon et omni jure successionis ad ipsum et successores ipsius tanquàm loci diœcesanos lege diœcesanâ spectare, et posse in ipso monasterio et nobis liberè procurationem recipere, visitationem, correctionem et omnia jura episcopalia exercere, quod nos negantes, dictum monasterium Jotrense asserebamus ad jus et proprietatem Ecclesiæ Romanæ nullo medio pertinere, super præmissis et omnibus aliis quæ possent ad jus episcopale spectare, commisimus nos judicio, diffinitioni, seu ordinationi venerabilis patris Romani Sancti Angeli diaconi cardinalis, apostolicæ Sedis legati, in ipsum tanquàm in legatum et judicem consentiendo, promittentes nos judicium, diffinitionem, seu ordinationem

---

[1] L'évêque se soumet volontairement au jugement du légat. Les religieuses parlent de même. D'où il s'ensuit que le cardinal n'agit pas comme légat en vertu de la délégation du pape, mais par compromis et par le consentement volontaire des parties, ce qui est décisif dans une cause où il s'agit d'un droit public.

ipsius in perpetuum servare et nullo tempore contravenire ; renuntiando omnibus judicibus, commissionibus, processibus et actis quæ nobis competebant vel competere possent in causâ istâ. In cujus rei testimonium, ad majorem præmissorum omnium firmitatem, præsentes litteras exindè confectas nos Abbatissa et conventus sigillis nostris duximus roborandas. Nos vero clerus et populus, quia sigillum proprium non habemus, eisdem sigillis Abbatissæ et conventus fidem volumus omnimodam adhiberi. Actum Meldis, anno Domini M CC XXV, mense octobri. Nos autem rationibus utriusque partis diligenter auditis, inspectis Jotrensis Monasterii [1] privilegiis, habito etiam super hoc cum viris prudentibus diligenti tractatu, pronuntiamus, diffinimus, et ordinamus quòd Abbatissa et conventus Monasterii Jotrensis [2] chrisma, oleum sanctum [3], consecrationes altarium seu basilicarum [4], benedictiones monialium, et [5] ordinationes clericorum qui ad ordines fuerint promovendi à dicto Meldensi Episcopo et successoribus suis suscipiant et non ab aliis, siquidem catholicus fuerit et gratiam atque communionem apostolicæ Sedis habuerit, et ea gratis et sine difficultate voluerit exhibere. Alioquin liceat eis quemcumque voluerint catholicum adire antistitem, qui eis licenter exhibeat postulata. Quandò verò Episcopum Meldensem ab eisdem Abbatissâ et conventu propter hæc exequenda contigerit evocari, dictus Episcopus exhibeatur honestè, cùm nullus teneatur secundùm Apostolum suis stipendiis militare. Cæterùm Abbatissa à quocumque maluerit episcopo absque professione et promissione cujuslibet obedientiæ liberè consecretur. In omnibus autem aliis dictum Monasterium Jotrense, cum universo clero et populo Villæ et Parochiæ Jotrensis sibi subjectis pronuntiamus, diffinimus et ordinamus ab omni jure et jurisdictione episcopali et omnimodâ subjectione Meldensis Ecclesiæ omninò [6] liberum et exemptum, ita quòd in eisdem monasterio, clero et populo prædictis seu personis aliquibus Monasterii, Villæ et Parochiæ Jotrensis dictus Episcopus, Ecclesia Meldensis, seu quæcumque alia

[1] Le cardinal, non plus que les religieuses, n'énonce dans le vu des pièces que les priviléges : nouvelle preuve qu'on n'a point produit de lettres-patentes. — [2] Sous le chrême, la confirmation qui appartient au caractère pontifical, est réservée à l'évêque aussi bien que l'ordination l'est dans la suite ; mais les religieuses n'ont jamais appelé l'évêque pour donner ce sacrement, et ont entrepris de le faire administrer par d'autres. — [3] Les religieuses ont elles-mêmes produit des actes où il paroît que, loin d'appeler l'évêque, elles ont fait entreprendre des bénédictions et des consécrations de leur cloître et de leur église par d'autres évêques. — [4] Il est inouï qu'on ait parlé à l'évêque de la réception des filles, loin de l'inviter à les bénir. — [5] Quand les évêques de Meaux ont fait les ordres à Jouarre, on en a tiré un acte de non-préjudice au mépris de l'ordre épiscopal, et la pièce en a été lue à l'audience. — [6] Le cardinal n'accorde au clergé et au peuple que la liberté et l'exemption, ce qui est bien éloigné de la juridiction active spirituelle que prétendoient les religieuses ci-dessus. Le prétendu privilége présenté à Innocent III ne contenoit rien davantage ; mais l'abbesse et les religieuses ont usurpé la juridiction active qu'on ne leur a jamais donnée.

Meldensis Ecclesiæ persona, nec procurationem eidem Episcopo aliquandò à Sede apostolicâ [1] adjudicatam, nec aliud quodcumque præter præmissa sibi valeat aliquatenùs vindicare ; salvis duobus modiis quos habet Episcopus in granchiâ [2] de Troci, quæ est Ecclesiæ Jotrensis, et cerâ Thesaurarii Meldensis. Sanè ordinamus quòd dicti Abbatissa et conventus decem et octo modios bladi decimalis ad mensuram Meldensem, duas partes hibernagii et tertiam partem avenæ annuatim Episcopo memorato suisque successoribus in perpetuum persolvent apud [3] Malleum, infra Purificationem beatæ Mariæ. Et si decima ejusdem villæ ad dicti bladi persolutionem non sufficeret, residuum infra dictum terminum apud Troci solvetur in decimâ quam ibi habet Ecclesia Jotrensis ; ita quòd si bladum hujusmodi aliquibus decimis Meldensis Diœcesis Abbatissa et conventus Jotrensis justo modo poterint adipisci, Episcopus contractui suum impertiri teneatur assensum, et ipsum bladum taliter acquisitum accipiens, illo solo debeat esse contentus, ita quod tantùmdem sibi valeat quantùm valebit in locis superiùs annotatis. In decimis sanè quæ sunt de feudo episcopali non tenebitur suum præstare consensum, si ipse vellet eas redimere. In his enim ipse Episcopus præferetur. Hanc autem ordinationem [4] partes ratam habuerunt, et expressè consenserunt in ipsam. Nos verò volentes ipsius ordinationis notitiam ad posteros pervenire, ut futuris temporibus inviolabiliter observetur, præsentem paginam exindè confectam sigillo nostro duximus roborandam. Actum Meldis, anno Domini M CC XXV, mense novembri, pontificatùs Domini Honorii Papæ III anno decimo.

Romanus miseratione divinâ Sancti Angeli diaconus cardinalis, apostolicæ Sedis legatus, omnibus præsentes litteras inspecturis, salutem in Domino. Noverit universitas vestra, quòd nos inter venerabilem patrem Episcopum Meldensem et Abbatissam et conventum, clerum et populum Jotrensem, ordinationem quamdam deliberatione providâ fecimus, eamque in scriptis redactam et à partibus [5] approbatam nostri [6] sigilli duximus munimine roborandam. Verùm antequàm protulissemus eamdem, retinuimus nobis expressè de auctoritate nostrâ et communi partium assensu liberam potestatem declarandi et interpretandi si quid in eâdem ordinatione repertum fuerit dubium vel obscurum. Actum Parisiis, anno Domini M CC XXV, II nonas novembris.

[1] Il est clair par ces paroles que le droit de procuration et de visite qui comprend toute juridiction, avoit été adjugé à l'évêque par le pape, et qu'il en étoit en possession au temps de cette sentence. — [2] On ne fera ici aucune remarque sur les droits temporels qui sont conservés à l'évêque, parce que c'est une affaire à part. — [3] May, village du diocèse de Meaux. — [4] Le cardinal déclare qu'il a prononcé du consentement des parties. — [5] Nouvelle déclaration qu'il prononce du consentement des parties. — [6] On voit la sentence bien soigneusement rédigée, scellée, rapportée dans toute son intégrité; rien n'y manque : on auroit rapporté de même l'homologation, s'il y en avoit.

### FAITS RÉSULTANS DE CETTE PIÈCE.

1° Que le cardinal a autorisé un privilége non confirmé par le roi et sans ses lettres-patentes.

2° Que, quoique légat, il agit sans pouvoir du pape, et qu'il n'a d'autorité que du consentement des parties dans une affaire de droit public.

3° Que la sentence n'est point autorisée par la puissance publique, et n'oblige que ceux qui ont consenti, sans que l'obligation passe aux successeurs.

4° Que les religieuses ayant exigé d'un évêque de dures conditions, n'ont pas exécuté le peu qu'elles lui avoient promis.

5° Que contre leur propre titre, soit qu'on le prenne dans cette sentence, soit qu'on le prenne dans l'énoncé du chapitre *Ex parte,* elles ont usurpé sur le pape même la juridiction active réservée à son siége, et que personne ne leur avoit accordée.

6° Qu'on prive l'évêque de la possession de la visite que le pape lui avoit adjugée, quoique les religieuses n'eussent jamais été ni pu être en possession de leur prétendu privilége qui, en le supposant véritable, ne pouvoit avoir tout au plus que vingt ou vingt-cinq ans, comme il paroît par la pièce VII.

7° Qu'on le dépouille pareillement du droit de bénir l'abbesse, où les papes Innocent III et Honoré III l'avoient maintenu, pièces XIII et XIV.

### MOYENS D'ABUS ET DE DROIT RÉSULTANS DE CES FAITS.

De ces faits, six moyens d'abus et de droit indubitables.

I<sup>er</sup> MOYEN. — Que le cardinal a jugé sans que toutes les parties fussent appelées, puisqu'il ne paroît ici que l'évêque et le chapitre, au lieu qu'il falloit encore appeler le métropolitain et le primat, qui avoient pareil intérêt que l'évêque à la juridiction. En effet il paroît par le chapitre : *Cùm à nobis : de Arbitris,* qui est de Grégoire IX et beaucoup après cette sentence, que le métropolitain prétendoit encore ses droits, et que la difficulté fut terminée par une sentence arbitrale dont le contenu ne se trouve point dans ce chapitre, que les religieuses ne rapportent pas et dont on ne sait rien du tout. Pour le primat, il n'en a jamais été parlé.

II⁰ MOYEN. — Que le privilége de Jouarre est destitué de lettres-patentes; ce qui est essentiel par l'article LXXI de nos libertés, que « nul monastère, église, collége ou autre corps ecclésiastique ne peut être exempt de son ordinaire, pour se dire dépendre immédiatement du Saint-Siége, sans licence et permission du roi. » La maxime a été constante dès l'origine de la monarchie, comme il paroît par la première et seconde formule de Marculphe, livre I$^{er}$, où la première est le formulaire du privilége de l'évêque, et la seconde est le formulaire du consentement du roi.

Il ne faut point dire qu'on doit présumer qu'il y a eu des lettres patentes par la règle *In antiquis*, etc.; car 1° il n'y a pas à présumer qu'il y en ait eu, puisqu'on voit qu'il n'y en a pas; 2° s'il étoit dit qu'il y en eût, on présumeroit tout au plus par cette règle qu'elles seroient en bonne forme; mais il faudroit donc qu'on en parlât, autrement il n'y a rien à présumer sur ce qui n'est pas; 3° cette maxime n'a lieu que dans les choses favorables où l'on peut s'aider de présomptions, mais non pas dans les exemptions qui sont d'un droit étroit et odieux.

III⁰ MOYEN. — Qu'une sentence arbitrale de cette nature étoit sujette à homologation ou ratification du supérieur; autrement ce n'est qu'un acte particulier destitué de toute autorité publique, par conséquent nul pour les successeurs dans une matière où il s'agit d'un droit public comme celui de l'épiscopat.

IV⁰ MOYEN. — Que l'abbaye de Jouarre ne peut s'aider de sa possession pour soutenir sa juridiction active, puisque c'est une possession de mauvaise foi contre son propre titre, c'est-à-dire contre le prétendu privilége énoncé au chapitre *Ex parte*, et contre la sentence arbitrale où l'on ne fait nulle mention de juridiction active : de sorte qu'il est constant que les abbesses de Jouarre ont usurpé ce droit sur le pape même qui se l'étoit réservé.

V⁰ MOYEN. — Sentence non exécutée par les religieuses mêmes, qui n'ont jamais appelé l'évêque pour confirmer, pour bénir et consacrer les églises, ni pour bénir les religieuses; et au contraire, ont entrepris de faire faire toutes ces fonctions par d'autres évêques, ce qui montre encore que leur possession est une entreprise contre leur titre.

VI⁰ MOYEN. — Les religieuses n'ont pas même exécuté la sentence au sujet de leur exemption et dépendance immédiate. La dépendance immédiate ne dit pas seulement ne pas reconnoître l'évêque, mais encore reconnoître le pape et être gouverné par son autorité. Or on ne montre dans tout ce procès aucun acte de juridiction exercée par le pape, ni par lui-même, ni par ses délégués; de sorte que les religieuses n'ont aucune possession que celle de n'avoir eu aucun supérieur, qui est une possession vicieuse et réprouvée par les chapitres *Cùm non liceat*, et *Cùm ex officio : De præscript.*

VII⁰ MOYEN. — Il résulte de tout cela que le monastère de Jouarre n'a dans le fond aucun privilége ni exemption.

Le privilége doit être représenté par les chapitres : *Repetimus* et *Porrò : De privilegiis.*

Quand un privilége se perd par quelque malheur, le droit a pourvu au moyen de le rétablir en produisant des témoins qui assurent de l'avoir vu de telle et telle teneur : *Tulem dicti privilegii fuisse tenorem : Ext. Cùm olim : De privilegiis.* Il n'y a rien de tout cela dans ce procès : nulle plainte du privilége perdu, nulle preuve de ce qu'il contenoit; l'énoncé d'Innocent III est de nul effet, comme on a vu; celui du cardinal Romain n'est pas meilleur ni de plus grand poids. Il est constant que l'évêque étoit toujours demeuré en possession du droit de visite qui emporte l'entière juridiction, et qu'il y étoit encore lorsque la sentence fut prononcée. Il n'est pas moins certain que le droit de bénir l'abbesse, dont la sentence le dépouille, n'avoit reçu aucune atteinte jusqu'à l'an 1209 et 1220, comme il paroit par les papes Innocent III et Honoré III.

Ainsi deux choses étoient constantes : l'une, que le privilége étoit tout nouveau et ne pouvoit pas avoir plus de vingt-cinq ans; l'autre, que les religieuses n'en avoient jamais joui, et que l'évêque étoit demeuré en pleine possession. Par conséquent dans le fond il n'y avoit rien de plus caduc que ce privilége. La sentence du Légat étoit si foible, que le cardinal fut contraint d'en mettre le fort dans le consentement des parties, et qu'on n'osa même pas en demander la ratification au pape ni à aucune puissance publique. On voit par toutes les pièces que les religieuses ne se soutenoient que par la faveur des légats. Premièrement par celle du cardinal d'Ostie, qui tâcha de dépouiller les évêques du droit de bénir l'abbesse par une entreprise contraire aux décrets d'Innocent III et d'Honoré III, et secondement du cardinal Romain qui pouvoit tout en France, et qui faisoit son affaire propre de celle des exemptions en général et des religieuses de Jouarre en particulier, comme il seroit aisé de le faire voir. L'évêque fut obligé de céder à une si grande autorité et à la politique qui régnoit alors, où l'on ne songeoit qu'à étendre les exemptions. De cette sorte le plus nouveau, le moins établi et le plus foible de tous les priviléges est devenu le plus outré qu'on vît jamais; mais aussi se détruit-il par son propre excès.

Voilà les moyens de droit qui résultent des faits constans dans ce procès contre le privilége de Jouarre. Quoiqu'ils soient certains dans les règles, ce n'est pas le fort de la cause de M. l'évêque de Meaux, et il a pour lui les conciles œcuméniques de Vienne et de Trente; ce dernier expressément reçu en ce chef par l'ordonnance de Blois, et l'un et l'autre dérogeant en termes formels à tout ce qui a précédé contre le droit de l'évêque.

### Sur le Cartulaire de Meaux.

C'est un livre constamment d'environ quatre cents ans, qui a été originairement dans les archives du chapitre de Meaux, qui s'est égaré dans un procès, et qui après avoir passé par les plus curieuses bibliothèques, a été mis par les mains fidèles de M. d'Hérouval et de M. Joly, chantre de Notre-Dame de Paris, dans la bibliothèque de cette église métropolitaine de Meaux. Il a été manié de tous les savans sans avoir reçu aucune atteinte; tout le monde a puisé dedans, et l'avocat même de madame de Jouarre a loué les pièces imprimées par M. Baluze, que ce savant auteur n'a puisées que de là. Il ne doit être suspect à personne, puisqu'il contient également ce qui est pour et ce qui est contre l'évêque de Meaux, comme la sentence arbitrale; et enfin il est consacré par la foi publique.

# CHANGEMENT DE DISCIPLINE
## ET MODÉRATION DES EXEMPTIONS
#### PAR LES CONCILES DE VIENNE ET DE TRENTE.

Decret du concile œcuménique de Vienne dans la Clémentine *Attendentes :*
*De statu monachorum.*

Sacro approbante concilio duximus statuendum : ut singula monialium monasteria per ordinarios; exempta videlicet, quæ ita Sedi apostolicæ quòd nulli alii subjecta noscuntur, apostolicâ; non exempta verò, ordinariâ auctoritate; exempta alia per alios quibus subsunt, annis singulis debeant visitari,..... privilegiis, statutis et consuetudinibus quibuslibet in contrarium minimè valituris.

Le même traduit en françois.

Nous avons trouvé bon d'ordonner, avec l'approbation du saint concile, que les monastères des religieuses, chacun en particulier, fussent visités tous les ans par les ordinaires; à savoir, ceux qui sont exempts et tellement soumis au Saint-Siége, qu'ils ne reconnoissent d'autre supérieur, avec l'autorité apostolique; ceux qui ne sont pas exempts, par l'autorité ordinaire; et les autres exempts, par ceux auxquels ils sont soumis,.... sans qu'aucuns priviléges, statuts et coutumes à ce contraires puissent l'empêcher.

Décret du concile de Trente, session xxv, *De reformatione*, cap. ix.

Monasteria sanctimonialium, sanctæ Sedi apostolicæ subjecta, etiam sub nomine capitulorum Sancti Petri, vel Sancti Joannis, vel aliàs quomodocumquè nuncupentur, ab episcopis tanquàm dictæ Sedis delegatis gubernentur, non obstantibus quibuscumque. Quæ verò à deputatis in capitulis generalibus vel ab aliis regularibus reguntur, sub eorum curâ et custodiâ relinquantur.

Le même traduit en françois.

Que les monastères des religieuses, soumis immédiatement au Saint-Siége, même au nom des chapitres de Saint-Pierre ou de Saint-Jean, ou de quelque autre manière que ce soit, soient gouvernés par les évêques comme délégués du même Saint-Siége, nonobstant toutes choses à ce contraires. Quant à ceux qui sont régis par les députés des chapitres généraux ou autres réguliers, ils demeureront sujets à leurs soins et à leur conduite.

## REMARQUES.

### § I.

On voit ici trois sortes de monastères : les uns exempts, qui sont soumis à des supérieurs et à un gouvernement réglé, comme ceux qui dépendent de Cîteaux ou de quelque autre congrégation ; les autres exempts, qui n'ont point de semblable gouvernement et ne sont point en congrégation, comme le monastère de Jouarre prétendoit être; et enfin les autres non exempts. Les premiers, qui sont en congrégation et soumis à un gouvernement réglé, sont laissés en leur état; les autres, exempts ou non exempts, sont soumis à l'Ordinaire, auquel, pour gouverner ceux qui sont supposés exempts, l'autorité du Pape est transmise, comme il paroît par les termes de ces conciles.

On voit aussi par les décrets des mêmes conciles, qu'ils n'exigent des évêques aucune sommation ni diligence précédente pour rentrer dans le droit de visiter et gouverner ces monastères : mais qu'ils y rentrent pleinement, dès qu'ils trouvent ces monastères sans aucuns supérieurs réglés : *Per ordinarios... debeant visitari,* dit le concile de Vienne; *Ab episcopis... gubernentur,* dit celui de Trente.

Par là il paroît encore que l'esprit des conciles est que ces monastères soient soumis à un gouvernement et à des supérieurs réglés, tels que sont ou les évêques ou les supérieurs d'une congrégation canoniquement établie; tout le reste est contraire à l'esprit de ces conciles et de l'Eglise.

On voit encore par tout cela que la discipline établie par le concile de Trente n'étoit pas nouvelle, puisqu'il ne fait que reprendre et exécuter ce qui avoit été réglé dans le concile de Vienne.

On voit enfin qu'on ne peut plus alléguer ni privilége ni possession, ni accord ou transaction, ni sentence pour soutenir ces priviléges, puisque deux conciles œcuméniques ont prononcé qu'on n'y auroit aucun égard : *Privilegiis, statutis, et consuetu-*

*dinibus quibuslibet in contrarium minimè valituris*, comme dit le concile de Vienne ; ou comme dit celui de Trente : *Non obstantibus quibuscumque.*

Les motifs de ces décrets de Vienne et de Trente ont été :

1° Les désordres des monastères à qui leur prétendue exemption ne servoit qu'à les rendre indépendans de toute puissance ecclésiastique, et à y établir l'impunité.

2° Les clameurs de toute la chrétienté contre ces déréglemens.

3° La décharge de la conscience du Pape, qui ne pouvoit de si loin et parmi tant d'affaires, ni s'occuper du gouvernement de ces monastères, ni s'en reposer mieux que sur les évêques qui en étoient chargés naturellement.

4° Pour éviter les procès sur les prétendues exemptions, les conciles et les Papes n'y ayant pu trouver de meilleur remède que celui de transmettre aux évêques, en tant que besoin seroit, l'autorité apostolique pour la joindre avec celle qui leur appartenoit par leur caractère.

### § II.

On ne peut pas douter que ces décrets des conciles de Vienne et de Trente ne soient approuvés et confirmés par les papes.

Clément V a prononcé lui-même dans le concile de Vienne où il étoit en personne, la Clémentine *Attendentes*.

Pie IV a expressément confirmé le concile de Trente par sa bulle *Benedictus Deus*. Le même pape a aussi nommément révoqué tous priviléges émanés du Saint-Siége, en tant qu'ils seroient contraires aux décrets du même concile, par sa bulle *In principis Apostolorum Sede*. Les autres papes ont fait plusieurs décrets semblables.

### § III.

Ainsi on ne peut pas objecter que ces décrets du concile ne sont pas reçus dans le royaume ; car 1° on n'a pas besoin d'acceptation particulière des choses où l'on ne fait que rentrer dans le droit commun.

2° Il suffiroit pour faire casser les priviléges, en tant que contraires au concile de Trente, que le Pape eût approuvé ce concile où ils ont été révoqués, comme on a vu, *non obstantibus quibuscumque.*

3° Les papes ont bien plus fait, puisqu'ils les ont révoqués eux-mêmes comme on vient de dire.

4° Les choses de pure grace et qui dérogent au droit commun, n'ont besoin, pour êtres éteintes, que de la soustraction de la puissance qui les donne; ainsi la révocation a son effet dès qu'elle est faite, sans qu'il soit besoin du consentement ni de l'acceptation de personne.

5° Cette révocation est une espèce d'abdication de la part du pape de tous les droits que ces priviléges pouvoient lui avoir acquis sur ces monastères; et en effet, dans le fait il n'y fait rien, et n'en prend aucun soin, parce qu'il s'en est déchargé sur la conscience des évêques, qui dès là en demeurent chargés.

6° Et néanmoins il est certain, pour comble de droit, que ce décret du concile est expressément accepté par l'ordonnance de Blois, comme on va voir.

*Article* xxvii de l'ordonnance de Blois.

Tous monastères qui ne sont sous chapitres généraux, et qui se prétendent sujets immédiatement au Saint-Siége apostolique, seront tenus dans un an se réduire à quelque congrégation de leur ordre en ce royaume, en laquelle seront dressés statuts et commis visitateurs pour faire exécuter, garder et observer ce qui aura été arrêté pour la discipline régulière; et en cas de refus ou délai, il y sera pourvu par l'évêque.

## REMARQUES.

Les parties ont prétendu que cette ordonnance n'étoit que comminatoire, et qu'avant que de réduire les monastères qui se prétendent exempts à leur obéissance, les évêques étoient tenus à faire des diligences pour les obliger à se mettre en congrégation. On trouvera dans la suite un mémoire exprès pour détruire cette prétention, et on dira seulement ici en abrégé :

1° Que le dessein de l'ordonnance est d'entrer dans l'esprit du concile, qui, comme on a vu, n'a exigé des évêques aucune diligence; mais leur ordonne de gouverner les monastères même exempts, dès qu'ils ne les trouvent pas soumis à un gouvernement réglé.

2° Les termes de l'ordonnance : *Il y sera pourvu par l'évêque*, sont relatifs à ce qui a été dit auparavant, *qu'il seroit dressé des statuts et commis des visitateurs* par les congrégations auxquelles les monastères se seroient réduits, c'est-à-dire que de plein droit l'évêque feroit ces choses ; ce qui revient à ce que dit le concile, *que ces monastères seront gouvernés par les évêques*.

3° L'esprit du concile et de l'ordonnance étoit d'en revenir le plus près qu'il se pouvoit du droit commun, dont le changement avoit été cause de tous les inconvéniens qu'on avoit vus arriver.

4° Obliger les évêques à faire des diligences pour réduire les monastères en congrégations indépendantes, c'eût été, loin d'établir leur autorité, comme on en avoit le dessein, leur faire faire des actes et des diligences contre eux-mêmes.

5° C'eût été faire regarder comme une peine le retour à la juridiction ordinaire, qui au contraire étoit le bien qu'on leur vouloit procurer.

6° Aussi dit-on dans l'ordonnance que les monastères *seront tenus* de se mettre en congrégation, et non que les évêques les y contraindront.

7° Les termes de l'ordonnance : *En cas de refus ou délai*, font voir que l'intention est de remettre les monastères sous les évêques, faute de se mettre en congrégation, non-seulement s'ils le refusent en étant requis, mais encore s'ils diffèrent en quelque manière que ce soit.

8° L'intention de l'ordonnance, comme celle du concile, n'étoit pas d'obliger à des procédures qui tirent les affaires en longueur, mais d'apporter un prompt remède à un mal pressant.

# BREFS APOSTOLIQUES,

PAR LESQUELS LES SIEURS BOUST ET VINOT, ET ENSUITE M. L'ARCHEVÊQUE DE PARIS SONT COMMIS VISITEURS DU MONASTÈRE DE JOUARRE.

Bref adressé aux sieurs *Boust* et *Vinot*, docteurs de Sorbonne.

Innocentius PP. XI, ad futuram rei memoriam. Prospero felicique monasterii monialium *de Jouarre* [1], Sedi Apostolicæ, ut asseritur, immediatè subjecti, ordinis sancti Benedicti, Meldensis Diœcesis, regimini et gubernio quantùm nobis ex alto conceditur, providere et regularem disciplinam ubi benedicente Domino viget, firmiùs constabiliri, sicubi verò exciderit, opportunis rationibus restitui [2], piisque charissimi in Christo filii nostri Ludovici Francorum regis christianissimi votis in idipsum laudabiliter tendentibus favorabiliter annuere cupientes, ac de dilectorum filiorum Guidonis Boust professoris in collegio Sorbonæ, et Francisci Vinot ex collegio Navarræ, doctorum Facultatis theologiæ Parisiensis, probitate, integritate, prudentiâ, doctrinâ, charitate et religionis zelo plurimùm confisi, et eorum singulares personas à quibusvis excommunicationis, suspensionis et interdicti aliisque ecclesiasticis sententiis, censuris et pœnis à jure vel ab homine quâvis occasione vel causâ latis, si quibus quomodolibet innodati existunt, ad effectum præsentium duntaxat consequendum, harum serie absolventes et absolutos fore censentes, supplicationibus memorati Ludovici regis nomine nobis super hoc humiliter porrectis paternâ benignitate inclinati : eosdem Guidonem et Franciscum in visitatores apostolicos supradicti monasterii **Monialium** *de Jouarre*, cum facultatibus necessariis et opportunis, ut monasterium ipsum [3] tam in capite quàm in membris, ad præscriptum sacrorum canonum et [4] concilii Tridentini ac apostolicarum et ordinis prædicti constitutionum, auctoritate nostrâ apostolicâ visitent, corrigant atque reforment, eâdem auctoritate tenore præsentium constituimus et deputamus. Decernentes easdem præsentes litteras firmas, validas et efficaces existere et fore, suosque plenarios et integros effectus sortiri et obtinere, ac illis ad quos et quas spectat et spectabit in futu-

---

[1] On n'énonce pas absolument que le monastère soit exempt, mais on dit qu'il l'est, *ut asseritur*. — [2] Ce n'est pas le Pape qui pourvoit d'office à la visite de ce monastère; c'est le Roi, et non pas les religieuses, qui demande des visiteurs. — [3] Le monastère devoit être réformé dans le chef et dans les membres. — [4] Le Pape, loin de déroger au concile de Trente, en ordonne l'exécution.

rum plenissimè suffragari, et ab eis respectivè inviolabiliter observari, sicque in præmissis per quoscumque judices ordinarios et delegatos, etiam causarum palatii apostolici auditores, judicari et definiri debere, ac irritum et inane, si secùs super his à quoquam, quâvis auctoritate, scienter vel ignoranter contigerit attentari [1]; non obstantibus constitutionibus et ordinationibus apostolicis, ac quatenùs opus sit monasterii et ordinis prædictorum etiam juramento, confirmatione apostolicâ vel quâvis firmitate aliâ roboratis, statutis et consuetudinibus, et privilegiis quoque, litteris et indultis et litteris apostolicis, aut contrariis præmissorum quomodolibet concessis, confirmatis et innovatis; quibus omnibus et singulis illarum tenorem, præsentibus pro plenè et sufficienter expressis et ad verbum insertis habentes, illis aliàs in suo robore permansuris ad præmissarum effectum, hâc vice duntaxat, specialiter et expressè derogamus, cæterisque contrariis quibuscumque. Datum Romæ apud S. Mariam Majorem, sub annulo Piscatoris, die XXIII octobris M. D. C. LXXIX. Pontificatûs nostri anno quarto. *Et infrà*, F. Lucius.

Bref adressé à M. l'archevêque de Paris.

Innocentius PP. XI venerabili fratri Archiepiscopo Parisiensi, salutem et apostolicam benedictionem. Laudabilia fraternitatis tuæ in Ecclesiam Dei studia cum singulari prudentiâ, charitate, pastorali vigilantiâ, dexteritate et religionis zelo, ac in nos et hanc sanctam Sedem fide et devotione conjuncta nos adducunt, ut ea quæ nobis maximè cordi sunt, tibi libenter committamus, firmâ spe et fiduciâ in Domino freti, te expectationi et desiderio de te nostris cumulatè responsurum. Cùm itaque sicut [2] charissimi in Christo filii Ludovici Francorum regis christianissimi nomine nobis nuper expositum fuit in Monasterio monialium *de Jouarre*, Sedi apostolicæ, ut asseritur, immediatè subjecto, ordinis sancti Benedicti, Meldensis Diœcesis [3], aliquid inordinatum reperiatur, quod idem Ludovicus rex operâ tuâ [4] ad rectam monasticæ disciplinæ normam revocari plurimùm desiderat. Nos ipsius Ludovici regis piis votis hâc in re, quantùm cum Domino possumus, favorabiliter annuere, ac regularem in dicto monasterio observantiam, ubi benedicente Domino viget, firmiùs constabiliri, sicubi verò exciderit, opportunis rationibus restitui cupientes; supplicationibus memorati Ludovici regis nomine nobis super hoc humiliter porrectis benignè inclinati, ac deputationem duorum visitatorum ejusdem monasterii, à nobis per quasdam nostras in simili formâ breves litteras die XXIII octobris proximè præteriti expe-

[1] Notez encore que le Pape ne déroge pas au concile de Trente. — [2] Le bref demandé au nom du roi. — [3] Il y avoit quelque désordre au monastère de Jouarre dont le roi désiroit la réformation. — [4] Ce désordre regardoit le spirituel et la règle de la discipline monastique.

ditas, quarum tenorem præsentibus haberi volumus pro expresso factum, harum serie [1] revocantes, te supradicti monasterii monialium *de Jouarre*, superiorem et visitatorem apostolicum cum facultate monasterium ipsum per te ipsum vel [2] alium, seu alios viros idoneos, vitæ probitate, morum gravitate, prudentiâ, charitate et religionis zelo, aliisque ad id requisitis qualitatibus præditos à te deputandos, tam [3] in capite quàm in membris, ad præscriptum sacrorum canonum et [4] concilii Tridentini decretorum ac apostolicarum et ordinis prædicti constitutionum, auctoritate nostrâ apostolicâ visitandi, corrigendi atque reformandi, ac cum aliis facultatibus necessariis et opportunis eâdem auctoritate tenore præsentium constituimus et deputamus. Decernentes easdem præsentes litteras firmas, validas et efficaces existere et fore, suosque plenarios et integros effectus sortiri et obtinere, ac tibi et aliis ad quos et quas spectat et spectabit in futurum plenissimè suffragari, et ab eis respectivè inviolabiliter observari; sicque in præmissis per quoscumque judices ordinarios et delegatos etiam causarum palatii apostolici auditores, judicari et definiri debere, ac irritum et inane, si secùs super his à quoquam quâvis auctoritate scienter vel ignoranter contigerit attentari [5]; non obstantibus præmissis constitutionibus et ordinationibus apostolicis, necnon quatenùs opus sit, monasterii et ordinis prædictorum etiam juramento, confirmatione apostolicâ vel quâvis firmitate aliâ roboratis, statutis et consuetudinibus, privilegiis quoque, indultis et litteris apostolicis in contrarium præmissorum quomodolibet concessis, confirmatis et innovatis : quibus omnibus et singulis illarum tenorem præsentibus pro plenè et sufficienter expressis et insertis habentes, illis aliàs in suo robore permansuris ad præmissorum effectum, hâc vice duntaxat, specialiter et expressè derogamus, cæterisque contrariis quibuscumque. Datum Romæ, apud Sanctum Petrum, sub annulo Piscatoris, die vii februarii M. DC. LXXX, pontificatûs nostri anno quarto. *Et infrà signatum*, J. F. Lucius. *Et au dos est écrit :* Venerabili fratri Francisco Archiepiscopo Parisiensi.

## ARRÊT DU CONSEIL D'ÉTAT

### SUR LE DERNIER BREF.

Extrait des registres du Conseil d'Etat.

Vu par le roi, étant en son conseil, le bref de notre saint Père le

---

[1] Le Pape révoque le bref ci-dessus où les sieurs Boust et Vinot étoient commi visiteurs. — [2] Le Pape donne pouvoir à M. l'archevêque de Paris de subdéléguer. — [3] On exprime que le monastère de Jouarre avoit besoin de réforme, tant dans le chef que dans les membres. — [4] Le Pape ordonne l'exécution du concile de Trente. — [5] Le Pape ne déroge pas au concile de Trente.

Pape, du septième février dernier, par lequel Sa Sainteté a commis le sieur archevêque de Paris pour visiter et réformer le monastère des religieuses de Jouarre, ordre de Saint-Benoît, au diocèse de Meaux, avec pouvoir de subdéléguer un ou plusieurs commissaires; et voulant qu'il ait son effet, Sa Majesté étant en son conseil, a ordonné et ordonne que ledit bref sera exécuté. Ce faisant, que par ledit sieur archevêque de Paris, ou ses subdélégués, il sera incessamment procédé à la visite et réforme dudit monastère des religieuses de Jouarre; et les ordonnances et règlemens qui seront faits par ledit sieur archevêque ou ses subdélégués pour raison de ce, exécutés nonobstant oppositions ou appellations, et sans préjudice d'icelles. Fait au conseil d'Etat du roi, Sa Majesté y étant, tenu à Saint-Germain-en-Laye, le vingt-septième d'avril mil six cent quatre-vingt. *Ainsi signé*, COLBERT. Et scellé.

## REMARQUES.

On a fait dans le mémoire suivant des remarques particulières sur ce bref et sur l'arrêt. On observera seulement ici,

1° Qu'il y avoit à Jouarre du désordre dans le spirituel, assez grand pour venir aux oreilles du roi et pour être porté par le roi à celles du Pape; et il paroît que ce monastère avoit besoin de réforme dans le chef et dans les membres.

2° Le roi avoit fait visiter le monastère par M. de Saillant, prêtre de l'Oratoire, à présent évêque de Poitiers; et ainsi Sa Majesté étoit si bien informée du mal de ce monastère qu'elle se crut obligée de l'exposer au pape.

3° Les religieuses protestèrent contre le bref adressé aux sieurs Boust et Vinot, lorsqu'ils firent leur visite à l'abbaye de Jouarre; à ce que, dirent-elles, l'exécution dudit bref ne pût nuire ni préjudicier à leurs immunités et exemptions, comme relevantes et dépendantes immédiatement de Sa Sainteté : ce qui paroît par l'acte de protestation passé par-devant Royer, notaire apostolique à Meaux, en date du 27 juin 1679; lequel est signé de celles qui sont aujourd'hui les premières de l'abbaye.

4° Les sieurs Boust et Vinot ayant fait une seconde visite, Sa Majesté confirmée dans la connoissance qu'elle avoit des besoins de ce monastère, les expose de nouveau au Pape, et demande pour visiteur M. l'archevêque de Paris.

5° Ce prélat ne voulut point se charger de cette commission; ni il n'a accepté le bref, ni il ne l'a intimé au monastère de Jouarre; ni il n'a subdélégué comme il en avoit le pouvoir, ni il n'a fait aucune visite, ni aucun acte juridique en vertu de ce bref. On a lu à l'audience quelques lettres de compliment du même prélat, qui ont bien fait voir qu'il ne songeoit à aucune fonction; de sorte que ce bref est demeuré entièrement sans exécution.

6° Dix ans après le bref obtenu, l'abbesse et les religieuses, envers qui il n'a jamais eu d'exécution, s'avisent de vouloir s'en servir, et cela lorsque l'évêque fait sa charge : de sorte que tout l'effet de ce bref est de laisser les religieuses dans l'indépendance si l'évêque ne disoit mot, et de l'empêcher lorsqu'il feroit son devoir.

7° Ce bref est si peu connu des abbesses et religieuses et si peu en leur pouvoir, que lorsqu'elles ont voulu s'en servir dans le procès, elles ont été obligées de le tirer par un compulsoire des registres du secrétariat de l'archevêché de Paris.

8° Ce n'étoit donc point un bref qui eût eu la moindre exécution, puisqu'en ce cas le premier pas qu'il eût fallu faire eût été de l'intimer aux religieuses. M. l'archevêque de Paris ne songeoit pas plus à s'en servir, puisqu'on le tire de lui par un compulsoire, et qu'il n'agit pas pour le faire valoir, n'ayant en aucune sorte paru dans la cause et n'ayant fait aucune action pour revendiquer la juridiction.

9° Selon toutes les maximes du droit, ce bref est suranné, et entièrement devenu caduc par la mort du Pape déléguant avant toute exécution.

10° L'arrêt du conseil n'a non plus été exécuté, ni même signifié.

11° Ces brefs ne dérogent pas aux décrets des conciles de Vienne et de Trente, qui par conséquent demeurent en leur entier.

12° Si l'évêque eût fait son devoir, le roi n'auroit pas songé à impétrer un tel bref contre l'esprit des conciles et de l'ordonnance, qui veulent que les monastères aient un gouvernement réglé.

# MÉMOIRE

POUR

## MESSIRE JACQUES-BÉNIGNE BOSSUET,

ÉVÊQUE DE MEAUX,

CONTRE

Dame Henriette de Lorraine, abbesse de Jouarre.

SUR L'ARTICLE XXVII
## DE L'ORDONNANCE DE BLOIS,

ET SUR LE BREF DE L'ARCHEVÊQUE DE PARIS.

*Article* xxvii de l'ordonnance de Blois.

Tous monastères qui ne sont sous chapitres généraux, et qui se prétendent sujets immédiatement au Saint-Siége apostolique, seront tenus dans un an se réduire à quelque congrégation de leur ordre en ce royaume, en laquelle seront dressés statuts et commis visitateurs, pour faire exécuter, garder et observer ce qui aura été observé pour la discipline régulière; et en cas de refus ou délai, y sera pourvu par l'évêque.

Madame l'abbesse de Jouarre prétend que M. l'évêque de Meaux ne peut se prévaloir contre elle de cette ordonnance, parce qu'il ne l'a point sommée de s'agréger.

Il répond que la sommation seroit nécessaire pour la constituer en demeure, si l'ordonnance n'avoit point déclaré ce qui se doit faire, au cas que les monastères négligent de se réduire en congrégation dans un an; mais elle a dit : *Et en cas de refus ou délai, y sera pourvu par l'évêque.* S'il se présente donc un monastère qui ait différé plus d'un an à s'agréger, l'ordonnance ne porte pas qu'il sera sommé de le faire; elle veut en ce cas que l'évêque y pourvoie. Dans le commencement de l'article, elle oblige les monastères à faire diligence de s'agréger dans un an; l'obligation leur en est imposée par ces mots : *Seront tenus :* ce n'est pas l'évêque qui est chargé de poursuivre leur agrégation, ce sont les monastères auxquels il est enjoint d'y procéder.

Madame l'abbesse de Jouarre n'allègue point de causes canoniques pour excuser son monastère de ce qu'il n'y a point satisfait. Les abbesses qui l'ont précédée avoient bonne connoissance de l'ordonnance de Blois, qui avoit été publiée dans tous les bailliages du royaume dès l'an 1580. Cette loi les a interpellées de jour à autre de s'unir à quelque congrégation de leur ordre; cependant elles ont négligé de le faire pendant plus de cent ans; et après ce long temps, lorsque M. l'évêque de Meaux se présente pour exercer sa charge, madame l'abbesse de Jouarre soutient qu'elle n'est point en demeure de s'agréger, sous prétexte que les prédécesseurs de M. l'évêque de Meaux ne l'en ont point sommée. Ils n'y étoient point obligés : le terme d'un an limité aux monastères pour se réduire en congrégation, est purement et simplement une grace à l'égard des monastères de religieuses, parce que le concile de Trente ne le leur a point accordé. Il a distingué les monastères d'hommes de ceux de filles : ceux-là ont eu un an pour s'agréger, et ceux-ci n'ont eu aucun temps; le concile en a remis tout le gouvernement aux évêques comme délégués du Saint-Siége [1]. En voici le décret.

Concilii Tridentini, sessione xxv, *de Regularibus,* cap. IX.

**Monasteria sanctimonialium sanctæ Sedi apostolicæ immediatè subjecta, etiam sub nomine capitulorum sancti Petri vel sancti Joannis, vel aliàs quomodocumquè nuncupentur, ab Episcopis, tanquàm dictæ Sedis delegatis GUBERNFNTUR, non obstantibus quibuscumque. Quæ verò à deputatis in capitulis generalibus, vel ab aliis regularibus reguntur, sub eorum curâ et custodiâ relinquantur.**

S'il est porté dans le chapitre VIII qu'en cas de négligence de la part des monastères de s'agréger, le métropolitain convoquera ceux de sa province pour en former une congrégation, madame l'abbesse de Jouarre n'en sauroit tirer avantage pour deux raisons : l'une, que cette convocation par le métropolitain n'a point été acceptée par l'ordonnance, ni reçue dans notre usage; et l'autre, qu'elle ne regarde que les monastères d'hommes, parce que ceux des religieuses obligées à garder la clôture ne peuvent être convoqués, et que le concile règle dans le chapitre neuvième ci-dessus qu'ils seront gouvernés par les évêques.

[1] Sess. XXV, *de Regul.,* cap. VIII.

Il n'y a donc aucun moyen pour établir qu'il fût nécessaire de sommer l'abbaye de Jouarre de s'agréger ; elle en a été suffisamment interpellée par l'ordonnance. L'exception de cette sommation est d'autant moins recevable, que les choses ne sont plus entières lorsque madame l'abbesse de Jouarre la propose. Il y a une procédure commencée contre elle ; l'évêque est rentré dans l'exercice de sa juridiction.

L'arrêt rendu le 10 janvier 1679 au profit de M. l'évêque de Luçon contre l'abbaye de la Grenetière, a nettement jugé qu'il n'étoit pas besoin de sommation pour soumettre les monastères qui se prétendoient exempts, à la visite du diocésain. Les religieux, prieur et couvent de la Grenetière se prétendant exempts de l'Ordinaire, avoient refusé de recevoir M. l'évêque de Luçon pour visiter leur monastère ; l'official de Luçon avoit décrété un ajournement personnel contre le prieur claustral et le sacriste. Ils en appelèrent comme d'abus, et pendant l'appel obtinrent du visiteur général de la congrégation des Bénédictins exempts de France, un décret par lequel leur communauté étoit unie à sa congrégation. M. l'évêque de Luçon étoit appelant comme d'abus de ce décret. Sur ces appellations comme d'abus respectives, l'arrêt prononce « qu'il n'y a abus dans la procédure faite contre les religieux ; et sur l'appel comme d'abus de l'évêque, qu'il a été mal, nullement et abusivement procédé. Ce faisant, enjoint aux religieux de subir la juridiction et visite de l'évêque de Luçon, et les condamne aux dépens. »

Ces sommations ne furent point aussi jugées nécessaires lors de l'arrêt du 6 mars 1683 pour l'abbaye de la Règle. Il déclare l'abbesse et religieuses sujettes à la visite et à toute autre juridiction et supériorité appartenantes à l'évêque de Limoges, sans avoir égard à l'intervention du syndic de l'ordre de Cluny, auquel elles s'étoient agrégées pendant le procès.

Un autre arrêt donné le 3 août 1679 a maintenu M. l'évêque d'Autun au droit de la juridiction épiscopale sur le monastère, abbesse et religieuses de Saint-Andoche.

Madame l'abbesse de Jouarre n'est pas mieux fondée à soutenir que, quand il est dit dans l'ordonnance, qu'en cas que les monastères refusent ou diffèrent de s'agréger dans l'an, *il y sera pourvu par l'évêque;* ces termes, dit-elle, *Il y sera pourvu par l'évêque*, ne signifient point que les monastères retourneront sous la juridiction de l'évêque; ils expriment seulement que l'évêque pourra les contraindre par son autorité, de s'unir à une congrégation pour se réformer. Cette explication ne s'accorde ni avec le pouvoir de l'évêque, ni avec les paroles et le sens de l'ordonnance : elle ne s'accorde pas avec le pouvoir de l'évêque, d'autant que les monastères ayant laissé passer le temps qui leur est prescrit par l'ordonnance pour s'agréger, il n'est plus en la puissance de l'évêque de les y contraindre : la raison est qu'ils ne peuvent faire l'agrégation sans avoir préalablement obtenu des lettres-patentes pour être relevés du laps de temps porté par l'ordonnance, ils ne peuvent plus être agrégés sans avoir préalablement obtenu d'autres lettres qui leur permettent de s'unir à une congrégation, nonobstant la déclaration du mois de juin 1671, registrée en parlement, qui défend à tous les parlemens de souffrir aucune union nouvelle de monastères à ces congrégations réformées, sans une permission préalable du roi. Or il n'est point encore au pouvoir de l'évêque de donner cette permission ; et ainsi ce n'a point été l'intention de l'ordonnance de le charger de procédures qui ne dépendoient aucunement de lui.

Si l'on réfléchit sur les paroles et sur le sens de l'ordonnance, on verra qu'elle a voulu que les monastères qui auroient négligé durant un an de s'agréger, fussent remis sous la juridiction de l'évêque. Car pourquoi est-ce qu'elle leur a enjoint de se réduire à une congrégation de l'ordre? Elle déclare dans la seconde partie de l'article, que c'est afin *qu'il soit dressé des statuts dans la congrégation, et qu'il y soit commis des visitateurs, pour faire exécuter ce qui aura été arrêté pour la discipline régulière ;* et prévoyant (dans la dernière partie de l'article) qu'il y auroit beaucoup de monastères qui ne voudroient souffrir ni statuts nouveaux de discipline régulière, ni visitateurs qui les fissent observer, elle a ajouté qu'*en cas de refus ou délai, il y sera pourvu par l'évêque;* c'est-à-dire que l'évêque pourvoira à la réformation du monastère, comme la congrégation auroit pu faire s'il s'y étoit uni. Il pourvoira à la discipline régulière en la même forme que les visiteurs de la congrégation auroient fait.

C'est ainsi que les conciles dont l'ordonnance est tirée la doivent faire expliquer. C'est ce que disent les autres ordonnances qui l'ont précédée ou suivie, et c'est ce que les arrêts ont jugé. Le décret du concile de Trente ci-dessus imprimé porte que les monastères de religieuses, soumis immédiatement au Saint-Siége, soient gouvernés par les évêques, *ab episcopis gubernentur :* et de prétendre qu'il n'est point reçu pour ce regard dans le royaume, c'est ce qui ne peut se soutenir. Cet article ne blesse point les libertés de l'Eglise gallicane, il ne fait que renouveler le décret du concile général de Vienne, célébré dans le royaume à la poursuite de nos rois. La décision de ce concile rapportée dans la Clémentine *Attendentes : De statu monachorum*, est conçue en ces termes : *Sacro approbante concilio, duximus statuendum, ut singula monialium monasteria per ordinarios : exempta videlicet, quæ ita Sedi apostolicæ quòd nulli alii subjecta noscuntur, apostolicâ ; non exempta verò, ordinariâ auctoritate ; exempta alia per alios quibus subsunt, annis singulis debeant visitari : privilegiis, statutis, consuetudinibus in contrarium minimè valituris.* Ces derniers monastères sont ceux qui sont gouvernés par chapitres généraux en congrégation.

Voilà les règlemens faits par les deux conciles, dont l'ordonnance de Blois est tirée. Si l'on oppose qu'ils ne donnent pouvoir aux évêques de visiter les monastères de religieuses qu'en qualité de délégués du Saint-Siége, on répond que cette délégation n'est point en usage dans le royaume. Les évêques ne sont pas de simples vicaires du Saint-Siége, ils sont fondés dans une autorité ordinaire ; et les arrêts ont jugé qu'ils ne pouvoient en ce cas et autres semblables procéder comme délégués du Saint-Siége sans commettre abus, parce que ce seroit renverser les degrés de la juridiction ecclésiastique établis par le concordat.

L'ordonnance d'Orléans sert aussi pour interpréter celle de Blois. Elle veut, en l'article XI, que tous abbés et abbesses non étant chefs d'ordre, soient sujets à l'archevêque ou évêque diocésain, sans qu'ils puissent s'aider d'aucun privilége d'exemption.

On convient que l'ordonnance de 1629 n'est pas reçue dans l'usage pour avoir force de loi ; mais comme elle a été composée sur les mémoires des Etats de 1614 et sur ceux de l'assemblée des notables de 1625, et qu'elle a été délibérée dans le conseil du roi, les règlemens qu'elle contient sont de grande autorité. Le roi y enjoint par l'article IV à tous prélats, tant réguliers que séculiers, de procéder dans six mois à la réformation des abbayes, prieurés et autres maisons de leurs diocèses, tant de religieux que de religieuses, non étant en congrégation réformée, y faire garder la règle monastique et clôture, conformément à l'ordonnance de Blois, nonobstant toutes réserves au Saint-Siége.

L'assemblée générale du clergé tenue en 1645, fit un règlement de discipline par lequel, exécutant les conciles et les ordonnances, elle arrêta, en l'article XXV, que tous monastères immédiatement soumis au Saint-Siége, qui ne seroient pas réduits en congrégation réformée dans le délai porté par le concile de Trente et par l'ordonnance de Blois, demeureroient sujets à la juridiction de l'évêque diocésain.

Enfin les arrêts rendus pour les abbayes de la Grenetière, de la Règle et de Saint-Andoche, ci-dessus allégués, ont jugé que les religieux et les religieuses qui ne s'étoient point mis en congrégation, devoient subir la juridiction et visite de leur évêque ; de sorte que toutes les lois civiles et ecclésiastiques concourent pour faire voir que quand l'ordonnance de Blois a voulu qu'en cas de refus ou délai par les monastères de s'agréger, il y fût pourvu par l'évêque, son intention a été que les monastères retournassent sous la juridiction des évêques.

Madame l'abbesse de Jouarre insiste que les évêques de Meaux ne se sont point présentés pour visiter son monastère depuis l'ordonnance de Blois, et ainsi que le pouvoir en est dévolu par leur négligence au métropolitain, du métropolitain au primat, et du primat au Pape, lequel s'étant trouvé ressaisi de la juridiction, a pu députer par un bref M. l'archevêque de Paris pour visiteur de son abbaye.

M. l'évêque de Meaux répond que l'ordonnance n'a point préfini de temps dans lequel les évêques fussent tenus de visiter les monastères qui ne se seroient point agrégés. Elle a bien enjoint aux monastères de se réduire en congrégation dans un an ; mais elle n'a pas déclaré qu'en cas de refus ou délai, les évêques fussent tenus d'y pourvoir dans l'année suivante ; elle a seulement statué qu'ils y pourvoiroient, sans leur imposer la nécessité de le faire dans un certain temps. C'est une circonstance qui montre que ce n'est point un cas sujet à dévolution, parce que la dévolution n'a lieu de l'inférieur au supérieur, pour cause de négligence, que dans les cas où l'inférieur est obligé par la loi de faire un acte dans un certain temps : comme en matière de collations, l'évêque est tenu de pourvoir dans les six mois de la vacance, sinon le droit en est dévolu au métropolitain. Les électeurs doivent élire à une dignité dans les trois mois de la vacance, sinon leur pouvoir est dévolu au supérieur, auquel la confirmation de l'élection appartient : et de vouloir établir cette dévolution, ce seroit remettre les monastères sous la supériorité immédiate du pape, qui y a renoncé dans les conciles de Vienne et de Trente ; ce seroit faire chose directement contraire à l'ordonnance, qui a voulu que les monastères eussent un supérieur dans le royaume.

### Bref d'Innocent XI à M. l'archevêque de Paris.

Pour le bref par lequel le pape a député M. l'archevêque de Paris, visiteur et réformateur de l'abbaye de Jouarre, il est important d'observer que le roi, avant de le solliciter, envoya visiter la communauté de Jouarre par un prêtre de l'Oratoire, à présent évêque. Madame l'abbesse de Jouarre ne rapporte point son procès-verbal, pour faire voir la régularité qu'elle observoit et faisoit observer dans sa maison. Le roi en ayant été informé, donna ordre à son ambassadeur à Rome d'obtenir un premier bref par lequel les sieurs Boust et Vinot, docteurs en théologie, furent députés visiteurs apostoliques de l'abbaye de Jouarre. Ils y firent leur visite en vertu de ce bref ; mais ce second procès-verbal ne paroît point encore.

L'idée qu'on en peut concevoir est que l'autorité de ces docteurs ne fut pas jugée suffisante pour faire ce qui concernoit au bien de l'abbaye ; c'est ce qui obligea le roi d'obtenir, le 6 février 1680, un second bref qui révoqua le premier, et députa M. l'archevêque de Paris commissaire apostolique pour visiter et réformer cette abbaye.

Le second bref expédié sur la réquisition du roi est fondé : *Cùm aliquid reperiatur inordinatum in dicto monasterio;* et dans la suite sont ces termes qui expliquent cet *inordinatum : Quod idem Ludovicus rex ad rectam disciplinæ monasticæ normam revocari plurimùm desiderat.*

Les moyens pour montrer que ce bref ne sert de rien pour la décision de la cause, sont : 1° Qu'il n'a été accordé qu'au roi seul. Il n'a point été concédé à madame l'abbesse de Jouarre, ni aux religieuses de son monastère. Elle n'est point saisie de l'original : et comme ce n'est pas une pièce qui lui appartienne, elle n'en a qu'une copie compulsée dans son sac; de sorte que quand elle l'allègue, c'est l'exception d'un tiers dont elle se défend ; il n'y a que M. le procureur général qui le peut opposer à M. l'évêque de Meaux.

2° M. l'archevêque de Paris n'a point jugé à propos d'exécuter ce bref depuis dix ans qu'il est expédié. Il n'y a point de procès-verbal par lequel il en ait accepté l'exécution; il n'a point subdélégué suivant la faculté qu'il en avoit ; il n'a point envoyé de mandement de visite à l'abbaye de Jouarre ; il n'est point intervenant en la cause pour le soutenir. On dit seulement qu'il a écrit des lettres à madame l'abbesse de Jouarre pour lui permettre de sortir. Ces lettres qui n'ont point été communiquées ni reconnues, ont été lues dans la réplique; mais ce sont plutôt des complimens et des honnêtetés que des permissions de sortir données à une religieuse. M. l'archevêque de Paris n'y prend point la qualité de commissaire apostolique ; et ce n'est point par des lettres que l'exécution d'un bref s'accepte, il faut un acte juridique.

3° Si un arrêt du conseil d'Etat en a permis l'exécution, il n'a pas été rendu sur la requête de madame l'abbesse de Jouarre pour qu'elle puisse s'en servir ; c'est un arrêt donné sans réquisition d'aucune partie, et sans que M. l'évêque de Meaux ait été ouï : le roi n'y a point fait défenses à tous juges de connoître des contestations qui naîtroient sur l'exécution de ce bref : il n'en a point réservé la connoissance à sa personne; et ainsi la Cour a la liberté entière d'y prononcer.

4° Ce bref n'a été accordé que sur le fondement que l'abbaye de Jouarre étoit exempte de l'Ordinaire et sujette au pape, *ut asseritur ;* cependant elle ne l'est point; c'est donc un bref nul et obreptice.

5° Ce bref ne déroge point aux conciles de Vienne et de Trente, qui soumettent aux Ordinaires tous les monastères de religieuses dépendans immédiatement du pape. L'arrêt du conseil d'Etat ne déroge point aussi aux ordonnances d'Orléans et de Blois, qui remettent tous les monastères non étant en congrégation sous la juridiction des évêques; et ainsi le pouvoir que les conciles et l'ordonnance attribuent à M. l'évêque de Meaux, ne lui étant ôté ni par ce bref, ni par cet arrêt, il peut s'en servir.

6° Il étoit nécessaire de faire confirmer ce bref par lettres-patentes et de les faire registrer; c'est ce qui n'a point été fait.

7° Ce bref est caduc, pour avoir été négligé et abandonné durant dix années : *Pro derelicto habitum.* Ce n'est qu'une commission de justice adressée à un juge extraordinaire, laquelle n'ayant point eté exécutée dans l'an, elle est finie par le laps de ce long temps sans exécution, et l'on ne sauroit la faire revivre pour empêcher que ce juge ordinaire n'exerce ses fonctions.

8° Cette commission est expirée par la mort du pape Innocent XI ; car les rescrits de justice finissent par la mort du déléguant, lorsque les choses sont encore entières au temps de son décès ; c'est ce qui est décidé, cap. *Relatum :* cap. *Gratum : De officio et potestate. Si delegans ante litis contestationem decessit, non est à judicibus quos delegaverat ex delegatione hujusmodi procedendum.*

Quand on dit que les concessions faites par les papes à nos rois sont perpétuelles et irrévocables, cela est vrai pour les indults et autres rescrits de grace qu'ils leur accordent; mais pour les rescrits de justice, qui ne contiennent qu'une députation de commissaire, ils ne sont point exceptés de la loi qui les fait expirer.

La circonstance que celui-ci a été confirmé par un arrêt du

conseil d'Etat, ne l'a point perpétué au delà de la mort du Pape contre la disposition du droit, parce que cet arrêt n'est point un acte du commissaire député pour l'exécuter ; il ne contient qu'une permission de mettre le rescrit à exécution, et c'est ce qui n'a point été fait.

Il faut encore considérer que ce bref donne à M. l'archevêque de Paris une juridiction immédiate, et en première instance dans le diocèse de son suffragant, hors les cas marqués par le droit; et que si M. l'archevêque de Paris avoit fait une visite dans ce monastère dont il y eût appel, il le faudroit relever en cour de Rome, et non pas au primat, d'autant qu'il n'y auroit pas procédé comme archevêque de Paris, mais en qualité de commissaire du Pape : c'est ce qui renversoit l'ordre et les degrés de la juridiction ecclésiastique établis par le concordat.

### Arrêt de 1631.

Madame l'abbesse de Jouarre prétend que quand ce bref lui seroit inutile, son exemption ne pourroit pas être contestée ; d'autant qu'elle a été confirmée depuis l'ordonnance de Blois par un arrêt du 26 mai 1631, sur les conclusions de feu M. l'avocat général Talon. Mais cet arrêt n'a point été rendu avec les prédécesseurs de M. l'évêque de Meaux; il ne s'y agissoit ni de visite, ni de correction de mœurs. Un curé avoit fait assigner l'abbesse de Jouarre devant l'official de Meaux pour se désister d'un droit de dîmes; il y avoit eu une sentence qui avoit débouté l'abbesse de son déclinatoire. Elle en étoit appelante comme d'abus ; et sur son appel il intervint arrêt, sans que l'évêque ni ses officiers fussent parties entre le curé et l'abbesse seulement, par lequel il fut dit qu'il y avoit abus dans la sentence, et la cause renvoyée devant l'abbé de Sainte-Geneviève, comme conservateur des priviléges apostoliques.

Si cet arrêt a été l'effet d'une conclusion, c'est ce que M. l'évêque de Meaux n'examinera point ; il remarquera seulement qu'il ne déclare point l'abbesse exempte de la visite de l'ordinaire; que si les moyens sur lesquels l'abbesse fonde son exemption y ont été allégués, il n'y a point été parlé de ceux que l'évêque tire des conciles de Vienne et de Trente, et de l'ordonnance; et pour le plaidoyer de feu M. l'avocat général Talon, ce n'est point son ouvrage : la minute qui est au greffe n'est point paraphée de lui ; il n'y a eu qu'un commis au greffe qui y ait eu part, et les conclusions en sont fondées sur des lettres-patentes confirmatives de l'exemption de Jouarre, registrées, qui ne paroissent point.

### Le bref d'Hière.

La prétention que le bref qui a député le sieur abbé Chamillard, visiteur de l'abbaye d'Hière, est un exemple pour faire confirmer celui donné pour l'abbaye de Jouarre, n'est pas mieux fondée; car ces deux brefs ne sont pas semblables. Celui-là a été concédé sur la requête de l'abbesse et des religieuses d'Hière : celui de Jouarre a été expédié sans la participation de l'abbesse et des religieuses et sur la seule réquisition du roi. Celui-là est confirmé par lettres enregistrées en la cour : celui-ci n'est autorisé ni par lettres-patentes, ni par arrêt d'enregistrement. Celui-là a été accepté en forme judiciaire par le commissaire que le Pape a député : celui-ci ne l'a point été. L'Ordinaire ne réclame point contre celui-là, il en agrée l'exécution : M. l'évêque de Meaux soutient que celui-ci ne peut être exécuté.

### Réponse aux actes de possession concernant l'exemption.

C'est une circonstance importante pour faire voir l'abus de cette possession, que depuis que le monastère de Jouarre se prétend soumis immédiatement au Saint-Siége, le Pape ne l'a point visité ni fait visiter par aucun subdélégué. Il n'y a point eu de commissaire apostolique nommé pour donner aux abbesses et aux religieuses de Jouarre les permissions dont elles ont eu besoin pour sortir, ni pour accorder aux séculiers celles d'entrer dans le monastère, pour approuver les confesseurs ordinaires et extraordinaires de l'abbesse et des religieuses; pour recevoir les plaintes de la communauté, procéder à sa réformation, et faire tous les règlemens nécessaires afin d'entretenir la discipline monastique. L'abbesse et les religieuses ont vécu dans l'indépendance, sans qu'aucun supérieur ait veillé sur leur conduite. Voilà la possession en laquelle madame l'abbesse de Jouarre demande d'être maintenue.

Elle a dit en sa réplique que les précédentes abbesses avoient député des vicaires pour visiter les religieuses; et pour le justifier, elle a communiqué un vicariat du 17 juin 1518. Mais une abbesse ne peut pas se choisir un visiteur sans la permission de son supérieur, et ce vicariat n'a point été exécuté. Il n'y a point eu de procès-verbal de visite, ni de comptes représentés pour voir comment le temporel de l'abbaye est administré; de sorte qu'il est constant dans le fond qu'il n'y a pas eu depuis quatre cent cinquante années un seul acte de supériorité, juridiction, visite ou correction exercé sur les abbesses et religieuses de Jouarre : quelque nécessité qu'il y ait eu d'y faire la visite, il ne s'y en est point fait, sinon celles qui ont donné lieu en ce dernier temps aux deux brefs dont il a été parlé ci-dessus.

Les prédécesseurs de M. l'évêque de Meaux n'ont osé se présenter pour visiter ce monastère, par respect des noms de Charlotte de Bourbon, de Louise de Bourbon, de Jeanne de Bourbon, de Madeleine d'Orléans, de Marguerite de la Trimouille, de Jeanne de Lorraine et autres princesses qui en ont été consécutivement abbesses depuis deux cents ans; la crainte du procès qu'il leur eût fallu soutenir contre des personnes de ce rang, les a retenus dans le silence. Mais ce défaut ne fait pas que les évêques de Meaux en aient perdu le droit. Il n'y a point d'archevêque ni d'autre supérieur qui l'ait prescrit contre eux, et ce monastère a été incapable de prescrire de son chef l'exemption; le droit de visite est imprescriptible par l'inférieur contre son supérieur : cap. *Cùm non liceat : De præscriptionibus.*

Et venant aux actes particuliers de sa prétendue possession, il paroît qu'elle n'en a point depuis la sentence arbitrale du cardinal Romain de l'an 1225 jusqu'en 1457; ce sont d'abord deux cent trente années de vide qui se rencontrent sans aucun acte de possession : et il est arrivé pendant le cours de ces deux cent trente années, que le concile général de Vienne a été célébré dans le royaume, à la réquisition du roi Philippe le Bel, en l'an 1311; et que par ce concile, dont le texte est rapporté dans la Clémentine

*Attendentes : De statu monachorum*, toutes les religieuses exemptes ont été soumises à la visite des ordinaires, *non obstantibus exemptionibus et privilegiis quibuscumque :* ce sont les termes du concile qui emportent une révocation des exemptions, et qui font voir que si madame l'abbesse de Jouarre avoit des actes de possession de son exemption postérieurs à ce concile général, ils ne pourroient passer que pour une usurpation contre le droit public, ce seroient des abus et des entreprises contre la loi.

En effet les premières pièces communiquées par madame l'abbesse de Jouarre sont : un acte de 1457 par lequel Jean, évêque de Meaux, déclare qu'encore qu'il confère les ordres et le sacrement de confirmation dans l'abbaye de Jouarre à ses diocésains, ou aux sujets de la juridiction spirituelle de l'abbesse, les priviléges de l'abbaye n'en recevront aucun préjudice : un procès-verbal de la bénédiction du cloître de l'abbaye de Jouarre en 1552 par l'évêque de Philadelphie, et un autre procès-verbal de la consécration de l'Eglise de Jouarre en 1588, par l'évêque de Digne.

Ces trois pièces prouvent que les abbesses se prévalant de l'autorité de leur naissance, usurpoient des droits qui ne leur appartenoient point par leurs propres titres, parce que la sentence du cardinal Romain réservoit expressément à l'évêque de Meaux la consécration des autels, l'ordination des clercs de Jouarre, la bénédiction des religieuses et les autres actes qui dépendent du caractère épiscopal. Cependant les abbesses de Jouarre se mettent en possession de faire faire ces mêmes actes par d'autres évêques, qu'elles choisissent sans le consentement de celui de Meaux contre leurs propres titres.

C'est dans le même esprit qu'elles se sont qualifiées de nul diocèse, *nullius diœcesis*, par plusieurs de leurs bulles de provision, afin de faire croire qu'elles n'avoient pas seulement une exemption personnelle, mais qu'elles en avoient une réelle ; que leur territoire étoit exempt; et néanmoins la sentence arbitrale du cardinal Romain déclare qu'elles sont *Diœcesis Meldensis*.

Madame l'abbesse de Jouarre tire un grand avantage de ce que toutes les bulles des précédentes abbesses les qualifient depuis un temps immémorial sujettes immédiatement au Saint-Siége, de ce que ces bulles ont été fulminées avec cette même qualité, et qu'il y en a même eu plusieurs exécutées par les officiaux de l'évêché de Meaux.

Lorsque les officiers de cour de Rome souffrent ces énonciations en des bulles d'abbayes de religieuses, ce n'est pas pour exempter de la visite des évêques les monastères qui ne sont point en congrégation : c'est pour engager les évêques à y procéder non pas comme évêques, mais en qualité de délégués du Saint-Siége suivant l'esprit du concile de Trente; c'est pour avoir le prétexte de dire que la juridiction appartient toujours à la cour de Rome en première instance sur les religieuses; et que si les évêques l'exercent, ce n'est que comme simples vicaires du Pape. Or cette manière de procéder ne s'accorde pas avec les anciens canons, qui désirent que les évêques étant successeurs des apôtres, exercent de leur chef leur juridiction dans leurs diocèses; et lorsque quelques-uns ont voulu procéder comme vicaires du Saint-Siége, les arrêts ont jugé leurs procédures abusives, par la raison que quand l'ordonnance de Blois a accepté le décret du concile qui soumet aux ordinaires les monastères non en congrégation, elle n'a pas dit qu'il y seroit pourvu par l'évêque en qualité de délégué du Saint-Siége, elle a simplement dit qu'il y seroit pourvu par l'évêque : et si l'on en usoit autrement, ce seroit renverser les degrés de la juridiction ecclésiastique établis par le concordat, d'autant que l'appel de l'évêque n'iroit plus au métropolitain, ni du métropolitain au primat, il faudroit le porter directement en cour de Rome, attendu que l'évêque n'auroit visité et fait ses ordonnances que comme vicaire du Saint-Siége.

Si quelque official de Meaux a fulminé des bulles avec déclaration qu'il n'entendoit point préjudicier aux priviléges de l'abbaye de Jouarre, c'est une procédure dont l'on ne sauroit argumenter contre l'évêque, parce qu'il n'a pas été au pouvoir d'un official d'aliéner une juridiction dont il n'étoit que dépositaire. Il faut en revenir à l'examen du droit prétendu par le monastère, et observer qu'il y a plusieurs de ces bulles, et entre autres celles de Jeanne de Bourbon de l'an 1586, de Jeanne de Lorraine de 1611, et celle de madame l'abbesse de Jouarre de l'an 1655, par lesquelles les papes donnant la faculté aux abbesses de se faire bénir par un autre que par le diocésain, il déclare que c'est sans préjudicier aux droits de l'évêque de Meaux : *Quòdque per hoc venerabili fratri nostro Episcopo Meldensi, cui dictum monasterium ordinario jure subesse dignoscitur, nullum in posterum præjudicium generetur.*

La bulle accordée par Clément VII en 1525 à l'abbaye de Jouarre pour confirmer son exemption, est une pièce pareillement inutile : elle n'autorise que *privilegia et alia indulta vobis et vestro monasterio ritè concessa :* elle ne spécifie aucun de ces priviléges ni sa teneur : c'est une confirmation en termes vagues et généraux, sans ouïr ni appeler les parties intéressées; qui n'approuve que les priviléges concédés dans les formes, *ritè concessa*, sans attribuer aucun droit.

Pour les présentations de diverses cures adressées aux évêques de Meaux, par lesquelles les abbesses de Jouarre se sont qualifiées sujettes immédiatement au Saint-Siége, madame l'abbesse n'en sauroit tirer avantage. Ce sont des actes demeurés en sa possession, dans lesquels les abbesses ont mis ce que bon leur a semblé; les provisions que les évêques de Meaux ont expédiées sur les présentations des abbesses, ne contiennent point de clause semblable. C'est de ces provisions qu'on pourroit argumenter contre les évêques, et non pas de ces présentations qui ne sont point de leur fait, et qui ne sont peut-être pas seulement venues à leur connoissance.

Enfin madame l'abbesse de Jouarre a remontré dans sa réplique que cette cause étoit de la dernière conséquence pour Rome, parce que si elle perdoit sa cause, on ne manqueroit pas de s'y plaindre de ce que le parlement auroit cassé la Décrétale, *Ex parte : De privilegiis*, qui avoit confirmé l'exemption de son monastère.

M. l'évêque de Meaux n'examinera point en cet endroit la teneur de cette décrétale, parce qu'il l'a fait ci-devant où elle est transcrite. Il remarquera seulement que quand cette décrétale auroit accordé à l'abbaye de Jouarre une exemption revêtue de toutes les formes requises pour sa validité, Rome ne se pourroit plaindre de ce que le monastère de Jouarre auroit maintenant été assujetti à la juridiction de l'Ordinaire, parce que les papes auroient depuis dérogé à son exemption par les conciles de Vienne et de Trente et par plusieurs bulles, qui ont soumis aux évêques tous les monastères de religieuses, non étant en congrégation.

Il ne faut point qu'elle allègue le concile de Constance pour dire que son exemption étant antérieure à la mort de Grégoire XI, elle y a été approuvée. Ce concile a révoqué les exemptions concédées par les papes depuis la mort de Grégoire XI, pendant le schisme d'Avignon. Et à l'égard de celles qui étoient plus anciennes, il n'est point vrai qu'il les ait confirmées. Il ne les a ni autorisées ni infirmées : il a seulement déclaré qu'il n'entendoit point y faire préjudice : *Cæteris autem exemptionibus ante obitum dicti Gregorii habitis vel concessis, nullum volumus per hoc præjudicium generari;* c'est-à-dire qu'il les laisse en l'état qu'elles étoient, sans décider sur leur validité ou invalidité. Mais le concile de Trente est depuis survenu, ensemble les ordonnances d'Orléans et de Blois, qui ont résolu en faveur des évêques toutes les difficultés qui pouvoient être formées sur ce sujet.

### Réponse de M. l'évêque de Meaux à la sentence arbitrale du cardinal Romain, et à la possession prétendue de la juridiction épiscopale sur le clergé et sur le peuple de Jouarre.

La sentence arbitrale donnée au mois de novembre 1225 par le cardinal Romain, légat du Pape, contient quatre chefs différens. Par le premier elle ordonne que l'abbesse et le couvent du monastère de Jouarre prendront le chrême et les saintes huiles de l'évêque de Meaux; qu'il appartiendra à l'évêque de faire les consécrations des autels, les bénédictions des religieuses et les ordinations des clercs, et néanmoins que l'abbesse pourra se faire bénir par tel évêque que bon lui semblera.

Par le second, elle déclare le monastère de Jouarre, le clergé et le peuple de la ville et paroisse de Jouarre, exempts de la juridiction épiscopale de l'évêque de Meaux; en sorte que l'évêque ne pourra leur demander le droit de procuration qui lui avoit été adjugé par le Pape, ni aucun autre droit quel qu'il soit.

Par le troisième, il est dit que le monastère de Jouarre, le clergé et le peuple sont affranchis de tous droits envers l'église de Meaux, sans préjudice de deux muids de grain que l'évêque de Meaux a le droit de prendre sur la grange de Trocy appartenant à l'abbaye de Jouarre, et de la cire due au trésorier de l'église de Meaux.

Et par le dernier, la sentence ordonne en outre que l'abbesse et le couvent paieront par chacun an à l'évêque de Meaux dix-huit muids de blé sur les dîmes de la paroisse de May, les deux tiers hivernage et le tiers avoine; et qu'au cas que les dîmes de May ne soient pas suffisantes pour payer cette quantité de grain, ce qui s'en défaudroit sera pris sur la dîme de Trocy appartenant à l'abbaye. Pourront néanmoins l'abbesse et le couvent acquérir d'autres dîmes pour les bailler à l'évêque en récompense de cette redevance, et l'évêque sera tenu de les accepter, pourvu que ce ne soient pas dîmes que l'évêque voulût racheter dans son fief.

M. l'évêque de Meaux a incidemment appelé comme d'abus de cette sentence, en ce qu'elle déclare le monastère, le clergé et le peuple de Jouarre, exempts de sa juridiction et immédiatement sujets au Pape. Ses moyens sont,

1° Qu'elle est contraire au concile général de Chalcédoine, qui a soumis tous les moines à la juridiction de l'évêque : *Monachos autem qui sunt in unaquâque regione et civitate, episcopo subjectos esse* [1]. Elle est contraire aux conciles nationaux tenus en France, à Agde en 506, et à Orléans en 511 : *Abbates pro humilitate religionis in episcoporum postestate consistant ; et si quid extra regulam fecerint, ab Episcopis corrigantur.* Et elle blesse la police universelle de l'Eglise, qui veut que les curés soient sujets à la juridiction de l'évêque, pour lui répondre de l'administration de la parole de Dieu et des sacremens au peuple.

Madame l'abbesse de Jouarre a prétendu qu'il y avoit d'autres canons qui avoient autorisé les exemptions; et pour le montrer, elle a cité le concile de Carthage tenu en 525. Mais à quoi bon recourir à ce concile d'Afrique, puisqu'il y en a de plus anciens qui ont réglé la difficulté dans le royaume? Pourquoi l'alléguer, puisqu'il n'y est point parlé de monastères sujets immédiatement

[1] *Conc. Chalced.*, can. 4.

au Saint-Siége, et que sa décision ne dit rien autre chose, sinon que : *Erunt igitur omnia omninò monasteria, sicut semper fuerunt, à conditione clericorum modis omnibus libera, sibi tantùm et Deo placentia?* Si ces mots : *Libera à conditione clericorum*, ont besoin d'explication, il n'y a qu'à consulter le glossaire du sieur du Cange sur le mot *conditio*, l'on verra que ce terme signifie *obnoxiatio*, *tributum*, *pensitatio;* et qu'entre plusieurs preuves que cet auteur en rapporte, il se sert du texte d'un autre concile tenu à Carthage en 535 sous Réparat, évêque, où il est dit : *Neque ecclesiasticis eos conditionibus aut angariis subdens.* Le terme *angariis*, qui signifie des corvées, explique l'autre et fait voir que les religieux n'étoient lors affranchis que de droits temporels.

2° Cette sentence arbitrale est contraire aux anciennes ordonnances du royaume, savoir aux *Capitulaires* de Charlemagne [1], portant confirmation des anciens conciles, qui ont déclaré que l'élection des abbesses seroit confirmée par l'évêque auquel le monastère étoit sujet; qui ont expressément autorisé le décret du concile d'Orléans pour la puissance des évêques sur les religieux et religieuses, et qui sont remplis de textes pour justifier qu'il appartient aux évêques de corriger les abbés et les abbesses.

3° Cette sentence est contraire aux constitutions d'Honoré II et d'Alexandre III, qui avoient déclaré l'abbesse de Jouarre, le clergé et le peuple, sujets à la juridiction de l'évêque de Meaux ; le cardinal Romain y a excédé son pouvoir, parce qu'il y a infirmé le jugement de deux Papes, auquel il ne pouvoit déroger sans un mandement spécial.

4° Cette sentence a été rendue sans que les parties intéressées y aient été appelées. L'archevêque de Sens, alors métropolitain de Meaux, y avoit intérêt, parce que l'appel de l'évêque de Meaux ressortissoit devant lui. Le primat de Lyon y avoit aussi intérêt, parce que l'appel du métropolitain de Sens se relève devant lui. Ils n'y ont pourtant point été appelés ni l'un ni l'autre : la sentence les a privés de leur juridiction métropolitaine et primatiale sans les entendre. C'est un moyen d'abus auquel madame l'abbesse de Jouarre a répondu qu'il paroissoit par le chapitre *Cùm à nobis* :

---

[1] Lib. V, art. 384; lib. VI, art. 139.

*De arbitris*, qu'il y avoit eu un accommodement fait entre l'archevêque de Sens et l'abbesse, lequel avoit été homologué ; mais cet accommodement n'est point représenté, et l'on ne sait point quelles en sont les conditions. Si l'exemption a subsisté ou a été détruite, il n'en est rien dit dans ce chapitre. C'est une pièce que les agens de madame l'abbesse suppriment.

5° Cette sentence est contraire aux anciennes coutumes de l'Eglise gallicane, selon lesquelles aucun monastère ne se peut prétendre exempt de la juridiction de l'Ordinaire, si son exemption n'a été confirmée par lettres-patentes. C'est une ancienne police du royaume, justifiée par toutes les plus anciennes exemptions qui se trouvent approuvées par lettres du roi, dont la formule est rapportée par Marculphe ; c'est la seconde de ses formules, et c'est ce qui est porté par l'article 71 des libertés de l'Eglise gallicane, compilées par le sieur Pithou. Cependant l'abbaye de Jouarre n'a jamais eu aucunes lettres du roi pour autoriser sa prétendue exemption et pour déroger aux ordonnances, qui veulent que tous monastères soient sujets à la juridiction de l'évêque.

Voilà cinq moyens sur lesquels M. l'évêque de Meaux a fondé son appel comme d'abus. Il les soutient suffisans pour faire dire qu'il y a abus dans cette sentence arbitrale, en ce qu'elle déclare le monastère, le clergé et le peuple de Jouarre exempts de sa juridiction. C'est une circonstance importante, qu'ils n'ont rien de commun avec les deux redevances en grains, que l'abbaye de Jouarre est condamnée par la même sentence de payer à l'évêché de Meaux ; et ainsi elle peut être abusive au chef de l'exemption, et ne l'être pas au chef de ces deux redevances.

S'il y a de l'abus dans le chef de la sentence qui prononce sur l'exemption, ce n'est pas une conséquence qu'il y en ait dans celui qui juge que les deux rentes en grain sont dues. Le décret du concile de Trente qui soumet aux évêques les monastères non étant en congrégation, n'est pas en usage en ce qu'il ordonne que les évêques n'y exerceront leur juridiction ordinaire qu'en qualité de délégués du Saint-Siège ; mais il est approuvé par l'ordonnance pour le surplus de la disposition. Les bulles contenant les facultés des légats *à latere* qui viennent en France, sont abusives, en ce qu'elles sont contraires aux libertés de l'Eglise gallicane, et le parlement les modifie pour ce regard; mais il en ordonne l'exécution pour les articles qui ne blessent point la discipline du royaume. C'est ce qui fait voir qu'une bulle ou une sentence peuvent être abusives dans un chef et être légitimes dans l'autre, lorsque les différens chefs sont indépendans l'un de l'autre et roulent sur différens fondemens. Il y en a plusieurs exemples dans les arrêts de la cour.

A l'égard de la prétention que la redevance de dix-huit muids de grain a été accordée pour récompense de l'exemption et qu'il en faut par conséquent décharger l'abbaye de Jouarre, attendu que c'est une simonie, M. l'évêque de Meaux renonceroit à cette redevance, s'il la croyoit fondée sur une convention simoniaque; mais ce fait ne lui paroissant point, il ne peut ni ne doit le faire, parce que ce seroit aliéner le domaine de son évêché au préjudice de ses successeurs.

La simonie est un crime dont une abbesse, un évêque et un cardinal ne doivent pas être jugés coupables, sur de simples présomptions, plus de 450 années après leur mort. Ce n'est point par des interprétations, ni en suppléant des clauses à un acte, que des personnes constituées en de si grandes dignités en peuvent être chargées; le fait ne peut leur en être imputé qu'en trouvant dans une pièce une convention précise sur un droit spirituel qui ait été cédé pour un temporel. Or il n'y a rien de semblable dans la sentence arbitrale du cardinal Romain; car les parties n'y conviennent d'aucune chose : c'est lui seul qui ordonne, et il n'ordonne pas que l'abbesse et son monastère seront exempts moyennant la redevance de dix-huit muids de grain : il n'y dit pas que cette redevance sera payée à l'évêque pour récompense de l'exemption : sa sentence porte seulement que l'abbesse et le couvent paieront par chacun an les dix-huit muids de blé à l'évêque, sans en spécifier la cause, parce qu'il n'y a point de loi qui désire, et ce n'est point l'usage qu'un arbitre ou un juge expliquent les raisons de leur jugement dans le dispositif.

De dire que c'est une nouvelle charge qui a été imposée à l'abbaye, parce que quand la sentence prononce pour les deux muids sur la grange de Trocy, elle porte : *Salvis duobus modiis, quos habet Episcopus in grangiâ de Trocy;* et quand elle prononce pour les dix-huit muids sur les dîmes de May, elle dit : *Sanè ordinamus, quòd Abbatissa et conventus persolvent;* c'est ce qui ne résulte point de cette prononciation qui a distingué ces deux redevances, parce qu'elles étoient assignées sur différentes dîmes : l'une sur les dîmes de Trocy, et l'autre sur les dîmes de May; et s'il y avoit quelque doute, il y auroit bien plus lieu de croire que les dîmes de May étoient contestées entre l'évêque et l'abbesse, et que pour terminer la contestation, la redevance de dix-huit muids a été établie, que de soutenir qu'elle ait été réglée pour une récompense criminelle, dont il n'est fait aucune mention dans l'acte.

Les parties n'étoient pas seulement en différend pour l'exemption, la sentence justifie qu'elles avoient compromis, tant sur l'exemption que sur toutes les autres choses contestées entre eux : *Tam super iis de quibus actum extiterat, quàm etiam super omnibus aliis quæ quoquo modo poterant, ratione proprietatis vel possessionis, ad jus episcopale, lege diœcesanâ, vel jure communi, seu alio quocumque jure, spectare.* C'est cette clause qui a donné lieu au cardinal Romain de statuer sur la redevance des deux muids, sur la cire du trésorier, et ensuite sur la rente des dix-huit muids.

Et pour montrer que ces dix-huit muids n'ont point été accordés pour indemniser l'évêque de la perte de sa juridiction épiscopale, c'est que s'ils lui avoient été accordés pour indemnité, le chapitre de Meaux y auroit eu part, pour récompense de ce qu'il auroit été privé de sa juridiction pendant la vacance du siége; les archidiacres de Meaux y auroient aussi eu part, pour les dédommager de leurs droits de visite sur le chapitre et sur le curé de Jouarre. Le chapitre de Meaux et ses archidiacres étoient parties dans le compromis; ils sont établis dans les qualités de la sentence pour défendre leurs intérêts; cependant ils n'ont aucune part dans cette redevance, ni pendant que le siége est rempli, ni durant la vacance du siége; c'est un témoignage certain que cette redevance n'a point été causée pour indemnité de l'exemption. Pour le confirmer il n'y a qu'à faire réflexion sur ce qui s'est pratiqué pour désintéresser l'archevêché de Sens de ce qu'on en avoit distrait les évêchés de Chartres, Meaux et Orléans, pour ériger l'archevêché de Paris. Le Pape a uni du consentement du roi l'abbaye du Mont-Saint-Martin à l'archevêché de Sens, à la charge que vacation arrivant de l'archevêché de Sens, les fruits de ladite abbaye appartiendront, pour la première année de chaque vacance au chapitre de Sens, sur iceux prise la somme de mille livres, payable à l'archidiacre de Sens pour ses droits.

Cette union de l'abbaye du Mont-Saint-Martin sous ces conditions, a été confirmée par lettres-patentes registrées en la cour le 17 mai 1672, et la même chose s'est observée lorsque l'évêché d'Albi a été exempté de la juridiction de son métropolitain de Bourges. Le chapitre de Bourges a obtenu qu'à chaque vacance il jouiroit pendant la première année, des quinze mille livres de rente que l'évêché d'Albi a données de récompense à l'archevêché de Bourges. Ce sont autant d'exemples qui persuadent que si les dix-huit muids de grain avoient été ordonnés pour désintéresser l'évêché de Meaux, le chapitre de Meaux et l'archidiacre y auroient eu part; et que n'y en ayant point eu, il est certain que cette redevance n'a point été assignée pour récompense de l'exemption.

Aussi, lorsque cette redevance de dix-huit muids de grain a été contestée en justice, le monastère de Jouarre a perpétuellement été condamné de la payer. M. l'évêque de Meaux a levé au greffe un arrêt du 22 janvier 1486, confirmatif d'une sentence des requêtes du palais qui en avoit ordonné le paiement; et en 1565 le procès pour le paiement de cette redevance ayant été renouvelé, l'abbesse le fit évoquer au parlement de Rouen, où elle fut condamnée par arrêt contradictoire de la payer; et il est fait mention dans le vu de l'arrêt, de la sentence arbitrale de 1225, en ces termes : « Extrait d'une sentence donnée à Meaux par Romain, cardinal légat en France, en l'an 1225, entre les religieuses, abbesse et couvent de Jouarre d'une part, et l'évêque de Meaux, qui pour lors étoit d'autre part. »

Le vu de cet arrêt forme une circonstance décisive, parce que si cette sentence avoit été simoniaque, les juges qui l'examinèrent en 1565 s'en seroient aperçus ; et la trouvant infectée de simonie, ils auroient déchargé le monastère du paiement de cette redevance, au lieu de le condamner à en acquitter les arrérages. Il ne faut pas dire que l'exemption n'étant point alors contestée, la redevance devoit être continuée : car soit que l'exemption fût contestée ou ne le fût pas, la redevance n'étoit point due ; il n'y a point de juges qui eussent voulu l'autoriser, s'ils l'eussent estimée simoniaque.

Madame l'abbesse de Jouarre, qui sait que cette redevance est fondée sur des causes légitimes, n'est point demanderesse en requête pour en être déchargée, ni en requête civile pour faire rétracter les arrêts de 1486 et de 1565, qui l'ont condamnée de la payer.

Que si cette sentence arbitrale est insérée dans le Cartulaire de l'église de Meaux, c'est un argument qu'il n'y a point de simonie, parce que s'il y en avoit eu, ceux qui ont pris le soin de le composer ne l'y auroient point mise : ils l'auroient supprimée, et auroient porté les évêques à purger leur église d'un bien si mal acquis ; mais la rente de dix-huit muids de grain leur ayant paru légitime, ils ont jugé à propos d'en conserver cette preuve à la postérité.

L'acquiescement des parties à la sentence arbitrale ne marque point aussi de simonie : il ne contient aucune convention ; et si M. l'évêque de Meaux ne rapporte pas des titres antérieurs à cette sentence pour montrer que la redevance ou les dîmes de May, sur lesquelles elle est assignée, lui appartenoient avant l'année 1225, le temps de plus de quatre cent soixante années, qui se sont écoulées depuis, l'en dispense. Il n'est point permis, après le laps de tant de siècles, d'ajouter à ladite sentence une cause de cette redevance, qui n'y est point écrite. S'il y avoit quelque doute, le respect dû à la mémoire d'un cardinal légat, recommandé dans l'histoire pour les grands services qu'il a rendus à l'Eglise, la devroit plutôt faire interpréter en bonne qu'en mauvaise part.

### Réponse à la collation de la cure.

M. l'évêque de Meaux convient que madame l'abbesse de Jouarre est en possession de conférer de plein droit la cure de Jouarre ; mais il soutient que c'est une usurpation et un abus intolérable. C'est une usurpation, parce que le titre même que madame l'abbesse de Jouarre a tiré du Cartulaire de Faremontier, pour montrer que le curé de Jouarre étoit exempt d'aller au synode, porte que les curés des paroisses de Rebais et de Jouarre recevoient la charge des ames de la main de l'évêque ; c'est une des pièces que M. l'évêque de Meaux a fait imprimer : *Quoniam audivimus sacerdotes Jotrensem et Resbacensem, qui similiter curam de manu Episcopi suscipiunt, nunquàm ad synodum venisse ex antiquâ consuetudine.*

Pour autoriser cette usurpation, madame l'abbesse de Jouarre a cité la Glose sur le chapitre *Dilecta : De majoritate et obedientiâ,* où il est parlé d'une abbesse qui confère des bénéfices ; mais il n'y est pas dit que ce fût des églises paroissiales ou autres bénéfices ayant charge d'ames ; c'étoient des bénéfices tels que les chapelles et les canonicats que madame l'abbesse de Jouarre confère de plein droit dans son abbaye, et que M. l'évêque de Meaux ne lui conteste point. C'est ce qui sert de réponse à la multitude des exemples qui ont été allégués, pour faire voir qu'il y a plusieurs seigneurs laïques qui confèrent des bénéfices, et qu'il est fait mention dans la règle *De mensibus et alternativâ,* de femmes qui étoient collatrices. Tout cela s'entend de bénéfices sans charge d'ames et sans juridiction spirituelle.

Si du Moulin a dit sur la règle *De infirmis,* num. 420, qu'il y avoit des laïques et des religieuses proche Etampes qui conféroient des cures de plein droit, il faut tomber d'accord, suivant son sentiment, que leur collation ne pouvoit être donnée qu'à la charge de prendre par le pourvu l'institution autorisable de l'évêque : c'est ce qu'il a parfaitement expliqué dans ses notes sur le *Commentaire des règles du droit civil* par Décius ; où examinant la règle qui exclut les femmes de toutes les charges, Décius traite la question de savoir si une abbesse peut avoir la collation de quelques bénéfices. Sur quoi du Moulin répète : « Beneficiorum etiam curatorum parochialium, ut quandoquè vidi, tamen institutio autorisabilis necessariò semper spectabit ad episcopum à quo separari non potest, ut notatur per Philippum Francum in capite unico, *De capellis monachorum; De verborum significat.* In Sexto.

In tantum, quod etiam ubi hujusmodi beneficia curata conferuntur à rege jure regaliæ, ut in Scotiâ, tamen institutio autorisabilis debet spectare ad episcopum[1]. »

La tradition de la charge des ames dépend tellement de l'évêque, que si un archidiacre se trouve en possession immémoriale de la donner, le pape Alexandre III a décidé, cap. *Cùm satis : De officio archidiaconi*, que c'étoit un abus : « Mandamus ut nemini sine licentiâ et mandato episcopi curam præsumas committere animarum. » Quoique les prêtres reçoivent dans leur ordination la puissance d'absoudre, l'Eglise ne leur donne pas toutefois des sujets sur lesquels ils puissent exercer cette juridiction : elle ne leur permet pas de confesser et d'annoncer la parole de Dieu au peuple. Ils ont besoin d'une approbation et d'une mission de l'évêque ; et pour l'obtenir, ils sont obligés de subir un autre examen que celui de l'ordination, nonobstant tous privilèges et coutumes contraires. C'est la discipline du royaume autorisée par l'arrêt d'Agen et par ceux du parlement.

On ne sauroit voir sans étonnement qu'une fille incapable, nonseulement des ordres sacrés, mais de la simple cléricature, veuille se maintenir sans aucune bulle ni concession de l'évêque, en la possession de conférer de plein droit en son nom la cure de Jouarre, et de mettre en des provisions : « Curam animarum, administrationem sacramentorum et verbi divini, contulimus. » Il est difficile de concevoir comment elle peut donner à un prêtre des pouvoirs qu'elle n'a pas.

Quelque privilégiée que soit la Régale, le roi n'y confère point les cures ; et il a voulu par sa déclaration de 1682 que ceux qui seroient à l'avenir pourvus en régale de doyennés, pénitenceries, théologales et autres bénéfices ayant charge d'ames ou juridiction spirituelle, fussent tenus de se présenter aux vicaires généraux des chapitres, le siége vacant, pour en obtenir l'approbation et mission canonique.

Réponse à la possession de la juridiction épiscopale.

1° Cette prétendue juridiction est une usurpation manifeste

[1] In cap. col. 2.

contre les propres titres de madame l'abbesse de Jouarre. Elle n'a ni concession des évêques, ni bulles des papes, qui lui en permettent l'exercice. Elle a observé qu'elle étoit qualifiée par le chapitre *Dilecta : De excessibus prælatorum : Caput et patrona clericorum Jotrensis Ecclesiæ;* et que ce terme *caput* étoit expliqué par les canonistes d'une juridiction épiscopale. Mais elle n'a point dit le nom de ces canonistes; et quelque recherche qu'on en ait faite, l'on n'en a point trouvé qui lui aient donné cette signification. Il ne veut rien dire autre chose, sinon qu'elle est la mère de famille dans l'abbaye de Jouarre. Il n'est point question dans ce chapitre d'aucune juridiction spirituelle qui lui appartienne : il s'y agit simplement de savoir si les chanoines de Jouarre auront un sceau particulier. L'abbesse soutient qu'ils ne sont que membres de son monastère; et le pape députe des commissaires pour leur faire défense de fabriquer un sceau. C'est toute la décision de ce texte, dans lequel ni dans la Glose, il n'est point dit que l'abbesse ait aucune juridiction.

Madame l'abbesse de Jouarre a encore cité le chapitre *Dilecta : De majoritate et obedientiâ*, où il est parlé d'une juridiction prétendue par l'abbesse de Quedeluburg en Allemagne. C'est un exemple qui ne peut pas lui servir de titre, et qui n'a pas même de rapport à sa prétention; car cette abbesse n'avoit point d'officialité. Il est dit dans le texte qu'elle ne pouvoit excommunier les clercs de sa juridiction : *Eadem Abbatissa eos excommunicare non potest :* son pouvoir ne s'étendoit point sur un curé et sur un peuple; il étoit réduit à suspendre ses clercs, en cas de désobéissance, de leurs bénéfices et de l'entrée du chœur. C'étoit une abbesse qui en usoit comme une mère de famille qui exerce une juridiction correctionnelle sur des clercs qui étoient ses aumôniers, qu'elle privoit pour un temps de leurs distributions et de l'entrée du chœur. Sur quoi les canonistes remarquent qu'elle ne pouvoit pas les suspendre de la fonction de leurs ordres, et qu'il faut extrêmement distinguer la suspension des bénéfices qu'elle conféroit de la suspension des ordres qu'elle ne leur avoit pas donnés.

Madame l'abbesse de Jouarre a encore fondé sa juridiction sur l'exemple de madame l'abbesse de Fontevrauld, qui peut visiter les couvents de son ordre, choisir les confesseurs et excommunier les religieux et les religieuses. Mais que lui servent ces exemples, puisqu'elle n'a pas les mêmes priviléges ni les mêmes prétentions? Car madame l'abbesse de Fontevrauld ne confère point de cures de plein droit, n'a point d'officialité, et n'exerce point de juridiction épiscopale sur un clergé et sur un peuple : c'est une générale d'ordre; la puissance est bornée aux religieux et aux religieuses qui ont fait profession dans son ordre, qui est fondée en bulles et en lettres-patentes registrées au grand conseil ; et madame l'abbesse de Jouarre n'a ni bulles ni lettres-patentes.

Mais outre qu'elle n'a ni bulles ni lettres-patentes, il est constant que le cardinal Romain qui l'a déclarée sujette immédiatement au Pape et exempte de l'Ordinaire, n'a point ordonné par sa sentence qu'elle auroit juridiction sur le clergé et sur le peuple. La Décrétale *Ex parte : De privilegiis,* où les abbesses ont exposé au Pape qu'elles dépendoient immédiatement du Saint-Siége, ne fait point mention qu'elles eussent juridiction sur un clergé et sur un peuple; de sorte qu'il est non-seulement vrai de dire qu'elle n'a point de titre pour établir sa juridiction, mais la juridiction qu'elle prétend est contraire à ses propres titres : c'est une usurpation manifeste.

2° Il y a incapacité de droit divin en la personne d'une fille, pour acquérir une juridiction quasi épiscopale. Il n'en est pas de la juridiction ecclésiastique comme des hautes, moyennes et basses justices annexées à une terre. Les femmes sont capables, selon la plupart des coutumes, de posséder les terres ayant dignité; la justice qui en dépend leur appartient; elles peuvent commettre des officiers pour l'exercer. Il n'en est pas de même de la juridiction épiscopale, qui ne peut résider qu'en la personne de ceux qui en ont les ordres sacrés. Les évêques ont besoin d'une consécration particulière pour l'exercer par eux-mêmes et par leurs vicaires; et l'on prétendra que les femmes qui ne sont pas seulement capables d'allumer les cierges dans l'église, qui n'y ont leur place qu'à l'extrémité de la nef, pourront monter jusqu'au sanctuaire, en chasser l'évêque et y prendre sa place; qu'une abbesse sera le pasteur d'un peuple, le prédicateur et le confesseur contre le précepte de l'Apôtre qui lui enjoint de se taire dans l'église ? *Mulier in silentio discat cum omni subjectione : docere autem mulieri non permitto, neque dominari in virum, sed esse in silentio.*

On dit que madame l'abbesse de Jouarre exerce cette juridiction par des vicaires : mais comment leur peut-elle communiquer un pouvoir dont elle est incapable et dont elle n'a point de titre? Elle exerce les principaux actes de cette juridiction en son nom, puisqu'elle confère la cure en son nom, pourvoit un official, un promoteur et un greffier, commet des vicaires généraux, érige en son nom des titres de chapelles, et fait en son nom des règlemens généraux de discipline; ce sont autant de nouveautés monstrueuses contre lesquelles M. l'évêque de Meaux peut employer le chapitre *Nova : De pœnitentiis. Nova quædam nuper, de quibus miramur non modicum, nostris sunt auribus intimata, quòd abbatissæ videlicet in Burgensi et Palentinâ Diœcesibus constitutæ, moniales proprias benedicunt ipsorumque confessiones criminalium audiunt, et legentes Evangelium præsumunt publicè prædicare. Cùm igitur id absonum sit pariter et absurdum, nec à nobis aliquatenùs sustinendum, discretioni vestræ per apostolica præcepta mandamus, quatenùs ne id de cætero fiat, auctoritate curetis apostolicâ firmiter inhibere. Quia, licet beatissima Virgo Maria dignior et excellentior fuerit apostolis universis, non tamen illi, sed istis Dominus claves regni cælorum commisit.*

3° Il n'y a point de lettres-patentes qui aient permis l'érection d'un siége d'officialité à Jouarre; et ainsi comment soutenir une juridiction aussi extraordinaire contre le droit public, sans aucune concession de la part de l'Eglise ni aucune confirmation de la part du roi?

4° La sentence du cardinal Romain étant abusive, tous les actes de possession qui s'en sont ensuivis le sont pareillement.

Après avoir expliqué ces moyens de droit, il est important avant que de finir, d'observer que l'usurpation de cette juridiction a augmenté de jour en jour; car les abbesses n'ont commencé à faire tenir des synodes qu'en 1637, le plus ancien qui soit rapporté n'est que de cette année.

Elles ont aussi commencé en 1642 à faire délivrer des monitoires par leur official.

Elles ont commencé en 1629 à faire des mandemens pour la publication des jubilés, et pour ordonner des prières de quarante heures; ce sont là les principaux actes de la juridiction épiscopale dont elles n'avoient point d'exercice avant les temps ci-dessus marqués, depuis lesquels elles n'ont pu en acquérir la prescription sans titre et contre le droit commun.

Il n'y a point de sentences rendues en l'officialité de Jouarre qui aient déposé des prêtres de leurs fonctions, qui les aient privés du titre de leurs bénéfices, ou déclarés irréguliers et imposé les autres grandes peines canoniques : il n'y a que des corrections légères ; et si les abbesses sont en possession d'une officialité, ce n'est pas à dire qu'elles soient en possession de la juridiction épiscopale : les archidiacres de Chartres et de plusieurs autres diocèses ont été maintenus au droit d'avoir un official, promoteur et greffier, pour connoître des cas légers à la charge de l'appel à l'évêque, et cependant ils n'ont pas juridiction épiscopale.

C'est une des raisons pour lesquelles madame l'abbesse de Jouarre ne sauroit pas appliquer à sa cause la disposition du concile de Trente, où toutes les cures sont soumises à la juridiction des évêques, à la réserve de celles où les abbés généraux d'ordre ont leur siège principal, et les monastères ou maisons, *in quibus abbates aut alii regulorium superiores jurisdictionem episcopalem et temporalem in parochos et parochianos exercent*[1]. L'exception contenue dans ce chapitre ne comprend point les abbesses, elle ne parle que des abbés; et ainsi il ne faut pas étendre sa disposition contre le droit commun hors son cas.

Elle oppose deux sentences, l'une rendue par le bailli de Meaux le 9 septembre 1496, l'autre donnée par le même bailli le 12 août 1502. A l'égard de la première, c'est un abus manifeste, parce qu'elle « casse et annulle, et met du tout au néant une sentence d'excommunication » prononcée par le doyen rural de la Ferté-Aucol; c'est ce que le juge royal ne peut faire, d'autant qu'il n'est point le supérieur du juge ecclésiastique, pour mettre

[1] Sess. XXV, *De regular.*, cap. XI.

au néant une excommunication; et cette sentence n'ayant point été rendue avec les prédécesseurs de M. l'évêque de Meaux, elle ne peut être tirée à conséquence contre lui.

L'autre sentence prononce un défaut contre le procureur et l'avocat de l'évêque, qui ont dit « ne savoir ou vouloir aucune chose dire ou proposer pour empêcher le défaut : » c'est qu'ils n'avoient point charge d'occuper; sur quoi le juge a donné défaut, et pour le profit maintenu les religieuses en leurs possessions; c'est une sentence par défaut qui n'a jamais été signifiée, et dont par conséquent il n'est point permis d'argumenter.

Les prérogatives de la juridiction épiscopale prétendue par madame l'abbesse de Jouarre, ne sont pas moins extraordinaires que la juridiction même. Les jugemens qui s'y rendent sont en dernier ressort; il est sans exemple qu'il y en ait jamais eu aucun appel interjeté ni à Rome, ni à l'évêque de Meaux.

Elle a communiqué un registre de collations et présentations commençant en 1550 et finissant en 1593; il n'y a pas un seul témoin qui ait signé la minute des provisions; et le registre des causes de l'officialité commençant en 1509, n'est signé ni paraphé d'aucun juge ni greffier; en sorte que l'on n'auroit pas su que ce fût un registre de causes, si le greffier de cette officialité n'avoit mis un certificat au pied, depuis la plaidoirie commencée, pour faire savoir la qualité du livre.

Pour les corrections qui se font dans cette officialité, quelque curieuses qu'elles soient, M. l'évêque de Meaux n'en parlera point. Il remarquera seulement que madame l'abbesse de Jouarre ne doit pas se prévaloir de la sentence du bailli de Meaux, par laquelle il renvoya, le 29 septembre 1546, maître Jacques Bruslefer devant l'official de Jouarre : c'est un jugement donné sans que l'évêque y ait été ouï ni appelé; il ne sert qu'à faire voir que depuis ce renvoi ce prêtre demeura dans l'impunité, son procès ne lui fut point instruit. Il en est de même d'un arrêt du 3 décembre 1648, par lequel Nicolas de Vert, chanoine, fut renvoyé en l'officialité de Jouarre. C'est un arrêt rendu sur un sommaire, sans que l'évêque y ait pareillement été ouï ni appelé, et sans conclusions de M. le procureur général. Il faut ajouter que depuis ce renvoi, il n'y a eu aucune sentence de correction contre cet ecclésiastique.

Madame l'abbesse de Jouarre a remarqué dans sa réplique qu'elle avoit plusieurs arrêts du conseil et du grand conseil, qui la maintenoient en diverses prérogatives appartenant à sa dignité d'abbesse..M. l'évêque de Meaux représente de son côté que ces arrêts ordonnent seulement que les comptes de la maladrerie de Jouarre seront rendus à l'abbesse; que l'abbesse pourra faire célébrer les messes conventuelles et offices par d'autres prêtres que par les chanoines de Jouarre : il ne s'agit point de juridiction, et ainsi ce sont pièces inutiles pour la cause.

Reste à observer que la transaction rapportée à l'insu de M. l'évêque de Meaux par madame l'abbesse de Jouarre, et passée le 21 février 1682 avec madame l'abbesse de Faremontier, ne peut pas être déclarée commune avec madame l'abbesse de Jouarre, parce que la condition du monastère de Faremontier et de celui de Jouarre est différente : celui-là étoit agrégé par lettres-patentes registrées au grand conseil à l'ordre de Cluny, celui-ci n'est uni à aucune congrégation ni en état de s'y unir : celui-là n'avoit pas besoin de réforme; on convient que celui-ci en a grand besoin, et pour y procéder il est nécessaire que l'autorité de l'évêque ne soit pas restreinte par des priviléges, qu'il ait la liberté de choisir des personnes capables d'y travailler sous lui, et ne soit pas réduit à se servir de ceux qui lui seroient présentés.

M. Nouet le Jeune, avocat.

## SOMMAIRE DE LA CAUSE.

### PROCÉDURE.

Ce qui a donné lieu à la contestation, est une information de l'official de Meaux à la requête du promoteur, contre madame l'abbesse de Jouarre, pour raison de ses fréquentes sorties sans permission; suivie d'un décret pour être ouïe, qui a été converti en ajournement personnel sur le refus de subir l'interrogatoire, avec défenses de sortir sans permission sous les peines de droit.

Pour éluder cette procédure, madame l'abbesse de Jouarre a formé sa demande en complainte contre les officiers de l'officialité, qu'elle a portée aux requêtes du palais en vertu de son *committimus*; et y a obtenu sentence du 2 juillet, qui casse le décret de l'official ou vice-gérent avec défenses de passer outre, et permet d'emprisonner en cas de contravention.

M. l'évêque de Meaux a pris le fait et cause pour ses officiers, et obtenu arrêt qui le reçoit appelant; fait défense d'exécuter la sentence, et ordonne que la procédure commencée à l'officialité sera continuée.

Il a ensuite donné requête à fin d'évocation du principal, qui est la demande en complainte de madame l'abbesse de Jouarre; et après y avoir fourni des défenses, la cause a été mise au rôle.

Depuis M. l'évêque de Meaux en plaidant a appelé comme d'abus d'une sentence du cardinal Romain, en ce qu'elle déclare le monastère, le clergé et le peuple de Jouarre exempts de sa juridiction : et il y a eu arrêt à l'audience qu'on plaideroit sur le tout.

Question unique à juger : Si en infirmant la sentence des requêtes du palais, M. l'évêque de Meaux sera maintenu en toute juridiction sur lesdits monastère, clergé et peuple.

Quant à la sentence des requêtes du palais, on voit bien qu'elle est insoutenable : en la forme, messieurs des requêtes ne sont point juges compétens des sentences émanées des officialités; au fond, s'agissant de discipline, ils n'auroient pu surseoir l'exécution de la procédure. Il en faut donc venir au fond.

## DEUX MOYENS DU FOND.

1° Que le monastère de Jouarre n'a aucun titre ni privilége; 2° que quand il en auroit eu, ils sont révoqués.

On ne prétend pas déduire ces moyens tout au long; on l'a fait dans les mémoires précédens; mais seulement les remettre devant les yeux de Messieurs, et faire voir qu'on peut tout trancher par un arrêt.

### PREMIER MOYEN.

Que le monastère de Jouarre n'a aucun privilége.

La maxime est constante, que toute exemption doit avoir le concours des deux puissances ; il y faut donc également un privilége et des lettres-patentes : et dans le fait, il est constant que le monastère de Jouarre ne produit ni l'un ni l'autre.

Déjà pour lettres-patentes, ni on n'en produit, ni on ne produit aucune pièce où elles soient énoncées. L'arrêt de 1631 parle des lettres-patentes; mais la partie adverse est demeurée d'accord en plaidant, que ce n'étoit pas des lettres-patentes pour confirmer le privilége; et en effet on les représenteroit encore si elles avoient été alors.

Il n'est point question de présumer ce qui n'est ni produit ni énoncé nulle part, surtout dans une matière de droit étroit, et encore d'un droit odieux, où il faut des preuves constantes, et non pas des présomptions.

Voilà donc déjà la question jugée par le seul défaut de lettres-patentes.

Mais il n'y a non plus de privilége : le chapitre *Ex parte* n'est pas un privilége, il ne contient qu'une simple énonciation d'un privilége, mais en confusion, sans même en dire la date, ni de quel pape il est, sans légitime contradicteur : *Quià tandem nullus apparuit idoneus responsalis, qui partem defensaret adversam :* et avec expresse déclaration du Pape, qu'il laissoit les parties au même état où elles étoient avant l'énonciation et le renouvellement de ce privilége : *Ita ut non plus juris accrescat.*

La sentence du cardinal Romain n'est pas un privilége, ni n'équipolle à un privilége. Ce cardinal n'avoit pas le pouvoir d'affranchir un monastère ni de valider un privilége qu'Innocent III avoit laissé indécis; il ne l'énonce qu'en termes généraux : *Inspectis privilegiis;* ainsi on ne sait encore ce que c'est. La sentence ne lui donne point d'autorité : 1° parce qu'elle est abusive; 2° ce n'est qu'un acte particulier dans une affaire de droit public; 3° elle est demeurée sans exécution.

Abusive : 1° en ce que ce cardinal a autorisé un privilége sans lettres-patentes. 2° On a vu les priviléges des religieuses, *inspectis privilegiis*, on n'énonce nulles pièces de la part de l'évêque, il y en avoit cependant qu'on a imprimées; ainsi l'évêque a été mal défendu. 3° Toutes les parties n'ont pas été appelées, et on n'y fait nulle mention du métropolitain ni du primat, qui avoient pareil intérêt que l'évêque à la juridiction dont on exempte le monastère.

Cette sentence est un acte purement particulier. Ce cardinal n'avoit point de pouvoir du Pape pour cela; il n'agit pas comme légat, mais en vertu du pouvoir donné par les parties : pouvoir insuffisant en matière de droit public, dont les parties ne pouvoient disposer.

Il ne sert de rien que le cardinal ait prononcé du consentement des parties; car au contraire c'est ce qui fait voir que la sentence n'a force que de transaction entre particuliers. On ne pouvoit remédier à ce défaut que par une homologation. Il n'y en a point, et n'y en eut jamais : donc la sentence demeure destituée de toute puissance publique dans une matière purement de droit public; ce qui emporte dans le principe la nullité la plus essentielle, et dans l'exécution le plus grand abus.

Cette sentence n'a jamais été exécutée par les religieuses : elles n'ont jamais appelé l'évêque à donner la confirmation, à consacrer les églises, à bénir les filles, au mépris de l'évêque et de la sentence qui les y obligeoit.

La sentence n'a pas même été exécutée par les religieuses en ce qui regarde l'exemption; car l'exemption dit deux choses : Ne pas reconnoître l'évêque, et être soumises au gouvernement du Pape. Ce dernier chef a été sans exécution, puisque depuis la sentence on ne produit aucun acte de juridiction que le Pape ait exercée par lui-même ni par ses délégués ou subdélégués : ainsi nulle exécution, de la part des religieuses, de l'article principal de leur sentence. Ce qu'elles ont fidèlement exécuté, c'est de n'avoir point de supérieur qui les gouvernât; ce qui est le comble de l'abus.

Il résulte de ce que dessus un autre abus dans leur prétendu privilége. L'exemption, dit saint Bernard [1], est une injustice où

[1] S. Bern., *De consid.*, lib. III, cap. IV.

l'on dépouille l'évêque, le métropolitain, le primat de ce qui leur appartient par le droit divin, par les conciles œcuméniques et par leur caractère; on ne peut couvrir cette injustice qu'en prenant leur consentement, ou du moins en les appelant, comme il a toujours été fait. Mais on les a méprisés dans ce privilége : il est donc nul et abusif. Tout cela est clair et fondé sur des maximes constantes.

###### Si le monastère de Jouarre a une légitime possession.

Il est constant que non par toutes les maximes : 1° Parce que sa possession est sans titre dans une matière où il en faut un nécessairement; 2° parce qu'on a vu que les convent et religieuses ne sont en aucune possession d'être gouvernées par le Pape, mais seulement de n'avoir aucun supérieur, qui est une possession manifestement abusive et réprouvée par les chapitres du Droit : *Cùm non liceat*, et *Cùm ex officio : De præscript.*

Les actes de possession qu'on produit sont 1° des consentemens des évêques, dont il est constant par le droit que la négligence ne peut préjudicier à leur caractère ni à leurs successeurs; 2° des sentences rendues dans un temps où le privilége n'étoit pas contesté, et sans que le droit de l'évêque soit défendu par un légitime contradicteur; 3° l'arrêt de 1631, où ni l'évêque ni ses officiers n'étoient en cause; où il ne s'agissoit pas de l'exemption, mais d'une sentence donnée en matière décimale par l'official de Meaux, et où il est dit seulement qu'il y a abus.

Ajoutons que si on a égard à cette possession, il faudra autoriser les abbesses à violer la clôture, en sortant et faisant sortir les religieuses sans permission; ce qui est de tous les abus celui qui est le plus réprouvé par les canons; et encore autoriser le monastère dans l'usage d'être acéphale et sans supérieur légitime, en sorte que leur possession n'est qu'entreprise et usurpation : *Corruptela, non consuetudo*, comme parlent les canons.

#### SECOND MOYEN.

###### Quand les religieuses auroient un privilége, il est révoqué.

C'est ici le moyen décisif qui ne consiste qu'en deux mots.

L'article VII de l'ordonnance d'Orléans soumet absolument et indistinctement tout monastère exempt et non exempt aux archevêques et évêques.

L'ordonnance de Blois, en entrant dans l'esprit du concile de Trente [1], ne soumet aux évêques que les monastères exempts qui ne seront point en congrégation, et leur donne un an pour s'y mettre.

Le terme échu, l'évêque rentre pleinement dans son droit sans formalité ni procédure. C'est à quoi on en vouloit venir pour ramener les choses en leur état naturel, et mettre fin aux scandales causés par les exemptions, qui faisoient crier toute la Chrétienté depuis trois cents ans.

Le concile de Trente avoit dit : *Monasteria..... ab episcopis..... gubernentur.* C'est ce que l'ordonnance exprime : « Il y sera pourvu par l'évêque; » c'est-à-dire qu'il sera pourvu « à faire statuts et commettre visitateurs, » aux termes de l'ordonnance.

Le concile de Trente et l'ordonnance n'ont fait que rappeler la discipline déjà ordonnée au concile œcuménique de Vienne en 1312, dans la Clémentine, *Attendentes : De statu monachorum. Ut monasteria monialium per ordinarios, exempta quidem, apostolicâ, non exempta verò ordinariâ auctoritate debeant visitari.* C'est le décret d'un concile œcuménique confirmé par un autre concile œcuménique, qui est celui de Trente, constamment reçu en ce point par l'ordonnance, à l'exception de la clause : *Tanquàm sanctæ Sedis... delegatis*, qui ne convient pas à nos mœurs.

On ne peut donc plus alléguer ni le chapitre *Ex parte*, ni la sentence du cardinal Romain, ni la possession des religieuses, ni la négligence des évêques, puisque deux conciles œcuméniques ont prononcé, *non obstantibus quibuscumque.*

Dans le fait, en exécution de ces deux conciles, le Pape qui les a reçus et approuvés s'est actuellement démis du gouvernement de ces monastères; il n'y pourvoit en aucune sorte, et s'en tient absolument déchargé sur les évêques : donc, ou par abdication, ou par abandonnement des papes, les évêques sont tenus à faire leur charge.

---

[1] Sess. XXV, *De reform.*, cap. IX.

Si l'on peut donner du temps aux monastères pour se mettre en congrégation.

Il est bien certain que non, pour deux raisons décisives. 1° Le terme donné par l'ordonnance est expiré, il faudroit des lettres du roi pour être restitué contre le laps du temps. On n'en produit point; on n'en a pas même demandé depuis le temps que dure cette cause, parce qu'on sait que le roi n'en veut point donner, ni rien changer en l'état où l'affaire est à présent. 2° Il n'y a point de lieu à l'agrégation au préjudice de l'évêque, qui est rentré dans son droit et l'exerce actuellement. Ainsi jugé par l'arrêt de la Grenetière au profit de M. l'évêque de Luçon le 10 janvier 1679, lu à l'audience et communiqué aux parties qui n'y ont rien répliqué. 3° Quand il y auroit des lettres-patentes, elles réserveroient le droit de l'évêque, et ce ne seroit qu'un nouveau procès. Il vaut donc mieux trancher à présent la question en l'état où elle est.

Le Bref de M. l'archevêque de Paris et celui d'Hière.

On dit que le monastère de Jouarre est actuellement sous la supériorité de M. l'archevêque de Paris par un bref que le roi même a impétré, et dont il a ordonné l'exécution par un arrêt du conseil : ce qui n'a rien d'abusif, puisque le roi et la cour ont bien reçu un pareil bref en faveur du monastère d'Hière.

Mais la réponse est aisée : Le bref de M. l'archevêque de Paris est demeuré sans exécution, ni intimation au monastère de Jouarre, pour faire connoître non-seulement à l'abbesse, mais encore aux religieuses, le supérieur auquel elles devoient avoir recours. Il n'y a ni subdélégation, ni visite, ni citation, ni aucun acte juridique de la part de M. l'archevêque de Paris. Des lettres de compliment ou en termes généraux ne sont pas une acceptation ni une exécution légitime : le bref est suranné; le déléguant, qui est le Pape, est mort avant que le délégué ait rien exécuté; par conséquent la commission nulle par le droit. Il n'y a point de lettres-patentes, et on n'en a point demandé depuis dix ans, parce qu'on sait que le roi n'en veut point donner; et maintenant il n'y a plus de lieu à ces lettres contre le droit acquis à l'évêque, qui fait actuellement sa charge : droit auquel le roi ne veut point déroger.

C'est ce qui montre la différence du monastère d'Hière, où l'évêque ne réclamoit point le monastère et ne faisoit rien.

Le bref d'Hière étoit soutenu de lettres, et celui-ci non.

Le bref d'Hière est obtenu par les religieuses, et c'est leur propre pièce : celui-ci n'est pas au pouvoir des religieuses de Jouarre, mais en celui de M. l'archevêque de Paris, qui ne s'en sert point, qui ne revendique point sa juridiction, qui laisse ce bref inutile dans son secrétariat d'où il l'a fallu compulser, qui trouve plus digne de lui de demeurer le supérieur naturel du monastère de Jouarre par son titre de métropolitain que par une commission empruntée.

### Sur la juridiction active.

Si l'abbesse de Jouarre est soumise, comme elle ne le peut éviter par les deux moyens précédens, sa juridiction active tombe avec son exemption : étant contradictoire qu'une personne soumise exerce une juridiction indépendante.

D'ailleurs il est bien constant par les propres titres des religieuses, c'est-à-dire par le privilége énoncé dans le chapitre *Ex parte* et par la sentence arbitrale, qu'il n'y est attribué à l'abbesse aucune juridiction sur le clergé et le peuple. Il est bien dit dans la sentence du cardinal Romain, que ce peuple et ce clergé sont soumis immédiatement au Pape; mais le Pape n'a pas transmis son autorité à l'abbesse. Sa sentence ne lui attribue ni le droit de s'ériger un tribunal et une officialité, ni celui d'instituer et destituer des prêtres; de leur conférer le droit d'administrer les sacremens, et de prêcher la parole de Dieu, ni d'exercer comme elle fait, toutes les fonctions pastorales. Elle a usurpé tout cela par entreprise.

De là il résulte clairement que l'abbesse n'a pu prescrire cette juridiction active, ni s'aider de sa prétendue possession, parce qu'elle est de mauvaise foi et contre son propre titre par un attentat manifeste sur le Pape, qu'elle dit être son supérieur immédiat. D'ailleurs pour ériger un tribunal, avoir des prisons et le reste, il faudroit des lettres-patentes, et il n'y en a point ici.

Et enfin l'abbesse ne peut prescrire cette juridiction, parce qu'elle en est incapable. L'abbesse de Montivilliers a quelque juridiction, qui néanmoins lui est contestée, quoiqu'elle soit subordonnée à celle de l'archevêque de Rouen, son diocésain. L'abbesse de Fontevrauld exerce aussi quelque juridiction sur ses religieux et religieuses dans l'intérieur de son ordre, subordonnément à un visiteur qu'on lui élit de trois ans en trois ans, hors de son ordre dans le chapitre général, où il y a des députés de toutes les maisons. Madame l'abbesse de Jouarre est la seule qui ait un clergé et un peuple; la seule qui ait usurpé la pleine juridiction épiscopale; qui l'exerce plus indépendamment que les évêques, qui ont sur eux des métropolitains, et que les métropolitains qui ont sur eux des primats. Elle seroit donc un vrai pasteur contre tout droit divin et humain, et contre la sujétion que saint Paul ordonne à son sexe : *Mulieres in ecclesiâ taceant*. Ainsi quand on conserveroit tous les autres priviléges, il faudroit anéantir celui-ci le plus excessif et le plus insupportable de tous.

Il y a lieu de le faire par un seul arrêt, puisque tous les faits sont constans. Les pièces essentielles sont entre les mains de tous les juges; les maximes de droit sont connues et indubitables. Il n'y a plus qu'à apporter un prompt remède à des maux qui en ont besoin, et qu'à renvoyer un évêque dans son diocèse et des religieuses dans leur retraite.

# ARRÊT

## DE LA COUR DE PARLEMENT,

*Qui déclare l'abbesse et les religieuses de l'abbaye de Jouarre, le clergé, chapitre, curé, peuple et paroisse dudit lieu sujets à la juridiction et visite de l'évêque de Meaux.*

Du 26 janvier 1690.

Extrait des registres de parlement.

Entre dame Henriette de Lorraine, abbesse de l'abbaye de Jouarre, ordre de Saint-Benoît, diocèse de Meaux, demanderesse aux fins de l'exploit fait aux requêtes du palais le 17 juin 1689, à ce qu'elle ait acte de la complainte par elle formée par ledit exploit contre l'official et promoteur de Meaux : ce faisant, il soit dit qu'elle sera maintenue et gardée en la possession et jouissance en laquelle elle est de l'exemption de toute juridiction de l'évêque de Meaux, avec défenses de l'y troubler à peine de tous dépens, dommages et intérêts, et à fin de dépens, intimée, défenderesse et opposante à l'exécution de l'arrêt du 22 juillet 1689, suivant sa réponse à la signification dudit arrêt du 4 août ensuivant, d'une part. Et messire Jacques-Bénigne Bossuet, évêque de Meaux, conseiller du roi en ses conseils, ci-devant précepteur de monseigneur le Dauphin, premier aumônier de madame la Dauphine, prenant le fait et cause de ses official et promoteur en l'évêché de Meaux, défendeur à ladite demande et opposition, et appelant de la sentence obtenue sur requête judiciaire par ladite dame abbesse de Jouarre, auxdites requêtes du palais le 2 dudit mois de juillet 1689, portant cassation de la procédure extraordinaire contre elle faite en ladite officialité de Meaux, citation et tout ce qui s'en est ensuivi ; et demandeur en requête présentée à la cour le 12 novembre 1689, à ce qu'en infirmant ladite sentence de cassation, il lui fût donné acte de ce qu'il emploie le contenu en sadite requête pour défenses à la demande en complainte formée aux requêtes du palais par l'abbesse de Jouarre. Ce faisant, qu'il plût à la cour évoquer le principal différend des parties pendant auxdites requêtes du palais ; et y faisant droit, sans avoir égard à ladite demande en complainte, le maintenir et garder au droit de la juridiction épiscopale sur le monastère, abbesse et religieuses de Jouarre ; ensemble sur le collége et chanoines, curés et prêtres habitués dudit Jouarre, et faire défenses à ladite abbesse de plus l'y troubler ; et pour l'avoir fait, la condamner aux dépens, d'autre part. Et entre ledit sieur Evêque de Meaux, appelant comme d'abus de la sentence rendue par le cardinal Romain en l'année 1225, en ce que par icelle le monastère, le clergé et le peuple de Jouarre sont déclarés exempts de la juridiction de l'évêque de Meaux, d'une part ; et ladite dame abbesse de Jouarre, intimée, d'autre part. Et encore entre ladite abbesse de Jouarre, demanderesse en requête du 9 janvier 1690, à ce qu'en déclarant ledit sieur évêque de Meaux non recevable en son appel comme d'abus et en sa complainte, et en adjugeant à ladite dame abbesse les autres fins et conclusions par elle prises, il fût ordonné que le bref du pape Innocent XI, du 7 février 1680, qui a établi l'archevêque de Paris supérieur et visiteur de ladite abbaye de Jouarre, et l'arrêt du conseil d'Etat du 27 avril ensuivant, qui en a ordonné l'exécution, seroient, en tant que de besoin, exécutés de l'autorité de la Cour, d'une part ; et ledit sieur évêque de Meaux, défendeur, d'autre part, sans que les qualités puissent nuire ni préjudicier aux parties. Après que Nouet le Jeune pour l'évêque de Meaux, et Vaillant pour l'abbesse de Jouarre, ont été ouïs pendant sept audiences; ensemble Talon pour le procureur général du roi, qui a dit qu'il y a lieu, en tant que touche l'appel simple, mettre l'appellation et ce dont est appel au néant. A l'égard de l'appel comme d'abus, dire qu'il a été mal, nullement et abusivement statué et ordonné. Faisant droit sur les complaintes, sans s'arrêter aux requêtes de ladite dame abbesse de Jouarre, maintenir l'évêque de Meaux aux droits de juridiction et visite sur l'abbaye, sur le clergé et sur le peuple de Jouarre, laquelle juridiction sera par lui exercée aux mêmes clauses et conditions portées par la transaction passée entre lui et l'abbesse de Faremontier le 21 février 1682. Ce faisant, l'abbesse de Jouarre demeurera à l'avenir déchargée de la redevance de dix-huit muids de grain mentionnée dans la sentence de 1225, sans restitution des arrérages du passé. La Cour ordonne qu'elle en délibérera sur le registre; et après en avoir délibéré, ladite Cour, en tant que touche l'appel interjeté par la partie de Nouet de la sentence rendue aux requêtes du palais le 2 juillet 1689, a mis et met l'appellation et ce dont il a été appelé au néant. Emendant, évoque le principal, et y faisant droit, ensemble sur l'appel comme d'abus, dit qu'il a été mal, nullement et abusivement procédé, ordonné et exécuté; et en conséquence et suivant les saints canons et les ordonnances, maintient la partie de Nouet et ses successeurs évêques de Meaux, au droit de gouverner le monastère de Jouarre et d'y exercer leur juridiction épiscopale tant sur l'abbesse et religieuses que sur le clergé, chapitre, curé, peuple et paroisse dudit lieu; de faire dans leurs visites et autrement les statuts et règlemens qu'ils estimeront les plus propres pour maintenir la discipline régulière dans ledit monastère suivant la règle de son institution, et de les y faire garder et exécuter. Ordonne que la partie de Nouet sera tenue de rapporter dans trois mois les titres, même ceux antérieurs à la sentence de l'année 1225, si aucun il a, en vertu desquels il prétend que la redevance de dix-huit muids de grain à prendre sur ladite abbaye appartient à son évêché, pour, après qu'ils auront été communiqués à la partie de Vaillant, y être fait droit ainsi qu'il appartiendra; et sur le surplus des demandes des parties, les met hors de cour et de procès; condamne la partie de Vaillant aux dépens. Fait en parlement, le vingt-sixième janvier mil six cent quatre-vingt-dix. Collationné. *Signé* Du Tillet.

## PROCÈS-VERBAL DE VISITE.

Extrait du registre des visites du diocèse de Meaux.

L'an mil six cent quatre-vingt-dix, le samedi 25 février, nous

Jacques-Bénigne, par la permission divine Evêque de Meaux, sommes parti de la ville de Meaux sur les huit heures du matin, accompagné de M^re Jean Phelipeaux, prêtre, docteur de Sorbonne, chanoine et trésorier de notre église; de M^re Jean Corvisart, prêtre, curé de Mareuil-les-Meaux, promoteur de notre cour épiscopale; et de M^re François Ledieu, prêtre chanoine de notre église, notre aumônier ordinaire, ensemble de nos autres officiers et gens de notre suite : nous nous sommes transportés au bourg de Jouarre, pour y faire la visite tant du monastère que de la paroisse dudit lieu, conformément à l'Indication de ladite visite par nous ordonnée être faite sur les lieux, et à cette fin nos mandemens et ordonnances signifiés par Crétien, huissier royal audit Meaux. Et étant arrivés à la croix hors des portes du bourg dudit Jouarre, aurions rencontré le clergé de Jouarre, revêtu de surplis et camail, venu processionnellement avec croix et eau bénite et suivi d'un grand peuple. Ledit clergé, tant chanoines de l'abbaye dudit Jouarre que le curé, vicaire et autres ecclésiastiques de la paroisse dudit lieu; à savoir: M^re Gilles Lepreux, ancien desdits chanoines, M^re Pierre de Verse, Henri de Belloy, Thomas Davanécourt, Jacques Bernage et Denis Pinart, tous prêtres et chanoines de ladite abbaye; desquels ledit M^re Gilles Lepreux, ancien, nous auroit déclaré tant en son nom qu'en celui de sesdits confrères présens, faisant la plus grande partie d'entre ceux qui étoient actuellement résidens audit Jouarre, qu'ils nous recevoient avec joie et consolation, parce qu'ils trouvoient en nous leur véritable pasteur et supérieur, dont jusqu'alors ils avoient été privés au mépris de leur caractère, protestant qu'ils étoient prêts de nous rendre en cette qualité toute sorte de soumissions et obéissances; ce que lesdits chanoines ses confrères auroient tous unanimement déclaré être leurs véritables sentimens. Après quoi M^re Jacques Bernage, l'un d'iceux et curé de la paroisse dudit Jouarre, s'étant avancé suivi de son vicaire et maître d'école, revêtu d'une étolle, qu'il auroit à l'instant quittée en se prosternant à nos pieds, puis nous en auroit revêtu, disant qu'il remettoit en même temps tout son pouvoir entre nos mains, et qu'il ne désiroit l'exercer désormais qu'après l'avoir reçu de nous et sous nos ordres. Sur quoi nous lui aurions répondu en présence de tout le peuple que nous lui rendions tous ses pouvoirs, et lui enjoignions de continuer comme il avoit fait ci-devant, d'administrer les saints sacremens et annoncer la parole de Dieu, persuadé qu'il en useroit selon les saints canons et les ordres qu'il recevroit de nous. Puis nous nous serions acheminés processionnellement vers l'église de la paroisse, au chant du répons *Benedictus*, et de l'hymne *Te Deum laudamus*, et au carillon des cloches, suivis d'une grande multitude de peuple, et les rues bordées de la plupart des habitans à genoux pour recevoir la bénédiction épiscopale. Arrivés à l'église paroissiale, nous y aurions été reçus par lesdits curé, vicaire et chapelains, ensemble lesdits chanoines toujours présens, avec les cérémonies accoutumées. Le *Te Deum* achevé, les versets et oraisons marquées à cet usage auroient été chantées par ledit curé, tandis que nous faisions notre prière sur le prie-dieu préparé au pied du grand autel, où nous serions ensuite monté pour le baiser, et aurions donné la bénédiction solennelle. Puis assis sur un fauteuil aurions expliqué au peuple les raisons de la visite épiscopale, et exposé succinctement quel est le gouvernement ecclésiastique établi par Jésus-Christ le souverain pasteur des ames, et réglé par les saints canons, leur indiquant au surplus que le jour suivant, huit heures du matin, nous commencerions la visite et la continuerions les jours suivans, avec toutes les fonctions de notre ministère; exhortant les pères et mères d'envoyer leurs enfans au catéchisme, auquel nous assisterions en personne, afin qu'étant assuré de leur capacité, nous leur puissions donner le sacrement de confirmation. Le peuple ainsi renvoyé en paix, nous sommes descendu au presbytère de ladite cure, où nous avons pris notre logement : où étant nous nous serions informé du nombre des chanoines dudit Jouarre; sur quoi nous aurions appris qu'ils sont en tout treize titulaires : six actuellement présens et ci-dessus nommés, plus deux jeunes clercs étant aux études, et enfin cinq autres prêtres, savoir : M^re Louis de la Vallée, qu'on nous a dit être de présent à Paris; M^re Jean-Baptiste Riché, dont la prébende est en litige, absent pour cette raison; M^re Raphaël Gallot, M^re Nicolas Rassicod et

M^re Daniel de la Vallée, dit Laburie, lesquels trois derniers on nous a assuré être dans le bourg; sur quoi nous aurions donné ordre que lesdits Gallot, Rassicod et Laburie fussent avertis de se rendre auprès de nous, aujourd'hui cinq heures de relevée.

Et ledit jour, quatre heures de relevée, nous nous serions transporté, revêtu de camail et rochet, accompagné de nosdits ecclésiastiques et autres officiers comme dessus, au monastère dudit Jouarre, dont la première porte nous auroit été ouverte par un suisse habillé de vert. Arrivés à la porte du tour, aurions enjoint à la tourière du dehors d'avertir la mère prieure, la dame abbesse absente, que nous venions faire la visite conformément à nos ordonnances et mandemens signifiés à cet effet; que pour cette cause on eût à nous ouvrir les portes de l'église et assembler la communauté au parloir pour recevoir nos ordres. Mais après avoir attendu quelque temps sans qu'on nous rendît autre réponse, sinon que personne du dedans ne paroissoit au tour, nous aurions fait frapper à la porte de clôture dudit monastère, et par la petite grille de ladite porte la prieure dudit monastère auroit paru : à laquelle nous aurions déclaré que, conformément aux saints canons et notamment aux décrets du saint concile de Trente, nous venions faire la visite, et lui aurions réitéré les ordres ci-dessus. A quoi elle auroit répondu qu'elle ne pouvoit nous reconnoître, attendu que ledit monastère ne dépendoit d'autre supérieur ecclésiastique que de N. S. P. le Pape, dont elle et ses sœurs attendoient la volonté; que quant à l'arrêt de la cour de parlement que nous leur aurions fait signifier audit monastère, il n'avoit pas été rendu avec la communauté. Sur quoi lui ayant demandé si la communauté avoit d'autres moyens à alléguer ou titres à produire que ceux allégués et produits par ladite dame abbesse, elle nous auroit dit que non à la vérité, mais qu'elles attendoient la volonté du Pape. Lui ayant ensuite demandé si ladite communauté étoit avertie de notre arrivée et présence, elle auroit répondu que oui. Toutes lesquelles réponses ayant pris pour refus, et icelle prieure interpellée une, deux et trois fois de nous obéir, sans en recevoir autre réponse que celle ci-dessus, notre promoteur présent nous auroit requis qu'il nous plût ordonner qu'incessamment les portes nous fussent ouvertes pour procéder à ladite visite, sur les peines de droit, dont nous lui aurions donné acte. En même temps ladite prieure s'étant retirée sans attendre de nouveaux ordres, nous serions aussi retourné à notre logement, pour de tout ce que dessus délibérer ; dont et de quoi nous avons fait et dressé le présent procès-verbal pour servir et valoir en temps et lieu, ainsi que de raison. Puis nous aurions ordonné que la procédure par nous commencée seroit continuée, et lesdites prieure et religieuses admonestées de nous obéir ; et cependant, attendu leur désobéissance et contumace, nous aurions recours à la cour de parlement et imploration du bras séculier.

Et ledit jour, sur le soir, nous aurions mandé M$^{re}$ Barthélemi de Rémond, prêtre, confesseur en ladite abbaye, et F. Basile, prêtre, religieux de Saint-Dominique, prêchant le carême en l'église de ladite abbaye, pour venir recevoir nos ordres sur les fonctions de leur ministère. Lesquels s'étant rendus auprès de nous, nous leur aurions déclaré qu'attendu la résistance et opposition à nos ordres de la part des prieure et religieuses dudit monastère, ne les jugeant pas en état de s'approcher des sacremens, nous leur défendions, auxdits de Rémond et F. Basile, de confesser lesdites prieure et religieuses sans notre permission spéciale et par écrit, laquelle nous accorderions volontiers à celles par lesquelles nous en serions requis; qu'au surplus nous leur laissions la liberté de dire et chanter la sainte messe, ne voulant pas que le service de Dieu cessât ; et que quant à la prédication, nous permettions audit F. Basile de la faire à condition que ce fût publiquement, les portes de l'église ouvertes, à ce que le peuple et nous-même y puissions assister comme nous le désirions. A quoi lesdits de Rémond et F. Basile nous auroient promis d'obéir avec protestation de toute sorte de soumission.

Seroit pareillement venu vers nous M$^{re}$ Jean-Baptiste Richer, prêtre, chanoine dudit Jouarre, ne résidant point à cause qu'il est en procès pour sa prébende; lequel informé de notre visite audit Jouarre, y seroit venu pour nous y rendre ses soumissions et recevoir nos ordres comme de son légitime supérieur, lequel nous aurions reçu avec affection.

Quant à M^re Raphaël Gallot, prêtre, chanoine dudit Jouarre, cité à comparoir devant nous sous peine d'interdiction, par exploit signifié en sa maison audit Jouarre, du 26 février audit an, sur ce que les chanoines ses confrères nous auroient assuré qu'il seroit sorti dudit Jouarre et nous supplioient de surseoir à prononcer contre lui. Inclinant à leur prière, nous aurions bien voulu surseoir toute procédure contre ledit Gallot, espérant, comme ils nous le disoient, que de lui-même il viendroit à l'obéissance ; ce qu'il a fait, étant revenu audit Jouarre depuis notre départ, avec protestations de soumissions pareilles à celles de ses confrères, entre les mains dudit sieur Phelipeaux.

Pour M^re Nicolas Rassicod et M^re Daniel de la Vallée, dit Laburie, aussi prêtres et chanoines audit Jouarre, attendu leur désobéissance et contumace, après avoir été cités par trois fois de comparoir par-devant nous, par exploits à eux signifiés à la requête de notredit promoteur en trois jours consécutifs, nous les aurions déclarés interdits de toutes les fonctions de leurs saints ordres par notre ordonnance du mardi 28 février audit an, à eux signifiée le mercredi 1^er mars suivant, à ce qu'ils n'eussent à faire aucunes fonctions de leurs saints ordres au préjudice de l'interdit prononcé contre eux, sur les peines portées par les saints canons, ainsi qu'il paroît plus amplement par les actes séparés du présent procès-verbal.

Le jeudi 2 mars audit an, l'arrêt de la cour de parlement du 28 février 1690, portant qu'il sera fait ouverture des portes de ladite abbaye de Jouarre en présence du sieur lieutenant-général de Meaux, commis par la cour à l'exécution dudit arrêt, fut signifié au monastère dudit Jouarre par Regnault, huissier à Meaux.

Et ledit jour 2 mars audit an, une heure de relevée, nous évêque susdit, accompagné de M^re Hugues Janon, prêtre; de M^re Jean Phelipeaux, docteur de Sorbonne, chanoine et trésorier de notre église; de messire Jean Corvisart, curé de Mareuil-les-Meaux et promoteur de notre cour épiscopale; de M^re François Ledieu, chanoine de notre église, et notre aumônier ordinaire, tous prêtres; et de M^re Pierre Royer, secrétaire ordinaire de notre évêché, et nos autres officiers, nous nous serions transporté, revêtu de camail et rochet, et pareillement nos ecclésiastiques susdits, à la porte de l'abbaye dudit Jouarre, avec le sieur lieutenant-général de Meaux, commissaire en cette partie, nommé par ledit arrêt pour faire notre visite audit monastère, dont la première porte nous auroit été ouverte par un suisse vêtu de vert. Et arrivés à la porte du tour, nous aurions enjoint à la tourière du dehors d'avertir la mère prieure, la dame abbesse absente, que nous venions faire notre visite conformément à nos ordonnances et mandemens signifiés, tant à ladite dame abbesse qu'aux prieure et religieuses dudit monastère de Jouarre, par Crétien, huissier à Meaux, le 23 février dernier, et que pour cet effet la prieure eût à nous faire ouvrir les portes de l'église et assembler la communauté au parloir pour nous venir recevoir et obéir à nos ordres.

Est comparu M. Cheverry, procureur fiscal de la dame abbesse et religieuses de Jouarre, lequel assisté des autres officiers de ladite abbaye, conformément à la signification à nous faite du jour d'hier, auroit protesté au nom desdites prieure et religieuses, sans néanmoins nous pouvoir montrer aucun acte capitulaire, ni ordre par écrit de faire lesdites protestations, encore qu'il en eût été requis, que notre entrée audit monastère ne pourroit nuire ni préjudicier aux priviléges et exemptions de l'abbaye. Sur quoi nous aurions ordonné que nous continuerions de faire notre visite conformément aux saints canons et en particulier aux décrets des saints conciles de Vienne et de Trente, dont l'exécution auroit été ordonnée tant par l'ordonnance de Blois que par les arrêts susdits, et ce nonobstant toute opposition ou appellation quelconque, comme en matière de discipline et correction de mœurs. Aurions en outre requis ledit sieur lieutenant-général, en cas qu'on continuât de nous faire les empêchemens et troubles déjà commencés en refusant d'assembler les religieuses devant nous, comme on a fait jusqu'ici, d'exécuter l'arrêt dont il est porteur, en ordonnant que les portes dudit monastère nous fussent ouvertes, afin que nous parlions auxdites religieuses et procédions à la visite des lieux réguliers; ce qu'il auroit en même temps ordonné et fait exécuter, ainsi qu'il est plus au long porté au procès-verbal fait par ledit sieur lieutenant-général.

Et après que les ouvriers amenés par ledit sieur lieutenant-général se seroient mis en devoir de faire ouverture de la porte de clôture dudit monastère, elle nous auroit été ouverte en dedans par deux religieuses. Et nous évêque susdit serions entré dans ledit monastère, accompagné de nos ecclésiastiques susdits et officiers, ensemble ledit sieur lieutenant-général avec ses officiers. Puis la porte refermée par lesdites religieuses qui l'avoient ouverte, elles se seroient retirées à l'instant avec précipitation, sans même vouloir nous dire leurs noms et offices. Ce fait, nous nous serions acheminés vers le dortoir et en chemin aurions rencontré une religieuse, laquelle nous auroit dit être sœur Marie Gobelin, dite des Archanges, et qu'elle se retiroit dans sa cellule suivant l'ordre qui en avoit été donné ; à laquelle nous aurions ordonné de nous suivre et de nous conduire audit dortoir et cellules; ce qu'elle auroit fait. Où étant, nous aurions été de cellule en cellule dans les deux dortoirs et aurions parlé aux religieuses qui y étoient demeurées en plus grand nombre, les autres s'étant retirées ailleurs, et ayant laissé leurs cellules fermées pour la plupart, la prieure elle-même s'étant absentée du dortoir, sa cellule ouverte : et sur ce que nous aurions ordonné aux religieuses présentes de la faire venir devant nous, toutes nous auroient déclaré ne savoir où elle étoit, non plus que les autres religieuses. Aurions dit auxdites religieuses que notre intention étoit de tenir le chapitre, où nous leur aurions ordonné de nous suivre et à quoi elles auroient obéi. Mais avant cela, nous étant fait conduire à l'église, au chœur des religieuses, nous nous serions contenté d'y adorer le saint Sacrement, sans y faire autre cérémonie ni visite, désirant d'apporter un prompt remède aux besoins les plus pressans. De là étant allés à la porte du chapitre, afin que les absentes n'en pussent ignorer, nous aurions fait sonner le timbre, comme il se pratique en cas pareil. La porte dudit chapitre s'étant trouvée fermée, aurions tenu l'assemblée dans une salle voisine, dite la *Salle de communauté,* où se seroient trouvées vingt-trois religieuses : savoir sœur Catherine de Fiesque, seconde prieure, sœur Henriette de Lusancy, dite de Sainte-Hélène, troisième prieure, etc., ensemble nos ecclésiastiques et officiers : puis la prière et invocation du Saint-Esprit préalablement faite suivant la coutume, aurions fait lire en françois auxdites religieuses, par l'un desdits ecclésiastiques, les décrets susdits des saints conciles de Vienne et de Trente, leur faisant voir que nous aurions été troublés dans l'exécution d'iceux par la sentence que madame leur abbesse auroit obtenue aux requêtes du palais, par laquelle la procédure de notre official, quoique régulière et canonique, auroit été cassée et défenses faites à nous et à nos officiers de passer outre. Ce qui nous auroit forcé, pour réparer un tel attentat, d'avoir recours à l'autorité de la cour de parlement, où nous aurions obtenu l'arrêt bien connu des religieuses, puisqu'il leur a été signifié et qu'elles y sont comprises. Leur aurions pareillement remontré que c'étoit à tort qu'on tâchoit de leur faire entendre que ledit décret du saint concile de Trente n'étoit pas reçu dans le royaume, puisqu'il étoit accepté par l'ordonnance de Blois, dont lecture leur fut pareillement faite; et que ladite cour de parlement, à qui il appartient d'exécuter les ordonnances, l'avoit ainsi jugé par ledit arrêt, qui ne faisoit autre chose que d'ordonner l'exécution de ladite ordonnance de Blois et des saints canons; en sorte qu'il ne leur restoit que l'obéissance qu'elles nous auroient aussi toutes promis de nous rendre. Après quoi nous aurions fini le chapitre par la prière. Ensuite notre promoteur nous auroit remontré que l'entrée des tours n'étoit pas libre, que les clefs ni du monastère, ni desdites tours n'étoient point en notre disposition; et que les officiers qui en étoient chargés ne nous avoient point encore rendu obéissance; en sorte que si nous procédions au scrutin et audition des religieuses à la grille, selon la coutume, lesdites religieuses n'auroient point un libre accès auprès de nous, mais en seroient empêchées, tant par la prieure qui ne nous avoit pas obéi, ni paru devant nous, que par les autres officières désobéissantes; ajoutant que nous retirant hors du monastère, nous perdrions l'occasion de parler aux religieuses qui ne vouloient pas nous reconnoître ni se ranger à leur devoir, nous requérant qu'à ces causes et autres que notre prudence pourroit suppléer, il nous plût à cette fois et sans tirer à conséquence, procéder audit scrutin et audition des religieuses au dedans : ce que nous aurions ordonné et à l'instant y aurions procédé jusqu'environ six heures du soir, après quoi nous nous serions retiré du monastère et retourné au presbytère dudit Jouarre.

Le vendredi 3 mars audit an, nous aurions mandé à l'abbaye dudit Jouarre qu'on eût à nous ouvrir les portes de l'église, lesquelles jusqu'alors se tenoient soigneusement fermées, attendu que nous désirions y célébrer la sainte messe, visiter le saint Sacrement et faire les autres fonctions de notre ministère, à quoi on n'avoit pas obéi. Ce qui nous auroit obligé contre notre attente d'avoir recours audit sieur lieutenant-général, avec lequel, revêtu et accompagné comme ci-dessus, nous nous serions transporté à la principale porte de ladite église, à laquelle nous aurions trouvé ledit Cheverry, qui sous les protestations plus amplement énoncées au procès-verbal dudit sieur lieutenant-général, auroit offert de nous faire ouvrir les portes, après qu'on auroit fait effort à ladite porte : ce que nous aurions refusé par la révérence des saints lieux ; mais aurions ordonné que lesdites portes seroient ouvertes incessamment et demeureroient ensuite ouvertes à toutes les heures accoutumées, afin que le peuple pût assister au service divin et prédication qui se faisoient en ce saint temps, défendant de plus tenir ladite porte fermée, comme si l'église eût été interdite, et déclarant que nous aimions mieux nous retirer que de faire aucun effort à ladite porte : admonestant au surplus lesdites religieuses, en la personne dudit Cheverry, de ne pas commettre un si grand scandale : et à l'instant ladite porte avoit été ouverte, par laquelle étant entré dans ladite église avec nosdits ecclésiastiques et officiers, nous aurions fait d'abord notre prière et autres préparations au saint sacrifice, sur un prie-dieu préparé au bas du maître autel ; puis aurions visité le saint Sacrement reposant au tabernacle dans un ciboire de vermeil et en aurions fait ostension au peuple, sans toutefois chanter les antiennes, versets et oraisons accoutumées, à cause de la division des religieuses, et évitant tout ce qui pouvoit donner scandale au peuple. Aurions ensuite célébré la sainte messe, finissant à l'ordinaire par la bénédiction pontificale. Après les actions de graces, nous aurions visité la sacristie où nous aurions trouvé toutes choses en fort bon ordre, et enfin nous nous serions retirés audit presbytère.

Et ledit jour deux heures de relevée, ayant envoyé notredit promoteur audit monastère y déclarer que nous désirions continuer notredite visite, et qu'on eût à nous en ouvrir les portes et faire venir les religieuses pour nous parler, il nous auroit rapporté qu'il n'auroit trouvé personne à qui parler; en sorte que nous aurions été contraint d'avoir recours de nouveau audit sieur lieutenant-général, avec lequel, ensemble nos ecclésiastiques et officiers revêtus comme dessus, nous nous serions transporté à ladite abbaye, où personne ne se présentant pour nous recevoir, ni même pour nous parler, nous aurions requis ledit sieur lieutenant-général de faire sa charge. Et après l'effort fait à la petite grille et à la serrure de la porte de clôture, ladite porte nous auroit été ouverte par deux religieuses, qui se seroient nommées sœur Anne de Marle, dite de Sainte-Foy, et sœur Anne de Menou, dite de la Visitation, portières. Après quoi notre promoteur nous auroit remontré qu'il y avoit lieu d'espérer que la prieure et les religieuses qui lui adhèrent se contenteroient de leur première résistance, et ne pousseroient pas la contumace jusqu'à nous contraindre d'appeler toujours la justice séculière; qu'il n'étoit pas juste de nous exposer à de pareils inconvéniens et irrévérences; et que parmi les divisions qui paroissoient dans le monastère et la résistance de celles qui ne vouloient pas nous obéir, il pouvoit arriver au dedans de grands désordres et scandales, sans que nous puissions y apporter de remède, si nous ne nous rendions maîtres de la porte et ne mettions les religieuses qui nous obéissent en état d'avoir recours à nous dans le besoin : partant requéroit que nous eussions à nous faire remettre en main les clefs du monastère par les portières ici présentes, et leur donner tels ordres que nous trouverions à propos. Requérant de sa part ledit sieur lieutenant-général de donner les ordres nécessaires aux ouvriers par lui amenés de faire par notre ordre ce qui seroit nécessaire à ce que nous fussions assuré de l'entrée du monastère, et libre accès desdites religieuses par devers nous. Sur quoi nous, évêque susdit, aurions ordonné auxdites sœurs de Marle et de Menou de nous remettre présentement entre les mains toutes les clefs, tant de la porte qu'autres lieux dudit monastère, comme c'étoit la coutume dans les visites; et leur aurions pareillement enjoint, sous peine de désobéissance, d'aller trouver de notre part ladite prieure, pour lui enjoindre de venir elle-même nous rendre compte du monastère et recevoir nos ordres. Lesquelles nous auroient répondu qu'elles ne donnoient pas les clefs, mais qu'elles les laissoient là; et quant à la prieure, qu'elles ne savoient où elle étoit; ce qu'ayant dit, elles auroient pris la fuite, sans même vouloir signer leur dire comme elles en étoient requises. Et après les ordres donnés par ledit sieur lieutenant-général aux ouvriers qu'il avoit amenés pour faire ce que nous ordonnerions pour la sûreté de la clôture, il se seroit retiré; et nous, évêque susdit, aurions défendu sous peine d'excommunication à toutes personnes d'entrer dans le monastère, hors à ceux à qui nous l'ordonnerions expressément, nous serions entré dans ledit monastère, commettant la garde de ladite porte de clôture à l'un de nos ecclésiastiques, à l'huissier dudit sieur lieutenant-général et à deux de nos domestiques; aurions ensuite continué l'audition desdites religieuses, jusqu'environ six heures du soir.

Et lorsque nous étions sur le point de sortir, notredit promoteur nous a remontré que la serrure de ladite porte de clôture étoit fort endommagée; en sorte que la fermeture de la porte ne seroit pas assurée, s'il n'y étoit par nous pourvu : qu'il y auroit même à craindre que si nous nommions des officiers à qui nous commissions les clefs, elles ne leur fussent enlevées par force dès que nous nous serions retirés, ce qui nous feroit retomber dans les inconvéniens qu'il nous avoit ci-dessus remontrés, nous requérant d'y pourvoir. Sur quoi nous, évêque susdit, aurions ordonné que ladite serrure seroit levée et raccommodée, et la clôture fermée par le dehors avec une chaîne et un cadenas, dont nous aurions emporté la clef, et donné les ordres nécessaires pour la sûreté de la clôture; après quoi nous nous serions retirés.

Le samedi 4 mars audit an, nous, évêque susdit, nous nous serions transporté dès le matin à l'église dudit monastère, où nous aurions célébré la sainte messe avec les ornemens les plus beaux de l'abbaye, qui nous auroient été préparés; à l'issue de laquelle nous serions entré audit monastère, revêtu et accompagné comme ci-dessus, dont nous aurions visité les lieux réguliers que nous aurions trouvés ouverts, sans vouloir faire aucun effort à l'égard de ceux qui se seroient trouvés fermés. Aurions ensuite continué l'audition des religieuses, que nous aurions achevée l'après-dînée. Et le soir nous nous serions retiré, après avoir fait remettre la serrure de la porte de clôture, dont nous confiâmes les clefs à la sœur de Saint-Nicolas, portière, qui étoit dans l'obéissance et entroit en semaine.

De là rentrant au presbytère, le susdit M$^{re}$ Nicolas Rassicod, prêtre, chanoine dudit Jouarre, se seroit présenté à nous, lequel nous auroit demandé pardon de sa désobéissance, nous suppliant humblement de le vouloir rétablir dans toutes les fonctions de ses saints ordres; ce que nous aurions bien voulu faire aussitôt en considération de la repentance sincère qu'il nous témoignoit, comme il paroît par un acte séparé.

Le dimanche 5 mars audit an, nous nous serions transporté à l'église de l'abbaye sur les huit heures du matin, revêtu et accompagné comme dessus, où après les préparations accoutumées, nous aurions administré le sacrement de confirmation à plusieurs enfans et quelques personnes d'âge, leur en ayant préalablement expliqué les cérémonies et les effets, à la grande grille du chœur en présence d'un grand peuple. Puis nous aurions célébré la sainte messe au grand autel avec les ornemens et vaisseaux les plus riches de l'abbaye. Et après notre communion, aurions aussi administré le saint Sacrement à plusieurs religieuses et à plusieurs autres personnes séculières de l'un et de l'autre sexe préparées à cet effet; et toute la cérémonie finie, nous nous serions retiré audit presbytère.

Où étant, nous nous serions fait rapporter notre ordonnance donnée ledit jour, laquelle nous aurions fait remettre ès mains de M$^{re}$ Jacques Bernage, curé de l'église paroissiale de Saint-Pierre dudit Jouarre, pour être par lui lue et publiée au prône de la messe paroissiale, qu'il alloit célébrer et chanter : de laquelle ordonnance la teneur s'ensuit.

Jacques-Bénigne, par la permission divine Evêque de Meaux : aux abbesses, religieuses et couvent, clergé, peuple et paroisse de Jouarre, salut et bénédiction. Comme messire Louis de la Vallée, maintenant absent dudit Jouarre, et messire Daniel de la Vallée, dit Laburie, prêtres, chanoines et chapelains de l'église abbatiale, se sont ingérés de faire les fonctions de vicaire général, official, vice-gérent et promoteur, en vertu des prétendues lettres, commissions ou pouvoirs à eux donnés par l'abbesse de ce monastère, bien que ladite abbesse ni eux n'en aient reçu aucun pouvoir ni du Saint-Siége, ni de nos prédécesseurs ou de nous; nous leur défendons, et à tous autres, de procéder, ordonner ou exécuter auxdites qualités en vertu desdits pouvoirs, ni d'exercer aucune commission où la juridiction ecclésiastique soit requise, sans en avoir auparavant reçu de nous ou de nos vicaire-général et official un pouvoir spécial et par écrit, sur toutes les peines portées contre les usurpateurs de la juridiction ecclésiastique et intrus en icelle. Défendons sur mêmes peines à ladite abbesse et à celles qui lui succéderont, et à tout autre officier de l'abbaye, le siége abbatial vacant ou non vacant, de donner de pareils pouvoirs ou commissions. Déclarons nul et de nul effet tout ce qui sera dorénavant attenté au préjudice de la présente ordonnance, sans néanmoins donner atteinte à ce qui auroit été ci-devant géré, ordonné et exécuté selon les canons, quoiqu'en vertu desdits pouvoirs et commissions, tant que nos prédécesseurs et nous l'avons toléré et sans que pour raison de ce il soit permis de troubler et inquiéter les consciences. Défendons en outre auxdites abbesse et toute autre officière de l'abbaye, d'instituer à l'avenir, vacance arrivant, les curés de Jouarre, ou de les mettre en possession et exercice de cette charge, sans qu'ils reçoivent auparavant de nous et de nos successeurs la cure des ames et tout ce qui y est annexé, sans préjudice de ce qui a été fait et sera fait à l'avenir en ladite qualité par le curé de Jouarre, auquel même, et en tant que besoin seroit, nous avons continué et continuons tous ses pouvoirs. En conséquence de ce que dessus, avons déclaré et déclarons que nul autre que ledit curé n'a pouvoir dorénavant de prêcher la parole de Dieu et d'administrer les sacremens, notamment celui de pénitence, dans toute l'étendue de la paroisse de Jouarre, à moins de l'avoir reçu par notre permission et approbation spéciale et par écrit dans le cours de la présente visite, et ci-après en la même forme par nous ou notre vicaire général. Déclarons que les confessions qui se feront dorénavant au préjudice de ce que dessus seront nulles et de nulle valeur, et qu'il les faudra réitérer à des prêtres approuvés comme dessus. Et afin que le peuple sache à qui il peut s'adresser, déclarons que ce sont tous ceux qui exerceront cette fonction dans l'église paroissiale, attendu que le curé aura vu leurs pouvoirs selon l'ordre qu'il en a de nous. Mais d'autant que les confesseurs des religieuses doivent être revêtus de qualités dont nous nous sentons obligé de faire un examen particulier, pour cette considération et autres à nous connues, déclarons que les permissions et approbations par nous données, même par écrit, ne vaudront pour les religieuses et notamment pour celles de Jouarre, à moins qu'elles n'y soient spécialement comprises et dénommées. Défendons expressément à tous prêtres séculiers et réguliers, d'entreprendre de confesser et absoudre lesdites religieuses au préjudice de la présente, à peine d'interdiction encourue *ipso facto*, révoquant tout pouvoir à ce contraire, ainsi que nous l'avons déjà déclaré et dénoncé auxdites religieuses, à ce qu'elles ne s'exposent à faire des confessions nulles et sacriléges. Donné à Jouarre, dans la maison presbytérale, durant le cours de notre visite, ce jourd'hui cinquième jour de mars mil six cent quatre-vingt-dix. *Signé* † J. Bénigne, évêque de Meaux. *Et plus bas :* Par monseigneur, Royer.

La présente ordonnance a été lue et publiée au prône de la messe paroissiale de Jouarre, le dimanche cinquième jour de mars audit an, par moi Jacques Bernage, prêtre, curé de ladite paroisse de Jouarre, soussigné. *Signé* J. Bernage.

Ledit jour, sur les deux heures après-midi, nous évêque susdit, revêtu de camail et rochet, et accompagné de nos ecclésiastiques et des chanoines dudit Jouarre en leurs habits d'église, serions allé en l'église de l'abbaye, où après notre prière étant monté en chaire, aurions expliqué le mystère de la Providence divine, à l'occasion de l'évangile de ce quatrième dimanche du carême, où est rapportée la multiplication des cinq pains, à laquelle prédication auroient assisté toutes les religieuses et un grand concours de peuple, tant de la paroisse de Jouarre que des paroisses voisines. A l'issue de laquelle et tout le service de l'église étant achevé, nous serions entré dans ledit monastère, revêtu comme dessus et accompagné de nosdits ecclésiastiques et officiers, où étant, aurions fait sonner le timbre qui est à la porte du chapitre, lequel nous aurions trouvé ouvert et y aurions assemblé la plus grande partie des religieuses, auxquelles nous aurions donné les avis nécessaires par rapport à l'état présent du monastère, les assurant qu'avec la grace de Dieu et le secours du temps elles recevroient des fruits plus abondans de nos soins; et aurions aussi écouté ce qu'elles nous auroient proposé sur les besoins les plus pressans pour y apporter l'ordre convenable; après quoi nous nous serions retiré au presbytère, où nous seroit venu trouver le susdit M$^{re}$ Daniel de la Vallée, dit Laburie, prêtre, chanoine dudit Jouarre, lequel nous auroit demandé pardon de sa désobéissance, et nous auroit humblement supplié de le vouloir rétablir dans toutes les fonctions de ses saints ordres. Auquel, après lui avoir donné en particulier les avertissemens que nous jugeâmes nécessaires, nous aurions bien voulu accorder à l'instant la grace de le relever de l'interdiction, en considération de la grande repentance qu'il nous auroit fait paroître, ainsi qu'il est plus au long porté dans notre acte séparé.

Le lundi 6 mars, audit an, sur les sept heures du matin, nous nous serions transporté audit monastère dans lequel nous serions entré revêtu et accompagné comme dessus, et de plus de messire Barthélemi de Rémond, prêtre, confesseur de ladite abbaye, approuvé de nous, et de F. Basile, aussi prêtre, religieux de l'ordre de Saint-Dominique, aussi pareillement par nous approuvé, et aurions fait sonner le timbre pour assembler les religieuses au chapitre. Où étant toutes les religieuses soumises et lesdits confesseurs présens, aurions fait faire lecture et publication par notre secrétaire susdit, de nos règlemens et ordonnances de visite, dont la teneur s'ensuit.

## ORDONNANCE DE VISITE.

Nous, Evêque de Meaux, après avoir ouï dans notre présente

visite celles des religieuses de Jouarre qui se sont soumises selon leur devoir et les saints canons à notre obéissance, lesquelles se sont trouvées composer la plus grande et la meilleure partie des religieuses dudit monastère, avons ordonné et ordonnons, statué et statuons ce qui s'ensuit :

### I.

Que lesdites religieuses demeureront dans l'obéissance qu'elles nous doivent et qu'elles nous ont rendue, se souvenant de la parole de Notre-Seigneur que « celui qui met la main à la charrue et regarde en arrière, n'est pas propre au royaume de Dieu [1]; » et de celle de saint Pierre, « qu'il vaudroit mieux n'avoir pas connu la voie de la justice, qu'après l'avoir connue, se retirer de nouveau du saint commandement qui leur a été donné [2]. »

### II.

Qu'elles se comporteront avec charité envers leurs sœurs qui sont encore désobéissantes, leur remontrant les vérités que nous avons représentées et les décrets des conciles œcuméniques et des papes, en vertu desquelles nous agissons en toute douceur, patience et humilité : leur donnant aussi, comme elles font, l'exemple de régularité et observance.

### III.

Nous déclarons aux prieure, religieuses, couvent et monastère de Jouarre, comme nous avons déjà fait plusieurs fois et par toutes les manières les plus authentiques, que nous avons défendu et défendons sous peine d'interdiction encourue *ipso facto*, à tous prêtres séculiers et réguliers, de confesser lesdites prieure et religieuses sans notre permission spéciale et par écrit : laquelle nous accorderons à celles desdites prieure et religieuses qui nous l'ont demandée et nous ont reconnu pour supérieur ou le feront à l'avenir, dont nous donnerons les noms aux confesseurs; jugeant et déclarant les autres qui refusent de nous obéir incapables de recevoir les sacremens, et révoquant tout pouvoir contraire à la

[1] *Luc.*, IX, 62. — [2] II *Petr.*, II, 21.

présente défense, à ce qu'elles n'en ignorent et ne s'exposent à faire des confessions nulles et sacriléges.

### IV.

Nous leur déclarons pareillement que nous laissons en ce lieu jusqu'à notre prochain retour, notre très-cher en Notre-Seigneur, Mre Jean Phelipeaux, prêtre docteur de Sorbonne, chanoine et trésorier de notre église cathédrale, avec tout pouvoir de nous de donner les permissions et approbations nécessaires par écrit, pour confesser celles qui auront recours à nous, et nous reconnoîtront pour supérieur, et non les autres, quelque titre et office qu'elles aient dans la maison, même celui de prieure.

### V.

Bien que la mère de la Croix, première prieure, soit des plus coupables envers nous et envers l'obéissance, puisque dûment avertie de nos intentions par messire Hugues Janon, prêtre, que nous avons envoyé avant la visite, et par nous-même dès le moment de notre arrivée, elle nous a néanmoins obligé depuis d'implorer jusqu'à deux fois le bras séculier pour nous faire ouvrir le monastère, sans vouloir se présenter devant nous nonobstant tous les commandemens que nous lui en faisions par tous les moyens possibles, ni permettre à celles qui lui adhéroient de s'y présenter, pendant qu'à l'exemple du bon Pasteur nous les cherchions de tous côtés avec un esprit de douceur et de charité : nous ordonnons néanmoins qu'on lui rendra l'obéissance requise, tant que nous trouverons à propos de la tolérer dans sa charge, non toutefois dans les choses qui seroient contraires aux ordres par nous donnés verbalement ou par écrit.

### VI.

Et d'autant qu'il se pourroit faire que ladite première prieure refuseroit à ses sœurs les permissions nécessaires en certains cas, nous les renvoyons en cas de refus aux autres prieures, officières et anciennes successivement, auxquelles nous donnons à cet effet tous les pouvoirs nécessaires.

## VII.

D'autant aussi qu'il est nécessaire que toutes les religieuses dudit monastère aient une libre communication avec nous de vive voix ou par lettres, et pareillement avec ledit sieur Phelipeaux et autres par nous commis, sans quoi tout le monastère tomberoit dans des troubles et inconvéniens trop à craindre pour n'être pas prévus avec toute la sévérité des canons, nous défendons à ladite mère de la Croix, première prieure, aux autres prieures, portières, tourières et autres officières et non officières, d'empêcher directement ou indirectement ladite communication, sous peine d'excommunication encourue par le fait même, et nonobstant toutes défenses à ce contraires, que nous déclarons nulles et attentatoires.

## VIII.

Leur défendons pareillement, sous la même peine, d'empêcher celles qui voudront se soumettre à nous de nous en donner les marques qu'elles trouveront à propos.

## IX.

Admonestons ladite mère de la Croix, première prieure, et celles qui lui adhèrent, de nous rendre une prompte obéissance, à peine d'être incessamment procédé contre elles par toutes censures ecclésiastiques.

## X.

Nous nous réservons à statuer pour le surplus sur ce qui sera nécessaire au bon ordre du monastère, tant au spirituel qu'au temporel, lorsque nous en aurons pris une connoissance plus particulière. Ordonnons que la présente sera affichée à la porte du chœur des religieuses, à ce que personne n'en ignore, et qu'elle sera exécutée comme en matière de discipline et correction de mœurs, nonobstant toutes oppositions et appellations quelconques, et sans préjudice d'icelles. Ce fut fait, ordonné et statué en la clôture de la visite, les religieuses ci-dessus capitulairement assemblées au son du timbre dans ce chapitre. Lu et publié en icelui en présence de M<sup>re</sup> Barthélemi de Rémond, prêtre, confesseur de ladite abbaye, et F. Basile, religieux de l'ordre de Saint-Dominique, aussi prêtre par nous approuvé, pour être exécuté en ce qui les touche, à peine d'interdiction encourue *ipso facto*. Et en fut laissé copie signée de nous, et une autre affichée comme ci-dessus est ordonné, ce jourd'hui sixième jour de mars mil six cent quatre-vingt-dix, avant midi.

Après quoi nous retirant dudit monastère, aurions fait donner copie des noms desdites religieuses et sœurs converses soumises auxdits confesseurs, à ce qu'ils n'ignorassent de celles qu'ils avoient pouvoir de confesser; et serions sorti accompagné de nos ecclésiastiques et officiers revêtus comme dessus, ensemble desdits confesseurs. Et à l'instant nous étant transporté à l'église dudit monastère, y aurions célébré la sainte messe avec les cérémonies accoutumées, et nous serions retiré à la maison presbytérale; où étant, nous aurions fait et dressé l'ordonnance dont la teneur ensuit :

Nous, Evêque de Meaux, ouï et ce requérant notre promoteur, avons ordonné et ordonnons que la dame abbesse de Jouarre, ensemble les sœurs de Baradat et de Gauderon, religieuses absentes de leur monastère, y retourneront incessamment, à moins de nous apporter une excuse et empêchement canonique, et prendre notre congé sur ce nécessaire, huit jours après la signification de la présente, sur toutes les peines de droit. Donné à Jouarre dans le cours de notre visite, le sixième mars mil six cent quatre-vingt-dix. *Signé* Jacques-Bénigne, évêque de Meaux : *Et plus bas*, Par monseigneur, Royer.

Et l'après-midi dudit jour, accompagné de nosdits ecclésiastiques et officiers, et suivi des gens de notre suite, serions parti pour retourner à Meaux, après avoir laissé audit Jouarre ledit M$^{re}$ Jean Phelipeaux, docteur de Sorbonne, chanoine et trésorier en l'église de Meaux, pour régler les affaires dudit monastère en notre absence. Et sur le soir serions heureusement arrivé audit Meaux, et descendu en notre palais épiscopal.

Le jour du Vendredi saint 24 mars audit an, ladite mère de

la Croix, prieure, et avec elle six autres religieuses, auroient humblement déclaré audit sieur Phelipeaux, qu'elles nous reconnoissoient pour leur évêque et légitime supérieur, et promettoient de nous rendre une obéissance sincère conformément aux saints canons et notamment aux décrets des saints conciles de Vienne et de Trente ; ce qui auroit obligé ledit sieur Phelipeaux à donner permission auxdits confesseurs de les recevoir, comme aussi toutes les sœurs converses, lesquelles l'auroient fait assurer de leur obéissance par ladite mère prieure et par les autres officières préposées à leur conduite.

Et le samedi de *Quasimodo*, premier avril audit an, tout le reste des religieuses dudit monastère auroient fait pareille déclaration, et auroient été reçues de même manière à la participation des saints sacremens.

FIN DU CINQUIÈME VOLUME.

# TABLE

DES MATIERES CONTENUES DANS LE CINQUIÈME VOLUME.

## CATÉCHISME DU DIOCÈSE DE MEAUX.

| | |
|---|---|
| REMARQUES HISTORIQUES. | I |
| AVERTISSEMENT aux curés, vicaires, aux pères et aux mères, et à tous les fidèles. | x |
| PREMIER CATÉCHISME, ou Abrégé de la Doctrine chrétienne pour ceux qui commencent. | 1 |
| CATÉCHISME qui se doit faire dans l'église et dans l'école à ceux qui commencent à avoir l'usage de la raison, et à peu près quand on a coutume de leur donner la confirmation. | 3 |
| LEÇON I. De la Doctrine chrétienne en général, et de la connoissance de Dieu. | 3 |
| LEÇON II. Du signe de la croix et de la profession du christianisme. | 4 |
| LEÇON III. Du mystère de la très-sainte Trinité. | 6 |
| LEÇON IV. Du mystère de l'incarnation et de la rédemption du genre humain. | 7 |
| LEÇON V. Du symbole des apôtres et de la prière. | 8 |
| LEÇON VI. De la prière, ou du *Pater* et de l'*Ave*. | 8 |
| LEÇON VII. Des dix commandemens de Dieu, et en particulier du premier. | 9 |
| LEÇON VIII. Du second et troisième commandement de Dieu. | 10 |
| LEÇON IX. Du quatrième, cinquième, sixième et neuvième commandement. | 11 |
| LEÇON X. Du septième et huitième commandement. | 12 |
| LEÇON XI. Du dixième commandement. | 13 |
| LEÇON XII. Des commandemens de l'Eglise, et de la récompense de ceux qui gardent ces commandemens. | 14 |
| LEÇON XIII. Des sacremens. | 15 |
| LEÇON XIV. Des deux sacremens qu'on fréquente le plus; savoir : la Pénitence et l'Eucharistie. | 16 |
| LEÇON XV. Du chapelet. | 17 |
| LEÇON XVI. La manière de servir et répondre à la messe. | 18 |
| LEÇON XVII. Du baptême. | 19 |
| LEÇON XVIII. De la confirmation. | 22 |
| LEÇON XIX. Bref exercice pour régler les principales actions du chrétien durant la journée. | 25 |
| PRIÈRES DU MATIN. | 27 |
| PRIÈRES DU SOIR. | 28 |
| SECOND CATÉCHISME, pour ceux qui sont plus avancés dans la connoissance des mystères, et que l'on commence à préparer à la première communion. | 32 |
| ABRÉGÉ DE L'HISTOIRE SAINTE. — I. La création du monde et celle de l'homme. | 32 |
| II. La chute d'Adam, et le Sauveur promis. | 33 |

# TABLE.

III. La corruption du monde et le déluge. . . . . . . . . . . . 34
IV. L'ignorance et l'idolâtrie répandues par toute la terre, la vocation d'Abraham : les promesses et l'alliance. . . . . . . . . . 34
V. Le peuple de Dieu captif en Egypte, et délivré par Moïse. . . . 35
VI. Le peuple dans le désert : la loi : l'entrée dans la terre promise : Josué : David : Salomon : le temple : le schisme de Jéroboam : la captivité de Babylone : les prophéties : l'attente du Christ. . . . . 37
VII. La venue de Jésus-Christ : sa prédication : sa mort, sa résurrection : son ascension : sa toute-puissance. . . . . . . . . . . . 38
VIII. Descente du Saint-Esprit et l'établissement de l'Eglise. . . . 39

PREMIÈRE PARTIE DE LA DOCTRINE CHRÉTIENNE, qui contient une Instruction générale, et les premiers principes de la religion. — LEÇON I. De la doctrine chrétienne en général, et de la connoissance de Dieu. . . . . 43
LEÇON II. De la création de l'ange et de l'homme. . . . . . . . . 46
LEÇON III. De la chute de l'homme. . . . . . . . . . . . . . 48
LEÇON IV. Des effets du péché d'Adam. . . . . . . . . . . . 49
LEÇON V. De la réparation du genre humain et du Redempteur. . . . 50
LEÇON VI. De ce qu'il faut faire pour être sauvé, et des trois vertus théologales. 51

SECONDE PARTIE DE LA DOCTRINE CHRÉTIENNE, qui contient les Instructions particulières sur chaque vertu théologale et particulièrement sur la foi. — LEÇON I. De la foi et du symbole des apôtres. . . . . . . . 53
LEÇON II. Explication des huits premiers articles du Symbole. . . . 54
LEÇON III. Des quatre derniers articles du Symbole. . . . . . . . 56
Explication plus particulière du Symbole. . . . . . . . . . . . 58
LEÇON IV. Explication du premier article du Symbole, où il est parlé du Père et de la création. . . . . . . . . . . . . . . . . 58
LEÇON V. Explication des articles où il est parlé de Jésus-Christ et de la rédemption; et premièrement du second article, *et en Jésus-Christ*, etc. . 60
LEÇON VI. Explication du troisième article : *Qui a été conçu*, etc. . . 61
LEÇON VII. Suite de l'instruction sur la personne de Jésus-Christ et sur les mystères de la Rédemption dans le quatrième article du Symbole. . . 63
LEÇON VIII. Suite de la même instruction sur la personne de Jésus-Christ, dans les articles V, VI et VII. . . . . . . . . . . . . . 65
LEÇON IX. Du Saint-Esprit, et de la sanctification ou justification, sur les articles VIII et IX. . . . . . . . . . . . . . . . . . 67
LEÇON X. Suite de l'article IX. . . . . . . . . . . . . . . 70
LEÇON XI. Suite de l'instruction sur le Saint-Esprit et la sanctification, dans les articles X, XI et XII. . . . . . . . . . . . . . . . 71
LEÇON XII ET DERNIÈRE, où l'on propose l'abrégé et le sommaire de toute la doctrine du Symbole; divisé en cinq articles. . . . . . . . . 72
   ARTICLE I. Des trois ouvrages attribués dans le Symbole aux trois personnes divines. . . . . . . . . . . . . . . . . . . 72
   ART. II. Que ces trois ouvrages sont également d'une grandeur infinie. 74
   ART. III. Comment ces trois ouvrages sont attribués aux trois Personnes divines. . . . . . . . . . . . . . . . . . . . . 76
   ART. IV. Des processions divines, et de l'incompréhensibilité des mystères. 77
   ART. V. Des moyens dont Dieu s'est servi pour nous révéler la doctrine chrétienne, à savoir l'Ecriture et la Tradition. . . . . . . . 78

TROISIÈME PARTIE DE LA DOCTRINE CHRÉTIENNE. — LEÇON I. De l'espérance et de la prière. . . . . . . . . . . . . . . . . . . . . . 81
LEÇON II. De l'OraisonDominicale. . . . . . . . . . . . . . . 82
LEÇON III. Des dispositions pour bien prier. . . . . . . . . . . 85
LEÇON IV. De l'*Ave, Maria*, et de la prière des Saints. . . . . . . 87
QUATRIÈME PARTIE DE LA DOCTRINE CHRÉTIENNE. Des commandemens de Dieu et de l'Eglise. — LEÇON I. Du Décalogue. . . . . . . . . . . 89
LEÇON II. Instruction générale sur le Décalogue, et sur les deux préceptes de la charité. . . . . . . . . . . . . . . . . . . . . . . . . 90
LEÇON III. Des commandemens de l'Eglise. . . . . . . . . . . . . 91
LEÇON IV. Du péché et de la justice chrétienne. . . . . . . . . . 94
LEÇON V. Des péchés d'omission, et du précepte de l'amour de Dieu. . 95
LEÇON VI. Des sept péchés capitaux. . . . . . . . . . . . . . . . 98
LEÇON VII. De la tentation et de la concupiscence. . . . . . . . . 100
CINQUIÈME PARTIE DE LA DOCTRINE CHRÉTIENNE.Des sacremens.—LEÇON I. Des sacremens en général. . . . . . . . . . . . . . . . . . . . 102
LEÇON II. Des sacremens en particulier. . . . . . . . . . . . . . 103
INSTRUCTIONS PARTICULIÈRES sur les sacremens de Pénitence, d'Eucharistie et de Mariage, en faveur de ceux qui se disposent à les recevoir. INSTRUCTION POUR LE SACREMENT DE PÉNITENCE. — LEÇON I. Du sacrement de Pénitence, et de ses trois parties en général. . . . . . . . . 106
LEÇON II. De la contrition et du bon propos. . . . . . . . . . . 108
LEÇON III. De la contrition et de l'attrition. . . . . . . . . . 110
LEÇON IV. De la confession. . . . . . . . . . . . . . . . . . . . 112
LEÇON V. De la satisfaction. . . . . . . . . . . . . . . . . . . 114
LEÇON VI. Pratique de la confession, suivant la doctrine précédente. . . 115
LEÇON VII. De la soumission qu'on doit avoir dans le refus de l'absolution. 118
LEÇON VIII. De la soumission qu'on doit avoir dans l'imposition de la pénitence. . . . . . . . . . . . . . . . . . . . . . . . . . . . . 121
LEÇON IX. Des indulgences. . . . . . . . . . . . . . . . . . . . 123
INSTRUCTION SUR LE SACREMENT DE L'EUCHARISTIE. — LEÇON I. Ce que c'est que le sacrement de l'Eucharistie. . . . . . . . . . . . . . . 125
LEÇON II. De la sainte Messe, et du sacrifice de l'Eucharistie. . . 127
LEÇON III. De la communion. . . . . . . . . . . . . . . . . . . . 128
LEÇON IV. Pratique de la communion suivant la doctrine précédente ; et premièrement ce qu'il faut faire avant la communion. . . . . . . . 131
LEÇON V. Ce qu'il faut faire quand on est prêt à communier, et dans la communion même. . . . . . . . . . . . . . . . . . . . . . . . . 132
LEÇON VI ET DERNIÈRE. Ce qu'il faut faire après la communion. . . . 135
INSTRUCTION SUR LE SACREMENT DE MARIAGE. . . . . . . . . . . . . 136

# CATÉCHISME DES FÊTES

### ET AUTRES SOLENNITÉS ET OBSERVANCES DE L'ÉGLISE.

AVERTISSEMENT aux curés, vicaires et catéchistes de son diocèse. . . 139
DU SAINT DIMANCHE, et par occasion de la Messe paroissiale, et des devoirs d'un bon paroissien. — LEÇON I. De l'institution du dimanche. . . . 142

LEÇON II. De la Messe paroissiale, et premièrement du prône. . . . . 143
LEÇON III. De l'offrande, du sacrifice et de la communion, et en général de l'amour qu'on doit avoir pour sa paroisse. . . . . . . . . . . . 144
LEÇON IV. De l'eau bénite, du pain bénit, et du reste qui regarde la sanctification du dimanche. . . . . . . . . . . . . . . . . 146
DES FÊTES DE NOTRE-SEIGNEUR, ET DES OBSERVANCES DE L'EGLISE, qui ont rapport avec les mystères de Jésus-Christ. — LEÇON I. Avant le premier dimanche de l'Avent. . . . . . . . . . . . . . . . . 149
LEÇON II. Pour le jour de Noël. . . . . . . . . . . . . . . 150
LEÇON III. Pour la fête de la Circoncision, au dimanche qui précède, ou si ce dimanche est empêché d'ailleurs au jour même de la fête. . . . 152
LEÇON IV. De l'Epiphanie, au dimanche qui la précède, pour être continuée le jour même. . . . . . . . . . . . . . . . . . 153
LEÇON V. Pour faire le dimanche d'après l'Epiphanie, sur le baptême de Jésus-Christ, et le changement d'eau en vin. . . . . . . . . . . 154
LEÇON VI. De la vie cachée de Jésus-Christ avec la sainte Vierge et saint Joseph. . . . . . . . . . . . . . . . . . . . . . . 156
LEÇON VII. Au dimanche de la Septuagésime, tant pour ce dimanche que pour les suivans. . . . . . . . . . . . . . . . . . . . 159
LEÇON VIII. Au premier dimanche de Carême. . . . . . . . . . . 161
LEÇON IX. Au dimanche de la Passion, pour le dimanche des Rameaux. . 162
LEÇON X. Le dimanche des Rameaux pour la Semaine sainte. . . . . 163
LEÇON XI. Pour le saint jour de Pâques. . . . . . . . . . . . 167
LEÇON XII. Le dimanche avant la Saint-Marc, et encore avant les Rogations. — ARTICLE I. De l'institution et de la fin des litanies et des processions. . . . . . . . . . . . . . . . . . . . . . 169
ART. II. Explication des litanies. . . . . . . . . . . . . . . 160
ART. III. De l'abstinence et autres choses concernant les litanies. . . 171
LEÇON XIII. Le jour de l'Ascension. . . . . . . . . . . . . . 172
LEÇON XIV. Pour le jour de la Pentecôte, le dimanche durant l'octave de l'Ascension. — ARTICLE I. Circonstances de la descente du Saint-Esprit. 174
ART. II. Du mot de *Pentecôte*, et de la signification du cinquantième jour. 175
ART. III. Merveilles que le Saint-Esprit opéra dans l'Eglise naissante. . 176
ART. IV. De l'opération perpétuelle du Saint-Esprit dans l'Eglise. . . 177
ART. V. Acte de foi envers le Saint-Esprit, et pour s'attacher à l'Eglise. 178
LEÇON XV. Pour le jour de la Trinité. . . . . . . . . . . . . 179
LEÇON XVI. Pour la fête du saint Sacrement. . . . . . . . . . . 180
POUR LES FÊTES DE LA SAINTE VIERGE ET DES SAINTS. — LEÇON UNIQUE. De ces fêtes en général. . . . . . . . . . . . . . . . . . 181
POUR LES FÊTES DE LA SAINTE VIERGE. — LEÇON I. Pour la Conception, 8 décembre. . . . . . . . . . . . . . . . . . . . . . 182
LEÇON II. Pour la nativité de la sainte Vierge, 8 septembre. . . . . . 184
LEÇON III. Pour l'Annonciation de la sainte Vierge, 25 de mars.. . . . 185
LEÇON IV. Pour la Visitation de la sainte Vierge, 2 juillet. Le dimanche précédent. . . . . . . . . . . . . . . . . . . . . . 187
LEÇON V. Pour la Purification, 2 février. . . . . . . . . . . . 187
LEÇON VI. Pour l'Assomption de la sainte Vierge, 15 août. Le dimanche précédent. . . . . . . . . . . . . . . . . . . . . . 190

LEÇON VII. De la Présentation de la sainte Vierge, 21 novembre. . . . 191
POUR LES FÊTES DES SAINTS. — LEÇON I. Pour la nativité de saint Jean-Baptiste, le 24 juin. . . . . . . . . . . . . . . . . . . . 192
LEÇON II. Des saints Apôtres et des saints Évangélistes en général. . . . 194
LEÇON III. Pour le jour de saint Pierre et de saint Paul, le 29 juin. . . 195
LEÇON IV. Pour le jour des saints Innocens, 28 décembre. . . . . . . 197
LEÇON V. Pour le jour de saint Etienne, 26 décembre. . . . . . . . 197
LEÇON VI. De saint Denys et de ses compagnons, 9 octobre. . . . . . 198
LEÇON VII. Pour le jour de saint Martin, évêque, 11 novembre. . . . . 199
LEÇON VIII. Pour le jour de saint Fiacre, 30 août. . . . . . . . 199
LEÇON IX, qui sera faite environ le temps de sainte Geneviève, 3 janvier; ou la fête de quelque autre sainte. . . . . . . . . . . . . 200
LEÇON X. Pour la fête de tous les Saints, 1er novembre. Le dimanche précédent. . . . . . . . . . . . . . . . . . . . . . . . 201
LEÇON XI. Pour le jour des Morts, où il est aussi parlé des funérailles, et de la messe des morts. . . . . . . . . . . . . . . . . . 202
LEÇON XII. Pour les Quatre-Temps et pour les Vigiles. . . . . . . . 203
LEÇON XIII. Pour le jour de la Dédicace de l'Église. . . . . . . . . 203
LEÇON XIV. Pour les fêtes des Patrons. . . . . . . . . . . . . 204
LEÇON XV. Pour la fête des saints Anges Gardiens, au commencement du mois d'octobre. . . . . . . . . . . . . . . . . . . . 204

## PRIÈRES ECCLÉSIASTIQUES

POUR AIDER LE CHRÉTIEN A BIEN ENTENDRE LE SERVICE DE LA PAROISSE AUX DIMANCHES ET AUX FÊTES PRINCIPALES.

Avertissement général pour bien entendre le service divin. . . . . . 206
PRIÈRES ECCLÉSIASTIQUES. L'Angelus. . . . . . . . . . . . . 208
Explication des choses qui se répètent le plus souvent à l'office. . . . . 208
Acte d'adoration devant la divine Majesté. . . . . . . . . . . . 210
Adoration et action de graces à Jésus-Christ, pour la rédemption du genre humain. . . . . . . . . . . . . . . . . . . . . . . 211
LA MESSE. . . . . . . . . . . . . . . . . . . . . . . 211
Les réponses de la Messe. . . . . . . . . . . . . . . . . 212
Manière de bien entendre la sainte Messe. Avertissement général. . . . 216
L'eau bénite. . . . . . . . . . . . . . . . . . . . . . 217
Première partie de la Messe, depuis le commencement jusqu'à l'Offertoire. 220
Seconde partie de la Messe, où commence l'oblation et la célébration du saint sacrifice. . . . . . . . . . . . . . . . . . . . 223
Troisième partie de la Messe : l'action de graces qu'on fait à Dieu après la communion. . . . . . . . . . . . . . . . . . . . . 231
Oraisons ou Collectes des Dimanches et des principales fêtes. . . . . 233
Collectes des fêtes de la sainte Vierge, et des principales fêtes des saints. 244
Oraisons du Commun des saints. . . . . . . . . . . . . . . 252
L'OFFICE DE L'ÉGLISE. Des trois Cantiques du Nouveau Testament. . . . 254
Prime. . . . . . . . . . . . . . . . . . . . . . . . 255
Tierce. . . . . . . . . . . . . . . . . . . . . . . . 257

| | |
|---|---|
| Sexte. | 259 |
| None. | 261 |
| Vêpres du dimanche. | 263 |
| Complies. | 268 |
| Les psaumes des vêpres des principales fêtes. | 275 |
| Hymnes qui se chantent à vêpres aux dimanches et aux fêtes principales. | 281 |
| Hymnes des fêtes de la sainte Vierge et des saints. | 291 |
| Hymnes du Commun des saints. | 297 |
| Hymne de louange et d'action de graces. *Te Deum*. | 301 |
| Prière pour le Roi. | 302 |
| Vêpres des morts. | 303 |
| Les sept Psaumes de la pénitence. | 308 |
| Litanies des saints. | 315 |
| Litanies du saint nom de Jésus. | 321 |
| Avertissement sur les litanies de la sainte Vierge. | 323 |
| Litanies de la sainte Vierge. | 325 |
| EXERCICE DE LA CONFESSION. | 327 |
| EXERCICE DE LA COMMUNION. | 330 |
| Instruction sur la sainte communion. | 331 |
| § Ier. Qu'est-ce que le saint Sacrement? | 331 |
| § II. Pourquoi est instituée l'Eucharistie? | 331 |
| § III. Que faut-il faire avant la communion? | 332 |
| § IV. Que faut-il faire dans la communion? | 336 |
| § V. Que faut-il faire après la communion? | 338 |
| Prières pour la communion. | 340 |
| Pratiques ordinaires de dévotion. | 346 |
| Pour adorer tous les jours un des mystères de Notre-Seigneur. | 348 |
| Prière de N. S. Jésus-Christ, tirée de l'évangile de saint Jean, chap. XVII. | 350 |

## MÉDITATIONS POUR LE TEMPS DU JUBILÉ.

| | |
|---|---|
| Mandement sur le Jubilé. | 355 |
| Avertissement. | 357 |
| PREMIÈRE MÉDITATION. La rigueur de l'Eglise. PREMIER POINT. Considérations générales sur la rigueur de l'Eglise. *Première considération*. Paroles du concile de Trente, pour nous l'expliquer. | 359 |
| IIe *considération*. Par les travaux de la pénitence, on revient, selon le concile, à la pureté du baptême. | 360 |
| IIIe *considération*. Désirs des saintes âmes que les rigueurs de l'Eglise leur soient appliquées. | 360 |
| IIe POINT. Raisons des rigueurs de l'Eglise. Première raison tirée de la justice divine. | 362 |
| IIIe POINT. Seconde raison de la rigueur de l'Eglise. La miséricorde de Dieu. | 364 |
| IVe POINT. Troisième raison des rigueurs de l'Eglise. La conformité avec Jésus-Christ. | 365 |
| Ve POINT. On en revient aux saintes rigueurs de la justice divine. | 367 |
| SECONDE MÉDITATION. L'indulgence de l'Eglise. PREMIER POINT. On peut | |

suppléer aux rigueurs de la pénitence par sa ferveur et par un amour ardent. . . . . . . . . . . . . . . . . . . . . . . . . . . . . . 370
*Première considération.* Indulgence de Jésus, et premièrement envers celle qui oignit ses pieds. Parabole de Notre-Seigneur, en saint Luc, ch. VII, 41, 47. . . . . . . . . . . . . . . . . . . . . . . . . . . . 370
II⁰ POINT. Autres exemples de l'indulgence du Sauveur. *Première considération.* Le paralytique. . . . . . . . . . . . . . . . . . . . 374
II⁰ *considération.* La femme adultère. . . . . . . . . . . . . . . 375
III⁰ *considération.* Saint Pierre. . . . . . . . . . . . . . . . . 375
IV⁰ *considération.* Réflexions des saints Pères sur les exemples précédens. 375
V⁰ *considération.* L'indulgence accordée au bon larron. . . . . . . 376
III⁰ POINT. Indulgence de saint Paul après avoir exercé une juste rigueur. *Première considération.* La rigueur de saint Paul. . . . . . . . . 378
II⁰ *considération.* Douceur et indulgence de l'Eglise de Corinthe et du saint Apôtre. . . . . . . . . . . . . . . . . . . . . . . . . . . . 379
IV⁰ POINT. Indulgence de l'apôtre et évangéliste saint Jean. . . . . . 381
V⁰ POINT. Indulgence de l'ancienne Eglise durant les persécutions. *Première considération.* Les martyrs s'affligent dans leurs prisons de la chute des pécheurs, et intercèdent pour eux envers l'Eglise pour abréger le temps de leur pénitence. . . . . . . . . . . . . . . . . . . . 383
II⁰ *considération.* L'Eglise avoit égard à l'intercession des martyrs, et usoit d'indulgence en leur faveur. . . . . . . . . . . . . . . . . . . 383
III⁰ *considération.* Les martyrs sont regardés dans l'ancienne Eglise comme ayant part à l'œuvre de la rédemption. . . . . . . . . . . . . . 384
IV⁰ *considération.* C'est le sang de Jésus-Christ qui donne ce prix à l'intercession des saints. . . . . . . . . . . . . . . . . . . . . . 385
VI⁰ POINT. L'indulgence du concile de Nicée et de l'Eglise dans sa paix. *Première considération.* Deux canons de ce saint concile. . . . . . 386
II⁰ *considération.* Ce que c'est, selon ce concile, que faire pénitence indifféremment. . . . . . . . . . . . . . . . . . . . . . . . . . . 387
VII⁰ POINT. L'indulgence des siècles suivans, et de l'Eglise d'à présent. *Première considération.* La doctrine du concile de Trente dans le décret rapporté ci-dessus, suffit pour renouveler, dans la pratique de la pénitence et de l'indulgence, l'ancien esprit de l'Eglise. . . . . . . 388
II⁰ *considération.* Autres décrets importans du même concile. . . . 390
III⁰ *considération.* Remarques sur ces décrets. . . . . . . . . . . 390
IV⁰ *considération.* Il ne faut point rechercher trop curieusement l'effet précis des indulgences. . . . . . . . . . . . . . . . . . . . . . 391
V⁰ *considération.* Le fidèle doit recevoir l'indulgence avec une sainte confiance, qu'elle sert à la décharge des peines de l'autre vie. . . . . 392
VIII⁰ POINT. Que l'indulgence nous doit porter à augmenter notre amour, non-seulement envers Dieu, mais encore envers le prochain. *Première considération.* L'amour fraternel se mesure par l'amour de Dieu. . . 395
II⁰ *considération.* Parabole du Roi qui pardonne. . . . . . . . . . 395
III⁰ *considération.* La bonté de Dieu envers nous, règle la mesure de la nôtre envers le prochain. . . . . . . . . . . . . . . . . . . . 396
INSTRUCTION NÉCESSAIRE POUR LE JUBILÉ. — ARTICLE PREMIER. Ce que c'est que le Jubilé. . . . . . . . . . . . . . . . . . . . . . . 398

ART. II. Ce qu'il faut faire pour gagner le Jubilé, et premièrement de la prière. . . . . . . . . . . . . . . . . . . . . . . . . . . . . . . . 400
ART. III. Du jeûne, des aumônes, et de la visite des églises. . . . . . 400
ART. IV. De la Confession et de la Communion. . . . . . . . . . . . 401
ART. V. Du pouvoir des confesseurs durant le Jubilé. . . . . . . . . 402
ART. VI. Quel est le fruit du Jubilé ? . . . . . . . . . . . . . . . . 402

## DE DOCTRINA CONCILII TRIDENTINI

### CIRCA DILECTIONEM IN SACRAMENTO PŒNITENTIÆ REQUISITAM.

I. Quædam necessaria præmittuntur, super obligatione generali mandati de diligendo Deo. . . . . . . . . . . . . . . . . . . . . . . . . . 403
II. Partitio hujus opusculi. . . . . . . . . . . . . . . . . . . . . . 406
PRIMA PARS. I. De sacramentorum quibus justificabimur effectu sive efficientiâ Tridentina decreta referuntur. . . . . . . . . . . . . . . . 407
II. Ea dogmata ad sacramentum Pœnitentiæ applicantur, ex sess. XIV, cap. IV. . . . . . . . . . . . . . . . . . . . . . . . . . . . . . . 408
III. Concilii Tridentini doctrinæ summa, omniumque ejus doctrinæ partium consensio : transitus ad secundam hujus disputationis partem. . . 410
SECUNDA PARS. I. De dispositionibus, maximè verò de incipiente dilectione Dei ad consequendam justificationem necessariò requisitâ ex sess. VI, cap. VI. . . . . . . . . . . . . . . . . . . . . . . . . . . . . 410
II. Quid sit diligere Deum ut omnis justitiæ fontem, eodem cap. VI, sess. VI. 411
III. Continuatio, ex eodem, cap. VI, sess. VI. . . . . . . . . . . . . 411
IV. Continuatio, ex eodem capite : Ubi de proposito implendi mandata. . 412
V. Idem ex cap. VII ejusdem sessionis VI, et can. XI. . . . . . . . . 413
VI. Expenditur præcedens doctrina Concilii exponentis incipientem dilectionem, quæ in verum firmumque charitatis actum, in ipsâ justificatione desinat. . . . . . . . . . . . . . . . . . . . . . . . . . . 414
VII. Libera electio et consensio in futuram justitiam atque charitatem, inhærentem, à Synodo sess. IV, cap. V et VI constituta, qui importet. . . 415
VIII. Aliud ex sess. VI, cap. VII. . . . . . . . . . . . . . . . . . . 416
IX. Idem ex canone III sessionis VI. . . . . . . . . . . . . . . . . 417
X. Solvitur objectio referentium supradicta ad solum Baptismum, non autem ad Pœnitentiæ sacramentum. . . . . . . . . . . . . . . . . . 417
XI. Cur sess. XIV non repetitur doctrina de incipiente dilectione, quæ sess. VI traditur. . . . . . . . . . . . . . . . . . . . . . . . . . 419
XII. Doctrina sess. XIV proponitur, ac primum ex proœmio, et cap. I, II, III. 419
XIII. Doctrina capitis IV ejusdem sessionis XIV. . . . . . . . . . . . 420
XIV. Hic quæstionem totam omninò absolutam esse unâ interrogatiunculâ. 422
XV. Quid sit illa distinctio impliciti et expliciti, quam hic adhibent. . . 422
XVI. Rursùs de implicito et explicito. . . . . . . . . . . . . . . . 424
XVII. Rursùs eâdem de re. . . . . . . . . . . . . . . . . . . . . 426
XVIII. De Attritionis naturâ ac vi, quid sancta Synodus decreverit. . . 427
XIX. Quam intelligendæ et explicandæ Synodi sequamur regulam. . . 428
XX. Sanctæ Synodi gesta sessionis VI, ex Historiâ cardinalis Pallavicini : ubi etiam quæritur de amore justitiæ ad amorem amicitiæ, non autem ad amorem spei, ut vocant, et concupiscentiæ, referendo. . . . . . . 429

XXI. Gesta sessionis XIV, cap. IV, ex eodem Cardinali. . . . . . . . 431
XXII. Referuntur quædam Patrum ac Doctorum sententiæ in sess. XIV, ex eodem Pallavicino : utræque sessiones inter se conferuntur. . . . . 433
XXIII. Ex Catechismo Romano ad Parochos quædam recensentur. . . . 434
XXIV. Contrariæ sententiæ duo incommoda proponuntur. . . . . . 437
XXV. De præcepto amoris ad pœnitentiam maximè pertinente, ubi tractatur locus concilii Tridentini : *Et facere quod possis*, etc. Sess. VI, cap. XI. 438
XXVI. De incipiente dilectione, comparatâ cum eâ contritione quam Synodus dixit charitate perfectam. . . . . . . . . . . . . . 440
XXVII. Sancti Thomæ doctrina Concilio conformis, de dilectione in sacramento pœnitentiæ requisitâ : primùm ex *Supplemento*. . . . . . 442
XXVIII. Idem ex primâ secundæ, quæst. CXIII, art. 3, c. . . . . . . 443
XXIX. Idem ex tertiâ parte. . . . . . . . . . . . . . . . . 445
XXX. Corollaria quædam. . . . . . . . . . . . . . . . . . 447
TERTIA ET POSTREMA PARS. I. Objectiones tres : prima ex eo quòd attritio voluntatem peccandi excludat, ex concilio Tridentino. . . . . 450
II. Responsio : ubi de aversione et conversione perversâ, corumque remediis. 451
III. Altera objectio, ex naturâ et vi dilectionis, jam sæpè resoluta. . . . 453
IV. De loquendi modo : et an sit necessarium, ut præparatoria et incipiens dilectio, *charitatis* nomine absolutè appelletur. . . . . . . . . 455
V. Tertia et postrema objectio, et Alexandri VII decreto. . . . . . . 456
VI. Summa doctrinæ præcedentis, ejusque conclusio. . . . . . . . 459
Ordonnance de M. l'évêque de Meaux, pour réprimer les abus qui s'étoient introduits à l'occasion de la fête du monastère de Cerfroid. . . . . 461
Ordonnance et instruction pastorale de M. l'archevêque de Paris, portant condamnation du livre intitulé : *Exposition de la foi*, etc. . . . . . . 463

## PIÈCES CONCERNANT L'ÉTAT DE L'ABBAYE DE JOUARRE.

Fondation du monastère de Jouarre. . . . . . . . . . . . . . 494
Changement de discipline et modération des exemptions par les conciles de Vienne et de Trente. . . . . . . . . . . . . . . . . 525
Brefs apostoliques pour la visite du monastère de Jouarre. . . . . . 530
Arrêt du conseil d'Etat sur ce sujet. . . . . . . . . . . . . . 532
Mémoire pour messire Jacques-Bénigne Bossuet, évêque de Meaux, contre dame Henriette de Lorraine, abbesse de Jouarre. . . . . . . . . 535
Arrêt du parlement, qui déclare l'abbesse et les religieuses de l'abbaye de Jouarre, le clergé, chapitre, curé, peuple et paroisse dudit lieu sujets à la juridiction et visite de l'évêque de Meaux. . . . . . . . . . 573
Procès-verbal de visite. . . . . . . . . . . . . . . . . . 575
Ordonnance de visite. . . . . . . . . . . . . . . . . . . 195

FIN DE LA TABLE DU CINQUIÈME VOLUME.

BESANÇON. — IMPRIMERIE D'OUTHENIN CHALANDRE FILS.

# MÉLANGES
## RELIGIEUX, HISTORIQUES, POLITIQUES ET LITTÉRAIRES
### PAR LOUIS VEUILLOT, RÉDACTEUR EN CHEF DE L'UNIVERS

DEUXIÈME ÉDITION

6 beaux vol. in-8° de 550 à 700 pages, sur papier satiné. — Prix : 36 francs.

## TABLE DES MATIÈRES.

### PREMIER VOLUME.

PRÉFACE. — Le Christianisme et la Démocratie. — Du régime parlementaire. — La Révolution et l'Eclectisme. — La veille du 2 décembre. — Le 2 décembre 1851. — Les chagrins du libéralisme. — Conseils aux légitimistes. — Les émigrés de 1851. — Annonce de l'Empire. — Question des classiques. — D'une certaine sagesse. — L'empire. — Des intérêts catholiques au XIXe siècle. — Sur un livre de Bossuet. — L'Eglise et la Monarchie. — De notre ligne politique. — Existe-t-il une réaction antichrétienne. — Un couronnement mixte. — Le *Siècle* dénoncé. — De la liberté de discussion. — De la modération. — D'un écrit du R. P. Lacordaire. — Rôle de la presse religieuse. — De la polémique religieuse. — L'esprit moderne. — Le protocole du 8 avril. — Histoire du parti catholique.

### DEUXIÈME VOLUME.

Programme de l'*Univers*. — De l'action de la Providence. — Controverse sur l'Assassinat politique. — Les deux nations. — L'Evêque et le Préfet. — Le *Constitutionnel* et le P. Lacordaire. — Des libertés du théâtre contre la Religion. — M. de Lamartine et la Démocratie. — Le mot de passe des universitaires. — Du zèle et de la modération. — Outrages à des ecclésiastiques. — L'ultimatum de l'Université. — Lettre à M. Villemain, ministre de l'instruction publique, sur la liberté d'enseignement. — De l'action des laïques dans la question religieuse. — Déclaration d'abus contre Monseigneur l'Evêque de Châlons. — M. Génin. — Le *Journal des Débats* et M. de Montalembert. — Dénonciation contre les Jésuites. — Des poursuites en matière de presse. — Le parti légitimiste à la Chambre des Députés. — La question catholique à la Chambre des Députés. — Persécution municipale contre les Religieuses du Bon-Pasteur. — Action politique des catholiques. — La question catholique à la Chambre des Pairs. — Le projet de loi Villemain à la Chambre des Pairs. — Point de croix ! point de messe ! — Poursuites contre la presse catholique. — Nécessité de l'action publique des Évêques. — M. Sue. — Début de l'apostat Ronge. — La presse stipendiée en Allemagne. — Pascal-Cousin et Pascal-Faugère. — Les religieuses d'Avignon. — Un poëme de M. Henri Heine. — Guerre civile dans la littérature. — La charité légale. — Les explications du Gouvernement. — Escarmouches parlementaires. — Etat de la presse. — De l'obscénité comme instrument philosophique. — Combat d'universitaires. — *M. Salsset et le célibat ecclésiastique.* — Mazarin et Anne d'Autriche. — Mademoiselle de Melun.

### TROISIÈME VOLUME.
#### PROSCRIPTION DES JÉSUITES.

I. Les avocats. — II. La presse libérale. — III. M. Cousin. — IV. Le *Journal des Débats*. — V. Un décret de l'*Index*. — VI. Une préface de M. Dupin. — VII. Annonce du combat. — VIII. Le *National*. — IX. Question légale. — X. La discussion. — XI. Discussion à la Chambre des Pairs. — XII. M. de Montalembert. — XIII. La galère jésuitique. — XIV. Mission de Rossi. — XV. Sur l'*Histoire de la Compagnie de Jésus*. — La situation après l'affaire des Jésuites. — Du parti républicain. — Le *National* et les sœurs de Sainte-Marthe. — Les réponses à Timon. — Du respect dû aux persécuteurs. — Le Czar Nicolas à Rome. — Du voyage des évêques à Rome. — Du mouvement catholique. — Des musulmans de l'Algérie. — Voltaire et la Pologne. — Mort de Grégoire XVI. — La papauté et le *Siècle*. — Exaltation de N. S. Père le Pape Pie IX.

### LES ÉLECTIONS DE 1846.

I. Programme des élections. — II. Une candidature. — III. Objections légitimistes. — IV. Objections libérales. — V. Autres objections. — VI. Protestants, philosophes, doctrinaires. — VII. La religion et la liberté. — L'Eglise schismatique russe. — Le journal l'*Ami de la Religion*. — La Vendée. — Le règne de Lola Montès. — Idées académiques sur la littérature chrétienne.

### LA LIBERTÉ D'ENSEIGNEMENT EN 1847.

I. Sur un écrit de M. l'abbé Dupanloup. — II. De l'enseignement de la médecine. — III. Projet sur l'enseignement secondaire. — IV. Nouvel écrit de M. l'abbé Dupanloup.

### LE SONDERBUND.

I. A la veille du combat. — II. Les libéraux. — III. La *Gazette de France*. — IV. Les fruits de l'arbre. — V. La polémique universitaire. — Mort de M. O'Connell. — La croisade en Algérie. — Ni catholique ni chrétien. — Oraison funèbre de M. O'Connell. — Le péril et le rêve. — Chute de Lucerne. — VI. Le *Journal des Débats*.

### QUATRIÈME VOLUME.

Pie IX et les révolutionnaires. — La Salette. — La fin du régime. — Révolution ou République. — Les fêtes républicaines. — Les élections. — Première séance de la Constituante. — Les Rapports du Gouvernement provisoire. — M. Louis Blanc et M. Barbès. — La Commission de Constitution. — Le 15 mai. — Le bannissement. — Le Divorce. — La question des Travailleurs. — Elections socialistes à Paris. — Election de Louis Bonaparte. — Les incompatibilités. — Les pétitions sous la République. — Les journées de juin. — Secours aux artistes. — Une proposition de M. Proudhon. — Le peuple chrétien. — On demande des vertus. — Le *Droit à l'assistance*. — Le Droit au travail. — Un discours de M. de Montalembert. — Sur la Constitution. — Election du Président de la République. — L'année 1848. — Edouard Ourliac.

### CINQUIÈME VOLUME.

La proposition Rateau. — L'esclave Vindex. — M. de Lamartine, romancier. — Les Catholiques démocrates. — Le programme montagnard. — Candidature de M. Guizot. — Affaires d'Italie. — Les Catholiques aux élections. — Idées sociales de Phémie Passol. — Deux pamphlets pour les élections. — Noir et rouge. — Le fond des cœurs. — La Lettre au général Oudinot.

### ÉLECTIONS DU 13 MAI 1848.

I. Le Socialisme. — II. Hors de l'Eglise point de salut. — Dernière séance de l'Assemblée constituante. — Première séance de l'Assemblée législative. — Situation morale des campagnes. — Message du Président à l'Assemblée législative. — Mort du maréchal Bugeaud. — La petite journée de Juin. — Dévotions philosophiques en temps de choléra. — L'*Ordre*, journal conservateur. Le grand parti de l'ordre. — Nouveaux journaux rouges.

### AFFAIRES DE ROME.

I. La lettre du 18 août. — II. La politique des conservateurs. — III. Rapport de M. Thiers. — IV. Discussion publique. — M. Pelletan et l'usure. — Le communisme et l'Eglise. — Le roi de Prusse et la révolution.

*L'espace nous manque pour donner ici la fin de la table des matières du 5e vol. et la table du 6e vol.*

BESANÇON. — IMPRIMERIE D'OUTHENIN CHALANDRE FILS.

www.ingramcontent.com/pod-product-compliance
Lightning Source LLC
Chambersburg PA
CBHW051329230426

43668CB00010B/1205